Sentieri

ATTRAVERSO L'ITALIA CONTEMPORANEA

Julia M. Cozzarelli

Ithaca College

VISTA®
HIGHER LEARNING

Boston, Massachusetts

On the cover: Scenic view of Tuscany, Italy.

Creative Director: José A. Blanco
Publisher: Sharla Zwirek
Editorial Development: Judith Bach, Armando Brito, Deborah Coffey, Joanna Duffy, Catalina Pire-Schmidt, Verónica Tejeda
Project Management: Erik Restrepo, Faith Ryan
Rights Management: Annie Pickert Fuller, Ashley Poreda
Technology Production: Kamila Caicedo, Jamie Kostecki, Paola Ríos Schaaf
Design: Daniela Hoyos, Radoslav Mateev, Gabriel Noreña, Andrés Vanegas
Production: Oscar Díez, Sebastián Díez, Daniel Lopera

Student Text (Perfectbound) ISBN: 978-1-54330-320-9
Student Text (Casebound-SIMRA) ISBN: 978-1-54330-322-3
Instructor's Annotated Edition ISBN: 978-1-54330-323-0

Library of Congress Control Number: 2018939494

1 2 3 4 5 6 7 8 9 WC 23 22 21 20 19 18

TO THE STUDENT

Welcome to the Third Edition of **Sentieri**, an introductory Italian program from Vista Higher Learning. In Italian the word **sentieri** means *paths*. The major sections in **Sentieri** are paths designed to help you learn Italian and explore Italian culture in the most user-friendly way possible. In light of this goal, here are some of the features you will encounter in **Sentieri**:

- A unique, easy-to-navigate design built around color-coded sections that appear completely on either one page or on two facing pages

- Abundant illustrations, photos, charts, graphs, diagrams, and other graphic elements, all created or chosen to help you learn

- Integration in each lesson of a video program entirely shot in Rome and specifically created for **Sentieri**

- Clear, concise grammar explanations in an innovative format that allows you to see the full explanation as you work through the practice activities

- Practical, high-frequency vocabulary for use in real-life situations

- Abundant guided vocabulary and grammar activities to give you a solid foundation for communicating in Italian

- An emphasis on communicative interactions with a classmate, small groups, the whole class, and your instructor

- Systematic development of reading and writing skills, incorporating learning strategies and a process approach

- A rich, contemporary cultural presentation of the everyday life of Italian speakers

- Exciting integration of culture and multimedia through TV commercials and short films

- A full set of completely integrated print and technology ancillaries to make learning Italian easier

- Built-in correlation of all ancillaries, right down to the page numbers

Sentieri is divided into twelve units. Each unit has two lessons followed by an end-of-unit **Avanti** section that includes a cultural presentation, skill-building components, and a list of active vocabulary. To familiarize yourself with the textbook's organization, features, and ancillary package, turn to page xvi and take the **Sentieri** At-A-Glance tour.

TABLE OF CONTENTS

		contesti	fotoromanzo	cultura

strutture | sintesi | avanti

contesti	fotoromanzo	cultura

strutture	sintesi	avanti

		contesti	fotoromanzo	cultura

strutture | sintesi | avanti

		contesti	**fotoromanzo**	**cultura**

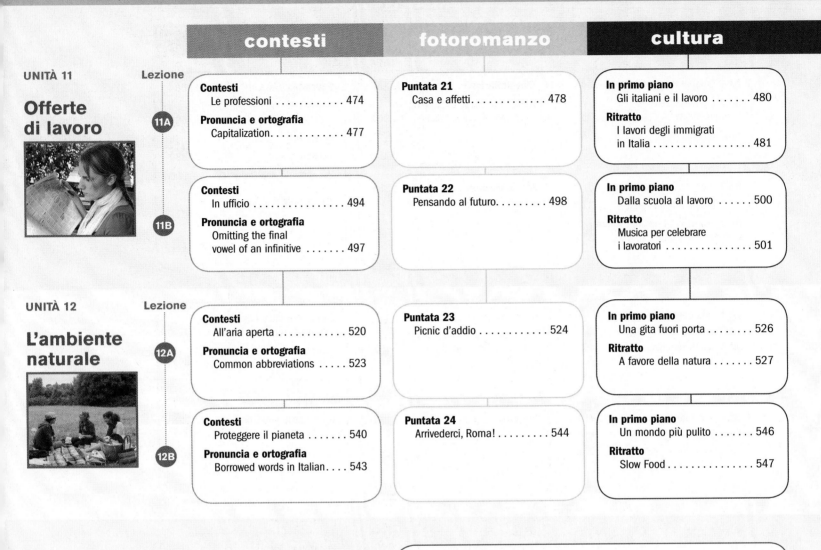

strutture	sintesi	avanti

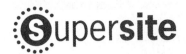

Each section of your textbook comes with activities on the **Sentieri** Supersite, many of which are auto-graded for immediate feedback. Visit **vhlcentral.com** to explore this wealth of exciting resources.

CONTESTI
- Audio for **Contesti** listening activity
- Image-based vocabulary activity with audio
- Textbook activities
- Additional activities for extra practice
- Audio recording of **Pronuncia e ortografia** presentation
- Record-compare audio activities

FOTOROMANZO
- Streaming video of **Fotoromanzo** episodes, with instructor-managed options for subtitles and transcripts in Italian and English
- Textbook activities
- Additional activities for extra practice

CULTURA
- **Cultura** reading
- **Su Internet** activity in A lessons
- **Ritmo italiano** information and activities in B lessons
- Textbook activities
- Additional activities for extra practice

STRUTTURE
- Grammar presentations
- Textbook and additional activities for extra practice
- Chat activities for conversational skill-building and oral practice

SINTESI
- Chat activities for conversational skill-building and oral practice
- **Italia autentica** streaming video or other authentic input
- Textbook activities
- Additional activities for extra practice

AVANTI
- **Panorama** readings
- **Su Internet** research activity
- Textbook activities
- Additional activities for extra practice
- Audio-sync **Lettura** readings
- Audio for **In ascolto**
- Composition engine writing activity for **Scrittura**

VOCABOLARIO
- Vocabulary list with audio
- Vocabulary Tools: customizable word lists, flashcards with audio

Plus! Also found on the Supersite:

- All textbook and lab audio MP3 files
- Communication center for instructor notifications and feedback
- Live Chat tool for video chat, audio chat, and instant messaging without leaving your browser
- A single gradebook for all Supersite activities
- WebSAM—the online Student Activities Manual (Workbook, Lab Manual, Video Manual)
- vText—the online, interactive student edition with access to Supersite activities, audio, and video
- Customize assessments by adding, removing, or editing questions and providing section references.

Supersite features vary by access level.
Students must use a computer for audio recording and select presentations

STUDENT RESOURCES

- **Student Edition (SE)**

  The SE is available in hardcover, loose-leaf, and digital format (online vText).

- **Student Activities Manual**

  The Student Activities Manual is divided into three sections: the Workbook, the Video Manual, and the Lab Manual. The activities in the Workbook section provide additional practice of the vocabulary and grammar in each textbook lesson and the cultural information in each unit's **Avanti** section. The Video Manual section includes pre-viewing, while-viewing, and post-viewing activities for the **Sentieri Fotoromanzo**, and the Lab Manual section contains activities for each textbook lesson that build listening comprehension, speaking, and pronunciation skills in Italian.

- **Lab Program MP3s**

  The Lab Program MP3s contain the recordings needed to complete the activities in the Lab Manual.

- **Textbook MP3s**

  The Textbook MP3s contain the recordings needed to complete the listening activities in the **Contesti**, **Pronuncia e ortografia**, **In Ascolto**, and **Vocabolario** sections.

- **Online Student Activities Manual**

  Completely integrated with the **Sentieri** Supersite, the **WebSAM** provides access to the online Student Activities Manual (Workbook, Video Manual, and Lab Manual) with instant feedback and grading for select activities.

- **Sentieri, Third Edition, Supersite**

  Your passcode to the Supersite (vhlcentral.com) gives you access to a wide variety of interactive activities for each section of every lesson of the student text; auto-graded activities for extra practice with vocabulary, grammar, video, and cultural content; reference tools; grammar practice with diagnostics; the **Italia autentica**; the **Fotoromanzo**; the Textbook MP3s, and the Lab Program MP3s.

- **vText—the Online, Interactive Text**

  Provides the entire student edition textbook with note-taking and highlighting capabilities. It is fully integrated with Supersite and other online resources.

ICONS AND *RISORSE* BOXES

Familiarize yourself with these icons that appear throughout **Sentieri**.

Icons legend			
(S)	Presentational content for this section available online	◁))	Listening activity/section
∿	Textbook activity available online	↻	Recycling activity
👥	Partner Chat or Virtual Chat activity available online	⊞	Information Gap activity
👥	Pair activity	📝	*Fogli d'attività*
👥	Group activity		

- The Information Gap activities and those involving **Fogli d'attività** (*activity sheets*) require handouts from the instructor.
- The audio icon appears in the **Contesti**, **Pronuncia e ortografia**, **In ascolto**, and **Vocabolario** sections.
- The Supersite icon appears on pages for which there is additional online content, like audio, video, or presentations.
- The recycling icon indicates that to finish a specific activity you will need to use vocabulary and/or grammar learned in previous lessons.

RISORSE BOXES

The **More practice** box indicates additional print and online activities.

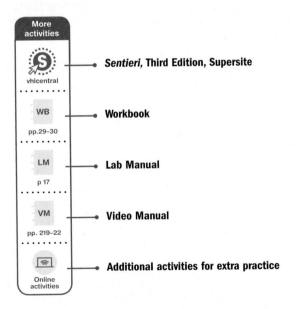

Sentieri, Third Edition, Supersite

Workbook

Lab Manual

Video Manual

Additional activities for extra practice

vText—THE ONLINE, INTERACTIVE TEXT

vText provides an interactive version of the Student Edition that links directly to Supersite practice activities, audio, and video. Plus, all online resources are located on one platform so you can complete assignments and access resources quickly and conveniently.

- Links to Supersite mouse-icon textbook activities, audio, and video

- Highlighting and note-taking capabilities

- Easy navigation with searchable table of contents and page-number browsing

- Access to Supersite resources

- Completed Supersite assignments automatically appear in instructor gradebook

Students must use a computer for audio recording and select presentations

Lezione 6A · CULTURA

IN PRIMO PIANO

Farsi° belli per uscire

Quando la sveglia suona al mattino, molti si domandano: perché non posso stare ancora dieci minuti a letto? Per molti italiani la risposta è ovvia°: perché bisogna prepararsi° e uscire perfettamente in ordine!

La cosa più importante della routine del mattino è certamente il caffè, ma subito dopo viene il rito° fondamentale dell'igiene personale°.

Pulizia° non significa semplicemente lavarsi, ma anche cominciare la giornata con una sensazione di benessere° e piacere. Le famiglie italiane spendono in media 70 euro al mese per acquistare° prodotti per l'igiene personale e la cura del corpo. Gli italiani infatti non rinunciano° a creme specifiche per il viso e per

UNIT OPENERS

outline the content and features of each unit.

La salute e il benessere

UNITÀ
6

Lezione 6A

CONTESTI
pagine 238–241
- Daily routine
- Spelling plurals I

FOTOROMANZO
pagine 242–243
- Sbrigati, Lorenzo!

CULTURA
pagine 244–245
- Farsi belli per uscire

STRUTTURE
pagine 246–257
- Reflexive verbs
- Reciprocal reflexives and reflexives in the **passato prossimo**
- Ci and ne

SINTESI
pagine 258–259
- Ricapitolazione
- Italia autentica

Lezione 6B

CONTESTI
pagine 260–263
- Health and well-being
- Spelling plurals II

FOTOROMANZO
pagine 264–265
- Una visita medica

CULTURA
pagine 266–267
- L'importante è la salute

STRUTTURE
pagine 268–279
- The **imperfetto**
- Imperfetto vs. passato prossimo
- The trapassato prossimo

SINTESI
pagine 280–281
- Ricapitolazione

Per cominciare
- Dove sono Emily e Riccardo?
  a. in strada   b. in biblioteca
- Cosa fanno?
  a. salgono le scale   b. vanno sui rollerblade
- Emily e Riccardo sono contenti o tristi?
- Secondo te, dove vanno i due ragazzi?

AVANTI
pagine 282–288
Panorama: Il Triveneto: Trentino-Alto Adige, Veneto, Friuli-Venezia Giulia
Lettura: Read tips for a healthier lifestyle.
In ascolto: Listen to people discuss their health.
Scrittura: Prepare an interview.
Vocabolario dell'Unità 6

Per cominciare activities jump-start the units, allowing you to use the Italian you know to talk about the photos.

Content thumbnails break down each unit into its two lessons (A and B) and one **Avanti** section, giving you an at-a-glance summary of the vocabulary, grammar, cultural topics, and language skills covered in the unit.

Supersite

- Supersite resources are available for every section of the unit at **vhlcentral.com.** Icons show you which textbook activities are also available online, and where additional practice activities are available. The description next to the (S) icon indicates what additional resources are available for each section: videos, audio recordings, readings, presentations, and more!

CONTESTI
presents and practices vocabulary in meaningful contexts.

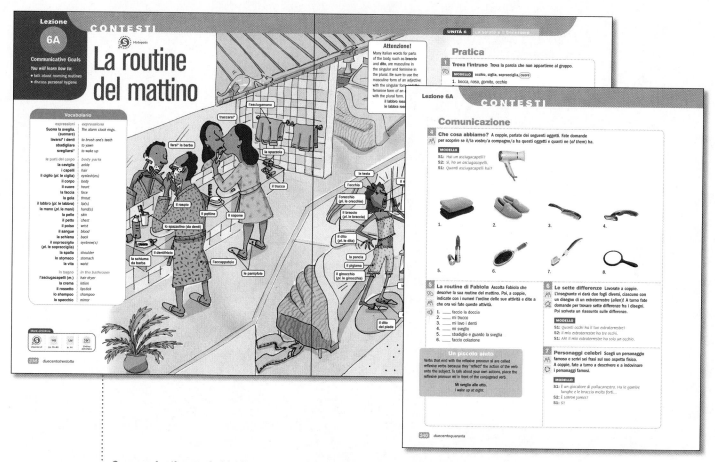

Communicative goals highlight the real-life tasks you will be able to carry out in Italian by the end of each lesson.

Risorse boxes let you know exactly what program components you can use to reinforce and expand on every strand of every lesson in your textbook.

Full color illustrations introduce high-frequency vocabulary.

Vocabolario boxes call out other important theme-related vocabulary in easy-to-reference Italian-English lists. To teach proper pronunciation of new words, vocabulary lists identify the stressed syllable of a word with a dot if it does not follow the normal pronunciation pattern.

Contesti always includes a listening activity, as well as other activities that practice the new vocabulary in meaningful contexts.

Comunicazione follows the recognition and production pedagogical sequence. The activities in this section allow you to use the vocabulary creatively in interactions with a partner, a small group, or the entire class.

Icons provide on-the-spot visual cues for various types of activities: pair, small group, recyclng, listening-based, video-related, handout-based, information gap, and Supersite activities.

ⓢupersite

- Audio support for vocabulary presentation
- Audio for **Contesti** listening activity
- Textbook activities
- Additional activities for extra practice

PRONUNCIA E ORTOGRAFIA
presents the rules of Italian pronunciation and spelling.

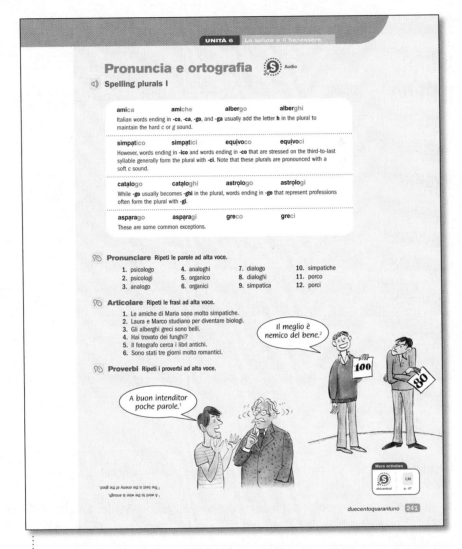

The audio icon at the top of the page indicates that the explanation and activities are recorded for convenient use in or outside of class.

Explanation The rules of Italian pronunciation and spelling are presented clearly with abundant model words and phrases. The orange highlighting feature focuses your attention on the target structure.

Practice Pronunciation and spelling practice are provided at the word and sentence levels. The final activity features illustrated sayings and proverbs so you can practice the pronunciation or spelling point in an entertaining cultural context.

Supersite

- Audio recording of **Pronuncia e ortografia** presentation
- Record-and-compare textbook audio activities

FOTOROMANZO

tells the story of a group of students living in Rome, Italy.

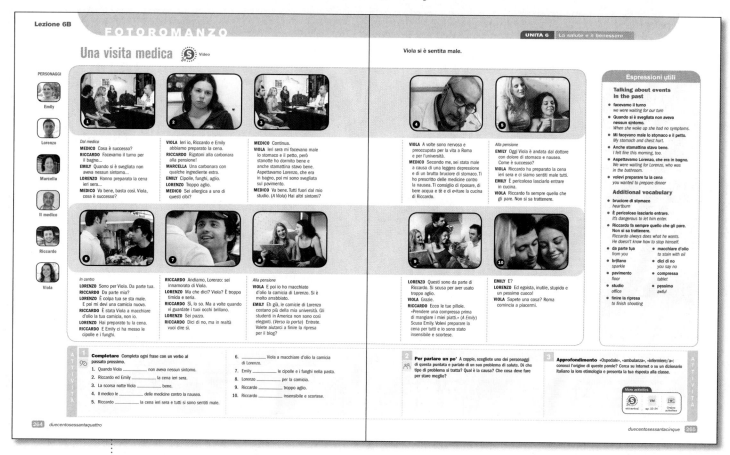

Personaggi The photo-based conversations take place among a cast of recurring characters—four college students, their landlady (who owns the boarding house), and her teenage son.

Fotoromanzo **video episodes** The **Fotoromanzo** is a versatile component that can be assigned as homework, presented in class, or used as review.

Conversations The conversations reinforce vocabulary from **Contesti.** They also preview structures from the upcoming **Strutture** section in context and in a comprehensible way.

Espressioni utili organizes new, active words and expressions by language function so you can focus on using them for real-life, practical purposes.

Supersite

- Streaming video of the **Fotoromanzo**
- End-of-video **Riepilogo** section where key vocabulary and grammar from the episode are called out
- Textbook activities
- Additional activities for extra practice

CULTURA

explores cultural themes introduced in **CONTESTI** and **FOTOROMANZO**.

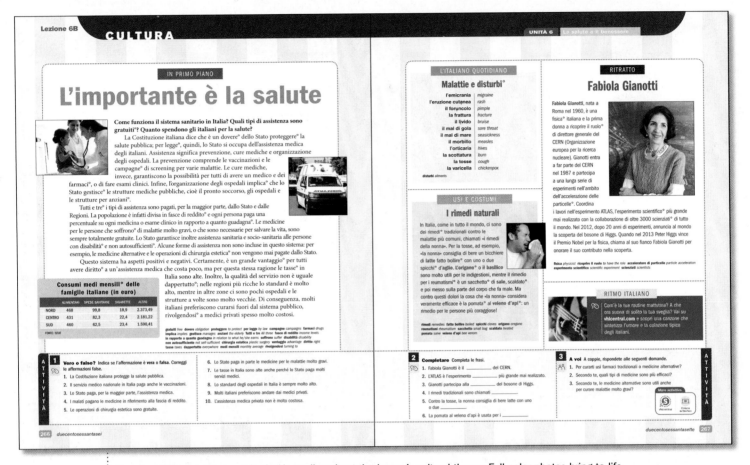

In primo piano presents an in-depth reading about the lesson's cultural theme. Full-color photos bring to life important aspects of the topic, while charts with statistics and/or intriguing facts support and extend the information.

L'italiano quotidiano exposes you to current, contemporary language by presenting familiar words and phrases related to the lesson's theme that are used in everyday spoken Italian.

Usi e costumi puts the spotlight on the people, places, and traditions of regions where Italian is spoken.

Ritratto showcases places, events, and products, explaining their significance in Italian culture, or it highlights the accomplishments of Italian people and how they contribute to their culture and the global community.

Supersite

- Main cultural reading
- **Su Internet** research activity in A lessons
- **Ritmo italiano** information and activities in B lessons
- Textbook activities
- Additional activities for extra practice

STRUTTURE

uses an innovative design to support the learning of Italian grammar.

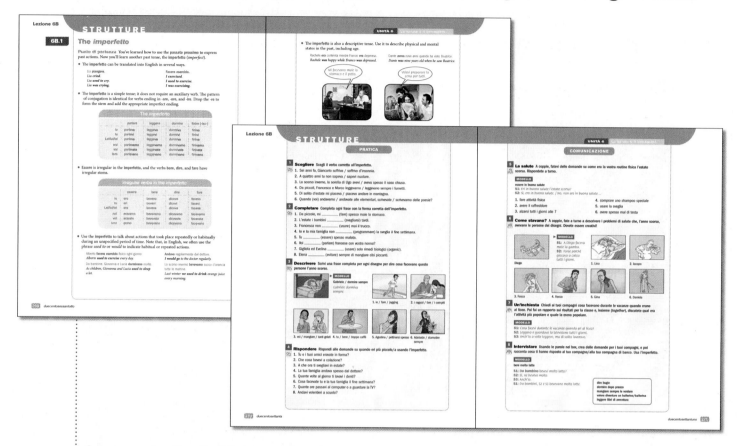

Grammar explanations Two full pages are devoted to most grammar points, allowing for presentations that are thorough and intuitive without being overwhelming.

Grammar activities Two full pages are devoted to grammar activities, allowing for more practice and better transitions between activities.

Graphics-intensive design Photos from the **Sentieri,** Third Edition, Video Program consistently integrate the lesson's **Fotoromanzo** episode with the grammar explanations. Additional photos, drawings, and graphic devices liven up activities and heighten visual interest.

Sidebars The **Attrezzi** sidebars cross-reference related grammar content in both previous and upcoming lessons. The **Approfondimento** sidebars alert you to other important aspects of the grammar point.

Provalo! The first practice activity of each new grammar point gets you working with the new grammatical structures right away in simple, easy-to-understand formats.

Pratica A wide range of guided activities combine the lesson vocabulary and previously learned material with grammar practice.

Communication Communicative activities offer opportunities for creative expression using the lesson's grammar and vocabulary. You do these activities with a partner, in small groups, or with the whole class.

Ⓢupersite

- Grammar presentation
- Textbook activities
- **Provalo!** activities with auto-grading
- Additional activities for extra practice
- Chat activities for conversational skill-building and oral practice

SINTESI

pulls the lesson together with **Ricapitolazione** and **Italia autentica**.

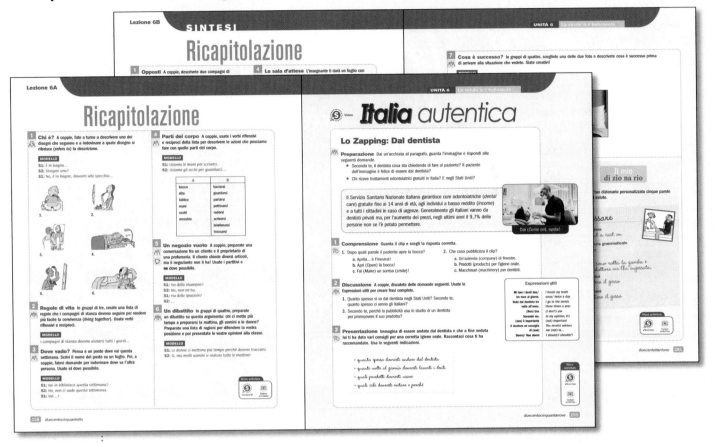

Ricapitolazione activities integrate the lesson's grammar points with previously learned vocabulary and structures, providing consistent, built-in review as you progress through the text. In all B lessons, this feature is two pages long to provide better coverage.

Pair and group icons call out the communicative nature of the activities. Situations, role-plays, games, personal questions, interviews, and surveys are just some of the types of activities that you will engage in.

Information gap activities, identified by the interlocking puzzle pieces, engage you and a partner in problem-solving situations. You and your partner each have only half of the information you need, so you must work together to accomplish the task at hand.

Italia autentica features authentic media in Italian, supported by background information, images, and activities to help you understand and check your comprehension.

Recycling icons call out the activities in which you will practice the lesson's grammar and vocabulary along with previously-learned material.

Il mio dizionario appears in the **Ricapitolazione** section of the B lesson in each unit. It offers the opportunity to increase your vocabulary and to personalize it at the same time.

Supersite

- Chat activities for conversational skill-building and oral practice
- **Italia autentica** streaming video or other authentic input
- Textbook activities
- Additional activities for extra practice

SINTESI

Italia autentica cortometraggio

Units 10 through 12 feature short-subject dramatic films by contemporary Italian filmmakers.

Espressioni utili highlight phrases and expressions useful in understanding the film.

Per parlare del film features the words that you will encounter and use in activities in the short film section.

Preparazione Pre-viewing exercises set the stage for the short-subject film and provide key background information, facilitating comprehension.

Scene A synopsis of the film's plot with captioned video stills prepares you visually for the film.

Analisi Post-viewing activities go beyond checking comprehension, allowing you to discover broader themes.

Supersite

- Streaming video of **Italia autentica** short films
- Textbook activities
- Additional activities for extra practice

AVANTI

Panorama presents cultural information about Italy and other areas where Italian is spoken.

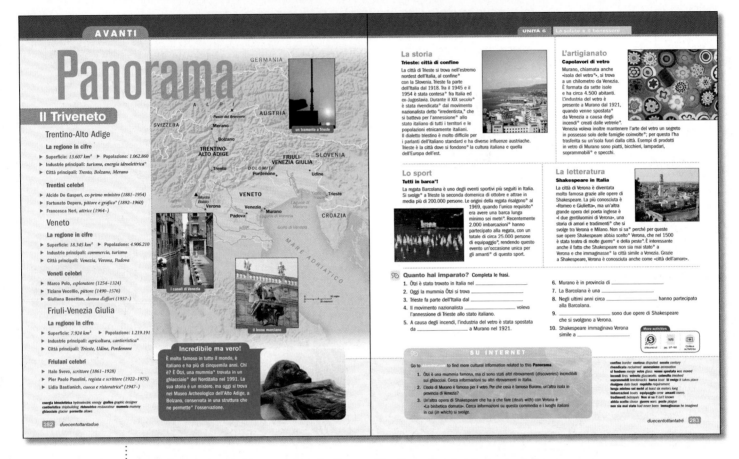

La popolazione/La città/La regione in cifre provides interesting key facts about the featured city or region.

Incredibile ma vero! highlights an intriguing fact about the featured place or its people.

Maps point out major cities, rivers, and other geographical features and situate the featured place in the context of its immediate surroundings.

Quanto hai imparato? exercises check your understanding of key ideas, and **Risorse** boxes reference the two pages of additional activities in the **Sentieri** Student Activities Manual.

Readings A series of brief paragraphs explores different facets of the featured location's culture such as history, landmarks, fine art, literature, and aspects of everyday life.

Super**site**

- Interactive map
- **Su Internet** research activity
- Textbook activities
- Additional activities for extra practice

AVANTI

Lettura develops reading skills in the context of the unit's theme.

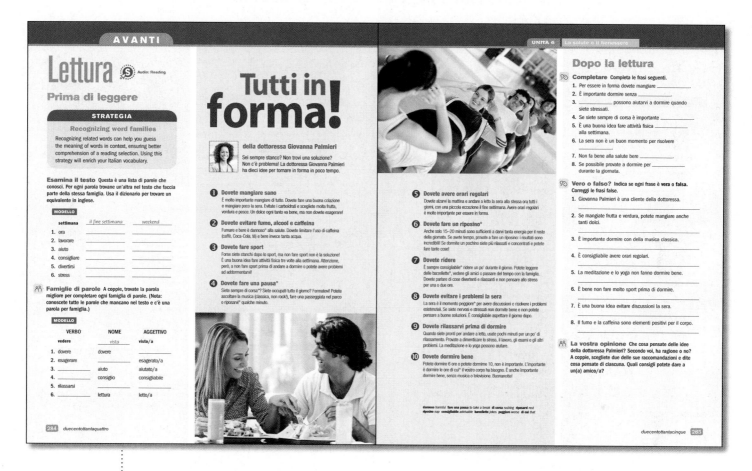

Readings are directly tied to the unit theme and recycle vocabulary and grammar you have learned. The selections in Units 1–9 are cultural texts, while those in Units 10–12 are literary pieces.

Prima di leggere presents valuable reading strategies and pre-reading activities that strengthen your reading strategies in Italian and English.

Dopo la lettura includes post-reading activities that check your comprehension of the reading.

Supersite

- Textbook activities
- Additional activities for extra practice
- Audio-sync technology for all readings

AVANTI
In ascolto and Scrittura develop listening and writing skills in the context of the unit's theme.

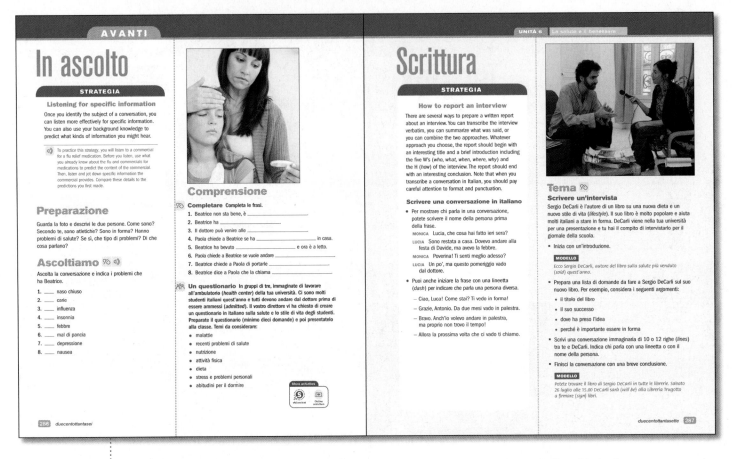

In ascolto uses a recorded conversation or narration to develop your listening skills in Italian. **Strategia** and **Preparazione** prepare you for listening to the recorded passage.

Ascoltiamo guides you through the recorded passage, and **Comprensione** checks your comprehension.

Strategia in **Scrittura** provides useful strategies that prepare you for the writing task presented in **Tema**.

Tema describes the writing topic and includes suggestions for approaching it. It also provides useful terms and/or phrases related to the writing task that may be useful in developing the topic.

Supersite

- Textbook activities
- Additional activities for extra practice
- Composition engine writing activity for **Scrittura**

VOCABOLARIO
summarizes all the active vocabulary of the unit.

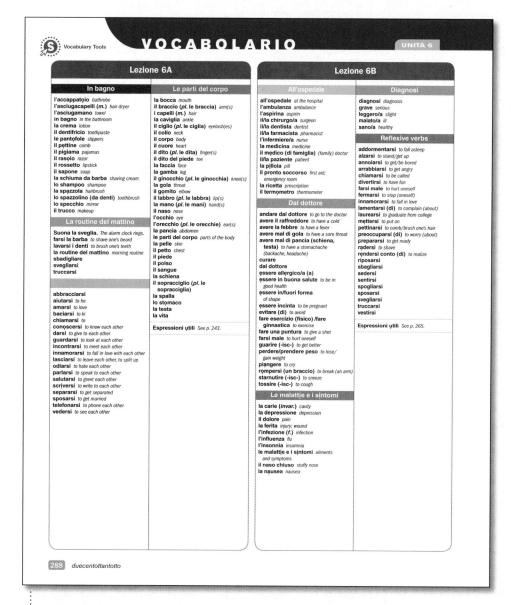

Ⓢ Vocabulary Tools — VOCABOLARIO — UNITÀ 6

Lezione 6A

In bagno

l'accappatoio *bathrobe*
l'asciugacapelli (*m.*) *hair dryer*
l'asciugamano *towel*
in bagno *in the bathroom*
la crema *lotion*
il dentifricio *toothpaste*
le pantofole *slippers*
il pettine *comb*
il pigiama *pajamas*
il rasoio *razor*
il rossetto *lipstick*
il sapone *soap*
la schiuma da barba *shaving cream*
lo shampoo *shampoo*
la spazzola *hairbrush*
lo spazzolino (da denti) *toothbrush*
lo specchio *mirror*
il trucco *makeup*

La routine del mattino

Suona la sveglia. *The alarm clock rings.*
farsi la barba *to shave one's beard*
lavarsi i denti *to brush one's teeth*
la routine del mattino *morning routine*
sbadigliare
svegliarsi
truccarsi

abbracciarsi
aiutarsi *to he*
amarsi *to love*
baciarsi *to ki*
chiamarsi *to*
conoscersi *to know each other*
darsi *to give to each other*
guardarsi *to look at each other*
incontrarsi *to meet each other*
innamorarsi *to fall in love with each other*
lasciarsi *to leave each other, to split up*
odiarsi *to hate each other*
parlarsi *to speak to each other*
salutarsi *to greet each other*
scriversi *to write to each other*
separarsi *to get separated*
sposarsi *to get married*
telefonarsi *to phone each other*
vedersi *to see each other*

Le parti del corpo

la bocca *mouth*
il braccio (*pl.* le braccia) *arm(s)*
i capelli (*m.*) *hair*
la caviglia *ankle*
il ciglio (*pl.* le ciglia) *eyelash(es)*
il collo *neck*
il corpo *body*
il cuore *heart*
il dito (*pl.* le dita) *finger(s)*
il dito del piede *toe*
la faccia *face*
la gamba *leg*
il ginocchio (*pl.* le ginocchia) *knee(s)*
la gola *throat*
il gomito *elbow*
il labbro (*pl.* le labbra) *lip(s)*
la mano (*pl.* le mani) *hand(s)*
il naso *nose*
l'occhio *eye*
l'orecchio (*pl.* le orecchie) *ear(s)*
la pancia *abdomen*
le parti del corpo *parts of the body*
la pelle *skin*
il petto *chest*
il piede
il polso
il sangue
la schiena
il sopracciglio (*pl.* le
   sopracciglia)
la spalla
lo stomaco
la testa
la vita

Espressioni utili *See p. 243.*

Lezione 6B

All'ospedale

all'ospedale *at the hospital*
l'ambulanza *ambulance*
l'aspirina *aspirin*
il/la chirurgo/a *surgeon*
il/la dentista *dentist*
il/la farmacista *pharmacist*
l'infermiere/a *nurse*
la medicina *medicine*
il medico (di famiglia) *(family) doctor*
il/la paziente *patient*
la pillola *pill*
il pronto soccorso *first aid;*
   emergency room
la ricetta *prescription*
il termometro *thermometer*

Dal dottore

andare dal dottore *to go to the doctor*
avere il raffreddore *to have a cold*
avere la febbre *to have a fever*
avere mal di gola *to have a sore throat*
avere mal di pancia (schiena,
   testa) *to have a stomachache*
   (backache, headache)
curare
dal dottore
essere allergico/a (a)
essere in buona salute *to be in*
   good health
essere in/fuori forma
   of shape
essere incinta *to be pregnant*
evitare (di) *to avoid*
fare esercizio (fisico) /fare
   ginnastica *to exercise*
fare una puntura *to give a shot*
farsi male *to hurt oneself*
guarire (-isc-) *to get better*
perdere/prendere peso *to lose/*
   gain weight
piangere *to cry*
rompersi (un braccio) *to break (an arm)*
starnutire (-isc-) *to sneeze*
tossire (-isc-) *to cough*

Le malattie e i sintomi

la carie (*invar.*) *cavity*
la depressione *depression*
il dolore *pain*
la ferita *injury; wound*
l'infezione (*f.*) *infection*
l'influenza *flu*
l'insonnia *insomnia*
le malattie e i sintomi *ailments*
   and symptoms
il naso chiuso *stuffy nose*
la nausea *nausea*

Diagnosi

diagnosi *diagnosis*
grave *serious*
leggero/a *slight*
malato/a *ill*
sano/a *healthy*

Reflexive verbs

addormentarsi *to fall asleep*
alzarsi *to stand/get up*
annoiarsi *to get/be bored*
arrabbiarsi *to get angry*
chiamarsi *to be called*
divertirsi *to have fun*
farsi male *to hurt oneself*
fermarsi *to stop (oneself)*
innamorarsi *to fall in love*
lamentarsi (di) *to complain (about)*
laurearsi *to graduate from college*
mettersi *to put on*
pettinarsi *to comb/brush one's hair*
preoccuparsi (di) *to worry (about)*
prepararsi *to get ready*
radersi *to shave*
rendersi conto (di) *to realize*
riposarsi
sbagliarsi
sedersi
sentirsi
spogliarsi
sposarsi
svegliarsi
truccarsi
vestirsi

Espressioni utili *See p. 265.*

Vocabulary Active vocabulary from the unit is brought together, now grouped by lesson into easy-to-study thematic lists.

Ⓢupersite

- Audio recordings of all vocabulary items
- Vocabulary Tools: customizable word lists, flashcards with audio

SENTIERI at-a-glance

Student Activities Manual

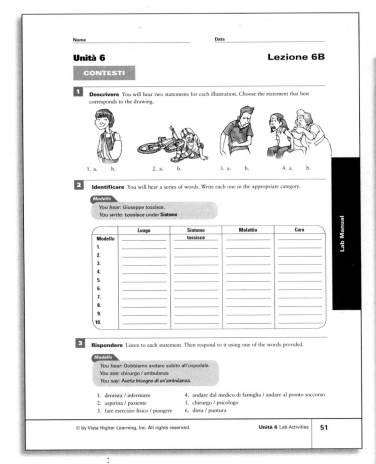

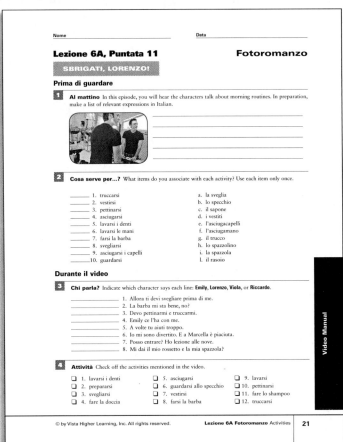

Workbook The Workbook provides additional practice for the **Contesti**, **Strutture**, and **Panorama** sections in your textbook.

Lab Manual The Lab Manual section further practices listening and speaking skills related to the **Contesti**, **Pronuncia e ortografia**, and **Strutture** sections.

Video Manual The Video Manual provides activities to be completed before, during, and after viewing each lesson's **Fotoromanzo**.

Supersite

- Audio for Lab Manual activities
- Streaming video of **Fotoromanzo**
- WebSAM online Student Activities Manual

THE *FOTOROMANZO* EPISODES

Fully integrated with your textbook, the **Sentieri Fotoromanzo** contains twenty-four dramatic episodes, one for each lesson of the text. The episodes relate the adventures of four college students who are studying in Rome. They live at the **Pensione Marcella**, a boarding house. The video tells their story and the story of Marcella and her teenage son, Paolo.

The **Fotoromanzo** dialogues in each printed textbook lesson are actually an abbreviated version of the dramatic episode featured in the video. Therefore, each **Fotoromanzo** section can be used as preparation before viewing the corresponding video episode, as review after viewing it, or as a stand-alone section.

As you watch the video, you will first see the characters interact using the vocabulary and grammar from the lesson. Their dialogues carefully incorporate new vocabulary and grammar with previously-taught language. After the episode there is a **Riepilogo** segment that summarizes the key language functions and grammar points used in the dramatic episode.

THE CAST
Here are the main characters of the the Sentieri Video:

 From Chicago
Emily

 From Abruzzo
Viola

 From Bari
Riccardo

 From Milan
Lorenzo

 From Rome
Marcella

 From Rome
Paolo

ACKNOWLEDGEMENTS

On behalf of its author and editors, Vista Higher Learning expresses its sincere appreciation to the instructors nationwide who reviewed materials from **Sentieri**. Their input and suggestions were vitally helpful in forming and shaping the Third Edition into its final, published form.

Reviewers

Rossella Bagley
San Diego City College, CA

Maria R. Barbarino
Syracuse University, NY

Giampiero Biagioli
Rutgers University, NJ

Alessia Blad
University of Notre Dame, IN

Jennifer Buono
York High School, IL

Tina Butera
Maine South High School, IL

Sandy Camilleri Hart
Waltham High School, MA

Silvia Castellini-Patel
West Valley College, CA

Alessandro Cesarano
University of Tampa, FL

Raven Jessie Chakerian
Oregon State University, OR

Amy Chambless
University of North Carolina at Chapel Hill, NC

Arnaldo Ciccotelli
University of South Florida, FL

Sergio Citriniti
Canisius College, NY

Claudio Concin
City College of San Francisco, CA

Jennifer A. Darrell
King's College, PA

Carmen De Lorenzo
Michigan State University, MI

Antonella Dell'Anna
Arizona State University, AZ

A. Di Pietro
Southern Connecticut State University, CT

Rossella Di Rosa
University of Georgia, GA

Joseph Errante
Community College of Morris, NJ

Luisa Garrido Baez
University of Southern Mississippi, MS

Joni Ivankovic
William Paterson University
Community College of Morris, NJ

Andrew Korn
University of Rochester, NY

Susanna La Viola
San Joaquin Delta College, CA

Loredana Lo Bianco
California State University of Fresno, CA

Antonella Longoni
George Washington University, VA

Martin Marafioti
Pace University, NY

Fiorella Mazzanti
Fort Lewis College, CO

Brian McClung
Brookhaven College, TX

Valerie McGuire
New York University, NY

Advisory Board

Vista Higher Learning would like to recognize the following instructors who gave generously of their time and expertise to help guide decisions in the new edition.

Ciao, come va?

🔊 Per cominciare
- What are these people saying?
  a. Scusa.   b. Buongiorno!   c. Grazie.
- How many women are there in the photo?
  a. una   b. due   c. tre
- What do you think is an appropriate title for this woman?
  a. signori   b. professore   c. signorina

Communicative Goals

You will learn how to:
- use greetings and make introductions
- use expressions of courtesy

 Hotspots

Come va?

MICHELE Salve, signor Ciampi, come va?
SIG. CIAMPI Ciao, Michele! Abbastanza bene. E tu, come stai?
MICHELE Sto molto bene, grazie.

PAOLO Grazie mille!
GIOVANNI Prego!

MARIA A più tardi, Luca!
LUCA Ciao, Maria. A dopo!

GIUSEPPE Buongiorno, signor Carrano. Le presento Teresa Luchini.
SIG. CARRANO Buongiorno, signorina!
TERESA Piacere di conoscerLa.

Vocabolario

saluti	greetings
Buonasera.	Good evening.
Buonanotte.	Good night.
A domani.	See you tomorrow.
A presto.	See you soon.
ArrivederLa. (*form.*)	Good-bye.
Arrivederci. (*fam.*)	Good-bye.
Buona giornata!	Have a nice day!
Come sta? (*form.*)	How are you?
Come stai? (*fam.*)	How are you?
Anch'io.	Me, too.
Così così.	So-so.
Non c'è male.	Not bad.
Sto male.	I am not well.

presentazioni	introductions
Come si chiama? (*form.*)	What is your name?
Come ti chiami? (*fam.*)	What is your name?
E Lei/tu? (*form./fam.*)	And you?
Le presento... (*form.*)	This is [name].
Ti presento (*fam.*)	This is [name].
(Molto) piacere.	(Very) pleased to meet you.
Piacere di conoscerLa. (*form.*)	Pleased to meet you.
Piacere di conoscerti. (*fam.*)	Pleased to meet you.
Piacere mio.	My pleasure.

forme di cortesia	polite expressions
Grazie.	Thank you.
Di niente.	You're welcome.
per favore	please
Scusi/a. (*form./fam.*)	Excuse me.

persone	people
la donna	woman
il/la ragazzo/a	boy/girl
signor(e)	Mr.
l'uomo (*pl.* uomini)	man (men)

Dov'è?	Where is it?
là/lì	there
qua/qui	here

More activities

 vhlcentral | WB pp. 1–2 | LM p. 1 | Online activities

Attenzione!

In Italian, people can be addressed formally or informally. Use **tu** forms with a close friend or someone younger than you. Use **Lei** forms with a boss, someone older than you, or someone you do not know.

MARCO Buongiorno, mi chiamo Marco. E Lei, come si chiama?
ANNA Mi chiamo Anna.
MARCO Molto piacere, Anna!

SOFIA Buongiorno, Caterina!
CATERINA Ciao, Sofia!
SOFIA Come stai?
CATERINA Sto bene, grazie. E tu, come stai? Tutto bene?
SOFIA Molto bene, grazie!

Pratica

1 Categorizzare Put each of the following words into the correct category.

| buonanotte | la donna | la ragazza | scusi |
| buonasera | grazie | salve | l'uomo |

Forme di cortesia	Persone	Saluti
_____	_____	_____
_____	_____	_____
_____	_____	_____

2 Completare Complete each conversation with the appropriate word.

1. —_____ mille!
   —Prego!
2. —Sono il _____ Colombo, il professore di matematica.
   —Buongiorno, professore!
3. —Ciao Elisa, come stai?
   —Non c'è _____.
4. —Martina, ti _____ Andrea.
   —Piacere di conoscerti!

3 Trovare la risposta Choose the response that best completes each conversation.

1. —Ciao Matteo, come stai?
   a. —Bene, grazie.
   b. —Anch'io.
2. —Grazie, Paola.
   a. —Per favore.
   b. —Di niente.
3. —Arrivederci!
   a. —A presto.
   b. —Così così.
4. —Buongiorno, professor Migliorini. Le presento Alfredo.
   a. —Scusi, Alfredo!
   b. —Piacere di conoscerti, Alfredo!
5. —Sto bene, grazie. E tu?
   a. —Mi chiamo Andrea.
   b. —Non c'è male.
6. —Piacere di conoscerti.
   a. —Piacere mio!
   b. —Per favore.
7. —Dov'è la signora Rossi?
   a. —È là.
   b. —Scusa.
8. —Come si chiama Lei?
   a. —Buona giornata!
   b. —Mi chiamo Paolo DeMarco.

4 Rispondere Respond to each question or statement you hear.

1. _____
2. _____
3. _____
4. _____
5. _____
6. _____

Comunicazione

5 **Ascoltiamo!** Listen to the conversations. Then decide with a partner whether each conversation is formal (**formale**) or informal (**informale**).

	formale	informale
1.	☐	☐
2.	☐	☐
3.	☐	☐
4.	☐	☐
5.	☐	☐
6.	☐	☐

6 **Tocca a te!** In pairs, look at each illustration. Discuss how you would greet the people, ask them for their names, and ask how they are doing. For each situation, write a short dialogue and then act it out. Pay attention to the use of **tu** and **Lei**.

1. Signora Bindi

2. Rosa

3. Signor Monti

4. Gemma

7 **Mi chiamo...** Your instructor will give you and a partner two different worksheets with descriptions of five different people. Use the information from your worksheet to introduce yourselves and talk about how you are feeling. Role-play each of the five identities on your worksheet.

> **MODELLO**
>
> **S1:** *Buongiorno, mi chiamo Vittorio. Come ti chiami?*
> **S2:** *Ciao! Mi chiamo Silvia. Come stai?*
> **S1:** *Sto molto bene, grazie. E tu?*

8 **Presentazioni** In groups of three, introduce yourselves and ask your group members how they are doing. Then join another group and introduce one another to the new group.

> **MODELLO**
>
> **S1:** *Ciao, mi chiamo Laura. E tu?*
> **S2:** *Mi chiamo Fabio.*
> **S1:** *Come stai?*
> **S2:** *Bene, grazie. E tu?*
> **S1:** *Anch'io sto bene. Fabio, ti presento Michele.*
> **S3:** *Ciao, Fabio. Molto piacere!*

Pronuncia e ortografia Audio

🔊 **The Italian alphabet**

lettera	esempio	lettera	esempio	lettera	esempio
a (a)	abilità	h (acca)	hai	q (cu)	quattro
b (bi)	banana	i (i)	idea	r (erre)	radio
c (ci)	città	l (elle)	lungo	s (esse)	speciale
d (di)	delizioso	m (emme)	mamma	t (ti)	terribile
e (e)	elegante	n (enne)	natura	u (u)	università
f (effe)	famoso	o (o)	opera	v (vu)	video
g (gi)	generoso	p (pi)	pizza	z (zeta)	zoo

The Italian alphabet is made up of 21 letters. Although these letters are all found in the English alphabet, some are pronounced differently. The letter **h** is not pronounced in Italian.

···

jeans	**k**iwi	**w**eekend	ta**x**i	**y**ogurt

j (i lunga), **k (cappa)**, **w (doppia vu)**, **x (ics)**, and **y (ipsilon)** are used primarily in foreign terms.

···

se**t**e	se**tt**e	so**n**o	so**nn**o
thirst	*seven*	*I am*	*sleep*

A double consonant often distinguishes between two similarly spelled words. The sound of the doubled consonant should be emphasized and held for an extra beat. When spelling double consonants aloud, say **due** (*two*) or **doppia** (*double*).

···

é = e accento acuto   **à = a accento grave**

When spelling aloud, indicate accented letters by saying **accento acuto** (´) or **accento grave** (`).

🔊 **L'alfabeto** Practice saying the Italian alphabet and sample words aloud.

🔊 **Come si scrive?** Spell these words aloud in Italian. For uppercase letters, say maiuscola: **L = elle maiuscola**.

1. Roma	4. Firenze	7. musica	10. karaoke
2. arrivederci	5. ciao	8. Milano	11. numero
3. università	6. yacht	9. esatto	12. città

🔊 **Proverbi** Practice reading these sayings aloud.

Tutto è bene quel che finisce bene![2]

Errare è umano.[1]

lunedì   *martedì*

More activities

vhlcentral   LM   p. 2

[1] *To err is human.*

[2] *All's well that ends well!*

FOTOROMANZO

Ciao, io sono... Video

Emily

Lorenzo

Marcella

Paolo

Riccardo

Viola

MARCELLA Sì? Chi è?
RICCARDO Scusi, è Lei la signora Marcella? Io sono Riccardo. Piacere di conoscerLa.
MARCELLA Piacere mio. Benvenuto.
RICCARDO Grazie. È bello qui.
MARCELLA Grazie.

MARCELLA Ecco la stanza per i ragazzi e lì (*indicando*) c'è un'altra stanza per due ragazze.
RICCARDO Quattro studenti?
MARCELLA Molto bene.
RICCARDO Grazie.

MARCELLA Arrivo subito. Scusa.
EMILY Salve... C'è qualcuno? Marcella? Sono Emily. Emily Rufo Eriksson da Chicago. C'è qualcuno?
MARCELLA Benvenuta, Emily. Io sono Marcella. Quante valigie hai?
EMILY Una. E lo zaino.
MARCELLA Ecco la stanza delle ragazze.

Alla pensione...
EMILY Il computer è pronto.
MARCELLA *I'm Marcella. This is my house...*
RICCARDO *I'm Riccardo. I'm Italian.* Ciao, America! Prima lezione d'italiano: sedia... matita... libro... amica.

PAOLO Ciao, mamma.
MARCELLA Ciao, Paolo. Vieni, ti presento Riccardo ed Emily.
PAOLO Ciao, io sono... Paolo.

MARCELLA Ciao.
LORENZO Sono Lorenzo. Dov'è la stanza?
MARCELLA Benvenuto, Lorenzo. Io sono Marcella e questi sono Paolo, Riccardo ed Emily... Da questa parte. Scusa.

ATTIVITÀ

1

Vero o falso? Indicate whether each statement is **vero** or **falso**.

1. Marcella e Riccardo sono vecchi amici (*old friends*).
2. Alla pensione c'è una stanza per i ragazzi e una per le ragazze.
3. Emily è una ragazza italiana.
4. Emily non ha (*doesn't have*) valigie.
5. Lorenzo è a Roma.
6. Emily ha (*has*) un computer.
7. Marcella è la mamma di Paolo.
8. Viola sta molto bene.
9. Vicino alla pensione c'è un supermercato.
10. Ci sono quattro studenti nella pensione.

I ragazzi arrivano alla pensione.

Al cellulare...

LORENZO Pronto... A Roma... Non lo so. Ma dai... No... Lasciami in pace, per favore!

LORENZO Ma vuoi stare attenta!
VIOLA Scusa! ...Grazie.

VIOLA Grazie, grazie mille. Siete molto gentili. Sono Viola.
RICCARDO Io sono Riccardo.
EMILY Emily.
PAOLO Paolo.
RICCARDO Benvenuta a Roma.
VIOLA Grazie.
RICCARDO Come va?
VIOLA Non c'è male.

MARCELLA Benvenuti nella mia pensione. Allora, ci sono ristoranti, bar e una biblioteca qui vicino. Ci sono anche diversi autobus che vanno in centro... Quanti studenti?
RICCARDO Uno... due... tre. Tre. Quattro. Quattro studenti.
MARCELLA Alla città di Roma! Cin, cin!
TUTTI A Roma. Cin, cin!

2 Per parlare un po' In groups of three, imagine that you are exchange students meeting for the first time. Introduce yourselves to one another. Include information such as your name and where you are from. Be prepared to present your conversation to the class.

3 Approfondimento Did you know that there are seven hills (**colli**) in Rome? And a river (**fiume**) with an island (**isola**)? Use the Internet to find their names in Italian.

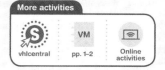
A
T
T
I
V
I
T
À

Baci dall'Italia!

Friends and family in Italy traditionally give each other a kiss (un bacio) on each cheek when they say hello and good-bye. The first **bacio** always goes on the left cheek, followed by the right, so you should lean to your right when you greet someone in this way.

To give an Italian-style kiss, press your cheek against the other person's and make a kissing sound. There may or may not be contact between your lips and the person's cheek. These kisses are often accompanied by a hand on the other person's shoulder or shoulders; a greater amount of contact indicates a closer personal connection with the person you are greeting. Young adults often give two or three kisses to their close friends, accompanied by a hug.

Greeting friends with a kiss is common among women, while men customarily greet each other with a handshake (**una stretta di mano**). Men who are related or are very close friends may exchange kisses if they haven't seen each other in a long time, or on a special occasion. In a business setting, colleagues (both men and women) shake hands. The Italian handshake is firm, with one or two quick shakes up and down.

Un piccolo aiuto

When greeting someone considerably older than you or someone in a position of authority, you should always address him/her with the formal **Lei**. Wait for that person to suggest that the informal **tu** be used. (**Diamoci del tu!**)

There are slight variations on these traditions from person to person and region to region. For example, kissing is more prevalent in the southern part of Italy, where men are also more likely to greet one another with a kiss. When in doubt, simply follow the lead of the person you are greeting!

A T T I V I T À

1 **Vero o falso?** Indicate whether each statement is **vero** or **falso**. Correct any false statements.

1. Men in the south of Italy never greet each other with a kiss.
2. In Italy, work colleagues usually shake hands.
3. Two women who are friends may greet each other with a kiss.
4. Placing a hand on someone's shoulder is considered disrespectful.
5. Most young Italians kiss four times.
6. The Italian handshake is firm and quick.
7. Men always shake hands when they greet each other.
8. Italians give the first kiss on the right cheek.
9. Italians kiss both when saying hello and good-bye.
10. Kisses are usually accompanied by a kissing sound.

L'ITALIANO QUOTIDIANO

I saluti

Alla prossima!	*Until next time!*
Buon fine settimana!	*Have a nice weekend!*
Che c'è di nuovo?	*What's new?*
Ci sentiamo!	*Talk to you soon!*
Ci vediamo!	*See you soon!*
Come te la passi?	*How are you getting along?*
Ehilà!	*Hey there!*
Il solito.	*The usual.*
Niente di nuovo.	*Nothing new.*

USI E COSTUMI

Buongiorno, professoressa!

Italians tend to be very formal in their greetings, usually addressing each other with their social titles (**signore**, **signora**, **signorina**) or professional titles (**professore**, **professoressa**, **dottore**, **dottoressa**, **ingegnere°**, **avvocato°**).

Greetings vary according to the time of day and whether you are saying hello or good-bye. For example, **buongiorno** is used to say hello during the early part of the day, but if you say **buona giornata**, you are wishing someone a good day as you say good-bye. Later in the afternoon (how late in the afternoon varies considerably from region to region), Italians use **buonasera** to say hello. **Buonanotte** is used only to say good-bye at nighttime; otherwise you should use **arrivederci** or **arrivederLa**. In an informal situation, **ciao** is all you need for hello and good-bye!

ingegnere *engineer* **avvocato** *lawyer*

RITRATTO

I personaggi della commedia dell'arte

La commedia dell'arte is a form of improvisational theater based on common themes of life, such as love, jealousy, and poverty. Originating in the 16th century in northern Italy, this form of theater

was performed in the streets by troupes of actors who portrayed a cast of standard characters representing typical human traits, each with its own unique costume. The long list of characters represents different regions and cities in Italy. Many of them inspired the traditional masks of the **Carnevale** di **Venezia**. Among the most popular characters are **Arlecchino** (Harlequin), a servant whose clown-like costume has a colorful diamond pattern; **Colombina**, **Arlecchino**'s love interest who doesn't reciprocate but pokes fun at him; **Pantalone**, a wealthy miser who speaks in Venetian dialect and wears a red vest, a black cloak, and a mask with a hooked nose; and **il Dottore**, the wine-loving doctor from **Bologna** who wears long black academic robes and a short black mask.

SU INTERNET

What are the personalities and outfits of some characters in the commedia dell'arte?

Go to **vhlcentral.com** to find more information related to this **CULTURA**.

---

2 **Hai capito?** Answer these questions.

1. At what time of day would you say **buonanotte**?

2. What title would you use to address your female doctor?

3. How would you tell someone to have a nice day?

4. Which **commedia dell'arte** character speaks in Venetian dialect?

5. Who is in love with **Colombina**?

3 **A voi** With a partner, practice meeting and greeting people in the following situations.

1. You arrive at your professor's office at five o'clock in the afternoon.

2. You meet a group of friends outside the library.

3. Your Italian roommate introduces you to a good friend.

More activities

vhlcentral   Online activities

A T T I V I T À

STRUTTURE

1A.1 Nouns

Punto di partenza A noun is a word that identifies a person, animal, place, thing, or idea. As in English, Italian nouns are singular or plural. All Italian nouns also have gender, even those that refer to objects; they are either masculine or feminine.

- Nouns that refer to males are usually masculine, and those that refer to females are usually feminine. One exception is **persona** (*person*), a feminine noun that can refer to a man or a woman.

masculine		feminine	
amico	(male) friend	amica	(female) friend
attore	actor	attrice	actress
studente	(male) student	studentessa	(female) student

- Usually, nouns that end in **-o** are masculine, and nouns that end in **-a** are feminine.

masculine		feminine	
libro	book	macchina	car
tavolo	table	domanda	question
ufficio	office	idea	idea

- Nouns that end in **-e** may be either masculine or feminine. Memorize the gender of these nouns as you learn them.

masculine		feminine	
esame	exam	classe	classroom
ristorante	restaurant	notte	night

- To form the plural of most Italian nouns, you need to change the final vowel. The masculine ending **-o** becomes **-i**, and the feminine ending **-a** becomes **-e**. Regardless of gender, singular nouns ending in **-e** change the vowel to **-i** to form the plural.

	singular		plural	
masculine	ragazzo	boy	ragazzi	boys
	ristorante	restaurant	ristoranti	restaurants
feminine	donna	woman	donne	women
	notte	night	notti	nights

- When referring to a mixed group of males and females, use the masculine plural form.

gli amici
the (male and female) friends

gli studenti
the (male and female) students

Approfondimento

Nouns ending in **-ore** (**dottore, signore**) or a consonant (**autobus, computer**) are masculine. Nouns ending in **-ione** (**lezione, televisione**) are feminine. Many nouns ending in **-ema** are actually masculine (**problema, poema**).

Approfondimento

Shortened nouns and nouns ending in a consonant or an accented vowel do not change in the plural:

due foto *two photos*
due computer *two computers*
due caffè *two coffees*
Nouns that end in **-ema** form plurals with **i**:
un problema/due problemi *one problem/two problems*

Approfondimento

Most nouns ending in **-co**, **-go**, **-ca**, and **-ga** add an **h** in the plural form to maintain the hard **c** or **g** sound:

albergo/alberghi *hotel/hotels*
amica/amiche *friend/friends*

One exception is **amico**, which becomes **amici**.

Provalo! *Maschile* (masculine) or *femminile* (feminine)?

1. ragazzo _____maschile_____   3. notte _____   5. idea _____

2. attrice _____   4. computer _____   6. problema _____

PRATICA E COMUNICAZIONE

1 **Opposto** For each masculine noun, provide the feminine noun. For each feminine noun, provide the masculine noun.

1. amico _____
2. attrice _____
3. donna _____
4. ragazzo _____
5. studente _____
6. signora _____

2 **Trasformare** Provide the plural of each word.

1. lezione _____
2. caffè _____
3. ragazza _____
4. studente _____
5. amico _____
6. attrice _____
7. sport _____
8. tavolo _____
9. domanda _____
10. persona _____
11. problema _____
12. albergo _____

3 **Identificare** Identify the people or object(s) in each photo.

1. due _____
2. un _____
3. due _____

4. due _____
5. un _____
6. un _____

4 **Categorie** In pairs, indicate a category for each group of items.

MODELLO

Dante Alighieri, Italo Calvino, Umberto Eco
autori

1. Lamborghini, Ferrari, Alfa Romeo
2. *Harry Potter*, *Sentieri*, dizionario
3. Macintosh, Dell, Toshiba
4. Olive Garden, Ruby Tuesday, IHOP
5. Hilton, Marriott, Holiday Inn
6. Jennifer Lawrence, Kerry Washington, Scarlett Johansson

5 **Prova d'artista** In small groups, take turns drawing people or objects you've learned for the others to guess. The person who guesses correctly is the next to draw.

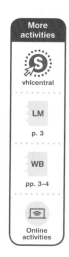

More activities

vhlcentral

LM
p. 3

WB
pp. 3–4

Online activities

STRUTTURE

1A.2

Articles

Punto di partenza Articles are words that accompany nouns. They signal whether the noun is a particular person, place, thing, or idea or an unspecified one.

Indefinite articles

- Indefinite articles refer to an unspecified person, place, thing, or idea and correspond to *a/ an* in English. In Italian, the form of the indefinite article changes according to the gender (masculine or feminine) of the noun that follows it. They are used with singular nouns.

masculine		feminine	
un agazzo	*a boy*	una donna	*a woman*

- Before a feminine noun that begins with a vowel, the indefinite article **un'** is used.

un uomo (*m.*)
a man

un'idea (*f.*)
an idea

- If a masculine singular noun begins with the letter *z*, *s* + consonant (such as *sc*, *sch*, *scri*, *sm*, *sp*), or *ps*, *pn*, *x*, *y*, or *gn*, then the indefinite article **uno** is used.

uno studente
a student

uno psicologo
a psychologist

Definite articles

Approfondimento

When addressing someone with a social or professional title, the definite article is not used. Use the definite article when speaking about someone.

Buongiorno Professor Cincotti!
Good morning, Professor Cincotti!

Il professor Cincotti abita a Venezia.
Professor Cincotti lives in Venice.

- Definite articles indicate a specific person, place, thing, or idea and correspond to *the* in English. In Italian, the form of the definite article changes according to the gender (masculine or feminine) and number (singular or plural) of the noun that follows it. Before masculine and feminine singular nouns that begin with a vowel, the definite article **l'** is used. For masculine plural nouns, use **gli**. For feminine plural nouns, use **le**.

	singular		plural	
masculine	il libro	*the book*	i libri	*the books*
	l'esame	*the exam*	gli esami	*the exams*
feminine	la casa	*the house*	le case	*the houses*
	l'amica	*the friend*	le amiche	*the friends*

- If a singular masculine noun begins with the letter *z*, or *s* + consonant (such as *sc*, *sch*, *scri*, *sm*, *sp*), or *ps*, *pn*, *x*, *y*, or *gn*, then the definite article **lo** is used. If it's a plural masculine noun, **gli** is used.

lo sport
the sport

gli studenti
the students

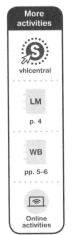

More activities

vhlcentral

LM
p. 4

WB
pp. 5–6

Online activities

Provalo! **Choose the correct article.**

un, una, un' o uno?

1. ___ autobus
2. ___ signora
3. ___ sport
4. ___ libro

la, lo, il, l', le, gli o i?

5. ___ ragazzi
6. ___ attrice
7. ___ autori
8. ___ casa

PRATICA E COMUNICAZIONE

1 L'articolo giusto Provide the definite article for each word.

1. _____ libro
2. _____ lezione
3. _____ ragazzi
4. _____ ufficio
5. _____ studentesse
6. _____ sport

7. _____ amica
8. _____ signore
9. _____ tavolo
10. _____ case
11. _____ stazione
12. _____ signori

2 Completare Complete sentences 1–4 with the correct indefinite article (**l'articolo indeterminativo**). Then complete sentences 5–8 with the correct definite article (**l'articolo determinativo**).

1. La signora comunica _____ idea.
2. L'autore conclude _____ libro.
3. In città c'è _____ albergo.
4. È _____ domanda intelligente.

5. Il ragazzo assiste _____ attori.
6. Il traffico blocca _____ autobus.
7. _____ professori arrivano in albergo.
8. _____ amiche sono a casa.

3 Scegliere Complete the sentences with the appropriate definite or indefinite article.

1. Marco è _____ capitano della squadra (*of the team*).
2. _____ professoressa d'italiano si chiama Nadia Piacentini.
3. Il tennis è _____ sport divertente (*fun*).
4. Roberto Benigni è _____ attore famoso.
5. _____ ufficio del Prof. Specchio è grande (*big*).
6. La Sapienza è _____ università importante.
7. Professore, ho (*I have*) _____ domanda!
8. Tutti (*All of*) _____ ragazzi studiano italiano.

4 Che cos'è? In pairs, take turns identifying each photo.

▶ **MODELLO**

S1: Che cos' è (*What is it*)?

S2: È (*It is*) una televisione.

1. _____ 2. _____

3. _____ 4. _____ 5. _____ 6. _____

STRUTTURE

1A.3

Numbers 0–100

Punto di partenza As in English, numbers in Italian follow patterns. Memorizing the numbers **0–30** will help you learn **31–100**.

	Numbers 0–30	
0-10	**11-20**	**21-30**
0 zero		
1 uno	**11** undici	**21** ventuno
2 due	**12** dodici	**22** ventidue
3 tre	**13** tredici	**23** ventitré
4 quattro	**14** quattordici	**24** ventiquattro
5 cinque	**15** quindici	**25** venticinque
6 sei	**16** sedici	**26** ventisei
7 sette	**17** diciassette	**27** ventisette
8 otto	**18** diciotto	**28** ventotto
9 nove	**19** diciannove	**29** ventinove
10 dieci	**20** venti	**30** trenta

- In Italian, the number **uno** changes to agree with the noun it precedes. The forms of the number **uno** and the indefinite article are the same (see **Strutture 1A.2**).

una matita
a/one pencil

un quaderno
a/one notebook

un'amica
a/one friend

uno zaino
a/one backpack

- Note that **venti** drops its final vowel when combined with **-uno** and **-otto**, and that the addition of **-tre** requires an accent. These patterns repeat in numbers **31–100**.

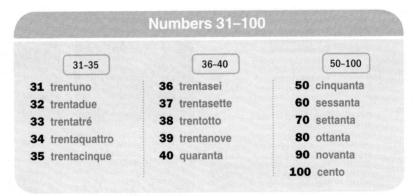

	Numbers 31–100	
31-35	**36-40**	**50-100**
31 trentuno	**36** trentasei	**50** cinquanta
32 trentadue	**37** trentasette	**60** sessanta
33 trentatré	**38** trentotto	**70** settanta
34 trentaquattro	**39** trentanove	**80** ottanta
35 trentacinque	**40** quaranta	**90** novanta
		100 cento

- Numbers that end in **-uno** may drop the **-o** before plural nouns.

cinquantuno/cinquantun anni
fifty-one years

ottantuno/ottantun amiche
eighty-one friends

Ho **ventuno/ventun** esami.
I have twenty-one exams.

Ci sono **quarantuno/quarantun** persone.
There are forty-one people.

C'è and ci sono

- In Italian, use **c'è** (*there is . . ./is there . . . ?*) and **ci sono** (*there are . . ./are there . . . ?*) to talk about the existence of people or things. Use **c'è** with singular nouns and **ci sono** with plural nouns.

C'è una sedia?
Is there a chair?

In biblioteca **ci sono** venti computer.
There are twenty computers in the library.

Ci sono tre sedie.
There are three chairs.

C'è una televisione?
Is there a television?

- To ask *how many?* use **quanti** with masculine plural nouns and **quante** with feminine plural nouns and place **ci sono** at the end of the question.

Quanti studenti ci sono?
How many students are there?

Quante matite ci sono?
How many pencils are there?

- Use **molti** with masculine plural nouns and **molte** with feminine plural nouns to mean *many* or *a lot*.

Ci sono **molti** studenti.
There are a lot of students.

Ci sono **molte** matite.
There are a lot of pencils.

- Add **non** (*not*) to make **c'è** and **ci sono** negative.

Non c'è lezione.
There is no class.

Non ci sono molti esami.
There aren't many exams.

Ecco

- Unlike **c'è** and **ci sono**, which simply state the existence of something or someone, **ecco** draws attention to the presence of an object or person. **Ecco** is invariable.

Ci sono sei professori d'italiano.
There are six Italian professors.

C'è un dizionario in biblioteca?
Is there a dictionary in the library?

Ecco i professori!
Here are the professors!

Ecco il dizionario.
Here is the dictionary.

Provalo! Write the Italian word for each number.

1. 2 _due_
2. 67 _____
3. 16 _____
4. 28 _____
5. 91 _____

6. 7 _____
7. 45 _____
8. 100 _____
9. 36 _____
10. 77 _____

11. 11 _____
12. 59 _____
13. 81 _____
14. 15 _____
15. 43 _____

More activities

vhlcentral

LM
p. 5

WB
pp. 7–8

Online activities

STRUTTURE

PRATICA

1 **Completare** Complete each series with the missing number. Then write the number in Italian.

MODELLO

2, 4, ___6___, 8, 10; ___sei___

1. 0, 10, 20, 30, _____; _____
2. 4, _____, 12, 16, 20; _____
3. 94, _____, 92, 91, 90; _____
4. 55, 66, 77, _____, 99; _____
5. 4, _____, 24, 34, 44; _____
6. _____, 70, 75, 80, 85; _____
7. 6, 9, 12, 15, _____; _____
8. 100, 90, 80, _____, 60; _____

2 **Descrivere** Write how many of each item there are.

▶ **MODELLO**
(3) la televisione
Ci sono tre televisioni.

1. (25) lo zaino

2. (89) lo studente

3. (63) l'amico

4. (74) il dizionario

5. (11) la biblioteca

6. (96) l'albergo

3 **Leggere ad alta voce** In pairs, take turns reading the numbers aloud and writing them down. (Note that Italian phone numbers are read in double digits.)

MODELLO

La mamma: zero settantuno, settantacinque, novantadue, cinquantaquattro

1. la mamma: 071-75.92.54

2. il taxi: 0583-71.01.30

3. la polizia: 081-25.99.61.11

4. il dottore: 06-85.73.64.92

5. l'ufficio: 08-16.50.41.80

COMUNICAZIONE

4 **L'impiccato** In pairs, play Hangman (**l'impiccato**). Try to guess what number your partner is spelling.

> **MODELLO**
>
> D I __ I __ __ __ __ (diciotto)
> **S1:** C'è una O?
> **S2:** Sì! Ci sono due O!

5 **In classe** In pairs, take turns saying whether each item is in your classroom, and how many there are.

▶ **MODELLO**

S1: C'è un professore?
S2: Sì, c'è un professore./
No, c'è una professoressa.

1.   2.

3.   4.   5.   6.

6 **A casa mia** In groups of three, create a list of ten people or items. Then ask each other how many of each there are at your house (**a casa tua**).

> **MODELLO**
>
> **S1:** Quanti libri ci sono a casa tua?
> **S2:** A casa mia (*At my house*), ci sono sessantadue libri.
> **S3:** A casa mia ci sono novantuno libri.

libri
cani
telefoni
computer
televisioni
tavoli
zaini

7 **Bingo!** Form a group of five to play Bingo. Choose one player to shout out numbers between one and twenty. The rest of the players should make cards with sixteen squares and write a number in each square. The first player to get four numbers in a row horizontally, vertically, or diagonally wins!

SINTESI

Ricapitolazione

1 **Trova la coppia** In pairs, create twelve game cards. On six of the cards, draw pictures of nouns you learned in this lesson. On the other six cards, write the name of each item, including the definite article. Then shuffle the cards, place them face down, and take turns matching them.

2 **Caccia al tesoro** Work in groups of four. Each pair creates a list of four types of words or expressions the other pair must find in their textbooks. Exchange lists and look through your textbooks for each item on the list. Write down the word and the page number.

1. un nome femminile plurale
2. un numero fra il 3 e il 23
3. un saluto informale
. . .

3 **In centro** In pairs, take turns asking if each person or item indicated is in the picture. If it is, ask where it is. Your partner responds by pointing to the item.

MODELLO

S1: C'è un bar?
S2: Sì.
S1: Dov'è?
S2: Qui (here)!

| autobus | casa | bar | università |
| macchina | donna | stazione | uomo |

4 **Presentazioni** With a partner, go to meet another pair. One person per pair should introduce him-/herself and his/her partner. Use items from the list to role-play formal and informal situations. Switch roles until you have met every pair in the class.

| amico/a | professore(ssa) |
| dottore(ssa) | studente(ssa) |

5 **In facoltà** You are new on campus and ask another student for help finding these places and classes. He/She tells you the building (**l'edificio**) and the room (**l'aula**) and you thank him/her. Switch roles and repeat with another item from the list.

MODELLO

S1: Scusa, dov'è l'esame d'italiano?
S2: Italiano… Edificio Z, aula novantanove.
S1: Grazie!
S2: Prego!

Ufficio del Prof. Ferra	Edificio C Aula 20
Ufficio della Prof.ssa Nardi	Edificio F Aula 15
Letteratura italiana	Edificio M Aula 56
Matematica	Edificio A Aula 31
L'esame di biologia	Edificio T Aula 77
L'esame di arte	Edificio H Aula 11
Sala professori	Edificio P Aula 98
Sala computer	Edificio B Aula 42

6 **Parole intrecciate** You and your partner each have half the words of a word search (**le parole intrecciate**). Pick a number and a letter and say them to your partner, who will tell you if he/she has a letter in the corresponding space. Do not look at each other's worksheets.

More activities

vhlcentral

Online activities

Reading **Italia** *autentica*

Il sito Internet: Trovainquilini.it

 Preparazione Scan the website and underline familiar words. What type of website is it?

1 **Comprensione** Look at the webpage and answer the following questions.

1. Come si chiama il ragazzo del sito web?
2. Qual è la sua città d'interesse?
3. Quanti anni ha?
4. Qual è il suo indirizzo e-mail?
5. Che cosa vuole fare questa persona?

Espressioni utili

Qual è il tuo indirizzo e-mail?	What is your email address?
Di dove sei?	Where are you from?
Dove vivi?	Where do you live?
Quale città italiana ti piace/ preferisci?	Which Italian city do you like/prefer?
Quando sei nato/a?	When were you born?
Sono nato/a nel	I was born in (+year)

2 **Discussione** In pairs, imagine you are working for **Trova Inquilini** and you're in charge of collecting customer information. Ask your classmate for all the information you'd need to fill out a form similar to the website one. Then add one or two questions of your own. Use **Espressioni utili.**

3 **Presentazione** Based on the information you collected in **Discussione**, introduce your partner to the class. Follow these prompts.

- Full name
- City
- Email address
- Date of birth
- Personal description
- Other

Login   Registrati   Blog   Tutte le Città   Home

Trova Inquilini

Scegli una città...   ▾   Scegli una categoria...   ▾

Offro Stanza
Cerco Stanza
Offro Appartamento
Cerco appartamento

🏠 › Registrati

Registrati

Genere: *

uomo ▾

Nome: *

Gianluca Portolan

Data di nascista: *

27 ▾   Giu ▾   2001 ▾

Città di interesse: *

Udine

E–mail: *

gianluca.portolan20@tim.it

Per usare Trova Inquilini é necessatio un indirizzo email valido. Ti invieremos un'email di conferma per attivare il tuo profilo TrovaInquilini !

Password: *

....

Sicurezza password:

Conferma password: *

....

Corrispondenza password: Si
Attenzine, la password deve essere lunga almeno 8 caratteri.

☑ Formisci il consenso al rattamento dei tuoi dati per finalità promozionali
☑ Ricevi le alert di Trova Inquilini sui nuovi annunci pubblicati
☑ Ricevi la newsletter di Trova Inquilini
☑ Accetti le Condizioni d'uso di

Questa domanda è per testare se sei un visitatore umano e per prevenire lo spam

Q Q 6 Q 7

Quale è il codice scritto nell'immagine?: *

QQ6Q7

Inserisci i caratteri mostrati nell'immagine.

Procedi

Lezione
1B

Communicative Goals

You will learn how to:
- talk about classes
- talk about schedules

CONTESTI

A scuola Hotspots

l'orologio

lo zaino

la finestra

Vocabolario

a lezione	*in class*
(Che) cos'è?	*What is it?*
gli appunti	*notes*
i compiti	*homework*
l'esame (m.)	*exam*
la porta	*door*
il testo	*textbook*
il voto	*grade*
i luoghi	*places*
l'aula	*lecture hall, classroom*
la biblioteca	*library*
la classe	*classroom*
la facoltà	*department*
la mensa	*cafeteria*
la scuola superiore	*high school*
l'università	*university*
le materie	*subjects*
l'arte (f.)	*art*
l'economia	*economics*
la giurisprudenza	*law*
l'informatica	*computer science*
le lettere	*arts; humanities*
le lingue	*languages*
la medicina	*medicine*
le scienze	*science*
la storia	*history*
la gente	*people*
Chi è?	*Who is it?*
l'alunno/a	*(K-12) student*
l'amico/a	*friend*
il/la compagno/a di classe	*classmate*
l'insegnante	*instructor*

il libro

il quaderno

la penna

il dizionario

la matita

il cestino

il foglio di carta

il banco

More activities

vhlcentral	WB pp. 9–10	LM p. 6	Online activities

la lavagna

Attenzione!

When you answer the question **Che cos'è?**, use **È...** to talk about a single item and **Sono...** to talk about more than one item.

la cartina

il professore
(la professoressa *f.*)

la studentessa

lo studente

la sedia

Pratica

1 Trova l'intruso Choose the word that does not belong.

1. **a.** la finestra
   b. la porta
   c. la storia
   d. la sedia

2. **a.** l'università
   b. l'orologio
   c. la biblioteca
   d. l'aula

3. **a.** il libro
   b. il dizionario
   c. il testo
   d. la cartina

4. **a.** lo studente
   b. la professoressa
   c. il voto
   d. l'amico

5. **a.** il quaderno
   b. la giurisprudenza
   c. le scienze
   d. l'economia

6. **a.** gli appunti
   b. la matita
   c. la penna
   d. il compagno di classe

2 Mettere etichette Label each item with a word from the lesson vocabulary.

MODELLO *la matita*

1. _____

2. _____

3. _____

4. _____

5. _____

6. _____

3 Completare Choose the best response or completion for each question or statement.

1. Aldo studia...
   a. la sedia.
   b. il banco.
   c. scienze.

2. Chi è? È...
   a. la penna.
   b. il professore.
   c. la storia.

3. Nello (*In the*) zaino c'è...
   a. il libro.
   b. il compagno di classe.
   c. la facoltà.

4. Ci sono molti libri in...
   a. biblioteca.
   b. il voto.
   c. l'informatica.

5. La medicina, le lettere e la storia sono...
   a. luoghi.
   b. materie.
   c. persone.

6. Che cosa c'è in aula?
   a. la lavagna
   b. la biblioteca
   c. la mensa

7. La professoressa De Luca è...
   a. gli appunti.
   b. la matita.
   c. l'insegnante.

8. L'italiano, l'inglese e il francese sono...
   a. compiti.
   b. agende.
   c. lingue.

Comunicazione

4 **Descrivere** With a partner, use the word bank to ask and answer questions about the illustration.

MODELLO

S1: *Ci sono studenti nell'aula?*
S2: *Sì, ci sono otto studenti.*

cartina	lavagna	porta
dizionario	orologio	sedia
finestra	persona	studente

5 **Dov'è?** Listen to each conversation. Then indicate which conversation takes place in each of these locations.

1. l'aula   conversazione ____
2. la biblioteca   conversazione ____
3. la mensa   conversazione ____
4. l'autobus   conversazione ____

6 **Cosa c'è nello zaino?** List six different items you have in your backpack. Then, in pairs, compare your lists.

Nel mio (*my*) zaino c'è/ci sono...

1. _____
2. _____
3. _____
4. _____
5. _____
6. _____

Nello zaino di <u>nome</u> c'è/ci sono...

1. _____
2. _____
3. _____
4. _____
5. _____
6. _____

7 **L'inventario** You and another student are taking inventory in the university supplies office. Introduce yourselves, then ask and answer questions about how many of each item there are.

MODELLO (7)

S1: *Scusa, quanti cestini ci sono?*
S2: *Ci sono sette cestini.*

1. (26) _____   2. (58) _____   3. (1) _____

4. (10) _____   5. (81) _____   6. (67) _____

Pronuncia e ortografia Audio

◁)) **The letters c and g**

caldo	**c**oppa	**c**urva	**c**hiaro

c has a hard sound (as in the English word *cat*) when followed by the vowels **a**, **o**, or **u**, or when followed by the letter **h**.

cena	**c**ento	**c**iao	**c**ibo

c has a soft sound (as in the English word *chat*) when followed by the vowels **e** or **i**.

gatto	**g**ondola	**g**usto	spa**g**hetti

Similarly, **g** has a hard sound (as in the English word *gap*) when followed by the vowels **a**, **o**, or **u**, or by the letter **h**.

gelato	**g**ente	pa**g**ina	fa**g**ioli

g has a soft sound (as in the English word *gem*) when followed by the vowels **e** or **i**.

Pronunciare Practice saying these words aloud.

1. ciao	4. cono	7. parco	10. compiti
2. gala	5. lago	8. piacere	11. felice
3. logico	6. vicino	9. giallo	12. Cina

Articolare Practice saying these sentences aloud.

1. La bicicletta costa cento dollari.
2. L'università è grande.
3. Oggi fa caldo.
4. L'orologio è bello.
5. Il ragazzo mangia alla mensa.
6. Il principe è coraggioso.

Proverbi Practice reading these sayings aloud.

Ogni volta che apri un libro, qualcosa impari.[1]

Pensa oggi e parla domani.[2]

[2] Think before you speak. (lit. *Think today and speak tomorrow.*)

[1] Every time you open a book, you learn something.

More activities

vhlcentral   LM   p. 7

FOTOROMANZO

Il primo giorno di scuola Video

PERSONAGGI

Emily

Lorenzo

Marcella

Riccardo

Viola

LORENZO Riccardo!
RICCARDO Ciao Lorenzo. Come stai? Cosa studi?
LORENZO Economia. E tu?
RICCARDO Il lunedì e il mercoledì, scienze politiche e diritto romano. Il martedì e il giovedì, diritto costituzionale.

LORENZO E il venerdì?
RICCARDO Il venerdì sono pigro. Sono bravo in questo.
LORENZO Sei un tipo strano.
RICCARDO Un libro. Un quaderno. Tu sei un tipo serio.

LORENZO Senti, di dove sei?
RICCARDO Di Bari. Sono per metà greco e per metà italiano. E tu?
LORENZO Io sono di Milano.
RICCARDO È una città molto bella e interessante.
LORENZO Grazie.

EMILY Dov'è la mia cartina? Aha! È qui, giusto?
VIOLA Sì. Giusto. Tu invece sei di Chicago. Che ora è lì adesso?
EMILY Sono le undici e mezza, dunque sette ore... dieci, nove, otto, sette, sei, cinque, le quattro e mezza del mattino!

EMILY Che cosa c'è?
VIOLA Dov'è la mia agenda (*planner*)? Aha! È nella stanza.
(Entra Marcella.)
VIOLA Buongiorno, Marcella.
MARCELLA Buongiorno, Viola. Buongiorno, Emily. Come stai?
EMILY Molto bene, grazie. Ho lezione di italiano fra un'ora.

MARCELLA Caffè?
EMILY Sì, grazie.
MARCELLA In Italia, il caffè è importante. Fare un buon caffè non è facile. Questa è la tua prima lezione.
EMILY Dove sono la penna e il quaderno? Ah.
(Prova il caffè.)
EMILY Ottimo! Delizioso!
MARCELLA Grazie, grazie.

ATTIVITÀ

1 **Chi è?** To which character does each statement refer?

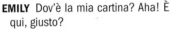

1. Studia economia.
2. È pigro.
3. È greco e italiano.
4. Per Lorenzo, è antipatica!
5. Nella sua città sono le quattro e mezza.

6. Ha un'agenda.
7. Ha lezione di italiano fra un'ora.
8. Per lei, il caffè è importante.
9. È nervosa.
10. È una ragazza studiosa.

I ragazzi parlano della (*talk about*) scuola e della personalità.

LORENZO E Viola, di dov'è?
RICCARDO È abruzzese, credo.
  Di Capistrello... Emily è degli Stati
  Uniti. Chicago, *The Windy City*.
  (*Continua.*)
RICCARDO Emily è divertente,
  socievole e indipendente. Viola
  invece è studiosa e timida.
LORENZO Viola è antipatica.

Alla pensione...
EMILY Di dove sei, Viola?
VIOLA Sono abruzzese.
EMILY Che città?
VIOLA Capistrello.

MARCELLA Che cosa c'è?
VIOLA Sono nervosa.
MARCELLA Su, non ti preoccupare.
VIOLA Sì, ma...
MARCELLA Viola. Sei una ragazza
  intelligente e studiosa. La scuola
  è facile.
VIOLA È facile a Capistrello.
MARCELLA E anche a Roma.

MARCELLA In bocca al lupo.
VIOLA Crepi. Grazie.
MARCELLA Mi raccomando.

Espressioni utili

Describing people

- **Il venerdì sono pigro. Sono bravo in questo.**
  On Fridays I'm lazy. I'm good at that.
- **Sei un tipo strano.**   • **Di dove sei?**
  You're a weird guy.   *Where are you from?*
- **Sono per metà greco e per metà italiano.**
  I'm half Greek and half Italian.
- **È abruzzese, credo.**
  She's from Abruzzo, I believe.
- **Emily è divertente, socievole e indipendente. Viola, invece, è studiosa e timida.**
  Emily is fun, sociable, and independent. Viola, on the other hand, is studious and shy.

Talking about classes

- **Cosa studi?**
  What do you study?
- **Il lunedì e il mercoledì, scienze politiche e diritto romano.**
  On Mondays and Wednesdays, Political Science and Roman Law.
- **Ho lezione di italiano fra un'ora.**
  I have an Italian class in an hour.
- **Questa è la tua prima lezione.**
  This is your first lesson.

Additional vocabulary

- **È qui, giusto?**   • **Che cosa c'è?**
  It's here, right?   *What's wrong?*
- **Che ora è lì adesso?**
  What time is it there now?
- **Sono le undici e mezza.**
  It's 11:30.
- **Fare un buon caffè non è facile.**
  Making a good coffee is not easy.
- **Su, non ti preoccupare.**
  Come on, don't worry.
- **In bocca al lupo.**   • **Crepi.**
  Good luck.   *Thanks.*
- **Mi raccomando.**   • **antipatica**
  Take care of yourself.   *unpleasant*

---

2 **Per parlare un po'** In pairs, choose the words from this list that you would use to describe yourselves. What personality traits do you have in common? Be prepared to share your answers with the class.

divertente	pigro	strano
indipendente	serio	studioso
nervoso	socievole	timido

3 **Approfondimento** There are twenty regions (**regioni**) in Italy, each with its own capital (**capoluogo**). Find the Italian names of five regions and their capitals.

A T T I V I T À

All'università!

Italy is home to some of the oldest universities in Europe; the cities of Bologna, Padova, Napoli, and Siena have universities dating back to the 13th century or earlier. Almost every major town in Italy has a public university. Most Italian students attend their hometown university and many students continue to live with their parents. Universities in Italy don't have campuses, but are comprised of numerous buildings, usually in the city center.

Most universities are public and the cost of tuition (**le tasse universitarie**) is less than in-state tuition at public universities in the United States. There are a few private universities, including the **Università Bocconi** in **Milano** for business and economics and the **LUISS** (**Libera Università Internazionale degli Studi Sociali**) in **Roma** for economics, law, and political science. One of the most prestigious public universities in Italy is **La Scuola Normale Superiore di Pisa.**

After passing the national exam (**l'esame di stato**) to complete high school, students can enroll in any university by applying directly to their chosen department (**la facoltà**). Some departments, typically **medicina**, have limited enrollment (**il numero chiuso**). Students can complete a three-year degree (**la laurea di primo livello**), which corresponds to a bachelor's degree, or continue for another two years to receive the equivalent of a master's degree (**la laurea magistrale**). Before a reform of the university system in 1999, students were required to complete four or five years of study to receive their **laurea**, now called the **laurea del vecchio ordinamento.** The most popular degrees are in **economia**, **scienze politiche**, and **giurisprudenza**, followed by **medicina** and **ingegneria°**. Whatever the field, most classes follow a lecture format and have oral exams, though some, such as the sciences (**le scienze**) and math (**la matematica**), also include a written component.

Italian matriculations by discipline		
AREE DISCIPLINARI	NUMERO TOTALE	PERCENTUALE°
Economia/Statistica	45.884	14,2%
Scienze politiche/sociali	40.970	12,6%
Giurisprudenza	36.949	11,4%
Medicina	31.476	9,7%
Ingegneria	31.396	9,7%
Lettere	26.603	8,2%
Linguistica	17.769	5,5%
Geografia/Biologia	17.675	5,5%
Architettura	15.605	4,8%
Insegnamento°	15.070	4,6%

FONTE: MIUR Ufficio di statistica

ingegneria *engineering* **Percentuale** *Percentage* **Insegnamento** *Education*

A T T I V I T À

1

Vero o falso? Indicate whether each statement is **vero** or **falso**. Correct any false statements.

1. Most Italian students leave their hometown to attend university.

2. The most popular degrees are in economics and political science.

3. To receive **la laurea magistrale**, students study for five years.

4. Italian universities are more expensive than those in the United States.

5. Italian universities typically don't have a central campus.

6. Most exams in Italy are written.

7. Students must pass a national exam at the end of high school before attending college.

8. Many university students live with their parents.

9. The **Università Bocconi** specializes in law.

10. Students who want a less specialized degree can receive **la laurea** in three years.

In facoltà

Che noia!	*How boring!*
la bacheca	*bulletin board*
il/la prof	*professor*
essere bocciato	*to fail (exam)*
essere forte in...	*to be strong in (subject)*
essere negato/a per/in...	*to be no good at (subject)*
frequentare la lezione	*to attend class*
passare	*to pass (exam)*
saltare la lezione	*to skip class*
superare	*to pass (exam)*

I voti italiani

Grades in the Italian university system are on a 30-point scale, with 18 as the minimum passing grade. The grade for each course is usually based on a single exam. Once they have completed all their courses, students must write a thesis or another similar research project. The final grade for the degree, comprised of the average received in the courses and additional points for the thesis, is given on a 110-point scale. It is possible to receive bonus points (**lode**) on both exams and the thesis, so an excellent student could graduate with **110 e lode°**.

110 e lode *with honors*

Un'università storica

Founded in 1088, the **Università di Bologna**, known to its students as **Unibo**, is the oldest university in Europe. The first lessons offered in the 11th century were in rhetoric, grammar, and logic. By the 14th century, the curriculum had expanded to include medicine, philosophy, arithmetic, astronomy, and theology. The 15th century brought Greek and Hebrew as well. Medicine and experimental sciences would continue throughout the 16th and 17th centuries, and in 1637 the famous anatomical theater for human dissections was constructed. Among the many renowned scholars who have studied at the university over the years are **Dante Alighieri**, **Francesco Petrarca**, and **Niccolò Copernico**. Situated in the center of **Bologna** with its famous **portici°**, the **Unibo** is both the physical and intellectual heart of the city. Today almost 80,000 students enrolled in twenty-three **facoltà** can choose from numerous **corsi di laurea°**, from **antropologia** to **studi internazionali**.

portici *arcades* **corsi di laurea** *academic programs*

Do you have a song that reminds you of high school? Go to **vhlcentral.com** to learn about the song that an Italian student wrote for his teacher.

---

2 **Completare** Complete these sentences.

1. The **Università di Bologna** is the _____ university in Europe.

2. The first lessons offered were in rhetoric, _____, and logic.

3. The **Università di Bologna** is commonly called _____.

4. If you graduate with honors in Italy, the grade you receive is _____.

5. The minimum passing grade for an exam is _____ points.

3 **A voi** What are the main differences between Italian universities and those in the United States? With a partner, brainstorm a list of these differences. Which system do you prefer, and why?

More activities

vhlcentral — Online activities

ATTIVITÀ

STRUTTURE

1B.1

Subject pronouns and the verb essere

Punto di partenza In Italian, as in English, a verb is a word denoting an action or a state of being. The subject of a verb is the person or thing that carries out the action.

SUBJECT	VERB
La professoressa	parla italiano.
The teacher	*speaks Italian.*

- Subject pronouns replace a noun that is the subject of a verb.

SUBJECT PRONOUN	VERB
Lei	parla italiano.
She	*speaks Italian.*

- As in English, Italian subject pronouns are divided into three groups of singular and plural forms: first person, second person, and third person.

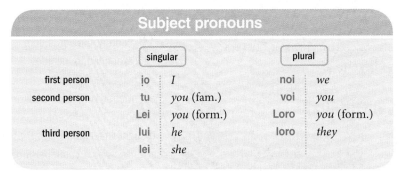

	Subject pronouns			
	singular		**plural**	
first person	io	*I*	noi	*we*
second person	tu	*you* (fam.)	voi	*you*
	Lei	*you* (form.)	Loro	*you* (form.)
third person	lui	*he*	loro	*they*
	lei	*she*		

- Unlike *I* in English, **io** is not capitalized unless it begins a sentence. Also note that in Italian, *it* and *they* are seldom expressed when referring to animals or objects.

Io parlo anche francese e tedesco.
I also speak French and German.

Sono libri d'italiano.
They are Italian books.

- The English *you* has multiple equivalents in Italian. When addressing one person, use either **tu** or **Lei**, depending on the degree of formality necessary.

Paolo, **tu** parli bene inglese?
*Paolo, do **you** speak English well?*

Signor Bruni, **Lei** parla molto bene.
*Mr. Bruni, **you** speak very well.*

- Write **Lei** (*you*, form.) with a capital **L** to distinguish it from **lei** (*she*). In formal situations, use **Lei** whether you are speaking to a man or a woman.

Che cosa studia **lei?**
*What does **she** study?*

Professor Balli, **Lei** cosa insegna?
*Professor Balli, what do **you** teach?*

- Use **voi** to address a group of people in both formal and informal settings. The formal second-person plural form **Loro** is seldom used, and is presented here for recognition only.

Voi siete bravi studenti.
You are good students.*

Signore, **voi** parlate inglese?
*Ladies, do **you** speak English?*

The verb essere

- **Essere** (*To be*) is an irregular verb because its conjugation (the set of forms for the different subjects) does not follow a pattern. The basic form **essere** is an *infinitive*, meaning it does not correspond to any particular subject.

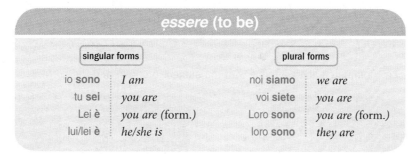

ẹssere (to be)			
singular forms		**plural forms**	
io **sono**	*I am*	noi **siamo**	*we are*
tu **sei**	*you are*	voi **siete**	*you are*
Lei **è**	*you are* (form.)	Loro **sono**	*you are* (form.)
lui/lei **è**	*he/she is*	loro **sono**	*they are*

- Unlike English, Italian does not require subject pronouns and, in fact, they are usually omitted. In the case of **è** and **sono**, use the context of the sentence to identify the subject.

Sono uno studente di storia.
I am a history student.

Siamo insegnanti di spagnolo alla scuola superiore.
We are Spanish instructors at the high school.

Sono brave studentesse?
Are they good students?

È un libro di francese.
It is a French book.

- Rising intonation at the end of a sentence transforms a statement into a yes-or-no question. To reply in the negative, place **non** (*not*) directly before the verb. Use **no** only as a negative response, equivalent to *no* in English.

È un dizionario italiano-inglese?
Is it an Italian-English dictionary?

La storia è una materia interessante?
Is history an interesting subject?

No, **non** è un dizionario italiano-inglese.
No, it's not an Italian-English dictionary.

Sì, la storia è interessante!
Yes, history is interesting!

- Note the differences in meaning in these statements.

È una penna.
It is a pen.

C'è una penna.
There is a pen.

Ecco una penna!
Here is a pen!

Provalo! **Choose the correct subject pronoun in each sentence.**

1. (Tu/Voi) siete americani.
2. (Lui/Loro) è in biblioteca.
3. (Io/Noi) sono generoso.
4. (Io/Tu) sei in Italia?
5. (Io/Voi) sono in biblioteca.
6. (Noi/Tu) sei un attore?
7. (Loro/Lei) sono a casa.
8. (Voi/Tu) siete dottori?
9. (Lui/Noi) siamo timide.
10. (Tu/Lei) è una ragazza simpatica.

More activities

vhlcentral

LM
p. 8

WB
pp. 11–12

Online activities

PRATICA

1 **Riempire** Fill in the blanks with the correct form of the verb **essere**.

1. Io _____ italiana.
2. Voi _____ intelligenti.
3. Lui _____ un attore famoso.
4. Francesca e Mario _____ studenti.

5. Io e Anna _____ all'università.
6. La signora Rossi _____ un'autrice.
7. Tu _____ a New York.
8. Antonio _____ in classe.

2 **Completare** Complete each sentence with the subject pronoun and the correct form of **essere**.

▶ **MODELLO**

Lei è un'attrice.

1. _____ un'insegnante.
2. _____ studenti d'italiano.

3. _____ il signor Paoli.
4. _____ in classe.
5. _____ una studentessa.
6. _____ in biblioteca.

3 **Creare** Use the cues to write complete sentences using **essere**.

MODELLO

lui / italiano
Lui è italiano.

1. noi / a casa
2. tu / in biblioteca?
3. io / uno studente di lingue
4. lei / un'insegnante di storia

5. voi / amici di Luisa?
6. loro / compagni di classe
7. lui / un professore bravissimo
8. loro / studentesse di storia

4 **Professionisti** In pairs, complete the sentences naming real-life people who do the profession indicated.

MODELLO

_____ sono due attori.
Jennifer Lawrence e Bradley Cooper sono due attori.

1. _____ è un professore.
2. _____ sono due autori.
3. _____ sono due giocatori di tennis.
4. _____ è un presidente importante.
5. _____ è un'attrice.

6. _____ sono dottori.
7. _____ è una professoressa.
8. _____ sono studenti d'italiano.
9. _____ sono due cantanti (*singers*).
10. _____ è un giocatore di pallacanestro (*baskteball*).

COMUNICAZIONE

5 **Descrizioni** In pairs, look at each picture and use the prompt to take turns asking and answering questions about the illustrations.

 MODELLO

S1: È una televisione?
S2: No, non è una televisione. È un cane.

una televisione?

1. un telefono?

2. un ristorante?

3. una cartina?

4. un professore?

5. un aeroporto?

6. una motocicletta?

6 **Domande** In pairs, ask and answer the following questions.

MODELLO

S1: Sei un professore?
S2: No, non sono un professore. Sono uno studente.

1. Sei la signora Rossi?
2. Tu sei uno studente di matematica?
3. Tu e i tuoi compagni di classe siete americani?
4. L'informatica è interessante?
5. L'insegnante d'italiano è timido/a?

6. Le lezioni di italiano sono difficili?
7. Il dizionario inglese-italiano è importante?
8. La mensa dell'università è buona?
9. Tu sei indipendente?
10. Tu e lei siete amici?

7 **Piacere di conoscerti** In groups of three, role-play the following situation: You and your roommate meet your friend on campus. Introduce yourselves and ask how each person is doing. Then each person should say something about him-/herself using a form of **essere**.

STRUTTURE

Adjective agreement

Punto di partenza Adjectives are words that describe people, places, and things. In Italian, adjectives are often used with the verb **essere** to point out the qualities of the subject.

> Emily è divertente, socievole e indipendente.

> Fare un buon caffè non è facile.

- Many adjectives in Italian are cognates. Their spellings and meanings are similar in both Italian and English.

Cognate adjectives

contento/a	*content*	lungo/a	*long*
difficile	*difficult*	nervoso/a	*nervous*
(dis)onesto/a	*(dis)honest*	serio/a	*serious*
generoso/a	*generous*	sincero/a	*sincere*
importante	*important*	socievole	*sociable*
indipendente	*independent*	studioso/a	*studious*
intelligente	*intelligent*	timido/a	*timid*
interessante	*interesting*	tranquillo/a	*tranquil*

Other common adjectives

antipatico/a	*unpleasant*	facile	*easy*
bello/a	*beautiful, handsome*	felice	*happy*
bravo/a	*good, talented*	noioso/a	*boring*
buono/a	*good*	pigro/a	*lazy*
cattivo/a	*bad, naughty*	simpatico/a	*nice, likeable*
divertente	*fun*	triste	*sad*

- Although both **buono** and **bravo** mean *good*, use **bravo** to describe someone who is skilled or talented.

La pizza in mensa è **buona**.
*The pizza at the cafeteria is **good**.*

L'insegnante d'italiano è **brava**.
*The Italian teacher is **good**.*

- Unlike in English, most adjectives in Italian follow the noun.

È una ragazza **tranquilla**.
*She is a **calm** girl.*

Sono ragazzi **studiosi**.
*They are **studious** boys.*

Agreement

Italian adjectives agree in gender and number with the nouns they modify. In **Strutture 1A.1** you learned how to make nouns plural; adjectives change their final vowel in a similar way.

- Adjectives whose masculine singular form ends in **-o** have four possible endings: **-o** (*masc.*) and **-a** (*fem.*) in the singular, and **-i** (*masc.*) and **-e** (*fem.*) in the plural. To refer to groups of mixed gender, use the masculine plural ending **-i**.

Giorgio è **contento** del corso d'informatica.
*Giorgio is **happy** with the computer science course.*

Giorgio e Laura sono **contenti**.
*Giorgio and Laura are **happy**.*

Silvia è **contenta** dell'insegnante di francese.
*Silvia is **happy** with the French instructor.*

Silvia e Laura sono **contente**.
*Silvia and Laura are **happy**.*

- Adjectives that end in **-e** in the singular change to **-i** in the plural.

Lucia è **intelligente**.
*Lucia is **intelligent**.*

Lucia e Roberto sono **intelligenti**.
*Lucia and Roberto are **intelligent**.*

- Most adjectives ending in **-co**, **-ca**, **-go**, and **-ga** require an **h** in the plural to maintain the hard sound of the **c** or **g**. Exceptions include the masculine plural adjectives **simpatici** and **antipatici**.

Giulia è **simpatica**.
*Giulia is **nice**.*

Le ragazze sono **simpatiche**.
*The girls are **nice**.*

Il signor Schneider è **tedesco**.
Mr. Schneider is German.

Stephan and Lori sono **tedeschi**.
*Stephan and Lori are **German**.*

- Adjectives of nationality also follow the rules of agreement described above. Unlike in English, they are not capitalized.

Adjectives of nationality			
americano/a	*American*	indiano/a	*Indian*
canadese	*Canadian*	inglese	*English*
cinese	*Chinese*	italiano/a	*Italian*
coreano/a	*Korean*	messicano/a	*Mexican*
francese	*French*	nigeriano/a	*Nigerian*
giapponese	*Japanese*	spagnolo/a	*Spanish*
greco/a	*Greek*	tedesco/a	*German*

- Use **Di dove** + **essere** to ask about someone's nationality or origin. To name a city in the reply, use **di**.

Di dove sei?
Where are you from?

Sono **italiana**. Sono **di Roma**.
*I am **Italian**. I am **from Rome**.*

More activities

vhlcentral

LM
p. 9

WB
pp. 13–14

Online activities

Provalo!   Write the correct forms of the adjectives.

1. Loro sono <u>generosi/e</u>. (generoso)
2. Lisa è _____. (simpatico)
3. Hiroshi è _____. (giapponese)
4. Io non sono _____. (pigro)
5. Gli esami sono _____. (facile)
6. Silvia è _____. (tedesco)

STRUTTURE

PRATICA

1 **Completare** Use adjectives from the word bank to complete each sentence.

antipatico	generoso	pigro	timido
calmo	nervoso	studioso	triste

▶ **MODELLO**

La ragazza è *antipatica*.

1. Gabriele e Leo sono _____.

2. Antonella e Patrizia sono _____.

3. Giulia è _____.

4. Chiara è _____.

5. Marcello è _____.

6. Luca e Vera sono _____.

2 **Creare** Use the cues to write complete sentences.

MODELLO

io / nervoso
Io sono nervoso/a.

1. noi / onesto
2. Franca / timido
3. io e Gianni / intelligente
4. tu / generoso
5. Anna e Caterina / pigro
6. voi / sincero
7. Davide e Ilaria / bello
8. tu e Patrizia / felice
9. io / studioso
10. Daniela / serio

3 **Descrivere** Identify the nationality of each person or group of people.

MODELLO

Dimitri è di Atene: è *greco*.

1. Paul e Jon sono di Boston: sono _____.
2. Tu e Julie siete di Toronto: siete _____.
3. Chyou è di Shanghai: è _____.
4. Alessandra è di Roma: è _____.
5. Tu e io siamo di Città del Messico: siamo _____.
6. Tu sei di Parigi: sei _____.
7. Kim è di Seoul: è _____.
8. Tu e Dina siete di Atene: siete _____.

COMUNICAZIONE

4 **Come sono?** In pairs, take turns describing each person or thing indicated. Agree (**È vero!**) or disagree (**Non è vero!**) with each description you hear. If you disagree, give your own opinion.

MODELLO

Johnny Depp (attore)
S1: È un attore terribile.
S2: È vero, è un attore terribile. /
   Non è vero! È un bravo attore.

1. Will Smith e Will Ferrell (**attori**)
2. Angelina Jolie e Scarlett Johansson (**attrici**)
3. Sophia Loren (**attrice**)
4. Leonardo DiCaprio (**attore**)
5. Giorgio Armani e Donatella Versace (**stilisti**)
6. Giovanni Anselmo (**artista**)
7. Elena Ferrante (**scrittrice**)
8. Laura Pausini e Andrea Bocelli (**cantanti**)

5 **Personaggi** In pairs, imagine you are writing a script for a soap opera that includes the following characters. For each person, write a short description that includes the person's name, nationality, and a few adjectives that describe him/her.

▶ **MODELLO**

Si chiama Anastasia
Regina. È canadese.
È antipatica,
intelligente e disonesta.

1.

2.

3.

4.

5.

6.

6 **Il mio capo** Role-play the following situation: You and a friend both have part-time jobs and each of you is convinced that your boss (**il mio capo**) is the worst boss ever. Describe your bosses to each other. Use the list of adjectives.

MODELLO

S1: Il mio capo è molto antipatico!
S2: Anche il mio capo è antipatico: è davvero (*really*) arrogante e autoritario!

disonesto	nervoso
(non) indipendente	cattivo
(non) simpatico	serio
(non) sincero	(non) divertente

STRUTTURE

1B.3

Telling time

Punto di partenza Use the verb **essere** with numbers to tell time.

- To ask for the time in Italian, use **ora** (*hour*) in either the singular or plural form.

Che **ora** è?/ Che **ore** sono? 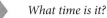 *What time is it?*

- Express time with either **sono** or **è**, depending on the hour. Use **è** with **mezzogiorno** (*noon*), **mezzanotte** (*midnight*), and 1:00. Note the use of the definite article with **una**.

È **mezzogiorno/mezzanotte**.

È **l'una**.

- Express all other hours with **sono le** + [*number*].

Sono le sei.

Sono le dieci.

- To express minutes from the hour to the half hour, use **e** (*and*). To express minutes from the half hour to the next hour, subtract the minutes from that hour using **meno** (*minus*).

Sono le quattro **e cinque**.

Sono le tre **meno dieci**.

- You can use **un quarto/quindici** and **e un quarto/e quindici** for *a quarter past*, **meno un quarto** for *a quarter to*, and **mezzo/mezza** or **trenta** for the half hour.

È l'una e **un quarto**.

Sono le sette e **mezzo**.

- To distinguish between a.m. and p.m., use the expressions **di mattina/del mattino** (*in the morning*), **del pomeriggio** (*in the afternoon*), **di sera** (*in the evening*), and **di notte** (*at night*).

Sono le tre **del pomeriggio**.
It's three p.m.

Sono le undici **di mattina**.
It's eleven a.m.

- To ask what time something takes place, use **A che ora?** Express the reply with **a mezzogiorno/mezzanotte, all'una,** or **alle** + [*all other hours*].

A che ora è la lezione d'italiano?	La lezione è **alle dieci meno un quarto.**
What time *is Italian class?*	*The class is* ***at 9:45.***
A che ora arriva Anna?	Arriva **a mezzogiorno.**
What time *does Anna arrive?*	*She arrives* ***at noon.***

- The 24-hour clock is often used to express official time, especially in schedules and store or museum hours.

Il museo chiude alle **sedici e trenta.**	Il treno arriva alle **venti e sette.**
*The museum closes at **4:30 p.m.***	*The train arrives at **8:07 p.m.***

Days of the week

- In Italian, the days of the week (**i giorni della settimana**) are not capitalized. They are all masculine except **domenica**.

I giorni della settimana

lunedì	martedì	mercoledì	giovedì	venerdì	sabato	domenica
Monday	*Tuesday*	*Wednesday*	*Thursday*	*Friday*	*Saturday*	*Sunday*

Che giorno è oggi?	Domani è **sabato.**
What day is it today?	*Tomorrow is **Saturday.***
Oggi è **venerdì.**	Oggi è **domenica** e non c'è lezione.
*Today is **Friday.***	*Today it's **Sunday** and there's no class.*

- To express a recurring event, use the singular definite article before the day. Refer to a specific day without the article.

Il lunedì ho lezione d'italiano.	**Lunedì** vado in biblioteca.
*I have Italian class **on Mondays.***	*I'm going to the library **on Monday.***

Il museo chiude.

Il treno arriva.

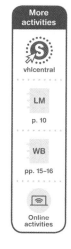

More activities

vhlcentral

LM
p. 10

WB
pp. 15–16

Online activities

Provalo! Complete each sentence with the correct time.

1. 1:00 p.m.: È ___l'una___ del pomeriggio.

2. 6:20 a.m.: Sono _____ di mattina.

3. 7:25 p.m.: Sono _____ di sera.

4. 12:00 p.m.: È _____.

5. 5:55 a.m.: Sono _____ di mattina.

6. 4:00 a.m.: Sono _____ di mattina.

7. 3:30 p.m.: Sono _____ del pomeriggio.

8. 12:00 a.m.: È _____.

STRUTTURE

1 **Dire l'ora** Give the time shown on each clock.

▶ **MODELLO**

Sono le dodici meno venti.

1. _____ 2. _____ 3. _____

4. _____ 5. _____ 6. _____ 7. _____ 8. _____

2 **Sostituire** Change the time in each sentence from the 24-hour clock to standard time.

MODELLO

Sono le quindici e quaranta.
Sono le quattro meno venti del pomeriggio.

1. Sono le ventuno e trenta.
2. Sono le sedici.
3. Sono le diciannove e tre.
4. Sono le quattordici e quindici.
5. Sono le venti.

6. Sono le ventidue e quarantacinque.
7. Sono le ventitré e quarantacinque.
8. Sono le tredici e trenta.
9. Sono le diciotto e cinquanta.
10. Sono le quindici e quindici.

3 **Che ore sono?** In pairs, look at Giulia's schedule. Then take turns asking and answering questions about her activities.

MODELLO

S1: *Dov'è Giulia alle nove e dieci il lunedì mattina?*
S2: *Giulia è in biblioteca.*

	lunedì	martedì	mercoledì
9:10	biblioteca	ufficio del Prof. Rossi	letteratura inglese
11:00		italiano	ingegneria
13:30	letteratura	mensa	
15:15	latino		geometria
17:45	giornalismo		informatica

COMUNICAZIONE

4 **Rispondere** In pairs, take turns asking and answering these questions.

MODELLO

S1: *Quando vai (When do you go) in mensa?*
S2: *Il lunedì e il mercoledì. E tu?*

1. Quando vai in biblioteca?
2. Quando vai alla lezione d'italiano?
3. Che giorno è oggi?
4. A che ora vai a letto (*go to bed*)?

5. Che giorno è domani?
6. Che ore sono adesso (*now*)?
7. A che ora vai a casa oggi?
8. A che ora vai in mensa?

5 **Televisione** In pairs, use these television listings to ask and answer questions about when programs begin.

MODELLO

S1: *A che ora è la televendita?*
S2: *È alle nove e quindici di mattina.*

i cartoni animati	*cartoons*
il film giallo	*mystery*
il gioco televisivo	*game show*
l'oroscopo	*horoscope*
la telenovela	*soap opera*
il telegiornale	*news*
la televendita	*infomercial*

GIOVEDÌ		
Rai Uno	**Canale 5**	**Teleregione**
8:00 Telegiornale	**7:30** TG 5 (telegiornale)	**9:15** Televendita
11:50 La prova del cuoco (spettacolo)	**11:00** Oroscopo	**13:00** Formula 1 (sport)
16:00 I racconti di Masha (cartoni animati)	**15:35** Avanti Un Altro! (gioco televisivo)	**18:30** Tempesta D'Amore (telenovela)
21:00 La Piovra (film giallo)	**23:00** Uomini e donne (talk show)	**21:50** Tu, io e Dupree (commedia)

6 **Intervista** You and an acquaintance are interviewing each other to determine if you would make compatible roommates. Take turns asking each other questions. Will you room together next year?

MODELLO

S1: *Sei socievole?*
S2: *Sì, sono socievole. E tu?*
S1: *Anch'io. / No, sono timido/a.*

1. A che ora vai a letto (*go to bed*)?
2. Quante ore dormi (*do you sleep*)?
3. Sei una persona studiosa?
4. Quando hai (*do you have*) lezione di italiano?

5. Vai in biblioteca nel weekend?
6. A che ora ceni (*eat dinner*)?
7. Sei una persona pigra?
8. A che ora vai all'università?

7 **Tocca a voi** Create your own class schedule. In groups of three, ask and answer questions about each other's schedule.

MODELLO

S1: *Che cosa hai (What do you have) il lunedì mattina?*
S2: *Ho (I have) lezione di storia. E tu?*
S1: *Io ho lezione di economia.*

SINTESI

Ricapitolazione

1 Personaggi celebri In groups of four, each person writes a description of an international celebrity. Take turns reading the descriptions aloud while the other group members guess who it is.

MODELLO

S1: È alta, bella, intelligente e ha avuto (*has had*) molti bambini (*kids*) con Brad Pitt. Chi è?

S2: Angelina Jolie!

2 Come sei? Your instructor will give you a worksheet. Survey as many classmates as possible to ask if they would use the adjectives listed to describe themselves. Then decide which two students in the class are most similar.

MODELLO

S1: Sei timido?

S2: Sì, sono timido. / No, sono socievole.

Aggettivi	Nomi
1. timido/a	Giulia, Anna, Lele
2. generoso/a	
3. sincero/a	
4. intelligente	
5. studioso/a	
6. nervoso/a	
7. pigro/a	
8. indipendente	

3 Compagni di classe Write a paragraph describing the students in your Italian class. What are some of their names? What are their personalities? What is their heritage? Use all the Italian you have learned so far. Share your observations with a partner. Do you agree?

4 Sette differenze Your instructor will give you and your partner two different drawings of a classroom. Do not look at each other's drawings. Ask and answer questions to identify seven differences between the two drawings.

MODELLO

S1: C'è una finestra nella tua (*your*) aula?

S2: Sì, c'è una finestra nella mia (*my*) aula. / No, non c'è una finestra nella mia aula.

5 L'orario perfetto In pairs, each person creates his/her ideal class schedule. Once you have created the schedules, take turns asking and answering questions about your classes and what time they take place.

MODELLO

S1: Il martedì ho (*I have*) lezione di informatica.

S2: A che ora è la lezione?

S1: È alle 11:00 di mattina.

	lunedì	martedì	mercoledì	giovedì	venerdì
9:00					
10:00	italiano		italiano		italiano
11:00		informatica			informatica
14:00	arte		economia	arte	
15:30		matematica			matematica

6 L'impiccato In pairs, play Hangman using the vocabulary you learned in **Lezione 1A** and **Lezione 1B**. Before you begin each word, give a hint about what it is.

MODELLO

S1: Che cos'è?

S2: È un luogo. / È una materia. / È una persona.

S1: C'è una *b*?

7 Alla stazione
In pairs, take turns asking and answering when each train (**treno**) leaves (**parte**) or arrives (**arriva**).

MODELLO

S1: A che ora arriva il treno da (*from*) Firenze?
S2: Alle dieci e tre di mattina. A che ora parte il treno per (*to*) Trieste?
S1: Alle undici meno dieci di sera.

Arrivi	Ora	Partenze	Ora
Firenze	10:03	Perugia	6:30
Bologna	11:30	Terni	8:45
Milano	12:15	Torino	13:00
Napoli	16:37	Genova	17:46
Assisi	18:22	Palermo	19:58
Venezia	21:45	Trieste	22:50
Reggio Calabria	23:10	Aosta	23:58

8 La telenovela
In groups of four, create descriptions of the following four characters who will appear in a soap opera about university life in Italy. For each character, say what he/she is like and what classes he/she is taking. Make your descriptions as complete as possible.

MODELLO

Fabio Neri è italiano. È pigro e noioso. Studia lettere a Roma.

Francesca Balli

Anne Dupont

Sergio Franchi

Fabio Neri

Il mio di·zio·na·rio

Add five words related to classes and personal descriptions to your personal dictionary.

il gesso

Ciao!

traduzione
chalk

categoria grammaticale
sostantivo (m.)

uso
Scrivo sulla lavagna con il gesso.

sinonimi
—

antonimi
—

Panorama

Dove si parla italiano?

La popolazione in cifre°

▶ Numero di paesi° dove l'italiano è una lingua ufficiale°: 4

▶ Numero di paesi dove si parla italiano°: *più di° 15*

▶ Numero di italofoni° nel mondo°: *più di 65.000.000*

Popolazioni (paesi)

▶ **Italia:** *60.507.590*

▶ **Svizzera (Ticino):** *8.503.111 (354.375)*

▶ **San Marino:** *33.191*

▶ **Città del Vaticano:** *836*

Popolazioni (città principali)

▶ **Roma:** *2.873.494*
▶ **Torino:** *886.837*
▶ **Milano:** *1.351.562*
▶ **Palermo:** *673.735*
▶ **Napoli:** *970.185*
▶ **Genova:** *583.601*

Italiani celebri°

▶ **Cristoforo Colombo,** *Liguria, esploratore (1451–1506)*

▶ **Leonardo da Vinci,** *Toscana, artista e scienziato (1452–1519)*

▶ **Sophia Loren,** *Campania, attrice (1934–)*

▶ **Mario Andretti,** *Istria, pilota automobilistico° (1940–)*

▶ **Giuseppe Tornatore,** *Sicilia, regista° e sceneggiatore° (1956–)*

▶ **Carmen Consoli,** *Sicilia, cantante° (1974–)*

cifre *numbers* **paesi** *countries* **lingua ufficiale** *official language* **si parla italiano** *Italian is spoken* **più di** *more than* **italofoni** *Italian-speakers* **nel mondo** *in the world* **celebri** *famous* **pilota automobilistico** *racecar driver* **regista** *director* **sceneggiatore** *screenwriter* **cantante** *singer* **dozzine di** *dozens of* **dialetti** *dialects* **idiomi** *languages* **alcune** *some* **seguenti** *following*

le Alpi

il Colosseo, Roma

la costiera amalfitana

GERMANIA

Basilea Zurigo

Neuchâtel Lucerna LIECHTENSTEIN

Berna Coira

Losanna SVIZZERA GRIGIONI TRENTINO-ALTO ADIGE FRIULI-VENEZIA GIULIA AUSTRIA UNGHERIA

Ginevra TICINO Bellinzona Trento SLOVENIA

VALLE D'AOSTA Aosta VENETO Trieste CROAZIA

Milano Padova Venezia ISTRIA

FRANCIA Torino LOMBARDIA Verona

PIEMONTE EMILIA-ROMAGNA BOSNIA-ERZEGOVINA

Parma Modena

Genova Bologna SAN MARINO

LIGURIA

MONACO MAR LIGURE Firenze Ancona MARE ADRIATICO

Pisa TOSCANA MARCHE

Siena Perugia MONTENEGRO

Elba UMBRIA

L'Aquila ABRUZZO

Corsica (FRANCIA) Giglio LAZIO

Roma MOLISE

CITTÀ DEL VATICANO Campobasso

CAMPANIA Bari

Napoli PUGLIA

Ischia Salerno

Capri Potenza

SARDEGNA BASILICATA

Cagliari CALABRIA

MAR TIRRENO Catanzaro

Isole Eolie

MAR IONIO

Palermo

MAR MEDITERRANEO SICILIA

TUNISIA

ALGERIA

0 100 miglia
0 100 chilometri

Incredibile ma vero!

La lingua ufficiale in Italia è l'italiano, ma non si parla solo italiano! In Italia ci sono anche dozzine di° dialetti° diversi e due idiomi° (ladino e sardo). In alcune° regioni la gente parla l'italiano, il dialetto e anche una delle seguenti° lingue: provenzale, francoprovenzale, tedesco, sloveno, serbo-croato, albanese, greco o catalano.

italiano — **buongiorno**

siciliano — **bongiornu**

La storia

Dal latino all'italiano

Molti dialetti italiani derivano dal° latino. L'italiano moderno—quello che studi° a lezione—deriva dal dialetto toscano, originario della regione Toscana. Negli anni 1200 e 1300 la Toscana è economicamente molto forte e il toscano è usato° per gli affari° in molti luoghi. Allo stesso tempo° ci sono importanti poeti toscani—come Dante (1265-1321), Petrarca (1304-1374) e Boccaccio (1313-1375)—che usano° il toscano nella letteratura. Oggi l'italiano è la lingua ufficiale in Italia, nella Repubblica di San Marino, nella Città del Vaticano, nella Svizzera (*Switzerland*) italiana e in alcune aree di Slovenia e Croazia.

Le tradizioni

I colori della bandiera italiana

La bandiera° italiana nasce il 7 gennaio 1797 nella città di Reggio Emilia. È verde, bianca e rossa°. Perché questi colori? Il verde rappresenta il colore delle uniformi militari; il rosso e il bianco sono i colori dello stemma° di Milano. La bandiera italiana più lunga del mondo misura° 1.570 metri ed è stata portata° a New York dall'Italia l'11 ottobre 1999 per il Columbus Day. Gli ingredienti della pizza Margherita (basilico°, mozzarella e pomodoro°) sono ispirati ai° colori della bandiera.

La geografia

La Città del Vaticano e la Repubblica di San Marino

In Italia ci sono due stati indipendenti, la Città del Vaticano e San Marino. La Città del Vaticano nasce l'11 febbraio 1929. Con 0,44 km² è il più piccolo° stato del mondo e ha° circa 900 abitanti°. È una monarchia assoluta con due principali gruppi nazionali (italiano e svizzero) e le lingue ufficiali sono l'italiano e il latino. San Marino è una repubblica parlamentare° con circa 33.000 abitanti. La lingua ufficiale è l'italiano.

Lo sport

Forza Azzurri!

Il calcio° è lo sport italiano più popolare. Ci sono un totale di 102 squadre° di livello professionale divise in Serie A, Serie B, Serie C1 e Serie C2. I giocatori° della nazionale italiana si chiamano «gli Azzurri» per il colore della maglia°. Il colore azzurro° è il colore della bandiera dei Savoia, antichi sovrani° d'Italia. Le squadre più conosciute° della Serie A sono il Milan, la Juventus, la Roma, l'Inter e la Lazio. La nazionale italiana ha vinto° quattro campionati° del mondo: nel 1934, 1938, 1982 e 2006.

Quanto hai imparato? Complete the sentences.

1. Il ladino e il sardo sono _____.
2. L'italiano moderno deriva dal dialetto _____.
3. In Italia molti _____ derivano dal latino.
4. I poeti toscani che usano il dialetto toscano nella letteratura sono _____.
5. La bandiera italiana nasce il _____.
6. I colori della bandiera italiana sono _____.
7. La Città del Vaticano e la Repubblica di San Marino sono due _____.
8. San Marino è una repubblica _____.
9. In Italia ci sono 102 _____ di calcio di livello professionale.
10. Il colore azzurro della maglia della nazionale è il colore della _____ dei Savoia.

More activities

vhlcentral   WB pp. 17–18   Online activities

SU INTERNET

Go to vhlcentral.com to find more cultural information related to this **Panorama**.

1. Cerca (*Look for*) informazioni su un(a) cantante italiano/a famoso/a. Cita (*Name*) i titoli di tre canzoni (*songs*).

2. L'italiano si parla anche in Istria, una penisola nel mare Adriatico. Dov'è precisamente l'Istria? A quale nazione appartiene (*belongs*) la maggior parte (*most*) del territorio dell'Istria? Quali (*Which*) sono i comuni (*municipalities*) italiani dell'Istria?

derivano dal *are derived from* **quello che studi** *what you study* **usato** *used* **affari** *business* **Allo stesso tempo** *At the same time* **usano** *use* **bandiera** *flag* **verde, bianca e rossa** *green, white, and red* **stemma** *coat of arms* **misura** *measures* **è stata portata** *was taken* **basilico** *basil* **pomodoro** *tomato* **ispirati ai** *inspired by* **più piccolo** *smallest* **ha** *has* **abitanti** *citizens* **repubblica parlamentare** *parliamentary republic* **calcio** *soccer* **squadre** *teams* **giocatori** *players* **maglia** *jersey* **azzurro** *blue* **antichi sovrani** *former rulers* **conosciute** *known* **ha vinto** *has won* **campionati** *championships*

Lettura  Audio: Reading

Prima di leggere

STRATEGIA

Recognizing cognates

Cognates are words that share similar meanings and spellings in two or more languages. When reading in Italian, it's helpful to look for cognates and use them to guess the meaning of what you're reading. However, watch out for false cognates. For example, **libreria** means *bookstore*, not *library*, and **lettura** means *reading*, not *lecture*. Look at this list of Italian words. Can you guess the meaning of each word?

cultura	persona
famoso	ristorante
informazione	speciale
interessante	studiare
lezione	televisione
minuto	turista
monumento	università

Esamina il testo

Briefly look at the document. What kind of information is listed? In what order is it listed? Where do you usually find such information? Can you guess what this document is?

Parole affini

Read the list of cognates in the **Strategia** box again. How many can you find in the reading selection? Are there additional cognates in the reading? Which ones? Can you guess their English equivalents?

Indovinare

In addition to using cognates and words you already know, you can also use context to guess the meaning of words you do not know. Find the following words in the reading selection and try to guess what they mean. Compare your answers with those of a classmate.

con	domani	partita	pranzo	tutto

L'agenda

Lunedì

10:00	ufficio postale per spedire° le lettere
12:30	pranzo con Martina in pizzeria
14:00–17:00	lezione di arte all'università

Martedì

9:00–11:00	lezione d'italiano all'università
11:00	incontrare il Prof. Fortunato all'università
13:00	pranzo in mensa con Enrico

Mercoledì

Tutto il giorno: studiare per l'esame di domani!

di Giovanni

Giovedì

9:00–12:00	esame d'italiano!
13:00–15:30	lezione di matematica all'università
16:00	gelato con gli amici alla Gelateria Pascoli

Venerdì

10:30	appuntamento dal dentista
14:00–15:00	lezione di tennis
20:00	cena° al Ristorante Toscana con i compagni di classe

Sabato

21:15	cinema con Sara

Domenica

Mattina: dormire°!
Pomeriggio: partita di calcio allo stadio

spedire *to mail* **cena** *dinner* **dormire** *sleep*

Dopo la lettura

Quando si fanno queste cose? Give the day and time when Giovanni is scheduled to do each activity.

> **MODELLO** Giovanni is meeting Enrico.
> *martedì all'una del pomeriggio*

1. Giovanni mails letters.

   _____

2. Giovanni plays tennis.

   _____

3. Giovanni has an Italian test.

   _____

4. Giovanni is meeting his friends for ice cream at Gelateria Pascoli.

   _____

5. Giovanni goes to the stadium.

   _____

6. Giovanni has a dentist's appointment.

   _____

7. Sara and Giovanni are going to the movies.

   _____

8. Giovanni has pizza for lunch.

   _____

9. Giovanni studies for the Italian test.

   _____

10. Professor Fortunato and Giovanni are meeting at the university.

    _____

La mia agenda With a partner, use Giovanni's schedule as a model to create your weekly schedules. Use your schedules to plan a time to meet next week.

> **MODELLO**
> **S1:** *Martedì alle tre del pomeriggio?*
> **S2:** *No, c'è lezione d'italiano.*
> **S1:** *Allora (Then), martedì alle quattro?*
> **S2:** *Va bene (OK)!*

More activities

vhlcentral   Online activities

In ascolto

Listening for words you know

You can get the gist of a conversation by listening for words and phrases you already know.

To help you practice this strategy, listen to these sentences and make a list of the words you have already learned.

_____ _____

_____ _____

Preparazione

Look at the photograph. Where are these people? What are they doing? In your opinion, do they know one another? Why or why not? What do you think they're talking about?

Ascoltiamo

As you listen, circle the items you associate with Paola and those you associate with Davide.

PAOLA	DAVIDE
i libri	economia
l'esame	il dizionario
l'orologio	il voto
la biblioteca	l'esame
la mensa	la finestra
Sta bene.	Sta male.
un amico	un amico

Comprensione

Vero o falso? Based on the conversation you heard, indicate whether each statement is **vero** or **falso**.

	Vero	Falso
1. Paola studia italiano.	☐	☐
2. Paola è una professoressa.	☐	☐
3. Paola sta male.	☐	☐
4. La professoressa di Paola si chiama Tina.	☐	☐
5. Davide studia con un'amica.	☐	☐
6. Davide ha un esame domani.	☐	☐
7. Davide studia economia.	☐	☐
8. Davide è a casa.	☐	☐

Presentazioni It's your turn to get to know your classmates. Using the conversation you heard as a model, select a partner you do not know, and introduce yourself to him/her in Italian. Follow the steps below.

- Greet your partner.

- Ask how he/she is doing.

- Ask about his/her class schedule.

- Ask about his/her teachers.

- Introduce your partner to another student.

- Say good-bye.

Scrittura

STRATEGIA

Writing in Italian

Why do we write? All writing has a purpose. For example, we may write a poem to reveal our innermost feelings, a letter to share information, or an essay to persuade others to accept a point of view. Writing requires time, thought, effort, and a lot of practice. Here are some tips to help you write more effectively in Italian.

DO

▶ **Try to write your ideas in Italian.**

▶ **Try to make an outline of your ideas.**

▶ **Decide what the purpose of your writing will be.**

▶ **Use the grammar and vocabulary that you know.**

▶ **Use your textbook for examples of style, format, and expressions in Italian.**

▶ **Use your imagination and creativity to make your writing more interesting.**

▶ **Put yourself in your reader's place to determine if your writing is interesting.**

DON'T

▶ **Translate your ideas from English to Italian.**

▶ **Simply repeat what is in the textbook or on a web page.**

▶ **Use a bilingual dictionary until you have learned how to use one effectively.**

Tema 🔊

Fai una lista!

Imagine that several Italian-speaking students will be spending a year at your school. You've been asked to put together a list of people and places that might be useful and of interest to them. Your list should include:

● Your name, address, phone number(s) (home and/or cell), and e-mail address

● The names of two or three other students in your Italian class, their addresses, phone numbers, and e-mail addresses

● Your Italian teacher's name, office and/or cell phone number(s), e-mail address, as well as his/her office hours

● Your school library's phone number and hours

● The names, addresses, and phone numbers of three places near your school where students like to go (a bookstore, a coffee shop or restaurant, a theater, a skate park, etc.)

NOME: *Prof. Caspani (professore d'italiano)*   ☎

INDIRIZZO: *McNeil University*   ✉

NUMERO DI TELEFONO: *654-3458 (ufficio)*

NUMERO DI CELLULARE: *919-0040*

INDIRIZZO E-MAIL: *profcaspani@mcneilU.edu*

NOTE: *ore di ricevimento: 9–12*

NOME: *Al Buon Gelato*

INDIRIZZO: *8970 McNeil Road*

NUMERO DI TELEFONO: *658-0349*

NUMERO DI CELLULARE: *–*

INDIRIZZO E-MAIL: *info@buongelato.com*

NOTE: *aperto ogni giorno 10.00–22.00*

VOCABOLARIO

Lezione 1A

Saluti

Ciao. Hi.; Bye.
Salve. Hello.
saluti greetings
Buongiorno. Hello.; Good morning.
Buonasera. Good evening.
Buonanotte. Good night.
A domani. See you tomorrow.
A dopo. See you later.
A più tardi. See you later.
A presto. See you soon.
ArrivederLa/ci. (form./fam.) Good-bye.
Buona giornata! Have a nice day!
Come sta/stai? (form./fam.) How are you?
Come va? How are things?
Tutto bene? Everything OK?
Abbastanza bene. Pretty well.
Anch'io. Me, too.
Così così. So-so.
Non c'è male. Not bad.
Sto (molto) bene. I am (very) well.
Sto male. I am not well.
per favore please
Grazie. Thank you.
Grazie mille. Thanks a lot.
Di niente. You're welcome.
Prego. You're welcome.
Scusi/a. (form./fam.) Excuse me.

Presentazioni

Come si/ti chiama/i? (form./fam.)
  What is your name?
E Lei/tu? (form./fam.) And you?
Le/Ti presento… (form./fam.)
  This is [name].
Mi chiamo… My name is…
(Molto) piacere. (Very) pleased to
  meet you.
Piacere di conoscerLa/ti. (form./fam.)
  Pleased to meet you.
Piacere mio. My pleasure.
presentazioni introductions

A lezione

il computer computer
la domanda question
l'esame exam
la lezione class
il libro book
la matita pencil
il quaderno notebook
la sedia chair
il tavolo table
lo zaino backpack

Additional vocabulary

l'autobus bus
il caffè coffee
la foto(grafia) photo(graph)
l'idea idea
la macchina car
il problema problem
lo sport sports
la televisione television

I luoghi

l'albergo hotel
la biblioteca library
la casa house
la città city
la classe classroom
i luoghi places
il ristorante restaurant
la stazione station
l'ufficio office

Le persone

l'amico/a friend
l'attore/l'attrice actor/actress
l'autore/l'autrice author
la donna woman
il/la dottore(ssa) doctor
le persone people
il/la professore(ssa) professor ; teacher
il/la psicologo/a psychologist
il/la ragazzo/a boy/girl
signora Mrs.
signor(e) Mr.
signorina Miss
lo/la studente(ssa) student
l'uomo (pl. uomini) man (men)

Identificare

c'è/ci sono there is/there are
ecco here (is/are)
là/lì there
molti/e many
qua/qui here
Quanti/e…? How many…?

Numbers

zero zero
uno one
due two
tre three
quattro four
cinque five
sei six
sette seven
otto eight
nove nine
dieci ten
undici eleven
dodici twelve
tredici thirteen
quattordici fourteen
quindici fifteen
sedici sixteen
diciassette seventeen
diciotto eighteen
diciannove nineteen
venti twenty
trenta thirty
quaranta forty
cinquanta fifty
sessanta sixty
settanta seventy
ottanta eighty
novanta ninety
cento one hundred

Espressioni utili See p.7.

Lezione 1B

A lezione

gli appunti notes
il banco desk
la cartina map
il cestino trash can
i compiti homework
il dizionario dictionary
l'esame (m.) exam
la finestra window
il foglio di carta sheet of paper
la lavagna blackboard; whiteboard
la lezione class
il libro book
l'orologio clock; watch
la penna pen
la porta door
il quaderno notebook
la sedia chair
il testo textbook
il voto grade
lo zaino backpack

I luoghi

l'aula lecture hall; classroom
la biblioteca library
la classe classroom
la facoltà department
la mensa cafeteria
la scuola (superiore) (high) school
l'università university

La gente

l'alunno/a (K-12) student
l'amico/a friend
il/la compagno/a di classe classmate
la gente people
l'insegnante instructor, teacher
il/la professore(ssa) professor; teacher
lo/la studente(ssa) student

Le materie

l'arte (f.) art
l'economia economics
la giurisprudenza law
l'informatica computer science
le lettere arts; humanities
le lingue languages
le materie subjects
la medicina medicine
le scienze science
la storia history

Identificare

(Che) cos'è? What is it?
Chi è? Who is it?

I giorni della settimana

la settimana week
lunedì Monday
martedì Tuesday
mercoledì Wednesday
giovedì Thursday
venerdì Friday
sabato Saturday
domenica Sunday

Descriptive adjectives

antipatico/a unpleasant
bello/a beautiful, handsome
bravo/a good, talented
buono/a good
cattivo/a bad, naughty
contento/a content
difficile difficult
(dis)onesto/a (dis)honest
divertente fun
facile easy
felice happy
generoso/a generous
importante important
indipendente independent
intelligente intelligent
interessante interesting
lungo/a long
nervoso/a nervous
noioso/a boring
pigro/a lazy
serio/a serious
simpatico/a nice, likeable
sincero/a sincere
socievole sociable
studioso/a studious
timido/a timid
tranquillo/a tranquil
triste sad

Adjectives of nationality

americano/a American
canadese Canadian
cinese Chinese
coreano/a Korean
francese French
giapponese Japanese
greco/a Greek
indiano/a Indian
inglese English
italiano/a Italian
messicano/a Mexican
nigeriano/a Nigerian
spagnolo/a Spanish
tedesco/a German

Telling time

Che ora è/ore sono? What time is it?
È l'una. It's one o'clock.
Sono le… It's… o'clock.
ora hour
mezzanotte midnight
mezzogiorno noon
mezzo/mezza half hour
meno minus
trenta half hour
un quarto a quarter past
e quindici a quarter past
meno un quarto a quarter to
di mattina/del mattino in the morning
del pomeriggio in the afternoon
di sera in the evening
di notte at night
A che ora? (At) what time/when?
all'una at one o'clock
alle… at…

Espressioni utili See p. 25.

Il tempo libero

🎧 Per cominciare

- Where is Riccardo sitting?
  a. allo stadio   b. in biblioteca   c. in piazza
- Which words describe what Riccardo is doing?
  a. ascoltare la musica   b. andare in bicicletta
  c. guardare la TV
- What month is it?
  a. dicembre   b. agosto   c. febbraio

Communicative Goals

You will learn how to:
- talk about sports
- talk about activities and pastimes

I passatempi

 Hotspots

Vocabolario

espressioni	*expressions*
Ti piace/piacciono...?	*Do you like . . . ?*
(Non) mi piace/ piacciono...	*I (don't) like . . .*

le attività	*activities*
andare a cavallo	*to go horseback riding*
andare al cinema	*to go to the movies*
andare in bicicletta	*to ride a bicycle*
ascoltare la musica	*to listen to music*
ballare	*to dance*
cantare	*to sing*
correre	*to run*
guardare la TV (tivù)	*to watch TV*
nuotare	*to swim*
pescare	*to fish*
sciare	*to ski*
suonare (la batteria, la chitarra, il piano)	*to play (drums, guitar, piano)*

gli sport	*sports*
l'atletica	*track and field*
l'automobilismo	*car racing*
il campeggio	*camping*
il campo	*field; court*
il ciclismo	*cycling*
la danza classica	*classical dance*
il football americano	*football*
il nuoto	*swimming*
la palestra	*gymnasium*
la pallavolo	*volleyball*
lo sci	*skiing*
lo stadio	*stadium*

le giocatrici

una partita di tennis

camminare

il giocatore

la squadra

il pallone

giocare a calcio
to play soccer

—Non mi piace perdere!

—Mi piace vincere!

le carte

More activities

 vhlcentral   WB pp. 19–20   LM p. 11   Online activities

Attenzione!

Use **giocare a** with games and sports.
Giocano a scacchi/pallavolo.
They play chess/volleyball.
Use **suonare** with musical instruments.
Suono il piano/la chitarra.
I play piano/guitar.

la pallacanestro

aiutare un amico
to help a friend

gli scacchi

Pratica

1 Trova l'intruso Circle the word that doesn't belong.

MODELLO   la chitarra, (il calcio), la batteria, il piano

1. il tennis, andare in bicicletta, cantare, il football americano
2. correre, ballare, cantare, suonare
3. il campo, lo stadio, nuotare, la palestra
4. cantare, suonare la batteria, il nuoto, ascoltare la musica
5. lo stadio, la squadra, il calcio, la danza classica
6. andare al cinema, la pallavolo, andare a cavallo, lo sci

2 Categorizzare Write each word you hear in the correct category.

Luoghi	Passatempi
1. _____	1. _____
2. _____	2. _____
3. _____	3. _____
4. _____	4. _____
5. _____	5. _____
6. _____	6. _____

3 Le coppie Match each activity to a picture.

andare a cavallo	camminare al parco	giocare a tennis
andare al cinema	giocare a calcio	guardare la TV
ascoltare la musica	giocare a carte	suonare la chitarra

1. _____   2. _____   3. _____

4. _____   5. _____   6. _____

7. _____   8. _____   9. _____

Comunicazione

4 **Ti piace...?** With a partner, take turns telling each other if you like or dislike these activities.

MODELLO

Mi piace nuotare./Non mi piace nuotare.

1. _____   2. _____   3. _____   4. _____

5. _____   6. _____   7. _____   8. _____

5 **Conversazioni** With a partner, match the sentences on the left with the best reply on the right to create short conversations. Then role-play the completed conversations.

1. _____ Mi piace andare al cinema.
2. _____ In una squadra di pallavolo ci sono undici giocatori.
3. _____ Suoni uno strumento?
4. _____ Ti piace guardare le partite alla TV?
5. _____ In quella (*that*) squadra ci sono giocatori bravissimi!
6. _____ Sei libera (*free*) mercoledì pomeriggio?
7. _____ In una squadra di calcio ci sono otto giocatori.
8. _____ Ti piace correre?

a. È vero. Quella squadra vince sempre (*always*).
b. No, ci sono undici giocatori.
c. Non è vero, ci sono sei giocatori.
d. No, ho danza classica e poi ho lezione di piano.
e. Io invece preferisco (*prefer*) guardare i film alla TV.
f. No, sono pigro!
g. No, preferisco andare allo stadio.
h. Sì, suono la chitarra.

6 **Il mimo** In groups of four, play charades (**il mimo**). One student acts out an activity while the others try to guess what it is.

MODELLO

S1: *È la pallavolo?*
S2: *No, non è la pallavolo!*
S3: *È la pallacanestro?*
S2: *Sì, è la pallacanestro!*

7 **A che ora?** You and your partner each have two schedules. One shows your own activities. The other shows a partial list of your partner's activities, with one activity missing each day. Ask questions to complete your partner's schedule, and answer questions about your own schedule.

MODELLO

S1: *Che cosa fai (What are you doing) il martedì mattina alle dieci?*
S2: *Ho (I have) lezione di matematica. E tu, che cosa fai il giovedì alle due?*
S1: *Ho lezione di danza classica.*

Pronuncia e ortografia Audio

Letter combinations *gli*, *gn*, and *sc*

figl**io**	**gli**	**mi**gl**ia**	**Pu**gl**ia**

In Italian, the letter combination **gli** is usually pronounced like the *lli* in the English word *million*.

compagn**ia**	**gn**occhi	**le**gn**o**	**si**gn**ore**

The letter combination **gn** is pronounced like the *ni* in the English word *onion*.

scala	**fia**sc**o**	**sc**uola	**pe**sc**he**

The letter combination **sc** has a hard sound (as in the English word *scope*) when it precedes the vowels **a**, **o**, or **u**, or the consonant **h**.

pesc**e**	**li**sc**io**	**sc**iare	**sc**ienza

The letter combination **sc** has a soft sound (as in the English word *she*) in front of the letters **e** or **i**.

Pronunciare Practice saying these words aloud.

1. meglio	4. bagno	7. paglia	10. scheda
2. pescare	5. scacchi	8. sconto	11. moglie
3. sci	6. Spagna	9. gnomo	12. scena

Articolare Practice saying these sentences aloud.

1. Gli gnocchi sono cotti.
2. Mi piace giocare e sciare.
3. C'è un pesce in piscina.
4. È meglio sognare o avere?
5. Qual è la scelta migliore?
6. Hai un biglietto per il concerto?

Proverbi Practice reading these sayings aloud.

Assai ben balla a chi Fortuna suona.[2]

Chi dorme non piglia pesci.[1]

[1] The early bird catches the worm. (lit. He who sleeps doesn't catch any fish.)

[2] He for whom Fortune plays dances well indeed.

More activities

vhlcentral   LM   p.12

FOTOROMANZO

Che cosa vuoi fare? Video

PERSONAGGI

Emily

Lorenzo

Marcella

Paolo

Riccardo

Viola

MARCELLA Buon appetito!
EMILY Ma è delizioso!
RICCARDO Mmh.
VIOLA Squisito!
LORENZO Molto buono.

MARCELLA Allora, siete a Roma da una settimana ormai. Come va? ... Programmi per il fine settimana?
RICCARDO Io penso di andare a un concerto domenica.
LORENZO La squadra italiana di ciclismo dà un seminario all'università sabato.
EMILY Venerdì io vado a uno spettacolo di danza classica.

VIOLA Io? Studio... Comincio a insegnare fra due settimane.
MARCELLA Studiare è importante. Ma anche il tempo libero. Che cosa ti piace fare?
EMILY A me piace giocare a pallacanestro e a pallavolo!

LORENZO Freccette?
RICCARDO Giocare a freccette è bello.
PAOLO Io adoro giocare a freccette.

LORENZO Anche studiare va bene. Anch'io penso di studiare.
EMILY Studiare? Per soltanto un corso?
RICCARDO Allora, voi due state a casa e studiate insieme, mentre io ascolto musica, vado al cinema e gioco a freccette.
LORENZO Guarda che non siamo in vacanza. Siamo qui per imparare.

MARCELLA All'inizio è difficile per molti studenti.
EMILY E poi tu adesso frequenti l'università a Roma! Impari un sacco di cose nuove. Visiti posti nuovi. Tu, tu... mangi!

1 **Vero o falso?** Indicate whether each statement is vero or falso.

1. I ragazzi apprezzano il cibo (*appreciate the food*).
2. Riccardo pensa di andare a un concerto sabato.
3. Emily, Riccardo e Paolo adorano la pallavolo.
4. Ci sono tante cose da fare a Roma.
5. Lorenzo pensa di giocare a freccette.

6. Riccardo vuole (*wants to*) andare al cinema.
7. Lorenzo è in vacanza.
8. Marcella dice (*says*) che all'inizio è facile.
9. Viola frequenta l'università a Roma.
10. Viola adora vivere in una grande città.

I ragazzi parlano dei programmi (*plans*) per il fine settimana.

LORENZO Pallavolo?
EMILY Sì.
RICCARDO Beh, la pallavolo
è divertente.
PAOLO Io adoro la pallavolo.

EMILY Ci sono un milione di cose da
fare a Roma, Viola... Un po' d'aiuto?
RICCARDO Fare spese... Passeggiare...
EMILY Giocare a tennis, a calcio o
a freccette (*darts*).

RICCARDO L'Abruzzo è il passato.
EMILY Non ascoltare Riccardo.
RICCARDO Già, non ascoltare
Riccardo.

MARCELLA Stai tranquilla, Viola.
VIOLA No. Vivere in una grande città
è una cattiva idea.

Espressioni utili

Plans for the weekend

- **Che cosa ti piace fare?**
  What do you like to do?

- **penso di...**   • **Studio.**
  I'm thinking of . . .   *I'm studying.*

- **Io vado a uno spettacolo.**
  I'm going to a show.

- **A me piace giocare a...**
  I like to play . . .

- **Io adoro...**
  I love . . .

- **Ci sono un milione di cose da fare a Roma.**
  There are a million things to do in Rome.

- **fare spese**   • **passeggiare**
  going shopping   *taking a walk*

Time expressions

- **ormai**   • **fra due settimane**
  by now; already   *in two weeks*

- **mentre**   • **all'inizio**
  while   *at first*

Additional vocabulary

- **Comincio a insegnare.**
  I begin teaching.

- **Guarda che non siamo in vacanza.**
  Look, we are not on vacation.

- **Frequenti l'università a Roma.**
  You're studying at the university in Rome.

- **Impari un sacco di cose nuove.**
  You're learning a ton of new things.

- **Già, non ascoltare Riccardo.**
  Yeah, don't listen to Riccardo.

- **Vivere in una grande città è una cattiva idea.**
  Living in a big city is a bad idea.

- **squisito**   • **allora**
  exquisite   *so; then*

- **soltanto un corso** • **insieme**
  only one class   *together*

- **beh**   • **adesso**
  well   *now*

2 **Per parlare un po'** In this episode, the characters talk about their plans for the weekend. Discuss these plans with a partner. Do any of the characters' interests remind you of your own? With whom would you like to spend the weekend?

3 **Approfondimento** Lorenzo mentions a presentation by the national cycling team. *Il Giro d'Italia* (Tour of Italy) is a bicycle race that takes place in Italy every year. Find out when it usually takes place and how long it lasts. Who was the winner last year? What color is the jersey worn by the leaders?

More activities

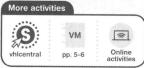

vhlcentral   VM pp. 5–6   Online activities

A T T I V I T À

Giochiamo a pallone!

No sport in Italy is more popular than soccer (il calcio). It is estimated that there are 26 million soccer fans (**tifosi**) in Italy, almost 50% of the population. Evidence of soccer's popularity can be seen everywhere, from children playing in their neighborhood **piazza** to impromptu parades of cars filled with fans honking and waving team flags after a victory.

Every major town has a team, if only in a minor league. The best teams from each season play in **Serie A**, but since these positions can change from year to year, the competition between teams is fierce.

The biggest rivalries are usually between teams from the same region or city, such as **A.C. Milan** and **F.C. Internazionale Milano** or **A.S. Roma** and **S.S. Lazio** (usually called **Milan**, **Inter**, **Roma**, and **Lazio**, respectively). The matches between rival teams from the same town are known as **i derby**, and can drive fans as crazy as any championship match.

In the biggest national championship game, the top teams from **Serie A** play for **lo scudetto**. More Italian **Serie A** teams have gone on to win the European Cup than teams from any other country. On the international stage, the Italian national team, called **gli Azzurri** for the blue color of their jerseys, is one of the most successful teams in the history of the World Cup championship.

Le squadre italiane più popolari

SQUADRA	NUMERO DI TIFOSI	SOPRANNOME	SIMBOLO
Juventus	8.316.000	i bianconeri°	la zebra
Milan	4.201.000	i rossoneri°	il diavolo°
Inter	3.934.000	i nerazzurri°	il biscione°
Napoli	2.910.000	gli azzurri	l'asinello°
Roma	1.906.000	i giallorossi°	la lupa capitolina°

FONTE: corrieredellosport.it

bianconeri *white and black* **nerazzurri** *black and blue* **biscione** *big snake* **rossoneri** *red and black* **diavolo** *devil* **asinello** *donkey* **giallorossi** *yellow and red* **lupa capitolina** *she-wolf (symbol of Rome)*

1 **Vero o falso?** Indicate whether each statement is **vero** or **falso**. Correct any false statements.

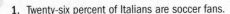

1. Twenty-six percent of Italians are soccer fans.

2. Soccer players are called **i tifosi**.

3. The biggest rivalries are between teams from the same area.

4. Only the largest cities have soccer teams.

5. Teams from the same region or city often have the biggest rivalries.

6. When two teams from the same town play each other, it is called a **derby**.

7. The top prize for **Serie A** teams is called **lo scudetto**.

8. Italian teams don't do well in the European Cup.

9. Italy has never made it to the World Cup championship.

10. **Milan** has more than twice as many fans as **Roma**.

L'ITALIANO QUOTIDIANO

Tutto sport

l'arbitro	referee
l'arrampicata	climbing
il basket	basketball
il calciatore	soccer player
il pallone	ball; soccer
il parapendio	paragliding
il premio	prize
gli sport estremi	extreme sports
il windsurf	windsurfing
tifare	to root for a team

USI E COSTUMI

I passatempi italiani

Ecco alcuni° passatempi amati° dagli italiani:

Andare al cinema a vedere° un film italiano, europeo oppure° un blockbuster americano.

Andare al mare, sicuramente° il tipo di vacanza più popolare.

Andare in montagna a sciare o a fare snowboard°. In inverno° molti italiani vanno in settimana bianca°.

Fare una passeggiata in campagna. In autunno molti italiani **raccolgono funghi°**.

Fare un giro in centro. Nei fine settimana è tra le attività preferite

Giocare a bocce è molto popolare tra i pensionati°, ma è divertente per tutta la famiglia. È un gioco tradizionale.

alcuni some amati loved a vedere to watch oppure or
sicuramente surely fare snowboard go snowboarding
In inverno In the winter vanno in settimana bianca go on a ski vacation
raccolgono funghi gather mushrooms i pensionati retired people

RITRATTO

Una vera campionessa italiana

Valentina Vezzali nasce° a Jesi, in provincia di Ancona, il 14 febbraio del 1974. Inizia a praticare la scherma° nel 1980 e vince il primo premio nel 1983. È la prima schermitrice a vincere tre medaglie d'oro° individuali nel fioretto° in tre Giochi Olimpici consecutivi. Ai

Giochi di Atlanta, nel 1996, la Vezzali vince la medaglia d'argento° individuale e la medaglia d'oro nella prova di squadra. Alle Olimpiadi di Sydney, nel 2000, vince due medaglie d'oro, nella prova individuale e di squadra. Ad Atene°, nel 2004, riceve° un'altra medaglia d'oro nell'individuale. Quando°, nel 2008, vince la medaglia d'oro nell'individuale a Pechino°, la Vezzali diventa° l'atleta italiana più vincente° della storia.

nasce is born Inizia a praticare la scherma She begins to practice fencing medaglie d'oro gold
medals fioretto foil d'argento silver Atene Athens riceve she receives Quando When
Pechino Beijing diventa becomes più vincente winningest

SU INTERNET

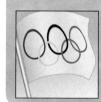

Cerca (Look for) i nomi di altri campioni olimpici italiani.

Go to **vhlcentral.com** to find more information related to this **CULTURA**.

---

2 **Hai capito?** Complete the sentences.

1. Valentina Vezzali ha vinto tre medaglie d'oro individuali nel _____.

2. Nel 2008 Valentina partecipa alle Olimpiadi di _____.

3. La Vezzali è _____ italiana più vincente della storia.

4. Raccogliere _____ in campagna è un passatempo popolare.

5. Il tipo di vacanza più popolare è sicuramente _____.

6. Le _____ sono un gioco tradizionale.

3 **A voi** Using the cues below, discuss with your partner whether you both like to do these activities.

1. andare al cinema

2. fare sport estremi

3. tifare per una squadra

More activities

vhlcentral   Online activities

ATTIVITÀ

STRUTTURE

2A.1

Regular -are verbs

Punto di partenza As you learned in **Lezione 1B**, the infinitive is the basic form of a verb. In English, it is preceded by the word *to: to be, to play, to eat*, and so on. In Italian, the infinitive is a single word formed by a stem and one of three endings: **-are**, **-ere**, or **ire**.

parl**are**	lẹgg**ere**	part**ire**
to speak	*to read*	*to leave*

- To form the present tense of a regular **-are** verb, drop the **-are** and add the ending that corresponds to the subject performing the action.

<table>
<tr><th colspan="4">parlare (to speak)</th></tr>
<tr><td>io parlo</td><td>I speak</td><td>noi parliamo</td><td>we speak</td></tr>
<tr><td>tu parli</td><td>you speak</td><td>voi parlate</td><td>you speak</td></tr>
<tr><td>Lei/lui/lei parla</td><td>you speak;
he/she/it speaks</td><td>loro parlano</td><td>they speak</td></tr>
</table>

- Use the same endings to conjugate other regular **-are** verbs in the present tense.

<table>
<tr><th colspan="4">Regular -are verbs</th></tr>
<tr><td>abitare</td><td>to live (in)</td><td>lavorare</td><td>to work</td></tr>
<tr><td>arrivare</td><td>to arrive</td><td>mandare</td><td>to send</td></tr>
<tr><td>aspettare</td><td>to wait (for)</td><td>mangiare</td><td>to eat</td></tr>
<tr><td>cambiare</td><td>to change</td><td>pagare</td><td>to pay</td></tr>
<tr><td>cenare</td><td>to have dinner</td><td>pensare (a/di)</td><td>to think (about/ of)</td></tr>
<tr><td>cercare</td><td>to look for</td><td></td><td></td></tr>
<tr><td>chiamare</td><td>to call</td><td>portare</td><td>to bring; to wear</td></tr>
<tr><td>(in)cominciare (a)</td><td>to begin (to)</td><td>praticare</td><td>to practice</td></tr>
<tr><td>comprare</td><td>to buy</td><td>ricordare</td><td>to remember</td></tr>
<tr><td>desiderare</td><td>to desire, to want</td><td>(ri)tornare</td><td>to return; to come back</td></tr>
<tr><td>dimenticare</td><td>to forget</td><td></td><td></td></tr>
<tr><td>disegnare</td><td>to draw</td><td>spiegare</td><td>to explain</td></tr>
<tr><td>diventare</td><td>to become</td><td>studiare</td><td>to study</td></tr>
<tr><td>frequentare</td><td>to attend; to date</td><td>telefonare (a)</td><td>to telephone</td></tr>
<tr><td>guidare</td><td>to drive</td><td>trovare</td><td>to find</td></tr>
<tr><td>imparare (a)</td><td>to learn (to)</td><td>usare</td><td>to use</td></tr>
<tr><td>incontrare</td><td>to meet (with)</td><td>viaggiare</td><td>to travel</td></tr>
<tr><td>insegnare</td><td>to teach</td><td></td><td></td></tr>
</table>

- The English equivalent of the Italian present tense varies depending on the context of the sentence.

Carlo **balla.**	Io **guido** la macchina.	**Suoni** la chitarra?
*Carlo **dances**.*	*I **drive** the car.*	***Do you play** the guitar?*
*Carlo **is dancing**.*	*I **am driving** the car.*	***Are you playing** the guitar?*
*Carlo **does dance**.*	*I **do drive** the car.*	***Will you play** the guitar?*

- Verbs whose stems end in **-c** or **-g** require a spelling change in the **tu** and **noi** forms. Add an **h** to the stem in order to maintain the hard sound of the **c** or **g**.

Giochiamo a pallacanestro.
We're playing basketball.

Tu spieghi le regole del gioco.
You explain the rules of the game.

- To create the **tu** and **noi** forms of most verbs with stems ending in **-i**, such as **mangiare** and **studiare**, drop the **i** before adding the ending.

Mangi il pesce tutti i giorni?
Do you eat fish every day?

Studi bene in biblioteca?
Do you study well in the library?

Mangiamo allo stadio.
We're eating at the stadium.

Studiamo sempre insieme.
We always study together.

- Some common verbs that are followed by a preposition in English do not take a preposition in Italian.

Ascoltano musica rap.
They listen to rap music.

Aspetta la sua amica.
She's waiting for her friend.

Cerco una bicicletta.
I'm looking for a bicycle.

Perché **guardi** i giocatori?
Why Are you looking at the players?

- Other verbs may require the use of a preposition in Italian, especially when followed by an infinitive.

Telefonano a Luigi.
They're calling Luigi.

Il bambino **comincia a** parlare.
The baby's starting to talk.

Penso a loro.
I'm thinking about them.

Penso di studiare arabo.
I'm thinking of studying Arabic.

Attrezzi

To express yourself with greater accuracy, use these adverbs: **oggi** (*today*), **domani** (*tomorrow*), **spesso** (*often*), **sempre** (*always*), **tutti i giorni** (*every day*), **a volte** (*sometimes*), **abbastanza** (*enough*).

Giochiamo a calcio.
We're playing soccer.

Imparate a nuotare?
Are you learning to swim?

Provalo!   Complete the sentences with the correct present tense form of each verb in parentheses.

1. Io __parlo__ (parlare) italiano.

2. Giulia e Anna non _____ (studiare) spagnolo.

3. Lei _____ (cercare) una palestra vicino a casa.

4. Noi _____ (mangiare) il pesce il venerdì.

5. Sara e Paola _____ (suonare) il pianoforte.

6. Tu _____ (giocare) a calcio.

7. Franca _____ (viaggiare) spesso in Europa.

8. Io e Marcello _____ (pensare) di andare alla partita.

9. Tu e Annabella _____ (incontrare) Jacopo oggi?

10. _____ tu la pizza?

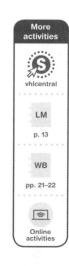

More activities

vhlcentral

LM
p. 13

WB
pp. 21–22

Online activities

STRUTTURE

PRATICA

1 Completare Complete the conversation with the correct form of each verb.

PAOLO Ti piace lo sport?

GIANNI Sì! Io e Antonio siamo allenatori di una squadra di pallavolo. Antonio (1) _____ (allenare) la squadra il lunedì e il mercoledì; io (2) _____ (lavorare) il martedì e il venerdì. E tu?

PAOLO Io sono pigro e non (3) _____ (praticare) sport. Ma la mia amica Antonella (4) _____ (giocare) a pallavolo. Il sabato noi (5) _____ (guardare) la TV perché c'è il football americano e ci piace molto.

GIANNI Ho (*I have*) un'idea! Sabato andiamo al parco e tu ed io (6) _____ (camminare) insieme. Che ne pensi?

PAOLO Va bene, è una buona idea!

2 Creare Create complete sentences using the words provided.

1. io / ascoltare la musica classica
2. i professori / spiegare la lezione
3. Clara / aiutare l'amica
4. tu e Francesco / frequentare il club di scacchi
5. noi / giocare a carte la domenica pomeriggio
6. la signora Zotti / telefonare al dottore
7. io / abitare in Italia
8. Andrea e Giovanna / suonare la chitarra

3 Descrivere Say what each person or group of people is doing.

▶ **MODELLO**

Marco e Lucia _____ al ristorante.

Marco e Lucia cenano al ristorante.

1. Noi _____ la pizza.

2. Tu _____ il piano al club.

3. Valeria ed Elena _____.

4. Lucia e Matteo _____.

5. Io _____ un'aria.

6. Il signor Ughetti _____ la TV.

4 Indovinare Complete the sentences.

1. Tu sei uno studente e _____ molto.

2. Il signor DiStefano è un insegnante e _____ ogni giorno.

3. Io sono un giocatore di calcio e mi piace _____ a calcio.

4. I tuoi genitori sono dottori: _____ la gente ammalata (*sick*).

5. Noi giochiamo a scacchi per ore e _____ molto prima di muovere i pezzi (*before we move the pieces*).

6. Tu e Giorgio siete al ristorante alle 8 di sera e _____ insieme.

7. Kelly Clarkson è una cantante e _____ molto bene.

8. Io sono pigro e la sera _____ sempre la TV.

9. Mia madre è al supermercato: _____ qualcosa (*something*) per cena.

10. Tu hai (*have*) una domanda per la professoressa e _____ un'e-mail.

COMUNICAZIONE

5 **Le nostre attività** In pairs, ask about your partner's habits and activities. Once you have both asked and answered the questions, present your findings to the class.

MODELLO

Cristina abita a New York e lavora dopo le lezioni...

1. Giochi a pallavolo?
2. Balli in discoteca il venerdì sera?
3. Mangi spesso i broccoli e gli zucchini?
4. Chiami spesso la tua (*your*) famiglia?
5. Abiti a New York?
6. Guardi la danza classica alla TV?
7. Lavori dopo (*after*) le lezioni?
8. Pensi di studiare sabato sera?

6 **Al parco** In pairs, look at the picture of the people in the park. Together, create names for the people shown and write a paragraph that describes what they are doing.

7 **Tutti i giorni?** Complete the table with your activities. Then, in pairs, ask about each other's activities. Be prepared to share with the class.

MODELLO

S1: *Cosa fai (What do you do) tutti i giorni?*
S2: *Studio. E tu?*
S1: *Mangio.*

quando	Io	il mio/la mia (*my*) compagno/a
tutti i giorni		
oggi		
a volte		
spesso		
domani		

8 **Caccia al tesoro** As a class, create a list of eight activities and go on a scavenger hunt (**caccia al tesoro**). Ask your classmates whether they like the activities on the list. When you find someone who likes an activity, write his or her name on your list. The first person to collect eight names wins.

STRUTTURE

2A.2 Andare, dare, fare, and stare

Punto di partenza The verbs **andare** (*to go*), **dare** (*to give*), **fare** (*to do; to make*), and **stare** (*to be; to stay*) are common irregular **-are** verbs. You will have to memorize their present-tense forms.

andare (to go)			
io vado	*I go*	noi andiamo	*we go*
tu vai	*you go*	voi andate	*you go*
Lei/lui/lei va	*you go; he/she/ it goes*	loro vanno	*they go*

- Use **andare** + **a** + [*infinitive*] to talk about what people are going to do. Note that this construction indicates movement only and, unlike in English, is not equivalent to the future tense.

  Vai a pescare al lago?
  Are you going fishing at the lake?

  Le ragazze **non vanno a** ballare.
  The girls aren't going dancing.

- In general, use the preposition **a** before the names of cities and small islands, and **in** before the names of countries or regions.

  Non andiamo a Roma.
  We're not going to Rome.

  Vado in Italia.
  I am going to Italy.

  Gli studenti di francese **vanno a** Parigi.
  The French students are going to Paris.

  Domani **vai in** Svizzera?
  Are you going to Switzerland tomorrow?

dare (to give)			
io do	*I give*	noi diamo	*we give*
tu dai	*you give*	voi date	*you give*
Lei/lui/lei dà	*you give; he/she/ it gives*	loro danno	*they give*

- Note the use of the preposition **a** (*to*) in these examples.

  Maria **dà** le carte **a** Giuseppe.
  Maria gives the cards to Giuseppe.

  Do la bici **a** Clara.
  I'm giving the bike to Clara.

- **Dare** is used in these common expressions.

Expressions with dare			
dare del tu	to address informally	dare del Lei	to address formally
dare un esame	to take an exam	dare una mano	to lend a hand

Pina **dà del Lei** al professore.
Pina addresses the professor formally.

Diamo una mano a Leo.
We're helping Leo.

fare (to do; to make)

io faccio	*I do/make*	noi facciamo	*we do/make*
tu fai	*you do/make*	voi fate	*you do/make*
Lei/lui/lei fa	*you do/make; he/ she/it does/makes*	loro fanno	*they do/make*

- The verb **fare** is also used in many common expressions.

Expressions with *fare*

fare attenzione	*to pay attention*	fare una foto	*to take a picture*
fare il bagno/ la doccia	*to take a bath/ a shower*	fare una gita	*to take a field trip*
fare colazione	*to have breakfast*	fare una passeggiata	*to take a walk*
fare due passi	*to take a short walk*	fare la spesa/ spese	*to buy groceries/ to shop*
fare una corsa	*to go for a run*	fare un viaggio	*to take a trip*
fare una domanda	*to ask a question*		

Massimo **fa colazione** al bar.
*Massimo **has breakfast** at the café.*

Domani **fanno una gita** a Firenze.
*Tomorrow they're **taking a field trip** to Florence.*

Facciamo spese?
Are we going shopping?

Ogni estate **faccio un viaggio** in Cina.
*I **take a trip** to China every summer.*

stare (to stay; to be)

io sto	*I stay/am*	noi stiamo	*we stay/are*
tu stai	*you stay/are*	voi state	*you stay/are*
Lei/lui/lei sta	*you stay/are; he/she/it stays/is*	loro stanno	*they stay/are*

- In **Lezione 1A**, you learned to use **stare** to inquire about someone's health. It is also used in the expressions **stare zitto/a** (*to be/stay quiet*) and **stare attento/a** (*to pay attention*).

Noi **stiamo zitte.**
*We're **keeping quiet.***

Gli studenti **stanno attenti.**
*The students **are paying attention.***

Provalo! Complete the table with the missing verb forms.

	andare	dare	fare	stare
1. io	*vado*		faccio	
2. tu	vai	dai		stai
3. Lei/lui/lei			fa	sta
4. noi	andiamo	diamo		
5. voi	andate		fate	
6. loro		danno		stanno

More activities

vhlcentral

LM
p. 14

WB
pp. 23–24

Online activities

STRUTTURE

PRATICA

1 **Completare** Circle the correct verb form to complete each sentence.

1. Maria (dà / dai) il libro a Claudio.
2. Antonio e Giancarlo (state / stanno) zitti.
3. Io non (faccio / fanno) colazione oggi.
4. Tu (dai / date) del tu o del Lei alla signora Rossi?
5. Noi (facciamo / fanno) una gita a Roma domenica.
6. Il signor Perrioli (va / vado) all'università il lunedì.
7. Tu e Gioia (stai, state / attente a lezione.
8. Io e Maurizio (diamo / danno) una mano agli amici.

2 **Parlare** Conjugate the verbs to complete the dialogue.

LAURA Cosa _____ (fare) oggi dopo le lezioni?

GIANLUCA Perché? Dove _____ (andare) tu e Gina nel pomeriggio?

LAURA (Noi) _____ (fare) una gita in città per festeggiare (*to celebrate*).
Gina _____ (dare) un esame oggi.

GIANLUCA Io e Barbara _____ (stare) a casa nel pomeriggio. Poi stasera i nostri (*our*)
amici _____ (andare) in discoteca. Forse _____ (andare) anche noi.

3 **Creare** Create complete sentences using the words provided.

MODELLO

io / dare un esame
Io do un esame.

1. noi / stare a casa
2. tu / fare colazione / alle sette di mattina
3. Lei / dare il libro / a Chiara
4. loro / andare a Milano
5. io / fare una domanda / a lezione
6. voi / dare una mano / al professore

4 **Descrivere** Use **andare, dare, fare,** or **stare** to say what each person or group of people is doing or feeling.

▶ **MODELLO**

Enrico

Enrico dà un esame.

1. Giovanna

2. Marco e Bianca

3. gli studenti

4. Andrea e Giuliana

5. Patrizia

6. Daniela

COMUNICAZIONE

5 **Intervista** In pairs, take turns asking and answering the questions. Use complete sentences.

MODELLO

S1: Fai spesso domande in classe?
S2: Sì, faccio spesso domande in classe./No, solo a volte faccio domande in classe. E tu?
S1: Anch'io faccio spesso domande in classe./Anch'io solo a volte faccio domande in classe.

1. Fai spesso domande in classe?
2. Stai sempre attento/a in classe?
3. Vai in biblioteca a studiare?
4. Domani dai un esame di matematica?
5. Quando (when) il professore parla, stai sempre zitto/a?

6. Ti piace dare una mano agli amici?
7. Fai colazione tutti i giorni?
8. Fai spesso una corsa?
9. Vai in Italia quest'anno (this year)?
10. Nel pomeriggio fai una passeggiata?

6 **Chi...?** In groups of four, ask and answer these questions about the group.

1. Chi sta bene?
2. Chi sta male?
3. Chi va a una partita di calcio domani?
4. Chi sta a casa venerdì sera?
5. Chi suona uno strumento musicale?

6. Chi fa la spesa al supermercato?
7. Chi fa i compiti in biblioteca?
8. Chi va spesso in palestra?
9. Chi sta sempre attento/a a lezione?
10. Chi parla spagnolo?

7 **A che ora?** Create a schedule for your week. In pairs, ask and answer questions about what you do and when. Summarize your findings.

MODELLO

Il giovedì Annabella fa colazione alle sette. Io faccio colazione alle otto...

	giovedì	venerdì	sabato	domenica
7:00	colazione	colazione		
9:00	lezione	lezione	colazione	colazione
11:00		lezione		
16:00	dentista			
18:00	biblioteca		cinema	
22:00		discoteca		

8 **Il gioco del dare** In small groups, play the giving game (**il gioco del dare**). Take turns passing items such as a book, a backpack, or a pencil among the group. One player describes the action as it occurs and calls **Alt!** (*Stop!*) after 90 seconds. Play until everyone has had a chance to be the narrator.

MODELLO

Stefano dà lo zaino a Piero. Piero dà lo zaino a Olivia e Serena. Loro danno lo zaino a Simone...

SINTESI

Ricapitolazione

1 Il gioco delle coppie In pairs, look at the information provided about these singles in The Dating Game (**Il gioco delle coppie**). Then decide whom you would pair based on their interests and explain why.

> **MODELLO**
>
> Giovanni pesca e anche Lina pesca. Secondo me, Giovanni e Lina sono compatibili.

	giocare a calcio	pescare	guardare la TV	andare al cinema	suonare la chitarra
Giovanni	✓	✓		✓	
Federico	✓		✓		✓
Roberto	✓	✓		✓	✓
Lina	✓	✓		✓	
Monica	✓		✓		✓
Claudia	✓	✓			✓

2 Prova d'artista In groups of four, take turns drawing pictures and guessing different **-are** verbs and expressions.

> **MODELLO**
>
> **S1:** Va a cavallo?
> **S2:** No!
> **S3:** Canta?
> **S2:** Sì!

3 Tre verità e una bugia Write three truths and a lie (**tre verità e una bugia**) about yourself. In groups of four, take turns reading your lists and guessing which statements are true and which are false.

> **MODELLO**
>
> **S1:** Mi piace pescare, vado in Italia domani, penso di studiare spagnolo e mi piace la musica rap.
> **S2:** Non vai in Italia. È una bugia! (*It's a lie!*)

tre verità	una bugia

4 La catena In groups of five, play The Chain (**La catena**). One player says a sentence, and the next player repeats the sentence and adds to it. Continue until the sentence gets too long for the next player to remember. Use **-are** verbs and expressions with **andare** and **fare**.

> **MODELLO**
>
> **S1:** Antonio va a Roma.
> **S2:** Antonio va a Roma e balla.
> **S3:** Antonio va a Roma, balla e fa un viaggio a Venezia.

5 Cosa fai? In pairs, look at the picture of the town. Then ask and answer questions about what you and other people do in these and other places in town.

> **MODELLO**
>
> **S1:** Cosa fai in discoteca?
> **S2:** Ballo e ascolto la musica. E tu, cosa fai...?

6 Ritratti Your instructor will give you and a partner each a set of portraits (**ritratti**) showing eight people and their activities. Discuss what each person does or does not do. Do not look at each other's worksheet.

> **MODELLO**
>
> **S1:** Sara non lavora volentieri (*gladly*).
> **S2:** No, ma Sara mangia volentieri!

More activities

vhlcentral

Online activities

Video

Italia autentica

Lo Zapping: Le previsioni del tempo

 Preparazione Dai un'occhiata al testo, guarda l'immagine e rispondi a lle seguenti domande.

- Secondo l'immagine, che tempo farà (*what will the weather be*) in Italia?
- Quali sport pratichi quando fa bel tempo? E quando fa brutto?
- Com'è il tempo nel nord (*north*), sud (*south*), est (*east*), e ovest (*west*) del tuo paese (*country*)?

L'Italia non è molto estesa (*vast*) ma ha diversi climi (*climates*). È circondata per due terzi dal mare, ha due catene (*chains*) montuose, le Alpi e gli Appennini, due tra le isole più grandi del Mediterraneo, la Sicilia e la Sardegna, e una pianura parecchio estesa. Per queste ragioni, in Italia si possono praticare molti sport diversi.

Anche qui le temperature sono in calo.

1 **Vero o falso** Guarda il videoclip e scegli la risposta corretta. Cerca di comprendere la situazione, di cogliere le parole che conosci e di usare il contesto per intuire il significato di quelle che non conosci

1. Queste sono previsioni del tempo per il fine settimana. _____
2. La temperatura aumenta in tutte le città. _____
3. Nel fine settimana fa brutto tempo. _____
4. Le previsioni del tempo per il 18 novembre. _____
5. Nel Sud Italia piove un po' (*a little*). _____

2 **Discussione** A coppie, discutete delle domande seguenti. Create frasi complete usando le **Espressioni utili**.

1. Che tipo di clima preferisci? Perché?
2. Quali sono i vantaggi del freddo? E del caldo?
3. Secondo te, in che cosa è diverso il clima dell'Italia da quello degli Stati Uniti? Perché?

3 **Presentazione** Pensa ai tuoi due passatempi preferiti e preparati a descriverli ai tuoi compagni di classe. Aiutati con le seguenti domande:

- *Dove li pratichi?*
- *Con chi li pratichi?*
- *Quanto spesso li pratichi?*
- *Da quanto tempo li pratichi?*
- *Con quale tempo preferisci praticarli?*
- *Perché li pratichi?*

Espressioni utili

il rovescio	*downpour*
la siccità	*drought*
la temperatura aumenta/cala	*the temperature rises/drops*
estremo	*extreme*
mite	*mild*
più/meno	*more/less*
da un anno/due anni	*for one year/ two years*
per un'ora/due ore	*for one hour/ two hours*
una volta/due volte alla settimana	*once/twice a week*
fare snowboard	*to snowboard*
rimanere in forma	*to keep in shape*
stare con gli amici	*to be with friends*
sciare	*to ski*

More activities

vhlcentral

Online activities

Lezione

2B

Communicative Goals

You will learn how to:

- discuss the weather and seasons
- talk about the months of the year

 Hotspots

Che tempo fa oggi?

Vocabolario

previsioni meteo	*weather forecast*
Che tempo fa?	*What is the weather like?*
C'è il temporale.	*It is stormy.*
È bello/brutto.	*It is nice/bad out.*
Fa bel/brutto tempo.	*The weather is nice/bad.*
Il tempo è pessimo.	*The weather is dreadful.*
Quanti gradi ci sono?	*What is the temperature?*
Ci sono 18 gradi.	*It is 18 degrees out.*

eventi climatici	*weather events*
il fulmine	*lightning*
la grandine	*hail*
il lampo	*flash of lightning*
la nebbia	*fog*
la neve	*snow*
la nuvola	*cloud*
la pioggia	*rain*
il tuono	*thunder*
l'umidità	*humidity*

per descrivere il tempo	*to describe the weather*
coperto/a	*overcast*
piovoso/a	*rainy*
secco/a	*dry*
soleggiato/a	*sunny*
umido/a	*humid*
ventoso/a	*windy*

la data	*the date*
Quando è il tuo compleanno?	*When is your birthday?*
È il 23 marzo.	*It's March 23rd.*
domani	*tomorrow*
l'anno	*year*
il compleanno	*birthday*
il mese	*month*
la stagione	*season*

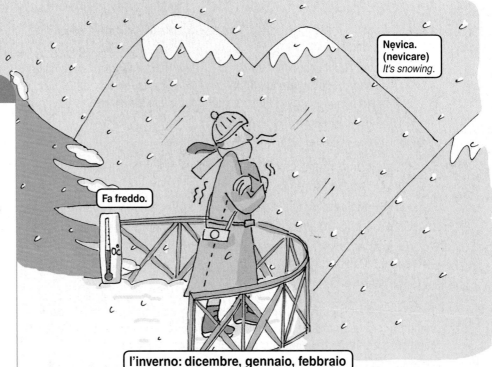

Nevica. (nevicare) *It's snowing.*

Fa freddo.

l'inverno: dicembre, gennaio, febbraio

C'è il sole.

Fa caldo.

— Che giorno è oggi?
— È il 15 agosto.

l'estate (*f.*): giugno, luglio, agosto

More activities

 vhlcentral

 WB pp. 25–26

 LM p. 15

 Online activities

Attenzione!

In Italy, the temperature is given in degrees Celsius.
Convert from Celsius to Fahrenheit with this formula:
$F = (C \times 1.8) + 32$.
Convert from Fahrenheit to Celsius with this formula:
$C = (F - 32) \times 0.56$.
$11°C = 52°F$ $78°F = 26°C$

Piove.
(piovere)
It's raining.

l'ombrello

l'impermeabile (*m.*)

la primavera: marzo, aprile, maggio

È nuvoloso.

Fa fresco.

C'è vento.

l'autunno: settembre, ottobre, novembre

Pratica

1 **Trova la coppia** Create a set of fourteen cards. On seven of the cards, draw pictures of words from the lesson vocabulary. On the other seven cards, write the corresponding vocabulary words. With a partner, use the cards to play concentration (**trova la coppia**).

2 **Completare** Complete each sentence in the weather report with a word from the lesson vocabulary.

MODELLO **Roma: 30°C** A Roma fa caldo e c'è _il sole_.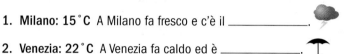

1. **Milano: 15°C** A Milano fa fresco e c'è il _____.
2. **Venezia: 22°C** A Venezia fa caldo ed è _____.
3. **Napoli: 32°C** A Napoli fa molto caldo e c'è _____.
4. **Bari: 16°C** A Bari fa fresco ed è _____.
5. **Bolzano: -2°C** A Bolzano fa freddo e c'è _____.
6. **Cagliari: 25°C** A Cagliari fa caldo ed è _____.

3 **Scegliere** Choose the label that corresponds to each picture.

a. Mamma mia! Che vento forte!
b. Guarda il fulmine! C'è il temporale.
c. Fa caldo con questo sole!
d. C'è una nuvola grossa grossa!

1. _____

2. _____

3. _____

4. _____

4 **Rispondere** Answer each question you hear using a complete sentence.

1. _____
2. _____
3. _____
4. _____
5. _____
6. _____

Comunicazione

5 **Parlare del tempo** Work with a partner to put these conversations in the correct order by numbering each sentence or response.

1. ____ Non mi piace il vento! Qui in Sicilia c'è il sole e fa caldo.

____ Fa brutto tempo. È nuvoloso e c'è vento.

____ Che bello! Mi piace il bel tempo.

____ Gabriella, che tempo fa a Milano oggi?

2. ____ Perché fa freddo e nevica spesso; la neve mi piace tanto!

____ Sicuramente l'inverno.

____ Qual è la tua (*your*) stagione preferita, Alfredo?

____ Davvero? (*Really?*) Perché ti piace l'inverno?

6 **Dare consigli** You are writing to a student in Italy who will be studying in your town this fall. Write an e-mail telling her what the weather is like in your town during six different months of the year. Share your e-mail with a partner.

MODELLO

Fa bello e fa brutto!

A: sara0412@scrivilaposta.it
Da: iloveskiing92@mail098.com
Data: 29 gennaio
Oggetto: Fa bello e fa brutto!

Cara Sara,
Come stai? Spero benissimo!
Mi hai chiesto (*You asked me*) com'è il tempo qui a Hanover. Ti spiego: a gennaio e febbraio fa molto freddo e nevica tanto. Ti piace la neve? Io adoro l'inverno perché vado a sciare...

7 **Che tempo fa in Italia?** You and your partner have different worksheets showing the weather in several Italian cities. Work together to complete the information on both sheets.

MODELLO

S1: *Che tempo fa a Milano?*
S2: *A Milano fa bel tempo: c'è il sole e ci sono diciotto gradi.*

8 **Il bollettino meteo** Work with a partner to prepare a weather report (**bollettino meteo**):

- Mention the day, date, and season.
- Present the weather forecast for the next seven days.
- Prepare a poster to illustrate your presentation.
- Say what activity is best for each day.

Il tempo in Italia a luglio — Torino		
lunedì 23	**martedì 24**	**mercoledì 25**
27°C	**32°C**	**31°C**
sole	molto nuvoloso	temporali

Oggi è lunedì 23 luglio. È estate e fa bel tempo. C'è il sole. È una bella giornata per andare in bicicletta!

Pronuncia e ortografia Audio

Italian vowels

a	e	i	o	u

Italian vowels are never silent. They are always pronounced and are shorter and crisper than English vowels. The letters **e** and **o** have open and closed sounds that often vary regionally.

Alpi	**a**nche	**a**nim**a**le	**a**rte

In Italian, **a** has a sound between the *a* in the English word *father* and the *u* of *up*. The sound has no lingering glide and is raised.

buonas**e**ra	ch**e**	**e**	r**e**gina

The closed **e** sounds like the *e* in *they*, but shorter.

b**e**llo	bibliot**e**ca	**è**	f**e**sta

The open **e** sound is like the *e* in *get*. Before double consonants, the **e** is usually open.

f**i**ne	**i**dea	l**i**ngua	v**i**no

The letter **i** is pronounced like the *i* in *machine*, only shorter.

d**o**lce	n**o**n	**o**ra	s**o**le

The closed **o** sounds like the *o* in *toe*, but shorter.

f**o**to	p**o**rta	r**o**sa	st**o**ria

The open **o** sound is like the *o* in *got*. Before double consonants, the **o** is usually open.

l**u**ngo	sc**u**sa	t**u**	**u**no

The letter **u** is pronounced like the *oo* in *soon*.

Pronunciare Practice saying these words aloud.

1. ciao
2. zaino
3. università
4. arte
5. esame
6. io
7. lavagna
8. liceo
9. penna
10. compiti
11. sedia
12. voto

Nebbia bassa buon tempo lascia.[2]

Articolare Practice saying these sentences aloud.

1. Il libro è sulla sedia.
2. A giugno fa bel tempo.
3. È un'opera d'arte.
4. L'orologio è bello.
5. Oggi è il primo giorno del mese.
6. Sento il tuono.

Proverbi Practice reading these sayings aloud.

L'aprile piovoso fa il maggio grazioso.[1]

[1] April showers bring May flowers. (lit. Rainy April makes May graceful.)
[2] Low fog leaves good weather.

More activities

vhlcentral   LM   p. 16

FOTOROMANZO

Che tempo fa? Video

Emily

Lorenzo

Marcella

Riccardo

Viola

EMILY Espresso numero sei. Non male. Sessantatré. Viola? ...dà al cappuccino...?
VIOLA Settantasette. Scusa.
EMILY Non è divertente? Perché sei sempre triste?
VIOLA Non sono sempre triste.
EMILY Scusa.

VIOLA Scusami, Emily. Tu sei simpatica, divertente e amichevole. Mentre io sono spesso timida.
EMILY Resti a Roma fino a giugno?
VIOLA Sì, sì, resto. Non mi arrendo facilmente.

EMILY Il tempo è umido. Guarda!
VIOLA In estate, Roma è molto umida e in inverno piove.
EMILY A Chicago nevica. E nevica, e nevica. Gennaio e febbraio sono freddi e ventosi. Agosto è caldo e umido e ci sono spesso temporali...

EMILY Uh, no.
RICCARDO Cosa? Vi piace lo scooter?
EMILY E VIOLA Ma dove...?
RICCARDO Marcella.
VIOLA Bello.

MARCELLA Riccardo.

RICCARDO Centodieci.
EMILY Sei sempre troppo generoso.
RICCARDO Ho sempre bisogno di caffè.
(*Emily riceve un messaggio da Peter.*)
VIOLA Pensi di rispondere?
RICCARDO Rispondo io.

A T T I V I T À

1 **Vero o falso?** Indicate whether each statement is **vero** or **falso**.

1. Emily dà settantasette all'espresso.
2. Viola resta a Roma fino a luglio.
3. Agosto è umido a Roma e a Chicago.
4. Chicago è fredda in inverno.
5. Peter è a Chicago.

6. Emily ha uno scooter.
7. Riccardo adora il caffè.
8. Secondo Riccardo, Peter è il ragazzo perfetto per Emily.
9. Lorenzo va in biblioteca.
10. Il compleanno di Lorenzo è l'undici.

I ragazzi prendono un caffè e parlano del tempo.

VIOLA Qual è la temperatura a Chicago in inverno?

EMILY È spesso tra i quindici e i venticinque gradi... Fahrenheit! Tra meno sette e quindici gradi Celsius.

Emily riceve un messaggio.

VIOLA Che cosa c'è?

EMILY Peter. È a Chicago.

VIOLA Ti piace?

EMILY Sì. No. Non lo so. È troppo nervoso. E poi, ci sono un sacco di bei ragazzi italiani.

VIOLA Come Riccardo?

EMILY Riccardo!

RICCARDO Calma. Non ho fatto niente!

VIOLA Fammi vedere... Sei uno stupido.

RICCARDO Peter non è il ragazzo giusto per Emily.

EMILY Lorenzo? *Yuck!*

VIOLA *Yuck!*

RICCARDO *Yuck!*

LORENZO Vado in biblioteca a incontrare i miei compagni di classe. Facciamo un progetto insieme. Ma perché mi chiami sempre? Sì, lo so, il tuo compleanno è l'undici... Non è importante per me. Ciao.

Espressioni utili

Numbers

- **sessantatré**
  63
- **settantasette**
  77
- **centodieci**
  110

Expressing likes and dislikes

- **Ti piace?**
  Do you like him?
- **Vi piace lo scooter?**
  Do you like the scooter?

Additional Vocabulary

- **Perché sei sempre triste?**
  Why are you always sad?
- **Sì, resto.**
  Yes, I'm staying.
- **Non mi arrendo facilmente.**
  I don't give up easily.
- **Ci sono un sacco di bei ragazzi italiani.**
  There are lots of handsome Italian boys.
- **Come Riccardo?**
  Like Riccardo?
- **Ho sempre bisogno di...**
  I always need . . .
- **Ridammela! Smettila!**
  Give it back to me! Cut it out!
- **Rispondo io.**
  I'm replying.
- **Non ho fatto niente!**
  I didn't do anything!
- **Fammi vedere.**
  Let me see.
- **troppo**
  too
- **Scusa.**
  I'm sorry.
- **fino a**
  until
- **Guarda!**
  Look!
- **tra**
  between
- **spesso**
  often

---

2 **Per parlare un po'** Talk to a few classmates and find out who has a birthday closest to yours. What is the date? What is weather usually like around your birthday?

3 **Approfondimento** *Vespa* is a world-famous line of Italian scooters. Find out what the Italian word **vespa** means and why the scooter was given this name.

ATTIVITÀ

More activities

vhlcentral

VM
pp. 7–8

Online activities

CULTURA

In montagna o al mare?

The geographical variety of the Italian peninsula offers a wide range of outdoor activities, from skiing in the northern mountains to snorkeling off the southern coasts. Italy's northern boundary is formed by a great mountain range: the **Alpi**. The eastern section of the **Alpi**, from the **Adige** River to the **Piave** Valley, is known as the **Dolomiti**. These peaks offer some of the most scenic and popular skiing locations in Europe. They are equally popular in summer, when visitors can engage in activities ranging from hiking, mountain biking, and climbing, to extreme sports such as hang gliding and paragliding. Another mountain range, the Appennini, runs almost the entire length of Italy, from **Liguria** in the north to **Calabria** in the south. Though not as tall as the northern mountains, the **Appennini** are also a popular destination for skiing and hiking and feature one of Italy's largest national parks, **Parco Nazionale del Gran Sasso. Gran Sasso** mountain dominates the surrounding terrain, which contains a large variety of plant life, thanks to the area's blend of Mediterranean and alpine climates. **Gran Sasso** and over twenty other national parks cover approximately 5% of the country, including the areas surrounding Italy's two most famous volcanoes: **Vesuvio** in **Campania** and **Etna** in **Sicilia.**

In addition to its spectacular mountains, Italy boasts more than 4,634 miles (7,458 kilometers) of coastline. Although much of the coastline is rocky, there are splendid sandy beaches dotted with private facilities. These **stabilimenti balneari** rent lounge chairs (**sedie a sdraio**) and umbrellas (**ombrelloni**) for a daily or weekly fee. Italians flock to these beaches during the summer months, especially August when most of the country is on vacation.

Fare snorkeling in Italia

Se° ti piace fare snorkeling, ecco alcune possibilità per la tua prossima° vacanza, dal nord al sud:	
nelle Marche	Parco regionale del Conero
in Sardegna	Costa Smeralda°
in Lazio	Gaeta
in Campania	Parco Nazionale del Cilento
in Sicilia	Isole Eolie (prendi il traghetto° da Milazzo o l'aliscafo° da Napoli)

Se *If* **la tua prossima** *your next* **Smeralda** *Emerald* **traghetto** *ferry* **aliscafo** *hydrofoil*

1 Vero o falso? Indicate whether each statement is **vero** or **falso**. Correct any false statements.

1. The **Dolomiti** run along the Italian peninsula from north to south.

2. If you want to go skiing in Italy, you must go to the **Alpi**.

3. Hiking, mountain biking, and paragliding are popular vacation activities in Italy.

4. National parks make up about 5% of Italy's land.

5. The **Parco Nazionale del Gran Sasso** is named for a lake.

6. Italy has more than 4,000 miles of coastline.

7. Most Italians go on vacation in June.

8. **Etna** and **Vesuvio** are famous rivers.

9. To get to the **Isole Eolie**, you must take a plane.

10. Some of Italy's national parks include coastal areas.

L'ITALIANO QUOTIDIANO

Che vacanza disastrosa!

l'alluvione (f.)	flood
il ciclone	cyclone
il diluvio	torrential downpour
l'eruzione (f.) vulcanica	volcanic eruption
l'onda di marea	tidal wave
l'ondata di caldo	heat wave
la siccità	drought
il terremoto	earthquake
la tormenta	blizzard
il tornado	tornado

USI E COSTUMI

Tanti auguri!

Per festeggiare° il compleanno dei bambini, gli italiani organizzano una festa con dolci e giochi e cantano «Tanti auguri° a te!» con la stessa melodia della canzone *Happy Birthday*.

Per gli adulti la tradizione è un po' diversa. Il festeggiato° generalmente invita gli amici a mangiare, spesso al bar o in pizzeria. Gli invitati° portano dei regali° e fanno gli auguri.

Il compleanno non è l'unica festa personale in Italia; c'è anche l'**onomastico**, il giorno del santo patrono°. Tutti i giorni del calendario hanno un santo cristiano. Il giorno del santo con il tuo nome è il tuo onomastico. Per esempio°, se ti chiami Valentina il 14 febbraio ricevi gli auguri e a volte° un piccolo regalo dalla famiglia e dagli amici.

festeggiare *celebrate* **auguri** *best wishes* **festeggiato** *person of honor* **invitati** *guests* **regali** *gifts* **santo patrono** *patron saint* **Per esempio** *For example* **a volte** *sometimes*

RITRATTO

In cima al mondo

Reinhold Messner è un alpinista° italiano. Nasce nel 1944 a Bressanone, in Alto Adige. Fa le prime scalate° con il padre, nelle Dolomiti, a soli cinque anni. In seguito continua a fare scalate con il fratello° Günther e presto scopre° la passione per l'alpinismo. Questa passione lo porta a° scalare il Monte Bianco e delle montagne nelle Ande. Nel 1970 Reinhold e Günther partecipano a una spedizione° sulle montagne dell'Himalaya, sul Nanga Parbat. Alta più di 8.000 metri, la montagna è famosa per la lunga lista di alpinisti morti durante l'ascesa°. I due fratelli sono i primi a scalare la parete meridionale°—quella più difficile— senza ossigeno° e senza portatori°. Tragicamente, durante la discesa° della montagna, Günther muore° travolto da una valanga°. Nonostante° questa tragedia Reinhold continua a scalare° le montagne più alte del mondo e diventa un alpinista di fama internazionale.

alpinista *mountain climber* **scalate** *climbs* **fratello** *brother* **scopre** *discovers* **lo porta a** *takes him to* **spedizione** *expedition* **morti durante l'ascesa** *who died in the ascent* **la parete meridionale** *southern face* **ossigeno** *oxygen* **portatori** *carriers* **discesa** *descent* **muore** *dies* **valanga** *avalanche* **Nonostante** *Despite* **scalare** *to climb*

RITMO ITALIANO

Winters in central and southern Italy are generally mild, but you'll still hear Italians from Palermo to Milano *say Ma che freddo fa!*, just like in the song. Learn more on **vhlcentral.com**

---

2 Hai capito? Complete the sentences.

1. Reinhold Messner è un _____ molto famoso.
2. Il fratello di Messner è morto tragicamente a causa di una _____.
3. Il Nanga Parbat è alto più di _____.
4. La canzone tradizionale del compleanno in Italia è _____.
5. In Italia il _____ generalmente offre da mangiare agli amici.
6. Un'altra festa personale è _____.

3 A voi With a partner, discuss what the weather would be like in these locations and what activities you would do there during the given times.

1. sulle Dolomiti a gennaio
2. nelle Isole Eolie ad agosto
3. nel Parco Nazionale del Gran Sasso a giugno

More activities

vhlcentral   Online activities

A T T I V I T À

STRUTTURE

The verb *avere*

Punto di partenza Avere (*To have*) is an important and frequently used verb. Because it is irregular, you will need to memorize its present tense forms. Remember that the letter **h** is not pronounced in Italian.

avere (to have)			
io ho	*I have*	noi abbiamo	*we have*
tu hai	*you have*	voi avete	*you have*
Lei/lui/lei ha	*you have; he/she/it has*	loro hanno	*they have*

Lorenzo ha l'ombrello in mano.

Riccardo ha lo scooter di Marcella.

- **Avere** is used in numerous idiomatic expressions. These espressions do not translate literally to English.

Expressions with *avere*			
avere... anni	*to be . . . years old*	avere paura (di)	*to be afraid (of)*
avere bisogno di	*to need*	avere ragione (f.)	*to be right*
avere caldo	*to feel hot*	avere sete (f.)	*to be thirsty*
avere fame (f.)	*to be hungry*	avere sonno	*to be sleepy*
avere freddo	*to feel cold*	avere torto	*to be wrong*
avere fretta	*to be in a hurry*	avere voglia di	*to feel like*

Ho fretta perché sono in ritardo.
***I'm** in a hurry because I'm late.*

Hai sete dopo la palestra?
***Are you** thirsty after the gym?*

Ha sonno?
***Is she** sleepy?*

Hanno freddo.
***They are** cold.*

- Use **avere caldo/freddo** to say that people feel hot/cold, and **essere caldo/freddo** to describe things that are hot/cold. To refer to the weather, use the expression **fare caldo/freddo**.

Io **ho caldo**.	Questo caffè **è freddo**.	Oggi **non fa caldo**.
I'm hot.	*This coffee **is cold**.*	*It **isn't hot** today.*

- Use **di** before a noun or a verb with the expressions **avere bisogno**, **avere paura**, and **avere voglia**. The verb that follows must be in the infinitive form.

Paolo **ha paura dei** tuoni	**Hai voglia di** giocare a carte?
*Paolo **is afraid of** thunders.*	***Do you feel like** playing cards?*

- In **Lezione 1B**, you learned to use intonation to form questions. You can also move the subject to the end of the sentence.

SUBJECT	SUBJECT
Mario **ha** un esame?	Gli studenti **hanno** molti libri?
Ha un esame Mario? SUBJECT	**Hanno** molti libri gli studenti? SUBJECT
***Does** Mario **have** an exam?*	***Do** the students **have** a lot of books?*

- To use the adverbs **sempre** (*always*) and **spesso** (*often*), place them directly after the verb.

Avete **sempre** fame!	Abbiamo **spesso** fretta.
*Are you **always** hungry?*	*We're **often** in a hurry.*

- Use **mai** (*ever*) in questions and **non... mai** (*never*) in questions or statements. In both cases, **mai** usually follows the verb.

Hai **mai** sonno a lezione?	La professoressa **non** ha **mai** torto.
*You are **ever** sleepy in class!*	*The professor is **never** wrong.*

Provalo!   Complete each sentence with the correct form of **avere**.

1. Voi non avete ragione. Voi: ___*avete*___ torto.

2. Per l'esame d'italiano (tu) _____ bisogno di un dizionario.

3. La bambina piccola _____ tre anni.

4. C'è acqua? Noi _____ sete.

5. Ahhh! Un ragno (*spider*)! Io _____ paura dei ragni!

6. Il martedì non fate colazione e poi alle undici _____ fame.

7. Sono le due di mattina e lui _____ molto sonno.

8. In estate loro _____ sempre voglia di un gelato.

9. La mattina tu _____ fretta?.

10. Ci sono trentotto gradi oggi e io _____ caldo!

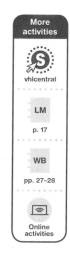

More activities

vhlcentral

LM
p. 17

WB
pp. 27–28

Online activities

STRUTTURE

1 **Creare** Use the information from the chart to say what each person has or doesn't have.

MODELLO

Io non ho una penna.

	una penna	uno zaino	un libro
io		✓	✓
tu	✓		
Luisa			✓
io e Gianna	✓	✓	
voi		✓	
Lisa e Ugo	✓		✓

2 **Descrivere** Look at these images. Use expressions with **avere** to say how the people feel.

 MODELLO

Loro

Loro hanno freddo.

1. la signora Porretti

2. Graziana e Dario

3. io

4. noi

5. tu

6. Giuseppe

3 **Combinare** Use elements from each column to create complete sentences using **avere** and expressions with **avere**.

A	B	C
io	avere paura di	vacanza (*vacation*)
tu e i tuoi amici	avere bisogno di	ragni (*spiders*)
i professori	avere	una pizza
il/la mio/a compagno/a	avere voglia di	fame
noi		...anni
tu		molti amici
		sonno

COMUNICAZIONE

4 **È vero?** Transform each of these statements into a question. Then, with a partner, take turns asking and answering the questions.

> **MODELLO**
>
> Ho due computer.
> **S1:** Hai due computer?
> **S2:** No, non ho due computer. Ho un computer.

1. Ho paura degli esami.
2. Ho ventun anni.
3. Ho voglia di visitare Roma.
4. Ho bisogno di dormire.
5. La mattina ho sempre fame.

6. Ho una lezione di biologia.
7. Ho sempre sonno la mattina.
8. Ho due amici pigri.
9. Questo semestre ho quattro esami.
10. Ho sete!

5 **Avere voglia** Work in groups of three. Take turns asking and answering questions about whether you feel like doing each activity on the list.

> **MODELLO**
>
> **S1:** Hai voglia di guardare la TV?
> **S2:** No, non ho voglia di guardare la TV.
> **S3:** Sì, ho voglia di guardare la TV.

Attività

1. *guardare la TV*
2. *studiare il venerdì sera*
3. *dare un esame oggi*
4. *andare in biblioteca*
5. *studiare italiano e spagnolo*
6. *avere un lavoro (job)*
7. *telefonare alla mamma la domenica*
8. *parlare con il professore*

6 **Indagine** Create a survey (**indagine**) with five questions using **avere** and **mai**. Ask each question to five classmates. Then compile the results and summarize your findings in a short paragraph.

> **MODELLO**
>
> **S1:** Hai mai fame in classe?
> **S2:** No, non ho mai fame in classe.
> **S3:** Io, invece, ho sempre fame in classe.

Tre studenti non hanno mai fame in classe. Cinque studenti non hanno
mai voglia di dormire il lunedì mattina. Uno studente non ha mai torto...

STRUTTURE

Regular *-ere* verbs and *piacere*

Punto di partenza In **Lezione 2A**, you learned how to form the present tense of **-are** verbs by attaching different endings to the stem. Conjugate regular **-ere** verbs in the same way, using the endings shown in the chart below.

leggere (to read)			
io leggo	*I read*	noi leggiamo	*we read*
tu leggi	*you read*	voi leggete	*you read*
Lei/lui/lei legge	*you read; he/she/it reads*	loro leggono	*they read*

- Use the same endings to conjugate other regular **-ere** verbs. Unlike **-are** verbs, **-ere** verbs require no spelling changes when the stem ends in **-c** or **-g**. As a result, the conjugation may include both the soft and hard sounds of these letters.

Common regular *-ere* verbs			
chiedere	*to ask (for)*	ripetere	*to repeat*
chiudere	*to close*	rispondere (a)	*to reply (to)*
correre	*to run*	scrivere	*to write*
dipingere	*to paint*	spendere	*to spend (money)*
mettere	*to put*	vedere	*to see*
prendere	*to take*	vendere	*to sell*
ricevere	*to receive*	vivere	*to live*

- The infinitives of most **-ere** verbs are stressed on the third-to-last syllable.

- The verb **prendere** is used in the idiomatic expression **prendere una decisione** (*to make a decision*). It can also mean *to have* when referring to food or drink.

Prendo una decisione a luglio.
I'll make a decision in July.

Laura **prende** un caffè.
Laura is having a coffee.

- Use **chiedere** to ask for things. **Domandare** can be used to request information, although the use of **chiedere** is becoming more widespread in such instances. Use the expression **fare una domanda** for *to ask a question*.

Chiedi una penna a Marta?
Are you going to ask Marta for a pen?

Lui **domanda/chiede** che tempo fa.
He's asking how the weather is.

Faccio una domanda al professore.
I'm asking the professor a question.

Chiediamo la macchina a tua madre!
Let's ask your mother for the car!

The verb *piacere*

To express likes and dislikes, use the verb **piacere** (*to please*). **Piacere** is most often used in the third person singular or plural.

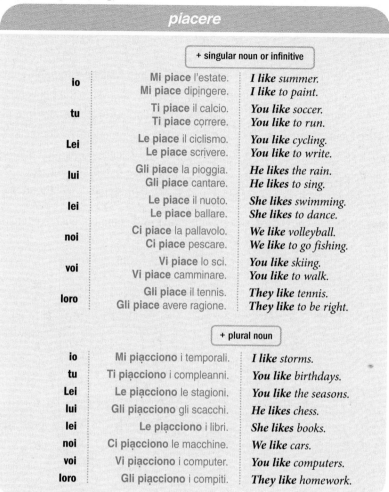

piacere

+ singular noun or infinitive

io	Mi piace l'estate.	*I like summer.*
	Mi piace dipingere.	*I like to paint.*
tu	Ti piace il calcio.	*You like soccer.*
	Ti piace correre.	*You like to run.*
Lei	Le piace il ciclismo.	*You like cycling.*
	Le piace scrivere.	*You like to write.*
lui	Gli piace la pioggia.	*He likes the rain.*
	Gli piace cantare.	*He likes to sing.*
lei	Le piace il nuoto.	*She likes swimming.*
	Le piace ballare.	*She likes to dance.*
noi	Ci piace la pallavolo.	*We like volleyball.*
	Ci piace pescare.	*We like to go fishing.*
voi	Vi piace lo sci.	*You like skiing.*
	Vi piace camminare.	*You like to walk.*
loro	Gli piace il tennis.	*They like tennis.*
	Gli piace avere ragione.	*They like to be right.*

+ plural noun

io	Mi piacciono i temporali.	*I like storms.*
tu	Ti piacciono i compleanni.	*You like birthdays.*
Lei	Le piacciono le stagioni.	*You like the seasons.*
lui	Gli piacciono gli scacchi.	*He likes chess.*
lei	Le piacciono i libri.	*She likes books.*
noi	Ci piacciono le macchine.	*We like cars.*
voi	Vi piacciono i computer.	*You like computers.*
loro	Gli piacciono i compiti.	*They like homework.*

- Use **a** + [*name/noun*] instead of a pronoun (**mi**, **ti**, **gli**, etc.) to specify to whom you are referring. Be sure to use the definite article with nouns in this structure.

A Stefano non piacciono gli esami.
Stefano doesn't like exams.

Agli studenti piace la neve.
The students like snow.

Provalo!

Complete each sentence with the correct form of the verb indicated.

1. Aldo e Franco __leggono__ (leggere) il libro.
2. Rosa _____ (ripetere) la domanda.
3. Io _____ (scrivere) una lettera.
4. Voi _____ (perdere) il numero di telefono.
5. Io e Teresa _____ (ricevere) molte lettere.
6. Tu _____ (mettere) il libro nello zaino.
7. Noi _____ (spendere) molti soldi.
8. Lui non _____ (vedere) bene.

More activities

vhlcentral

LM
p. 18

WB
pp. 29–30

Online activities

STRUTTURE

PRATICA

1 **Creare** Use the cues to create complete sentences.

MODELLO

io / rispondere / al telefono
Io rispondo al telefono.

1. tu / spendere / dieci dollari per una penna
2. i direttori / prendere / le decisioni importanti
3. noi / vendere / caffè
4. gli studenti / correre / la maratona
5. la mamma / leggere / la storia al bambino
6. tu e io / chiedere / indicazioni

7. voi / vincere / la partita di pallavolo
8. io / ricevere / un bel voto
9. l'artista / dipingere / tutti i giorni
10. noi / mettere / i libri nello zaino
11. io / leggere / un libro interessante
12. la studentessa / vivere / in un appartamento con due amiche

2 **Completare** Write the correct expression with **piacere** to complete each sentence.

▶ **MODELLO**

Marina

Le piace leggere molti libri.

tu
1. _____ cantare nella doccia.

noi
2. _____ sciare.

io
3. _____ i cavalli marroni.

Patrizio
4. _____ la primavera.

voi
5. Non _____ la pioggia.

io e Nicola
6. _____ le carte e i giochi.

3 **Rispondere** In groups, take turns asking and answering the questions using complete sentences.

MODELLO

S1: *Scrivi al computer?*
S2: *Sì, scrivo al computer.*
S3: *No, non scrivo al computer.*

1. Vedi molti film in italiano?
2. Prendi spesso la pasta al ristorante?
3. Ti piace l'estate?
4. Leggi molti libri romantici?
5. Corri spesso?
6. Chiedi molti soldi (*money*) alla tua famiglia?

7. Suoni uno strumento (*instrument*)?
8. Quando giochi a scacchi, vinci sempre?
9. Perdi mai i compiti?
10. Chiudi sempre la porta di casa?
11. Al ristorante, rispondi al telefono?
12. Chiedi spesso favori (*favors*) agli amici?

COMUNICAZIONE

4 Frasi mescolate In pairs, create eight sentences using items from each column. Be creative!

MODELLO

Gli studenti d'italiano prendono buoni voti (grades) all'esame.

A	B
io	aiutare
Silvio	chiedere
le amiche	giocare
io e Gina	perdere
tu e Silvana	prendere
tu	ricevere
la squadra di football americano	scrivere
gli studenti d'italiano	vedere

5 Ti piace o non ti piace? In pairs, ask and answer the questions in this survey. Then compare your likes and dislikes with those of another pair of classmates.

MODELLO

Mi piace pescare. A Laura piacciono i broccoli. Non ci piace il caffè.

Ti piace/piacciono...	Sì	No		Sì	No
i broccoli?	☐	☐	dipingere?	☐	☐
pescare?	☐	☐	il caffè?	☐	☐
i temporali?	☐	☐	il campeggio?	☐	☐
la neve?	☐	☐	l'inverno?	☐	☐
la danza classica?	☐	☐	ballare?	☐	☐

6 Personaggi In pairs, create descriptions of four characters (**personaggi**) for a new television program based on the photos below. Give the characters' names and ages and talk about their activities, likes, and dislikes.

1.

2.

3.

4.

7 Preferenze Make a list of six activities you think your classmates might enjoy doing on weekends, and then ask them. If a classmate doesn't like the activity you suggest, have them tell you about something they do like to do.

MODELLO

S1: *Ti piace ballare la techno il sabato e la domenica?*
S2: *No, non mi piace ballare la techno. Mi piace andare al cinema.*

STRUTTURE

2B.3

Numbers 101 and higher

Punto di partenza In **Lezione 1A** you learned the numbers 0–100. The chart below shows numbers above one hundred.

Numbers 101 and higher	
101 centouno	**800** ottocento
183 centottantatré	**900** novecento
198 centonovantotto	**1.000** mille
200 duecento	**1.100** millecento
208 duecentootto	**2.000** duemila
300 trecento	**5.000** cinquemila
400 quattrocento	**100.000** centomila
500 cinquecento	**550.000** cinquecentocinquantamila
600 seicento	**1.000.000** un milione
700 settecento	**8.000.000** otto milioni

- Italian uses a period, rather than a comma, to indicate thousands and millions. A comma is the equivalent of the English decimal point.

  English **€2,320.50**   **€2.320,50** Italian

- Use these words to talk about math in Italian. When reading or writing out equations, **fa** is often used to mean *equals*.

Simboli matematici						
+	più	*plus*		–	meno	*minus*
×	per	*times*		:	diviso	*divided by*
=	uguale	*equals*		%	percento	*percent*

100 : 20 = 5
Cento diviso venti uguale cinque.

60 × 3 = 180
Sessanta per tre fa centottanta.

- Say **un milione** to express *one million*, but do not use **un** with **cento** or **mille** to mean *one hundred* or *one thousand*.

  Ecco **un milione di** dollari!   Ha **cento** anni Luigi?
  *Here's **a million** dollars!*   *Is Luigi **one hundred** years old?*

- The plural of **mille** is **-mila** and the plural of **milione** is **milioni**. **Cento** is invariable and does not change form. Drop the **o** from **cento** when it is followed by **-ottanta** (**centottanta**).

  ventimila spettatori   **trecentonovanta** studenti
  ***twenty thousand** spectators*   ***three hundred ninety** students*

- Before a noun, use **di** after **milione/i** unless it is followed by other numbers. **Di** can also be written as **d'** before a vowel.

  tre milioni duecento euro   **tre milioni di/d'**italiani
  ***three million two hundred** euros*   ***three million** Italians*

COMUNICAZIONE

5 **Date importanti** In pairs, look at the timeline and say when each event took place.

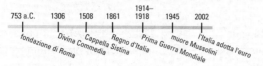

```
753 a.C.   1306   1508   1861   1914–   1945   2002
                                  1918
```
fondazione di Roma — Divina Commedia — Cappella Sistina — Regno d'Italia — Prima Guerra Mondiale — muore Mussolini — l'Italia adotta l'euro

> **MODELLO**
>
> La fondazione di Roma è nel (*in*)...
> *La fondazione di Roma è nel settecentocinquantatré a.C. (avanti Cristo).*

1. Dante inizia (*begins*) la Divina Commedia...
2. Michelangelo inizia la Cappella Sistina...
3. Il Regno d'Italia nasce (*is born*)...
4. La Prima Guerra Mondiale inizia...
5. Mussolini muore (*dies*)...
6. L'Italia adotta (*adopts*) l'euro...

6 **Quanto spendi?** In pairs, take turns asking and saying how much you spend on each item. What do you think each item is worth?

€1.800

> ▶ **MODELLO**
>
> **S1:** *Quanto spendi per un computer?*
> **S2:** *Per un computer spendo milleottocento euro.*

1.

2.

3.

4.

5.

6.

7 **Spendere soldi** On separate index cards, write down six luxury items and their prices (between zero and 70,000 euros.) Be creative! Then combine your cards with those of two classmates and discuss how each of you would spend 100,000 euros.

> **MODELLO**
>
> **S1:** *Mi piacciono le macchine eleganti. Spendo 65.000 euro per una macchina.*
> **S2:** *Ma ora (now) non hai soldi per il viaggio in Egitto!*

8 **Da quando** In groups of three, take turns asking each other questions. Record your classmates' answers to share with the class.

> **MODELLO**
>
> **S1:** *Da quanto tempo usi i social media?*
> **S2:** *Uso i social media da due anni.*
> **S3:** *Io, invece, uso i social media da tre anni.*

1. Da quando studi l'italiano?
2. Da quanto tempo frequenti la scuola?
3. Da quanto tempo hai uno smartphone?
4. Da quanto tempo studi all'università?

SINTESI

Ricapitolazione

1 Di quali corsi ho bisogno? To complete your schedules, you and your partner each need two humanities classes, two math or science classes, and an elective. Decide what classes you want to take, and discuss the schedule with your partner.

MODELLO

S1: *Ho bisogno di un corso di matematica, forse (maybe) matematica I.*

S2: *Matematica I è il martedì e il giovedì alle 10:00.*

Corsi	Giorni e ora
Storia dell'arte	venerdì; 15:00–17:00
Economia I	martedì, venerdì; 8:00–9:00
Storia delle religioni	mercoledì; 9:00–11:00
Informatica	lunedì, giovedì; 12:00–13:30
Spagnolo	martedì, giovedì; 10:00–11:00
Letteratura inglese	lunedì; 8:00–10:30
Matematica I	martedì, giovedì; 10:00–11:00
Filosofia	lunedì, mercoledì, giovedì, venerdì; 8:00–10:30
Storia delle dottrine politichee	lunedì, venerdì; 11:00–12:00
Tedesco	lunedì, mercoledì, venerdì; 12:00–13:00
Biologia	martedì, venerdì; 14:30–15:30
Statistica II	lunedì, mercoledì; 14:00–15:00

2 Venti domande Write down three things you will do today. Take turns asking each other *yes-or-no* questions to guess what your classmates are doing.

MODELLO

S1: *Giochi a tennis?*
S2: *Sì, gioco a tennis.*
S3: *Fai la spesa?*
S1: *No, non faccio la spesa....*

3 Ti piace...? With a partner, make a list of eight activities. Then, walk around the room and find one classmate who likes doing each of these activities. When a classmate answers *yes*, record his/her name.

MODELLO

S1: *Ti piace giocare a calcio?*
S2: *Sì, mi piace giocare a calcio.*
S1: *Ti piace giocare a scacchi?*
S3: *No, non mi piace giocare a scacchi.*

4 Date famose In pairs, say what important events happened on these famous dates.

MODELLO 4-7-1776 / giorno dell'Indipendenza degli Stati Uniti

Il giorno dell'Indipendenza degli Stati Uniti è il quattro luglio millesettecentosettantasei.

1. 12-10-1492 / la scoperta dell'America
2. 15-2-1564 / la nascita (*birth*) di Galileo Galilei
3. 11-11-1918 / giorno dell'armistizio
4. 2-6-1946 / la nascita della Repubblica italiana
5. 20-7-1969 / il primo atterraggio lunare (*lunar landing*)
6. 14-6-2018 / l'inizio del campionato mondiale di calcio 2018

5 Battaglia navale Your instructor will give you a worksheet. Choose four spaces on your chart and mark them with a battleship. In pairs, take turns asking questions, using the subjects in the first column and the verbs in the first row, to find each other's battleships.

	scrivere	lavorare
Maria		
Luca e Sabrina		🚢

6 Eventi sportivi Your instructor will give you and your partner a schedule for different events at a sports complex. For each event, one of you will have information about how many spectators are expected to attend. Take turns asking and answering questions to find out the expected attendance for each event.

MODELLO

S1: *Quante persone vanno a vedere la partita di calcio?*
S2: *Settantaduemilacinquecento persone.*

7 **La giornata di Luigi** In pairs, look at the pictures that show Luigi's activities for one day. Create a paragraph that describes what he does and when.

MODELLO

Alle 7:30 Luigi fa la doccia.
Poi...

7:30

1. 7:50

2. 8:15

3. 9:00

4. 14:30

5. 19:00

6. 22:30

8 **Che tempo fa?** In pairs, look at the list of activities and the weather icons next to each person or group. Use this information to say what each person or group of people is going to do today, based on the weather.

MODELLO

Oggi fa bel tempo e Pamela va in bicicletta al parco.

andare a cavallo	giocare a pallavolo
andare in bicicletta	giocare a scacchi
dipingere	guardare la partita di calcio
fare i compiti	nuotare
fare spese	studiare in biblioteca

1. Silvana 30°C

2. Marco e Stefano -5°C

3. io 25°C

4. tu e Silvestro 20°C

5. tre amici 10°C

6. tu e io 15°C

Il mio dizionario

Add five words related to activities or weather to your personalized dictionary.

la foschia

traduzione

mist

categoria grammaticale

sostantivo (f.)

uso

La mattina c'è foschia.

sinonimi

la nebbia

antonimi

/

More activities

vhlcentral   Online activities

Panorama

Roma

La città in cifre

- **Superficie della provincia:** *5.363 km²* (cinquemilatrecentosessantatré chilometri quadrati°)

- **Superficie della città:** *1.287 km²* (milleduecentottantasette chilometri quadrati)

- **Popolazione della provincia:** *4.353.738 (quattro milioni trecentocinquantatremilasettecentotrentotto)*

- **Popolazione della città:** *2.873.494 (due milioni ottocentosettantatremilaquattrocentonovantaquattro)*

- **Stranieri residenti° nella città:** *377.217 (trecentosettantasettemiladuecentodiciassette)*

- **Percentuale di stranieri residenti nella città:** *13,1% (tredici virgola° uno per cento)*

  Roma è la capitale d'Italia. Tra° gli 7.958 comuni° d'Italia, Roma è il più grande come superficie e popolazione. A Roma ci sono 15 municipi°, ognuno° con il suo proprio° presidente. Tra i rioni° più conosciuti° ci sono Trevi, Trastevere e Sant'Eustachio.

- **Da non perdere°:** *Piazza di Spagna, i Musei Vaticani, la Villa Borghese, il Pantheon, la Fontana di Trevi, il Campo de' Fiori, il Colosseo*

Romani celebri

- **Gaio Giulio Cesare,** *generale e dittatore (100 a.C.°–44 a.C.)*

- **Elsa Morante,** *scrittrice° (1912–1985)*

- **Alberto Sordi,** *attore (1920–2003)*

- **Lina Wertmüller,** *regista (1928–)*

- **Jovanotti,** *cantante (1966–)*

- **Alessandro Nesta,** *calciatore (1976–)*

chilometri quadrati *square kilometers* **Stranieri residenti** *Resident foreigners*
virgola *comma* **Tra** *Among* **comuni** *municipalities* **municipi** *city councils*
ognuno *each one* **il suo proprio** *its own* **rioni** *neighborhoods*
conosciuti *well-known* **Da non perdere** *Not to be missed* **a.C.** *BC*
scrittrice *writer* **è iniziata** *was started* **è finita** *was finished*
può contenere *can contain* **innumerevoli** *countless* **Ogni** *Each* **tomba** *tomb*

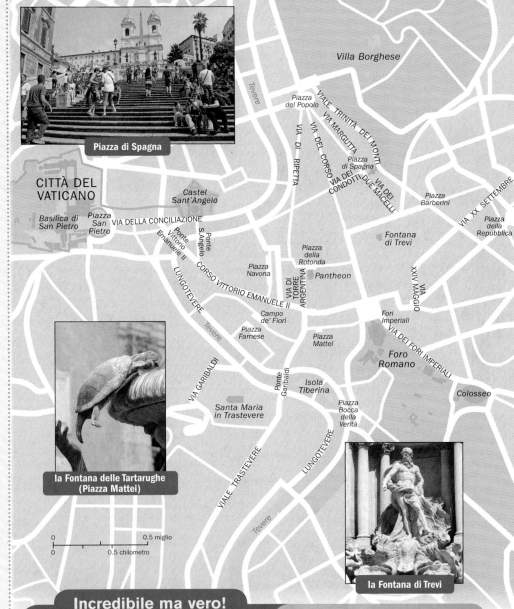

Piazza di Spagna

la Fontana delle Tartarughe (Piazza Mattei)

la Fontana di Trevi

Incredibile ma vero!

La costruzione della basilica di San Pietro in Vaticano è iniziata° nel 1506 ed è finita° nel 1626. La basilica può contenere° 20.000 persone e ci sono innumerevoli° opere famose come la *Pietà* di Michelangelo. Ogni° anno circa sette milioni di persone visitano San Pietro e ogni giorno circa 35.000 persone visitano la tomba° di papa Giovanni Paolo II.

Il cinema

Hollywood è a Roma!

Cinecittà è chiamata° *Hollywood sul Tevere*. Costruita° nel 1936, si estende su un'area di circa 500.000 m². Cinecittà diventa° famosa negli anni settanta con registi come Fellini e Visconti. In particolare Fellini, con il film *La dolce vita*, rende nota° in tutto il mondo la Fontana di Trevi. *La dolce vita* racconta° la storia di un giornalista (interpretato da Marcello Mastroianni) che vive tra i piaceri° della vita sociale romana (la «dolce vita») e una società senza valori morali. Alla morte di Mastroianni, è stato appeso° alla fontana un enorme drappo° nero in segno di lutto°.

Le feste

Una strega buona

Piazza Navona è una piazza bellissima nel centro di Roma. La piazza è sempre stata° teatro di feste popolari. La più famosa delle tradizioni moderne è la festa della Befana. , che si celebra il 6 gennaio (festa dell'Epifania). La Befana è una strega° buona che porta dolci° ai bambini buoni e carbone° (fatto di zucchero°!) ai bambini cattivi. La Befana viaggia su una scopa° ed è vestita di stracci°.

La storia

La fondazione di Roma

Le origini della città di Roma sono molto incerte°. Secondo° una leggenda, è stata fondata° il 21 aprile 753 a.C. Romolo, fondatore della città, è anche il primo re° di Roma. Secondo la leggenda, Roma è stata fondata su sette colli°: Aventino, Palatino, Quirinale, Viminale, Celio, Esquilino e Campidoglio. Anche il nome «Roma» non ha origini sicure°. Forse° deriva dal nome latino «rumis», forse dal nome greco «rhome», forse è un nome scelto° da Romolo: le origini di Roma sono davvero° un mistero!

Il trasporto

La metropolitana

A Roma la metropolitana è il mezzo di trasporto° più comune. Ci sono due linee, la A (da nordovest a sudest) e la B (da nord a sud). I lavori di costruzione iniziano nel 1930, durante il governo fascista, ma la metropolitana è inaugurata° solo nel 1955. Il problema principale sono le rovine° antiche sotto il livello del suolo°. È molto difficile trovare una parte di Roma senza rovine e per questo motivo è molto difficile costruire una metropolitana: frammenti dell'antica vita romana vengono scoperti° ovunque si scavi°!

Quanto hai imparato? Complete the sentences.

1. La costruzione della Basilica di San Pietro è finita nel _____.
2. Circa _____ di persone visitano San Pietro ogni anno.
3. _____ sono stati due famosi registi italiani.
4. Il film *La dolce vita* ha reso nota la _____.
5. La Befana è _____ buona.

6. La Befana porta _____ ai bambini cattivi.
7. Romolo è stato il primo _____ di Roma.
8. Roma è stata fondata su sette _____.
9. La costruzione della metropolitana a Roma è iniziata nel _____.
10. Il problema principale della costruzione della metropolitana sono _____ antiche.

More activities

vhlcentral   WB pp. 33–34   Online activities

SU INTERNET

Go to vhlcentral.com to find more cultural information related to this **Panorama**.

1. Trova tre film diretti da Fellini. Racconta la loro (*their*) storia.
2. Roma ha molte fontane belle e importanti, oltre alla (*besides*) Fontana di Trevi. Cerca foto e informazioni su almeno (*at least*) altre tre fontane.
3. Tra le rovine più famose di Roma ci sono il Colosseo e i Fori imperiali. Cerca informazioni sull'importanza che avevano (*they had*) ai tempi (*at the time*) degli antichi romani.

è chiamata *is called* **Costruita** *Built* **diventa** *becomes* **rende nota** *he makes famous* **racconta** *tells* **piaceri** *pleasures* **è stato appeso** *was draped* **drappo** *cloth* **lutto** *mourning* **è sempre stata** *has always been* **strega** *witch* **dolci** *sweets* **carbone** *coal* **zucchero** *sugar* **scopa** *broom* **stracci** *rags* **incerte** *uncertain* **Secondo** *According to* **è stata fondata** *it was founded* **il primo re** *the first king* **colli** *hills* **sicure** *certain* **Forse** *Maybe* **scelto** *chosen* **davvero** *really* **mezzo di trasporto** *means of transportation* **è inaugurata** *was inaugurated* **rovine** *ruins* **sotto il livello del suolo** *underground* **vengono scoperti** *are discovered* **ovunque si scavi** *wherever they dig*

Lettura

S Audio: Reading

Prima di leggere

STRATEGIA

Predicting content through formats

Recognizing the format of a document can help you to predict its content. For instance, invitations, greeting cards, and classified ads follow easily identifiable formats, which usually give you a general idea of the information they contain. Look at the text below and try to identify it based on its format.

LE TEMPERATURE OGGI IN ITALIA

	min	max			min	max	
Ancona	+12	+17	C	Milano	+10	+14	P/B
Aosta	+5	+11	T	Napoli	+14	+16	P
Bari	+17	+19	S	Palermo	+16	+21	C
Bologna	+13	+17	P/B	Pescara	+13	+17	C
Cagliari	+14	+21	S	Reggio C.	+21	+26	S
Catania	+19	+23	N	Roma	+14	+16	P
Firenze	+11	+14	P	Torino	+10	+12	P
Genova	+12	+19	T	Venezia	+13	+16	C

C=Coperto   B=Nebbia   N=Nuvoloso   P=Pioggia   S=Sereno°   T=Temporale

Sereno *Clear*

If you guessed that this is a newspaper weather forecast, you are correct. You can infer that the document contains information about the weather in Italy, including high and low temperatures and the weather forecast for different cities.

Esamina il testo

Briefly look at the document. What is its format? What kind of information is given? How is it organized? Are there any visuals? What kind? What types of documents usually contain these elements?

Parole affini

As you have already learned, in addition to format, you can use cognates to help you predict the content of a document. With a classmate, make a list of all the cognates you find in the reading selection. Based on these cognates and the format of the document, can you guess what this document is and what it's for?

Parco Nazionale

Il Parco Nazionale del Gran Sasso comprende°:

3 Regioni
5 Province
44 Comuni
2600 specie vegetali
350 camosci°

40 lupi°
15 coppie di falco° pellegrino
150 cervi°
8 coppie di aquile° reali
40 specie di piante a rischio di estinzione°

Il Parco Nazionale del Gran Sasso offre atmosfere e paesaggi magici°. Durante tutto l'anno ci sono numerose attività ed escursioni.

○ Ci sono 130 km di piste da sci° adatte anche allo sciatore più esigente°, con impianti di risalita° moderni ed efficienti.

○ Per gli appassionati degli sport estremi ci sono scalate° e l'alpinismo° ad altezze che raggiungono° i 2.912 metri.

○ In estate le attività più diffuse sono l'equitazione° e l'escursionismo°.

○ Le strutture sportive di Roccaraso offrono al turista diverse alternative: dal pattinaggio° al nuoto, dal bowling al tennis.

○ In estate ci sono percorsi vita° a diverso grado di difficoltà e sentieri° per passeggiare e apprezzare° meravigliosi panorami.

○ E per gli amanti degli animali, il Parco Nazionale permette di osservare numerose specie animali° che vivono in completa libertà.

del Gran Sasso

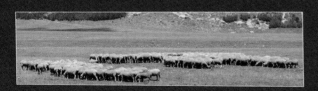

Parco Nazionale del Gran Sasso

Telefono: 011 167 80 64
Fax: 011 167 80 60
Web: www.gr.laga.it

Indirizzo e-mail:
info@gransassolaga.it
Indirizzo:
Via Sassomorone, 67 Roccaraso (AQ)

comprende *comprises* camosci *chamois* lupi *wolves* falco *falcon* cervi *deer* aquile *eagles*
a rischio di estinzione *endangered* paesaggi magici *magical landscapes* piste da sci *ski slopes*
impianti di risalita *ski lifts* esigente *demanding* scalate *climbing* alpinismo *mountaineering*
raggiungono *reach* equitazione *horseback riding* escursionismo *hiking* pattinaggio *skating*
percorsi vita *nature walks* sentieri *paths* apprezzare *appreciate* specie animali *animal species*

Dopo la lettura

Rispondere Select the correct response or completion to each question or statement, based on the reading.

1. Questo è un opuscolo (*brochure*) di...
   a. un'agenzia di viaggio.
   b. un parco nazionale.
   c. un negozio di articoli sportivi.

2. Il Parco Nazionale del Gran Sasso...
   a. ospita (*is home to*) 150 cervi.
   b. è la montagna più alta d'Europa.
   c. non ha piste da sci.

3. Le montagne del parco offrono...
   a. un bosco di sequoie.
   b. paesaggi magici.
   c. vedute sul mare.

4. A Roccaraso ci sono...
   a. trecento aquile.
   b. diversi alberghi a cinque stelle (*five-star*).
   c. piste da pattinaggio.

5. Lo sport più popolare in inverno è...
   a. lo sci.
   b. il pattinaggio.
   c. l'equitazione.

6. In estate i turisti...
   a. sciano.
   b. fanno escursioni.
   c. fanno il bagno al mare.

7. Per chi (*those who*) ama gli animali ci sono...
   a. numerosi ristoranti per vegetariani.
   b. due zoo.
   c. possibilità di osservare gli animali in completa libertà.

8. Ci sono diverse attività...
   a. soltanto (*only*) in estate.
   b. in inverno e in primavera.
   c. durante tutto l'anno.

Completare Complete the sentences.

1. Il numero di telefono è _____.

2. Il numero di fax è _____.

3. Il sito Internet del parco è _____.

4. L'indirizzo di posta elettronica è _____.

5. L'indirizzo è _____.

In ascolto

Listening for cognates

You already know that cognates are words that have similar spellings and meanings in two or more languages: for example *group* and **gruppo** or *activity* and **attività**. Listen for cognates to improve your comprehension of spoken Italian.

 To help you practice this strategy, you will listen to two sentences. Write down all the cognates you hear.

Preparazione

Based on the photograph, who do you think Daniele and Francesca are? Where are they? Do they know each other well? Where are they going this morning? What are they talking about?

Ascoltiamo

Listen to the conversation and list any cognates you hear. Listen again and complete the highlighted portions of Daniele's schedule.

28 OTTOBRE

Time	Activity	Time	Activity
8:00	*corsa mattutina*	14:00	
8:30		14:30	
9:00	*doccia*	15:00	
9:30	*colazione*	15:30	
10:00		16:00	
10:30		16:30	
11:00		17:00	
11:30		17:30	
12:00		18:00	
12:30		18:30	
13:00		19:00	
13:30		19:30	

Comprensione

Vero o falso? Indicate whether each sentence is **vero** or **falso**, then correct any false statements.

1. Daniele è molto sportivo.

   _____

2. Francesca non ha lezione oggi.

   _____

3. Daniele studia sempre a casa.

   _____

4. Francesca è la fidanzata di Daniele.

   _____

5. Daniele non è bravo con le lingue.

   _____

6. Francesca ha una partita di calcio questo pomeriggio.

   _____

7. Francesca e Daniele vanno a prendere un aperitivo con gli amici.

   _____

8. Francesca ha un pranzo romantico oggi.

   _____

Programmi With a partner, discuss your plans for this weekend. Be sure to say where and when you will do each activity. Give your opinion about at least three of the plans you or your partner have made.

Scrittura

STRATEGIA

Brainstorming

In the early stages of writing, brainstorming can help you generate ideas on a specific topic. You should spend ten to fifteen minutes brainstorming, jotting down any ideas about the topic that occur to you. Whenever possible, try to write down your ideas in Italian. Express your ideas in single words or phrases, and jot them down in any order. While brainstorming, do not worry about whether your ideas are good or bad. Selecting and organizing ideas should be the second stage of your writing. The more ideas you write down while you are brainstorming, the more options you will have to choose from later on when you start to organize your ideas.

Mi piace...
ballare
viaggiare
guardare la TV
il corso d'italiano
il corso di biologia

Non mi piace...
cantare
giocare a scacchi
lavorare
il corso di sociologia
il corso di storia antica

Tema

Una descrizione personale

Write a description of yourself to post on website in order to find an Italian-speaking e-pal. Your description should include:

- your name and where you are from.
- your birthday.
- the name of your university and where it is located.
- the courses you are currently taking and your opinion of each one.
- some of your likes and dislikes.
- your hobbies and pastimes.
- if you have a job and where you work.
- any other information you would like to include.

Ciao!

Mi chiamo Alessandra Cerutti. Sono ligure ma studio all'università di Roma, la Sapienza. Mi piacciono il ciclismo e lo sci...

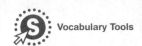
Lezione 2A

Le attività

Ti piace/piacciono...? *Do you like... ?*
(Non) mi piace/piacciono... *I (don't) like...*
le attività *activities*
andare a cavallo *to go horseback riding*
andare al cinema *to go to the movies*
andare in bicicletta *to ride a bicycle*
ascoltare la musica *to listen to music*
ballare *to dance*
camminare *to walk*
cantare *to sing*
correre *to run*
giocare (a calcio, ai videogiochi) *to play (soccer, videogames)*
guardare la TV (tivù) *to watch TV*
nuotare *to swim*
perdere *to lose*
pescare *to fish*
sciare *to ski*
suonare (la batteria, la chitarra, il piano) *to play (drums, guitar, piano)*
vincere *to win*

Gli sport

l'atletica *track and field*
l'automobilismo *car racing*
la bicicletta *bicycle*
il calcio *soccer*
il campeggio *camping*
il campo *field; court*
le carte *playing cards*
il ciclismo *cycling*
la danza classica *classical dance*
il football americano *football*
il giocatore/la giocatrice *player*
il nuoto *swimming*
la palestra *gymnasium*
la pallacanestro *basketball*
la pallavolo *volleyball*
il pallone *ball*
la partita *game; match*
gli scacchi *chess*
lo sci *skiing*
gli sport *sports*
la squadra *team*
lo stadio *stadium*
il tennis *tennis*

Expressions with *dare*

dare del tu *to address informally*
dare un esame *to take an exam*
dare del Lei *to address formally*
dare una mano *to lend a hand*

Expressions with *stare*

stare zitto/a *to be/stay quiet*
stare attento/a *to pay attention*

Espressioni utili *See p.55.*

Regular *-are* verbs

abitare *to live (in)*
aiutare *to help*
arrivare *to arrive*
aspettare *to wait (for)*
cambiare *to change*
cenare *to have dinner*
cercare *to look for*
chiamare *to call*
cominciare (a) *to begin (to)*
comprare *to buy*
desiderare *to desire, to want*
dimenticare *to forget*
disegnare *to draw*
diventare *to become*
frequentare *to attend; to date*
guidare *to drive*
imparare (a) *a to learn (to)*
incontrare *to meet (with)*
insegnare *to teach*
lavorare *to work*
mandare *to send*
mangiare *to eat*
pagare *to pay*
parlare *to speak*
pensare (a/di) *to think (about/of)*
portare *to bring; to wear*
praticare *to practice*
ricordare *to remember*
(ri)tornare *to return; to come back*
spiegare *to explain*
studiare *to study*
telefonare (a) *to telephone*
trovare *to find*
usare *to use*
viaggiare *to travel*

Irregular *-are* verbs

andare *to go*
dare *to give*
fare *to do; to make*
stare *to stay; to be*

Expressions with *fare*

fare attenzione *to pay attention*
fare il bagno/la doccia *to take a bath/a shower*
fare colazione *to have breakfast*
fare due passi *to take a short walk*
fare una corsa *to go for a run/jog*
fare una domanda *to ask a question*
fare una foto *to take a picture*
fare una gita *to take a fieldtrip*
fare una passeggiata *to take a walk*
fare la spesa/spese *to buy groceries/ to shop*
fare un viaggio *to take a trip*

Lezione 2B

Il tempo

Che tempo fa? *What is the weather like?*
C'è il sole. *It's sunny.*
C'è il temporale. *It's stormy.*
C'è vento. *It's windy.*
È bello/brutto. *It's nice/bad out*
Fa bel/brutto tempo. *The weather is nice/bad.*
Fa caldo. *It's hot.*
Fa freddo. *It's cold.*
Fa fresco. *It's cool.*
Il tempo è pessimo. *The weather is dreadful.*
Quanti gradi ci sono? *What is the temperature?*
Ci sono 18 gradi. *It's 18 degrees out*
il fulmine *lightning*
la grandine *hail*
l'impermeabile (m.) *raincoat*
il lampo *flash of lightning*
la nebbia *fog*
la neve *snow*
la nuvola *cloud*
l'ombrello *umbrella*
la pioggia *rain*
il tuono *thunder*
l'umidità *humidity*
nevicare *to snow*
piovere *to rain*
previsioni meteo *weather forecast*

La data

Che giorno è oggi? *What day is today?*
È il 15 agosto. *It's August 15th.*
Quando è il tuo compleanno? *When is your birthday?*
È il primo (due... trentuno) marzo. *It's March 1st (2nd... 31st)*
Da quando...? *Since when...?*
Da quanto tempo...? *How long...?*
l'anno *year*
l'autunno *fall*
il compleanno *birthday*
la data *date*
dal... al *from... to*
domani *tomorrow*
l'estate (f.) *summer*
il mese *month*
l'inverno *winter*
oggi *today*
la primavera *spring*
la stagione *season*

Per descrivere il tempo

coperto/a *overcast*
nuvoloso/a *cloudy*
piovoso/a *rainy*
secco/a *dry*
soleggiato/a *sunny*
umido/a *humid*
ventoso/a *windy*

Simboli matematici

più *plus*
per *times*
uguale *equals*
meno *minus*
diviso *divided by*
percento *percent*

Expressions with *avere*

avere *to have*
avere... anni *to be... years old*
avere bisogno di *to need*
avere caldo *to feel hot*
avere fame (f.) *to be hungry*
avere freddo *to feel cold*
avere fretta to *be in a hurry*
avere paura (di) *to be afraid (of)*
avere ragione (f.) *to be right*
avere sete (f.) *to be thirsty*
avere sonno *to be sleepy*
avere torto *to be wrong*
avere voglia di *to feel like*

Regular *-ere* verbs and *piacere*

chiedere *to ask (for)*
chiudere *to close*
correre *to run*
dipingere *to paint*
leggere *to read*
mettere *to put*
prendere *to take*
ricevere *to receive*
ripetere *to repeat*
rispondere (a) *to reply (to)*
scrivere *to write*
spendere *to spend (money)*
vedere *to see*
vendere *to sell*
vivere *to live*
piacere *to please*

Numbers 101 and higher

centouno *one hundred and one*
duecento *two hundred*
duecentootto *two hundred and eight*
trecento *three hundred*
quattrocento *four hundred*
cinquecento *five hundred*
seicento *six hundred*
settecento *seven hundred*
ottocento *eight hundred*
novecento *nine hundred*
mille *one thousand*
duemila *two thousand*
cinquemila *five thousand*
centomila *one hundred thousand*
un milione *one million*
otto milioni *eight million*

I mesi

gennaio *January*
febbraio *February*
marzo *March*
aprile *April*
maggio *May*
giugno *June*
luglio *July*
agosto *August*
settembre *September*
ottobre *October*
novembre *November*
dicembre *December*

Espressioni utili *See p. 73.*

La famiglia e gli amici

🔊 Per cominciare

- Sono tre amiche?
- Quanti anni hanno?
- Dove sono?
- Perché sono felici?

Lezione

3A

Communicative Goals

You will learn how to:
- talk about families
- express ownership

CONTESTI

S Hotspots

La famiglia di Alessia Bianchi

Luca Conti

mio nonno
(*my grandfather*)

Vocabolario

lo stato civile	*marital status*
la convivenza	*living together*
divorziato/a	*divorced*
fidanzato/a	*engaged*
il matrimonio	*wedding; marriage*
separato/a	*separated*
single	*single*
sposato/a	*married*
vedovo/a	*widowed*
la famiglia	*family*
il/la bambino/a	*child; baby*
il cognome	*last name*
il/la compagno/a	*partner*
la coppia	*couple*
il fratellino	*little/younger brother*
i/le gemelli/e	*twins*
il/la nipote	*nephew/niece; grandson/granddaughter*
i parenti	*relatives*
il/la ragazzo/a	*boy/girl; boyfriend/girlfriend*
la sorellina	*little/younger sister*
maggiore	*older*
minore	*younger*
i parenti acquisiti	*in-laws*
il/la cognato/a	*brother-/sister-in-law*
il genero	*son-in-law*
la nuora	*daughter-in-law*
il/la suocero/a	*father-/mother-in-law*
gli animali domestici	*pets*
il canarino	*canary*
il coniglio	*rabbit*
il criceto	*hamster*
il gatto	*cat*
il pesce	*fish*

Roberto Bianchi   **Mariella Conti**

mio padre (*father*), marito (*husband*) di Mariella

mia madre (*mother*), figlia (*daughter*) di Luca e di Fiorella

Vittoria Sala   **Elio Bianchi**   **Alessia Bianchi**

mia cognata (*sister-in-law*)

mio fratello (*brother*)

io, figlia di Mariella e di Roberto

Matteo Bianchi   **Emiliana Bianchi**

mio nipote (*nephew*)

mia nipote (*niece*)

i nipoti (*grandchildren*) dei miei genitori (*my parents*)

Attenzione!

Many Italian speakers avoid using terms such as **figliastro/a** (*stepson/stepdaughter*), **fratellastro** (*stepbrother;half brother*), **sorellastra** (*stepsister; half sister*), **la matrigna** (*stepmother*) and **il patrigno** (*stepfather*) because they are considered pejorative. Instead, **il/la figlio/a di mio marito/ mia moglie** or **il marito di mia madre/la moglie di mio padre**.

More activities

vhlcentral

WB
pp. 35-36

LM
p. 20

Online activities

Fiorella Mariano

mia nonna
(*my grandmother*)

Mario Conti

mio zio (*uncle*),
figlio (*son*) di
Luca e di Fiorella

Paola Alfieri

mia zia (*aunt*),
moglie (*wife*)
di Mario

Gennaro Conti

mio cugino (*cousin*),
nipote (*grandson*)
di Luca e di Fiorella

Isabella Conti

mia cugina (*cousin*),
sorella (*sister*) di
Gennaro e di Cinzia,
nipote di Luca
e di Fiorella

Cinzia Conti

mia cugina, **sorella**
di Gennaro e di
Isabella, **nipote**
(*granddaughter*) di
Luca e di Fiorella

Cicero

il cane (*dog*) dei
miei cugini

Pratica

1 Collegare Match the definitions with the correct family member(s).

1. _____ il figlio dei miei zii
2. _____ la figlia minore dei miei genitori
3. _____ la madre di mio marito
4. _____ la moglie di mio fratello
5. _____ mia madre e mio padre
6. _____ il padre di mia madre
7. _____ la sorella di mio padre
8. _____ il figlio di mio fratello

a. i miei genitori
b. mia suocera
c. la mia sorellina
d. mio cugino
e. mia zia
f. mio nonno
g. mia cognata
h. mio nipote

2 Identificare Use the family tree to determine how each person is related to Mario Conti.

> **MODELLO** Alessia *la nipote*

1. Gennaro _____
2. Fiorella _____
3. Isabella e Cinzia _____
4. Paola _____
5. Gennaro, Isabella e Cinzia _____
6. Mariella _____
7. Roberto _____
8. Luca e Fiorella _____

3 Categorie List at least four roles each person could have in a family.

> **MODELLO** una donna di trentacinque anni
> *una madre*, *una zia*, *una cugina*, *una figlia*

1. un uomo di sessantadue anni
   _____, _____, _____, _____

2. una ragazza di quattordici anni
   _____, _____, _____, _____

3. un bambino di tre anni
   _____, _____, _____, _____

4. una donna di cinquant'anni
   _____, _____, _____, _____

4 Ascoltare Listen to each statement made by Alessia Bianchi, then indicate whether it is **vero** or **falso**, based on her family tree.

	Vero	Falso		Vero	Falso
1.	☐	☐	5.	☐	☐
2.	☐	☐	6.	☐	☐
3.	☐	☐	7.	☐	☐
4.	☐	☐	8.	☐	☐

CONTESTI

Comunicazione

5 **Descrizioni** Use the words from the word bank to describe the images. Compare your answers with a classmate's, and correct each other's work.

| figlio | gemelli | genitori | minore | nipoti | ragazzo | sposati |

▶ **MODELLO**

La ragazza dà un bacio al ragazzo.

1. _____

2. _____

3. _____

4. _____

5. _____

6. _____

6 **Amici di penna** In pairs, read Lucia's letter and take turns answering the questions.

Caro Fabio,

Mi domandi com'è la mia famiglia? Numerosa! In totale siamo cinque figli. Ho una sorella maggiore, una sorellina e due fratelli gemelli. A casa abbiamo anche due cani e un canarino.

Abitiamo ancora tutti con i nostri genitori e nostra nonna. Lei è vedova.

Insomma, c'è sempre molta gente a casa! Com'è la tua famiglia?

Un abbraccio,
Lucia

1. Con quante persone abita Lucia?
2. Ha animali domestici?
3. Perché vive con sua nonna?
4. Lucia vive ancora con i suoi genitori?
5. Lucia abita in una casa molto tranquilla?
6. La famiglia di Lucia è simile alla (*similar to*) tua famiglia?

7 **Chi sono?** Your instructor will give you a worksheet. Use it to ask your classmates about their families. When a classmate gives one of the answers on the worksheet, write his or her name in the corresponding space. Be prepared to discuss the results with the class.

MODELLO Ho due sorelle.

S1: Hai due sorelle?
S2: Sì, ho due sorelle. (*You write his/her name.*)
OR
S2: No, non ho due sorelle. (*You ask another classmate.*)

8 **Fa bello oggi!** It's a beautiful day out! Use the vocabulary you learned in **Unità 2** to discuss with a classmate what each member of your family enjoys doing in different types of weather.

MODELLO

Quando fa bel tempo io e mio padre andiamo al parco...

Pronuncia e ortografia Audio

◁)) *L'accento tonico*

---

fratello   **cugine**   **marito**   **genitori**

The distinctive cadence of spoken Italian depends on a pattern of stressed and unstressed syllables. In most Italian words, the stress falls on the next-to-last syllable.

---

genero   **abito**   **vedovi**   **suocera**

Some words are stressed on the third-to-last syllable, resulting in a "sliding" pronunciation. This text presents these words with a dot under the stressed syllable.

Gli studenti **parlano** solo italiano.   Gli italiani **mettono** zucchero nel caffè.

The same "sliding" stress pattern occurs in the third-person plural form (**loro**) of regular verbs in the present tense.

È necessario **essere** felici per **vivere**?   Desideri **prendere** un caffè con me?

Many infinitives ending in -**ere** are stressed on the third-to-last syllable.

Abitiamo in una **città** molto bella.   L'**università** ha **più** di 15.000 studenti.

Written accents are used to show when the spoken stress falls on the last syllable.

Pronunciare Practice saying these words aloud.

1. città	4. dipendere	7. nonno	10. marito
2. figlia	5. mangiano	8. suocero	11. felicità
3. nipoti	6. genero	9. cane	12. divorziati

Articolare Practice saying these sentences aloud.

1. Chi ha voglia di andare al cinema?
2. Abito con i miei suoceri.
3. I nostri zii giocano sempre a calcio.

4. Dove desiderate andare a prendere un gelato?
5. Il mio nuovo genero è del Perù.
6. I miei fratelli non studiano mai.

Proverbi Practice reading these sayings aloud.

Tale padre, tale figlio.[2]

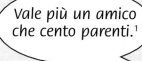

Vale più un amico che cento parenti.[1]

[1] One friend is worth a hundred relatives.
[2] Like father, like son.

More activities

vhlcentral   LM p. 21

FOTOROMANZO

Tutti in famiglia Video

Angela

Emily

Lorenzo

Riccardo

Sofia

Viola

RICCARDO In genere, noi facciamo così. Questo significa che un giorno tornerò a Roma.

EMILY Figo. Tocca a me... Aspetta! Ho un'idea. Per il sito. (*Alla videocamera*) Benvenuti alla bellissima Fontana di Trevi a Roma.

RICCARDO Ciao, amici e famiglia di Emily. Io sono Riccardo, e questa è la Fontana di Trevi. Ritornare a Roma è facile: Uno. Fate questo. Due. Fate questo! Voilà! Bene, Emily, sei pronta?

VIOLA Ciao mamma. Ciao Angela.

SOFIA La mia bambina. Fatti vedere. Stai bene? Mangi abbastanza? Sei felice?

VIOLA Sto bene, mamma. Come stanno gli altri? (*Ad Angela*) Ma sei fidanzata?

ANGELA Il matrimonio è in ottobre.

VIOLA Meraviglioso.

RICCARDO I miei genitori sono divorziati. Mio padre ha due figli e una figlia dalla sua seconda moglie. Mia madre vive con mia zia. Ha due figlie dal suo secondo matrimonio.

EMILY Una grande famiglia.

RICCARDO Mah, ho molti parenti.

SOFIA Di dove sei?

LORENZO Di Milano.

SOFIA Cosa studi?

LORENZO Economia. Frequento un corso e sono stagista in una banca.

SOFIA E i tuoi genitori?

LORENZO Divorziati. La mia matrigna (*stepmother*) è svizzera. Lei e mio padre hanno un altro figlio insieme.

LORENZO Mia madre vive a Firenze. Ho due sorelle più grandi a Milano. Sono sposate. Ho quattro nipoti: due maschi e due femmine.

SOFIA Tu sei di Milano, ma noi siamo gente di campagna.

ANGELA Senti, ma cosa ci trovi in mia sorella?

LORENZO Perché?

1 **Completare** Choose the words that best complete the following sentences.

1. Emily ha un'idea per (il sito / la fontana).
2. Per Riccardo, ritornare a Roma è (facile / difficile).
3. Il matrimonio di Angela è in (ottobre / novembre).
4. Lorenzo è (l'amico / il ragazzo) di Viola.
5. Il fratello di Emily ha (cinque / quindici) anni.

6. Riccardo ha molti (parenti / amici).
7. Lorenzo è stagista in (una banca / un supermercato).
8. Lorenzo ha quattro (sorelle / nipoti).
9. Sofia e la sua famiglia sono gente di (montagna / campagna).
10. Per Lorenzo, Viola è (interessante e carina / divertente e stupida).

La madre e la sorella di Viola fanno visita.

SOFIA E tu? Ce l'hai il ragazzo?

ANGELA Mamma, Viola preferisce la scuola ai ragazzi.

VIOLA Lorenzo!

LORENZO Cosa?

VIOLA Ti presento mia madre e mia sorella. Questo è Lorenzo... il mio ragazzo.

EMILY Mio fratello Charlie ha quindici anni. È al primo anno del liceo.

RICCARDO Come Paolo?

EMILY Sì. Questo è Charlie con il nostro cane Max. Ecco mia madre e mio padre. I miei genitori e i miei nonni sono tutti di Chicago. I nonni di mio padre sono svedesi. Una famiglia normale. Com'è la tua famiglia?

LORENZO Beh, Viola è intelligente, interessante e divertente!

ANGELA Divertente? Viola? La nostra Viola?

LORENZO Sì, Viola. Ed è anche carina. Molto carina. (*Lorenzo si alza.*) È stato un piacere. Ci vediamo stasera.

ANGELA Non è il tuo ragazzo.

VIOLA No.

SOFIA Ma tu gli piaci.

ANGELA Dai, andiamo in città a fare spese!

VIOLA Io non gli piaccio. O forse sì?

Espressioni utili

Expressing interest and appreciation

- **Figo.** *(slang)*
  Cool.
- **preferisce...**
  she prefers . . .
- **Senti, ma cosa ci trovi in mia sorella?**
  Listen, what do you see in my sister?
- **È stato un piacere.**
  It was nice meeting you.
- **Ma tu gli piaci.**
  But he likes you.
- **Io non gli piaccio.**
  He doesn't like me.

Talking about family

- **Ho molti parenti.**
  I have many relatives.
- **Ho quattro nipoti: due maschi e due femmine.**
  I have two nephews and two nieces.
- **Noi siamo gente di campagna.**
  We're from the country.

Additional vocabulary

- **In genere, noi facciamo così.**
  Generally, we do it like this.
- **Questo significa che un giorno tornerò a Roma.**
  This means that one day I'll return to Rome.
- **La mia bambina. Fatti vedere.**
  My baby. Let me see you.
- **Ce l'hai il ragazzo?**
  Do you have a boyfriend?
- **Dai, andiamo in città a fare spese!**
  Come on, let's go into town and shop!
- **Tocca a me.**
  My turn.
- **O forse sì?**
  Or maybe he does?
- **con il nostro cane**
  with our dog
- **Aspetta!**
  Wait!
- **stasera**
  tonight
- **stagista**
  intern

---

2 **Per parlare un po'** Draw your family tree. Include your parents, siblings, aunts, uncles, and grandparents. Then "introduce" your family to a classmate in Italian.

3 **Approfondimento** La Fontana di Trevi is a famous fountain in Rome. According to legend, if you throw a coin over your shoulder into the fountain, one day you will return to Rome. Find out what the legend says about throwing two or three coins. What will happen?

More activities

vhlcentral | VM pp. 9–10 | Online activities

ATTIVITÀ

CULTURA

La famiglia italiana

Com'è la famiglia italiana? La tipica famiglia italiana che vediamo nei film degli anni '40 e '50° è di solito° numerosa: un padre, una madre, molti bambini e a volte° persino° un nonno. Oggi la famiglia italiana è ancora così°? Non esattamente. Negli ultimi anni° in Italia ci sono state° molte trasformazioni sociali. Il matrimonio non è più° un evento fondamentale per tutti gli italiani; ci sono coppie sposate e coppie non sposate. Le coppie con figli hanno generalmente un solo figlio, e ci sono sempre più° coppie senza bambini. Il divorzio e la separazione sono molto comuni e perciò° ci sono sempre più famiglie composte da un solo genitore con figli.

La tipica famiglia italiana è differente da quella americana. Per esempio, in Italia i figli vivono spesso con i genitori fino a quando° decidono di avere una famiglia propria°. Questo succede° in parte perché i giovani non hanno bisogno di cambiare casa per frequentare l'università e in parte perché spesso è difficile trovare un lavoro immediatamente dopo l'università e i giovani laureati non riescono a mantenersi°. Tutti questi fattori hanno trasformato° il volto della famiglia italiana contemporanea.

Un piccolo aiuto

Read decimal places in Italian using the word **virgola** (*comma*) where you would normally say *point* in English. To say *percent*, use **percento**.

58,5% cinquantotto virgola cinque percento

58.5% fifty-eight point five percent

I nuclei familiari° italiani
(per posizione geografica)

POSIZIONE GEOGRAFICA	COPPIE SENZA FIGLI	COPPIE CON FIGLI	GENITORI SINGLE	GIOVANI (18-34 ANNI) CHE VIVONO CON UN SOLO GENITORE
Nord-ovest	33,8%	53,3%	12,8%	57,0%
Nord-est	33,4%	54,2%	12,5%	58,5%
Centro	32,1%	55,1%	12,8%	60,4%
Sud	24,1%	63,8%	12,1%	62,9%
Isole	24,9%	62,2%	13,0%	61,8%

FONTE: ISTAT

anni '40 e '50 *1940s and 1950s* **di solito** *usually* **a volte** *sometimes* **persino** *even* **è ancora così** *is it still like this* **Negli ultimi anni** *In recent years* **ci sono state** *there have been* **non è più** *is no longer* **sempre più** *more and more* **perciò** *therefore* **fino a quando** *until* **propria** *their own* **succede** *happens* **non riescono a mantenersi** *cannot earn a living* **hanno trasformato** *have transformed* **nuclei familiari** *households*

ATTIVITÀ

1 Completare Complete each statement with the appropriate word or phrase.

1. La tipica famiglia italiana che vediamo nei film degli _____ è numerosa.

2. In questa famiglia di solito ci sono un papà, una mamma, molti bambini e a volte persino un _____.

3. In Italia ci sono state molte _____ sociali.

4. Il _____ non è più un evento fondamentale per tutti gli italiani.

5. Ci sono sempre più coppie senza _____.

6. Il _____ e la separazione sono fenomeni molto comuni oggi.

7. Ci sono sempre più famiglie _____ da un solo genitore con figli.

8. Spesso i figli vivono con i _____ fino a quando decidono di avere una propria famiglia.

9. È difficile trovare un _____ immediatamente dopo l'università.

10. Il 63,8% delle famiglie nel Sud Italia è formato da coppie _____ figli.

L'ITALIANO QUOTIDIANO

La famiglia

il/la bisnonno/a	great grandfather/ great grandmother
il/la fidanzato/a	fiancé(e); boyfriend/girlfriend
il/la figlio/a unico/a	only child
la mamma/il papà	mom/dad
i miei/tuoi	my/your parents
il primo/secondo marito	first/second husband
il/la primogenito/a	first-born
adottare	to adopt

USI E COSTUMI

Le feste dei genitori

La festa° della mamma e la festa del papà si festeggiano° in Italia come negli Stati Uniti, ma le tradizioni non sono sempre identiche.

La festa della mamma
In Italia si festeggia la mamma la seconda domenica di maggio. All'inizio°, la festa si festeggiava° l'otto maggio, poi la data è stata cambiata°. Gli italiani mostrano il loro affetto per la mamma regalando° fiori, cioccolatini, profumi oppure oggetti° utili per la casa.

La festa del papà
La festa del papà è il 19 marzo, in corrispondenza con la Festa di San Giuseppe, il padre di Gesù°. In questo giorno, molti alunni mettono in scena uno spettacolo° dedicato alla famiglia e in alcune regioni si mangia un dolce tradizionale, le **zeppole di San Giuseppe**.

festa *holiday* **si festeggiano** *are celebrated* **All'inizio** *Initially* **si festeggiava** *was celebrated* **è stata cambiata** *was changed* **regalando** *by giving* **oggetti** *objects* **Gesù** *Jesus* **spettacolo** *show*

RITRATTO

Isabella Rossellini

Isabella Rossellini è un'attrice e modella conosciuta° in tutto il mondo. Il suo talento proviene senza dubbio° dai° suoi genitori. Isabella e la sua sorella gemella, Isotta, sono infatti figlie di due leggende° del cinema internazionale: Roberto Rossellini e Ingrid Bergman. Anche nella vita sentimentale Isabella è sempre circondata da° importanti personaggi del mondo del cinema. Il suo primo matrimonio è con il regista° Martin Scorsese e il secondo con Jon Wiedemann. Nel 1983, a 31 anni, Isabella ha una figlia, Elettra, dal marito Jon. Anni dopo, insieme a° Gary Oldman, Isabella adotta un bambino e lo chiama° Roberto Rossellini Jr. in onore° di suo padre, il grande regista.

conosciuta *known* **senza dubbio** *without a doubt* **proviene dai** *comes from* **leggende** *legends* **circondata da** *surrounded by* **regista** *director* **insieme a** *together with* **lo chiama** *names him* **in onore** *in honor*

SU INTERNET

Il divorzio è un fenomeno epidemico in Italia?

Go to **vhlcentral.com** to find more information related to this **CULTURA**.

---

2 **Vero o falso?** Indicate whether each statement is **vero** or **falso**. Correct the false statements.

1. Isabella Rossellini ha quattro figli.

2. Martin Scorsese è il primo marito di Isabella.

3. Ingrid Bergman è la mamma di Roberto Rossellini.

4. Isabella è la mamma di Elettra e di Roberto Jr.

5. La festa della mamma si festeggia l'otto marzo.

6. In alcune regioni si mangiano le zeppole di San Giuseppe.

3 **A voi...** With a partner, write six sentences describing a famous American family. Use the vocabulary in **L'italiano quotidiano**. Be prepared to share your description with your classmates.

More activities

vhlcentral — Online activities

ATTIVITÀ

STRUTTURE

Possessives

Punto di partenza In both English and Italian, possessives express ownership or possession.

Questo è Charlie con il nostro cane Max.

È il tuo ragazzo?

Attrezzi

In **Contesti**, you learned a few possessive adjectives with family vocabulary: **mio nonno, mia sorella, i miei cugini**.

Possessive adjectives

masculine singular	feminine singular	masculine plural	feminine plural	
il mio	la mia	i miei	le mie	*my*
il tuo	la tua	i tuoi	le tue	*your*
il Suo	la Sua	i Suoi	le Sue	*your* (form.)
il suo	la sua	i suoi	le sue	*his, her, its*
il nostro	la nostra	i nostri	le nostre	*our*
il vostro	la vostra	i vostri	le vostre	*your* (pl.)
il loro	la loro	i loro	le loro	*their*

- In most cases, possessive adjectives precede the nouns they modify. Note that a definite article usually accompanies the possessive adjective.

la nostra famiglia
our family

i tuoi cugini
your cousins

il mio cane
my dog

le vostre nipoti
your nieces/granddaughters

- Like other adjectives in Italian, possessive adjectives agree in gender and number with the nouns they modify.

il mio pesce
my fish

la mia sorellina
my little sister

i miei parenti
my relatives

le mie zie
my aunts

- **Il suo, la sua, i suoi**, and **le sue** can mean *his* or *her*, depending on the context. Remember that the gender and number of both the adjective and the article match the gender and number of the object *possessed*, not the *possessor*.

le sue zie
his/her aunts

i suoi figli
his/her children

il suo gatto
his/her cat

le sue cugine
his/her cousins

Approfondimento

Use an indefinite article before the possessive adjective to express *of mine, of yours, of his/hers, of ours,* and *of theirs.*

un mio parente
a relative of mine

una sua zia
an aunt of hers/his

- Do not use the definite article with singular, unmodified nouns denoting family members.

mio padre	**nostra** figlia
my father	*our daughter*
vostra nonna	**tua** madre
your grandmother	*your mother*

- However, use the definite article if a noun referring to a family member is plural or modified by an adjective or a suffix, such as **-astro/a**, **-igno/a**, or **-ino/a**. Use the definite article with affectionate terms such as **mamma** and **papà** as well.

il mio fratello preferito	**la vostra** mamma
my favorite brother	*your mom*
la tua sorellina	**il nostro** figlio maggiore
your little sister	*our older son*

- **Loro** is a special case. It is always accompanied by the definite article, and it never changes form, regardless of the gender and number of the noun it modifies.

i loro cugini	**le loro** sorelle
their cousins	*their sisters*
la loro zia	**il loro** cognato
their aunt	*their brother-in-law*

Possession with *di*

- English uses *-'s* after a noun or name to express relationships or ownership. Italian uses **di** + [*noun or proper name*]. This construction can also express the idea *to belong to.*

	È di Stefano.
	*It's **Stefano's**.*
Di chi è il cane?	**È di nostro fratello.**
Whose dog is it?	*It belongs to **our brother**.*
	È di mia madre.
	*It's **my mother's**.*

Provalo!   Provide the appropriate singular or plural form of each possessive.

il mio/la mia
1. <u>il mio</u> libro
2. _____ compagne di classe
3. _____ quaderni

il tuo/la tua
4. _____ cugini
5. _____ sorella
6. _____ pallone

il suo/la sua
7. _____ lettera
8. _____ sorelle
9. _____ cugini

il nostro/la nostra
10. _____ professoressa
11. _____ cugino
12. _____ zie

il vostro/la vostra
13. _____ cane
14. _____ zii
15. _____ madre

il/la loro
16. _____ gatti
17. _____ fratello
18. _____ mogli

More activities

vhlcentral

LM
p. 22

WB
pp. 37-38

Online activities

STRUTTURE

1 **Presentare** Explain the family relationship using possessive adjectives. Use the definite article where necessary.

MODELLO

<u>Mio</u> zio è il fratello di mia madre.

1. _____ nonno è il padre di tuo padre.

2. _____ cugini sono i figli dei suoi zii.

3. _____ zia è figlia dei miei nonni.

4. _____ figlia è nipote dei vostri genitori.

5. _____ nonna è la moglie del loro nonno.

6. _____ cognato è il marito di nostra sorella.

7. _____ zie sono le sorelle di mio padre.

8. _____ figlio è nipote dei suoi fratelli.

2 **Identificare** Identify the owner of each object.

▶ **MODELLO**

Ecco i quaderni di Sofia.

Sofia

Giorgio
1. _____

Paola
2. _____

Cristina
3. _____

mio fratello
4. _____

Francesco
5. _____

mio cugino
6. _____

3 **Completare** Complete each sentence with the correct possessive adjective. Use the definite article where appropriate.

1. _____ (*Our*) sorella è molto seria.

2. _____ (*His*) figli vivono a Napoli.

3. _____ (*Her*) padre lavora all'università.

4. _____ (*Our*) amiche ascoltano la musica.

5. _____ (*My*) cugini studiano negli Stati Uniti.

6. _____ (*Their*) lezione comincia a mezzogiorno.

7. Qual è _____ (*your, pl.*) sport preferito?

8. Un _____ amico (*of mine*) suona la chitarra.

4 **Rispondere** Answer the following questions using possessives.

1. Qual è il tuo indirizzo?

2. Quando è il tuo compleanno?

3. Come si chiama tua madre?

4. Dov'è il tuo ristorante preferito?

5. A che ora comincia la tua prima lezione?

6. Chi è il tuo migliore (*best*) amico?

COMUNICAZIONE

5 **Chi è?** In pairs, take turns telling your partner who among your family or friends has these characteristics. Use possessive adjectives in your responses and make the adjectives agree.

MODELLO

italiano
Mio padre è italiano.

1. indipendente	5. timido	9. pigro
2. felice	6. tranquillo	10. divertente
3. generoso	7. studioso	11. onesto
4. intelligente	8. sincero	12. bello

6 **La mia famiglia** Use these cues to form questions. Then interview your classmates about their family members. Tell the class what you find out.

MODELLO

madre / parlare / italiano
S1: *Tua madre parla italiano?*
S2: *Sì, mia madre parla italiano.*
S3: *No, mia madre non parla italiano.*

1. fratello / studiare / matematica

_____

2. padre / lavorare / in banca

_____

3. genitori / vedere / molti film

_____

4. sorella / usare / spesso il telefono

_____

5. zii / leggere / il giornale (*newspaper*)

_____

6. nonna / preparare / la pasta tutti i giorni (*everyday*)

_____

7. cugine / scrivere / lettere

_____

8. amici / giocare / a scacchi

_____

7 **La famiglia e gli amici** Complete these sentences about your family and friends. Share your answers with a classmate.

1. I miei genitori a volte...
2. Il/La mio/a migliore amico/a studia...
3. La mia famiglia è...
4. I miei nonni sono...
5. Il sabato io e i miei amici...
6. Quando sono triste parlo con...

8 **Ritratto di famiglia** In groups of three, take turns describing your family. After everyone has spoken, two of you describe your classmate's family to the rest of the class.

MODELLO

S1: *La madre di Rachele è alta, bionda e socievole.*
S2: *Sì, è anche sportiva e molto intelligente.*

STRUTTURE

Preposizioni semplici e articolate

Punto di partenza You have already learned some prepositions and prepositional contractions in Italian, such as **di** to show possession and **alle** when referring to time. Prepositions show the relationship between two words in a sentence.

Simple prepositions

a	to, at, in	in	in, to, at
con	with	per	for, through, in order to
da	from, since, by, at	fra/tra	among, between, in
di (d')	of, from	su	on, in

Camminiamo **per** la città.
*We're walking **through** the city.*

Il tre è **fra** il due e il quattro.
*Three is **between** two and four.*

Il regalo è **per** il papà.
*The present is **for** Dad.*

Arriva **fra** tre mesi.
*She will arrive **in** three months.*

- Prepositional contractions, or **preposizioni articolate**, are formed when certain prepositions contract with a definite article.

a + il ▶ **al**
to the ▶ to the

in + la ▶ **nella**
in the ▶ in the

Preposizioni articolate

	a	da	di	in	su
il	al	dal	del	nel	sul
lo	allo	dallo	dello	nello	sullo
l'	all'	dall'	dell'	nell'	sull'
la	alla	dalla	della	nella	sulla
i	ai	dai	dei	nei	sui
gli	agli	dagli	degli	negli	sugli
le	alle	dalle	delle	nelle	sulle

- As you have seen, **di** is used to express possession. **Di** can also be used to describe a person or item, while **da** reflects an item's purpose.

il professore **di** spagnolo
the Spanish teacher

il costume **da** bagno
the bathing suit (the suit for bathing)

la partita **di** calcio
the soccer game

la racchetta **da** tennis
the tennis racket (the racket for tennis)

- **Di** and **da** can both describe origin, but **di** is typically used with forms of **essere**, while **da** is used with other verbs.

Sono **di** Roma.
*I am **from** Rome.*

Vengo **da** Firenze.
*I come **from** Florence.*

Arrivano **da** Milano.
*They arrive **from** Milan.*

Sono **di** Venezia.
*They are **from** Venice*

- Use **da** + [*noun*] to mean *at* [*a person's*] *place* or *home*.

  Andiamo **dai miei genitori**.
  *We're going to **my parents' house**.*

  Oggi studio **da Cinzia**.
  *I'm studying **at Cinzia's** today.*

- As you learned in **Lezione 2A**, both **a** and **in** can express destination or location. Use the prepositional contraction when the noun is modified.

  nella bella Toscana
  in beautiful Tuscany

  alla Roma di Pasolini
  to Pasolini's Rome

- In many cases, the use of **a** or **in** is idiomatic. Note that many expressions with **a** or **in** do not use the definite article.

Approfondimento

Use **a** to say that something is on the radio, and **a** or **in** for television.

C'è una bella canzone **alla** radio.
*There is a pretty song **on** the radio.*

Il film è **alla (in)** televisione.
*The movie is **on** television.*

a casa *at home*	**a** tavola *at the table*	**in** treno *by train*
al cinema *at/to the movies*	**a** letto *in/to bed*	**in** banca *at/to the bank*
al mare *at/to the beach/sea*	**a** teatro *at/to the theater*	**in** biblioteca *at/to the library*
a mezzanotte *at midnight*	**in** autobus *by bus*	**in** centro *in town*
a piedi *on foot*	**in** bicicletta *by bicycle*	**in** montagna *in/to the mountains*
a scuola *at/to school*	**in** macchina *by car*	**in** vacanza *on vacation*

- **Su** has idiomatic uses as shown in the following examples.

  sul computer
  on the computer

  sul giornale
  in the newspaper

  su Internet
  online/on the Internet

  sulla destra/sinistra
  on/to the right/left

Mauro cerca un albergo su Internet.

Giovanna indica Piazza di Spagna sulla destra.

Provalo!   **Circle the correct form of the preposition.**

1. Il libro è (sul)/sulle tavolo.
2. L'anno prossimo andiamo ai/a Roma.
3. Nella/Negli mia classe di italiano ci sono venti studenti.
4. Usciamo di casa alla/alle nove di mattina.
5. Domani andiamo da/dell' Elena a giocare a calcio.
6. Non c'è la nuova moglie di/dello tuo zio?
7. Qual è la professione dell'/del suocero di Gianni?
8. Fa sempre bel tempo in/nei Australia?

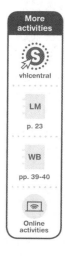

More activities

vhlcentral

LM
p. 23

WB
pp. 39-40

Online activities

STRUTTURE

PRATICA

1 **Scegliere** Choose the appropriate prepositions to complete these questions.

1. Andiamo (in / al) cinema?

2. Stiamo (a / per) casa?

3. Facciamo gli esercizi (di / con) francese?

4. Ascoltiamo un CD (fra / di) Andrea Bocelli?

5. Mettiamo i libri (sullo / dallo) scaffale (*shelf*)?

6. Compriamo un regalo (di / per) Milena?

7. Vediamo un film (da / a) mio cugino Giancarlo?

8. Leggiamo il giornale (alla / in) biblioteca?

2 **Abbinare** Match the items to make logical sentences.

1. Noi mangiamo spesso la pizza _____   a. al mare

2. Sento sempre le canzoni di Laura Pausini _____   b. in biblioteca

3. I miei genitori guardano un film _____   c. in montagna

4. Domani studio per l'esame d'italiano _____   d. a teatro

5. Mi piace nuotare _____   e. a piedi

6. In inverno fa molto freddo _____   f. al ristorante

7. Lavoriamo troppo! Andiamo _____   g. al cinema

8. Mia nonna non ha il computer e non va _____   h. in vacanza

9. I miei fratelli vanno a scuola _____   i. alla radio

10. Antonio vede il suo attore preferito _____   j. su Internet

3 **Completare** Complete these sentences using appropriate simple or prepositional contractions.

▶ MODELLO

Mia cugina arriva

alle sei.

1. Il tuo dizionario
   è _____.

2. Prende il sole
   _____.

3. Mio fratello ritorna
   _____.

4. Mariella è
   _____.

5. I miei mangiano
   _____.

6. I ragazzi studiano
   _____.

Pietro   Mariella   Isabella

4 **Riempire** Complete the paragraph using the appropriate simple and prepositional contractions.

Oggi è il compleanno (1) _____ mio fratello Davide. (2) _____ tre andiamo tutti (3) _____ nostri genitori (4) _____ festeggiare. Io e mia sorella andiamo (5) _____ macchina, perché casa dei nostri genitori è (6) _____ montagna. Nostro fratello va sempre (7) _____ autobus. Abbiamo bisogno di arrivare (8) _____ tre meno un quarto perché la festa è una sorpresa!

COMUNICAZIONE

5 Mescolare With a partner, use items from each column to create six logical sentences. You may use some items more than once.

MODELLO

Mia sorella va in centro a piedi.

A	B	C
mia sorella	andare	sul quaderno
i tuoi nonni	giocare	a piedi
tu e tuo cugino	lavorare	a Roma
le mie zie	scrivere	negli Stati Uniti
nostro nonno	viaggiare	allo stadio
papà	vivere	in treno

6 Intervista In pairs, take turns asking each other these questions. Use the lesson vocabulary in your answers when possible.

MODELLO

S1: *Con chi studi?*
S2: *Studio con mio fratello.*

1. A chi telefoni con frequenza?
2. Dove vai dopo la lezione?
3. Dove abita la tua famiglia?
4. Di dove sono i tuoi nonni?
5. Dove lavorano i tuoi genitori?
6. Con chi vai in vacanza d'estate?
7. Dove mangi la domenica a mezzogiorno?
8. Dove vai il sabato sera?

7 Parlare con la classe Invent five questions using prepostional phrases that you've learned in this lesson (ex: **a scuola, in vacanza, al cinema**). Move around the room and ask your classmates your questions. Find at least one person who answers *yes* to each question and take note of his/her name.

MODELLO

S1: *Vai a casa in autobus?*
S2: *No, vado a casa a piedi. /Sì, vado a casa in autobus.*

8 La festa di compleanno Write five sentences to describe the illustration. Be sure to use the following prepositions in your description: **a, con, per, su, tra**. Compare your description with a classmate's.

STRUTTURE

3A.3 Regular *-ire* verbs

Punto di partenza You are already familiar with Italian verbs that end in **-are** and **-ere**. The third class of Italian verbs ends in **-ire**, and can be conjugated in one of two ways. Many **-ire** verbs are conjugated like **partire** (*to leave, to depart*) as presented in this chart.

partire (to leave)			
io parto	*I leave*	noi partiamo	*we leave*
tu parti	*you leave*	voi partite	*you leave*
Lei/lui/lei parte	*you leave; he/she/it leaves*	loro partono	*they leave*

- **Partire** is often used with the prepositions **per** and **da**.

Mio padre **parte per** Milano alle due.
*My father **leaves for** Milan at 2:00.*

Noi **partiamo da** Firenze a mezzogiorno.
*We're **leaving** Florence at noon.*

Verbs conjugated like *partire*			
aprire	*to open*	seguire	*to follow; to take (a class)*
dormire	*to sleep*	sentire	*to feel; to hear*
offrire	*to offer*	servire	*to serve*

Luca **apre** la finestra perché fa caldo.
*Luca **is opening** the window because it's hot.*

La nonna **offre** i biscotti ai bambini.
*Grandma **offers** cookies to the kids.*

Seguite un corso di storia quest'anno?
*Are **you taking** a history course this year?*

Dormiamo bene solo a casa.
*We only **sleep** well at home.*

Sento il tuo telefono.
*I **hear** your phone.*

Fino a che ora **servite** la cena?
*Until what time do **you serve** dinner?*

Viola apre la porta della pensione.

Lorenzo segue un corso di economia.

Il cameriere serve il caffè.

Io dormo molto il sabato.

- Many **-ire** verbs follow a different pattern of conjugation. Verbs like **capire** (*to understand*) add **-isc-** between the stem and the endings of the singular subject forms and the third person plural form.

capire (to understand)

io cap**isc**o	*I understand*	noi capiamo	*we understand*
tu cap**isc**i	*you understand*	voi capite	*you understand*
Lei/lui/lei cap**isc**e	*you understand; he/she/it understands*	loro cap**isc**ono	*they understand*

Verbs conjugated like *capire*

finire	*to finish*	pulire	*to clean*
preferire	*to prefer*	spedire	*to send*

Chi **pulisce** la cucina?
*Who **cleans** the kitchen?*

Spediamo una lettera a Luca.
*We're **sending** a letter to Luca.*

- The verb **finire** can be followed by a noun or an infinitive. Before an infinitive, use the preposition **di**. To mean *to end up* doing something, use **finire per** + [*infinitive*].

Mio zio **finisce** il caffè.
*My uncle **is finishing** his coffee.*

Non **finisco** mai **di lavorare**!
*I am never **done working**!*

Finisce di studiare a mezzanotte.
*She **finishes studying** at midnight.*

Spesso **finiscono per leggere** due saggi.
*They often **end up reading** two essays.*

- Similarly, **preferire** can be used with a noun or an infinitive, but without a preposition.

Preferiamo la casa verde.
*We **prefer the** green **house**.*

Io **preferisco andare** a piedi.
*I **prefer to go** on foot.*

Provalo! **Complete the sentences with the correct forms of the verbs.**

1. Mia madre <u>preferisce</u> (preferire) mangiare all'una.
2. I nostri problemi non _____ (finire) mai.
3. I bambini _____ (dormire) fino alle sette.
4. Il sabato noi _____ (pulire) l'appartamento.
5. Voi _____ (servire) il caffè al banco (*at the bar*)?
6. A che ora _____ (partire) tu per la Germania?
7. Mia sorella _____ (aprire) la porta a Stefania.
8. Ragazzi, voi _____ (capire) la professoressa?
9. Io non _____ (sentire) la sveglia (*alarm clock*)!
10. Loro _____ (seguire) un corso di filosofia.

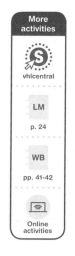

More activities

vhlcentral

LM
p. 24

WB
pp. 41-42

Online activities

STRUTTURE

1 **Completare** Match items from each column to create logical sentences.

1. Capite _____
2. Io spedisco _____
3. Tua zia serve _____
4. Mio fratello dorme _____
5. Parti _____
6. Apriamo _____
7. Le tue sorelle seguono _____
8. Luigi finisce _____
9. Lucia, senti _____
10. Sua sorella pulisce _____

a. tutto il giorno
b. di leggere il giornale.
c. il francese?
d. la pizza.
e. questo rumore (*noise*)?
f. la porta?
g. tre lettere.
h. un corso d'inglese.
i. l'appartamento tutti i giorni.
j. per Roma oggi?

2 **Descrizioni** Complete the following sentences with the correct form of one of these verbs.

aprire	finire	sentire
capire	partire	servire

1. Maria / _____ / il caffè

2. i ragazzi / _____ / la corsa

3. papà / _____ / la porta

4. voi / _____ / per la Francia

5. tu / _____ / la filosofia?

6. noi / _____ / freddo

3 **Riempire** Complete the paragraph.

servire	aprire	offrire	capire
pulire	finire	sentire	dormire

Quando parliamo al telefono, mia nonna non (1) _____ niente (*nothing*). Ripeto sempre tutto due o tre volte ma ogni volta (*every time*) (2) _____ per andare da lei. Quando (3) _____ la porta, mia nonna è sempre felice. E quando parliamo faccia a faccia (*face to face*), (lei) (4) _____ tutto bene. Lei mi (5) _____ sempre il pranzo. Non ho mai fame ma lei insiste, e dopo la pasta, (6) _____ sempre il dessert. A volte dopo pranzo ho sonno e (7) _____ un po' mentre (*while*) mia nonna (8) _____ la cucina (*kitchen*).

COMUNICAZIONE

4 **Mescolare** With a partner, use items from each column to create sentences telling what each person does.

MODELLO

La mia famiglia preferisce i film italiani.

A	B	C
la mia famiglia	capire	i film italiani
io e mio cugino	dormire	lo spagnolo
tu e Luigi	partire	la macchina
il mio cane	preferire	sette ore
mia madre	pulire	una lettera
io	spedire	il calcio
i tuoi parenti		in treno
il tuo ragazzo/ la tua ragazza		la musica classica

5 **Qual è la domanda?** Stefano is speaking to his mother on the phone. You hear his answers, but not his mother's questions. Work with a partner to reconstruct the conversation.

MODELLO

La lezione finisce alle dieci.
A che ora finisce la lezione?

1. Spedisco la cartolina (*postcard*) a un mio amico.
2. Dormo otto ore al giorno.
3. Il sabato pulisco l'appartamento.
4. Preferisco una vacanza in Argentina.
5. Offro un gelato ai miei amici.
6. Parto con la mia ragazza, Serena.
7. Il bar apre alle sette.
8. Al bar servono caffè e cappuccino.
9. Seguo un corso d'italiano.
10. Non capisco bene la matematica.

6 **Cosa preferisce?** With a partner, take turns asking each other questions, and answering them, about these people's preferences.

MODELLO

i tuoi nonni: l'inverno / l'estate
S1: *Cosa preferiscono i tuoi nonni: l'inverno o l'estate?*
S2: *I miei nonni preferiscono l'estate.*

1. i tuoi amici: la pioggia / la neve
2. tuo padre: il calcio / la pallacanestro
3. le tue sorelle: la montagna / il mare
4. i tuoi cugini: il tedesco / l'inglese
5. i tuoi genitori: il cinema / il teatro
6. la tua mamma: i cani / i gatti
7. tuo fratello: la scuola / le vacanze
8. tua nonna: i libri / i film
9. i tuoi zii: cantare / ballare
10. il/la tuo/a migliore amico/a: la musica / lo sport

SINTESI

Ricapitolazione

1 Spiegare In pairs, take turns randomly calling out one person from column A and one from column B. Your partner will explain how they are related.

MODELLO

S1: tua sorella e tua madre
S2: Mia sorella è la figlia di mia madre.

A	B
zio	padre
nonni	madre
cugina	zia
cognato	nipote
sorella	fratello

2 Una famiglia attiva In pairs, take turns asking and answering questions about what Roberto's family is doing based on the illustrations. Use the material you learned in the lesson to add detail and answer creatively.

MODELLO fratello

S1: Cosa fa il fratello di Roberto?
S2: Suo fratello spedisce le e-mail agli amici.

1. sorella

3. zie

4. padre

5. cugino

6. cugina

7. Roberto

8. zio

9. genitori

3 Le famiglie celebri In groups of four, take turns describing one of these families to your partners, taking the role of one of its members. Be creative!

la famiglia Addams	la famiglia Jackson
la famiglia Brady	la famiglia Kennedy
la famiglia Flintstone	la famiglia Simpson

4 La famiglia perfetta Survey your classmates. Ask them to describe their ideal family situation, and record their answers. Then, in pairs, compare your results.

MODELLO

S1: Com'è la tua famiglia ideale?
S2: La mia famiglia ideale è formata da (formed by)...

5 I programmi Survey your classmates to find at least one classmate who would like to do each of these activities with you. When somebody says yes, record his or her name, and agree on a time and date. Make plans with as many classmates as you can.

MODELLO

S1: Hai voglia di studiare in biblioteca con me?
S2: Sì, d'accordo. Va bene sabato alle undici?
S1: Perfetto!

andare al cinema	giocare a pallacanestro
andare in centro	giocare a tennis
andare a ballare	mangiare in mensa
finire i compiti	guardare un film

6 L'albero genealogico Create an illustrated family tree of your family, and share it with a classmate. Tell your partner about each family member; mention his/her name and that person's relation to you. Ask your partner questions about his or her family members' preferences.

MODELLO

S1: Ecco mia cugina. Si chiama Rachel.
S2: Rachel cosa preferisce: sciare o nuotare?

More activities
vhlcentral
Online activities

Video **Italia** *autentica*

Lo Zapping: La Festa dei nonni

 Preparazione Dai un'occhiata al paragrafo, guarda l'immagine e rispondi alle seguenti domande.

- Negli Stati Uniti, quali sono le feste dedicate a membri specifici della famiglia?
- Quale festa sta promuovendo la pubblicità di questo video?

Nonostante i profondi cambiamenti degli ultimi anni, la famiglia italiana conserva (*save*) un posto speciale per i nonni. Dal 2015 la Fondazione Senior Italia promuove la Festa dei nonni, che celebra il ruolo dei nonni ed evidenzia il loro valore insostituibile (*unique*) all'interno della famiglia e della società.

Mangia! (*Eat!*)

1 **Vero o falso** Guarda il video e scegli la risposta corretta.

1. Il giorno del compleanno del figlio, i nonni sono in vacanza.

2. Il sabato, tutta la famiglia si riunisce.

3. La domenica a pranzo, i nonni escono perché non hanno voglia di cucinare.

4. I nonni fanno uno scherzo (*play a joke on*) al figlio.

5. Alla fine, nonni, genitori e nipoti non mangiano insieme.

6. La nonna è molto attiva.

2 **Discussione** A coppie, fate e rispondete alle domande seguenti. Usate le **Espressioni utili** e rispondete con frasi complete.

1. Quante persone ci sono nella tua famiglia?

2. Quanto spesso vai a trovare i tuoi parenti? Secondo te, quanto spesso ci vanno gli italiani?

3. Dopo aver visto il video, secondo te qual è il ruolo dei nonni in Italia? E negli Stati Uniti?

Espressioni utili	
mai	*never*
modello	*role model*
Non litighiamo mai.	*We never fight.*
sempre	*always*
Siamo molto uniti.	*We're very close.*
spesso	*often*
una/due/tre volte alla settimana/al mese/ all'anno	*once/twice/three times a week/month/ year*

3 **Presentazione** Fai una descrizione del tuo parente preferito. Rispondi alle seguenti domande:

- Come si chiama?
- Quanti anni ha?
- Dove abita?
- Quale grado di parentela (degree of kinship) ha con te?

- Che cosa vi piace fare quando siete insieme?
- Quanto spesso lo/la vedi?
- Perché è importante nella tua vita?

More activities

vhlcentral

Online activities

Lezione 3B

Communicative Goals

You will learn how to:
- describe people
- ask questions

Come sono?

 Hotspots

È veloce.

È forte.

il cameriere (la cameriera *f.*)

Sono pazienti. (paziente *sing.*)

il proprietario (la proprietaria *f.*) owner

discreta

stanca tired

geloso

preoccupata

Vocabolario

descrizioni personali	*personal descriptions*
anziano/a	*elderly*
attivo/a	*active*
atletico/a	*athletic*
avaro/a	*greedy*
brillante	*bright*
coraggioso/a	*courageous*
crudele	*cruel*
curioso/a	*curious*
debole	*weak*
disponibile	*helpful*
dolce	*sweet*
duro/a	*hard; tough*
egoista	*selfish*
energico/a	*energetic*
fedele	*faithful*
gentile	*kind*
giovane	*young*
lamentoso/a	*whiny*
lento/a	*slow*
modesto/a	*modest*
povero/a	*poor*
preferito/a	*favorite*
ricco/a	*rich*
spiritoso/a	*funny; clever*
straniero/a	*foreign*
studioso/a	*studious; diligent*
vecchio/a	*old*

le professioni	*professions*
l'architetto	*architect*
l'avvocato	*lawyer*
il barbiere	*barber*
il/la cassiere/a	*cashier*
il/la giornalista	*journalist*
l'ingegnere	*engineer*
il tecnico	*technician*
l'uomo/la donna d'affari	*businessman/ business woman*

More activities

vhlcentral | WB pp. 43-44 | LM p. 25 | Online activities

Pratica

la parrucchiera
(il parrucchiere *m.*)

il musicista
(la musicista *f.*)

Attenzione!

In Italy, women generally do not change their last names when they marry. The couple's children usually take only their father's last name.

1 **Corrispondenze** Match these famous people with their professions.

1. ____ Antonio Vivaldi
2. ____ Vidal Sassoon
3. ____ Gian Lorenzo Bernini
4. ____ Steve Jobs
5. ____ Johnny Cochran
6. ____ Katie Couric

a. avvocato
b. giornalista
c. musicista
d. architetto
e. uomo/donna d'affari
f. parrucchiere/a

2 **Completare** Complete each sentence with the opposite adjective.

1. Mia nonna non è *crudele*; è _____.
2. Mio fratello non è *debole*; è _____.
3. Le mie cugine non sono *egoiste*; sono _____.
4. Io e la mia famiglia non siamo *pigri*; siamo _____.
5. Il mio cane Spartaco non è *veloce*; è _____.
6. Mio zio non è *vecchio*; è _____.
7. I miei cognati non sono *poveri*; sono _____.
8. Mia sorella non è *stupida*; è _____.

3 **Scegliere** Choose the word that best completes each sentence.

| lamentosa | brillante | curiosa | disponibile | fedele | stanca |
| atletica | coraggiosa | discreta | dolce | preferita | straniera |

1. Una persona che è sempre pronta ad aiutare (*help*) è _____.
2. Una persona _____ è molto intelligente.
3. Una persona _____ non racconta i segreti (*tell secrets*).
4. Una persona che fa tante domande è _____.
5. Una persona che viene (*comes*) da un altro paese è _____.
6. Una persona che non dorme abbastanza è _____.
7. Una persona sportiva è _____.
8. Una persona _____ è gentile e disponibile.

4 **Ascoltare** You will hear descriptions of three people. Listen carefully and indicate whether each statement is **vero** or **falso**.

	Vero	Falso
1. Il cameriere è nonno.	☐	☐
2. Angela è architetto.	☐	☐
3. Giovanni è atletico.	☐	☐
4. Angela non è timida.	☐	☐
5. Carlo è responsabile e disponibile.	☐	☐
6. Giovanni studia ingegneria.	☐	☐
7. Angela è un'amica fedele.	☐	☐
8. Carlo è pessimista e pigro.	☐	☐

CONTESTI

Comunicazione

5 **Le professioni** In pairs, say what the true professions of these people are. Alternate reading and answering the questions.

S1: *Carlo è musicista?*
S2: *No, Carlo è cameriere.*

1. Paolo è professore?

2. Carla è ingegnere?

3. Davide è cameriere?

4. Vittoria è avvocato?

5. Maria e Sofia sono giornaliste?

6. Cinzia e Alessandra sono donne d'affari?

6 **Cercasi fidanzata** Luca has posted the following personal ad on an online dating site. With a partner, read the ad and discuss whether Laura or Patrizia would be a better match for him. Be ready to defend your opinion to the class.

Luca, 35 anni

Mi chiamo Luca e ho 35 anni. Sono alto, forte, muscoloso e molto carino. Sono simpatico, disponibile, ottimista e paziente, ma sono anche molto geloso in amore. La mia donna ideale è una ragazza socievole e gentile spiritosa e brillante. Odio le ragazze pigre ed egoiste; amo quelle fedeli e dolci. Preferisco una donna alta (*tall*) e non troppo magra (*thin*). Se sei tu quella giusta, manda una tua foto al mio indirizzo luca@ilmondodeisogni.it.

Laura
spiritosa
timida
alta
paziente
fedele

Patrizia
fedele
brillante
dolce
magra
ottimista

7 **Tocca a te!** Now it's your turn to write a personal ad. Based on Luca's ad, describe yourself and your ideal girlfriend or boyfriend. Include details such as profession, age, physical characteristics, and personality. Your instructor will post the ads in the classroom. In groups, take turns reading the ads and guessing who wrote them.

Un piccolo aiuto

Use these words to help you complete this activity.

amo *I love*
cerco *I'm looking for*
odio *I hate*
mi piace *I like*

8 **La pettegola** Daniele missed a recent family wedding, and is catching up on all the news from his cousin Linda, who is a real **pettegola** (*gossip*)! With a partner, write a conversation between Daniele and Linda in which Linda gives her opinion of everyone at the wedding and shares family news. Be sure to use the vocabulary you learned in **Lezione 3A**.

Daniele: *E com'è il fidanzato di Elena?*
Linda: *È bellissimo ma egoista! È proprietario di un ristorante a Torino ed è molto ricco...*

Pronuncia e ortografia   Ⓢ Audio

◁)) **Intonation of questions and the *qu* letter combination**

Sono le dieci.
It's ten o'clock.

Andiamo al mare.
Let's go to the beach.

Italian sentences usually have a smooth, rolling tempo, with a drop of intonation at the end.

Sono le dieci?
Is it ten o'clock?

Andiamo al mare?
Are we going to the beach?

In questions, on the other hand, the pitch of the voice rises on the final syllable.
This final rise distinguishes between a statement and a question.

Quando mangiate?
When do you eat?

Quanti fratelli hai?
How many brothers do you have?

In standard Italian, questions formed with interrogative words follow the same pattern as *yes-or-no* questions. They have a rolling tempo with a rise in intonation on the final syllable.

quando   **qu**attro   **qu**esto   **qu**ale

Many Italian words begin with the letter combination **qu**. In Italian, **qu** is pronounced *kw*, as in the English words *quake* and *queen*.

quanto   **qu**estione   **qu**i   Pas**qu**a

Regardless of the vowel that follows, the pronunciation of the Italian **qu** remains *kw*. Even when found in the middle of a word, **qu** retains the *kw* pronunciation.

🔊 **Pronunciare** Practice saying these words aloud.

1. quindici   3. quaderno   5. quota   7. requisito   9. quasi
2. quello   4. quarto   6. acqua   8. qualità   10. quindi

🔊 **Articolare** Practice saying these questions aloud.

1. Andiamo da Elena stasera?
2. Hai il libro?
3. Mangi a casa oggi?
4. Quando vai a scuola?
5. Dove studiamo?
6. Chi parla?

🔊 **Proverbi** Practice reading these sayings aloud.

Quando il gatto non c'è, i topi ballano.[1]

Chi trova un amico trova un tesoro.[2]

[1] When the cat's away, the mice will play.   [2] He who finds a friend finds a treasure.

FOTOROMANZO

Una serata in casa Video

Emily

Lorenzo

Riccardo

Viola

VIOLA Ciao, Emily
EMILY Ciao, Viola. Come va con le lezioni?
VIOLA È dura. Ho un esame martedì, ma non ho voglia di studiare.
EMILY Perché no?

EMILY Chi è?
VIOLA Massimo. È nella mia classe di pedagogia.
EMILY E com'è? Grasso, magro, alto, basso, carino, brutto?
VIOLA No, è molto carino!

VIOLA Ha i capelli neri, corti e lisci, e gli occhi verde-scuro.
EMILY Molti uomini italiani hanno i capelli...
VIOLA È vero. Ed è anche dolce e intelligente. Giovedì andiamo a fare una passeggiata e a studiare insieme.

RICCARDO Sei proprio innamorato!
(Squilla il telefono di Lorenzo.)
LORENZO Pronto. Ciao, Francesca. Ma perché mi chiami di nuovo? Sei una ragazza in gamba. Non hai bisogno di aiuto. Per favore.

RICCARDO *(In falsetto)* Lorenzo, caro, sono stanca.
LORENZO *(Al telefono)* Il mio compagno di stanza, un idiota. Ed è pure brutto.
RICCARDO *(In falsetto)* Lorenzo...
LORENZO Devo andare via. Devo andare. No.

RICCARDO Chi è Francesca?
LORENZO Una ragazza.

1 **Chi è?** To which character does each statement refer?

1. Non ha voglia di studiare.
2. È carino e studia pedagogia.
3. Ha ventuno anni.
4. Ha ventidue anni.
5. È una ragazza in gamba.
6. Secondo Lorenzo, è un idiota!
7. È allegra.
8. Non parla bene l'inglese.
9. È preoccupata.
10. Pensa di andare a Roma.

I ragazzi stanno alla pensione e parlano delle relazioni.

EMILY Che immaturi! Ma quanti anni avete?

RICCARDO Ventuno. Lorenzo?

LORENZO Ventidue. Emily?

EMILY Siete come il mio fratellino.

LORENZO Attenta, Viola. Non siamo in Abruzzo. In città gli uomini sono aggressivi ed egoisti.

RICCARDO E lamentosi... insensibili... scortesi... pazzi... strani... gelosi.

EMILY Fuori, subito!

EMILY Tu e Massimo. Sono ottimista.

VIOLA Perché?

EMILY Perché sei allegra.

VIOLA E Peter?

VIOLA Scusami, non parlo bene l'inglese.

EMILY Sono preoccupata. Pensa di venire a Roma.

Espressioni utili

Describing people

- **Grasso, magro, alto, basso, carino, brutto?**
  Fat, skinny, tall, short, cute, ugly?

- **No, è molto carino!**
  No, he's very cute!

- **Ha i capelli neri, corti e lisci, e gli occhi verde-scuro.**
  He has short, straight, black hair and dark green eyes.

- **egoisti**
  selfish

- **insensibili, scortesi, pazzi, strani**
  insensitive, rude, crazy, weird

- **Sei una ragazza in gamba.**
  You are a smart girl.

- **Ed è pure brutto.**
  He's even ugly.

- **ottimista**
  optimistic

Asking questions

- **Come va con le lezioni?**
  How are classes going?

- **Perché no?**
  Why not?

- **Chi è?**
  Who is he?

- **Com'è?**
  What's he like?

Additional vocabulary

- **Sei proprio innamorato!**
  You're head over heels!

- **Perché mi chiami di nuovo?**
  Why are you calling me again?

- **Pensa di venire.**
  He's planning on coming.

- **Attenta, Viola.**
  Be careful, Viola.

- **Fuori, subito!**
  Out, now!

- **Devo andare.**
  I've got to go.

2 **Per parlare un po'** In pairs, write a brief description of one of your classmates. Do not mention his/her name. Be prepared to read your description to the class, who will guess the identity of this person.

3 **Approfondimento** Choose a famous Italian and describe his/her physical appearance and personality. Be prepared to share your description with your classmates.

More activities

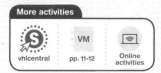

vhlcentral | VM pp. 11-12 | Online activities

ATTIVITÀ

L'amicizia

**Qual è la differenza tra un amico e un compagno?
È vero che chi trova un amico trova un tesoro?**

L'amicizia° è un legame° che si basa su sentimenti°
mutui, schiettezza° e stima reciproca°. Un compagno
è invece° una persona con cui si condivide una
condizione, un'attività, una passione; oppure il coniuge°
o colui con cui si ha una relazione senza essere sposati.
L'amicizia generalmente implica un rapporto più
costante, profondo e duraturo° di quello che si può
stabilire con un compagno di scuola o un collega° di
lavoro. In Italia non è raro vedere amici di lunga data°
che passano la maggior parte del tempo libero insieme.
Per gli italiani spesso è più facile mantenere gli amici
d'infanzia°. Molti giovani infatti frequentano l'università
della loro città e, in generale, gli italiani - diversamente
dagli americani - non si spostano° frequentemente dalla
loro città o dal loro paese.

I ragazzi italiani amano uscire in comitiva°. La comitiva è un gruppo
di amici, in genere abbastanza numeroso. Spesso il luogo d'incontro° è una
piazza o un bar, dove è possibile prendere un gelato o qualcosa da bere°
prima o dopo cena. Quando non sono insieme, i ragazzi hanno inoltre
un ottimo mezzo per comunicare: il cellulare! Ogni scusa è perfetta per
chattare° o scambiarsi° messaggi con lo smartphone! Un altro passatempo
molto amato° è quello di cenare° tutti insieme. Cenare insieme è
considerato° un momento di gioia°, un atto quindi che rafforza° l'amicizia.
È proprio vero quindi che chi trova un amico trova un tesoro.

L'amicizia *Friendship* **legame** *bond* **sentimenti** *feelings* **schiettezza** *frankness* **reciproca** *mutual* **invece** *on the other hand* **coniuge** *spouse*
duraturo *enduring* **collega** *co-worker* **di lunga data** *longtime* **amici d'infanzia** *childhood friends* **si spostano** *move* **uscire in comitiva**
going out as a group **luogo d'incontro** *meeting place* **qualcosa da bere** *something to drink* **chattare** *to chat online* **scambiarsi** *to exchange*
amato *beloved* **cenare** *to have dinner* **è considerato** *is considered* **gioia** *joy* **rafforza** *reinforces*

A T T I V I T À

1 Completare Complete the following statements with the appropriate
word or phrase.

1. L'amicizia si basa su sentimenti _____.

2. Con un compagno si condivide un'attività, una condizione o una
_____ sentimentale.

3. L'amicizia è un rapporto _____, _____ e _____.

4. Non è raro vedere amici di _____.

5. Spesso il _____ è una piazza o un bar.

6. La comitiva è un gruppo di amici in genere _____.

7. Gli _____ sono un ottimo modo per comunicare.

8. Un altro _____ molto amato è quello di cenare tutti insieme.

9. Cenare insieme è considerato un momento di _____.

10. È vero che chi trova un amico trova un _____.

I ragazzi stanno alla pensione e parlano delle relazioni.

EMILY Che immaturi! Ma quanti anni avete?
RICCARDO Ventuno. Lorenzo?
LORENZO Ventidue. Emily?
EMILY Siete come il mio fratellino.

LORENZO Attenta, Viola. Non siamo in Abruzzo. In città gli uomini sono aggressivi ed egoisti.
RICCARDO E lamentosi... insensibili... scortesi... pazzi... strani... gelosi.
EMILY Fuori, subito!

EMILY Tu e Massimo. Sono ottimista.
VIOLA Perché?
EMILY Perché sei allegra.
VIOLA E Peter?

VIOLA Scusami, non parlo bene l'inglese.
EMILY Sono preoccupata. Pensa di venire a Roma.

Espressioni utili

Describing people

- **Grasso, magro, alto, basso, carino, brutto?**
  Fat, skinny, tall, short, cute, ugly?
- **No, è molto carino!**
  No, he's very cute!
- **Ha i capelli neri, corti e lisci, e gli occhi verde-scuro.**
  He has short, straight, black hair and dark green eyes.
- **egoisti**
  selfish
- **insensibili, scortesi, pazzi, strani**
  insensitive, rude, crazy, weird
- **Sei una ragazza in gamba.**
  You are a smart girl.
- **Ed è pure brutto.**
  He's even ugly.
- **ottimista**
  optimistic

Asking questions

- **Come va con le lezioni?**
  How are classes going?
- **Perché no?**
  Why not?
- **Chi è?**
  Who is he?
- **Com'è?**
  What's he like?

Additional vocabulary

- **Sei proprio innamorato!**
  You're head over heels!
- **Perché mi chiami di nuovo?**
  Why are you calling me again?
- **Pensa di venire.**
  He's planning on coming.
- **Attenta, Viola.**
  Be careful, Viola.
- **Fuori, subito!**
  Out, now!
- **Devo andare.**
  I've got to go.

ATTIVITÀ

2 **Per parlare un po'** In pairs, write a brief description of one of your classmates. Do not mention his/her name. Be prepared to read your description to the class, who will guess the identity of this person.

3 **Approfondimento** Choose a famous Italian and describe his/her physical appearance and personality. Be prepared to share your description with your classmates.

More activities
vhlcentral | VM pp. 11-12 | Online activities

CULTURA

L'amicizia

Qual è la differenza tra un amico e un compagno?
È vero che chi trova un amico trova un tesoro?
L'amicizia° è un legame° che si basa su sentimenti°
mutui, schiettezza° e stima reciproca°. Un compagno
è invece° una persona con cui si condivide una
condizione, un'attività, una passione; oppure il coniuge°
o colui con cui si ha una relazione senza essere sposati.
L'amicizia generalmente implica un rapporto più
costante, profondo e duraturo° di quello che si può
stabilire con un compagno di scuola o un collega° di
lavoro. In Italia non è raro vedere amici di lunga data°
che passano la maggior parte del tempo libero insieme.
Per gli italiani spesso è più facile mantenere gli amici
d'infanzia°. Molti giovani infatti frequentano l'università
della loro città e, in generale, gli italiani - diversamente
dagli americani - non si spostano° frequentemente dalla
loro città o dal loro paese.

I ragazzi italiani amano uscire in comitiva°. La comitiva è un gruppo
di amici, in genere abbastanza numeroso. Spesso il luogo d'incontro° è una
piazza o un bar, dove è possibile prendere un gelato o qualcosa da bere°
prima o dopo cena. Quando non sono insieme, i ragazzi hanno inoltre
un ottimo mezzo per comunicare: il cellulare! Ogni scusa è perfetta per
chattare° o scambiarsi° messaggi con lo smartphone! Un altro passatempo
molto amato° è quello di cenare° tutti insieme. Cenare insieme è
considerato° un momento di gioia°, un atto quindi che rafforza° l'amicizia.
È proprio vero quindi che chi trova un amico trova un tesoro.

> ### Un piccolo aiuto
>
> **Qual è** is used to ask "*What is . . . ?*"
> when the answer involves a choice
> or identification, whereas **Che, Che
> cosa**, or **Cosa** ask for a definition.
>
> **Qual è il tuo numero di telefono?**
> *What is your telephone number?*
>
> **Che cos'è l'amicizia?**
> *What is friendship?*

L'amicizia *Friendship* **legame** *bond* **sentimenti** *feelings* **schiettezza** *frankness* **reciproca** *mutual* **invece** *on the other hand* **coniuge** *spouse*
duraturo *enduring* **collega** *co-worker* **di lunga data** *longtime* **amici d'infanzia** *childhood friends* **si spostano** *move* **uscire in comitiva**
going out as a group **luogo d'incontro** *meeting place* **qualcosa da bere** *something to drink* **chattare** *to chat online* **scambiarsi** *to exchange*
amato *beloved* **cenare** *to have dinner* **è considerato** *is considered* **gioia** *joy* **rafforza** *reinforces*

A T T I V I T À

1 **Completare** Complete the following statements with the appropriate word or phrase.

1. L'amicizia si basa su sentimenti _____.

2. Con un compagno si condivide un'attività, una condizione o una _____ sentimentale.

3. L'amicizia è un rapporto _____, _____ e _____.

4. Non è raro vedere amici di _____.

5. Spesso il _____ è una piazza o un bar.

6. La comitiva è un gruppo di amici in genere _____.

7. Gli _____ sono un ottimo modo per comunicare.

8. Un altro _____ molto amato è quello di cenare tutti insieme.

9. Cenare insieme è considerato un momento di _____.

10. È vero che chi trova un amico trova un _____.

L'ITALIANO QUOTIDIANO

Le personalità estreme

buffo/a	*funny*
chic (*invar.*)	*chic*
pazzo/a	*crazy*
scemo/a	*dim-witted*
scherzoso/a	*playful*
strano/a	*weird, strange*
sveglio	*smart*
testardo/a	*stubborn*
tonto/a	*thick; dumb*

USI E COSTUMI

Le tradizioni del matrimonio

Le tradizioni più comuni sono il lancio del riso° agli sposi e il lancio del bouquet alle ragazze non sposate. In alcune regioni la sposa indossa° una cosa blu, una cosa regalata°, una prestata°, una vecchia e una nuova. Ma ogni regione italiana ha le sue tradizioni matrimoniali.

In **Emilia-Romagna** gli sposi tagliano° un tronco° in molti pezzi.

In **Calabria** gli invitati lanciano° agli sposi riso ma anche sale e grano°.

In **Puglia** il vestito della sposa è abbottonato° da una ragazza nubile.

In **Liguria** gli invitati lanciano petali° di fiori colorati.

il lancio del riso *throwing rice* **indossa** *wears* **regalata** *given as a gift* **prestata** *borrowed* **tagliano** *cut* **tronco** *log* **lanciano** *throw* **sale e grano** *salt and grains* **abbottonato** *buttoned* **petali** *petals*

RITRATTO

Un matrimonio sfarzoso

Francesco Totti è stato uno dei migliori° calciatori italiani nonché° campione del mondo nel 2006 con la squadra nazionale italiana. A soli sedici anni gioca per la prima volta in Serie A; ora è un dirigente sportivo della A.S. Roma. Nel 2005 sposa° nella splendida chiesa dell'Aracoeli, a Roma, **Ilary Blasi**, una famosa presentatrice° italiana. Il giorno del matrimonio lei indossa un abito molto scollato° di Armani e lui un tight° (sempre di Armani) con cilindro e guanti°.

È un matrimonio sfarzoso° di due bellissimi giovani molto amati dal pubblico italiano. All'uscita° della chiesa ci sono duemila tifosi che aspettano gli sposi felici e sorridenti°. La cerimonia è ripresa° dalla TV e i proventi° sono donati al canile° di Roma.

uno dei migliori *one of the best* **nonché** *as well as* **sposa** *he marries* **presentatrice** *T.V. hostess* **scollato** *low-cut* **tight** *tails (tuxedo)* **cilindro e guanti** *top hat and gloves* **sfarzoso** *sumptuous* **uscita** *exit* **sorridenti** *smiling* **ripresa** *broadcast* **proventi** *proceeds* **donati al canile** *donated to the dog pound*

RITMO ITALIANO

E se una tua ex decide di sposare un altro? Vai su **vhlcentral.com** e scopri una canzone di qualche anno fa sull'eterno tema delle relazioni finite.

---

2 **Vero o falso?** Indicate whether each statement is **vero** or **falso**. Correct the false statements.

1. In Italia il matrimonio è uguale (*the same*) in tutte le regioni.
2. Una tradizione comune è il lancio del riso agli sposi.
3. In Emilia-Romagna gli sposi tagliano un tronco.
4. Francesco Totti è un dirigente sportivo della A.S. Roma.
5. Al suo matrimonio, Ilary Blasi indossa un abito molto scollato di Armani.
6. Il matrimonio di Francesco Totti è semplice e tranquillo.

3 **Come sono?** Look at the photo of the students on the facing page. With a partner, take turns describing each person in detail. How old do you think they are? What do you think their personalities are like? Are they likely **amici** or **compagni di università**?

More activities

vhlcentral / Online activities

ATTIVITÀ

STRUTTURE

Descriptive adjectives

Punto di partenza You already learned some descriptive adjectives in **Lezione 1B**, and in **Lezione 3A** you learned to use possessive adjectives. Descriptive adjectives generally follow the nouns they modify.

NOUN   DESCRIPTIVE ADJECTIVE

Lo studente **pigro** non studia molto.
*The **lazy** student doesn't study a lot.*

• Here are more adjectives that you can use to describe people.

Physical description		Personality or mood	
alto/a	*tall*	allegro/a	*cheerful*
basso/a	*short*	arrabbiato/a	*angry*
biondo/a	*blond*	audace	*audacious, bold*
brutto/a	*ugly*	dinamico/a	*dynamic*
carino/a	*cute*	disinvolto/a	*confident*
grasso/a	*fat*	furbo/a	*shrewd, sly*
magro/a	*thin*	ingenuo/a	*naïve*
moro/a	*dark-haired*	(in)sensibile	*(in)sensitive*
muscoloso/a	*muscular*	(ir)responsabile	*(ir)responsible*
sportivo/a	*active*	(s)cortese	*(dis)courteous*

Lo studente italiano è **muscoloso**.
*The Italian student is **muscular**.*

La signora Tiberia è **arrabbiata**.
*Mrs. Tiberia is **angry**.*

Quei bambini sono **scortesi**.
*Those children are **rude**.*

Le tue figlie sono **carine**.
*Your daughters are **cute**.*

• To describe a person who is neither **alto** nor **basso**, use the phrase **di media statura** (*of average height*).

• You have already learned that adjectives ending in **-o** have four forms, and those ending in **-e** have only two forms. Adjectives ending in **-ista** have three forms: one for all singular nouns, and different forms for masculine plural and feminine plural nouns.

Adjectives ending in *-ista*		
masculine and feminine singular	masculine plural	feminine plural
egoista	egoisti	egoiste
femminista	femministi	femministe
ottimista	ottimisti	ottimiste
pessimista	pessimisti	pessimiste

Roberto è molto **egoista**.
*Robert is very **selfish**.*

Antonio e Angela sono **ottimisti**.
*Antonio and Angela are **optimistic**.*

Fabiola non è mai **pessimista**.
*Fabiola is never **pessimistic**.*

Daniela e Giorgia sono **femministe**.
*Daniela and Giorgia are **feminists**.*

- To describe the color of a person's eyes or hair, use **avere + gli occhi/i capelli +** [*adjective*].

Hair and eye adjectives

azzurri	*(sky) blue*	marroni	*brown (eyes)*
bianchi	*white*	mossi	*wavy*
blu (*invar.*)	*blue*	neri	*black*
castani	*brown*	nocciola (*invar.*)	*hazel*
corti	*short*	ricci	*curly*
grigi	*grey*	rossi	*red*
lisci	*straight*	verdi	*green*
lunghi	*long*		

Non ho **i capelli mossi.**
*I don't have **wavy hair.***

I miei figli hanno **gli occhi azzurri.**
*My kids have **blue eyes.***

- The Italian equivalent of the English expression *with (red, blonde, etc.) hair* is **dai/con i capelli (rossi, biondi ecc.).**

Vedi la ragazza **dai/con i capelli castani**?
*Do you see the girl **with brown hair** (the **brown-haired** girl)?*

Position of adjectives

- Certain adjectives, including **bello, brutto, buono, cattivo, nuovo, vecchio, giovane, grande,** and **piccolo,** often precede the noun. In this position, **buono** and **bello** have special forms.

Ho un **piccolo** problema.
*I have a **small** problem.*

Andiamo con la tua **nuova** macchina!
*Let's go in your **new** car!*

Dora prende sempre **brutti** voti.
*Dora always gets **bad** grades.*

Le **vecchie** amiche sono le migliori.
***Old** friends are the best.*

buono

un film	un **buon** film
uno zoo	un **buono** zoo
un amico	un **buon** amico
i giornali	i **buoni** giornali
gli avvocati	i **buoni** avvocati
una donna	una **buona** donna
un'amica	una **buon'**amica
le ragazze	le **buone** ragazze

bello

il bambino	il **bel** bambino
lo zaino	il **bello** zaino
l'uomo	il **bell'**uomo
i capelli	i **bei** capelli
gli occhi	i **begli** occhi
la casa	la **bella** casa
l'amica	la **bell'**amica
le rose	le **belle** rose

- Note that the pattern of singular endings of **buono** resembles the pattern of the indefinite article, and the pattern of **bello** resembles that of the definite article.

Provalo! **Provide all forms of each adjective.**

1. muscoloso *muscoloso, muscolosa, muscolosi, muscolose*
2. blu _____
3. contento _____
4. intelligente _____

5. piccolo _____
6. triste _____
7. sportivo _____
8. pessimista _____

More activities

vhlcentral

LM
p. 27

WB
pp. 45-46

Online activities

STRUTTURE

PRATICA

1

Collegare Match each adjective with its opposite.

1. ____ grande
2. ____ pessimista
3. ____ calmo
4. ____ magro
5. ____ forte
6. ____ interessante

a. arrabbiato
b. grasso
c. noioso
d. piccolo
e. debole
f. ottimista

2

Scegliere Choose the adjective that best completes each sentence and write the correct form.

MODELLO

Marisa non lavora molto. Lei è (socievole, pigro, brutto). _____*pigra*_____

1. Pino è sempre contento perché è una persona (ottimista, duro, povero). _____
2. Renata non è bassa; è (muscoloso, di media statura, stupido). _____
3. Mia madre non dorme bene perché è (preoccupato, liscio, gentile). _____
4. Mi piace leggere libri (avaro, interessante, castano). _____
5. Luca è molto grasso, mentre (*while*) le sue sorelle sono (arrabbiato, verde, magro). _____
6. Nikolai non è italiano; è (vecchio, straniero, noioso). _____

3

Trasformare Replace the underlined word(s) with the correct form of the word(s) in parentheses and make all necessary changes to the sentence.

MODELLO

Il <u>bambino</u> cattivo non mangia. (bambine)
Le bambine cattive non mangiano.

1. Il <u>ragazzo</u> atletico gioca bene a calcio. (ragazze)
2. Invitiamo <u>un amico</u> socievole e simpatico alla festa. (tre amiche)
3. I miei genitori hanno una <u>piccola</u> macchina. (brutto)
4. L'uomo <u>basso</u> dai capelli <u>neri</u> si chiama Umberto. (alto / biondo)
5. Gli <u>studenti</u> intelligenti finiscono <u>i compiti</u> difficili. (studentessa / l'attività)
6. Giorgina ha una bella <u>casa</u> a Milano. (ufficio)

4

Descrivere Describe the characteristics of the people.

Elisabetta

▶ **MODELLO**

Elisabetta è sportiva.
Ha i capelli castani.

1. Claudio e Irene

2. Ettore e Fabio

3. Martino

4. Marina

5. Le mie cugine

6. Carlo

COMUNICAZIONE

5 **La famiglia Petrillo** In pairs, take turns describing the members of the Petrillo family. Comment on their personality as well as their physical appearance.

MODELLO

Luca è vecchio e intelligente...

Giacomo Elena Flavia

Achille

Stefano Luca

6 **Compagno segreto** Write a description of one of your classmates. Describe both physical characteristics and personality. If you can, include information about activities the person does. Share your description with the class and have them guess who you are describing.

MODELLO

Questa persona ha gli occhi marroni e i capelli biondi.
È molto gentile. Gioca a calcio e a pallacanestro. Chi è?

7 **Venti domande** Choose a famous person. In groups of four, take turns asking *yes*-or-*no* questions to determine the identity of each other's person.

▶ **MODELLO**

S2: *È una donna?*
S1: *Sì.*
S3: *Ha gli occhi blu?*
S1: *No.*

8 **Un buon amico** Interview a classmate to learn about one of his/her friends. Use the questions below plus three additional questions. Take notes and be prepared to describe your partner's friend to the class.

- Come si chiama?
- Quanti anni ha?
- È alto/a, basso/a o di media statura?
- Di che colore ha gli occhi?
- Che tipo di personalità ha?
- È ottimista o pessimista?
- È un bravo studente/una brava studentessa?
- Quali sono i suoi passatempi?

STRUTTURE

3B.2

Interrogatives and demonstratives

Punto di partenza In **Lezione 1B**, you learned how to form *yes-or-no* questions and you learned some questions with interrogative words. Here are the most commonly used interrogative words.

Interrogative words			
che cosa/che/cosa?	*what?*	perché?	*why?*
chi?	*who/whom?*	quale?	*which/what?*
come?	*how?*	quando?	*when?*
dove?	*where?*	quanto?	*how much?*

- In questions beginning with an interrogative word, the subject is usually placed at the end.

  Cosa comprate voi?
  ***What** are you buying?*

  Dove abita l'ingegnere?
  ***Where** does the engineer live?*

Approfondimento

Although **quando?** and a **che ora?** both express *when?*, **quando?** asks for a general time reference, while **a che ora?** indicates a specific time of day.

Quando studiano?
***When** (generally) do they study?*

A che ora parte il treno?
***(At) what time** does the train leave?*

- When an interrogative is used with a preposition, the preposition must precede the interrogative.

  Con chi parla Beppe?
  ***With whom** is Beppe talking?*

  Da dove viene Mario?
  ***Where** does Mario come **from**?*

- The interrogatives **che**, **quale**, and **quanto** can also be used as interrogative adjectives that modify nouns. **Che** is invariable, but **quale** and **quanto/a** must agree with the nouns they modify.

  Quale donna è tua zia?
  ***Which** woman is your aunt?*

  Quanti cugini avete?
  ***How many** cousins do you have?*

Che corsi segui questo semestre?

Quali amici inviti alla tua festa di compleanno?

- When followed by the verb **è**, the interrogatives **come**, **dove**, and **che cosa** drop the final vowel and add an apostrophe.

  Com'è il tuo fidanzato?
  ***What is** your boyfriend **like**?*

  Dov'è la proprietaria?
  ***Where is** the owner?*

- Use **che cos'è** to ask for an explanation or definition and **qual è** to request specific information. Note that **quale** and **qual è** are not interchangeable.

  Che cos'è la paleontologia?
  ***What is** paleontology?*

  Qual è il suo indirizzo?
  ***What is** his address?*

Demonstrative adjectives and pronouns

- Demonstratives indicate which of multiple items is being discussed. The adjectives **questo** (*this*) and **quello** (*that*) precede the nouns they modify. **Questo** has four regular endings, but the singular forms can be shortened to **quest'** before a vowel. Note that **quello** follows the same pattern as **bello**.

Demonstrative adjectives		
il libro	**questo** libro	**quel** libro
lo zaino	**questo** zaino	**quello** zaino
l'orologio	**quest'**orologio	**quell'**orologio
i capitoli	**questi** capitoli	**quei** capitoli
gli esercizi	**questi** esercizi	**quegli** esercizi
la lezione	**questa** lezione	**quella** lezione
l'attività	**quest'**attività	**quell'**attività
le risposte	**queste** risposte	**quelle** risposte

A che ora parte **questo** treno?
*What time does **this** train leave?*

Chi è **quell'**uomo?
*Who is **that** man?*

- Demonstrative pronouns refer to a person or thing that has already been mentioned or whose identity is clear. They replace the noun to which they refer and agree with it in gender and number. The demonstrative pronouns are **questo/a** (*this one*), **questi/e** (*these*), **quello/a** (*that one*), and **quelli/e** (*those*).

Quale libro preferisci: **questo** o **quello?**
*Which book do you prefer: **this one** or **that one?***

Preferisci questi libri o **quelli?**
*Do you prefer these books or **those?***

- The pronouns **questo** and **quello** can be used to refer to whole ideas or previously mentioned topics.

Quello non è importante in questo momento.
***That** isn't important right now.*

Questo è veramente interessante!
***This** is really interesting!*

Preferisco quella.

Mi piace questa foto.

More activities

vhlcentral

LM
p. 28

WB
pp. 47–48

Online activities

Provalo! Complete each question with the appropriate interrogative or demonstrative word.

1. <u>Cosa/Che/Che cosa</u> studia Giulia all'università? Matematica?

2. _____ stai oggi?

3. _____ è lei? Tua sorella Anna?

4. _____ è il tuo numero di telefono?

5. _____ comincia la lezione? Alle due?

6. _____ costa il libro?

7. Qual è la tua macchina: questa o _____?

8. Di chi è _____ cane?

STRUTTURE

PRATICA

1 **Completare** Select the best word or phrase.

1. ____ donna si chiama Diana.
2. ____ fai stasera?
3. ____ il suo nome?
4. ____ viaggiano? In treno?
5. ____ l'esame? Difficile?
6. ____ comincia il film?
7. ____ ragazzo non studia mai!
8. ____ mettiamo i libri?
9. ____ esercizi sono facili.
10. ____ foto sono bellissime!

a. Com'è
b. Queste
c. Dove
d. Quegli
e. Che cosa
f. Questo
g. Qual è
h. Quella
i. Come
j. A che ora

2 **Domandare** Write a question for each response. Use each interrogative word only once.

MODELLO

Milano è nel nord Italia.
Dov'è Milano?

1. Stefano è alto, magro, biondo e molto gentile.
2. I miei fratelli cercano il nostro cane Jupiter.
3. Angela scrive poesie romantiche.
4. Vado al cinema stasera.
5. L'astronomia è lo studio degli astri (*stars*).
6. Preferiamo cenare da Gino.
7. Sono tutte buone, ma compro la bicicletta verde.
8. Paolo spedisce una lettera al suo professore.
9. Il film comincia alle 8.30.
10. Seguo italiano, chimica, antropologia e filosofia.

3 **Rispondere** Use the appropriate demonstrative pronoun to answer each question in the negative.

MODELLO

Beatrice prende quella bicicletta?
No, prende questa.

1. Quegli studenti sono socievoli?
2. Leggiamo questo?
3. Nina lavora in quel negozio?
4. Vincenzo pulisce quelle lavagne dopo la lezione?
5. I Pedretti comprano questa casa?
6. Quel treno parte alle tre?
7. Ascolti spesso questi CD?
8. Elio gioca con quella squadra di calcio?
9. La signora Palmeri prende quest'autobus?
10. Lucia e Barbara preferiscono quelle sedie?

COMUNICAZIONE

4 **Domande e risposte** With a partner, make a set of flashcards for interrogative words. Mix the cards and place them in a stack face down. Then turn one card at a time and ask your partner a question using the word. Your partner will answer the question.

> **MODELLO**
>
> **S1:** *Quante matite hai tu?*
> **S2:** *Non ho matite. Ho due penne.*

5 **Le preferenze** In small groups, take turns asking each other which item in each pair you prefer. Continue the conversation with follow-up questions.

> ▶ **MODELLO**
>
> **S1:** *Quale scooter preferite?*
> **S2:** *Preferisco quello scooter.*
> **S3:** *Io preferisco questo.*
> **S1:** *Perché questo?*
> **S3:** *Perché è rosso... e quello non mi piace.*

1.   2.

3.   4.

6 **La mia famiglia** Using interrogative words, ask a partner about their family so you can draw their family tree. Ask about personalities and characteristics. Invent a family if you want to be creative! When you've finished, meet with another pair and present the family trees.

- Quante persone ci sono nella tua famiglia?
- Come si chiamano i tuoi genitori?
- Quanti anni ha tuo padre?
- Cosa piace fare a tuo padre?
- Com'è tua madre?
- Che tipo di personalità ha tua madre?
- Quanti zii e zie hai?
- Hai uno zio/a preferito/a?
- Avete animali domestici?

SINTESI

Ricapitolazione

1 La tua città Interview a classmate. Ask whether he/she goes to these places in town. If he/she says *yes*, ask follow-up questions: *with whom, when, why,* and so on. Be prepared to report your findings to the class.

la biblioteca	la farmacia
il caffè	i negozi
il centro commerciale	il parco
il cinema	il supermercato

2 Gli occhi della madre List five physical or personality traits that you share with other members of your family. Then, in pairs, compare lists. Be ready to present your partner's list to the class.

MODELLO

S1: *Io e mio fratello Frankie siamo atletici.*
S2: *Io sono ottimista, come mia madre.*

3 Fare una catena Pick someone in the drawing below and describe him/her. The next person in your group repeats the first person's statement and adds to it. Keep going and see how many details you can add and remember.

MODELLO

S1: *Quella donna si chiama Rachele. È magra.*
S2: *Rachele è magra e anche alta.*
S3: *Rachele è magra, alta e bionda.*

Marco · Fatima · Virginia
Mohammed e Cristina
Vittorio e Rachele · Tran e Giacomo · Silvia e Tommaso

4 I cartoni animati Write five questions and answers about these cartoon characters. Use a different interrogative for each question. Then, in groups of three, take turns playing the role of game show host. Ask your questions to the two contestants. When someone answers correctly, switch hosts.

MODELLO

S1: *Dove abita la famiglia Simpson?*
S2: *La famiglia Simpson abita a Springfield.*

Bugs Bunny	i Griffin (*Family Guy*)
i bambini di South Park	Scooby-Doo
Cenerentola (*Cinderella*)	Shrek
la famiglia Flintstone	la sirenetta (*the Little Mermaid*)
la famiglia Simpson	Aladino

5 Firma qui! Your instructor will give you a worksheet. First, write *yes-or-no* questions using descriptive adjectives. Follow the model on the card. Then ask your questions to your classmates: one per person. If the answer is *yes*, ask for his/her signature. Get eight signatures.

MODELLO

S1: *Roberto, hai una sorella alta?*
S2: *Sì, mia sorella Janet è molto alta.*
S1: *Benissimo! Firma qui, per favore.*

6 Le differenze Your instructor will give you and a partner each a drawing of a family. Ask questions to find the six differences between your picture and your partner's.

MODELLO

S1: *La madre è bionda?*
S2: *No, non è bionda. Ha i capelli castani.*

7 Persone famose Describe a celebrity to your partner. He/She will have to guess who the person is. Be creative!

MODELLO

S1: *È molto famoso, è un musicista, ha una moglie molto famosa e tre figli. Il suo nome e il nome della moglie iniziano per K.*
S2: *È Kanye West!*

8 **Cercasi attori** You are a casting director trying to find actors for a new comedy about a family. Work with a partner to write a brief description of each member of the family. Use the vocabulary you learned in **Lezioni 2A, 3A** and **3B** to describe the characters, their personalities, and their pastimes.

MODELLO

Il figlio maggiore si chiama Massimo. Ha 22 anni ed è alto, castano e molto studioso. Gli piace giocare a...

la famiglia

il figlio   la figlia   il padre   la madre   il cugino

9 **La sceneggiatura** Prepare a scene for your new television show. The characters are making plans for the weekend, and they each have a different opinion about where to go and what to do. In pairs, use the vocabulary you learned in **Unità 2** to prepare a scene in which the characters try to decide on their plans.

MODELLO

Massimo: *Fa caldo. Andiamo al mare! Ho voglia di nuotare.*
Alessia: *Ma no! Io preferisco andare al cinema. Ho voglia di vedere un film.*

Il mio di zio na rio

Add five words related to **La famiglia** and **Le descrizioni personali** to your personalized dictionary.

il matrimonio

traduzione
marriage; wedding

categoria grammaticale
sostantivo (m.)

uso
Vado al matrimonio di mia cugina.

sinonimi
nozze

antonimi
divorzio

More activities

vhlcentral   Online activities

Panorama

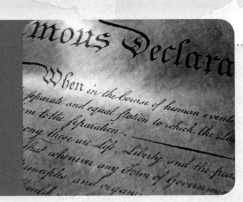

il *North End*, il quartiere italiano di Boston

Gli italiani nel mondo

La popolazione in cifre

▶ **Cittadini italiani° residenti all'estero°:**
più di 5 milioni

▶ **Argentina:** *921.762*
▶ **Francia:** *405.459*
▶ **Germania:** *763.622*
▶ **Regno Unito°:** *297.547*
▶ **Svizzera:** *619.317*
▶ **Belgio:** *276.447*
▶ **Brasile:** *487.653*
▶ **Stati Uniti:** *262.605*

FONTE: AIRE 2017

Stati con più oriundi italiani°:

▶ **Percentuale di statunitensi d'origine italiana:** *5%*

▶ **New York:** *2.560.731*
▶ **Illinois:** *784.466*
▶ **Pennsylvania:** *1.546.849*
▶ **Ohio:** *743.042*
▶ **California:** *1.502.654*
▶ **Connecticut:** *651.407*
▶ **New Jersey:** *1.457.021*
▶ **Texas:** *505.851*
▶ **Florida:** *1.178.662*
▶ **Michigan:** *467.978*
▶ **Massachusetts:** *904.533*
▶ **Louisiana:** *221.103*

FONTE: U.S. Census Bureau 2010 American Community Survey

Italoamericani celebri

▶ **Enrico Fermi,** *fisico° (1901–1954)*

▶ **Joe DiMaggio,** *giocatore di baseball (1914–1999)*

▶ **Frank Sinatra,** *cantante e attore (1915–1998)*

▶ **Nancy Pelosi,** *politica, prima donna presidente della Camera dei rappresentanti° (1940–)*

▶ **Liza Minnelli,** *attrice e cantante (1946–)*

▶ **Sofia Coppola,** *regista, sceneggiatrice° e attrice (1971–)*

▶ **Leonardo DiCaprio,** *attore (1974–)*

tifosi di calcio alle cascate del Niagara

Michigan
New York
Massachusetts
California
Connecticut
Illinois
Ohio
New Jersey
Pennsylvania
Texas
Louisiana
Florida

una pasticciera italoamericana prepara *le colombe.*

Incredibile ma vero!

La Dichiarazione° di indipendenza degli Stati Uniti d'America è firmata° da due italoamericani: William Paca e Caesar Rodney. Circa 1.500 "italiani"? hanno combattuto° per l'indipendenza degli Stati Uniti. Inoltre°, più di 5.000 italiani hanno partecipato° alla guerra civile° americana.

Cittadini italiani *Italian citizens* **all'estero** *abroad* **Regno Unito** *United Kingdom* **oriundi italiani** *people of Italian ancestry* **fisico** *physicist* **Camera dei rappresentanti** *House of Representatives* **sceneggiatrice** *screenwriter* **Dichiarazione** *Declaration* **è firmata** *is signed* **hanno combattuto** *fought* **Inoltre** *Furthermore* **hanno partecipato** *participated* **guerra civile** *Civil War*

La storia

La Piccola Italia in Argentina

Molti italiani emigrano° in Argentina tra il 1870 e il 1970. Dai 15 ai 20 milioni di argentini hanno origine italiana. L'influenza della cultura e della lingua italiana è molto forte in Argentina. I primi italiani che si stabiliscono° a Buenos Aires provengono° dalla Liguria, dalla Lombardia e dal Piemonte. Il quartiere° italiano più famoso di Buenos Aires si chiama *La Boca*. Oggi *La Boca* è un quartiere turistico, famoso per le sue case dipinte° di vari colori, per l'aria europea che si respira nelle strade, per il tango ballato° nei locali sulla strada principale° e per la sua squadra di calcio.

Le feste

La Festa dei Gigli

La Festa dei Gigli° è una festa molto antica° (è nata in Italia nel 431 d.C.°) in onore di San Paolino di Nola. Questa festa è celebrata a luglio in Italia e anche negli Stati Uniti. Dal 1903 la comunità italoamericana di Williamsburg (Brooklyn) celebra ogni anno la ricorrenza° con più di cento uomini che portano *il Giglio*, una struttura alta cento metri, per le strade della città.

Le persone

John Turturro

John Turturro nasce a New York nel 1957. Il padre di John era originario di Giovinazzo, un paese vicino a Bari. Turturro studia recitazione° alla *Yale University School of Drama*. All'inizio della sua carriera lavora a Broadway. Vince molti premi° all'estero, ma gli resta da° vincere un Oscar. È famoso soprattutto° per la sua collaborazione con il regista Spike Lee e con i fratelli Coen.

La gastronomia

La bruschetta

La bruschetta è un piatto° italiano che è diventato° famoso nei ristoranti americani. Originariamente° la bruschetta era° un piatto povero° dei contadini° che mettevano un po' d'olio d'oliva sul pane. La bruschetta classica è preparata anche con aglio°, pomodoro e basilico fresco, ma può essere condita° con infiniti ingredienti. Oggi viene servita° come antipasto.

 Quanto hai imparato? Completa le frasi.

1. William Paca ha firmato la _____ di indipendenza.
2. L'influenza della cultura e della _____ italiana è molto forte in Argentina.
3. *La Boca* è il _____ italiano di Buenos Aires.
4. La Festa dei Gigli è molto _____.
5. Durante la Festa dei Gigli, più di _____ uomini portano il Giglio per la città.
6. Il padre di John Turturro è di _____.
7. A Turturro resta da _____ un Oscar.
8. La bruschetta è un piatto _____ in America.
9. In passato, i contadini mettevano _____ sul pane.
10. La bruschetta è preparata anche con _____, pomodoro e _____ fresco.

More activities

vhlcentral   WB   Online
              pp. 49-50   activities

SU INTERNET

Go to vhlcentral.com to find more cultural information related to this **Panorama**.

1. C'è un quartiere italiano nella città dove vivi? Ci sono ristoranti italiani vicino a casa tua?
2. Cerca una ricetta per la bruschetta.
3. Cerca informazioni sulla vita di un(a) italoamericano/a celebre.

emigrano *emigrate* **si stabiliscono** *settle* **provengono** *they come* **quartiere** *neighborhood* **dipinte** *painted* **ballato** *danced* **principale** *main* **Gigli** *lilies* **antica** *old* **d.C.** *AD* **ricorrenza** *holiday* **recitazione** *acting* **premi** *awards* **gli resta da** *he still hasn't* **soprattutto** *above all* **piatto** *dish* **è diventato** *has become* **Originariamente** *Originally* **era** *was* **povero** *humble* **contadini** *farmers* **aglio** *garlic* **può essere condita** *it can be garnished* **viene servita** *is served*

Lettura

Audio: Reading

Prima di leggere

STRATEGIA

Predicting content from visuals

When you read in Italian, be sure to look for visual cues that can orient you to the content and purpose of what you are reading. Photos and illustrations, for example, will often give you an idea of the topic of the reading.

You may also encounter helpful visuals that summarize large amounts of data in a way that is easy to comprehend; these visuals include bar graphs, pie charts, flow charts, lists of percentages, and other diagrams.

Animali domestici più diffusi°
In Italia gli animali domestici sono più di 44 milioni.
Cani **6.900.000**
Gatti **7.400.000**
Pesci **15.800.000**
Uccelli° **12.100.000**
Roditori° **500.000**
Altri animali **1.400.000**

diffusi *common* **Uccelli** *Birds* **Roditori** *Rodents*

Esamina il testo

Take a quick look at the visual elements of the article and make a list of ideas about its content. Then compare your list with a classmate's. Are your lists the same or different? Discuss any differences, and make a final list combining both of your ideas.

Amici
a quattro zampe

Gli animali domestici sono molto importanti per gli italiani. Quasi° due nuclei familiari su tre° hanno un cane, un gatto, pesci o uccelli. I cani sono particolarmente amati dalle famiglie e dai giovani che hanno un giardino.

Un recente sondaggio° mostra che soprattutto le famiglie numerose e i giovani amano vivere con un amico a quattro zampe°. In particolare, il cane è considerato un ottimo compagno di giochi per i bambini e un amico fedele per tutti.

Alcuni degli intervistati° dicono° che un animale domestico aiuta a fare più esercizio fisico, altri dicono che diminuisce° lo stress, e gli animali sono usati° inoltre come terapia, soprattutto per gli anziani.

In Italia gli animali domestici sono trattati come compagni di vita insostituibili°. I cani e i gatti di razza° sono circa il 20%. Spesso i loro padroni li iscrivono° a gare° di bellezza e di portamento°. Ci sono anche molte scuole di addestramento° e di rieducazione° per aiutare i cani che hanno avuto° un passato difficile.

Perché avere un animale domestico?

Ragioni	Cani	Gatti	Pesci	Uccelli
Per la compagnia	63,4%	61,5%	14%	35%
Per amore degli animali	47,0%	45,0%	22%	17%
Per il benessere° personale	41,1%	39,0%	0%	10%
Per i bambini	48,0%	28,0%	47%	33%
Per tenersi occupati°	41,0%	36,5%	0%	15%

Quasi *Almost* **due nuclei familiari su tre** *two households out of three* **sondaggio** *survey* **a quattro zampe** *four-footed* **Alcuni degli intervistati** *Some of the interviewees* **dicono** *say* **diminuisce** *reduces* **sono usati** *are used* **insostituibili** *irreplaceable* **di razza** *purebred* **li iscrivono** *register them* **gare** *competitions* **portamento** *bearing* **addestramento** *training* **rieducazione** *reeducation* **hanno avuto** *have had* **benessere** *well-being* **tenersi occupati** *keep busy*

Dopo la lettura

Vero o falso Indicate whether each statement is **vero** or **falso**, based on the reading.

	Vero	Falso
1. Gli animali domestici sono considerati compagni di vita.	☐	☐
2. È raro vedere una famiglia con bambini che ha un animale domestico.	☐	☐
3. Il gatto non è un animale apprezzato (*prized*) in Italia.	☐	☐
4. Alcuni degli intervistati dicono che un cane aiuta a fare più esercizio fisico.	☐	☐
5. Alcune persone dicono che un cane aumenta lo stress.	☐	☐
6. In Italia i cani e i gatti di razza non fanno mai gare di portamento.	☐	☐

Scegliere Choose the correct response according to the article.

1. Quanti sono in Italia i cani e i gatti di razza?
   a. 20%-25%
   b. 40%-45%
   c. 55%-60%

2. Perché gli italiani hanno un animale domestico?
   a. per avere più compagnia e più stress
   b. per fare meno esercizio fisico
   c. per avere più compagnia e diminuire lo stress

3. Che cosa pensano le famiglie italiane dei loro cani?
   a. I cani sono meno diffusi nelle famiglie che hanno un giardino.
   b. I cani fanno parte della famiglia e sono compagni di vita insostituibili.
   c. Il cane non è usato come terapia per gli anziani.

4. Quali animali domestici sono più numerosi in Italia?
   a. i gatti
   b. i cani
   c. i pesci

5. Ci sono famiglie italiane che hanno altri tipi di animali domestici?
   a. No.
   b. Sì.

More activities

vhlcentral   Online activities

In ascolto

Asking for repetition/ Replaying the recording

Sometimes it is difficult to understand what people are saying, especially in a noisy environment. During a conversation, you can ask someone to repeat by saying **Come?** or **Scusi?** (*Pardon me?*). In class, you can ask your instructor to repeat by saying, **Ripeta, per favore** (*Repeat, please*). If you don't understand a recorded activity, you can simply replay it.

To help you practice this strategy, you will listen to a short paragraph. Ask your instructor to repeat it or replay the recording, and then summarize what you heard.

Preparazione

Based on the photograph, where do you think Susanna and Diana are? What do you think they are talking about?

Ascoltiamo

Now you are going to hear Susanna and Diana's conversation. Use **F** to indicate adjectives that describe Susanna's boyfriend, Fernando. Use **E** for adjectives that describe Diana's boyfriend, Edoardo. Some adjectives will not be used.

_____ castano	_____ ottimista
_____ simpatico	_____ intelligente
_____ grosso	_____ biondo
_____ interessante	_____ bello
_____ gentile	_____ brutto
_____ divertente	_____ paziente

Comprensione

Identificare Who do these statements describe?

1. Ha un problema con un ragazzo.

   _____

2. Non parla con Diana.

   _____

3. Lei è fortunata.

   _____

4. Loro parlano spesso.

   _____

5. Lui è simpatico.

   _____

6. Lui è un po' timido.

   _____

Vero o falso Indicate whether each statement is **vero** or **falso**, then correct the false ones.

1. Edoardo è un ragazzo molto paziente e ottimista.

   _____

2. Diana non ha fortuna con i ragazzi.

   _____

3. Susanna e il suo ragazzo parlano di tutto.

   _____

4. Edoardo parla spesso con Diana.

   _____

5. Fernando è un po' timido.

   _____

6. Susanna parla di molte cose con Fernando.

   _____

Scrittura

STRATEGIA

Using idea maps

How do you organize ideas for a first draft? Often, the organization of ideas represents the most challenging part of the writing process. Idea maps are useful for organizing pertinent information. Here is an example of an idea map you can use when writing.

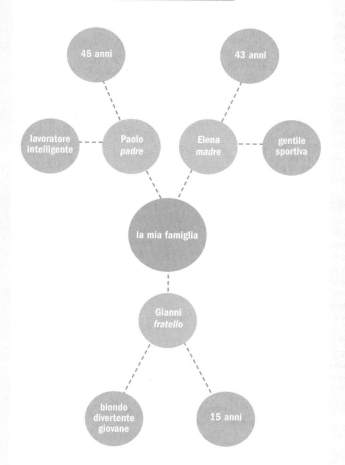

SCHEMA DI IDEE

- 45 anni
- 43 anni
- lavoratore intelligente
- Paolo *padre*
- Elena *madre*
- gentile sportiva
- la mia famiglia
- Gianni *fratello*
- biondo divertente giovane
- 15 anni

∞ Tema

Scrivere una lettera

A friend you met in a chat room for Italian speakers wants to know about your family. Using some of the verbs and adjectives you learned in this lesson, write a brief letter describing your family or an imaginary family, including:

- Names and relationships
- Physical characteristics
- Hobbies and interests

Here are some useful expressions for letter-writing in Italian:

Salutations	
Caro Fabrizio,	*Dear Fabrizio,*
Cara Isidora,	*Dear Isidora,*

Asking for a response	
Spero di sentirti presto.	*I hope to hear from you soon.*
Fammi sapere le tue novità.	*Let me know what's new with you.*

Closings	
Bacioni!	*Big kisses!*
Baci e abbracci,	*Kisses and hugs,*
Baci,	*Kisses,*
Cari saluti,	*Warm regards,*
Ci sentiamo,	*We'll be in touch,*
A presto!	*See you soon!*
Con affetto,	*Fondly,*
Cordiali saluti,	*Kind regards,*

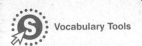

Lezione 3A

Lo stato civile

la convivenza *living together*
divorziato/a *divorced*
fidanzato/a *engaged*
il matrimonio *wedding; marriage*
separato/a *separated*
single *single*
lo stato civile *marital status*
sposato/a *married*
vedovo/a *widowed*

La famiglia

il/la bambino/a *child; baby*
il cognome *last name*
il/la compagno/a *partner/companion*
la coppia *couple*
il/la cugino/a *cousin*
la famiglia *family*
il/la figlio/a *son/daughter*
il fratellino *little/younger brother*
il fratello *brother*
i/le gemelli/e *twins*
i genitori *parents*
la madre *mother*
il marito *husband*
la moglie *wife*
il/la nipote *nephew/niece;*
grandson/granddaughter
il/la nonno/a *grandfather/grandmother*
il padre *father*
i parenti *relatives*
il/la ragazzo/a *boy/girl ; boyfriend/*
girlfriend
la sorella *sister*
la sorellina *little/younger sister*
lo/la zio/a *uncle/aunt*
maggiore *older*
minore *younger*

I parenti acquisiti

il/la cognato/a *brother-/sister-in-law*
il genero *son-in-law*
la nuora *daughter-in-law*
i parenti acquisiti *in-laws*
il/la suocero/a *father-/mother-in-law*

Gli animali domestici

gli animali domestici *pets*
il canarino *canary*
il coniglio *bunny*
il criceto *hamster*
il cane *dog*
il gatto *cat*
il pesce *fish*

Simple prepositions

a *to, at, in*
con *with*
da *from, since, by, at*
di (d') *of, from*
in *in, to, at*
per *for, through, in order to*
fra/tra *among, between, in*
su *on, in*

Verbi in –ire

aprire *to open*
capire (-isc-) *to understand*
dormire *to sleep*
finire (-isc-) *to finish*
offrire *to offer*
partire *to leave*
preferire (-isc-) *to prefer*
pulire (-isc-) *to clean*
seguire *to follow; to take (a class)*
sentire *to feel; to hear*
servire *to serve*
spedire (-isc-) *to send*

Espressioni utili *See p. 103.*

Lezione 3B

Descrizioni personali

anziano/a *elderly*
atletico/a *athletic*
attivo/a *active*
avaro/a *greedy*
brillante *bright*
coraggioso/a *courageous*
crudele *cruel*
curioso/a *curious*
debole *weak*
descrizioni personali *personal*
descriptions
discreto/a *discreet*
disponibile *helpful*
dolce *sweet*
duro/a *hard; tough*
egoista *selfish*
energico/a *energetic*
fedele *faithful*
forte *strong*
geloso/a *jealous*
gentile *kind*
giovane *young*
lamentoso/a *whiny*
lento/a *slow*
modesto/a *modest*
paziente *patient*
povero/a *poor*
preferito/a *favorite*
preoccupato/a *worried*
ricco/a *rich*
spiritoso/a *funny; clever*
stanco/a *tired*
straniero/a *foreign*
studioso/a *studious; diligent*
vecchio/a *old*
veloce *fast*

Le professioni

l'architetto *architect*
l'avvocato *lawyer*
il barbiere *barber*
il/la cassiere/a *cashier*
il/la cameriere/a *waiter/waitress*
il/la giornalista *journalist*
l'ingegnere *engineer*
il tecnico *technician*
il/la musicista *musician*
il/la parrucchiere/a *hairdresser*
le professioni *professions*
il/la proprietario/a *owner*
l'uomo/la donna d'affari *businessman/*
business woman

Descriptive adjectives

allegro/a *cheerful*
alto/a *tall*
arrabbiato/a *angry*
audace *audacious, bold*
azzurro *(sky) blue*
basso/a *short*
bianco *white*
biondo/a *blond*
blu (invar.) *blue*
brutto/a *ugly*
carino/a *cute*
castano *brown*
corto *short*
dinamico/a *dynamic*
disinvolto/a *confident*
femminista *feminist*
furbo/a *shrewd, sly*
grasso/a *fat*
grigio *grey*
ingenuo/a *naïve*
(in)sensibile *(in)sensitive*
(ir)responsabile *(ir)responsible*
liscio *straight*
lungo *long*
magro/a *thin*
marrone *brown (eyes)*
moro/a *dark-haired*
mosso *wavy*
muscoloso/a *muscular*
nero *black*
nocciola (invar.) *hazel*
sportivo/a *active*
(s)cortese *(dis)courteous*
ottimista *optimist*
pessimista *pessimist*
riccio *curly*
rosso *red*
verde *green*

Interrogative words

che cosa/che/cosa? *what?*
chi? *who/whom?*
come? *how?*
dove? *where?*
perché? *why?*
quale? *which/what?*
quando? *when?*
quanto? *how much?*

Espressioni utili *See p. 125.*

Tecnologia e moda

🔊 Per cominciare

- Viola e Lorenzo fanno i compiti o fanno shopping?
- Hanno voglia di comprare una collana o una macchina fotografica digitale?
- Sono interessati oppure annoiati?
- Viola ha i capelli biondi o castani?

Lezione

4A

Communicative Goals

You will learn how to:
- talk about electronic communication
- talk about computer technology

CONTESTI

La tecnologia Hotspots

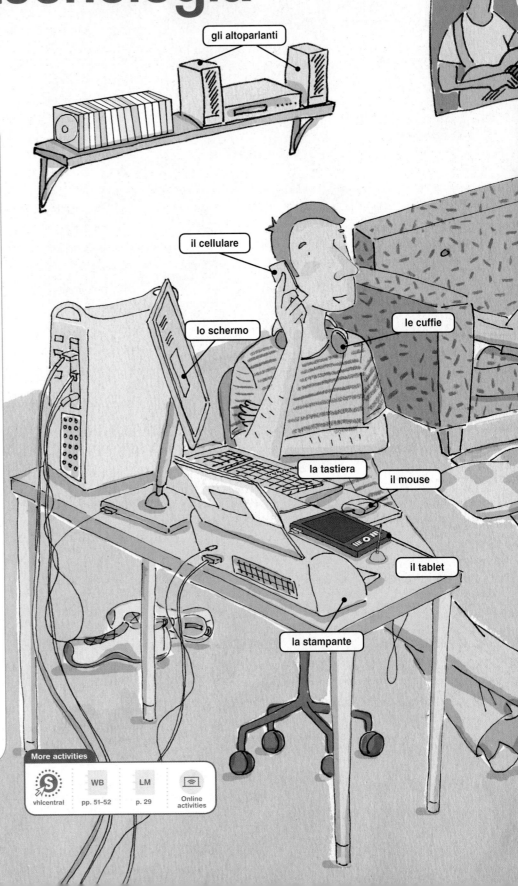

gli altoparlanti

il cellulare

lo schermo

le cuffie

la tastiera

il mouse

il tablet

la stampante

Vocabolario

usare la tecnologia	using technology
accendere	to turn on
cancellare	to erase
caricare	to charge; to load
cominciare	to start
comporre*	to dial (a number)
essere connesso/a	to be connected
essere online	to be online
mandare un messaggio	to text
il profilo	profile
funzionare	to work, to function
mandare un messaggio	to send a text
il profilo	profile
registrare	to record
salvare	to save
scaricare	to download
spegnere*	to turn off
stampare	to print
termini tecnologici	technology terms
l'applicazione; la app	application; app
gli auricolari	ear buds
il canale (televisivo)	(television) channel
il caricabatteria	charger
la cartella	folder
il (computer) portatile	laptop (computer)
il documento	document
l'e-mail (f.)	e-mail message
la macchina fotografica (digitale)	(digital) camera
il messaggio; l'SMS	text message
il microfono	microphone
la password	password
il programma	program
la rete	network; Internet
il sito Internet	web site
lo smartphone	smartphone
lo stereo	stereo system
il videogioco	video game

More activities

vhlcentral   WB pp. 51–52   LM p. 29   Online activities

Attenzione!

The conjugation of **comporre** (*to dial; to compose*) is irregular:

compongo	componiamo
componi	componete
compone	compongono

Irregular verbs are marked with an asterisk (*) the first time they are presented in this text. See **Appendice D** for the full conjugation tables.

Il telefono squilla.
squillare

il telecomando

il televisore

il (registratore) DVR

Pratica

1 Mettere etichette Abbina (*Match*) ogni foto alla parola adatta dell'elenco (*list*).

a. il tablet   c. lo smartphone   e. il telecomando
b. la tastiera   d. lo stereo   f. il microfono

1. ____

2. ____

3. ____

4. ____

5. ____

6. ____

2 Completare Completa ogni frase (*sentence*) con la parola o espressione giusta.

1. Lui _____ i documenti prima di (*before*) spegnere il computer.
2. Maurizio ha bisogno di essere _____ per vedere i siti Internet.
3. Outlook è un _____ per scrivere e leggere l'e-mail.
4. _____ di Marina squilla sempre durante la lezione.
5. Ambrosio porta il computer _____ in biblioteca per studiare.
6. Appena mi sveglio (*I wake up*), _____ lo smartphone.

3 Scegliere Scegli (*Choose*) la risposta migliore (*best*).

1. Puoi (*Can you*) stampare questo documento?
   a. Sì, accendo subito la stampante.
   b. Sì, ecco il cellulare!
   c. Sì, spengo la stampante.

2. Facciamo una fotografia!
   a. Prendo il DVR.
   b. Prendo lo schermo.
   c. Prendo la macchina fotografica digitale.

3. Sento squillare un telefono!
   a. Sì, è il cellulare.
   b. Sì, è la rete.
   c. Sì, è il telecomando.

4. Per fare i compiti ho bisogno di...
   a. comporre il numero.
   b. accendere il computer.
   c. spegnere il programma.

5. Perché accendi lo stereo?
   a. per ascoltare la musica
   b. per salvare questo programma
   c. per spegnere il registratore DVR.

6. Questo film è noioso!
   a. Dov'è lo schermo?
   b. Dov'è il caricabatteria?
   c. Dov'è il telecomando?

Comunicazione

4 Cosa c'è nel negozio? A coppie, fate domande sugli oggetti indicati.

MODELLO

S1: *C'è uno stereo?*
S2: *Sì, c'è uno stereo.*

caricabatteria	tablet	telecomando
computer portatile	registratore DVR	televisore
cuffie	stampante	videogioco

5 Di che cosa hanno bisogno? A coppie, ascoltate le conversazioni e decidete di che cosa hanno bisogno le persone. Scrivi il numero della conversazione accanto (*next to*) all'oggetto giusto.

1. _____ lo stereo
2. _____ il cellulare
3. _____ la macchina fotografica
4. _____ il telecomando

6 La mia famiglia In gruppi di tre, parlate dei vari dispositivi elettronici (*electronic devices*) che hanno in casa e che amano usare le vostre famiglie.

MODELLO

S1: *Mia sorella adora parlare al telefono! Usa il cellulare tutto il giorno.*
S2: *Mio fratello ha uno stereo molto bello. Gli piace ascoltare la musica...*

7 Parole crociate Lavorate a coppie. L'insegnante vi darà (*will give you*) due fogli diversi, ciascuno (*each one*) con uno schema di parole crociate (*crossword puzzle*) incompleto. A turno, fate domande e date definizioni per completare gli schemi.

MODELLO

S1: *Uno orizzontale (*across*): usi questo oggetto per fare fotografie.*
S2: *La macchina fotografica!*

8 Parlare A coppie, parlate del vostro rapporto (*relationship*) con la tecnologia:

- Usi molto lo smartphone? E il computer?
- Quali sono le tue app preferite?

Pronuncia e ortografia Audio

🔊 The letter *r*

far**o**	**lo**r**o**	**pr**ę**ndere**	r**ị**d**ere**

Unlike in English, the Italian **r** is pronounced at the front of the mouth with the tip of the tongue touching the roof of the mouth near the teeth. This results in a rolled or tapped *r* sound.

arr**ivare**	**fa**rr**o**	**po**rr**e**	**te**rr**a**

The double **r** is held for an extra beat and has a trilled sound.

r**ana**	r**icotta**	r**isotto**	R**oma**

When **r** appears at the beginning of a word, it is important to flap the tip of the tongue near the upper teeth to ensure proper trilled pronunciation of both the **r** and the vowel that follows.

cam**e**r**a**	**c**r**ę**d**ere**	**o**r**a**	**p**r**ete**

When **r** follows a vowel, correct pronunciation of the preceding vowel will ease the rolling of the **r**. When preceded by a consonant, **r** maintains its rolled sound.

🔊 Pronunciare Ripeti le parole ad alta voce.

1. rạdio	4. restare	7. caro	10. troppo
2. comporre	5. arte	8. rosso	11. programma
3. per	6. crọnica	9. raro	12. registratore

🔊 Articolare Ripeti le frasi ad alta voce.

1. Mario corre al ristorante.
2. Porti una camicia azzurra martedì?
3. Compro una rosa per mia madre.
4. Loro arrivano a Roma.
5. Carlo Rossi scrive un romanzo.
6. Fa freddo d'inverno a Firenze?

🔊 Proverbi Ripeti i proverbi ad alta voce.

Rosso di sera, bel tempo si spera.[2]

Ride bene chi ride ultimo.[1]

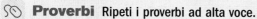
.... più tardi...

[2] Red sky at night, sailor's delight. (lit. Red in the evening, one expects beautiful weather.)

[1] He who laughs last, laughs best.

More activities

vhlcentral   LM   p. 30

FOTOROMANZO

Un brindisi per il laptop Video

Emily

Lorenzo

Paolo

Riccardo

Viola

EMILY Peter vuole venire in Italia.
VIOLA E tu che ne pensi?
(Emily scrolla le spalle.)
VIOLA Ma non puoi dirlo, vero?

EMILY Voglio un caffè... vieni con me?
VIOLA Va bene.
RICCARDO Scusa Emily, posso usare il computer per scaricare una canzone?
EMILY Certo.
RICCARDO Grazie. Ti devo un favore.

RICCARDO Sei connessa? Voglio navigare su Internet (*to surf the Internet*). Lo schermo del mio cellulare è difficile da usare. Qual è la password?
(Emily scrive la password.)
RICCARDO Grazie. Deve essere l'ora del caffè. Aspettate.
EMILY Sbrigati.

LORENZO Vuol dire «venire a Roma». Chi viene a Roma?
VIOLA Peter.
LORENZO Chi è Peter?
RICCARDO Il ragazzo di Emily.
PAOLO Tu hai un ragazzo?
EMILY Non è esattamente il mio ragazzo. Usciamo insieme di tanto in tanto da cinque mesi.

EMILY Non voglio vedere Peter a Roma.
LORENZO È un egoista. Non capisce che tu vuoi frequentare l'università e fare nuove amicizie.
EMILY Sì.
RICCARDO Francesca!
VIOLA Chi è Francesca?
LORENZO È la mia ex-ragazza.

PAOLO Il tuo computer funziona adesso.
EMILY Grazie mille, Paolo!
PAOLO Però devi salvare i tuoi documenti!
RICCARDO Ho un'idea, ragazzi: possiamo fare un canale TV.
VIOLA Che vuoi dire?

A T T I V I T À

1

Vero o falso? Decidi se le seguenti affermazioni sono vere o false.

1. Peter vuole andare in Italia.
2. Riccardo vuole usare il computer per scaricare un film.
3. Riccardo ha un cellulare.
4. Paolo aggiusta il computer.
5. Paolo cancella il disco rigido.

6. Emily e Peter escono insieme da otto mesi.
7. Francesca è la ragazza di Riccardo.
8. Riccardo vuole fare un blog della pensione.
9. Paolo è un esperto d'informatica.
10. Secondo Lorenzo, Riccardo non è intelligente.

4A.1

Dovere, potere, and *volere*

Punto di partenza The verbs **dovere** (*to have to/must; to owe*), **potere** (*to be able to/can*), and **volere** (*to want*) are irregular. All three are commonly used in two-verb constructions with infinitives to express what someone *has to, can,* or *wants to* do.

dovere (to have to)

devo	dobbiamo
devi	dovete
deve	devono

Grazie. Ti devo un favore.

Devi salvare i tuoi documenti!

- **Dovere** is normally used with other verbs to express obligation. Use a conjugated form of **dovere** + [*infinitive*] to express what *has to* or *must* be done.

Devo scaricare il documento.
I must download the document.

Dovete comporre il numero.
You have to dial the number.

- In addition to obligation, **dovere** + [*infinitive*] can imply probability.

Non risponde! Il suo cellulare **deve essere** spento.
*There's no answer! His phone **must be** switched off.*

Il tablet non si accende: **deve essere** rotto.
*The tablet won't turn on: it **must be** broken.*

- **Dovere** also means *to owe*. In this case, **dovere** is used without another verb.

Devi cento euro alla mamma?
Do you owe Mom 100 euros?

Non dobbiamo niente.
We don't owe anything.

- Like **dovere**, **potere** is normally used with other verbs. The verb that follows **potere** must always be in the infinitive form.

potere (to be able to)

posso	possiamo
puoi	potete
può	possono

Puoi salvare la password?
Are you able to save the password?

Non posso accendere la TV.
I can't turn on the TV.

Possiamo andare con Laura?
Can we go with Laura?

Stasera **non potete uscire**.
You cannot go out this evening.

I ragazzi decidono di creare un blog della pensione.

EMILY Che succede al mio computer?
RICCARDO Non lo so. Io e Peter...
EMILY Peter?
PAOLO Tutto bene?
EMILY Paolo! Puoi aggiustare il mio computer?
PAOLO Tranquilla, ci penso io.

EMILY Non puoi più usare il mio computer, Riccardo.
PAOLO Posso cancellare il disco rigido (*hard disk*)?
EMILY No! Sei pazzo?
PAOLO Scusa, Emily. Posso farcela lo stesso. Devo caricare un programma da un CD-ROM.
RICCARDO Cosa vuol dire «coming to Rome»?

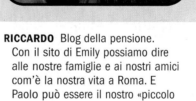

RICCARDO Blog della pensione. Con il sito di Emily possiamo dire alle nostre famiglie e ai nostri amici com'è la nostra vita a Roma. E Paolo può essere il nostro «piccolo esperto informatico».
VIOLA Che bello!
PAOLO Come «piccolo»?

LORENZO Sei un genio, Riccardo.
RICCARDO Che ne pensi, Emily?
EMILY Ora posso prendere trenta in Cultura Italiana.

2 **Per parlare un po'** A coppie, descrivete come usate la tecnologia. Avete un computer? Per che cosa usate il computer di solito? Avete un blog? Perché sì o perché no?

3 **Approfondimento** Alcune invenzioni tecnologiche importanti sono di origine italiana. Fai una ricerca e scopri chi e quando ha inventato (*invented*) il telescopio, la pila (*battery*) e la radio. Poi cerca un'immagine di una di queste persone e descrivi le sue caratteristiche fisiche.

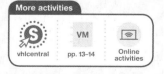

More activities

S	VM	
vhlcentral	pp. 13–14	Online activities

ATTIVITÀ

Gli Italiani e le nuove tecnologie

Il rapporto degli italiani con le nuove tecnologie è cambiato notevolmente° negli ultimi anni, tanto che un terzo della popolazione ammette di essere dipendente dalla tecnologia°. Oggi Internet è molto diffuso°, i prezzi degli smartphone sono sempre più abbordabili°, ed essere sempre connessi° è diventato un imperativo. Il 70% degli italiani possiede° uno smartphone, l'età media° in cui si riceve il primo cellulare è 9 anni, e a soli 12 si apre il primo profilo social. I giovani italiani sono iperconnessi tanto che hanno sviluppato delle patologie° come la nomofobia, paura di restare senza telefono, senza carica° o senza connessione, e il vamping, mania di trascorrere molte ore notturne sui social o in chat. Sorprendentemente° la cyber-dipendenza da cellulare, PC, TV e altri dispositivi° interessa° particolarmente i trentenni (37%), seguiti da adolescenti (35%) e quarantenni (34%). In Italia la spesa per smartphone, servizi di telefonia e traffico dati è di 22,8 miliardi l'anno. L'applicazione più utilizzata dagli italiani è WhatsApp: il numero di utenti WhatsApp in Italia coincide con il numero di persone che usano lo smartphone. I social media più popolari sono Facebook e YouTube. Gli italiani usano Internet per vedere film online, ascoltare musica, cercare informazioni su aziende, prodotti e servizi e trovare informazioni stradali. È in aumento° anche il numero di italiani che fa acquisti online e utilizza servizi di home banking.

Digital in Italia

Utenti Internet	43,32 milioni
Utenti attivi su social media	34 milioni
Utenti mobile	49,18 milioni
Utenti attivi su social media da mobile	30 milioni
Popolazione italiana totale	53,33 milioni

FONTE: wearesocial.com (2018)

notevolmente *considerably* **dipendente dalla tecnologia** *addicted to technology* **diffuso** *widespread* **abbordabili** *affordable* **essere sempre connessi** *to always be online* **possiede** *to own* **età media** *average age* **hanno sviluppato delle patologie** *to develop some conditions* **senza carica** *out of power* **sorprendentemente** *surprisingly* **dispositivi** *devices* **interessa** *to interest* **in aumento** *is increasing*

Gli SMS

Messaggio	Significato italiano
ASP	*Aspetta!*
KE	*Che*
C6 STAS?	*Ci sei stasera?*°
CMQ	*Comunque*°
XCHE	*Perché*
TVB	*Ti voglio bene*°.
TA	*Ti amo*°.

Ci sei stasera? *Are you around tonight?* **Comunque** *However* **Ti voglio bene** *I care for you* **Ti amo** *I love you*

Internet in Italia

Il mouse, l'e-mail, le emoji e i social media sono veramente parole italiane? È comune, infatti, usare parole inglesi nel campo delle tecnologie informatiche°. Spesso si parla del **software** e molti giovani passano ore a **chattare** con i programmi di messaggi istantanei. Esistono°, però, parole italiane per sostituire° quelle inglesi. Per esempio la **chiocciola** è il nome del simbolo «@» degli indirizzi e-mail, oppure, per dirlo all'italiana°, la **posta elettronica**. Quindi l'indirizzo **mario_rossi@posta.it** si dice «mario-trattino basso°-rossi-chiocciola-posta-punto-it». Anche i siti web hanno una pronuncia italiana: «vu-vu-vu-punto-rai-punto-it» corrisponde a **www.rai.it**, che permette di connettersi° al sito della Radiotelevisione Italiana, dove è possibile guardare i telegiornali° nazionali e regionali.

tecnologie informatiche *information technology* **Esistono** *There exist* **per sostituire** *to substitute* **per dirlo all'italiana** *to say it the Italian way* **trattino basso** *underscore* **connettersi** *to connect* **telegiornali** *news programs*

Paolo Nespoli

Paolo Nespoli è un astronauta°, ingegnere e militare° nato a Milano nel 1957. La sua carriera da astronauta inizia nel 1989 quando ottiene° un *Master of Science in Aeronautics & Astronautics* presso la Polytechnic University di New York. Nel 1991 viene assunto dall'Agenzia spaziale europea e, dopo parecchi anni di lavoro a terra, nel 2007 parte con lo *Space Shuttle Discovery* come specialista di missione. Torna nello spazio° nel 2010 e nel 2017, a 60 anni, diventando l'astronauta europeo più anziano ad an nello spazio. In totale Paolo Nespoli ha trascorso° nello s 313 giorni, 2 ore e 36 minuti.

astronauta *astronaut* **militare** *soldier* **ottiene** *he earns* **spazio** *space* **ha trascorso**

Chi sono gli YouTuber italiani più famosi? Go to vhlcentral.com to find more informa related to this **CULTU**

---

1 **Vero o falso?** Indica se l'affermazione è **vera** o **falsa**. Correggi le affermazioni false.

1. Gli italiani hanno un rapporto diverso con la tecnologia rispetto al passato.
2. Gli smartphone costano molto in Italia.
3. Più della metà degli italiani ha un cellulare.
4. A 12 anni si compra il primo cellulare.
5. La nomofobia e il vamping sono dei disturbi legati all'uso dello smartphone.
6. Gli adolescenti sono più dipendenti dalla tecnologia dei trentenni.
7. Gli italiani usano molto WhatsApp.
8. Facebook è il meno popolare tra i social media.
9. Gli italiani non guardano film online.
10. Gli italiani stanno facendo più acquisti online rispetto agli anni passati.

2 **Completare** Completa le frasi.

1. Oltre ad essere _____, Paolo Nespoli è anche ingegnere e militare.
2. Nel 1989 si laurea a _____.
3. Paolo Nespoli è andato (*has gone*) nello spazio _____ volte.
4. Negli indirizzi e-mail il simbolo «@» si chiama _____.
5. Sul sito della Rai è possibile guardare i _____.
6. Per chattare i giovani scrivono messaggi _____.

3 **A voi** A coppie, discutete le differenze tra gli Stati Uniti e l'Italia per quanto riguarda la tecnologia.

1. Negli Stati Uniti è comune mandare SMS?
2. Le persone adulte usano il cellulare?
3. Gli americani sono maniaci del (*crazy about*) cellulare come gli italiani?

More activities

vhlcentral   Online activities

COMUNICAZIONE

5 **Consigli** A coppie, guardate che cosa vogliono fare le persone a sinistra (*on the left*) e decidete quale attività a destra (*on the right*) devono fare. Poi create una frase completa.

MODELLO

Giorgio / stampare documenti → comprare una stampante
Giorgio vuole stampare documenti, quindi (therefore) deve comprare una stampante.

1. io / ascoltare la musica	imparare a nuotare
2. Luigi e Ugo / fare fotografie	accendere la stampante
3. tu / fare la modella	andare in biblioteca
4. noi / imparare l'italiano	essere in forma
5. gli studenti / studiare per l'esame	usare il telecomando
6. Mario / fare nuoto agonistico	comprare una macchina fotografica
7. Tu e Bianca / guardare la TV	cercare le cuffie
8. Io / stampare un documento	avere un dizionario

6 **Cosa possiamo fare?** In gruppi di tre, parlate degli oggetti della lista e dite cosa volete o potete fare con ogni singolo oggetto.

MODELLO

un cellulare
S1: *Voglio usare il cellulare per chiamare gli amici.*
S2: *Posso usare il cellulare per mandare SMS.*

1. un computer
2. uno smartphone
3. uno stereo
4. una macchina fotografica
5. un registratore DVR

6. un telecomando
7. un tablet
8. un microfono
9. (la app) Snapchat
10. un mouse

7 **Inviti** In gruppi di quattro, fate a turno a invitare i vostri amici alle varie attività. Se rifiutate un invito (*you turn down an invitation*), dite che cosa dovete o volete fare invece (*instead*).

► **MODELLO**

S1: *Vuoi giocare a calcio?*
S2: *Purtroppo (Unfortunately) non posso. Devo studiare.*

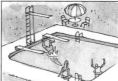

1.

2.

3.

4.

5.

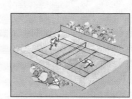

6.

Disjunctive pronouns

Disjunctive pronouns (**Pronomi tonici**) are the pronoun forms used after prepositions (see **Lezione 3A**). Note that the third person forms use different words to refer to *one* and *oneself*.

Pronomi tonici

me	*me, myself*	noi	*us, ourselves*
te	*you, yourself*	voi	*you, yourselves*
Lei	*you* (form.)		
lui/lei	*him/her*	loro	*them*
sé	*yourself* (form.); *himself/herself/itself*	sé	*themselves*

Davide esce **con lei.**
*Davide is going out **with her**.*

Parli spesso **con lui?**
*Do you often talk **with him?***

- Some prepositions, including **dopo** (*after*), **prima** (*before*), **senza** (*without*), **su** (*on*), and **sotto** (*under*) add **di** before a disjunctive pronoun. **Secondo** (*According to*) is used alone.

Uscite **senza di noi?**
*Are you going out **without us?***

Secondo lei, è facile scaricare le foto.
According to her, *it's easy to download the photos.*

- **Da** is often used before a disjunctive pronoun to mean *by oneself*. In this case, use **sé** for the third-person forms. Remember, **da** can also indicate *at* a person's home or workplace.

Installa il programma **da sé.**
*It installs the program **by itself**.*

Faccio il sito **da me.**
*I'm making the web site **by myself**.*

Vieni **da me** alle otto.
*You're coming **to my place** at 8:00.*

Vai **da loro** oggi?
*Are you going **to their place** today?*

Non potete andare senza di me!

Ti dico un segreto: conto su (*count on*) di te!

More activities

vhlcentral

LM
p. 32

WB
pp. 55–56

Online activities

Provalo!

Completa la tabella con le forme mancanti (*missing*) di ogni verbo.

	dire	uscire	venire
1. io	*dico*	_____	vengo
2. tu	dici	_____	vieni
3. Lei/lui/lei	_____	esce	_____
4. noi	_____	usciamo	_____
5. voi	dite	_____	_____
6. loro	dicono	_____	_____

Lezione 4B

Communicative Goals

You will learn how to:

- describe clothing
- talk about shopping

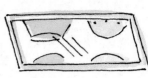

S Hotspots

Facciamo spese

Vocabolario

l'abbigliamento	*clothing*
la biancheria ịntima	*underwear*
i calzini	*socks*
la camicetta	*blouse*
la camicia	*dress shirt*
la canottiera	*tank top*
il cappotto	*overcoat*
la felpa	*sweatshirt*
la gonna	*skirt*
i guanti	*gloves*
i jeans	*jeans*
la maglietta (a mạniche corte/lunghe)	*(short-/long-sleeved) T-shirt*
il maglione	*sweater*
i pantaloni	*pants, trousers*
gli stivali	*boots*
la taglia	*clothing size*
il tailleur	*women's suit*
la valigetta	*briefcase*
il vestito	*dress; suit*
per parlare dei vestiti	*talking about clothes*
il cotone	*cotton*
la lana	*wool*
la pelle	*leather*
la seta	*silk*
a fiori	*flowered*
a quadri	*plaid*
a righe	*striped*
a tinta unita	*solid color*
azzurro/a	*sky blue*
beige (*invar.*)	*beige*
chiaro/a	*light*
scuro/a	*dark*
fare spese	*shopping*
il/la commesso/a	*salesperson*
i saldi	*sales*
ciascuno/a	*each (one)*
costoso/a	*expensive*
economico	*cheap*
largo/a	*loose, big*
stretto/a	*tight-fitting*

il cappello

il costume da bagno

caro/a

la cravatta

indossare un ạbito
to wear a dress

la cintura

i pantaloncini

le scarpe da ginnạstica

portare un completo
to wear a suit

la borsa

le scarpe

viola (*invar.*)

rosa (*invar.*)

grigio/a

giallo/a

verde

nero/a

arancione

blu (*invar.*)

marrone

bianco/a

rosso/a

More activities

S vhlcentral	WB pp. 57–58	LM p. 33	Online activities

Attenzione!

Note that the adjectives **beige**, **blu**, **rosa**, and **viola** are invariable; they do not change to match the gender or number of the noun they modify.

Adoro questa giacca blu!
Renata porta un abito rosa.

gli occhiali
(da sole)

la collana

la sciarpa

la giacca

un buon affare
a good deal

130€
18€

Pratica

1 **Trova l'intruso** Trova la parola che non appartiene (*doesn't fit*) al gruppo.

> **MODELLO** la cravatta, gli stivali, (il rosso), il vestito

1. rosa, cappello, giallo, verde
2. il cappotto, i calzini, i pantaloni, il commesso
3. la gonna, l'abito, la collana, il tailleur
4. le scarpe, i pantaloncini, i jeans, i pantaloni
5. la borsa, l'arancione, la collana, la cintura
6. la maglietta, la camicetta, i guanti, la felpa
7. a righe, blu, scuro, i saldi
8. il costume da bagno, il maglione, la sciarpa, il cappotto

2 **Mettere etichette** Etichetta ogni foto con il colore corretto.

1. _____

2. _____

3. _____

4. _____

5. _____

6. _____

3 **Completare** Scegli dalla lista la parola o espressione corretta per completare ogni frase.

cappotto	costume da bagno	gonna	scarpe da ginnastica
cintura	cravatta	occhiali da sole	stivali

1. Voglio andare a nuotare. Dov'è il mio _____?
2. Non mi piacciono i pantaloni. Preferisco portare la _____.
3. Oggi fa freddo. Penso di indossare il _____.
4. Questi pantaloni sono troppo larghi! Ho bisogno di una _____.
5. C'è troppo sole oggi. Per fortuna ho portato gli _____.
6. In questo posto piove sempre! Ecco perché ho comprato degli _____ da pioggia.
7. Quando mi vesto (*I dress*) elegante, indosso la camicia e la _____.
8. Non posso andare a correre! Ho dimenticato (*I forgot*) le _____.

Pronuncia e ortografia

The letters *s* and *z*

casa	esatto	riso	sbaglio

The Italian **s** may be voiced or voiceless. When **s** appears between two vowels or precedes a voiced consonant (such as **b** or **d**), it is pronounced like the *z* in the English word *zoo*.

festa	posso	presto	spesso

In all other cases, and when doubled, the **s** is voiceless, like the *s* in the English word *sun*.

zuppa	zebra	zero	zucchero

In Italian, **z** has a harder sound than in English and can be voiced or voiceless. The voiced **z** sounds like the *ds* in the English *beds*. An initial **z** is usually voiced. The distinction between voiced and voiceless varies regionally and generally does not follow specific rules.

azione	grazie	pezzo	tazza

The voiceless **z** is pronounced like the *ts* in *bits*.

casa	cassa	Pisa	pizza

Correct pronunciation of **s** and **z** helps distinguish between similar words.

Pronunciare Ripeti le parole ad alta voce.

1. rosso
2. Pisa
3. prezzo
4. zona
5. stella
6. fisso
7. sport
8. pizza
9. zuppa
10. scusi
11. viso
12. passo

Articolare Ripeti le frasi ad alta voce.

1. La cena è alle sette e mezzo di sera.
2. Stefano, sta' zitto!
3. La vista è splendida!
4. Sofia e Lisa comprano gli stivali.
5. Mi piace la borsa rosa.
6. Sabato lo zoo è chiuso.

Proverbi Ripeti i proverbi ad alta voce.

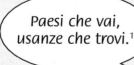

Ogni rosa ha le sue spine.[2]

Paesi che vai, usanze che trovi.[1]

[2] Every rose has its thorns.

[1] When in Rome, do as the Romans do. (lit. *The countries you go to, the customs you find.*)

More activities

vhlcentral · LM · p. 34

FOTOROMANZO

Viva lo shopping Video

EMILY Questo colore è molto alla moda adesso.
VIOLA È carina. Cotone. Ma molto cara.
EMILY Accidenti! Non hai bisogno di una maglia.
VIOLA Vero. Una felpa, un pantalone, una camicetta o un cappello.

EMILY Peter ha scritto ieri sera.
VIOLA E?
EMILY Non viene più a Roma.
VIOLA Bene, no?
EMILY Sì. Ma è arrabbiato con me.
VIOLA Gli uomini non capiscono niente.

EMILY Ciò che conta sei tu, non i tuoi vestiti. Come si veste Massimo?
VIOLA Non lo so. Porta sempre jeans e camicia.
EMILY Una camicia stretta stretta?
VIOLA Lorenzo invece porta camicie costose.
EMILY Ma lui è di Milano. È chic.

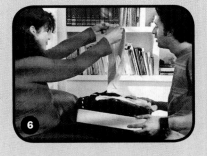  

MARCELLA Quanti vestiti! Grazie per l'aiuto, Riccardo.
RICCARDO Sono in debito con te. Ho usato il tuo scooter tre volte la settimana scorsa.
MARCELLA Quattro. (*Continua.*) Oh, Paolo. Il mio bambino ha già quindici anni.

RICCARDO Questa è una giacca da uomo di lana.
MARCELLA È di Stefano.
RICCARDO Stefano?
MARCELLA Mio marito. Il padre di Paolo.

MARCELLA Abbiamo frequentato la stessa università. Lui ha studiato legge. Sono vedova da cinque anni. Paolo ricorda ancora suo padre. È importante.
RICCARDO Mi dispiace, Marcella.
MARCELLA Rivedo Stefano in Paolo.

ATTIVITÀ

1 Completare Scegli le parole che meglio completano (*best complete*) le frasi.

1. La maglia che piace a Emily è di (seta / cotone).
2. Secondo Viola, gli uomini non (capiscono / scrivono) niente.
3. (Massimo / Lorenzo) porta sempre camicie costose.
4. Viola compra due collane per (trentacinque / venticinque) euro.

5. Viola ha un appuntamento con Massimo (giovedì / martedì).
6. La settimana scorsa, Riccardo ha usato lo scooter di Marcella (tre / cinque) volte.
7. Stefano è il padre di (Marcella / Paolo).
8. Il padre di Paolo ha studiato (legge / lingue).
9. Riccardo è (felice / triste) con Marcella.
10. Riccardo ama (ballare / scherzare) come Stefano.

I ragazzi fanno spese.

VIOLA Posso? Grazie.
EMILY Quanto costa?
COMMESSO Quindici euro.
VIOLA Che bella! Mi piace. Venti euro per due?
COMMESSO Venticinque.
VIOLA Venticinque è un buon affare. Va bene. Grazie.

EMILY Abbiamo comprato queste collane.
LORENZO Senti, quand'è il tuo appuntamento con Massimo?
VIOLA Martedì. Ti piace?
LORENZO Molto carina. Scusate, devo andare.
EMILY Ho voglia di caffè, tu no? Conosco un buon bar qui vicino.

MARCELLA Dimmi, Riccardo, perché stai qui con me in una giornata così bella? Dovresti essere in giro.
RICCARDO Sono felice qui.

MARCELLA Questo è per te.
RICCARDO Marcella... non posso... è di Stefano.
MARCELLA Sì, dai. Come Stefano, ami ascoltare la musica, viaggiare e scherzare. Per favore. Sei un ragazzo dolce, Riccardo. Ecco.

Espressioni utili

Talking about fashion and shopping

- **alla moda**
  trendy
- **Come si veste Massimo?**
  How does Massimo dress?
- **Una camicia stretta stretta?**
  A very tight-fitting shirt?
- **Quanto costa?**
  How much does this cost?
- **Quanti vestiti!**
  So many clothes!
- **una giacca da uomo di lana**
  a man's wool jacket

Additional vocabulary

- **Peter ha scritto ieri sera.**
  Peter wrote last night.
- **ciò che conta**
  what's important
- **abbiamo comprato**
  we bought
- **Conosco un buon bar qui vicino.**
  I know a good café nearby.
- **Ho usato il tuo scooter tre volte la settimana scorsa.**
  I used your scooter three times last week.
- **abbiamo frequentato**
  we attended
- **Dovresti essere in giro.**
  You should be out and about.
- **Accidenti!**
  Wow!
- **non... più**
  anymore
- **Mi dispiace.**
  I'm sorry.
- **già**
  already
- **rivedo**
  I recognize
- **ancora**
  still
- **dimmi**
  tell me
- **scherzare**
  to joke

---

2 Per parlare un po' In gruppi di tre, parlate del vostro rapporto (*relationship*) con la moda. È importante vestirsi alla moda? Perché? Di solito (*Usually*), spendete molto o poco per i vestiti? Quali sono i vostri negozi preferiti?

3 Approfondimento Scegli uno/a stilista italiano/a famoso/a e fai una ricerca su Internet. Prepara una presentazione di circa 200 parole.

STRUTTURE

4B.1

The *passato prossimo* with *avere*

Punto di partenza Italian uses two principal tenses to talk about events in the past: the **passato prossimo** and the **imperfetto**. In this lesson, you will learn how to form the **passato prossimo**, which is used to express actions or states of being that ended in the past. You will learn about the imperfect in **Lezione 6B**.

- To form the **passato prossimo**, use a present-tense form of the *auxiliary verb* (either **avere** or **essere**) followed by the *past participle* of the verb that expresses the action. You will learn how to form the **passato prossimo** with **essere** in **Lezione 5A**.

AUXILIARY   PAST
VERB   PARTICIPLE

Abbiamo stampato la foto.
We printed the photo.

- Form the past participles of regular verbs by changing the **-are**, **-ere**, or **-ire** ending of the infinitive as follows.

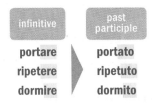

infinitive	past participle
portare	portato
ripetere	ripetuto
dormire	dormito

- The verb **parlare** is an example of a regular **-are** verb that uses **avere** in the **passato prossimo**.

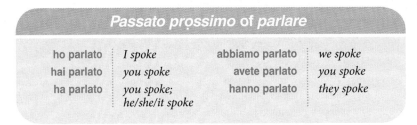

Passato prossimo of *parlare*			
ho parlato	*I spoke*	abbiamo parlato	*we spoke*
hai parlato	*you spoke*	avete parlato	*you spoke*
ha parlato	*you spoke; he/she/it spoke*	hanno parlato	*they spoke*

- The **passato prossimo** can be translated into English in different ways.

Ho trovato gli occhiali da sole.
I found/have found/did find the sunglasses.

Hai comprato una giacca nuova?
Did you buy/Have you bought a new jacket?

- Some verbs have irregular past participles that must be memorized. Note that many of these are **-ere** verbs.

La commessa **ha acceso** il computer.
The saleswoman turned on the computer.

Ho letto dei saldi sul giornale.
I read about the sales in the newspaper.

Grazie, ma hai speso troppo!

PRATICA

1 **Completare** Completa ogni frase con il participio passato del verbo indicato.

1. Noi abbiamo _____ (regalare) una borsa alla zia.
2. Hai _____ (comprare) due camicie nuove?
3. Il bambino ha _____ (perdere) il cappello blu.
4. Avete _____ (vedere) il nuovo negozio in centro?
5. Hai _____ (cercare) la felpa marrone?
6. Io ho _____ (trovare) buoni affari al mercato.
7. La commessa ha _____ (chiudere) il negozio alle 8.
8. Per quei vestiti hanno _____ (spendere) 150 euro.
9. Perché avete _____ (preferire) la collana?
10. Ho _____ (leggere) che da MaxMara ci sono i saldi.

2 **Riscrivere** Riscrivi ogni frase usando il passato prossimo.

MODELLO

Mangiano la pasta.
Hanno mangiato la pasta.

1. Piero porta il costume da bagno.
2. Compro la sciarpa a righe.
3. Giulia cerca sempre i saldi.
4. I commessi rispondono alle domande del cliente.
5. Il proprietario apre il negozio alle dieci.
6. Loro spendono pochi soldi questo mese.
7. Io e mio fratello paghiamo sempre in contanti (*cash*).
8. Tu decidi di comprare la cravatta verde.
9. Irene e Massimo provano (*try on*) molti vestiti.
10. Questo negozio chiude alle otto.

3 **Descrivere** Guarda le foto e scrivi che cosa hanno fatto quelle persone sabato scorso al centro commerciale.

▶ **MODELLO**

Daniela / vedere
Daniela ha visto gli stivali neri.

1. Martino / comprare

2. Gioia / perdere

3. Mario / provare (*to try on*)

4. Giovanni / mettere

5. Antonietta / cambiare

6. Michela / comprare

SINTESI

Ricapitolazione

1 Un gioco L'insegnante ti darà (*will give you*) una lista di venti attività. Scegli cinque attività che hai fatto recentemente e marca le attività con una X. L'insegnante poi leggerà (*will read*) le attività in ordine sparso (*randomly*). Vince chi ha selezionato tutte le attività che legge l'insegnante.

MODELLO

Insegnante: *Chi ha giocato a calcio?*
(Alza la mano se hai selezionato quell'attività.)

2 All'improvviso A coppie, guardate le quattro fotografie. Scegliete una foto e immaginate cosa può succedere all'improvviso (*happen suddenly*). Scrivete cinque frasi che raccontano la storia.

MODELLO

S1: *All'improvviso inizia a piovere!*
S2: *Le due persone corrono verso un ristorante.*
S1: *Il ristorante è chiuso e...*

3 Che cosa hai imparato? Che cosa sai o chi conosci adesso che non sapevi o conoscevi (*you didn't know*) cinque anni fa? Prepara una lista di cinque attività che sai fare o di persone o luoghi che conosci adesso. Usa il passato prossimo di **sapere** e **conoscere** per creare la lista. Poi paragona la tua lista con quella di un(a) compagno/a.

MODELLO

S1: *L'anno scorso ho conosciuto la sorella di Laura. Quest'anno voglio imparare a giocare a pallavolo.*
S2: *L'anno scorso ho saputo che Brad Pitt ha fatto un film nuovo. Voglio andare a Hollywood e incontrare Brad Pitt!*

4 Un negozio nuovo In gruppi di quattro, immaginate di andare all'apertura (*opening*) di un nuovo negozio di vestiti. Voi siete responsabili dell'organizzazione e della gestione (*management*) del negozio. A turno dite cosa sapete, cosa sapete fare e chi conoscete. Cosa potete fare per rendere (*to make*) il negozio un successo?

MODELLO

S1: *Io conosco molte persone che spendono tanti soldi in vestiti.*
S2: *Io so usare il computer per la contabilità (accounting).*
S3: *Io posso parlare italiano con i clienti italiani...*

5 Che cosa hanno fatto? A coppie, guardate i disegni. Fate una descrizione e scrivete che cosa indossa ogni persona e che cosa ha fatto ieri. Usate l'immaginazione!

MODELLO

S1: *Lui porta i pantaloncini marroni.*
S2: *Ha giocato al parco con gli amici e poi ha mangiato un gelato.*

1.

2.

3.

4.

6 La giornata di Gina Lavorate a coppie. L'insegnante vi darà due fogli diversi, ciascuno con metà delle informazioni sulla giornata di Gina. A turno, fate domande per ricostruire l'intera giornata.

MODELLO

S1: *Che cosa ha fatto Gina alle 4.30 di mattina?*
S2: *Ha fatto jogging. Che cosa ha fatto...?*

7 **La strana coppia** A coppie, create la descrizione di due personaggi (*characters*) per una sitcom. Nella sitcom, due persone condividono (*share*) un appartamento ma sono molto diverse l'una dall'altra (*from each other*). Scrivete la descrizione delle due persone. Cosa sa fare? Chi conosce? Che vestiti porta? Fate una descrizione più completa possibile.

MODELLO

Roberta sa usare il computer molto bene.
Lei porta sempre un tailleur e le scarpe con il
tacco (heel). Conosce il direttore
dell'ufficio personalmente e…

Martina   Roberta

8 **Vero o falso?** Scrivi cinque attività che hai fatto l'anno scorso, alcune (*some*) vere, altre false. Poi, in gruppi di quattro, leggete a turno un'attività dalla lista. Gli altri studenti devono indovinare (*guess*) se è vera o falsa.

MODELLO

Ho visitato Roma.
Ho visto i Coldplay in concerto.
Ho comprato un abito di Gucci.
Ho conosciuto il Presidente degli Stati Uniti.
Ho imparato a guidare.

Il mio dizionario

Aggiungi (*Add*) cinque parole relative ai computer o ai vestiti al tuo dizionario personale.

lo sconto

traduzione
discount

categoria grammaticale
sostantivo (m.)

uso
Posso avere uno sconto sul
maglione rosso?

sinonimi
il ribasso, la riduzione (del prezzo)

antonimi
il prezzo intero

More activities

 vhlcentral   Online activities

I ragazzi decidono di creare un blog della pensione.

EMILY Che succede al mio computer?
RICCARDO Non lo so. Io e Peter...
EMILY Peter?
PAOLO Tutto bene?
EMILY Paolo! Puoi aggiustare il mio computer?
PAOLO Tranquilla, ci penso io.

EMILY Non puoi più usare il mio computer, Riccardo.
PAOLO Posso cancellare il disco rigido (*hard disk*)?
EMILY No! Sei pazzo?
PAOLO Scusa, Emily. Posso farcela lo stesso. Devo caricare un programma da un CD-ROM.
RICCARDO Cosa vuol dire «*coming to Rome*»?

RICCARDO Blog della pensione. Con il sito di Emily possiamo dire alle nostre famiglie e ai nostri amici com'è la nostra vita a Roma. E Paolo può essere il nostro «piccolo esperto informatico».
VIOLA Che bello!
PAOLO Come «piccolo»?

LORENZO Sei un genio, Riccardo.
RICCARDO Che ne pensi, Emily?
EMILY Ora posso prendere trenta in Cultura Italiana.

Espressioni utili

Expressing possibility, desire, and obligation

- **Vuole venire in Italia.**
  He wants to come to Italy.
- **Ma non puoi dirlo, vero?**
  But you can't say that, right?
- **Puoi aggiustare...?**
  Can you fix . . . ?
- **Non puoi più usare il mio computer.**
  You can't use my computer anymore.
- **Posso farcela lo stesso.**
  I can do it anyway.
- **Possiamo dire ai nostri amici com'è la nostra vita a Roma.**
  We can tell our friends what our life in Rome is like.
- **Voglio...**   **Posso usare...?**
  I want . . .   *Can I use . . . ?*
- **Ti devo un favore.**   **deve essere**
  I owe you one.   *it must be*

Additional vocabulary

- **Che ne pensi?**
  What do you think (about it)?
- **Vieni con me?**
  Are you coming with me?
- **Che cosa vuol dire...?**
  What does . . . mean?
- **Usciamo insieme di tanto in tanto da cinque mesi.**
  We've been going out on and off for five months.
- **Sbrigati.**   **Ci penso io.**
  Hurry up.   *I'll take care of this.*
- **Come «piccolo»?**   **Sei un genio.**
  What do you mean, "little"?   *You're a genius.*
- **Va bene.**
  OK.

---

2 **Per parlare un po'** A coppie, descrivete come usate la tecnologia. Avete un computer? Per che cosa usate il computer di solito? Avete un blog? Perché sì o perché no?

3 **Approfondimento** Alcune invenzioni tecnologiche importanti sono di origine italiana. Fai una ricerca e scopri chi e quando ha inventato (*invented*) il telescopio, la pila (*battery*) e la radio. Poi cerca un'immagine di una di queste persone e descrivi le sue caratteristiche fisiche.

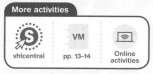

More activities

vhlcentral | VM pp. 13–14 | Online activities

A T T I V I T À

Gli Italiani e le nuove tecnologie

Il rapporto degli italiani con le nuove tecnologie è cambiato notevolmente° negli ultimi anni, tanto che un terzo della popolazione ammette di essere dipendente dalla tecnologia°. Oggi Internet è molto diffuso°, i prezzi degli smartphone sono sempre più abbordabili°, ed essere sempre connessi° è diventato un imperativo. Il 70% degli italiani possiede° uno smartphone, l'età media° in cui si riceve il primo cellulare è 9 anni, e a soli 12 si apre il primo profilo social. I giovani italiani sono iperconnessi tanto che hanno sviluppato delle patologie° come la nomofobia, paura di restare senza telefono, senza carica° o senza connessione, e il vamping, mania di trascorrere molte ore notturne sui social o in chat. Sorprendentemente° la cyber-dipendenza da cellulare, PC, TV e altri dispositivi° interessa° particolarmente i trentenni (37%), seguiti da adolescenti (35%) e quarantenni (34%). In Italia la spesa per smartphone, servizi di telefonia e traffico dati è di 22,8 miliardi l'anno. L'applicazione più utilizzata dagli italiani è WhatsApp: il numero di utenti WhatsApp in Italia coincide con il numero di persone che usano lo smartphone. I social media più popolari sono Facebook e YouTube. Gli italiani usano Internet per vedere film online, ascoltare musica, cercare informazioni su aziende, prodotti e servizi e trovare informazioni stradali. È in aumento° anche il numero di italiani che fa acquisti online e utilizza servizi di home banking.

notevolmente *considerably* **dipendente dalla tecnologia** *addicted to technology*
diffuso *widespread* **abbordabili** *affordable* **essere sempre connessi** *to always be online*
possiede *to own* **età media** *average age* **hanno sviluppato delle patologie** *to develop some*
conditions **senza carica** *out of power* **sorprendentemente** *surprisingly* **dispositivi** *devices*
interessa *to interest* **in aumento** *is increasing*

Digital in Italia	
Utenti Internet	43,32 milioni
Utenti attivi su social media	34 milioni
Utenti mobile	49,18 milioni
Utenti attivi su social media da mobile	30 milioni
Popolazione italiana totale	53,33 milioni

FONTE: wearesocial.com (2018)

1 Vero o falso? Indica se l'affermazione è **vera** o **falsa**. Correggi le affermazioni false.

1. Gli italiani hanno un rapporto diverso con la tecnologia rispetto al passato.

2. Gli smartphone costano molto in Italia.

3. Più della metà degli italiani ha un cellulare.

4. A 12 anni si compra il primo cellulare.

5. La nomofobia e il vamping sono dei disturbi legati all'uso dello smartphone.

6. Gli adolescenti sono più dipendenti dalla tecnologia dei trentenni.

7. Gli italiani usano molto WhatsApp.

8. Facebook è il meno popolare tra i social media.

9. Gli italiani non guardano film online.

10. Gli italiani stanno facendo più acquisti online rispetto agli anni passati.

L'ITALIANO QUOTIDIANO

Gli SMS

Messaggio	Significato italiano
ASP	*Aspetta!*
KE	*Che*
C6 STAS?	*Ci sei stasera?°*
CMQ	*Comunque°*
XCHE	*Perché*
TVB	*Ti voglio bene°.*
TA	*Ti amo°.*

Ci sei stasera? *Are you around tonight?* **Comunque** *However*
Ti voglio bene *I care for you* **Ti amo** *I love you*

USI E COSTUMI

Internet in Italia

Il mouse, l'e-mail, le emoji e i social media sono veramente parole italiane? È comune, infatti, usare parole inglesi nel campo delle tecnologie informatiche°. Spesso si parla del **software** e molti giovani passano ore a **chattare** con i programmi di messaggi istantanei. Esistono°, però, parole italiane per sostituire° quelle inglesi. Per esempio la **chiocciola** è il nome del simbolo «@» degli indirizzi e-mail, oppure, per dirlo all'italiana°, la **posta elettronica**. Quindi l'indirizzo **mario_rossi@posta.it** si dice «mario-trattino basso°-rossi-chiocciola-posta-punto-it». Anche i siti web hanno una pronuncia italiana: «vu-vu-vu-punto-rai-punto-it» corrisponde a **www.rai.it**, che permette di connettersi° al sito della Radiotelevisione Italiana, dove è possibile guardare i telegiornali° nazionali e regionali.

tecnologie informatiche *information technology* **Esistono** *There exist*
per sostituire *to substitute* **per dirlo all'italiana** *to say it the Italian way*
trattino basso *underscore* **connettersi** *to connect*
telegiornali *news programs*

RITRATTO

Paolo Nespoli

Paolo Nespoli è un astronauta°, ingegnere e militare° nato a Milano nel 1957. La sua carriera da astronauta inizia nel 1989 quando ottiene° un *Master of Science in Aeronautics & Astronautics* presso la Polytechnic University di New York. Nel 1991 viene assunto dall'Agenzia spaziale europea e, dopo parecchi anni di lavoro a terra, nel 2007 parte con lo *Space Shuttle Discovery* come specialista di missione. Torna nello spazio° nel 2010 e nel 2017, a 60 anni, diventando l'astronauta europeo più anziano ad andare nello spazio. In totale Paolo Nespoli ha trascorso° nello spazio 313 giorni, 2 ore e 36 minuti.

astronauta *astronaut* **militare** *soldier* **ottiene** *he earns* **spazio** *space* **ha trascorso** *he spent*

SU INTERNET

Chi sono gli YouTuber italiani più famosi?

Go to **vhlcentral.com** to find more information related to this **CULTURA**.

2 **Completare** Completa le frasi.

1. Oltre ad essere _____, Paolo Nespoli è anche ingegnere e militare.

2. Nel 1989 si laurea a _____.

3. Paolo Nespoli è andato (*has gone*) nello spazio _____ volte.

4. Negli indirizzi e-mail il simbolo «@» si chiama _____.

5. Sul sito della Rai è possibile guardare i _____.

6. Per chattare i giovani scrivono messaggi _____.

3 **A voi** A coppie, discutete le differenze tra gli Stati Uniti e l'Italia per quanto riguarda la tecnologia.

1. Negli Stati Uniti è comune mandare SMS?

2. Le persone adulte usano il cellulare?

3. Gli americani sono maniaci del (*crazy about*) cellulare come gli italiani?

More activities

vhlcentral   Online activities

A T T I V I T À

STRUTTURE

Dovere, potere, and volere

Punto di partenza The verbs **dovere** (*to have to/must; to owe*), **potere** (*to be able to/can*), and **volere** (*to want*) are irregular. All three are commonly used in two-verb constructions with infinitives to express what someone *has to, can,* or *wants to* do.

dovere (to have to)	
devo	dobbiamo
devi	dovete
deve	devono

Grazie. Ti devo un favore.

Devi salvare i tuoi documenti!

- **Dovere** is normally used with other verbs to express obligation. Use a conjugated form of **dovere** + [*infinitive*] to express what *has to* or *must* be done.

  Devo scaricare il documento.
  I must download the document.

  Dovete comporre il numero.
  You have to dial the number.

- In addition to obligation, **dovere** + [*infinitive*] can imply probability.

  Non risponde! Il suo cellulare **deve essere** spento.
  *There's no answer! His phone **must be** switched off.*

  Il tablet non si accende: **deve essere** rotto.
  *The tablet won't turn on: it **must be** broken.*

- **Dovere** also means *to owe*. In this case, **dovere** is used without another verb.

  Devi cento euro alla mamma?
  Do you owe Mom 100 euros?

  Non dobbiamo niente.
  We don't owe anything.

- Like **dovere**, **potere** is normally used with other verbs. The verb that follows **potere** must always be in the infinitive form.

potere (to be able to)	
posso	possiamo
puoi	potete
può	possono

Puoi salvare la password?
Are you able to save the password?

Non posso accendere la TV.
I can't turn on the TV.

Possiamo andare con Laura?
Can we go with Laura?

Stasera **non potete uscire**.
You cannot go out this evening.

- **Potere** can express either ability (the equivalent of *can* in English) or permission to do something (*may* in English).

    Non posso uscire tutte le sere!
    I can't go out every night!

    Posso usare il tuo cellulare?
    May I *use your cell phone?*

- **Volere** can be used either with nouns or with verbs in the infinitive form.

volere (to want)	
voglio	vogliamo
vuoi	volete
vuole	vogliono

    Vuoi comprare un computer?
    Do you want to buy *a computer?*

    Sì, **voglio** un nuovo computer.
    Yes, ***I want*** *a new computer.*

- In **Lezione 2B** you learned the expression **avere voglia di**. Use this expression to mean *to feel like having/doing something*; use the verb **volere** to express *to want*.

    Hai voglia di guardare la TV?
    Do you feel like *watching TV?*

    Vogliono scaricare una app.
    They want *to download an app.*

    Ragazzi, **avete voglia di** uscire con loro?
    Guys, ***do you feel like*** *going out with them?*

    No, **vogliamo** giocare con i videogiochi.
    No, ***we want*** *to play video games.*

- **Volere** followed by the infinitive **dire** (*to say; to tell*) expresses *to mean*. Use the expression **Cosa vuol dire...?** to ask what something means. Note that the form **vuole** is commonly shortened to **vuol** in this construction.

    Se squilla, **vuol dire** che funziona.
    If it rings, ***it means*** *it's working.*

    Cosa **vogliono dire** queste frasi?
    What do *these sentences* ***mean?***

    Vuoi dire che non sono online?
    Do you mean *I'm not online?*

    Sì, **voglio dire** che non sei connessa alla rete.
    Yes, ***I mean*** *that you aren't connected to the Internet.*

Provalo! **Completa ogni frase con la forma corretta del verbo indicato.**

dovere

1. Tu ___devi___ tornare a mezzogiorno?
2. Virginia _____ mangiare alle dodici e trenta.
3. Noi _____ dare alla mamma venti euro.

potere

4. Io non _____ lavare i piatti (dishes) stasera.
5. Tu _____ comprare i biglietti per il cinema?
6. Gianna _____ andare all'università in bicicletta.

volere

7. Voi _____ andare al ristorante domenica?
8. Anna, _____ un caffè o un cappuccino?
9. I professori _____ preparare un esame facile.

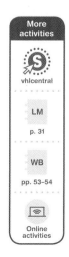

More activities

vhlcentral

LM
p. 31

WB
pp. 53–54

Online activities

STRUTTURE

PRATICA

1 Completare Completa ogni frase con la forma corretta di **volere** e **dovere**.

1. Io _____ mangiare bene, quindi _____ preparare i broccoli e gli zucchini.
2. Lino _____ ascoltare la musica, quindi _____ comprare uno stereo.
3. Noi _____ prendere un buon voto, quindi _____ studiare.
4. I bambini _____ giocare a calcio, quindi _____ chiamare gli amici.
5. Tu _____ guardare un film, quindi _____ accendere il televisore.
6. Voi _____ scrivere un libro, quindi _____ fare molta ricerca.

2 Descrivere Crea frasi complete per descrivere che cosa possono fare queste persone al computer.

MODELLO

Giovanni / cancellare il documento
Giovanni può cancellare il documento.

1. Marco / accendere lo smartphone
2. Benito e Anna / scaricare il programma
3. tu e Giovanni / stampare i documenti
4. io / salvare l'e-mail
5. io e Patrizio / registrare la password
6. tu / spegnere il computer

3 Identificare Usa i disegni per spiegare che cosa vuole comprare ogni persona.

▶ **MODELLO**

Lorenzo / videogioco
Lorenzo vuole comprare un videogioco.

1. noi / cellulare

2. l'insegnante / computer portatile

3. Sofia e Marco / tastiera

4. voi / televisore

5. io / stampante

6. Susanna / cuffie

4 Spiegare Crea frasi per descrivere le cose che le persone vogliono fare ma che non possono fare. Inventa una ragione (*reason*).

MODELLO

Luca / scaricare una app
Luca vuole scaricare una app ma non può perché non è online.

1. Veronica / comprare una macchina
2. Noi / scrivere un'e-mail
3. Tu / correre al parco
4. Loro / ascoltare la musica
5. Voi / stampare il documento
6. Io / spegnere la televisione
7. Tommaso / caricare lo smartphone
8. Viola e Riccardo / registrare un messaggio

COMUNICAZIONE

5 **Consigli** A coppie, guardate che cosa vogliono fare le persone a sinistra (*on the left*) e decidete quale attività a destra (*on the right*) devono fare. Poi create una frase completa.

MODELLO

Giorgio / stampare documenti → comprare una stampante
Giorgio vuole stampare documenti, quindi (therefore) deve comprare una stampante.

1. io / ascoltare la musica	imparare a nuotare
2. Luigi e Ugo / fare fotografie	accendere la stampante
3. tu / fare la modella	andare in biblioteca
4. noi / imparare l'italiano	essere in forma
5. gli studenti / studiare per l'esame	usare il telecomando
6. Mario / fare nuoto agonistico	comprare una macchina fotografica
7. Tu e Bianca / guardare la TV	cercare le cuffie
8. Io / stampare un documento	avere un dizionario

6 **Cosa possiamo fare?** In gruppi di tre, parlate degli oggetti della lista e dite cosa volete o potete fare con ogni singolo oggetto.

MODELLO

un cellulare
S1: *Voglio usare il cellulare per chiamare gli amici.*
S2: *Posso usare il cellulare per mandare SMS.*

1. un computer
2. uno smartphone
3. uno stereo
4. una macchina fotografica
5. un registratore DVR

6. un telecomando
7. un tablet
8. un microfono
9. (la app) Snapchat
10. un mouse

7 **Inviti** In gruppi di quattro, fate a turno a invitare i vostri amici alle varie attività. Se rifiutate un invito (*you turn down an invitation*), dite che cosa dovete o volete fare invece (*instead*).

▶ **MODELLO**

S1: *Vuoi giocare a calcio?*
S2: *Purtroppo (Unfortunately) non posso. Devo studiare.*

1.

2.

3.

4.

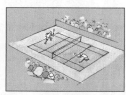

5.

6.

STRUTTURE

4A.2

Dire, *uscire*, and *venire*, and disjunctive pronouns

Punto di partenza The verbs **dire** (*to say; to tell*), **uscire** (*to go out; to leave*), and **venire** (*to come*) are irregular.

	dire	uscire	venire
io	dico	esco	vengo
tu	dici	esci	vieni
Lei/lui/lei	dice	esce	viene
noi	diciamo	usciamo	veniamo
voi	dite	uscite	venite
loro	dicono	escono	vengono

- Most forms of **dire** use the stem of the original Latin infinitive *dicere*.

  Diciamo «Ciao» al professore tutte le mattine.
  We say "Hi" to the professor every morning.

  L'insegnante **dice** che devo stampare i compiti.
  The teacher says I have to print out the homework.

- **Dire** means *to say* or *to tell*. Do not confuse it with **parlare** (*to speak*), which you learned in **Lezione 2A**.

  Cosa dici a Stefania?
  What are you telling Stefania?

  Parli a Stefania?
  Are you speaking to Stefania?

- **Uscire** is irregular in all but the **noi** and **voi** forms.

  Usciamo sempre con le amiche.
  We always go out with our girlfriends.

  Da quanto tempo **uscite** tu e Davide?
  How long have you and Davide been going out?

- Use **uscire** for the English *to leave* only in the sense of *to go out of*. To express *to depart*, use **partire**, which you learned in **Lezione 3A**.

  Stasera mio fratello **non esce** di casa.
  My brother is not leaving the house tonight.

  Le mie sorelle **partono** per l'Italia domani.
  My sisters are leaving for Italy tomorrow.

- The verb **riuscire** (*to succeed; to manage*) follows the same pattern of conjugation as **uscire**. Use **riuscire a** + [*infinitive*] in two-verb constructions.

  Riuscite a caricare la foto? Io non posso.
  Can you manage to upload the photo? I can't.

  Voglio mandare un'e-mail, ma **non riesco**.
  I want to send an e-mail, but I'm not succeeding.

- Like **uscire**, **venire** is regular in only the **noi** and **voi** forms.

  Veniamo in Sicilia a Luglio.
  We are coming to Sicily in July.

  Oggi **non venite** a lezione?
  You're not coming to class today?

  Il sabato sera **uscite** sempre?
  Do you always go out on Saturdays?

  Uscite con Emma e Lucia?
  Are you going out with Emma and Lucia?

Disjunctive pronouns

Disjunctive pronouns (**Pronomi tonici**) are the pronoun forms used after prepositions (see **Lezione 3A**). Note that the third person forms use different words to refer to *one* and *oneself*.

	Pronomi tonici		
me	me, myself	noi	us, ourselves
te	you, yourself	voi	you, yourselves
Lei	you (form.)		
lui/lei	him/her	loro	them
sé	yourself (form.); himself/herself/itself	sé	themselves

Davide esce **con lei**.
*Davide is going out **with her**.*

Parli spesso **con lui?**
*Do you often talk **with him?***

- Some prepositions, including **dopo** (*after*), **prima** (*before*), **senza** (*without*), **su** (*on*), and **sotto** (*under*) add **di** before a disjunctive pronoun. **Secondo** (*According to*) is used alone.

Uscite **senza di noi?**
*Are you going out **without us?***

Secondo lei, è facile scaricare le foto.
***According to her**, it's easy to download the photos.*

- **Da** is often used before a disjunctive pronoun to mean *by oneself*. In this case, use **sé** for the third-person forms. Remember, **da** can also indicate *at* a person's home or workplace.

Installa il programma **da sé**.
*It installs the program **by itself**.*

Faccio il sito **da me**.
*I'm making the web site **by myself**.*

Vieni **da me** alle otto.
*You're coming **to my place** at 8:00.*

Vai **da loro** oggi?
*Are you going **to their place** today?*

Non potete andare senza di me!

Ti dico un segreto: conto su (*count on*) di te!

Provalo! Completa la tabella con le forme mancanti (*missing*) di ogni verbo.

		dire	uscire	venire
1.	io	*dico*	_____	vengo
2.	tu	dici	_____	vieni
3.	Lei/lui/lei	_____	esce	_____
4.	noi	_____	usciamo	_____
5.	voi	dite	_____	_____
6.	loro	dicono	_____	_____

STRUTTURE

1 **Sostituire** Sostuisci le parole in grassetto (*boldface*) con un pronome tonico.

MODELLO

Dici sempre tutto a Fabrizio?
Sì, _a lui_ dico tutto.

1. Stasera esci con **Vittoria**? No, stasera non esco con _____.
2. Voi venite da **zio Angelo e zia Olimpia**? No, non veniamo da _____.
3. I tuoi genitori parlano spesso con **il tuo professore**? Sì, i miei genitori parlano spesso con _____.
4. Venite al cinema con **noi**? No, non possiamo uscire con _____.
5. Tu dici sempre la verità a **tua cugina**? Sì, a _____ dico sempre la verità.
6. Posso venire con voi a comprare il nuovo videogioco? Sì certo, puoi venire con _____.
7. Vai al mare con **le tue amiche** dell'università? Sì, vado al mare con _____.
8. Questo libro è per **Antonio**? No, non è per _____.

2 **Identificare** Scegli l'espressione che meglio completa le frasi. Usa ogni espressione una volta.

1. Giacomo telefona ___   a. secondo noi.
2. Anna viene al cinema ___   b. da sé.
3. Non esco ___   c. prima di lei.
4. Antonio studia italiano ___   d. con me.
5. L'esame è facile ___   e. senza di te.
6. Finiamo l'esame ___   f. a loro.

3 **Completare** Completa la conversazione con la forma corretta del verbo indicato.

GIULIO Voglio giocare a calcio ma devo studiare.

LORENZO Anch'io devo studiare ma stasera (io) (1) _____ (uscire); vado al cinema. Perché non (2) _____ (venire) con me?

GIULIO Sì! Che (3) _____ (dire / tu), andiamo a vedere il film *La grande bellezza*?

LORENZO Va bene. I critici (4) _____ (dire) che è un film eccezionale. Invitiamo Davide?

GIULIO D'accordo. Angela e Davide (5) _____ (uscire) insieme, quindi invitiamo anche Angela.

LORENZO Perfetto. (6) _____ (venire / voi) a casa mia alle sette e andiamo al cinema insieme.

GIULIO Bene. A stasera!

4 **Creare** Crea frasi complete.

MODELLO

io / uscire / con Maria
Io esco con Maria.

1. la mamma / dire / ai bambini / di non mangiare le caramelle
2. tu / uscire / sempre il sabato sera?
3. i bambini / venire / a scuola tutti i giorni
4. io / uscire / per comprare vestiti nuovi
5. noi / dire / che fa freddo
6. tu e Francesco / venire / al ristorante con noi

5 **Programmi** A coppie, leggete che cosa fanno le diverse persone questo pomeriggio. Fate domande per scoprire se stanno a casa o escono.

MODELLO

noi / giocare a scacchi
S1: *Usciamo oggi pomeriggio?*
S2: *No, non usciamo. Giochiamo a scacchi.*

1. voi / sciare
2. le ragazze / uscire con le amiche
3. Rachele / giocare a carte
4. Vincenzo / fare una passeggiata
5. io e Marino / dormire

6. io / andare al cinema con Stefano
7. tu / nuotare
8. io e Monica / guardare la televisione
9. Fabio e Luciano / giocare ai videogiochi
10. tu e Antonella / correre

6 **Chi viene?** A coppie, leggete le risposte a un invito per un seminario di informatica. Scrivete un riassunto (*summary*) di chi viene e chi non viene. Includete il numero totale di persone che vengono.

MODELLO

S1: *Anna viene.*
S2: *Fabrizio e Donna non vengono.*
S1: *In totale al seminario vengono _____ persone.*

Anna	sì
Fabrizio e Donna	no
Antonella	no
Giuditta	sì
Matteo	sì
Doria e Nino	sì
Patrizia	no
Antonello	sì

7 **Da solo o in compagnia?** In gruppi di tre, fate a turno a dire se fate queste attività da soli o in compagnia.

MODELLO

S1: *Io vado al cinema da solo.*
S2: *Davvero (Really)? A me piace andare al cinema con gli amici.*

andare al cinema	giocare ai videogiochi
ascoltare la musica	guardare la TV
fare i compiti	passeggiare al parco
giocare a pallacanestro	studiare per gli esami

SINTESI

Ricapitolazione

1 Cosa fare?
A coppie, guardate le scene e immaginate di essere lì. Dite almeno (*at least*) quattro cose che potete o volete fare in ogni situazione.

> **MODELLO**
>
> **S1:** In campagna (*the country*) voglio camminare.
> **S2:** Io posso andare a cavallo.

2 Volere e dovere
Lavorate in gruppi di tre. A turno, dite quattro cose che volete fare e quattro cose che dovete fare questo fine settimana.

> **MODELLO**
>
> **S1:** Voglio andare al cinema ma devo aggiustare (*to fix*) il computer.
> **S2:** Io devo stampare i compiti ma voglio giocare a pallacanestro con i miei amici.

3 L'orario del fine settimana
In gruppi di quattro, fate a turno a dire che cosa fate quando uscite il fine settimana. Se non uscite, dite cosa fate a casa.

> **MODELLO**
>
> **S1:** Quando esco con il mio amico Sebastiano, andiamo in discoteca.
> **S2:** Io e Jessica non usciamo; ascoltiamo musica a casa e cantiamo.
> **S3:** Noi usciamo e andiamo al ristorante vicino all'università.

4 Cercasi informatico
A coppie, create un annuncio di lavoro (*job ad*) per un tecnico informatico per la scuola. Fate una lista delle qualità che cercate. L'annuncio deve essere quanto più completo possibile (*as complete as possible*).

> **MODELLO**
>
> **S1:** Il nuovo tecnico deve potere scaricare tutti i nuovi programmi.
> **S2:** Il candidato perfetto deve...

5 Una festa fantastica
Completa la seguente inchiesta (*survey*). Poi, in gruppi di quattro, paragonate (*compare*) le risposte per descrivere l'ospite (*guest*) perfetto.

> **MODELLO**
>
> **S1:** L'ospite perfetto vuole guardare la televisione.
> **S2:** No, no, no! L'ospite perfetto vuole organizzare attività!
> **S3:** Secondo me, l'ospite perfetto...

L'ospite perfetto...	Sì	No
1. vuole ballare/cantare?		
2. viene da solo o con amici?		
3. suona la chitarra?		
4. aiuta a pulire?		
5. è estroverso ed energico?		
6. porta da mangiare e da bere?		
7. aiuta con l'organizzazione?		
8. può offrire intrattenimento?		
9. deve organizzare attività?		
10. porta fotografie delle sue vacanze?		
11. ha altre qualità? Quali?		

6 Pettegolezzi
Lavorate a coppie. L'insegnante vi darà (*will give you*) due fogli diversi, ciascuno (*each one*) con metà d'una conversazione. A turno, fate domande per ricostruire (*reconstruct*) la conversazione intera.

> **MODELLO**
>
> **S1:** Cosa dice Gina?
> **S2:** Gina dice che Alba esce con Carlo. Cosa dice Daniele?
> **S1:** Daniele dice che...

More activities

vhlcentral

Online activities

Video

Italia autentica

Lo Zapping: Maestro Robot

Preparazione Dai un'occhiata al paragrafo, guarda l'immagine e rispondi alle seguenti domande.

- Che cosa stanno facendo le persone dell'immagine? Dove sono? Che ruolo hanno?
- Secondo te, qual è l'argomento del video?

Veramente, è meraviglioso.

La musica classica e il bel canto appartengono (*belong*) da secoli alla tradizione italiana. Gli italiani amano andare all'opera e ci sono numerosi musicisti (*players*), cantanti (*singers*) e direttori d'orchestra (*conductors*) italiani di fama internazionale. Come tutto il resto, anche la scena musicale italiana è oggi interessata (*affected*) da innovazioni tecnologiche.

1 **Comprensione** Guarda il video e scegli la risposta corretta.

1. Qual è la caratteristica principale del braccio di YuMi?

   a. la forza
   b. la leggerezza
   c. la flessibilità
   d. la velocità

2. Come ha imparato YuMi a dirigere l'orchestra?

   a. scannerizzando degli spartiti musicali
   b. ascoltando musica classica
   c. andando a scuola
   d. imitando un direttore d'orchestra

2 **Discussione** Discussione A coppie, discutete le seguenti domande. Usate le **Espressioni utili**.

1. Ti piace ascoltare la musica? Che genere di musica ascolti solitamente?
2. Secondo te, i robot possono fare tutto quello che fanno le persone? Perché sì / no? Fai degli esempi concreti.
3. Secondo te, in futuro i robot sostituiranno completamente le persone? Perché?
4. In quali aree l'uso dei robot è efficace e importante? Fai degli esempi concreti.

3 **Presentazione** Pensa a come usi la tecnologia per utilizzare diversi prodotti d'intrattenimento (musica, libri, film, riviste...). Parla dei prodotti che preferisci e di come li utilizzi usando le seguenti indicazioni. Ricordati di usare i verbi *dovere*, *potere*, *volere*.

- tipo di prodotto
- supporto tecnologico
- frequenza d'uso
- caratteristiche del supporto (prezzo, design, ...)
- aspetti positivi e negativi dell'intrattenimento tecnologico

Espressioni utili	
È una cosa meravigliosa!	It is an amazing thing!
È formidabile ma fa anche paura perché...	It is impressive but also scary because...
eccezionale	exceptional
indispensabile	essential
innovazione	innovation
insostituibile	irreplaceable
intrattenimento	entertainment
spaventoso	horrible
superfluo	unnecessary
sviluppo	development
tecnica	technique

More activities

vhlcentral

Online activities

Lezione

4B

Communicative Goals

You will learn how to:
- describe clothing
- talk about shopping

CONTESTI

S Hotspots

Facciamo spese

Vocabolario	
l'abbigliamento	*clothing*
la biancheria intima	*underwear*
i calzini	*socks*
la camicetta	*blouse*
la camicia	*dress shirt*
la canottiera	*tank top*
il cappotto	*overcoat*
la felpa	*sweatshirt*
la gonna	*skirt*
i guanti	*gloves*
i jeans	*jeans*
la maglietta (a maniche corte/lunghe)	*(short-/long-sleeved) T-shirt*
il maglione	*sweater*
i pantaloni	*pants, trousers*
gli stivali	*boots*
la taglia	*clothing size*
il tailleur	*women's suit*
la valigetta	*briefcase*
il vestito	*dress; suit*
per parlare dei vestiti	*talking about clothes*
il cotone	*cotton*
la lana	*wool*
la pelle	*leather*
la seta	*silk*
a fiori	*flowered*
a quadri	*plaid*
a righe	*striped*
a tinta unita	*solid color*
azzurro/a	*sky blue*
beige (*invar.*)	*beige*
chiaro/a	*light*
scuro/a	*dark*
fare spese	*shopping*
il/la commesso/a	*salesperson*
i saldi	*sales*
ciascuno/a	*each (one)*
costoso/a	*expensive*
economico	*cheap*
largo/a	*loose, big*
stretto/a	*tight-fitting*

il cappello

il costume da bagno

caro/a

la cravatta

indossare un abito
to wear a dress

la cintura

i pantaloncini

le scarpe da ginnastica

portare un completo
to wear a suit

la borsa

le scarpe

viola (*invar.*)

rosa (*invar.*)

grigio/a

giallo/a

verde

nero/a

arancione

blu (*invar.*)

marrone

bianco/a

rosso/a

More activities

S vhlcentral	**WB** pp. 57–58	**LM** p. 33	**Online** activities

gli occhiali
(da sole)

la collana

la sciarpa

la giacca

un buon affare
a good deal

Pratica

1

Trova l'intruso Trova la parola che non appartiene (*doesn't fit*)
al gruppo.

MODELLO la cravatta, gli stivali, (il rosso), il vestito

1. rosa, cappello, giallo, verde
2. il cappotto, i calzini, i pantaloni, il commesso
3. la gonna, l'abito, la collana, il tailleur
4. le scarpe, i pantaloncini, i jeans, i pantaloni
5. la borsa, l'arancione, la collana, la cintura
6. la maglietta, la camicetta, i guanti, la felpa
7. a righe, blu, scuro, i saldi
8. il costume da bagno, il maglione, la sciarpa, il cappotto

2

Mettere etichette Etichetta ogni foto con il colore corretto.

1. _____

2. _____

3. _____

4. _____

5. _____

6. _____

3

Completare Scegli dalla lista la parola o espressione corretta per
completare ogni frase.

cappotto	costume da bagno	gonna	scarpe da ginnastica
cintura	cravatta	occhiali da sole	stivali

1. Voglio andare a nuotare. Dov'è il mio _____?
2. Non mi piacciono i pantaloni. Preferisco portare la _____.
3. Oggi fa freddo. Penso di indossare il _____.
4. Questi pantaloni sono troppo larghi! Ho bisogno di una _____.
5. C'è troppo sole oggi. Per fortuna ho portato gli _____.
6. In questo posto piove sempre! Ecco perché ho comprato
   degli _____ da pioggia.
7. Quando mi vesto (*I dress*) elegante, indosso la camicia
   e la _____.
8. Non posso andare a correre! Ho dimenticato (*I forgot*) le _____.

Comunicazione

4 **Che cosa indossano?** A coppie, scrivete quello che indossa ogni persona.

Paola

▶ **MODELLO**

Paola indossa i jeans, una maglietta e una giacca rossa..

1. Luca

2. il signor Alfredo

3. Carla

4. il gondoliere

5. Valentina

6. Stefano

5 **Alla festa!** Ascolta Mario e Rosanna che parlano di cosa indossare al ballo (*dance*) della scuola. Poi, a coppie, indicate i vestiti che menzionano (*they mention*).

1. l'abito ☐   6. la borsa ☐   11. la camicetta ☐

2. la camicia ☐   7. la cintura ☐   12. la collana ☐

3. la cravatta ☐   8. la felpa ☐   13. la giacca ☐

4. la gonna ☐   9. il maglione ☐   14. i pantaloni ☐

5. la sciarpa ☐   10. il tailleur ☐   15. il vestito ☐

6 **Il mio preferito** A coppie, dite al vostro compagno/alla vostra compagna qual è il vostro accessorio preferito e perché.

MODELLO

S1: *Il mio accessorio preferito è una sciarpa blu e rossa. È un regalo (gift) di mia nonna e porta fortuna (good luck)!*
S2: *Il mio accessorio preferito è…*

7 **La mia camera** A coppie, descrivete a turno Laura e la sua camera (*room*). Poi paragonate (*compare*) le sue cose alle vostre.

MODELLO

S1: *Laura indossa una camicetta gialla. Anch'io indosso una camicetta, ma è bianca.*
S2: *Laura ha un computer portatile. Io non ho un computer portatile, ma mio fratello sì.*

8 **Le sette differenze** Lavorate a coppie. L'insegnante vi darà due fogli diversi, ciascuno con un disegno. A turno, fate domande per scoprire le sette differenze fra i vostri disegni.

MODELLO

S1: *La tua figura porta i jeans?*
S2: *No, la mia figura porta una gonna.*

Pronuncia e ortografia

◁)) ## The letters *s* and *z*

ca**s**a	e**s**atto	ri**s**o	**s**baglio

The Italian **s** may be voiced or voiceless. When **s** appears between two vowels or precedes a voiced consonant (such as **b** or **d**), it is pronounced like the *z* in the English word *zoo*.

fe**s**ta	po**ss**o	pre**s**to	spe**ss**o

In all other cases, and when doubled, the **s** is voiceless, like the *s* in the English word *sun*.

zuppa	**z**ebra	**z**ero	**z**ucchero

In Italian, **z** has a harder sound than in English and can be voiced or voiceless. The voiced **z** sounds like the *ds* in the English *beds*. An initial **z** is usually voiced. The distinction between voiced and voiceless varies regionally and generally does not follow specific rules.

a**z**ione	gra**z**ie	pe**zz**o	ta**zz**a

The voiceless **z** is pronounced like the *ts* in *bits*.

ca**s**a	ca**ss**a	Pi**s**a	pi**zz**a

Correct pronunciation of **s** and **z** helps distinguish between similar words.

Pronunciare Ripeti le parole ad alta voce.

1. rosso	**4.** zona	**7.** sport	**10.** scusi
2. Pisa	**5.** stella	**8.** pizza	**11.** viso
3. prezzo	**6.** fisso	**9.** zuppa	**12.** passo

Articolare Ripeti le frasi ad alta voce.

1. La cena è alle sette e mezzo di sera.
2. Stefano, sta' zitto!
3. La vista è splendida!
4. Sofia e Lisa comprano gli stivali.
5. Mi piace la borsa rosa.
6. Sabato lo zoo è chiuso.

Proverbi Ripeti i proverbi ad alta voce.

Ogni rosa ha le sue spine.[2]

Paesi che vai, usanze che trovi.[1]

[1] When in Rome, do as the Romans do. (lit. *The countries you go to, the customs you find.*)
[2] Every rose has its thorns.

FOTOROMANZO

Viva lo shopping Video

PERSONAGGI

il commesso

Emily

Lorenzo

Marcella

Riccardo

Viola

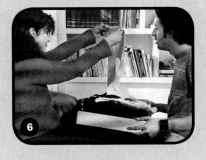  

EMILY Questo colore è molto alla moda adesso.

VIOLA È carina. Cotone. Ma molto cara.

EMILY Accidenti! Non hai bisogno di una maglia.

VIOLA Vero. Una felpa, un pantalone, una camicetta o un cappello.

EMILY Peter ha scritto ieri sera.

VIOLA E?

EMILY Non viene più a Roma.

VIOLA Bene, no?

EMILY Sì. Ma è arrabbiato con me.

VIOLA Gli uomini non capiscono niente.

EMILY Ciò che conta sei tu, non i tuoi vestiti. Come si veste Massimo?

VIOLA Non lo so. Porta sempre jeans e camicia.

EMILY Una camicia stretta stretta?

VIOLA Lorenzo invece porta camicie costose.

EMILY Ma lui è di Milano. È chic.

MARCELLA Quanti vestiti! Grazie per l'aiuto, Riccardo.

RICCARDO Sono in debito con te. Ho usato il tuo scooter tre volte la settimana scorsa.

MARCELLA Quattro. (*Continua.*) Oh, Paolo. Il mio bambino ha già quindici anni.

RICCARDO Questa è una giacca da uomo di lana.

MARCELLA È di Stefano.

RICCARDO Stefano?

MARCELLA Mio marito. Il padre di Paolo.

MARCELLA Abbiamo frequentato la stessa università. Lui ha studiato legge. Sono vedova da cinque anni. Paolo ricorda ancora suo padre. È importante.

RICCARDO Mi dispiace, Marcella.

MARCELLA Rivedo Stefano in Paolo.

A T T I V I T À

1 **Completare** Scegli le parole che meglio completano (*best complete*) le frasi.

1. La maglia che piace a Emily è di (seta / cotone).

2. Secondo Viola, gli uomini non (capiscono / scrivono) niente.

3. (Massimo / Lorenzo) porta sempre camicie costose.

4. Viola compra due collane per (trentacinque / venticinque) euro.

5. Viola ha un appuntamento con Massimo (giovedì / martedì).

6. La settimana scorsa, Riccardo ha usato lo scooter di Marcella (tre / cinque) volte.

7. Stefano è il padre di (Marcella / Paolo).

8. Il padre di Paolo ha studiato (legge / lingue).

9. Riccardo è (felice / triste) con Marcella.

10. Riccardo ama (ballare / scherzare) come Stefano.

I ragazzi fanno spese.

VIOLA Posso? Grazie.

EMILY Quanto costa?

COMMESSO Quindici euro.

VIOLA Che bella! Mi piace. Venti euro per due?

COMMESSO Venticinque.

VIOLA Venticinque è un buon affare. Va bene. Grazie.

EMILY Abbiamo comprato queste collane.

LORENZO Senti, quand'è il tuo appuntamento con Massimo?

VIOLA Martedì. Ti piace?

LORENZO Molto carina. Scusate, devo andare.

EMILY Ho voglia di caffè, tu no? Conosco un buon bar qui vicino.

MARCELLA Dimmi, Riccardo, perché stai qui con me in una giornata così bella? Dovresti essere in giro.

RICCARDO Sono felice qui.

MARCELLA Questo è per te.

RICCARDO Marcella... non posso... è di Stefano.

MARCELLA Sì, dai. Come Stefano, ami ascoltare la musica, viaggiare e scherzare. Per favore. Sei un ragazzo dolce, Riccardo. Ecco.

2 **Per parlare un po'** In gruppi di tre, parlate del vostro rapporto (*relationship*) con la moda. È importante vestirsi alla moda? Perché? Di solito (*Usually*), spendete molto o poco per i vestiti? Quali sono i vostri negozi preferiti?

3 **Approfondimento** Scegli uno/a stilista italiano/a famoso/a e fai una ricerca su Internet. Prepara una presentazione di circa 200 parole.

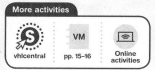

More activities

vhlcentral

VM pp. 15–16

Online activities

ATTIVITA

IN PRIMO PIANO

Un giro per i negozi

Andiamo in centro questo weekend? È una domanda molto frequente tra gli italiani; significa andare nelle vie principali° di una grande città e fare un giro per i negozi.

Nelle città italiane si possono trovare negozi per tutte le tasche°. Gli italiani fanno shopping sia nei piccoli negozi, in cui si trovano capi unici e ricercati°, sia nelle catene di negozi di abbigliamento come Zara, Mango e H&M, in cui si trovano capi alla moda ma a prezzi abbordabili°. Chi invece desidera comprare abbigliamento di marche prestigiose può trovare in città come Milano, Firenze e Roma delle vie completamente dedicate alle grandi firme° della moda italiana: Versace, Dolce e Gabbana, Armani, Gucci, Prada, Ferragamo e Valentino. A Roma questi negozi si trovano in via Condotti, a Firenze in via Tornabuoni, e a Milano c'è il cosiddetto "quadrilatero della moda" che comprende via Montenapoleone, via della Spiga, via Manzoni e corso Venezia.

Molti italiani seguono le tendenze del momento. Spesso, per l'abbigliamento sportivo e casual vanno di moda marche americane. Seguire la moda significa anche scegliere i colori «che vanno°». Le vetrine dei negozi mostrano quali sono i colori della stagione e i modelli di gonne, giacche, maglioni e vestiti che sono di moda.

Un altro posto dove i giovani trovano abbigliamento alla moda, facendo° buoni affari, è il mercato all'aperto°. Ogni città ospita° il mercato in una piazza, che diventa la piazza del mercato, in un giorno fisso° della settimana e spesso anche il sabato.

In Italia non è ancora molto diffuso° fare shopping su Internet; gli italiani amano passeggiare per i negozi, guardare le vetrine, entrare a «dare un'occhiata» e, se possibile, comprare qualcosa° di bello.

vie principali *main streets* **per tutte le tasche** *for all budgets*
ricercati *much sought-after* **prezzi abbordabili** *reasonable prices*
grandi firme *designer brands* **colori che vanno** *trendy colors*
facendo *getting* **all'aperto** *open-air* **ospita** *hosts* **giorno fisso** *set day*
non è ancora diffuso *it is not yet popular* **qualcosa** *something*

Conversione taglie americane e italiane					
Taglie americane da donna	4	6	8	10	12	14
Taglie italiane da donna	40	42	44	46	48	50
Taglie americane da uomo	30	32	34	36	38	40
Taglie italiane da uomo	46	48	50	52	54	56

ATTIVITÀ

1 **Vero o falso?** Indica se l'affermazione è **vera** o **falsa**. Correggi le affermazioni false.

1. In Italia "andare in centro" significa andare in giro per negozi.

2. Nelle città italiane si trovano solo negozi costosi.

3. In Via Montenapoleone ci sono buoni affari.

4. Il "quadrilatero della moda" si trova a Roma.

5. I colori «che vanno» sono i colori che una persona preferisce portare.

6. Gli italiani fanno shopping nei piccoli negozi e nelle grandi catene di abbigliamento.

7. I mercati all'aperto sono presenti tutti i giorni.

8. Al mercato all'aperto posso comprare vestiti a buon prezzo.

9. Gli italiani non comprano spesso abbigliamento online perché amano passeggiare per i negozi.

10. Le taglie italiane sono uguali alle taglie americane.

Le tendenze del momento

Com'è conciato/a!	*What a slob!; How badly dressed he/she is!*
Va moltissimo ora!	*It's very trendy now!*
il centro commerciale	*shopping mall*
la marca	*brand*
lo/la stilista	*designer*
la vetrina	*shop window*
(non) andare di moda	*to (not) be in fashion*
dare un'occhiata	*to take a look*
superato/a	*old-fashioned*

L'eccellenza della qualità italiana

Le regioni italiane si differenziano° per la gastronomia ma anche per i prodotti tipici di ciascuna regione. La zona di **Como** (Lombardia) è famosa, per esempio, per l'industria tessile°, in modo particolare per l'industria della seta. Qui hanno origine molti tessuti per l'arredamento° della casa e per l'abbigliamento. Il territorio attorno a° **Biella** (Piemonte) è ricco di lanifici°. Qui si producono° meravigliosi tessuti per la sartoria°. La **Toscana** è ricca di calzaturifici° e pelletterie°; Prada, Gucci e molte altre grandi firme nascono in questa regione. Anche la zona di **Napoli** (Campania) produce eleganti calzature. Stilisti come Salvatore Ferragamo fanno conoscere° le meravigliose cravatte e i vestiti da uomo delle eccellenti sartorie campane.

si differenziano *are differentiated* **tessile** *textile* **arredamento** *interior decorating* **attorno a** *around* **lanifici** *wool mills* **si producono** *they produce* **sartoria** *tailors and dressmakers* **calzaturifici** *shoe factories* **pelletterie** *leather producers* **fanno conoscere** *make popular*

La libertà delle donne di Krizia

Mariuccia Mandelli, nota come° Krizia, prende il nome dal titolo di un'opera di Platone°. Nata a Bergamo (Lombardia), passa l'infanzia° a creare abiti per le sue bambole°. Più tardi decide di abbandonare il lavoro di insegnante per iniziare una nuova carriera nel mondo della moda. Il marchio° Krizia è il primo a introdurre la minigonna° in Italia. La stilista crede che «ognuno deve vestirsi come vuole, purché l'abito diventi una seconda pelle°».

Nel 1957 presenta la sua prima collezione, la quale° include una serie di vestiti a stampe con motivi di frutta°. Il suo stile è adattabile° a ogni stile di vita e situazione, e mantiene° sempre un tocco femminile°. Oggi le diverse etichette di Krizia creano più di 50 collezioni all'anno che includono vestiti da uomo, da bambino, maglieria°, occhiali, borse, profumi e arredamento per la cucina.

nota come *known as* **Platone** *Plato* **infanzia** *childhood* **bambole** *dolls* **marchio** *brand* **minigonna** *miniskirt* **purché l'abito diventi una seconda pelle** *provided that the clothing becomes a second skin* **la quale** *which* **a stampe con la frutta** *fruit print* **adattabile** *adaptable* **mantiene** *maintains* **tocco femminile** *feminine touch* **maglieria** *knitwear*

 Secondo una ricerca, il 62% dei giovani italiani preferisce i selfie alle normali fotografie. La passione per i selfie non può mancare in versione musicale: scopri il brano su **vhlcentral.com**.

2 **Rispondere** Rispondi alle domande.

1. Chi è Mariuccia Mandelli?
2. Qual è l'origine del nome Krizia?
3. Cosa introduce Krizia in Italia?
4. Qual è il prodotto tipico di Como?
5. Dove hanno origine Prada e Gucci?
6. Per cosa è famoso Salvatore Ferragamo?

3 **A voi** A coppie, immaginate di essere a Milano e di poter intervistare uno/a stilista famoso/a. Create una conversazione fra uno/a stilista e un(a) giornalista di *Donna Moderna*, un settimanale (*weekly magazine*) femminile.

More activities

vhlcentral   Online activities

ATTIVITÀ

STRUTTURE

4B.1

The *passato prossimo* with *avere*

Punto di partenza Italian uses two principal tenses to talk about events in the past: the **passato prossimo** and the **imperfetto**. In this lesson, you will learn how to form the **passato prossimo**, which is used to express actions or states of being that ended in the past. You will learn about the imperfect in **Lezione 6B**.

- To form the **passato prossimo**, use a present-tense form of the *auxiliary verb* (either **avere** or **essere**) followed by the *past participle* of the verb that expresses the action. You will learn how to form the **passato prossimo** with **essere** in **Lezione 5A**.

AUXILIARY   PAST
VERB   PARTICIPLE
Abbiamo stampato la foto.
We printed the photo.

- Form the past participles of regular verbs by changing the **-are**, **-ere**, or **-ire** ending of the infinitive as follows.

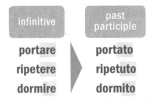

infinitive	past participle
portare	portato
ripetere	ripetuto
dormire	dormito

- The verb **parlare** is an example of a regular **-are** verb that uses **avere** in the **passato prossimo**.

Passato prossimo of *parlare*

ho parlato	*I spoke*	abbiamo parlato	*we spoke*
hai parlato	*you spoke*	avete parlato	*you spoke*
ha parlato	*you spoke; he/she/it spoke*	hanno parlato	*they spoke*

- The **passato prossimo** can be translated into English in different ways.

Ho trovato gli occhiali da sole.
I found/have found/did find the sunglasses.

Hai comprato una giacca nuova?
Did you buy/Have you bought a new jacket?

- Some verbs have irregular past participles that must be memorized. Note that many of these are **-ere** verbs.

La commessa **ha acceso** il computer.
*The saleswoman **turned on** the computer.*

Ho letto dei saldi sul giornale.
I read about the sales in the newspaper.

Grazie, ma hai speso troppo!

Some irregular past participles

accendere	acceso	mettere	messo
aprire	aperto	offrire	offerto
chiedere	chiesto	perdere	perso/perduto
chiudere	chiuso	prendere	preso
comporre	composto	rispondere	risposto
correre	corso	scrivere	scritto
decidere	deciso	spegnere	spento
dire	detto	spendere	speso
fare	fatto	vedere	visto/veduto
leggere	letto	vincere	vinto

- Time expressions often used with the **passato prossimo** include **ieri** (*yesterday*), **scorso/a** (*last*), and **fa** (*ago*). Note their meanings in the following expressions.

Time expressions

ieri sera	*last night*	la settimana scorsa	*last week*
l'altro ieri	*the day before yesterday*	dieci giorni fa	*ten days ago*
il mese scorso	*last month*	un anno fa	*one year ago*

Cosa avete fatto **domenica scorsa?**
*What did you do **last Sunday?***

Ha visto Marco **tre settimane fa.**
*She saw Marco **three weeks ago.***

- Place common adverbs of time, including **sempre**, **mai**, **non... mai**, **già** (*already*), and **non... ancora** (*not yet*), between **avere** and the past participle.

Avete **mai** portato una cravatta?
*Have you **ever** worn a tie?*

Non ho **mai** portato una cravatta.
*I've **never** worn a tie.*

Hai **già** perso i guanti?
*You **already** lost the gloves?*

Non ha **ancora** comprato i jeans.
*He **hasn't** bought the jeans **yet**.*

Non ho ancora comprato il regalo per Marco.

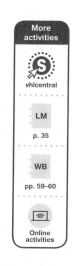

More activities

vhlcentral

LM
p. 35

WB
pp. 59–60

Online activities

Provalo!   Scegli la forma corretta del passato prossimo per completare ogni frase.

1. Questo pomeriggio il signor Amodei (ha letto / ho letto) un libro.
2. Gli studenti (avete perso / hanno perso) lo zaino.
3. Io (ho partecipato / ha partecipato) alla conferenza.
4. Tu (avete mangiato / hai mangiato) tutti i biscotti.
5. Io e Roberta (abbiamo parlato / hanno parlato) con il professore.
6. Gianpaolo (hai dormito / ha dormito) fino alle dieci di mattina.

PRATICA

1 **Completare** Completa ogni frase con il participio passato del verbo indicato.

1. Noi abbiamo _____ (regalare) una borsa alla zia.
2. Hai _____ (comprare) due camicie nuove?
3. Il bambino ha _____ (perdere) il cappello blu.
4. Avete _____ (vedere) il nuovo negozio in centro?
5. Hai _____ (cercare) la felpa marrone?
6. Io ho _____ (trovare) buoni affari al mercato.
7. La commessa ha _____ (chiudere) il negozio alle 8.
8. Per quei vestiti hanno _____ (spendere) 150 euro.
9. Perché avete _____ (preferire) la collana?
10. Ho _____ (leggere) che da MaxMara ci sono i saldi.

2 **Riscrivere** Riscrivi ogni frase usando il passato prossimo.

MODELLO

Mangiano la pasta.
Hanno mangiato la pasta.

1. Piero porta il costume da bagno.
2. Compro la sciarpa a righe.
3. Giulia cerca sempre i saldi.
4. I commessi rispondono alle domande del cliente.
5. Il proprietario apre il negozio alle dieci.
6. Loro spendono pochi soldi questo mese.
7. Io e mio fratello paghiamo sempre in contanti (*cash*).
8. Tu decidi di comprare la cravatta verde.
9. Irene e Massimo provano (*try on*) molti vestiti.
10. Questo negozio chiude alle otto.

3 **Descrivere** Guarda le foto e scrivi che cosa hanno fatto quelle persone sabato scorso al centro commerciale.

MODELLO

Daniela / vedere
Daniela ha visto gli stivali neri.

1. Martino / comprare

2. Gioia / perdere

3. Mario / provare (*to try on*)

4. Giovanni / mettere

5. Antonietta / cambiare

6. Michela / comprare

4 **Un'inchiesta (survey)** Leggi le diverse attività. Poi chiedi ai tuoi compagni se hanno fatto quelle attività. Se sì, scrivi il loro nome.

MODELLO

portare una cravatta _Roberto_
S1: _Hai mai portato una cravatta?_
S2: _Sì, ho portato una cravatta la settimana scorsa._

1. portare un vestito _____
2. nuotare nel Mediterraneo _____
3. comprare scarpe molto costose _____
4. portare occhiali da sole dentro (inside) _____
5. prendere la bicicletta in inverno _____
6. studiare il giorno dell'esame _____
7. avere un proprio sito Internet _____
8. comprare una macchina fotografica digitale _____
9. suonare in una band _____
10. incontrare una persona famosa _____

5 **Che cosa hai comprato?** A coppie, guardate la pubblicità di una svendita di vestiti (clothing sale). Immaginate di avere 100 euro da spendere. Che cosa comprate?

MODELLO

S1: _Hai trovato un buon affare?_
S2: _Sì, ho comprato i jeans a 20 euro. Tu hai comprato i jeans?_
S1: _No, ma ho comprato una felpa a 18 euro!_

Un Buon Affare
Via Portobello 19

Grande Svendita!!!
Sabato 18 dicembre dalle 9.00 alle 18.00

Jeans… **20** euro	Costumi da bagno… **16** euro
Camicie… **8** euro	Occhiali da sole… **5,25** euro
Cappelli… **3,50** euro	Felpe… **18** euro
Sciarpe… **6** euro	Cinture… **11,99** euro
Completi… **50** euro	Pantaloncini… **9** euro

6 **L'ultima volta** A coppie, parlate di che cosa avete indossato e che cosa avete fatto l'ultima volta (last time) che vi siete vestiti bene (you dressed up) per un'occasione speciale.

MODELLO

Per l'anniversario di matrimonio di mamma e papà ho indossato un vestito rosso e scarpe nere.
Ho mangiato molto e ho ballato fino alle undici di sera…

il papillon (bow tie)	la cerimonia
lo smoking (tuxedo)	la cena di gala
il tailleur	la premiazione (award ceremony)
la collana di perle (pearl)	

4B.2

The verbs *conoscere* and *sapere*

Punto di partenza The verbs **conoscere** and **sapere** both mean *to know*. The choice of verb depends on its context.

conoscere	
conosco	conosciamo
conosci	conoscete
conosce	conoscono

- **Conoscere** means *to know* or *to be familiar with* a person, place, or thing. It can also mean *to meet (for the first time)*.

  Conosci quel negozio?
  Do you know that store?

  Conosciamo Roma.
  We're familiar with Rome.

  Non conosco il commesso.
  I don't know the salesman.

  Vuoi **conoscere** Sabatino?
  Do you want to meet Sabatino?

Conosco un buon bar qui vicino.

Ho conosciuto Massimo al corso di pedagogia.

- In the **passato prossimo**, **conoscere** means only *to meet (for the first time)*. It is used with **avere**, and its past participle is **conosciuto**.

  Ho conosciuto Enrico due anni fa.
  I met Enrico two years ago.

  Non hai ancora **conosciuto** Luisa?
  You haven't met Luisa yet?

- The expression **conoscere di vista** means *to know by sight*; **conoscere... a fondo** means *to know something inside and out*; and **conoscere la strada** means *to know the way*.

  Papà **conosce la strada** per il Ponte Vecchio.
  Dad knows the way to the Ponte Vecchio.

  Conosco a fondo quel gioco.
  I know that game inside and out.

- **Riconoscere** (*To recognize*) follows the same conjugation pattern as **conoscere**.

  Non riconosco la ragazza con la giacca blu.
  I don't recognize the girl in the blue jacket.

  Il commesso **ha riconosciuto** il cliente.
  The salesperson recognized the customer.

- **Sapere** means *to know facts or information*. It is irregular in the present tense.

sapere	
so	sappiamo
sai	sapete
sa	sanno

- To express *to know how to do something*, use **sapere** + [*infinitive*].

Non sanno usare il portatile.
They don't know how to use the laptop.

Sapete ballare voi?
Do you know how to dance?

La nonna **sa scaricare** una app?
Does Grandma know how to download an app?

Mio foglio **già sa leggere** e **scrivere**.
My son knows how to read and write.

- In the **passato prossimo**, **sapere** means *to find out*. It is used with **avere**, and its past participle is **saputo**.

Sabato scorso **hanno saputo** che lui ha chiuso il negozio.
*Last Saturday **they found out** that he closed the store.*

Ho saputo che la sciarpa gialla è in saldo.
I found out that the yellow scarf is on sale.

- Reply with the expression **Non lo so** if you do not know the information asked for in a question.

Chi ha inventato gli occhiali?
Who invented glasses?

Che ora è?
What time is it?

Non lo so!
I don't know!

- You can use either **conoscere** or **sapere** with languages. Remember, however, that the two verbs are rarely interchangeable. Compare the following examples.

Conosci Roberta?
Do you know Roberta?

Ieri **ho conosciuto** Vincenzo.
*Yesterday **I met** Vincenzo.*

Sai dove abita Roberta?
Do you know where Roberta lives?

Ha saputo che è sposato.
She found out that he's married.

Scusi, sa come arrivare al Colosseo?

Provalo! **Scegli la forma di conoscere o sapere per completare correttamente ogni frase.**

1. Geltrude non (sa / conosce) qual è il mio numero di telefono.
2. Martina e Lorenzo (sanno / conoscono) Firenze.
3. Io ed Elena non (sappiamo / conosciamo) dov'è la festa.
4. Ieri voi (avete saputo / avete conosciuto) il mio professore.
5. (Sai / Conosci) a che ora apre il negozio di scarpe?
6. Loro non (sanno / conoscono) usare la macchina fotografica digitale.
7. Tu (hai saputo / hai conosciuto) che il computer della biblioteca non funziona?
8. Io (ho saputo / ho conosciuto) Maria due anni fa.

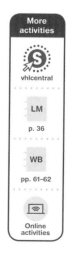

PRATICA

1 **Descrivere** Completa le frasi con la forma corretta di **conoscere**.

1. Noi _____ Roma molto bene.

2. Tu _____ il commesso in quel negozio?

3. Beatrice _____ Angelo di vista.

4. Tu e Gilberto _____ la strada?

5. Io _____ un ristorante molto elegante.

6. I signori Ghezzi _____ un attore famoso.

2 **Identificare** Scrivi che cosa sa fare ogni persona.

▶ **MODELLO**

Patrizio

Patrizio sa andare a cavallo.

1. voi

2. tu

3. Anna

4. noi

5. Alessio

6. io e Silvia

3 **Completare** Completa le conversazioni con la forma corretta di **conoscere** o **sapere**.

1. —Melania _____ trovare sempre buoni affari qui.
   —Lei _____ il manager del negozio?

2. —Voi _____ il direttore del museo?
   —No, ma noi _____ chi è.

3. —I bambini _____ nuotare?
   —No, ma (loro) _____ sciare benissimo.

4. —Io _____ che il treno di Marco e Simone arriva alle tre del pomeriggio.
   —Non _____ questi ragazzi; sono i tuoi amici?

5. —Tu _____ mio cugino Andrea?
   —Sì, ho _____ Andrea ieri alla festa.

6. —Hai _____ come si chiama il nuovo professore?
   —No, non ho ancora _____ il professore.

7. —Tu e Gianni _____ a che ora comincia il film?
   —Sì, io _____ a che ora comincia. Comincia alle 19.20.

8. —Il signor Rossi _____ a fondo la musica?
   —Sì, _____ suonare cinque strumenti!

9. —Jean-Marc e Pauline _____ parlare francese. E il professore d'italiano?
   —Sì, anche il professore _____ il francese.

10. —Tu _____ bene Roma?
    —No, non _____ bene Roma, ma mi piacerebbe (*I'd love to*).

COMUNICAZIONE

4 **Inchiesta** Lavorate a coppie. A turno, fate e rispondete alle domande.

1. Sai riparare (to fix) un computer?

2. Sai creare un sito web?

3. Conosci un negozio che ha buoni affari?

4. Sai vivere senza televisione?

5. Conosci una modella famosa?

6. Conosci il numero di telefono di tutti i tuoi amici?

7. Sai dove comprare giacche eleganti?

8. Sai qual è il computer migliore?

5 **Intervista una persona famosa** Lavorate a coppie. Uno/a di voi interpreta (acts out) una persona famosa. L'altro/a fa domande su cosa sa fare e chi conosce per poter indovinare (guess) chi è. Poi scambiate (switch) il ruolo.

MODELLO

S1: Che cosa sai fare?
S2: So cantare e ballare.
S1: Conosci Madonna?
S2: No, ma conosco Lorde...

6 **Esperti del posto** Lavorate in gruppi di tre. Uno studente italiano è arrivato nella vostra scuola e ha bisogno di una guida (guide). Rispondete alle sue domande e descrivete cosa sapete fare e chi conoscete per dimostrare la vostra esperienza.

MODELLO

S1: Sai parlare italiano?
S2: Sì, un po'. Conosco anche un buon negozio di vestiti di stilisti italiani.
S3: Io so parlare italiano e conosco i ristoranti migliori.
S1: Avete mai visitato l'Italia?...

7 **Conosci l'Italia?** A coppie, guardate la cartina dell'Italia a pagina 42 della Lezione 1 e scambiatevi domande con **sapere** o **conoscere** a proposito delle città italiane o di fatti sull'Italia.

MODELLO

S1: Sai dov'è l'università più antica?
S2: Sì, a Bologna! E tu, conosci a fondo una città italiana?

SINTESI
Ricapitolazione

1 Un gioco L'insegnante ti darà (*will give you*) una lista di venti attività. Scegli cinque attività che hai fatto recentemente e marca le attività con una X. L'insegnante poi leggerà (*will read*) le attività in ordine sparso (*randomly*). Vince chi ha selezionato tutte le attività che legge l'insegnante.

> **MODELLO**
>
> **Insegnante:** *Chi ha giocato a calcio?*
> *(Alza la mano se hai selezionato quell'attività.)*

2 All'improvviso A coppie, guardate le quattro fotografie. Scegliete una foto e immaginate cosa può succedere all'improvviso (*happen suddenly*). Scrivete cinque frasi che raccontano la storia.

> **MODELLO**
>
> **S1:** *All'improvviso inizia a piovere!*
> **S2:** *Le due persone corrono verso un ristorante.*
> **S1:** *Il ristorante è chiuso e…*

3 Che cosa hai imparato? Che cosa sai o chi conosci adesso che non sapevi o conoscevi (*you didn't know*) cinque anni fa? Prepara una lista di cinque attività che sai fare o di persone o luoghi che conosci adesso. Usa il passato prossimo di **sapere** e **conoscere** per creare la lista. Poi paragona la tua lista con quella di un(a) compagno/a.

> **MODELLO**
>
> **S1:** *L'anno scorso ho conosciuto la sorella di Laura. Quest'anno voglio imparare a giocare a pallavolo.*
> **S2:** *L'anno scorso ho saputo che Brad Pitt ha fatto un film nuovo. Voglio andare a Hollywood e incontrare Brad Pitt!*

4 Un negozio nuovo In gruppi di quattro, immaginate di andare all'apertura (*opening*) di un nuovo negozio di vestiti. Voi siete responsabili dell'organizzazione e della gestione (*management*) del negozio. A turno dite cosa sapete, cosa sapete fare e chi conoscete. Cosa potete fare per rendere (*to make*) il negozio un successo?

> **MODELLO**
>
> **S1:** *Io conosco molte persone che spendono tanti soldi in vestiti.*
> **S2:** *Io so usare il computer per la contabilità (accounting).*
> **S3:** *Io posso parlare italiano con i clienti italiani…*

5 Che cosa hanno fatto? A coppie, guardate i disegni. Fate una descrizione e scrivete che cosa indossa ogni persona e che cosa ha fatto ieri. Usate l'immaginazione!

> **MODELLO**
>
> **S1:** *Lui porta i pantaloncini marroni.*
> **S2:** *Ha giocato al parco con gli amici e poi ha mangiato un gelato.*

1.

2.

3.

4.

6 La giornata di Gina Lavorate a coppie. L'insegnante vi darà due fogli diversi, ciascuno con metà delle informazioni sulla giornata di Gina. A turno, fate domande per ricostruire l'intera giornata.

> **MODELLO**
>
> **S1:** *Che cosa ha fatto Gina alle 4.30 di mattina?*
> **S2:** *Ha fatto jogging. Che cosa ha fatto…?*

7 **La strana coppia** A coppie, create la descrizione di due personaggi (*characters*) per una sitcom. Nella sitcom, due persone condividono (*share*) un appartamento ma sono molto diverse l'una dall'altra (*from each other*). Scrivete la descrizione delle due persone. Cosa sa fare? Chi conosce? Che vestiti porta? Fate una descrizione più completa possibile.

> **MODELLO**
>
> *Roberta sa usare il computer molto bene. Lei porta sempre un tailleur e le scarpe con il tacco (heel). Conosce il direttore dell'ufficio personalmente e...*

Martina   Roberta

8 **Vero o falso?** Scrivi cinque attività che hai fatto l'anno scorso, alcune (*some*) vere, altre false. Poi, in gruppi di quattro, leggete a turno un'attività dalla lista. Gli altri studenti devono indovinare (*guess*) se è vera o falsa.

> **MODELLO**
>
> *Ho visitato Roma.*
> *Ho visto i Coldplay in concerto.*
> *Ho comprato un abito di Gucci.*
> *Ho conosciuto il Presidente degli Stati Uniti.*
> *Ho imparato a guidare.*

Il mio di·zio·na·rio

Aggiungi (*Add*) cinque parole relative ai computer o ai vestiti al tuo dizionario personale.

lo sconto

traduzione
discount

categoria grammaticale
sostantivo (m.)

uso
Posso avere uno sconto sul maglione rosso?

sinonimi
il ribasso, la riduzione (del prezzo)

antonimi
il prezzo intero

More activities

vhlcentral   Online activities

Panorama

Milano

La città in cifre

- ▶ **Popolazione della provincia:** *3.218.201*
- ▶ **Popolazione della città:** *1.351.562*
- ▶ **Superficie della provincia:** *1575 km²*
- ▶ **Superficie della città:** *182 km²*

Milano è la seconda città più grande d'Italia. Oltre ad essere uno dei capuluoghi° mondiali della moda, Milano è anche un centro economico e la sede della Borsa° italiana. La città ospitò° L'Esposizione Universale° nel 1906 e l'ha ospitata° ancora una volta° nel 2015.

- ▶ **Da non perdere:** *il Teatro alla Scala, il Duomo, la Galleria Vittorio Emanuele II, il Castello Sforzesco, il Cenacolo° nella chiesa di Santa Maria delle Grazie*

Milanesi celebri

- ▶ **Michelangelo Merisi da Caravaggio,** *pittore° (1571–1610)*
- ▶ **Cesare Beccaria,** *filosofo e scrittore (1738–1794)*
- ▶ **Luchino Visconti,** *regista° (1906–1976)*
- ▶ **Nino Rota,** *compositore di colonne sonore° (1911–1979)*
- ▶ **Cristina Scabbia,** *cantante (1972–)*
- ▶ **Francesca Schiavone,** *tennista (1980–)*

la Galleria Vittorio Emanuele II

un mercato sui navigli°

il Duomo

l'autostrada Milano-Laghi

Parco Sempione

Piazzale Marengo

VIA FATEBENEFRATELLI

VIA DELLA SPIGA

Piazza Cavour

Giardini Pubblici

VIA PONTACCIO

Palazzo di Brera

VIALE MOLIÈRE

il Castello Sforzesco

Stazione Nord

Piazza Castello

VIA MERCATO

VIA ALESSANDRO MANZONI

VIA MONTE NAPOLEONE

VIA SENATO

CORSO VENEZIA

il Teatro alla Scala

Piazza della Scala

la Galleria Vittorio Emanuele II

Piazza San Babila

la chiesa di Santa Maria delle Grazie

VIA CARDUCCI

CORSO MAGENTA

VIA MERAVIGLI

la Borsa

Piazza Cordusio

Piazza Beccaria

CORSO EUROPA

Piazza degli Affari

Piazza del Duomo

il Duomo

Piazza Pio XI

Piazza Borromeo

Piazza S Maria Beltrade

Palazzo Reale

Piazza Diaz

VIA TORINO

Piazza G. Missori

CORSO DI PORTA TICINESE

VIA FRANCESCO SFORZA

Giardino della Guastalla

Università degli Studi di Milano

CORSO DI PORTA ROMANA

0 ————— 0.5 miglio
0 ————— 0.5 chilometro

Università Commerciale Luigi Bocconi Milano

Incredibile ma vero!

I problemi di traffico a Milano risalgono° all'anno 285, quando l'Imperatore Diocleziano nominò Milano capitale dell'Impero Romano d'Occidente. L'autostrada° Milano-Laghi, costruita nel 1924 per collegare Milano a Varese, è stata la prima autostrada del mondo. Il limite di velocità° in Italia è molto alto: in autostrada è di 130 km/h (più di 80 miglia all'ora°)!

capuluoghi *capitals* **Borsa** *Stock Exchange* **ospitò** *hosted*
Esposizione Universale *World's Fair* **l'ha ospitata** *hosted it*
ancora una volta *again* **Cenacolo** *The Last Supper* **pittore** *painter*
colonne sonore *soundtracks* **regista** *director* **navigli** *canals*
risalgono *date back* **autostrada** *highway* **limite di velocità** *speed limit*
più di 80 miglia all'ora *more than 80 miles per hour*

La moda

Andiamo a Milano

Ogni anno a Milano, come in altre città quali° New York, Parigi e Madrid, un'intera settimana è dedicata all'alta moda°. Stilisti famosi in tutto il mondo, come Armani, Versace, Dolce & Gabbana, Prada, Cavalli, Moschino, Missoni e molti altri, presentano le loro collezioni a un pubblico entusiasta di curiosi e professionisti. In una settimana ci sono circa 100 sfilate° e sono presentate più di 200 collezioni. I biglietti° per le sfilate variano dai €30,00 (in piedi°, sfilata individuale) ai €3.500,00 (Platinum VIP Seating, biglietto valido per tre giorni).

La gastronomia

Il pane di Toni

Il panettone di Milano è un tipico dolce° di Natale°. Ci sono molte leggende sulla sua invenzione. Una di esse° parla di un garzone°, Toni, che lavorava in un panificio. Toni voleva aiutare il fornaio° a guadagnare più soldi e un giorno ha preso uova°, burro°, uvetta° e frutta candita° e le ha unite all'impasto del pane°. Tutti volevano comprare «il pane di Toni» (da qui il nome «panettone») e il fornaio è diventato ricco e famoso. Il taglio° sul panettone simboleggia la croce°, un segno di benedizione° prima di mangiare il dolce a Natale.

La finanza

La Borsa italiana

La Borsa di Milano è stata fondata° nel 1808. Ha sede a° Palazzo Mezzanotte, in Piazza degli Affari a Milano, e per questo° si chiama anche Piazza Affari. Milano è considerata la capitale economica e finanziaria d'Italia ed è molto importante anche nell'ambito° dell'Unione Europea. Molte aziende° italiane e straniere, infatti, hanno sede a Milano. Per capitalizzazione totale la Borsa italiana è la tredicesima° al mondo. Il 23 giugno 2007 la Borsa di Londra ha annunciato l'acquisto° della Borsa Italiana. Il primo ottobre 2007 la Borsa Italiana è stata quotata° per la prima volta a Londra.

Lo spettacolo

Tutti a teatro!

Il Teatro alla Scala è uno dei teatri più famosi del mondo. L'imperatrice Maria Teresa d'Austria richiese° la sua costruzione nel 1776. Il teatro fu inaugurato° il 3 agosto 1778. Nel 1921 la proprietà è stata trasferita al Comune di Milano. Nel 1943 il teatro è stato danneggiato° da una bomba, ma è stato aperto di nuovo° l'11 maggio 1946. Oggi il teatro ha circa 2.240 posti disponibili, ma, per ragioni di sicurezza°, il Comune di Milano autorizza un massimo di 2.030 persone. Tra i direttori d'orchestra più famosi ricordiamo Arturo Toscanini, Claudio Abbado e Riccardo Muti.

Quanto hai imparato? Completa le frasi.

1. I problemi di traffico a Milano risalgono all' _____.
2. La prima autostrada del mondo è stata _____.
3. Molti stilisti presentano le loro collezioni a Milano. Tra loro, _____.
4. I biglietti più costosi per le sfilate di Milano costano _____.
5. Il nome «panettone» deriva da _____.

6. Il panettone è un dolce tipico di _____.
7. La Borsa Italiana ha sede a _____.
8. Nel 2007 la _____ ha acquistato la Borsa Italiana.
9. _____ richiede la costruzione del Teatro alla Scala nel 1776.
10. Tre direttori d'orchestra italiani famosi sono _____.

More activities

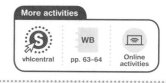

| vhlcentral | WB pp. 63–64 | Online activities |

SU INTERNET

Go to **vhlcentral.com** to find more cultural information related to this **Panorama**.

1. Milano ha importanti aeroporti che la collegano all'Europa e al mondo. Cerca informazioni su questi aeroporti.
2. Gli italiani amano mangiare. Trova altri dolci tipici del Natale italiano.
3. Scegli uno/a stilista italiano/a e cerca informazioni sulle sue collezioni.
4. Cerca informazioni su un(a) cantante lirico/a italiano/a e presenta la sua carriera.

quali *such as* **alta moda** *high fashion* **sfilate** *fashion shows*
biglietti *tickets* **in piedi** *standing* **dolce** *sweet* **Natale** *Christmas*
esse *them* **garzone** *apprentice* **fornaio** *baker* **uova** *eggs*
burro *butter* **uvetta** *raisins* **frutta candita** *candied fruit*
le ha unite all'impasto del pane *mixed them with the bread dough*
taglio *cut* **croce** *cross* **benedizione** *blessing* **è stata fondata** *was founded* **ha sede a** *it has its headquarters in* **per questo** *for this reason*
nell'ambito *within* **aziende** *firms* **tredicesima** *thirteenth*
acquisto *purchase* **è stata quotata** *was quoted* **richiese** *requested*
fu inaugurato *was opened* **è stato danneggiato** *was damaged*
di nuovo *again* **per ragioni di sicurezza** *for safety reasons*

Lettura

 Audio: Reading

Prima di leggere

Esamina il testo

Guarda il testo e fai la lista di otto parole affini (*cognates*).

1. _____   5. _____
2. _____   6. _____
3. _____   7. _____
4. _____   8. _____

Trovare

Guarda la pagina de *La casa della moda*. Indica se le seguenti informazioni sono presenti (*present*).

1. ____ un indirizzo (*address*)
2. ____ il nome del negozio
3. ____ un numero di telefono
4. ____ gli orari d'apertura (*business hours*)
5. ____ misure della giacca da uomo
6. ____ materiale delle scarpe
7. ____ colori della cravatta
8. ____ numero di prodotto della maglietta nera
9. ____ acquisto minimo su Internet
10. ____ costi di spedizione

Descrivere

Guarda le foto. Scrivi un breve paragrafo per descrivere il sito web. Paragona il tuo paragrafo al paragrafo di un(a) compagno/a di classe.

More activities

vhlcentral   Online activities

La Casa Della Moda: Abbigliamento,

http://www.lacasadellamoda.it

La casa della moda

donne   uomini   bellezza e fragranze

Visita il nostro negozio di persona in Via Giannotti 35
(di fronte al cinema, vicino al Ristorante Da Fabio)
Apertura al pubblico: 15 novembre

Maglietta nera
di seta, ideale da sola in estate o con un maglione in autunno e inverno
Numero del prodotto: T39875-3
Misure: 38, 40, 42, 44, 46, 48
Colori: nero, nero e argento°, nero e oro°
Prezzo: €29,00 (IVA inclusa)

Gonna
di cotone, perfetto per la primavera o l'estate
Numero del prodotto: X27453-2
Misure: 38, 40, 42, 44, 46
Colori: blu, giallo, bianco, rosa, rosso
Prezzo: €45,50 (IVA inclusa°)

Scarpe
nere, perfette per vestiti casual o eleganti
Numero del prodotto: S2984
Misure: 34, 36, 38, 40, 42
Colori: bianco, blu, marrone, nero*
Prezzo: €62,99 (IVA inclusa)
*nero temporaneamente esaurito°

Il mio carrello°

Numero del prodotto	Colore	Misura	Quantità	Prezzo
				Totale acquisto°

Spedizione gratuita con spese di €250,00 o più

donne | uomini | bellezza e fragranze | scarpe | borse e accessori | gioielleria

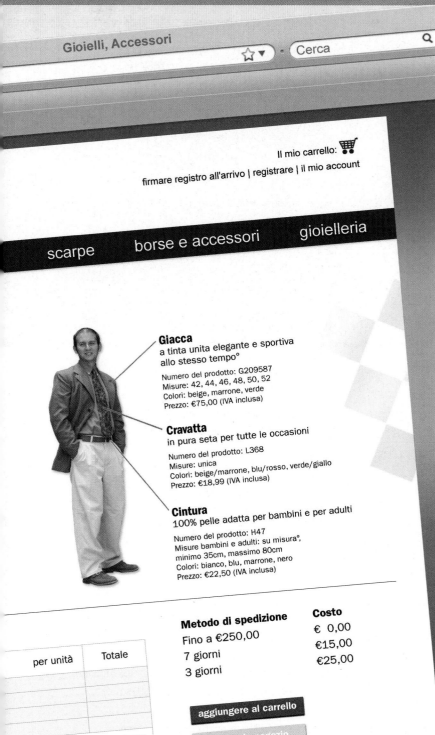

Gioielli, Accessori   ☆▾ · Cerca

Il mio carrello: 🛒

firmare registro all'arrivo | registrare | il mio account

scarpe   borse e accessori   gioielleria

Giacca
a tinta unita elegante e sportiva
allo stesso tempo°
Numero del prodotto: G209587
Misure: 42, 44, 46, 48, 50, 52
Colori: beige, marrone, verde
Prezzo: €75,00 (IVA inclusa)

Cravatta
in pura seta per tutte le occasioni
Numero del prodotto: L368
Misure: unica
Colori: beige/marrone, blu/rosso, verde/giallo
Prezzo: €18,99 (IVA inclusa)

Cintura
100% pelle adatta per bambini e per adulti
Numero del prodotto: H47
Misure bambini e adulti: su misura°,
minimo 35cm, massimo 80cm
Colori: bianco, blu, marrone, nero
Prezzo: €22,50 (IVA inclusa)

	per unità	Totale

Metodo di spedizione	Costo
Fino a €250,00	€ 0,00
7 giorni	€15,00
3 giorni	€25,00

aggiungere al carrello

trovare in negozio

IVA inclusa *sales tax included* **argento** *silver* **oro** *gold* **esaurito** *out of stock* **mio carrello** *my shopping cart* **acquisto** *purchase* **allo stesso tempo** *at the same time* **su misura** *custom made*

Dopo la lettura

Rispondere Rispondi alle seguenti domande con frasi complete.

1. Quando è l'apertura al pubblico del negozio?
   _____

2. Quali sono i prodotti descritti nella pubblicità?
   _____

3. Qual è il prodotto più economico?
   _____

4. Quali prodotti puoi comprare in blu?
   _____

5. Quali informazioni ci sono in «Il mio carrello»?
   _____

6. Quanto costa la spedizione in tre giorni?
   _____

Scegliere Indica quale prodotto può comprare ogni persona. Scrivi frasi complete.

MODELLO

Monica cerca un regalo per il compleanno del padre, ma ha solo €20.
Monica può comprare la cravatta!

1. Sabina ha bisogno di una maglietta da indossare sotto il suo nuovo maglione di colore oro.
   _____

2. Alessandro ha €55 e ha bisogno di accessori.
   _____

3. Il figlio di Maria ha un'occasione importante ma Maria ha solo €35.
   _____

4. È il compleanno di Gianluca e i suoi amici vogliono comprare un bel regalo per lui.
   _____

5. Zoe ha un vestito elegante, bianco e nero, ma non ha le scarpe.
   _____

6. Bianca e Franco devono andare a un anniversario di matrimonio. Non hanno problemi di soldi.
   _____

Oggi indosso... A coppie, usate questo sito web come modello per scrivere una descrizione di quello che indossate oggi. Presentate le descrizioni alla classe.

MODELLO

Oggi indosso i jeans blu e una maglietta rossa. Ho una cintura marrone e le scarpe da ginnastica bianche...

In ascolto

STRATEGIA

Listening for the gist

Listening for the gist can help you get a general idea of what someone is talking about, even if you can't hear or understand some of the words. When you listen for the gist, you try to capture the essence of what you hear without focusing on individual words.

 To help you practice this strategy, you will listen to three sentences. Jot down a brief summary of what you hear.

Preparazione

Guarda la foto. Quante persone ci sono? Dove sono Lucilla e Amedeo? Cosa vogliono mangiare? Cosa vogliono bere? Che ore sono? Che cosa hanno fatto oggi?

Ascoltiamo

Ascolta la conversazione tra Lucilla, Amedeo e il cameriere. Ascolta una seconda volta e indica quali attività hanno fatto oggi.

1. _____ Hanno comprato un libro.
2. _____ Durante la mattina, hanno nuotato.
3. _____ Hanno ascoltato la musica.
4. _____ Hanno visto un amico.
5. _____ Hanno mangiato molto al bar.
6. _____ Hanno comprato dei vestiti.
7. _____ Hanno mangiato in un ristorante elegante.
8. _____ Hanno organizzato una serata (*evening*) con gli amici.
9. _____ Hanno studiato per un esame difficile.
10. _____ Hanno deciso di andare al cinema.

Comprensione

Un riassunto Completa il riassunto (*summary*) della conversazione tra Lucilla e Amedeo con le parole della lista.

al cinema	hanno comprato
aranciata	hanno fatto
ballare	in discoteca
biscotti	i pantaloni
caffè	in piscina
cappuccino	le scarpe
ha fame	le sciarpe

Lucilla e Amedeo sono in un (1) _____. Amedeo beve un (2) _____. Lucilla (3) _____ e mangia (4) _____ e torta al cioccolato. La mattina i due (5) _____ shopping e hanno nuotato (6) _____. Lucilla ha comprato (7) _____ e una gonna, Amedeo ha comprato (8) _____. La sera Lucilla e Amedeo non vogliono andare (9) _____ ma (10) _____.

E tu? A coppie, parlate di che cosa avete fatto lo scorso fine settimana e dei vostri programmi per questo fine settimana. Cosa dovete fare? Cosa volete fare?

MODELLO

Sabato ho dormito fino alle dieci e mezzo. La sera ho visto un film con i miei amici. Domenica mattina ho dormito fino a tardi e poi sono andato a fare la spesa...

Scrittura

STRATEGIA

Adding details

How can you make your writing more informative or more interesting? You can add details by answering the "W" questions: Who? What? When? Where? Why? The answers to these questions will provide useful information that can be incorporated into your writing. Here are some useful question words that you have already learned:

A che ora?	Dove?
Che cosa?	Perché?
Chi?	Quando?

Compare these two sentences.

«Ho comprato una giacca.»

«Dopo la lezione d'italiano ho comprato una giacca di pelle nera perché mia nonna mi ha dato i soldi per il mio compleanno.»

While both sentences give the same basic information (the writer bought a jacket), the second provides details that are much more informative.

Tema

Baci da Milano!

Hai deciso di passare un anno in Italia e di vivere con una famiglia. Sei a Milano per il fine settimana e mandi una cartolina (*postcard*) alla famiglia che ti ospita (*hosts*) per raccontare cosa hai fatto. Scrivi cinque cose che hai visto e fatto. Aggiungi dettagli alla descrizione rispondendo (*answering*) alle domande **chi?**, **cosa?**, **quando?**, **dove?** e **perché?**

Sabato pomeriggio
ho visitato il Duomo
con i miei amici...

Lezione 4A

Usare la tecnologia

accendere *to turn on*
cancellare *to erase*
caricare *to charge; to load*
cominciare *to start*
comporre *to dial (a number)*
essere connesso/a *to be connected*
essere online *to be online*
funzionare *to work, to function*
mandare un messaggio *to send a text*
registrare *to record*
salvare *to save*
scaricare *to download*
spegnere *to turn off*
squillare *to ring*
stampare *to print*
usare la tecnologia *using technology*

Verbi

dire *to say; to tell*
dovere *to have to/must; to owe*
potere *to be able to/can*
riuscire *to succeed; to manage*
uscire *to go out; to leave*
venire *to come*
volere *to want*

Termini tecnologici

gli altoparlanti *speakers*
l'applicazione; la app *application*
gli auricolari *ear buds*
il canale (televisivo) *(television) channel*
il caricabatteria *charger*
la cartella *folder*
il cellulare *cell phone*
il (computer) portatile *laptop (computer)*
le cuffie *headphones*
il documento *document*
l'e-mail (f.) *e-mail message*
la macchina fotografica (digitale) *(digital) camera*
il messaggio; l'SMS *text message*
il microfono *microphone*
il mouse *mouse*
la password *password*
il profilo *profile*
il programma *program*
la rete *network; Internet*
il (registratore) DVR *DVR*
lo schermo *screen*
il sito Internet *web site*
lo smartphone *smartphone*
la stampante *printer*
lo stereo *stereo system*
il tablet *tablet*
la tastiera *keyboard*
il telecomando *remote control*
il televisore *television*
termini tecnologici *technology terms*
il videogioco *video game*

Espressioni utili *See p. 151.*

Lezione 4B

Di che colore?

arancione *orange*
azzurro/a sky *blue*
beige (invar.) *beige*
bianco/a *white*
blu (invar.) *blue*
giallo/a *yellow*
grigio/a *gray*
marrone *brown*
nero/a *black*
rosa (invar.) *pink*
rosso/a *red*
verde *green*
viola (invar.) *purple*
a fiori *flowered*
a quadri *plaid*
a righe *striped*
a tinta unita *solid color*
chiaro/a *light*
scuro/a *dark*

L'abbigliamento

l'abbigliamento *clothing*
l'abito *dress*
la biancheria intima *underwear*
la borsa *handbag; purse*
i calzini *socks*
la camicetta *blouse*
la camicia *dress shirt*
la canottiera *tank top*
il cappello *hat*
il cappotto *overcoat*
la cintura *belt*
la collana *necklace*
il completo *suit; matching outfit*
il costume da bagno *bathing suit*
la cravatta *tie*
la felpa *sweatshirt*
la giacca *jacket*
la gonna *skirt*
i guanti *gloves*
i jeans *jeans*
la maglietta (a maniche corte/ lunghe) *(short- / long-sleeved) T-shirt*
il maglione *sweater*
gli occhiali (da sole) *(sun)glasses*
i pantaloncini *shorts*
i pantaloni *pants, trousers*
le scarpe (da ginnastica) *(running) shoes*
la sciarpa *scarf*
gli stivali *boots*
la taglia *clothing size*
il tailleur *women's suit*
la valigetta *briefcase*
il vestito *dress; suit*
largo/a *loose; big*
stretto/a *tight-fitting*
indossare *to wear*
portare *to wear*

Verbi

conoscere *to know; to meet*
riconoscere *to recognize*
sapere *to know*

I tessuti

il cotone *cotton*
la lana *wool*
la pelle *leather*
la seta *silk*

Fare spese

fare spese *shopping*
il buon affare *good deal*
il/la commesso/a *salesperson*
i saldi *sales*
caro/a *expensive*
ciascuno/a *each one*
costoso/a *expensive*
economico *cheap*

Time expressions

l'altro ieri *the day before yesterday*
fa *ago*
già *already*
ieri *yesterday*
ieri sera *last night*
il mese scorso *last month*
scorso/a *last*
sempre *always*
la settimana scorsa *last week*
dieci giorni fa *ten days ago*
un mese/anno fa *one month/year ago*

Espressioni utili *See p. 169.*

Buon appetito!

🔊 Per cominciare
- Dov'è Lorenzo?
  a. in un bar/gelateria   b. al supermercato
- Che cosa fa?
- Che cosa indossa?
- Secondo te, a cosa o a chi pensa?

Communicative Goals

You will learn how to:

● talk about food
● discuss grocery shopping

La spesa Hotspots

Vocabolario

espressioni	*expressions*
Quanto costa…?	*How much is . . . ?*
cucinare	*to cook*
i negozi	*shops*
la gelateria	*ice cream shop*
la macelleria	*butcher*
il mercato	*market*
il negozio d'alimentari	*grocery store*
la panetteria	*bakery*
la pasticceria	*pastry shop*
la pescheria	*fish/seafood shop*
la salumeria	*delicatessen*
il supermercato	*supermarket*
il cibo	*food*
il biscotto	*cookie*
il burro	*butter*
il formaggio	*cheese*
l'olio (d'oliva)	*(olive) oil*
il pane	*bread*
la pasta (asciutta)	*pasta*
il riso	*rice*
lo yogurt	*yogurt*
la carne e il pesce	*meat and fish*
la carne (di maiale, di manzo, di vitello)	*meat (pork, beef, veal)*
i frutti di mare	*seafood*
i gamberetti	*shrimp*
il pollo	*chicken*
il prosciutto	*ham*
il tonno	*tuna*
le vongole	*clams*
la frutta e la verdura	*fruit and vegetables*
il carciofo	*artichoke*
il lampone	*raspberry*
il melone	*melon*
i piselli	*peas*
l'uva	*grapes*

la pera

frutta

l'arancia

la fragola

la banana

la pesca

l'ananas (m.)

la mela

la patata

legumi

la cipolla

il peperone rosso

la carota

la melanzana

i fagiolini

il fungo

l'aglio

il pomodoro

More activities

vhlcentral	WB pp. 65–66	LM p. 37	Online activities

Attenzione!

In Italian, **uva** (*grapes*) is a non-count noun, meaning its quantity cannot be expressed as a number and it has no plural form. To talk about a bunch of grapes, say **un grappolo d'uva**.

la marmellata

la *crostata*

il peperone verde

la lattuga

l'uovo (*pl.* le uova *f.*)

Pratica

1 **Abbinare** Abbina ogni parola con la sua immagine.

1. _____ formaggio
2. _____ pane
3. _____ uova
4. _____ vongole
5. _____ uva
6. _____ pomodori

a.   b.   c.

d.   e.   f.

2 **Prova d'artista** In gruppi di quattro, fate a turno a disegnare e a indovinare (*guess*) le parole del vocabolario della lezione.

3 **Scegliere** Scegli la risposta che meglio completa (*best completes*) le seguenti frasi.

MODELLO Vado in pescheria a comprare (il riso / (le vongole) / la carne di maiale).

1. Devo comprare delle (*some*) arance. Vado (in pescheria / al supermercato / in panetteria).
2. Preparo una crostata con uova, burro e (cibo / mercato / frutta).
3. Marta è vegetariana e non mangia mai (la carne / il melone / l'aglio).
4. (I fagiolini / Le pesche / Le fragole) sono la mia verdura preferita.
5. Andrea adora il pesce e i frutti di mare. Al ristorante ordina sempre (la carne di maiale / i gamberetti / il formaggio).
6. Un ingrediente fondamentale della dieta mediterranea è (l'olio d'oliva / il fungo / la salumeria).
7. Per colazione Camilla preferisce mangiare (lo yogurt / la pasta / il tonno).
8. Che buona la frutta! Le pere, le banane, le fragole, (le carote / la lattuga / l'ananas)...

4 **Definire** A coppie, fate a turno a definire e a indovinare le parole dal vocabolario della lezione.

MODELLO

S1: *È una verdura arancione.*
S2: *Una carota!*

Comunicazione

5 **Quanta spesa!** La signora Rizzi deve andare a fare la spesa. Ascolta quello che dice a suo marito. A coppie, indicate l'ordine in cui visiterà (*in which she will visit*) i posti nella lista.

1. ____ pescheria
2. ____ supermercato
3. ____ macelleria
4. ____ panetteria

5. ____ mercato
6. ____ gelateria
7. ____ pasticceria
8. ____ salumeria

6 **Enzo fa la spesa** A coppie, inventate delle conversazioni tra un cliente e i seguenti negozianti (*vendors*).

MODELLO

S1: *Buongiorno! Vorrei (I would like) un gelato.*
S2: *A che gusto (flavor)?*
S1: *Alla fragola!*
S2: *Ecco qui.*
S1: *Grazie!*

in gelateria

Un piccolo aiuto

Use these words to help you complete this activity.

il/la fruttivendolo/a	→	*greengrocer*
il/la gelataio/a	→	*ice cream seller*
il/la macellaio/a	→	*butcher*
il/la pescivendolo/a	→	*fishmonger*

1. in macelleria

2. al mercato

3. nel negozio d'alimentari

4. in pescheria

7 **Il menu della festa!** Lavorate a coppie. L'insegnante vi darà (*will give you*) due fogli diversi, ciascuno con metà delle informazioni sui prezzi del cibo. Create insieme un menu per la vostra festa. Poi scrivete la lista di quello che dovete comprare. Avete un budget di 100 euro.

MODELLO

S1: *Possiamo prendere la pizza con il prosciutto e i funghi. Quanto costa?*
S2: *Una pizza costa 8,50 euro. Quante ne (of them) compriamo?*
S1: *Due. E poi...*

8 **I cibi preferiti** In gruppi di tre, parlate dei cibi che piacciono o non piacciono a voi, alle vostre famiglie e ai vostri amici. Dite quali cibi mangiate più spesso e dove andate a comprarli (*to buy them*).

MODELLO

S1: *A mia madre piace il pane. Ogni giorno va in panetteria a comprare il pane.*
S2: *Mio fratello adora il gelato! Va sempre in gelateria. A me non piace il gelato. Preferisco la crostata...*

io	la mia famiglia	i miei amici

Pronuncia e ortografia Audio

◁)) The letter combination *gl*

figlio	**gl**i	**mi**glia	**Pug**lia

In Italian, **gl** followed by the letter **i** is usually pronounced like the *lli* in *million*.

glaciale	**gl**obale	**gl**ossare	**sig**lare

When followed by a vowel other than **i**, **gl** sounds like the *gl* in the English word *glow*.

ganglio	**ge**roglifico	**gl**icerina	**gl**issare

In words derived from Greek (medical terms, scientific terms, etc.) and foreign terms, **gl** is pronounced like the *gl* in the English word *glow*, even when followed by the letter **i**.

✍ Pronunciare Ripeti le parole ad alta voce.

1. maglia
2. globo
3. migliaia
4. pigliare
5. glissare
6. togliere
7. globalizzare
8. taglia
9. figlia
10. aglio
11. gloria
12. foglio

✍ Articolare Ripeti le frasi ad alta voce.

1. Posso mettere l'aglio nella pentola?
2. Voglio un biglietto per il concerto.
3. Mangiamo le tagliatelle stasera?
4. Gli zii preparano gli gnocchi.
5. Mi sveglio alle otto.
6. I figli di Maria studiano glottologia.

✍ Proverbi Ripeti i proverbi ad alta voce.

Chi la sera i pasti li ha fatti, sta agli altri a lavar i piatti.[1]

A tavola non si invecchia mai.[2]

più tardi

[1] If one person cooks the meal, it is up to the others to wash the dishes.
[2] One never ages when at the table.

More activities

S vhlcentral

LM p. 38

FOTOROMANZO

La lista della spesa  Video

PERSONAGGI

Emily

Lorenzo

Marcella

Riccardo

Viola

1

EMILY Burro, uova, pane. Vai al mercato oggi?

MARCELLA Sì. Voglio fare spaghetti alla carbonara per tutti stasera. Ti piace cucinare?

EMILY Sì. So preparare dei piatti svedesi. Me lo ha insegnato mio padre.

MARCELLA E tua madre? Cucina piatti italiani?

2

RICCARDO Buongiorno. Sei pronta per andare a fare la spesa, Marcella?

MARCELLA Fra un attimo.

EMILY Marcella, posso preparare io la cena stasera?

RICCARDO Tu? Siamo troppo giovani per morire!

3

VIOLA Ciao mamma, ciao papà. Questo è il nostro blog della pensione. È stata un'idea di Riccardo. Beh, eccomi qua. Ho preso trenta nel mio ultimo esame. Devo finire una tesina (*term paper*) per martedì. Hmm... Sono andata a cena con Massimo a... (*Continua.*) Come si spegne questa videocamera?

6

Al mercato...

MARCELLA Oh, frutta e verdura.

RICCARDO Marcella, insalata mista. Abbiamo bisogno di lattuga, pomodori, peperoni e cipolle.

EMILY E altri pomodori per la bruschetta.

MARCELLA Va bene, possiamo comprare tanti pomodori.

7

EMILY Ecco della lattuga e delle cipolle.

MARCELLA E ci servono dell'olio d'oliva e del basilico.

RICCARDO Ho trovato dei peperoni e dell'aglio.

EMILY Abbiamo bisogno di aglio?

RICCARDO Abbiamo sempre bisogno di aglio.

EMILY Abbiamo dimenticato gli asparagi.

8

MARCELLA Bene. Ah, poi andiamo dal macellaio.

EMILY Quanta pancetta ci serve?

MARCELLA Paolo ama la carne.

RICCARDO Quattro etti e mezzo.

EMILY Non è troppo?

RICCARDO Nooo. Ho mangiato la stessa quantità di pancetta la settimana scorsa.

A T T I V I T À

1

Completare Completa le seguenti frasi.

1. Marcella vuole fare spaghetti alla _____ stasera.

2. Emily sa preparare dei piatti _____.

3. Riccardo vuole fare un'insalata mista con lattuga, pomodori, _____ e cipolle.

4. Emily vuole altri pomodori per la _____.

5. Riccardo ha trovato dei peperoni e dell' _____.

6. Servono quattro etti e mezzo di _____.

7. Riccardo mangia tanto, ma è molto _____.

8. Non possono fare la carbonara senza uova e _____.

9. Per dolce, Emily suggerisce il _____.

10. Riccardo ha voglia di _____.

Emily, Marcella e Riccardo fanno la spesa.

LORENZO Ti posso aiutare io.
VIOLA Oh, Lorenzo. Ciao. Grazie.
LORENZO Di niente. Non vuoi dire ai tuoi genitori di Massimo?
VIOLA Tu hai detto che è aggressivo ed egoista.
LORENZO Non Massimo in particolare, ho detto che alcuni uomini sono cattivi.
VIOLA Massimo è un ragazzo gentile.

VIOLA Come Francesca?
LORENZO Sono uscito con lei per due anni. Poi lei ha incontrato un altro ragazzo ed è stata con lui solo per due settimane.
VIOLA La ami?
LORENZO E tu, lo ami Massimo?
VIOLA Lo conosco da un mese. Vuoi tornare con lei? ...o c'è una nuova ragazza?

MARCELLA Riccardo, Riccardo! Ma allora perché sei così magro se mangi così tanto? Che cosa abbiamo dimenticato?
EMILY Uova e formaggio!
MARCELLA Non possiamo fare la carbonara senza uova e formaggio.

EMILY Compriamo del tiramisù per dolce?
MARCELLA Va bene.
RICCARDO Io ho fame. Ho voglia di biscotti. E di un caffè.
EMILY Andiamo in un bar? Offriamo io e Riccardo.
RICCARDO Hmm?
EMILY Proprio così.
MARCELLA Siete molto cari. Grazie.

Espressioni utili

Talking about groceries

- **Ci servono dell'olio d'oliva e del basilico.**
  We need some olive oil and some basil.

- **dei piatti**
  some dishes
- **quattro etti e mezzo**
  450 grams

- **l'insalata mista**
  mixed salad
- **un po'**
  a little bit

- **dal macellaio**
  to the butcher shop
- **per dolce**
  for dessert

Talking about past actions

- **Me lo ha insegnato mio padre.**
  My dad taught me.

- **Sono andata a cena con Massimo.**
  I went to dinner with Massimo.

- **Sono uscito con lei per due anni.**
  I went out with her for two years.

- **È stata con lui solo per due settimane.**
  She was with him for just two weeks.

Additional vocabulary

- **Siamo troppo giovani per morire!**
  We are too young to die!

- **Come si spegne questa videocamera?**
  How do you turn off this videocamera?

- **Fra un attimo.**
  In a minute.
- **una tesina**
  essay; term paper

- **Beh, eccomi qua.**
  Well, here I am.
- **ultimo**
  last

- **La ami?/Lo ami?**
  Do you love her?/ Do you love him?
- **tanti**
  many

- **Non è troppo?**
  Isn't it too much?
- **in particolare**
  specifically

- **per tutti stasera**
  for everyone tonight
- **alcuni uomini**
  some men

- **la stessa quantità**
  the same amount

2 **Per parlare un po'** Tu e un amico volete invitare alcuni amici a cena questa sera. A coppie, scrivete una conversazione in cui (*in which*) decidete che cosa volete servire. Parlate di che cosa dovete comprare e di chi cucina i piatti che avete scelto.

3 **Approfondimento** Vuoi invitare a cena alcuni amici e decidi di cucinare italiano. Prepara un menu di piatti italiani, poi cerca le ricette su Internet o su qualche libro di cucina. Descrivi ai tuoi compagni le ricette che hai scelto.

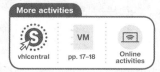

More activities

vhlcentral | VM pp. 17–18 | Online activities

ATTIVITÀ

Mercato o supermercato?

Dove facciamo la spesa oggi? Nelle principali piazze delle città italiane, in un giorno fisso° della settimana c'è il mercato, dove si trovano gli ingredienti fondamentali della cucina italiana: la frutta e le verdure fresche e di stagione°. Spesso al mercato è possibile risparmiare° su frutta e verdura. Città come Venezia, Palermo, Genova e anche Milano sono conosciute per i loro ricchissimi mercati del pesce, dov'è possibile trovare molluschi° e pesci freschissimi del Mediterraneo.

Oltre ai mercati, in Italia ci sono tantissimi negozi alimentari specializzati, come le panetterie, le macellerie e le salumerie. Generalmente gli anziani preferiscono questi negozi tradizionali, vicino a casa, in cui° fanno la spesa da parecchi° anni e hanno un rapporto° non solo di fiducia°, ma spesso anche di amicizia con il negoziante°.

Oggigiorno però è sempre più comune fare la spesa al supermercato. Spesso le famiglie italiane scelgono di andare nei supermercati all'interno dei centri commerciali. Qui possono fare la spesa e trovare anche altri negozi in cui fare acquisti°. Per parecchie famiglie è conveniente andare in un unico posto e fare la scorta° del necessario per tutta la settimana, con una sola sosta°. La continua costruzione di nuovi centri commerciali ha causato ai negozi che vendono prodotti al dettaglio° la perdita° di molti clienti. Ciononostante°, se vuoi perderti negli aromi e nei colori, i mercati all'aperto non sono difficili da trovare. Inoltre, negli ultimi anni, nel centro delle grandi città sono riapparsi° piccoli supermercati (di solito una versione "express" di quelli più grandi) per la spesa quotidiana°.

Un piccolo aiuto

In Italian, it is common to add the suffix **-ssimo** to masculine plural adjectives to mean *very* or *extremely*.

ricchi + **-ssimo** = **ricchissimo**

freschi + **-ssimo** = **freschissimo**

tanti + **-ssimo** = **tantissimo**

fisso *set, fixed* **di stagione** *seasonal* **risparmiare** *to save* **molluschi** *mollusks* **in cui** *in which* **parecchi** *many* **rapporto** *relationship* **fiducia** *trust* **negoziante** *shopkeeper* **fare acquisti** *to shop* **fare la scorta** *stock up* **sosta** *stop* **al dettaglio** *retail* **perdita** *loss* **Ciononostante** *However* **riapparsi** *reappeared* **quotidiana** *daily*

A T T I V I T À

1 **Vero o falso?** Indica se l'affermazione è **vera** o **falsa**. Correggi le affermazioni false.

1. Tutti gli italiani fanno sempre la spesa al mercato.

2. Gli anziani spesso preferiscono fare la spesa nei negozi tradizionali.

3. Le salumerie e le macellerie vendono prodotti al dettaglio.

4. La costruzione di centri commerciali aiuta anche i negozianti tradizionali.

5. A volte gli anziani hanno un rapporto di amicizia e fiducia con i negozianti.

6. In molte città c'è il mercato del pesce.

7. Le famiglie non fanno la spesa al supermercato.

8. Il mercato c'è tutti i giorni in tutte le città.

9. Spesso c'è un rapporto di fiducia con i proprietari dei supermercati.

10. Gli italiani comprano i molluschi al mercato di frutta e verdura.

Come cuciniamo questo piatto?

(far) soffriggere	to brown, to fry lightly
(far) tostare	to toast
impanare	to bread
affumicato/a	smoked
agrodolce	sweet and sour
alla griglia	grilled
al vapore	steamed
arrosto/a	roasted
fritto/a	fried
in umido	stewed
sottaceto	pickled
sottolio	in oil

Che aroma!

Qual è il migliore amico di tanti italiani?
Il caffè, naturalmente! Il caffè è sempre
con loro. Al momento del risveglio°
non c'è niente° di meglio di un **caffè
lungo**° o di un **cappuccino** che offre
la carica° giusta per iniziare la giornata.

Verso le 11 c'è normalmente la pausa con i colleghi di
lavoro o i compagni di classe, spesso accompagnata
da un caffè **macchiato**° o da un «**marocchino**°». Anche
nei momenti di stress il caffè può «**tirar su**°» il morale. E
di sera? Alcuni italiani preferiscono bere un caffè **liscio**°,
altri **corretto**° e altri ancora un **decaffeinato**, per evitare
di° passare la notte in bianco°.

risveglio *waking up* **non c'è niente** *there's nothing* **caffè lungo** *espresso
with hot water added* **carica** *boost* **macchiato** *espresso "stained" with milk*
marocchino *espresso with cocoa powder and milk* **tirar su** *pull up*
liscio *plain* **corretto** *espresso with alcohol* **evitare di** *to avoid* **passare
la notte in bianco** *being up all night*

Com'è buona la pasta!

Mangiare la pasta fa
sognare a tutti° di essere
nella penisola a forma di
stivale. È possibile trovare
tipi di pasta diversi in ogni
regione d'Italia. La regione
dove nasce l'arte di tirare
la sfoglia° è l'Emilia-
Romagna. Sulle tavole
italiane, di casa o dei
ristoranti, non mancano°

mai i primi piatti di pasta «fatta in casa», come **gli spaghetti**, le
tagliatelle, le fettuccine, le trofie e le orecchiette. Ci sono tantissimi
tipi di sughi°: la semplice° salsa di pomodoro, il pesto, i quattro
formaggi, il ragù, la carbonara, l'amatriciana e così via°. Altri primi
piatti sono le lasagne al ragù o vegetariane; i tortelli o ravioli ripieni°
di ricotta e spinaci, prosciutto e funghi o formaggi; e i tortellini ripieni di
carne e serviti «in brodo°». C'è un tipo di pasta per ogni gusto!

fa sognare a tutti *makes everyone dream* **tirare la sfoglia** *rolling pastry dough* **non mancano**
aren't missing **sughi** *sauces* **semplice** *simple* **e così via** *and so on* **ripieni** *filled* **brodo** *broth*

Quali sono i tipi di
pasta tipici delle
diverse regioni
d'Italia?

Go to **vhlcentral.com**
to find more information
related to this **CULTURA**.

---

2 **Completare** Completa le frasi.

1. In Emilia-Romagna nasce l'arte di _____.

2. I tortelli e i ravioli sono due tipi di pasta _____.

3. I tortellini sono spesso serviti in _____.

4. Gli italiani al mattino bevono (*drink*) il caffè lungo o il _____.

5. Nei momenti di stress il caffè aiuta a _____ il morale.

6. Alcuni italiani, alla sera, bevono il _____, cioè il caffè
senza caffeina.

3 **A voi** A coppie, rispondete alle seguenti domande.

1. Qual è il piatto tradizionale della tua regione o stato?

2. Secondo te, quali sono le differenze tra la cultura del caffè in
America e quella in Italia?

3. Fai la spesa sempre al supermercato?
C'è un mercato all'aperto nella tua città?

More activities

vhlcentral

Online
activities

A T T I V I T À

STRUTTURE

The *passato prossimo* with *essere*

Punto di partenza In **Lezione 4B** you learned to form the **passato prossimo** with **avere**. Some verbs, however, form the **passato prossimo** with **essere**.

- Form the **passato prossimo** of verbs that take **essere** by pairing a present-tense form of **essere** with the past participle of the primary verb. The past participle must agree in gender and number with the subject.

Passato prossimo of andare			
sono andato/a	*I went*	siamo andati/e	*we went*
sei andato/a	*you went*	siete andati/e	*you went*
è andato/a	*you went; he/she/it went*	sono andati/e	*they went*

Teresa **è andata** in macelleria.
*Teresa **went** to the butcher shop.*

Ragazze, a che ora **siete andate** a casa?
*Girls, when **did you go** home?*

Francesco **non è mai andato** in bicicletta.
*Francesco **has never ridden** a bicycle.*

I miei fratelli **sono andati** in gelateria.
*My brothers **went** to the ice cream shop.*

- Many verbs that take **essere** in the **passato prossimo** express motion or lack of motion. You have already learned several of these verbs: **andare**, **arrivare**, **partire**, **stare**, **tornare**, **uscire**, and **venire**.

Giuseppe **è uscito** ieri sera.
*Giuseppe **went out** last night.*

Quando **sono arrivati** i Bianchi?
*When **did** the Bianchis **arrive**?*

Sono andata a cena con Massimo.

Sono uscito con lei per due anni.

Siamo andati al mercato.

Emily e Marcella sono rimaste al bar per un'ora.

- In the **passato prossimo**, **essere** is also used with verbs that express states of being or changes of state.

Verbs used with *essere* in the *passato prossimo*

cadere	*to fall*	nascere*	*to be born*
costare	*to cost, to be worth*	piacere	*to please (to like)*
diventare	*to become*	restare	*to stay, to remain*
entrare	*to enter*	rimanere*	*to remain, to stay*
essere	*to be*	salire*	*to climb, to go up; to get on (bus, train)*
morire	*to die*		
		scendere	*to go down, to get down*

I ragazzi **sono saliti** sull'autobus.
*The boys **got on** the bus.*

Quella cuoca **è diventata** famosa nel 2010.
*That chef **became** famous in 2010.*

- Many verbs that take **essere** have irregular past participles that must be memorized.

Some irregular past participles

essere	stato	rimanere*	rimasto
morire*	morto	scendere	sceso
nascere*	nato	venire	venuto
piacere	piaciuto	vivere	vissuto

Ieri **sono rimasto** a casa.
*Yesterday **I stayed** home.*

Le amiche **sono venute** in pasticceria.
*The friends **came** to the bakery.*

Andrea Bocelli **è nato** nel 1958.
*Andrea Bocelli **was born** in 1958.*

Piero Ottone e Paolo Villaggio **sono morti** nel 2018.
*Piero Ottone and Paolo Villaggio **died** in 2018.*

- **Essere** and **stare** share the same past participle: **stato**. Use context to determine which verb is being used.

Non **siete** mai **stati** a Roma?
***You have** never **been** to Rome?*

Lele **è stato** a casa a cucinare.
*Lele **stayed** home to cook.*

La tournée **è stata** un successo straordinario.
*The concert tour **was** an extraordinary success.*

La scorsa settimana Patrizia e Anna **sono state** male.
*Patrizia and Anna **were** sick last week.*

 Attrezzi

In **Lezione 2B**, you learned to use the **passato prossimo** form of **nascere** to talk about when a person was born.

Provalo! **Completa ogni frase con il participio passato corretto.**

1. Voi siete (nato / (nate)) nel 1970.
2. Vi è (piaciuto / piaciuta) il film?
3. Gli studenti sono (andate / andati) al museo.
4. Tu sei (tornato / tornate) a casa alle due di notte.
5. Ragazzi, davvero siete (rimasti / rimaste) in piscina tutto il giorno?
6. Sono molto triste perché ieri è (morta / morto) il mio pesce.
7. Ida e Adamo sono (restata / restati) a cenare a casa mia.
8. Tu e Mirella siete (arrivato / arrivate) in Italia il quattro giugno.

More activities

vhlcentral

LM p. 39

WB pp. 67-68

Online activities

PRATICA

1 Completare Completa ogni frase con il passato prossimo del verbo indicato.

Ieri io (1) _____ (andare) in centro con Tommaso e Graziella. Tommaso ha fatto una telefonata e io e Graziella (2) _____ (restare) nella gelateria in Via Pacini. Poi Tommaso e Graziella (3) _____ (entrare) in pescheria a comprare dei calamari. Dopo tutti noi (4) _____ (entrare) nella salumeria «Il maiale felice». A Tommaso quella salumeria (5) _____ (piacere) molto. Tommaso e Graziella non (6) _____ mai _____ (venire) al mercato così noi (7) _____ (tornare) in Via Pacini. (8) _____ (essere) un pomeriggio divertente!

2 Creare Riscrivi ogni frase usando il passato prossimo.

MODELLO

Il gelato lì costa un euro.
Il gelato lì è costato un euro.

1. Mi piacciono molto i broccoli con il formaggio.
   _____

2. Il pane diventa secco dopo due giorni.
   _____

3. La macelleria rimane aperta questa domenica.
   _____

4. La crostata viene sempre bene.
   _____

5. La carne e le uova costano troppo.
   _____

6. I signori Cefaletti vanno in pasticceria.
   _____

7. Il pollo non entra nel forno.
   _____

3 Descrivere Guarda i disegni e crea una frase usando un verbo della tabella.

andare	partire	restare
arrivare	piacere	tornare

▶ **MODELLO**

Gianna / salire
Gianna è salita
sull'autobus.

1. io

2. Camillo e Gaia

3. tu

4. io e Patrizia

5. Carmelo

6. mio fratello

COMUNICAZIONE

4 **Vacanze** A coppie, fate a turno a fare domande sulle vostre ultime vacanze. Usate gli indizi (*cues*) dati.

MODELLO

quando / partire
S1: *Quando sei partito?*
S2: *Sono partito il quattro aprile.*

1. dove / andare
2. con chi / partire
3. quanto / costare (il viaggio, i biglietti)
4. a che ora / arrivare
5. dove / stare

6. quanto tempo / restare
7. che cosa / piacere di più (*most*)
8. uscire / ogni sera
9. in quali negozi / entrare
10. quando / tornare

5 **Inchiesta** Chiedi ai tuoi compagni di classe se hanno fatto una delle attività della lista. Se sì, scrivi il nome della persona. Fai domande per trovare una persona per ogni attività.

MODELLO

andare in un museo
S1: *Sei andato in un museo recentemente?*
S2: *Sì, venerdì scorso sono andato al museo d'arte.*

Attività	Nome
1. andare in un museo	Gianni
2. non venire in classe ieri	
3. partire per un fine settimana	
4. stare a letto tutto il giorno	
5. salire su un aereo	
6. essere malato/a	

6 **Una vita lunga e felice** A coppie, scrivete un riassunto (*summary*) della vita di una persona famosa. Usate forme del passato prossimo con **avere** ed **essere**.

MODELLO

Il tenore Luciano Pavarotti è nato a Modena nel 1935...

7 **La giuria** In gruppi di quattro, immaginate di fare le selezioni per *Master Chef*. Tre studenti rappresentano la giuria e fanno al candidato le domande della lista. Scambiatevi i ruoli e poi riferite alla classe chi avete scelto.

- dove e quando ha imparato a cucinare
- quali sono il suo piatto preferito e i suoi ingredienti preferiti
- se è mai andato a mangiare in un fast food

STRUTTURE

5A.2

Direct object pronouns

Punto di partenza A direct object receives the action of a verb directly and answers the question *what?* or *whom?* Direct objects generally follow the verb.

SUBJECT	VERB	DIRECT OBJECT
Gli studenti	hanno mangiato	**una pizza.**
The students	*ate*	*a pizza.*

● Direct object *pronouns* replace direct object nouns.

DIRECT OBJECT NOUN	DIRECT OBJECT PRONOUN
Compri **le pere**?	**Le** compri?
*Are you buying **the pears**?*	*Are you buying **them**?*
Non conosciamo **il macellaio.**	Non **lo** conosciamo.
*We don't know **the butcher**.*	*We don't know **him**.*

● These are the forms of the direct object pronouns in Italian.

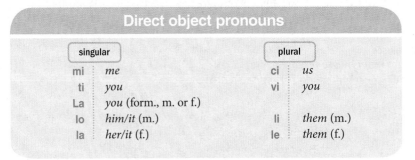

Direct object pronouns

singular		plural	
mi	*me*	ci	*us*
ti	*you*	vi	*you*
La	*you* (form., m. or f.)		
lo	*him/it* (m.)	li	*them* (m.)
la	*her/it* (f.)	le	*them* (f.)

● Place the direct object pronoun immediately before a conjugated verb.

Non **ti** vedo mai al mercato.
*I never see **you** at the market.*

Arturo **mi** saluta sempre.
*Arturo always greets **me**.*

● In two-verb constructions with an infinitive, drop the final **-e** and attach the pronoun to the end of the infinitive.

Ecco le vongole! Hai voglia di mangiar**le**?
*Here are the clams! Do you feel like eating **them**?*

I funghi? Non mi piace comprar**li**.
*Mushrooms? I don't like to buy **them**.*

● In two-verb constructions with **dovere**, **potere**, or **volere**, place the pronoun before the conjugated verb or attach it to the infinitive.

Ho dimenticato le fragole. **Le** devi comprare!/Devi comprar**le**!
*I forgot the strawberries. You have to buy **them**!*

● In sentences with the **passato prossimo**, place the direct object pronoun directly before the conjugated form of **avere**. Direct object pronouns are not used with verbs that take **essere**.

Vi abbiamo chiamato molte volte.
Non **ci** avete sentito?
*We called **you** many times.*
*Didn't you hear **us**?*

Mariella **mi** ha visto al negozio di alimentari.
*Mariella saw **me** at the grocery store.*

- When the direct object pronouns **lo**, **la**, **li**, and **le** precede a verb in the **passato prossimo**, the past participle must agree with the pronoun in gender and number.

  Le pesche? I bambini le hanno mangiat**e** tutte.
  *The peaches? The kids ate all of **them**.*

  Ecco i carciofi. Li ho comprat**i** ieri.
  *Here are the artichokes. I bought **them** yesterday.*

- **Lo** and **la** can be shortened to **l'** before verbs beginning with a vowel sound, including **avere** forms that begin with **h**. Do not shorten the plural pronouns **li** and **le**.

  Chi è quella signora? **L'**ho vista in salumeria l'altro ieri.
  *Who is that lady? I saw **her** at the deli the day before yesterday.*

- To call attention to a person or object, attach the direct object pronoun to the end of **ecco**.

  Dov'è la crostata? **Eccola**!
  *Where is the pie? **Here it is**!*

  Dove sono le vongole? **Eccole** là!
  *Where are the clams? **Here they are**!*

  Mamma, **eccomi** qua!
  *Mom, **here I am**!*

  Marta, dove sei? Ah! **Eccoti** qui!
  *Marta, where are you? Ah! **Here you are**!*

- The disjunctive pronouns you learned in **Lezione 4A** can be used instead of direct object pronouns to add emphasis. Always place disjunctive pronouns after the verb.

  Non vedo **lui**, ma vedo **lei**.
  *I don't see **him**, but I see **her**.*

  Vogliamo **loro**, non **voi**.
  *We want **them**, not **you**.*

  Conosce **me**?
  *He knows **me**?*

  Marco, cercano **te**!
  *Marco, they are looking for **you**!*

Gli ingredienti? Li hanno comprati Emily e Marcella.

Emily e Marcella? Le abbiamo viste al bar.

Provalo! **Scegli il pronome diretto corretto per completare ogni risposta.**

1. Compri sempre le pere al supermercato? Sì, (**le** / li) compro sempre al supermercato.
2. Bevi il caffè tutti i giorni? Sì, (le / lo) bevo tutti i giorni.
3. Dove compri le cipolle e i funghi? (Le / Li) compro al mercato.
4. Compri la marmellata al supermercato? Sì, (li / la) compro al supermercato.
5. Mangiate lo yogurt tutti i giorni? Sì, (la / lo) mangiamo tutti i giorni.
6. Usi spesso le vongole sulla pasta? Sì, (li / le) uso spesso.
7. Conosci quella pasticceria? Sì, (la / le) conosco.
8. Compri qui il pane? Sì, (lo / li) compro qui.

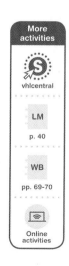

More activities

vhlcentral

LM
p. 40

WB
pp. 69-70

Online activities

PRATICA

1 Completare Completa ogni frase con il pronome diretto corretto.

MODELLO

patate: Giovanni _le_ ha mangiate.

1. **riso:** Lapo ___ ha cucinato.
2. **uva:** Noi ___ abbiamo comprata.
3. **carciofi:** Tu ___ hai preparati.
4. **forchette:** Io ___ ho lavate.
5. **lamponi:** Voi ___ avete cercati.
6. **panetteria:** Loro ___ hanno trovata.
7. **tavolo:** Io e Lidia ___ abbiamo lavato.
8. **carote:** La mamma ___ ha mangiate.
9. **ananas:** Tu e Giorgio ___ avete mangiato.
10. **latte:** Io ___ ho bevuto.

2 Abbinare Abbina le domande della colonna a sinistra alle risposte della colonna a destra.

1. Avete già mangiato la pizza questa settimana? ___
2. Hai acceso il forno? ___
3. Signore, ha mai cucinato dei piatti tipici del Piemonte? ___
4. Avete lavato le vongole? ___
5. Ti ha chiamato Antonio? ___
6. Ci avete visto al mercato ieri? ___
7. Mi inviti alla tua festa? ___
8. Avete salutato i vostri amici? ___

a. No, non le abbiamo lavate.
b. No, non vi abbiamo visto.
c. Sì, ti invito sicuramente!
d. No, non li ho mai cucinati.
e. No, non li abbiamo salutati.
f. Sì, mi ha chiamato.
g. Sì, l'abbiamo già mangiata.
h. No, non l'ho acceso.

3 Descrivere Usa i disegni e gli indizi per dire chi ha comprato che cosa al supermercato.

▶ **MODELLO**

L'ho comprato al supermercato.

io

1. noi

2. tu e Antonella

3. loro

4. mia nonna

5. tu

6. Lisa

4 Rispondere Rispondi a ogni domanda usando un pronome diretto.

1. Fai spesso la spesa? (Sì)
2. Hai finito lo yogurt? (No)
3. Vuoi preparare la cena stasera? (Sì)
4. Devi comprare i peperoni? (No)
5. Hai fatto colazione stamattina? (Sì)
6. Mangi le verdure? (No)
7. Avete ordinato l'antipasto? (Sì)
8. Hai assaggiato la cioccolata? (No)
9. Hanno cucinato gli gnocchi? (Sì)
10. Ha letto il menù? (No)

COMUNICAZIONE

5 **Una macedonia fantastica!** In gruppi di tre, guardate la ricetta (*recipe*) della macedonia (*fruit salad*). Dite a turno se avete in frigo (*in the fridge*) gli ingredienti della lista o se dovete comprarli.

MODELLO

S1: *Abbiamo bisogno di dieci fragole.*
S2: *Le abbiamo in frigo.*
S3: *Allora non dobbiamo comprarle.*

Ricetta	In frigo
10 fragole	10 fragole
2 mele verdi	5 mele rosse
1 banana	3 pesche
½ (mezzo) melone	15 lamponi
15 lamponi	2 pere
3 pesche	
2 pere	
1 arancia	
½ (mezzo) ananas	
1 yogurt alla vaniglia	

6 **Chi l'ha comprato?** In gruppi di tre, guardate la lista. A turno, chiedete chi ha comprato ogni cosa. Se non l'hai comprato tu, chiedi a un'altra persona.

MODELLO

S1: *Anna, hai comprato il tonno?*
S2: *No, non l'ho comprato. Jason, tu hai comprato il tonno?*
S3: *Sì, l'ho comprato ieri.*

S1	S2	S3
caffè	arance	carne di maiale
formaggio	crostata	patate
melanzane	pasta	pomodori
olio	vongole	tonno

7 **Una pubblicità** A coppie, scrivete una pubblicità per un negozio, per esempio una panetteria, una macelleria o una gelateria. Descrivete le cose che vende e usate i pronomi diretti il più possibile.

MODELLO

Ecco la Pasticceria Salvatore, dove trovate biscotti buonissimi.
Venite nel nostro negozio dove potete assaggiarli personalmente (taste them personally).
Potete comprarli per voi o per i vostri amici!

STRUTTURE

Partitives and expressions of quantity

Punto di partenza Partitives express *some* or *any*; they refer to part of a whole or an undefined quantity. To form the partitive in Italian, combine the preposition **di** with the definite article. These contracted forms were presented in **Lezione 3A**.

Articoli partitivi					
		singular		plural	
masculine	del	dell'	dello	dei	degli
feminine	della	dell'		delle	

Usiamo **dell'**aglio per condire la pasta.
*Let's use **some** garlic to season the pasta.*

Ti va **dell'**uva per dessert?
*Would you like **some** grapes for dessert?*

Ieri Lina ha comprato **dei** pomodori.
*Yesterday Lina bought **some** tomatoes.*

Mettiamo **delle** vongole nel risotto!
*Let's put **some** clams in the risotto!*

- The partitive is optional, and infrequent, in questions. The partitive is never used in negative statements.

Vuoi **del/il** succo?
*Do you want (**some**) juice?*

Non mi piace il tè verde.
I don't like green tea.

Hai chiesto **dell'/l'**acqua?
*Did you ask for (**some**) water?*

Non abbiamo preso la limonata.
*We didn't take **any** lemonade.*

- To use the partitive with non-count nouns, nouns whose quantity cannot be expressed with a number, use the singular form of the noun and the partitive.

Compriamo **dello yogurt** e **dell'uva**.
*We are buying **some yogurt** and **some grapes**.*

Beatrice ha messo **dello zucchero** nel caffè.
*Beatrice put **some sugar** in the coffee.*

- Use the invariable expression **un po' di** with non-count nouns to express *a little bit of* something.

Paolo ha cucinato **un po' di** riso.
*Paolo cooked **a little** rice.*

Prendiamo **un po' di** caffè espresso.
*We're having **some** espresso.*

- **Alcuni/e** and **qualche** also express *some* or *a few* with countable nouns. **Alcuni** (*m.*) and **alcune** (*f.*) precede plural nouns, while the invariable **qualche** precedes singular nouns.

Il babbo ha portato **alcuni biscotti**.
*Dad brought **a few cookies**.*

Ho **alcune amiche napoletane**.
*I have **some Neapolitan friends**.*

Il babbo ha portato **qualche biscotto**.
*Dad brought **a few cookies**.*

Ho **qualche amica napoletana**.
*I have **some Neapolitan friends**.*

- Other common adjectives that express quantities include **molto** (*a lot, many*), **poco** (*little*), **troppo** (*too much/many*), **tanto** (*so much/many*), and **tutto** (*all*). Like other adjectives, they agree with the noun they modify in gender and number. Always use a definite article after **tutto**.

C'è **poco cibo** in frigo.
*There's **not much food** in the fridge.*

Quel ragazzo fa **molte domande**.
*That boy asks **a lot of questions**.*

C'è **troppo burro** in questi biscotti.
*There is **too much butter** in these cookies.*

Abbiamo **tanti compiti**!
*We have **so much homework**!*

Avete mangiato **tutta la pasta**.
*You ate **all of the pasta**.*

Abbiamo **pochi gamberetti**!
*We have just a **few shrimp**!*

- Specific quantities include **chilo** (*kilo*), **etto** (*100 grams*), and **fetta** (*slice*). The invariable expression **un sacco di** is equivalent to *a ton of* in English.

Mi può dare **un chilo di** prosciutto e **due etti di** ricotta?
*Could you give me **a kilo of** ham and **200 grams of** ricotta?*

Vuole provare **una fetta di** mortadella?
*Would like to try **a slice of** bologna?*

Gli studenti hanno **un sacco di** parole nuove da imparare.
*The students have **a ton of** new words to learn.*

Ho mangiato **un sacco di** pasta.
*I ate **a ton of** pasta.*

Bere

- The verb **bere** (*to drink*) has an irregular stem: **bev-**.

Present tense of *bere*	
bevo	beviamo
bevi	bevete
beve	bevono

- The past participle of **bere** is **bevuto**. Note that it uses the same stem as the present-tense forms.

I gatti **bevono** molto latte.
*Cats **drink** a lot of milk.*

Ha bevuto una bottiglia d'aranciata.
*She **drank** a bottle of orangeade.*

Bevo sempre l'acqua frizzante.
*I always **drink** sparkling water.*

Hai bevuto il caffè stamattina?
***Did you drink** coffee this morning?*

 Provalo! Scegli il partitivo corretto per completare ogni frase.

del   dello   dell'   della   dei   degli   delle

1. Clara beve *dell'* acqua naturale.
2. Letizia e sua sorella mangiano _____ marmellata.
3. Io e Oriana beviamo _____ latte.
4. Tu compri _____ yogurt.
5. Vogliamo _____ tè.
6. Preferisco _____ melone.
7. Compriamo _____ ananas oggi.
8. Desidero _____ frutti di mare.
9. Laura deve prendere _____ uova.
10. Vuoi _____ zucchero nel caffè?

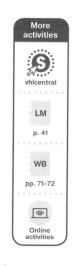

More activities

vhlcentral

LM
p. 41

WB
pp. 71–72

Online activities

PRATICA

1 **Completare** Completa ogni frase con **alcuni/e**, **qualche** o il partitivo corretto.

1. Avete _____ latte?
2. Mangio _____ fragola.
3. Voglio _____ carciofi.
4. Ho comprato _____ succo d'ananas.
5. Ci sono _____ cipolle sul tavolo.
6. Ho trovato _____ peperone.
7. Ho bisogno di _____ pesca per la macedonia.
8. Ho mangiato _____ riso.
9. Hai bevuto _____ acqua?
10. Avete mangiato _____ spinaci?

2 **Identificare** Guarda i disegni e scrivi che cosa beve la persona indicata usando il partitivo.

► **MODELLO**

Aldo beve del caffè.

Aldo / caffè

1. io / il latte

2. il signor Martinoli /
il succo di pomodoro

3. Marcella e
Ilaria / il tè

4. io e Ugo /
il succo d'arancia

5. Camilla / l'acqua
naturale

6. tu e Teresa /
la limonata

3 **Completare** Completa le frasi usando il passato prossimo. Attenzione a usare la forma corretta dell'aggettivo!

MODELLO

Mariano / comprare / un etto / formaggio
Mariano ha comprato un etto di formaggio.

1. io / bere / troppo / acqua
2. noi / mangiare / tutto / carne
3. tu / comprare / un po' di / pane
4. Pio / provare / tanto / cibi nuovi
5. Dora e Danilo / ordinare / un sacco di / prosciutto
6. tu e Maddalena / bere / molto / latte
7. la signora Emporio / volere / alcuno / biscotti
8. noi / mangiare / poco / lattuga
9. il risotto / avere / molto / piselli
10. cioccolatini / contenere / un po' di / liquore.

COMUNICAZIONE

4 **Quando l'hanno comprato?** A coppie, immaginate di essere compagni di stanza. Guardate cosa avete in frigo e poi fate domande su ciascun cibo. Dite quando l'avete comprato e usate il partitivo se necessario.

> **MODELLO**
>
> **S1:** *Abbiamo dello yogurt. Quando l'hai comprato?*
> **S2:** *Hmmm... l'ho comprato domenica scorsa.*

5 **Poco, tanto o un sacco di?** A coppie, fate domande e rispondete su che cosa avete da mangiare e da bere in casa di solito. Usate **poco**, **molto**, **troppo** e **un sacco di** per descrivere le quantità.

> **MODELLO**
>
> **S1:** *Hai biscotti?*
> **S2:** *Oh, sì! Abbiamo un sacco di biscotti! Tu hai pasta?*
> **S1:** *Sì, ma di solito abbiamo poca pasta...*

6 **Inchiesta** A coppie, leggete le seguenti attività. Poi chiedete ai vostri compagni di classe se fanno le attività indicate. Se sì, scrivete i loro nomi accanto all'attività.

> **MODELLO**
>
> **S1:** *Usi molto olio d'oliva per cucinare?*
> **S2:** *No, non molto. E tu, mangi una mela tutti i giorni?*
> **S1:** *Sì, sempre!*

Attività	Nome
1. cucinare con molto olio d'oliva	Sabrina
2. mangiare una mela tutti i giorni	
3. fare il pane in casa	
4. comprare il formaggio in salumeria	
5. sapere come fare la pasta in casa	
6. mangiare il gelato ogni settimana	
7. comprare un chilo di riso al mese	
8. usare un sacco di aglio per cucinare	

7 **Una festa** In gruppi di tre o quattro, organizzate una festa per un vostro amico che compie 21 anni. Scegliete che cosa mangiate e bevete (usate i partitivi), decidete dove comprare gli ingredienti, i cibi e le bevande e indicate quanto tempo ci vuole per preparare tutto. Alla fine, la classe sceglie la festa migliore.

SINTESI

Ricapitolazione

1 **Preparare una cena** A coppie, immaginate di essere compagni di stanza e di dover preparare una cena per i vostri genitori. Prima preparate un menu e una lista di ingredienti. Poi guardate il disegno e dite che cosa comprate in ogni negozio.

> **MODELLO**
>
> **S1:** Abbiamo bisogno di un po' di pane.
> Vado a comprarlo in panetteria.
> **S2:** Bene! Voglio anche dei gamberetti.
> Vado a comprarli in pescheria.

2 **Un ospite difficile** A coppie, create una conversazione in cui una padrona di casa (*hostess*) offre molte cose da mangiare e da bere a un ospite, ma l'ospite ha sempre qualche problema. Alla fine trovate qualche cosa che l'ospite accetta. Dovete essere creativi!

> **MODELLO**
>
> **S1:** Posso offrirti qualcosa? Ho delle fragole molto buone.
> **S2:** No grazie, non mi piacciono le fragole.
> **S1:** Qualcosa da bere? Un caffè?
> **S2:** No grazie, sono allergico al caffè...

3 **Chi vuole comprarlo?** Scrivi dieci parole del vocabolario della lezione su pezzi di carta e assegna un prezzo a ogni cosa. Poi, in gruppi di quattro, fate a turno a prendere un pezzo di carta e a dire se volete comprare quella cosa o no. Avete 50 euro da spendere.

> **MODELLO**
>
> **S1:** Una pera. Costa due euro. No, non la voglio comprare!
> **S2:** Due crostate. Costano 25 euro. Sì, le voglio comprare!

4 **Un viaggio fantastico** In gruppi di tre, fate a turno a fare le seguenti domande ai vostri compagni su un viaggio recente. Paragonate le vostre risposte.

> **MODELLO**
>
> **S1:** Quando sei partito e quando sei tornato?
> **S2:** Sono partito il 25 luglio e sono tornato il...

1. Quando sei partito e quando sei tornato?
2. Dove sei andato?
3. Hai comprato dei regali?
4. Sei uscito la sera?
5. Hai scritto molte e-mail alla tua famiglia?
6. Quanto è costato il viaggio?
7. Che cosa ti è piaciuto di più del viaggio?
8. Che cosa non ti è piaciuto del viaggio?

5 **Catena di memoria** In gruppi di tre, fate a turno a dire una frase usando il vocabolario della lezione. Gli altri devono poi aggiungere una frase alla frase precedente per vedere chi ha più memoria! Fate attenzione a usare i partitivi correttamente.

> **MODELLO**
>
> **S1:** Sono andato in panetteria e ho comprato del pane.
> **S2:** Sono andato in panetteria e ho comprato del pane.
> Poi sono andato in salumeria e ho comprato un etto di prosciutto.
> **S3:** Sono andato...

6 **Sette differenze** Lavorate a coppie. L'insegnante vi darà (*will give you*) due fogli diversi, ciascuno con un disegno. A turno, fate domande per trovare sette differenze fra i disegni. Usate i partitivi quando possibile.

> **MODELLO**
>
> **S1:** Io ho dello yogurt. E tu?
> **S2:** Anch'io ho dello yogurt. Io ho dell'acqua. E tu?

More activities

vhlcentral Online activities

Video

Italia autentica

Lo Zapping: L'angolo dello chef

Preparazione Dai un'occhiata al testo e guarda l'immagine. Secondo te, quale ricetta sta per preparare lo chef? Scegli gli ingredienti che pensi userà per la salsa, per la decorazione e per la pasta.

___ acciughe (*anchovies*)	___ cime di rapa (*broccoli rabe*)	___ peperoncino
___ aglio	___ olio	___ prezzemolo (*parsley*)
___ basilico (*basil*)	___ pane	___ semola di grano duro (*semolina*)

La cucina italiana è profondamente influenzata dalle tradizioni regionali. La preparazione di un piatto come la pasta può cambiare notevolmente (*a lot*) da regione a regione. Le orecchiette con le cime di rapa sono uno dei piatti tradizionali della cucina pugliese.

Nel frattempo (*In the meantime*), assembliamo la salsa.

1

Comprensione Guarda il video e metti nell'ordine corretto le istruzioni per preparare il piatto.

1. Infine (*Finally*), scoliamo la pasta, aggiungiamo la salsa e il pane tostato. _____

2. Soffriggiamo le cime di rapa in olio, aglio, acciughe e pepe. _____

3. Nel frattempo, tostiamo (*Toast*) il pane in un fondo di olio d'oliva, aglio e acciughe; aggiungiamo basilico, prezzemolo, pepe e peperoncino. _____

4. Formiamo (*Shape*) le orecchiette. _____

5. Scoliamo le rape. _____

6. Facciamo un impasto (*dough*) con acqua e semola di grano duro. _____

7. Per la salsa, cuociamo le cime di rapa in acqua bollente (*boiling*). _____

8. Mettiamo le orecchiette in acqua bollente. _____

2

Discussione A coppie, discutete delle domande seguenti. Create frasi complete usando le **Espressioni utili**.

1. Qual è il tuo piatto preferito? Di solito lo cucini o lo compri già pronto?

2. A casa tua cucinate spesso? Chi cucina di più?

3

Presentazione Pensa al tuo piatto preferito e descrivilo.

- Come si chiama?
- Come si prepara?
- Quali sono gli ingredienti?
- Quanto dura la preparazione?
- Lo cucini per qualche occasione particolare?

Espressioni utili

aggiungere	to add
bollire	to boil
frullare	to blend
impastare	to knead
insaporire	to season
sciogliere	to melt
schiacciare	to crush
scolare	to drain
soffriggere	to brown
tritare	to mince
Infine...	Finally...
Per prima cosa...	First...
Poi...	Then...

More activities

vhlcentral

Online activities

Lezione 5B

Communicative Goals

You will learn how to:
- talk about meals and place settings
- describe flavors

Ⓢ Hotspots

A tavola

il cuoco (la cuoca f.)

assaggiare la zuppa

il servizio

il piatto

il menu

Menu del giorno

la forchetta

il tovagliolo

il bicchiere

la caraffa d'acqua

la tovaglia

Vocabolario

espressioni	*expressions*
Vorrei...	*I would like. . .*
essere a dieta	*to be on a diet*
fatto/a in casa	*homemade*

al ristorante	*at the restaurant*
l'antipasto	*appetizer*
la bottiglia	*bottle*
il conto	*bill*
il contorno	*side dish*
il dolce	*dessert*
l'insalata	*salad*
il primo/secondo piatto	*first/second course*
la tazza	*cup; mug*
la tazzina	*espresso cup*

i pasti	*meals*
la colazione	*breakfast*
il pranzo	*lunch*
la merenda	*afternoon snack*
lo spuntino	*snack*
la cena	*dinner*

le bevande	*drinks*
l'acqua (frizzante, naturale)	*(sparkling, still) water*
la birra	*beer*
il latte	*milk*
il succo (d'arancia)	*(orange) juice*
il tè	*tea*

per parlare del cibo	*talking about food*
il gusto	*flavor; taste*
amaro	*bitter*
dolce	*sweet*
insipido/a	*bland*
leggero/a	*light*
pesante	*rich, heavy*
piccante	*spicy*
salato/a	*salty*
saporito/a	*tasty*

More activities

Ⓢ vhlcentral | WB pp. 73–74 | LM p. 42 | Online activities

Attenzione!

In Italy, leaving a tip (**la mancia**) for a waiter is not customary, though some people choose to leave small change for exceptional service. However, a flat fee for table service (**il coperto**) is commonly added to bills.

ordinare

il sale

il pepe

il vino (bianco, rosso)

il coltello

la ciotola

il cucchiaio

il cucchiaino

Pratica

1 Abbinare Abbina ogni utensile al cibo o alla bevanda che meglio corrisponde.

1. _____ cucchiaio
2. _____ caraffa
3. _____ tazzina
4. _____ bicchiere
5. _____ piatto
6. _____ coltello

a. insalata
b. caffè
c. zuppa
d. manzo
e. acqua
f. succo d'arancia

2 Rispondere Rispondi a ogni domanda con una parola dal vocabolario della lezione.

MODELLO

S1: Come si chiama l'acqua con le bollicine (*little bubbles*)?
S2: *frizzante*

1. Che cosa usi per bere il caffè?
2. Come si chiama un cucchiaio piccolo?
3. Il gelato è dolce o salato?
4. L'insalata è leggera o pesante?
5. Che cosa lasci al cameriere per un buon servizio?
6. Chi cucina al ristorante?

3 Completare Scegli la parola che completa meglio ogni frase.

1. Per mangiare la zuppa ho bisogno di un (cucchiaio / coltello).
2. Di solito bevo il caffè con il (sale / latte).
3. Come contorno ordiniamo (l'insalata / il pepe).
4. Vorrei un (piatto / bicchiere) di acqua frizzante.
5. Sono a dieta e devo mangiare un piatto (leggero / pesante).
6. Questa carne è insipida! Vorrei un po' di (sale / tè) e pepe.

4 Creare A coppie, scrivete due frasi per ogni disegno usando parole dal vocabolario della lezione.

1. _____
2. _____
3. _____

4. _____
5. _____
6. _____

Comunicazione

5 **Vero o falso?** Ascolta la conversazione tra i signori Tedesco e il cameriere. Poi, a coppie, decidete se le seguenti affermazioni sono **vere** o **false**. Correggete quelle false.

MODELLO

S1: *Il marito della signora Tedesco prende un antipasto.*
S2: *Falso. La signora Tedesco prende un antipasto.*

1. La signora Tedesco prende un antipasto di frutti di mare.
2. Il signor Tedesco è a dieta.
3. La pasta servita al ristorante è fatta in casa.
4. La signora Tedesco ordina carne di manzo.
5. I signori Tedesco ordinano del vino bianco.
6. La signora Tedesco non vuole il dolce.
7. In tavola non ci sono i bicchieri.
8. La signora Tedesco vuole anche un caffè con lo zucchero.

6 **Gli opposti** A coppie, recitate (*role-play*) per la classe una scenetta in cui (*in which*) due amici con gusti completamente opposti escono a cena. Parlate del menu, di quello che volete ordinare e delle vostre reazioni a ogni scelta.

MODELLO

S1: *Mmmm, mi piace il manzo! Questo manzo al vino rosso sembra (seems) delizioso.*
S2: *Veramente? Io non mangio la carne! Preferisco mangiare qualcosa di più leggero...*

La melanzana rossa

PRIMI PIATTI
Pasta fatta in casa con condimento del giorno
Tortellini al burro
Risotto al pomodoro
Zuppa di patate

CONTORNI
Patate arrosto
Insalata mista
Verdure miste al forno (zucchine, peperoni rossi e verdi, patate)
Melanzane con pomodori

SECONDI PIATTI
Carne di manzo al vino rosso
Carne di maiale con pepe rosa
Pesce alla griglia con olio e limone
Prosciutto e melone
Insalata di tonno e patate
Frutti di mare fritti
Gamberetti in salsa rosa

DOLCI
Gelato alla vaniglia
Frutta di stagione
Crostata di mele

7 **Il nuovo ristorante** A gruppi di tre, immaginate di aprire un nuovo ristorante. Decidete quali cibi volete servire e come sarà (*will be*) il menu. Poi scrivete una pubblicità.

MODELLO

Nel nostro nuovo ristorante «Da zia Dede» serviamo pasta e tortellini fatti in casa. Usiamo solo ingredienti freschi. Tra i nostri piatti principali ci sono...

8 **A cena dai Ricci!** Lavorate a coppie. L'insegnante vi darà (*will give you*) due fogli diversi, ciascuno con un disegno della famiglia Ricci che prepara la tavola. A turno, fate domande per completare la lista di quello che ogni membro della famiglia porta in tavola.

MODELLO

S1: *Che cosa porta in tavola la signora Ricci?*
S2: *Porta i piatti.*

Pronuncia e ortografia Audio

◀》 Diphthongs and triphthongs

| **Giorgio** | **guancia** | **scuola** | **suono** |

A diphthong is the combination of two vowel sounds to make a one-syllable sound.

....

| **piatto** | **più** | **guerra** | **guido** |

In Italian, a diphthong is usually formed when an unstressed **i** or **u** is followed by another vowel. An unstressed **i** + [*another vowel*] is pronounced like the *y* in the English word *you*. An unstressed **u** + [*another vowel*] is pronounced like the *w* in *we*.

....

| **guai** | **miei** | **suoi** | **vuoi** |

A triphthong is the combination of three vowel sounds to make a one-syllable sound.

....

| **due** | **io** | **sua** | **zia** |

When **i** and **u** are stressed, no diphthong or triphthong is formed. Each vowel is pronounced as an individual sound.

Pronunciare Ripeti le parole ad alta voce.

1. lingua
2. tuono
3. giunto
4. nuovo
5. fiume
6. puoi
7. tua
8. qua
9. bottiglie
10. quando
11. piatto
12. cucchiaio

Articolare Ripeti le frasi ad alta voce.

1. Hai preparato le uova?
2. Metto i bicchieri e i piatti nella lavastoviglie.
3. La pescheria chiude alle sette.
4. Il suocero di Giorgio lavora in ufficio.
5. Puoi venire a casa mia per Pasqua?
6. Guardo un bel film dopo questa cena.

Proverbi Ripeti i proverbi ad alta voce.

Troppi cuochi guastano la cucina.[1]

Pane al pane, vino al vino.[2]

[1] Too many cooks spoil the broth. (lit. *Too many cooks spoil the cooking.*)
[2] Call a spade a spade. (lit. *Bread is bread, wine is wine.*)

More activities

 vhlcentral

 LM   p. 43

FOTOROMANZO

Troppi cuochi guastano la cucina Video

PERSONAGGI

Emily

Lorenzo

Marcella

Paolo

Riccardo

Viola

MARCELLA Prima la pancetta. Comincia con la pancetta. La devi rosolare lentamente. Guarda, così.
EMILY No! Voglio dire, scusa, Marcella. Voglio davvero farlo io. Voglio preparare la cena per la pensione. Adesso, sciò.
MARCELLA Va bene, va bene.
EMILY Caffè.

RICCARDO A che ora è la cena? Ho fame... Devo fare uno spuntino. Fammi vedere. *(con la bocca piena)* Ma questo è facile!
VIOLA Marcella ha detto che prepari tu la cena stasera. Posso aiutarti?
RICCARDO Tre cuochi! Forza, al lavoro!

RICCARDO No, Viola, così non va. Manca l'aglio.
VIOLA Ma mia madre cucina sempre così.
RICCARDO E devi mettere più pepe.
VIOLA Basta così! È troppo piccante.
EMILY Io apparecchio la tavola.

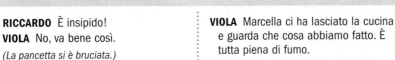

RICCARDO È insipido!
VIOLA No, va bene così.
(La pancetta si è bruciata.)
RICCARDO Oh, no!
VIOLA È colpa tua.
RICCARDO Mia? Ma se l'hai cucinata tu.
EMILY Un cucchiaio, per favore.

VIOLA Marcella ci ha lasciato la cucina e guarda che cosa abbiamo fatto. È tutta piena di fumo.
EMILY State calmi. A volte un piatto cattivo può facilmente diventare buono. Possiamo friggere velocemente una cipolla con dei funghi.

A cena...
MARCELLA Non male. Strana. Di sapore forte. Gustosa.
PAOLO Assolutamente deliziosa!
LORENZO Non ho mai mangiato una pasta così... americana. Che c'è per dolce? *Apple pie?*

1 **Chi è?** A chi si riferiscono queste affermazioni? Emily, Lorenzo, Marcella, Paolo, Riccardo o Viola?

1. Vuole preparare la cena per la pensione.
2. Fa uno spuntino.
3. Apparecchia la tavola.
4. Ama l'insalata.
5. Secondo lei, i veri cuochi rispettano i sapori.
6. Suggerisce di friggere i funghi con una cipolla.
7. Dice che la pasta è gustosa.
8. Usa troppo aglio.
9. Ha mangiato tutto il tiramisù.
10. Preferisce i piatti tradizionali.

I ragazzi preparano una cena speciale.

PAOLO Prepari tu la cena stasera? Non vedo l'ora!

EMILY Grazie. In realtà hanno fatto quasi tutto Riccardo e Viola. Io ho preparato l'insalata.

PAOLO Io amo l'insalata. Dai, prendo i bicchieri, le forchette e i tovaglioli.

RICCARDO Un pizzico di sale nell'acqua.

VIOLA Basta un cucchiaino, Riccardo.

RICCARDO Viola. I grandi cuochi sono tutti uomini.

VIOLA Ma tu non sei un cuoco, Riccardo. Usi troppo pepe e aglio. I veri cuochi rispettano i sapori.

MARCELLA Abbiamo comprato del tiramisù in pasticceria.

EMILY L'ho cercato in cucina prima di cena. Dov'è?

PAOLO Eeh...

MARCELLA Oh, Paolo. L'hai mangiato tutto?

PAOLO Mi dispiace.

RICCARDO Non ti piace la pasta, Lorenzo?

LORENZO Preferisco i piatti tradizionali.

RICCARDO L'ha fatta Viola.

LORENZO Interessante, un po' piccante, un po' salata. Molto olio, burro, molto burro... Ma no!

VIOLA Scusa!

LORENZO Accidenti! Idiota!

Espressioni utili

Dinner is ready!

- **La devi rosolare lentamente.**
  You have to brown it slowly.
- **Manca l'aglio.**
  It's missing garlic.
- **Apparecchio la tavola.**
  I'll set the table.
- **un pizzico di sale**
  a pinch of salt
- **Basta un cucchiaino.**
  A teaspoon is enough.
- **I veri cuochi rispettano i sapori.**
  True chefs respect flavors.
- **Se l'hai cucinata tu.**
  You're the one who cooked it.
- **Marcella ci ha lasciato la cucina.**
  Marcella let us use the kitchen.
- **friggere**
  to fry
- **gustosa**
  tasty

Adverbs

- **facilmente**
  easily
- **velocemente**
  quickly
- **assolutamente**
  absolutely
- **davvero**
  really

Additional vocabulary

- **Sciò.**
  Shoo.
- **È colpa tua.**
  It's your fault.
- **Forza, al lavoro!**
  Let's get to work!
- **Basta così!**
  That's enough!
- **Non vedo l'ora!**
  I can't wait!
- **È tutta piena di fumo.**
  It's completely full of smoke.

---

2 **Per parlare un po'** In gruppi di tre, scegliete un piatto italiano e fate una lista degli ingredienti. Poi presentatela ai vostri compagni di classe, che devono indovinare il piatto che avete scelto.

3 **Approfondimento** Ogni regione italiana ha diversi piatti tipici. Scegli cinque regioni e per ognuna trova un cibo tipico. Presenta i tuoi risultati alla classe e parla di questi cibi: li hai mai provati? Se sì, dove? Ti sono piaciuti? Se no, quale vorresti (*would you like*) provare? Perché?

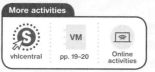

More activities

vhlcentral | pp. 19–20 | Online activities

ATTIVITÀ

IN PRIMO PIANO

I pasti in famiglia

Nessuna cucina è buona come quella di casa. Tutti sanno che due elementi fondamentali della cultura italiana sono la famiglia e la cucina. Il cibo fatto in casa è infatti una tradizione importante per ogni occasione, non solo a Natale, a Capodanno e a Pasqua°. Ogni giorno è un giorno speciale!

Poiché° molti giovani vivono in famiglia anche dopo aver finito° gli studi, ci sono molte occasioni per condividere° il tempo a tavola con la famiglia. Questo succede° praticamente ogni sera. Tradizionalmente, anche se meno° oggi che in passato, le mamme e i papà italiani dedicano almeno° una o due ore alla preparazione della cena. Molti italiani cenano quotidianamente° con l'intera famiglia e hanno un pasto a più portate°.

A pranzo, invece, studenti e lavoratori spesso mangiano «qualcosa di veloce°», come un panino o un'insalata mista in un bar vicino all'ufficio o all'università. Il pranzo della domenica a volte vede la presenza dell'intera famiglia, nonni e zii inclusi. Si serve un primo di pasta o riso e un secondo di carne o di pesce con un contorno di verdure. L'insalata mista in Italia si serve con il secondo. Solitamente, prima della frutta e del caffè, si mangia il dolce, fatto in casa oppure comprato dal pasticciere di fiducia°. La sera, dalle 18.30 alle 20.00, molti giovani hanno l'abitudine di andare a prendere un aperitivo con gli amici, ma tornano a casa ansiosi° di sapere quello che la mamma o il papà hanno preparato per cena.

La voglia di gelato degli italiani	
Spesa annuale per famiglia per il gelato	
Nord Italia	€88
Centro Italia	€73
Sud Italia	€68
Isole	€72
FONTE: ISTAT	

a Natale, a Capodanno e a Pasqua *at Christmas, New Year's, and Easter* **Poiché** *Since* **dopo aver finito** *after finishing* **condividere** *share* **succede** *happens* **se meno** *if less* **almeno** *at least* **quotidianamente** *daily* **a più portate** *multi-course* **qualcosa di veloce** *something quick* **di fiducia** *trusted* **ansiosi** *eager*

A T T I V I T À

1 **Vero o falso?** Indica se l'affermazione è **vera** o **falsa**. Correggi le affermazioni false.

1. Gli studenti di solito tornano a casa per pranzo.
2. La cena è un momento di riunione con la famiglia.
3. La domenica i giovani escono per pranzo e cena.
4. I giovani vanno a prendere l'aperitivo di mattina.
5. A pranzo, di domenica, si mangia solo un primo.
6. Anche i nonni e gli zii spesso partecipano al pranzo domenicale.
7. Molti giovani italiani vivono in famiglia dopo aver finito gli studi.
8. La pasta è un primo piatto.
9. Il contorno accompagna la carne o il pesce.
10. La frutta è servita subito dopo il primo.

L'ITALIANO QUOTIDIANO

Dove si mangia?

la birreria	pub; beer garden
la cioccolateria	café specializing in chocolate
la focacceria	store specializing in focaccia
l'enoteca	store specializing in wine
il laboratorio di pasta fresca	store specializing in homemade pasta
l'osteria	small restaurant
la paninoteca	sandwich shop
la pizzeria	pizza shop
la tavola calda	snack bar; cafeteria
la trattoria	small (family run) restaurant

USI E COSTUMI

Un dolce per ogni festa

A Natale sulle tavole delle famiglie di tutta Italia—nonostante° la sua origine milanese—non manca mai il **panettone**. Per i più golosi°c'è il panettone ripieno di cioccolato, di crema o perfino° di gelato! Per chi invece non ama la frutta candita°, c'è un'altra possibilità: il **pandoro**. Questo può essere liscio oppure con crema al mascarpone. Un altro dolce natalizio° è la **veneziana**: tradizionale di Milano, ha una pasta° simile a quella del pandoro, ma con la superficie ricoperta° di zucchero e mandorle°, molto simile alla **colomba** pasquale. Altri dolci, non esclusivamente festivi, sono la **cassata** siciliana, i **cannoli** siciliani, la **pastiera** napoletana e il **bonnet** piemontese. Insomma, a ciascuno il suo°!

nonostante *in spite of* golosi *gluttonous* perfino *even* frutta candita *candied fruit* natalizio *Christmas-time* pasta *dough* ricoperta *covered* mandorle *almonds* a ciascuno il suo *to each his own*

RITRATTO

Antonino Cannavacciuolo

Antonino Cannavacciuolo, nato in provincia di Napoli il 16 aprile 1975, è un pluripremiato° chef e personaggio televisivo. Antonino inizia la sua carriera a Sorrento nel 1992. Dopo varie esperienze lavorative tra nord e sud, nel 1999 diventa chef patron° e gestore°, insieme alla moglie, del lussuoso° Ristorante Hotel "Villa Crespi" a Orta San Giulio, in Piemonte. Nel 2003 riceve la prima stella Michelin e 3 anni dopo arriva la seconda. Nel 2013 esordisce° in televisione con *Cucine da incubo*, versione italiana del celebre programma di Gordon Ramsey, che conduce° ancora oggi. Nel 2015 si aggiunge° alla conduzione° di *Masterchef Italia* insieme a Bruno Barbieri, Joe Bastianich e Carlo Cracco. Oltre a cucinare, presentare programmi tv e gestire° i suoi ristoranti, Cannavacciuolo è anche autore di vari libri di cucina.

pluripremiato *award-winning* chef patron *executive chef* gestore *manager* lussuoso *luxurious* esordisce *debuts* conduce *presents* si aggiunge *joins* conduzione *presenting* gestire *to manage*

RITMO ITALIANO

La pappa col pomodoro è un piatto contadino tipico della cucina toscana... ma anche una divertente canzone pop-rock degli anni '60! Vai su **vhlcentral.com** e scopri il brano.

---

2 **Completare** Completa le frasi.

1. Antonino Cannavacciuolo è nato in provincia di _____.

2. *Cucine da incubo* è il primo _____ TV condotto da Cannavacciuolo.

3. Il panettone può essere _____ di cioccolato.

4. Il pandoro e la veneziana sono dolci _____.

5. Un dolce siciliano molto famoso è la _____.

6. Un dolce napoletano molto famoso è _____.

3 **A voi** A coppie, discutete le seguenti domande.

1. Ti piace cucinare?

2. Qual è il tuo piatto preferito?

3. Qual è il tuo dolce preferito? Descrivi la ricetta.

More activities

vhlcentral

Online activities

ATTIVITÀ

STRUTTURE

5B.1

Indirect object pronouns

Punto di partenza In **Lezione 5A**, you learned that a direct object answers the question *what?* or *whom?* An indirect object identifies *to whom* or *for whom* an action is done.

SUBJECT	VERB	INDIRECT OBJECT
Le ragazze	parlano	**al cameriere.**
The girls	*are talking*	*to the waiter.*

- In Italian, indirect objects are always preceded by a preposition, typically **a**, but sometimes **per**.

  Dà lo scontrino **a Mario.**
  *He's giving the receipt **to Mario.***

  Ha offerto della torta solo **a te.**
  *She only offered **you** some cake.*

  Hai preparato uno spuntino **per me**?
  *Did you make a snack **for me**?*

  Hai chiesto il caffè **per noi**?
  *Did you order coffee **for us**?*

- You have already learned some verbs commonly used with indirect objects, including **chiedere, dare, dire, domandare, insegnare, mandare, offrire, parlare, portare, rispondere, scrivere, spiegare**, and **telefonare**. The following verbs are also used with indirect objects.

Additional verbs used with indirect objects

consigliare	*to recommend*	prestare	*to lend*
mostrare	*to show*	regalare	*to give (as a gift)*
preparare	*to prepare*	restituire (-isc-)	*to give back*

- Indirect objects can be replaced with indirect object pronouns. Direct and indirect object pronouns have identical forms, except in the third person.

Indirect object pronouns

singular		plural	
mi	*(to, for) me*	ci	*(to, for) us*
ti	*(to, for) you*	vi	*(to, for) you*
Le	*(to, for) you* *(form., m. or f.)*		
gli	*(to, for) him*	gli (loro)	*(to, for) them*
le	*(to, for) her*		

- Like direct object pronouns, indirect object pronouns either precede a conjugated verb or are attached to an infinitive.

  Il cuoco non **gli prepara** mai il dolce.
  *The cook never **prepares** the dessert **for him**.*

  Giorgia **ci mostra** come cucinare le lasagne.
  *Giorgia **shows us** how to cook lasagna.*

  Devi **darle** una buona mancia.
  *You have to **give her** a good tip.*

  Puoi **restituirmi** la tazzina?
  *Can you **give me back** the espresso cup?*

- **Loro** is an exception. Always place it after the verb, and do not attach it to infinitives. In modern usage, however, **gli** is the preferred way to express *to/for them*.

Il cameriere mostra **loro** il menu.
(Il cameriere **gli** mostra il menu.)
*The waiter is showing **them** the menu.*

Ho dato **loro** dei pomodori.
(**Gli** ho dato dei pomodori.)
*I gave **them** some tomatoes.*

Volete regalare **loro** la torta?
(Volete regalar**gli** la torta?)
*Do you want to give **them** the cake?*

Vogliamo portare **loro** un po' di formaggio.
(Vogliamo portar**gli** un po' di formaggio.)
*We want to bring **them** some cheese.*

- Note that the pronouns **le** and **gli** never elide before vowels, and that past participles do not agree in gender or number with indirect object pronouns.

La mamma sta bene. **Le** ho telefonato ieri.
*Mom is feeling well. I called **her** yesterday.*

Chi è Giorgio? Non **gli** abbiamo mai parlato.
*Who is Giorgio? We've never talked **to him**.*

Verbs like *piacere*

- In **Lezione 2B** you learned to use indirect object pronouns with the verb **piacere**.

SUBJECT ←→ INDIRECT OBJECT
L'insalata **mi** piace molto.

SUBJECT ←→ DIRECT OBJECT
*I like salad a lot. (The salad is very pleasing **to me**.)*

- Note that the subject of the English sentence corresponds to the indirect object pronoun of the Italian sentence. Unlike in English, in Italian the thing that is being liked is the subject of the sentence.

Ti piacciono **i dolci** fatti in casa?
Do you like homemade desserts?

Vi è piaciuta **la zuppa**?
Did you like the soup?

- Other verbs that use a similar construction include **mancare** (*to miss*), **bastare** (*to be enough*), **restare** (*to remain*), **sembrare** (*to seem*), and **dispiacere** (*to be sorry*). Like **piacere**, these verbs are conjugated with **essere** in the **passato prossimo**.

I peperoncini **vi sono sembrati piccanti**?
*Did the peppers **seem spicy to you**?*

Marco, **mi manchi**! **Ti manco** anch'io?
*Marco, **I miss you**! **Do you miss me**, too?*

 Provalo! Scegli il pronome indiretto corretto.

1. Tu (mi / (ci)) mostri la nuova pasticceria. (a noi)
2. Loro (ti / mi) offrono un caffè. (a te)
3. Antonella (vi / le) prepara la pasta fatta in casa. (a voi)
4. Io ed Edoardo (le / gli) portiamo una crostata. (a lei)
5. Adriana e Leonardo (mi / vi) portano un gelato. (a me)
6. Il cameriere (mi / gli) consiglia un antipasto. (a loro)

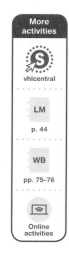

STRUTTURE

1 **Completare** Completa ogni frase con il pronome indiretto corretto.

1. Io _____ offro il pranzo. (a te e a Lavinia)
2. Signor Acilio, _____ consiglio il manzo. (a Lei)
3. Irene _____ telefona dal supermercato. (a me)
4. Tu _____ offri un caffè. (a me e a Emilia)
5. Io _____ regalo i cucchiaini d'argento (*silver*). (a te)
6. La mia famiglia _____ porta della marmellata. (a loro)
7. Tu e Serena _____ pagate la spesa. (a noi)
8. Loro _____ ordinano la cena. (a Carla)

2 **Riscrivere** Riscrivi ogni frase sostituendo (*replacing*) l'oggetto indiretto con un pronome indiretto.

MODELLO

Il cameriere consiglia i gamberetti al cliente.
Il cameriere gli consiglia i gamberetti.

1. Il cameriere porta le bevande ai bambini.
2. I clienti danno la mancia a voi.
3. Il cuoco propone il dolce al cioccolato a Maria.
4. Questo ristorante serve solo piatti vegetariani a me e alla mia famiglia.
5. La mamma legge il menu a te.
6. Gino dà il conto a me.

3 **Creare** Scrivi che cosa piace a ogni persona usando un pronome indiretto.

▶ **MODELLO**

Gli piace il pesce.

Marco

1. Giuliano e Alessandra

2. voi

3. tu

4. Carlotta

5. noi

6. io

4 **Rispondere** Rispondi alle domande usando un pronome indiretto.

1. Mamma, mi insegni a fare la pizza? (Sì)
2. Marco, spieghi a tua sorella come accendere il forno? (No)
3. Professore, ci parla delle ricette popolari in Valle d'Aosta? (Sì)
4. Maria vi restituisce la pentola oggi? (No)
5. Ti manca il pomodoro per fare il sugo? (Sì)
6. Ci basta una bottiglia di olio d'oliva? (No)

COMUNICAZIONE

5 **Creare** A coppie, create frasi su di (*about*) voi, le vostre famiglie e i vostri amici usando pronomi indiretti e parole da ogni colonna.

> **MODELLO**
>
> **S1:** *Io ho due fratelli e gli compro spesso dei regali.*
> **S2:** *Io, invece, gli presto spesso la macchina.*

A	B	C
io	comprare	spesso
tu	dare	dei regali
mio padre	fare	la macchina
mia madre	portare	dei soldi
mio fratello	preparare	al telefono
mia sorella	prestare	delle domande
i miei cugini	scrivere	i biscotti
i miei amici	spiegare	l'e-mail
il/la mio/a ragazzo/a	telefonare	i suoi problemi
?	?	?

6 **Compleanni** Lavorate a coppie. A turno, fate domande su che cosa comprate o fate per il compleanno delle persone indicate.

> **MODELLO**
>
> **S1:** *Che cosa compri a tua madre per il suo compleanno?*
> **S2:** *Le compro dei bicchieri nuovi perché i nostri bicchieri sono brutti.*

mio padre
mia madre
i miei fratelli e sorelle
il/la mio/a migliore amico/a
i miei professori
i miei nonni
il/la mio/a compagno/a di stanza

7 **Lontano da casa** In gruppi di quattro, chiedete che cosa o chi vi manca di più quando siete lontani da casa.

> **MODELLO**
>
> **S1:** *Che cosa ti manca di casa?*
> **S2:** *Mi mancano le crostate di mia madre. Sono così buone!*
> **S3:** *Mi manca mio fratello, anche se litighiamo (fight) spesso!*

8 **Chi l'ha fatto?** In gruppi di tre o quattro, rispondete alle seguenti domande. Poi riportate le vostre risposte alla classe.

Nell'ultimo mese...

1. hai offerto da bere ai tuoi amici?
2. hai preparato una cena speciale a tua madre?
3. hai telefonato a tuo nonno?
4. hai spiegato una lezione a un(a) compagno/a di classe?

STRUTTURE

5B.2

Adverbs

Punto di partenza Adverbs describe *how*, *when*, and *where* actions take place. They modify verbs, adjectives, and other adverbs. Unlike adjectives, adverbs are invariable; they do not vary in gender or number.

- You've already learned some adverbs, such as **(non) ancora**, **bene**, **male**, **già**, **(non) mai**, **sempre**, and **spesso**. Here are other common adverbs.

Common adverbs and adverbial expressions			
adesso / ora	*now*	presto	*soon, quickly*
di solito	*usually*	prima	*before, first, beforehand*
dopo	*after, afterwards*	qualche volta	*sometimes*
non... più	*no more, no longer*	subito	*immediately, right away*
poi	*then, later*	tardi	*late*

Ordiniamo **subito** l'antipasto?
*Shall we order the appetizer **right away**?*

Caterina **non** è **più** a dieta.
*Caterina isn't on a diet **anymore**.*

- Many Italian adverbs can be formed by adding **-mente** to the feminine singular form of an adjective. This ending is equivalent to *-ly* in English.

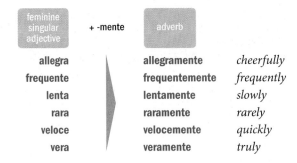

feminine singular adjective	+ -mente →	adverb	
allegra		allegramente	*cheerfully*
frequente		frequentemente	*frequently*
lenta		lentamente	*slowly*
rara		raramente	*rarely*
veloce		velocemente	*quickly*
vera		veramente	*truly*

I cani mangiano **rapidamente**.
*The dogs eat **quickly**.*

L'ho vista **recentemente**.
*I saw her **recently**.*

- If an adjective ends in **-le** or **-re**, drop the final **-e** before adding the **-mente** ending.

Finalmente arriva l'antipasto.
*The appetizer is **finally** arriving.*

Probabilmente prendiamo il dolce.
*We're **probably** getting dessert.*

Mangiano **regolarmente** in mensa?
*Do they eat at the cafeteria **regularly**?*

La zuppa non è **particolarmente** saporita.
*The soup isn't **particularly** tasty.*

- There are some exceptions to these rules, such as **leggermente** and **violentemente**.

Mario ha aperto **violentemente** la porta.

La zuppa è **leggermente** piccante.

- Some words can act as either adjectives or adverbs. These include **molto** (*a lot, many; very*), **poco** (*little, few; not much, not very*), **troppo** (*too much; too*), and **tanto** (*so much, so many; so*). In **Lezione 5A**, you learned to use the adjective forms. Note that as adverbs their forms are invariable.

<table>
<tr><td align="center">adjective</td><td align="center">adverb</td></tr>
<tr><td>Questo ristorante offre **molte** bevande.
*This restaurant offers **lots of** drinks.*</td><td>Il tè è **molto** buono.
*The tea is **very** good.*</td></tr>
<tr><td>Ci sono **troppi** dolci!
*There are **too many** desserts!*</td><td>I dolci sono **troppo** pesanti.
*The desserts are **too** heavy.*</td></tr>
</table>

- Adverbs are usually placed immediately after the verb they modify, or before the adjective or adverb they modify.

Bevo **raramente** il succo di mela.
*I **rarely** drink apple juice.*

Sono **veramente** piccanti.
*They are **really** spicy.*

Assolutamente delizioso!

La devi rosolare lentamente.

- In compound tenses, **ancora**, **già**, **mai**, **più**, and **sempre** always immediately precede the past participle.

Non hai mai assaggiato il tiramisù?
*You've **never tasted** tiramisu?*

Ho già chiesto il conto.
*I have **already asked for** the check.*

Non avete ancora bevuto il tè?
*You haven't **had** the tea **yet**?*

Non hai più usato quella ricetta?
*You've **never used** that recipe **again**?*

Abbiamo sempre scelto gli ingredienti migliori.
*We've **always chosen** the best ingredients.*

Non ha mai mangiato le vongole.
*She has **never eaten** clams.*

🏃 Attrezzi

In **Lezione 4B**, you learned to place the adverbs **ancora**, **già**, **mai**, and **sempre** between the auxiliary verb and the past participle in the **passato prossimo**.

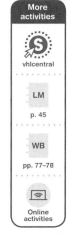

More activities

🅢 vhlcentral

LM
p. 45

WB
pp. 77–78

Online activities

Provalo!   Scrivi l'avverbio che corrisponde all'aggettivo dato.

1. lento *lentamente*
2. allegro _____
3. finale _____
4. rapido _____
5. raro _____
6. recente _____

7. intelligente _____
8. intenso _____
9. frequente _____
10. vero _____
11. probabile _____
12. veloce _____

STRUTTURE

PRATICA

1 **Scegliere** Scegli l'avverbio che completa meglio ogni frase.

1. I genitori vanno al ristorante (frequentemente / leggermente).

2. La mamma parla (velocemente / probabilmente).

3. I bambini giocano (particolarmente / regolarmente).

4. La macchina va (lentamente / recentemente).

5. Giovanna mangia riso e verdure (gentilmente / frequentemente).

6. Noi puliamo la cucina (attentamente / pesantemente).

7. Non sono vegetariana ma mangio la carne molto (allegramente / raramente).

8. È sabato: (probabilmente / lentamente) il ristorante è pieno.

2 **Completare** Sostituisci ogni aggettivo tra parentesi con un avverbio per completare la conversazione tra Gina e Giorgio.

GINA Mi piace il Ristorante Roma. I camerieri ti parlano sempre (1) _____ (allegro).

GIORGIO È vero. E poi ti servono il cibo (2) _____ (veloce).

GINA La pasta alle vongole è (3) _____ (leggero) piccante, buonissima!

GIORGIO E i dolci sono (4) _____ (incredibile) buoni, vero?

GINA Sono d'accordo. Mi piace molto anche la musica; l'atmosfera è (5) _____ (costante) allegra.

GIORGIO Sì, il Ristorante Roma è il mio preferito. Dobbiamo andare lì più (6) _____ (frequente)!

3 **Ordinare** Leggi le frasi sulla serata di Luigi al ristorante. Poi mettile in ordine e riscrivile usando **prima** (1), **dopo** (2), **poi** (3), **successivamente** (4), **subito dopo** (5), **più tardi** (6), **poi** (7), **infine** (8).

1. ____ Ha chiesto un'insalata con i pomodori.

2. ____ Ha ordinato il caffè.

3. ____ Ha ordinato un antipasto.

4. ____ Ha chiesto il conto.

5. ____ Ha aspettato la pasta con le melanzane e le zucchine.

6. ____ Ha ordinato un filetto di pesce.

7. ____ Luigi ha chiesto dell'acqua minerale e un bicchiere di vino.

8. ____ Ha bevuto un amaro digestivo.

4 **Scrivere** Componi delle frasi con le parole date. Ricordati di trasformare gli aggettivi in avverbi e di usare il passato prossimo.

MODELLO

Marco / fare colazione / veloce
Marco ha fatto colazione velocemente.

1. Alessandro e Antonio / cucinare / raro

2. Io / fare la spesa / su Internet / regolare

3. Tu e Ilaria / cenare insieme / frequente

4. Io e Gianna / chiacchierare / allegro

5. Sergio / comprare / un buon vino / recente

6. Tu / spremere / le arance / rapido

7. Probabile / lui e Anna / andare a cena insieme

COMUNICAZIONE

5 **La vita all'università** A coppie, fate le seguenti domande sulla vita nella vostra università. Rispondete a turno usando gli avverbi che conoscete.

MODELLO

S1: *Vai sempre a lezione d'italiano?*
S2: *Sì, ma spesso arrivo tardi.*

1. Mangi regolarmente alla mensa dell'università?
2. Vai spesso nei ristoranti eleganti fuori dall'università?
3. Studi il fine settimana?
4. Mangi spesso nel tuo dormitorio?
5. Tu e i tuoi amici fate spesso sport?
6. Mangi molta carne?
7. Fai uno spuntino regolarmente dopo le lezioni?
8. Tu e le tue amiche cucinate spesso?
9. Bevi molto caffè?
10. Mangi frutta e verdura regolarmente?

6 **Un ristorante in piena attività** A coppie, scrivete delle frasi sulla foto. Descrivete come stanno e cosa fanno le persone nel ristorante. Dovete essere creativi e usare gli avverbi.

MODELLO

S1: *Il cameriere lavora lentamente oggi perché è stanco.*
S2: *L'uomo con la camicia blu ascolta la donna distrattamente.*

7 **La nostra classe** In gruppi di quattro, scegliete un(a) compagno/a di classe che, secondo voi, corrisponde meglio a queste descrizioni e poi paragonate (*compare*) i risultati con la classe.

MODELLO

Gianni impara l'italiano velocemente.

Chi in classe...	Nome
1. impara l'italiano velocemente?	Gianni
2. canta bene?	
3. mangia spesso cibi biologici (organic)?	
4. studia sempre in biblioteca?	
5. mangia abitualmente il gelato	
6. mangia frequentemente in ristoranti eleganti?	

SINTESI

Ricapitolazione

1 Al ristorante A coppie, usate i verbi della lista e i pronomi diretti per creare una conversazione tra le persone nel disegno.

MODELLO

Signora Bellini: *Perché telefoni ai bambini?*
Signor Bellini: *Perché mi mancano! Voglio parlargli e...*

bastare	parlare
consigliare	piacere
dare	preparare
mancare	regalare
mostrare	restare

il signor e la signora Bellini
Federico
Lina
Roberto

2 Un compleanno fantastico Lavorate a coppie. L'insegnante vi darà (*will give you*) due fogli diversi, ciascuno con metà delle informazioni sul compleanno di Paolo. A turno, descrivete quello che la gente fa per Paolo il giorno del suo compleanno. Usate i pronomi indiretti quando possibile.

MODELLO

S1: *Gli amici di Paolo gli telefonano.*
S2: *Poi...*

3 Il tuo compleanno In gruppi di tre, preparate una festa di compleanno per un'amica. Poi fate domande usando i seguenti verbi.

MODELLO

S1: *Che cosa prepari per gli invitati?*
S2: *Gli preparo il mio piatto preferito: la pasta...*

consigliare	mandare	scrivere
dare	preparare	telefonare

4 Cibi e bevande preferiti L'insegnante ti darà una lista. Chiedi ai tuoi compagni se mangiano o bevono le cose indicate nella lista raramente, una volta alla settimana o tutti i giorni. Scrivi i nomi sul foglio e poi condividi i risultati con la classe.

MODELLO

S1: *Bevi il caffè?*
S2: *Sì, bevo il caffè tutti i giorni, e tu?*

Cibi e bevande	Raramente	Una volta alla settimana	Tutti i giorni
Caffè			Francesco
Gelato			
Insalata			
Pizza			
Zuppa			
Latte			

5 Una storia In gruppi di tre, scrivete una storia. La prima persona scrive una frase che inizia con **prima**, poi piega (*folds*) il foglio e lo passa alla persona seguente. Usate gli avverbi **poi**, **subito**, **dopo**, **presto** e **adesso**. Quando tutti hanno scritto due frasi, aprite il foglio e leggete la storia che avete creato!

MODELLO

S1: *Prima Mario ha trovato lavoro in un ristorante molto elegante.*
(piegare il foglio)
S2: *Dopo cena Mario è molto stanco e beve del caffè.*
(piegare il foglio)

6 Le tue abitudini Scrivi tre frasi per dire cosa fai spesso, cosa non fai più e cosa fai di solito. Poi in gruppi di tre, paragonate le frasi e create una tabella per riassumere le abitudini del gruppo.

MODELLO

S1: *Io non mangio più la pizza a mezzanotte.*
S2: *Di solito io mangio alla mensa dell'università.*

allegramente	lentamente
di solito	non... più
finalmente	raramente
frequentemente	velocemente

7 **Impressioni veloci** A coppie, reagite il più velocemente possibile (*react as fast as you can*) a questi disegni e dite se vi piacciono o no le attività o le cose che vedete. Il/La vostro/a compagno/a scrive le vostre reazioni. Poi spiegate perché avete risposto così.

1.

2.

3.

4.

5.

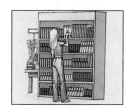
6.

7.

8.

8 **Il nuovo studente** A coppie, fate una lista di consigli per un nuovo studente che arriva nella vostra università. Scrivete almeno otto cose che deve o non deve fare. Dite quanto spesso (*how often*) deve fare le cose che avete consigliato.

MODELLO

S1: *Ti consiglio di studiare in biblioteca almeno quattro giorni alla settimana.*
S2: *Ti consiglio di mangiare spesso in mensa.*

Il mio
di zio na rio

Aggiungi al tuo dizionario personalizzato cinque parole relative al cibo.

mangiucchiare

traduzione
to nibble

categoria grammaticale
verbo

uso
Di solito mangiucchio qualcosa
davanti alla TV.

sinonimi
mangiare lentamente

antonimi
divorare

More activities

vhlcentral   Online
              activities

Panorama

Gastronomia e arte

il Parmigiano-Reggiano

la torre pendente di Pisa

EMILIA-ROMAGNA

Parma · Reggio Emilia · Modena · Bologna · Ravenna

MARE ADRIATICO

SAN MARINO

A P P E N N I N I

Prato · Pisa — Arno — Firenze

MAR LIGURE

Livorno

San Gimignano · **TOSCANA** · Arezzo

Golfo di Follonica

Siena

Elba

CORSICA (FRANCIA)

MAR TIRRENO

0 ——— 30 miglia
0 ——— 30 chilometri

San Gimignano

Emilia-Romagna

La regione in cifre

▶ **Superficie:** *22.453 km²*

▶ **Popolazione:** *4.448.841*

▶ **Industrie principali:** *agricoltura, automobilismo, assicurazione°, finanza, turismo*

▶ **Città principali:** *Bologna, Modena, Parma, Reggio Emilia, Ravenna*

Emiliano-romagnoli celebri

▶ **Arturo Toscanini,** *direttore d'orchestra (1867–1957)*

▶ **Ondina Valla,** *campionessa olimpica° (1916–2006)*

▶ **Luciano Pavarotti,** *tenore (1935–2007)*

▶ **Romano Prodi,** *economista e politico (1939–)*

Toscana

La regione in cifre

▶ **Superficie:** *22.987 km²*

▶ **Popolazione:** *3.742.437*

▶ **Industrie principali:** *turismo, agricoltura, automobilismo, tessile°, petrolchimici°*

▶ **Città principali:** *Firenze, Prato, Livorno, Arezzo, Pisa*

Toscani celebri

▶ **Leonardo Fibonacci,** *matematico (1170–1250)*

▶ **Stefania Sandrelli,** *attrice (1946–)*

▶ **Roberto Benigni,** *regista e attore (1952–)*

▶ **Gianna Nannini,** *cantante (1956–)*

Incredibile ma vero!

I portici di Bologna sono molto famosi in tutto il mondo. Sostengono° i palazzi e creano posto per i pedoni°. Quello più lungo, il portico di San Luca, si estende per più di 3,5 km, ha 666 archi e ci sono voluti° 58 anni per costruirlo (1674–1732). È il portico più lungo del mondo!

assicurazione *insurance* **campionessa olimpica** *Olympic champion*
tessile *textile engineering* **petrolchimici** *petrochemicals* **Sostengono**
They support **creano posto per i pedoni** *create space for pedestrians*
ci sono voluti *it took*

La gastronomia

L'aceto balsamico tradizionale

L'aceto balsamico tradizionale di Modena o di Reggio Emilia è totalmente diverso dall'aceto balsamico che si trova° nei supermercati. La sua produzione risale al Medioevo° o al Rinascimento° e ha caratteristiche molto peculiari°. L'aceto balsamico venduto nei supermercati non è molto costoso ed è usato soprattutto per l'insalata o per cucinare. L'aceto tradizionale, invece, è venduto normalmente in bottiglie da 100 ml e spesso è usato a crudo° su carni, verdure, formaggi, dolci o frutta. Una bottiglietta di aceto balsamico tradizionale può costare anche centinaia° di euro!

L'automobilismo

Ferrari o Lamborghini?

L'Emilia-Romagna è famosa per molte cose: il cibo, l'architettura, la storia, l'Università di Bologna e la produzione di automobili e motociclette. La Ferrari e la Lamborghini hanno sede° nella provincia di Modena, la Maserati nella città di Modena e la Ducati nella città di Bologna. Ferrari e Lamborghini possono essere affittate° per i matrimoni: il costo varia dai 1.400 ai 1.700 euro al giorno ed è necessario lasciare un deposito di 5.000-7.000 euro.

L'artigianato

Cerchi un bel regalo?

Borse, sandali, giacche, portafogli° e cinture sono alcuni dei prodotti in cuoio° che puoi trovare in Toscana. La lavorazione del cuoio è molto importante per l'economia della Toscana. All'interno della chiesa di Santa Croce, a Firenze, c'è la Scuola del Cuoio. La scuola fu creata° per aiutare gli orfani di guerra a specializzarsi in un lavoro di artigianato°. Oggi, la scuola è rinomata° per la qualità e la bellezza dei suoi prodotti ed è stata spesso visitata° da clienti e personalità di fama internazionale, come Nancy Reagan, Barbara Bush, Paul Newman, Grace Kelly, Audrey Hepburn e Steven Spielberg.

Le feste

Il Palio di Siena

Il Palio di Siena è una corsa di cavalli° che si svolge° a Siena il 2 luglio e il 16 agosto. È un evento molto importante per la città, dove ci sono diciassette «contrade», cioè zone corrispondenti alle diverse parti della città. Dieci contrade partecipano al Palio ogni anno: sette che non hanno partecipato l'anno prima, più tre sorteggiate°. Già nel 1499 si parlava di contrade, ma il Palio moderno nasce da cambiamenti avvenuti° nel 1721. Il premio della corsa è il Palio, che è un drappo° dipinto a mano da un artista locale scelto ogni anno dalla città.

Quanto hai imparato? Completa le frasi.

1. I portici di Bologna creano posto per _____.
2. Il portico di Bologna più lungo è _____.
3. L'aceto balsamico tradizionale è usato su _____.
4. L'aceto balsamico tradizionale costa _____ a bottiglietta.
5. L'industria automobilistica della Ferrari ha sede nella provincia di _____.
6. La sede della Ducati è a _____.
7. Esempi (Examples) di prodotti in cuoio sono _____.
8. A Santa Croce, a Firenze, c'è la rinomata _____.
9. Il Palio si svolge _____.
10. _____ contrade partecipano ogni anno al Palio.

More activities

vhlcentral   WB pp. 79–80   Online activities

SU INTERNET

Go to vhlcentral.com to find more cultural information related to this **Panorama**.

1. La gastronomia dell'Emilia-Romagna è molto ricca e particolare. Quali sono i prodotti culinari famosi di questa regione?

2. Il Palio di Siena è un evento importante e unico. Cerca informazioni complete su come si svolge e condividi (share) con la classe che cosa ti ha colpito (struck) di più.

si trova is found **risale al Medioevo** dates back to the Middle Ages **Rinascimento** Renaissance **peculiari** particular **a crudo** raw **centinaia** hundreds **sede** headquarters **affittate** rented **portafogli** wallets **cuoio** leather **fu creata** was established **artigianato** craftwork **è rinomata** is renowned **è stata spesso visitata** has often been visited **corsa di cavalli** horse race **si svolge** takes place **sorteggiate** selected by draw **avvenuti** happened **drappo** drape, cloth

Lettura

 Audio: Reading

Prima di leggere

STRATEGIA

Skimming

Skimming consists of quickly reading through a document to absorb its general meaning. This allows you to understand the main ideas without having to read word for word. When you skim a text, look at its title and subtitles and read the first sentence of each paragraph.

Esamina il testo

Questa lettura consiste di due testi. Guarda brevemente i testi. Qual è il titolo di ciascuno? Quante sezioni ha ogni testo? Quali sono i titoli di ciascuna sezione? Quali strategie puoi usare per determinare il genere (*genre*) di questi testi? Paragona le tue idee con le idee di un(a) compagno/a di classe.

Categorie

Trova tre parole o espressioni che rappresentano le diverse categorie.

Piatti del ristorante

_____ _____ _____

Elementi positivi delle recensioni

_____ _____ _____

Elementi negativi delle recensioni

_____ _____ _____

Trovare

Guarda i testi. Indica se queste informazioni sono incluse o no.

1. ____ numero di telefono della trattoria
2. ____ indirizzo della trattoria
3. ____ giorni di chiusura (*closing*)
4. ____ prezzi dei dolci
5. ____ prodotti surgelati
6. ____ prezzi delle bevande
7. ____ sito web
8. ____ metodo di pagamento (*payment*)

---

http://www.lamelanzanarossa.it

http://www.lamelanzanarossa.it

«*La melanzana ros*

Casa | Chi Si

Trattoria «La melanzana rossa»

Telefono: 068-8762398
www.lamelanzanarossa.it

Menu

Antipasti

Asparagi piccanti	7 €
Pane e formaggio	6,50 €
Calamari* fritti	9 €

Insalate

Insalata caprese	5,50 €
Insalata di tonno	5 €
Insalata mista	7 €

Pasta

Pasta al pomodoro	10 €
Linguine ai carciofi	13 €
Spaghetti ai frutti di mare	22 €
Fettuccine ai gamberi*	18 €

Secondi piatti

Prosciutto all'arancia	13 €
Manzo al vino rosso	18 €
Maiale saporito al pepe	16 €
Gamberetti* con rucola	18,50 €

Contorni

Zucchine al burro	7 €
Patate fritte	6 €
Verdure miste	6,95 €

Dolci

Tiramisù	7 €
Frutta con gelato	7 €
Crostata di frutta	7 €

Bevande

vini bianchi, vini rossi, birra, acqua, Coca-Cola, Sprite, tè caldo o freddo, succhi di frutta caffè, cappuccino, latte

*prodotti surgelati°

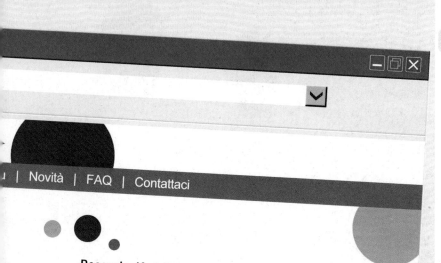

| Novità | FAQ | Contattaci

Recensioni° del ristorante «La melanzana rossa»

- Il cibo è ottimo e il servizio eccellente. I camerieri sono molto veloci e simpatici.

- Il cibo è buono ma il conto è troppo alto. La musica è troppo forte e i camerieri non sono sempre veloci.

- L'atmosfera è molto rilassante e mi piace molto la musica. Prezzi ok, cibo buono. Il servizio è buono ma un cameriere ha portato l'ordine sbagliato°! I prezzi sono giusti e il cibo non male.

- I tavoli sono piccoli e non c'è molto posto per piatti, bicchieri e tovaglioli. Il cibo è molto buono e i camerieri simpatici.

- Il menu non ha molte opzioni ma il cibo è fantastico! Ho conosciuto il cuoco e mi è piaciuto molto!

- La zuppa è fredda e c'è troppo sale, ma la carne è incredibile! Volete il dolce? Dovete provare il tiramisù!

- Il pesce è surgelato, quindi non mi piace, ma la carne e la pasta sono straordinari°.

- Mangiate l'insalata mista; è molto buona. Chiedete di aggiungere° il tonno e l'insalata diventa fenomenale. Il servizio è abbastanza veloce e l'atmosfera rilassata.

- La musica è interessante, un po' alta. I prezzi sono buoni, il servizio non è male. Cibo ottimo.

ollezione di vino per tutti i gusti.

La melanzana rossa © 2011 Tutti i diritti riservati.

Dopo la lettura

Vero o falso? Indica se ogni frase sulla trattoria è corretta. Correggi le frasi false.

1. La trattoria si chiama «La melanzana».

2. I calamari fritti sono un secondo piatto.

3. Le linguine ai carciofi costano 13 euro.

4. Il pesce è fresco.

5. I contorni includono zucchine, patate e verdure miste.

6. La trattoria è un ristorante di lusso e molto costoso.

Ordinare Suggerisci almeno due piatti per questi clienti del ristorante.

1. La signora Ginetti è vegetariana.

2. Il signor Tritone ama il pesce e le verdure, ma non gli piace l'insalata.

3. I signori Micheletti mangiano solo carne e pasta.

4. I bambini della famiglia Cortesi non vogliono mangiare verdure.

A voi A coppie, fate programmi per andare a mangiare al ristorante. Decidete in quale ristorante volete mangiare. Che cosa volete ordinare? Cosa pensate della trattoria «La melanzana rossa»?

surgelati *frozen* **Recensioni** *Reviews* **sbagliato** *wrong* **straordinari** *extraordinary* **aggiungere** *add*

In ascolto

Listening for key words

By listening for key words (**parole chiave**) or phrases, you can identify the topic and main ideas of a speech or conversation, as well as some of the details.

◁)) To practice this strategy, you will listen to a short paragraph. Jot down the key words that help you identify the subject of the paragraph and its main ideas.

Preparazione

Guarda la foto e descrivi cosa vedi. Dove sono queste persone? Che cosa fanno? Cosa c'è nella padella (*pan*)? Che tipo di piatto preparano, secondo te?

Ascoltiamo ◁))

Ascolta la conversazione una volta. Poi, ascoltala un'altra volta e scrivi le parole chiave e gli ingredienti della ricetta del ragù alla bolognese.

Ingredienti

_____ _____

_____ _____

_____ _____

Preparazione

_____ _____

_____ _____

_____ _____

_____ _____

Comprensione

Ordinare Metti le istruzioni in ordine seguendo (*following*) la ricetta del ragù alla bolognese.

a. _____ Aggiungere il pomodoro.

b. _____ Mettere il ragù sulla pasta.

c. _____ Far cuocere per 10 minuti.

d. _____ Aggiungere il vino rosso.

e. _____ Far cuocere per 35 minuti.

f. _____ Cuocere carote, sedano (*celery*) e cipolla.

g. _____ Aspettare due minuti.

h. _____ Aggiungere la carne.

Il tuo piatto preferito Qual è il tuo piatto o dolce preferito? Fai la lista degli ingredienti e poi descrivi la ricetta a un piccolo gruppo. Non dire che cos'è. I tuoi compagni devono prendere appunti e poi indovinare. Ogni studente deve avere il proprio turno.

Scrittura

Using a dictionary

A common mistake made by beginning language learners is to embrace the dictionary as the ultimate resource for reading, writing, and speaking. While a dictionary is a useful tool that can provide valuable information about vocabulary, using the dictionary correctly requires that you understand the elements of each entry.

If you glance at an Italian-English dictionary, you will notice that its format is similar to that of an English dictionary. The word is listed first, usually followed by its pronunciation. Then come the definitions, organized by parts of speech. The most frequently used meanings are usually listed first.

To find the best word for your needs, you should refer to the abbreviations and the explanatory notes that appear next to the entries. For example, imagine that you are writing about your eating preferences. You want to write *I prefer my steaks rare*, but you don't know the Italian word for *rare*.

In the dictionary, you might find an entry like this one:

> **rare** agg 1. raro; 2. al sangue (culinary)

The abbreviation key at the front of the dictionary says that *agg* corresponds to **aggettivo** (*adjective*). Then, the first word you see is **raro**. The definition of **raro** is *rare* or *infrequent*, so **raro** is not the word you want. The second meaning is **al sangue**, followed by the label *culinary,* which indicates that it is related to food. This detail tells you that the expression **al sangue** is the best choice for your needs.

Tema 🔗

Scrivere una recensione

Scrivi una recensione di un ristorante della tua città per il giornale dell'università. Prima scrivi il nome del ristorante e il tipo di cibo che serve (italiano, americano, francese ecc.), poi parla delle categorie seguenti. Infine (*Finally*) dai la tua opinione personale sul ristorante. Quante stelle (*stars*) si merita (*does it deserve*)?

- **Cibo**

    Quali tipi di piatti ci sono sul menu? Il ristorante ha una specialità? Fai una lista dei piatti del ristorante (antipasti e primi piatti) che ti piacciono e indica gli ingredienti principali.

- **Servizio**

    Com'è il servizio? I camerieri sono gentili? Sono veloci o lenti a portare il menu, le bevande e il cibo?

- **Atmosfera**

    Com'è il ristorante? È carino? Grande? Ben arredato (*furnished*)? È un ristorante semplice o molto elegante? C'è una terrazza? Un bar? C'è musica?

- **Informazioni utili**

    Qual è il prezzo medio per un pasto? Dov'è il ristorante? Dai l'indirizzo e le indicazioni per andare dal campus al ristorante. Includi il numero di telefono e l'orario di apertura (*hours of operation*).

Lezione 5A

Espressioni

Quanto costa...? *How much is . . . ?*
bere *to drink*
cucinare *to cook*

I negozi

la gelateria *ice cream shop*
la macelleria *butcher*
il mercato *market*
i negozi *shops*
il negozio d'alimentari *grocery store*
la panetteria *bakery*
la pasticceria *pastry shop*
la pescheria *fish/seafood shop*
la salumeria *delicatessen*
il supermercato *supermarket*

Verbs commonly used with *essere*

cadere *to fall*
costare *to cost; to be worth*
diventare *to become*
entrare *to enter*
essere *to be*
morire *to die*
nascere *to be born*
piacere *to please (to like)*
restare *to remain; to stay*
rimanere *to remain; to stay*
salire *to clim; to go up; to get on (bus, train)*
scendere *to go down, to get down*

Expressions of quantity

alcuni/e *some, few*
chilo *kilo*
etto *100 grams*
fetta *slice*
molto *a lot, many*
poco *little*
qualche *some, few*
tanto *so much, so many*
troppo *too much, too many*
tutto *all*
un po' di *a little bit of*
un sacco di *a ton of*

Il cibo

l'aglio *garlic*
l'ananas (m.) *pineapple*
l'arancia *orange*
la banana *banana*
il biscotto *cookie*
il burro *butter*
il carciofo *artichoke*
la carne (di maiale, di manzo, di vitello) *meat (pork, beef, veal)*
la carota *carrot*
il cibo *food*
la cipolla *onion*
la crostata *pie*
i fagiolini *green beans*
il formaggio *cheese*
la fragola *strawberry*
la frutta *fruit*
i frutti di mare *seafood*
il fungo *mushroom*
i gamberetti *shrimp*
il lampone *raspberry*
la lattuga *lettuce*
la marmellata *jam*
la mela *apple*
la melanzana *eggplant*
il melone *melon*
l'olio (d'oliva) *(olive) oil*
il pane *bread*
la pasta (asciutta) *pasta*
la patata *potato*
il peperone (rosso, verde) *(red, green) pepper*
la pera *pear*
la pesca *peach*
il pesce *fish*
i piselli *peas*
il pollo *chicken*
il pomodoro *tomato*
il prosciutto *ham*
il riso *rice*
il tonno *tuna*
l'uovo (pl. le uova f.) *egg*
l'uva *grapes*
la verdura *vegetables*
le vongole *clams*
lo yogurt *yogurt*

Espressioni utili *See p. 195.*

Lezione 5B

Espressioni

Vorrei... *I would like...*
assaggiare *to taste*
essere a dieta *to be on a diet*
ordinare *to order*
fatto/a in casa *homemade*

Le bevande

l'acqua (frizzante, naturale) *(sparkling, still) water*
le bevande *drinks*
la birra *beer*
il caffè *coffee*
il latte *milk*
il succo (d'arancia, di mela) *(orange, apple) juice*
il tè *tea*
il vino (bianco, rosso) *(white, red) wine*

I pasti

la cena *dinner*
la colazione *breakfast*
la merenda *afternoon snack*
i pasti *meals*
il pranzo *lunch*
lo spuntino *snack*

Al ristorante

al ristorante *at the restaurant*
l'antipasto *appetizer*
il bicchiere *glass*
la bottiglia *bottle*
la caraffa *carafe*
la ciotola *bowl*
il coltello *knife*
il conto *bill*
il contorno *side dish*
il cucchiaino *teaspoon*
il cucchiaio *spoon*
il/la cuoco/a *chef*
il dolce *dessert*
la forchetta *fork*
l'insalata *salad*
la mancia *tip*
il menù *menu*
il pepe *pepper*
il piatto *plate*
il primo/secondo piatto *first/second course*
il sale *salt*
il servizio *service*
il tavolo *table*
la tazza *cup; mug*
la tazzina *espresso cup*
la tovaglia *tablecloth*
il tovagliolo *napkin*
la zuppa *soup*

Per parlare del cibo

amaro *bitter*
dolce *sweet*
insipido/a *bland*
leggero/a *light*
pesante *rich; heavy*
piccante *spicy*
salato/a *salty*
saporito/a *tasty*
per parlare del cibo *talking about food*
il gusto *flavor; taste*

Verbs used with indirect object pronouns

consigliare *to recommend*
mostrare *to show*
preparare *to prepare*
prestare *to lend*
regalare *to give (as a gift)*
restituire *to give back*

Verbs like *piacere*

bastare *to be enough*
dispiacere *to be sorry*
mancare *to miss*
restare *to remain*
sembrare *to seem*

Adverbs and adverbial expressions

adesso/ora *now*
di solito *usually*
dopo *after*
non... più *no longer*
poi *then; later*
presto *soon; quickly*
prima *before; first*
qualche volta *sometimes*
subito *immediately*
tardi *late*

Espressioni utili *See p. 217.*

La salute e il benessere

🔊 Per cominciare
- Dove sono Emily e Riccardo?
  a. in strada   b. in biblioteca
- Cosa fanno?
  a. salgono le scale   b. vanno sui rollerblade
- Emily e Riccardo sono contenti o tristi?
- Secondo te, dove vanno i due ragazzi?

Lezione

6A

Communicative Goals

You will learn how to:
- talk about morning routines
- discuss personal hygiene

CONTESTI

Ⓢ Hotspots

La routine del mattino

Vocabolario

espressioni	expressions
Suona la sveglia. (suonare)	The alarm clock rings.
lavarsi* i denti	to brush one's teeth
sbadigliare	to yawn
svegliarsi*	to wake up

le parti del corpo	body parts
la caviglia	ankle
i capelli	hair
il ciglio (*pl.* **le ciglia**)	eyelash(es)
il corpo	body
il cuore	heart
la faccia	face
la gola	throat
il labbro (*pl.* **le labbra**)	lip(s)
la mano (*pl.* **le mani**)	hand(s)
la pelle	skin
il petto	chest
il polso	wrist
il sangue	blood
la schiena	back
il sopracciglio (*pl.* **le sopracciglia**)	eyebrow(s)
la spalla	shoulder
lo stomaco	stomach
la vita	waist

in bagno	in the bathroom
l'asciugacapelli (*m.*)	hair dryer
la crema	lotion
il rossetto	lipstick
lo shampoo	shampoo
lo specchio	mirror

l'asciugamano

truccarsi*

la spazzola

farsi* la barba

il trucco

il rasoio

il pettine

il sapone

lo spazzolino (da denti)

il dentifricio

la schiuma da barba

l'accappatoio

le pantofole

More activities

Ⓢ vhlcentral   WB pp. 81–82   LM p. 46   Online activities

Pratica

Attenzione!

Many Italian words for parts of the body, such as **braccio** and **dito**, are masculine in the singular and feminine in the plural. Be sure to use the masculine form of an adjective with the singular form and the feminine form of an adjective with the plural form.

il labbro rosso
le labbra rosse

la testa

l'occhio

il naso

l'orecchio
(*pl.* le orecchie)

la bocca

il braccio
(*pl.* le braccia)

il collo

il gomito

il dito
(*pl.* le dita)

la pancia

il pigiama

il ginocchio
(*pl.* le ginocchia)

la gamba

il piede

il dito
del piede

1 **Trova l'intruso** Trova la parola che non appartiene al gruppo.

MODELLO   occhio, ciglia, sopracciglia, (cuore)

1. bocca, naso, gomito, occhio
2. vita, stomaco, pancia, sangue
3. accappatoio, ginocchio, piede, gamba
4. pettine, asciugacapelli, spazzola, pigiama
5. mano, spalla, dito del piede, braccio
6. schiena, gola, naso, orecchio
7. petto, cuore, ciglia, stomaco
8. truccarsi, rossetto, specchio, sveglia

2 **Mettere etichette** Etichetta ogni parte del corpo.

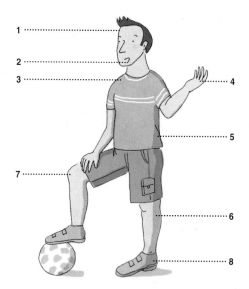

1. _____   5. _____
2. _____   6. _____
3. _____   7. _____
4. _____   8. _____

3 **Le coppie** Abbina le parole alle definizioni.

1. ____ la spazzola e il pettine   a. Serve per lavarsi i denti.
2. ____ la bocca   b. Le donne lo mettono sulle labbra.
3. ____ il naso   c. Ne abbiamo cinque per mano.
4. ____ le dita   d. Li usiamo per i capelli.
5. ____ il rossetto   e. La usiamo per parlare e per mangiare.
6. ____ lo spazzolino da denti   f. Con questo sentiamo i profumi.

Comunicazione

4 **Che cosa abbiamo?** A coppie, parlate dei seguenti oggetti. Fate domande per scoprire se il/la vostro/a compagno/a ha questi oggetti e quanti ne (*of them*) ha.

MODELLO

S1: Hai un asciugacapelli?
S2: Sì, ho un asciugacapelli.
S1: Quanti asciugacapelli hai?

1. 2. 3. 4.

5. 6. 7. 8.

5 **La routine di Fabiola** Ascolta Fabiola che descrive la sua routine del mattino. Poi, a coppie, indicate con i numeri l'ordine delle sue attività e dite a che ora voi fate queste attività.

1. _____ faccio la doccia
2. _____ mi trucco
3. _____ mi lavo i denti
4. _____ mi sveglio
5. _____ sbadiglio e guardo la sveglia
6. _____ faccio colazione

Un piccolo aiuto

Verbs that end with the reflexive pronoun **si** are called reflexive verbs because they "reflect" the action of the verb onto the subject. To talk about your own actions, place the reflexive pronoun **mi** in front of the conjugated verb.

Mi sveglio alle otto.
I wake up at eight.

6 **Le sette differenze** Lavorate a coppie. L'insegnante vi darà due fogli diversi, ciascuno con un disegno di un extraterrestre (*alien*)! A turno fate domande per trovare sette differenze fra i disegni. Poi scrivete un riassunto sulle differenze.

MODELLO

S1: Quanti occhi ha il tuo extraterrestre?
S2: Il mio extraterrestre ha tre occhi.
S1: Ah! Il mio extraterrestre ha solo un occhio.

7 **Personaggi celebri** Scegli un personaggio famoso e scrivi sei frasi sul suo aspetto fisico. A coppie, fate a turno a descrivere e a indovinare i personaggi famosi.

MODELLO

S1: È un giocatore di pallacanestro. Ha le gambe lunghe e le braccia molto forti...
S2: È LeBron James?
S1: Sì!

Pronuncia e ortografia Audio

🔊 **Spelling plurals I**

ami**ca**	ami**che**	alber**go**	alber**ghi**

Italian words ending in **-co**, **-ca**, **-go**, and **-ga** usually add the letter **h** in the plural to maintain the hard *c* or *g* sound.

simpa̧**tico**	simpa̧**tici**	equi̧vo**co**	equi̧vo**ci**

However, words ending in **-ico** and words ending in **-co** that are stressed on the third-to-last syllable generally form the plural with **-ci**. Note that these plurals are pronounced with a soft *c* sound.

cata̧lo**go**	cata̧lo**ghi**	astro̧lo**go**	astro̧lo**gi**

While **-go** usually becomes **-ghi** in the plural, words ending in **-go** that represent professions often form the plural with **-gi**.

aspa̧ra**go**	aspa̧ra**gi**	gre**co**	gre**ci**

These are some common exceptions.

🔗 **Pronunciare** Ripeti le parole ad alta voce.

1. psicologo	4. analoghi	7. dialogo	10. simpatiche
2. psicologi	5. organico	8. dialoghi	11. porco
3. analogo	6. organici	9. simpatica	12. porci

🔗 **Articolare** Ripeti le frasi ad alta voce.

1. Le amiche di Maria sono molto simpatiche.
2. Laura e Marco studiano per diventare biologi.
3. Gli alberghi greci sono belli.
4. Hai trovato dei funghi?
5. Il fotografo cerca i libri antichi.
6. Sono stati tre giorni molto romantici.

🔗 **Proverbi** Ripeti i proverbi ad alta voce.

Il meglio è nemico del bene.[2]

A buon intenditor poche parole.[1]

[1] A word to the wise is enough.

[2] The best is the enemy of the good.

FOTOROMANZO

Sbrigati, Lorenzo! Video

PERSONAGGI

Emily

Lorenzo

Riccardo

Viola

LORENZO Mi devo fare la barba.
EMILY Mi devo lavare i denti.
LORENZO E allora ti devi svegliare prima di me.
RICCARDO Lorenzo?
EMILY Si fa la barba.

RICCARDO Non capisco perché Lorenzo si fa la barba. La barba mi sta bene, no?
EMILY Lorenzo! Devo pettinarmi e truccarmi.
LORENZO E io mi devo preparare per andare al lavoro.

RICCARDO Un solo bagno. Abbiamo bisogno di un altro bagno. Ci incontriamo qui tutte le mattine.
EMILY Hmm, hmmm.
RICCARDO Che succede? Sei arrabbiata con me? Perché?
EMILY Per la cena.

RICCARDO Oh Lorenzo, non era squisita la pasta ieri sera? (*Continua.*) Lorenzo si è innamorato dello specchio.
LORENZO Troppo aglio.
VIOLA L'ha fatta Riccardo.

EMILY Volevo preparare io la cena.
RICCARDO Viviamo insieme. Ci aiutiamo.
VIOLA Riccardo, a volte tu aiuti troppo. (*Continua.*) Mi dispiace, Emily. La prossima volta?

RICCARDO Che cosa ho sbagliato? Emily ha preparato la pasta.
EMILY Sì, ma tu hai bruciato la pancetta.
RICCARDO Io mi sono divertito. E a Marcella è piaciuta.
VIOLA Marcella è troppo gentile. La pasta era orribile.
RICCARDO (*A Emily*) Però il tuo amico Paolo ne ha mangiati due piatti.

A T T I V I T À

1 **Vero o falso?** Decidi se le seguenti affermazioni sono vere o false.

1. Emily si deve fare la barba.
2. Lorenzo deve truccarsi.
3. Emily è arrabbiata con Riccardo.
4. Viola deve usare il bagno.
5. Lorenzo si è innamorato dello specchio.

6. Riccardo non aiuta mai nessuno.
7. Viola ha bruciato la pancetta.
8. Paolo ha mangiato poca pasta.
9. Viola ha lezione alle nove.
10. Emily vuole il rossetto.

La mattina, i ragazzi si preparano.

VIOLA Non ci credo. Lorenzo?
Devo usare il bagno.
(*A Emily*) Buongiorno, Emily.
RICCARDO Ciao.
EMILY Ciao.

RICCARDO Emily ce l'ha con me.
VIOLA Anch'io.
RICCARDO Ma che cosa vi succede?

VIOLA Lorenzo, devo andare a lezione.
Posso entrare? Ho lezione alle nove.
EMILY Mi dai il mio rossetto e la mia
spazzola? Ne ho bisogno.
RICCARDO Ma che fai, ti arricci
i capelli?

LORENZO Il prossimo.

Espressioni utili

Morning routines

- **Mi devo fare la barba.**
  I have to shave.
- **ti devi svegliare**
  you have to wake up
- **Si fa la barba.**
  He's shaving.
- **La barba mi sta bene.**
  A beard looks good on me.
- **Devo pettinarmi e truccarmi.**
  I have to comb my hair and put on makeup.
- **Mi devo preparare.**
  I have to get ready.
- **Ci incontriamo qui tutte le mattine.**
  We meet here every morning.
- **Ti arricci i capelli?**
  Are you curling your hair?

Additional vocabulary

- **Che succede?**
  What's going on?
- **Non ci credo.**
  I don't believe it.
- **Emily ce l'ha con me.**
  Emily is angry at me.
- **si è innamorato dello specchio**
  he's in love with the mirror
- **volevo preparare**
  I wanted to prepare
- **Ci aiutiamo.**
  We help each other.
- **a volte**
  sometimes
- **Che cosa ho sbagliato?**
  What did I do wrong?
- **Mi sono divertito.**
  I had fun.
- **Paolo ne ha mangiati due piatti.**
  Paolo ate two plates of it.
- **Ne ho bisogno.**
  I need them.

---

2 **Per parlare un po'** A coppie, scegliete uno dei personaggi
e scrivete un paragrafo sulla sua routine del mattino. Usate
l'immaginazione e le informazioni contenute in questa puntata
del **Fotoromanzo**.

3 **Approfondimento** In italiano ci sono molte espressioni e
proverbi che fanno uso del vocabolario delle parti del corpo, come
«Occhio non vede, cuore non duole» (*Out of sight, out of mind*).
Cerca tre espressioni o proverbi italiani con il vocabolario del
corpo. Che cosa vogliono dire? C'è un proverbio
o un'espressione simile in inglese?

More activities

vhlcentral　　VM pp. 21–22　　Online activities

A T T I V I T À

CULTURA

Farsi° belli per uscire

Quando la sveglia suona al mattino, molti si domandano: perché non posso stare ancora dieci minuti a letto?
Per molti italiani la risposta è ovvia°: perché bisogna prepararsi° e uscire perfettamente in ordine!

La cosa più importante della routine del mattino è certamente il caffè, ma subito dopo viene il rito° fondamentale dell'igiene personale°.

Pulizia° non significa semplicemente lavarsi, ma anche cominciare la giornata con una sensazione di benessere° e piacere. Le famiglie italiane spendono in media 70 euro al mese per acquistare° prodotti per l'igiene personale e la cura del corpo. Gli italiani infatti non rinunciano° a creme specifiche per il viso e per il corpo, tonico° e latte detergente°, bagnischiuma° profumati, prodotti per lo styling dei capelli, profumi e deodoranti.

Anche la scelta del vestito per uscire di casa è importante. I vestiti devono essere appropriati per il ruolo che si ha° al lavoro (per esempio, i sandali, i pantaloni corti e le magliette senza maniche non sono considerati accettabili in un ufficio). In generale, però, le nuove generazioni amano la praticità° e sono più tolleranti con le persone che si vestono in modo meno formale; ad esempio, è abbastanza raro vedere studentesse che portano la gonna a scuola o all'università. Quando però si tratta di° uscire con gli amici è fondamentale truccarsi, pettinarsi e vestirsi alla moda; è un modo, per i più giovani, di sentirsi grandi°. E comunque una cosa è certa: svegliarsi un po' prima per avere cura di sé° è per un italiano un atto assolutamente necessario.

> **Un piccolo aiuto**
>
> Reflexive verbs "reflect" the action of the verb onto the subject. Thus, **preparare** means *to prepare*, while **prepararsi** means *to get (oneself) ready*.

Quanto costa un...?

Taglio° donna	40 euro
Piega°	26 euro
Colore	50 euro
Colpi di sole°	80 euro
Permanente°	60 euro
Taglio uomo	35 euro

FONTE: Gibo Staff Parrucchieri (listino prezzi)

Farsi *Making oneself* **ovvia** *obvious* **prepararsi** *get ready* **rito** *ritual* **igiene personale** *personal hygiene* **Pulizia** *Cleanliness* **benessere** *well-being* **acquistare** *to buy* **rinunciano** *they renounce* **tonico** *toner* **latte detergente** *cleanser* **bagnischiuma** *bubble baths* **il ruolo che si ha** *the role one has* **praticità** *practicality* **si tratta di** *it's a matter of* **sentirsi grandi** *feel older* **avere cura di sé** *to take care of oneself* **Taglio** *Haircut* **Piega** *Hair styling* **Colpi di sole** *Highlights* **Permanente** *Perm*

ATTIVITÀ

1 **Vero o falso?** Indica se l'affermazione è **vera** o **falsa**. Correggi le affermazioni false.

1. Per molti italiani la mattina è importante prendersi cura di sé.

2. Per molti italiani l'igiene personale è il rito quotidiano più importante.

3. Lavarsi è considerato un modo per stare bene.

4. Gli italiani usano molte creme per il viso.

5. Scegliere il vestito giusto è un gesto (*step*) importante.

6. I sandali, i pantaloni corti e le magliette senza maniche sono accettabili in un ufficio.

7. Anche i giovani preferiscono vestirsi in modo formale.

8. La maggior parte delle ragazze va a scuola in pantaloni.

9. È comune vedere studentesse vestite in modo elegante.

10. Truccarsi e vestirsi alla moda, per i giovani italiani, è un modo di sentirsi adulti.

L'ITALIANO QUOTIDIANO

Come mi stanno i capelli?°

i capelli a spazzola	crew cut
i capelli raccolti	hair pulled back
i capelli sciolti	loose hair
il ciuffo	tuft of hair
la coda	ponytail
la frangia	bangs
la riga	part
la treccia	braid
le treccine	little braids/cornrows
spuntare (i capelli)	to trim (one's hair)
tagliare (i capelli)	to cut (one's hair)

Come mi stanno i capelli? *How does my hair look?*

USI E COSTUMI

Che tipo in gamba!

L'italiano è una lingua ricca di espressioni idiomatiche: molte di queste contengono° parti del corpo. **Un tipo in gamba**, ad esempio, è una persona davvero simpatica, intelligente e in generale con buone capacità; **una persona alla mano** è molto disponibile e informale.

Se una cosa è molto costosa, si dice° che **costa un occhio della testa**, ma se vuoi comprarla lo stesso° allora sei una persona **con le mani bucate°**, cioè una che spende molto e non riesce a risparmiare°.

Se dopo una lezione d'italiano non riesci più a concentrarti, sei distratto e pensi ad altro, allora **hai la testa fra le nuvole**, mentre il tuo insegnante, stanco di provare a farti stare attento, è arrabbiatissimo e ha **un diavolo° per capello**!

contengono *contain* **si dice** *you say* **comprarla lo stesso** *to buy it anyway* **bucate** *with holes in them* **risparmiare** *to save money* **diavolo** *devil*

RITRATTO

Bottega Verde: la bellezza secondo natura

Bottega Verde è una grande azienda italiana che produce e vende° articoli per la cura del viso, del corpo e dei capelli. I suoi prodotti contengono molti ingredienti naturali.

Nasce come erboristeria° nei primi anni '70 a Pienza e, dopo una ventina di° anni, il successo commerciale è tale che° l'azienda è acquisita° dal gruppo Modafil, leader nella vendita per corrispondenza°. Oggi il marchio° è presente in circa 300 negozi monomarca° e franchising in Italia e in Spagna.

Bottega Verde ha ancora sede a Pienza, ma ha un laboratorio di ricerca e sviluppo° a Biella e un laboratorio per la certificazione dei prodotti in provincia di Parma. Bottega Verde fa i test dermatologici e ipoallergenici presso l'università di Pisa. Moltissime donne italiane si affidano° ai prodotti di Bottega Verde.

vende *sells* **erboristeria** *herbalist's shop* **una ventina di** *about twenty* **è tale che** *is such that* **è acquisita** *was bought* **per corrispondenza** *mail-order* **marchio** *brand* **monomarca** *brand outlet* **ricerca e sviluppo** *research and development* **si affidano** *trust*

SU INTERNET

Quali sono alcuni dei prodotti per l'igiene personale usati in Italia?

Go to **vhlcentral.com** to find more information related to this **CULTURA**.

---

2 **Completare** Completa le frasi.

1. Bottega Verde nasce come _____ a Pienza.
2. Bottega Verde ha un laboratorio di _____ a Biella.
3. Modafil era (*was*) un'azienda specializzata nella vendita per _____.
4. Uffa, che caro! Costa un _____ della testa!
5. Hai di nuovo finito i soldi! Hai davvero le mani _____.
6. Perché non mi ascolti? Sei sempre distratto, hai _____.

3 **A voi** Osserva i tuoi compagni di classe. Con un compagno, descrivili usando le parole da **L'italiano quotidiano**. Poi rispondete insieme alle seguenti domande.

1. Quante volte all'anno ti tagli i capelli o vai a fare la piega?
2. Come sei pettinato/a adesso? Com'è pettinato/a il/la tuo/a compagno/a?
3. Quanto tempo dedichi (*do you spend*) la mattina a lavarti, pettinarti e vestirti?

More activities

vhlcentral · Online activities

ATTIVITÀ

Reflexive verbs

Punto di partenza A reflexive verb "reflects" the action of the verb back to the subject. The infinitive form of reflexives ends with the reflexive pronoun **-si**, as in the verb **svegliarsi**. As with object pronouns, the final **-e** of the infinitive is dropped before adding the pronoun.

SUBJECT	REFLEXIVE VERB
Fabrizio	**si sveglia** alle sette.
Fabrizio	*wakes (himself) up at 7:00.*

- Reflexive verbs are made up of two parts: the verb and the reflexive pronoun. Both must agree with the subject.

alzarsi (to get up)		
io	**mi** alzo	*I get (myself) up*
tu	**ti** alzi	*you get (yourself) up*
Lei/lui/lei	**si** alza	*you get (yourself) up; he/she/it gets (himself/herself/itself) up*
noi	**ci** alziamo	*we get (ourselves) up*
voi	**vi** alzate	*you get (yourselves) up*
loro	**si** alzano	*they get (themselves) up*

- Note that reflexive pronouns are the same as direct and indirect object pronouns in all but the third person (**si**) forms.

Tu **ti svegli** alle nove mentre
io **mi sveglio** alle undici.
*You **wake up** at 9:00, while I*
***wake up** at 11:00.*

Stefania **si trucca** mentre
i bambini **si lavano.**
*Stefania **puts on makeup** while*
*the children **wash (themselves).***

- Like other object pronouns, reflexive pronouns precede conjugated verb forms or are attached to the infinitive. Pronouns are commonly attached to the infinitive in a two-verb construction, although they can also precede the conjugated verb, particularly in constructions with **dovere**, **potere**, and **volere**.

L'attrice preferisce trucca**rsi** da sola.
The actress prefers to put
on her makeup herself.

Vi dovete alzare prima delle otto.
You have to get up before
eight o'clock.

- Some Italian reflexive verbs are equivalent to an English construction with *myself, yourself*, etc., but many others are not.

Ci prepariamo per uscire.
***We get (ourselves) ready** to go out.*

Anna **si pettina** dopo colazione.
*Anna **combs (her hair)** after breakfast.*

Non **mi annoio** mai a lezione.
*I never **get bored** in class.*

Vi lamentate sempre!
*You always **complain**!*

Common reflexive verbs

addormentarsi	to fall asleep	pettinarsi	to comb/brush one's hair
alzarsi	to stand/get up		
annoiarsi	to get/be bored	preoccuparsi (di)	to worry (about)
arrabbiarsi	to get angry	prepararsi	to get ready
chiamarsi	to be called	radersi	to shave
divertirsi	to have fun	rendersi conto (di)	to realize
farsi male	to hurt oneself	riposarsi	to rest
fermarsi	to stop (oneself)	sbagliarsi	to make a mistake
innamorarsi	to fall in love	sedersi	to sit down
lamentarsi (di)	to complain (about)	sentirsi	to feel
		spogliarsi	to undress
laurearsi	to graduate from college	sposarsi	to get married
		svegliarsi	to wake up
mettersi	to put on	truccarsi	to put on makeup
		vestirsi	to get dressed

- **Sedersi** is irregular in all forms except **noi** and **voi**. The stem of the irregular forms is **sied-**.

  Non **si siedono** mai sulla panchina.
  They never sit on the bench.

  Dove **vi sedete** a tavola?
  Where do you sit at the table?

- Note that some verbs can be used reflexively or non-reflexively. Compare these examples.

  Mi sveglio alle sei.
  I wake (myself) up at 6:00.

  Sveglio mia sorella alle sei e mezzo.
  I wake up my sister at 6:30.

  Perché **ti metti** quella maglietta?
  Why are you putting on that T-shirt?

  Perché **metti** una maglietta al cane?
  Why are you putting a T-shirt on the dog?

- When a body part or an article of clothing is the object of a reflexive verb, use the definite article with it, not the possessive adjective.

Mi lavo **la faccia** e **le mani**.
I wash my face and my hands.

Non ti metti **gli stivali**?
You're not putting on your boots?

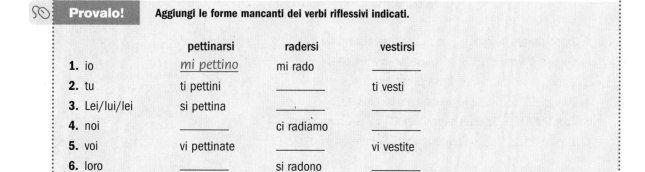

Provalo! Aggiungi le forme mancanti dei verbi riflessivi indicati.

		pettinarsi	radersi	vestirsi
1.	io	*mi pettino*	mi rado	_____
2.	tu	ti pettini	_____	ti vesti
3.	Lei/lui/lei	si pettina	_____	_____
4.	noi	_____	ci radiamo	_____
5.	voi	vi pettinate	_____	vi vestite
6.	loro	_____	si radono	

More activities

vhlcentral

LM
p. 48

WB
pp. 83–84

Online activities

STRUTTURE

1 **Abbinare** Abbina le domande della colonna a sinistra con le risposte della colonna a destra.

1. A che ora ti svegli la mattina?____
2. Vi asciugate i capelli con l'asciugacapelli?____
3. Che cosa si mette Marta d'inverno?____
4. Quanto spesso si truccano Sandra e Luisa?____
5. Quando ti pettini?____
6. Marco si fa la barba ogni giorno?____

a. Il cappotto.
b. Di solito, dopo colazione.
c. Presto, alle 7:15.
d. No, tre volte a settimana.
e. No, non lo usiamo mai.
f. Quasi tutti i giorni.

2 **Completare** Completa ogni frase con la forma corretta del verbo riflessivo.

1. Loro _____ (divertirsi) molto il fine settimana.
2. Letizia _____ (innamorarsi) sempre della persona sbagliata!
3. Tu e Amedeo _____ (laurearsi) quest'anno?
4. Federico e Dario _____ (farsi sempre male) quando vanno in bicicletta.
5. Io e Raffaele _____ (annoiarsi) alle conferenze.
6. Erminia ed Elda non _____ (truccarsi) mai.
7. Io _____ (preoccuparsi) dell'esame.
8. Perché tu _____ (arrabbiarsi) spesso con Luciano?

3 **Creare** Usa gli indizi dati per creare frasi complete al presente.

1. Luigi / svegliarsi / alle sei
2. tu e Pina / lavarsi / i denti
3. io / alzarsi / e poi / fare la doccia
4. noi / pettinarsi / prima di uscire
5. Antonella / vestirsi / velocemente
6. tu / chiamarsi / Tobia?
7. i bambini / spogliarsi / prima di andare a letto
8. voi / addormentarsi / alle dieci

4 **Descrivere** Usa i verbi riflessivi per descrivere che cosa fa Giulia ogni mattina.

1. _____
2. _____
3. _____
4. _____

5 **Completare** Completa le frasi con i verbi riflessivi del riquadro.

prepararsi	riposarsi
guardarsi allo specchio	alzarsi
addormentarsi	lavarsi

1. Dopo pranzo, Andrea _____ sempre sul divano
2. Giorgia e Anna _____ per andare a lezione.
3. Io non _____ mai prima di mezzanotte.
4. Noi _____ tutte le mattine molto presto.
5. Tu e Carlo _____ i capelli quattro volte a settimana?
6. Basta! _____ un'ora al giorno! Sei un vanitoso!

COMUNICAZIONE

6 **E tu?** A coppie, fatevi domande sulla vostra routine quotidiana. Domandate e rispondete a turno.

MODELLO

S1: *Ti alzi presto la mattina?*
S2: *Sì, di solito mi alzo presto.*

1. svegliarsi presto o tardi il fine settimana
2. alzarsi subito
3. truccarsi tutte le mattine

4. lavarsi i capelli tutti i giorni
5. radersi la sera o la mattina
6. addormentarsi prima o dopo mezzanotte

7 **Un'inchiesta** Chiedi ai tuoi compagni se fanno o no le attività indicate. Se una persona dice *sì*, scrivi il suo nome. Se dice *no*, continua a chiedere ad altri compagni di classe.

MODELLO

S1: *Ti svegli prima delle sei di mattina?*
S2: *Sì, mi sveglio prima delle sei.*

Attività	Nome
1. svegliarsi prima delle sei di mattina	Andrea
2. truccarsi per venire in classe	
3. lavarsi i denti tre volte al giorno	
4. pettinarsi prima di andare a dormire	
5. vestirsi prima di fare colazione	
6. addormentarsi presto il venerdì sera	

8 **Conoscersi** Parla con diversi compagni di classe e scopri quanto spesso fanno le attività elencate nella tabella. Alla fine, condividi con la classe le informazioni che hai raccolto.

attività	spesso	qualche volta	mai
1. lamentarsi dei compagni di stanza			
2. truccarsi prima di andare a lezione			
3. farsi la barba prima di andare a dormire			
4. svegliarsi a mezzogiorno			
5. addormentarsi sul divano			
6. annoiarsi durante le lezioni			

9 **Il mimo** In gruppi di quattro, scegliete a turno un verbo che avete imparato in questa lezione e mimatelo. La persona che indovina mima il verbo successivo.

MODELLO

S1: *Si sposa!*
S2: *No, si laurea!*
S3: *No! Si...*

addormentarsi	incontrarsi	sposarsi
annoiarsi	laurearsi	svegliarsi
arrabbiarsi	radersi	...
farsi male		

STRUTTURE

6A.2

Reciprocal reflexives and reflexives in the *passato prossimo*

Punto di partenza Reciprocal verbs are reflexives that express a shared or reciprocal action between two or more people or things. In English we often express a reciprocal meaning with the phrases *(to) each other* or *(to) one another*.

Si amano?
Do they love each other?

Non **si parlano.**
They aren't speaking to each other.

- Reciprocal verbs follow the same pattern as reflexive verbs, but they are limited to the plural forms **noi**, **voi**, and **loro**.

Domani Silvia e Davide **si sposano**.
Tomorrow Silvia and Davide are getting married (to each other).

Io e Alessandro **ci scriviamo** spesso.
Alessandro and I often write to one another.

- These verbs are commonly used with reciprocal meanings.

Common reciprocal verbs			
abbracciarsi	to hug each other	lasciarsi	to leave each other, to split up
aiutarsi	to help each other		
amarsi	to love each other	odiarsi	to hate each other
baciarsi	to kiss each other	parlarsi	to speak to each other
chiamarsi	to call each other	salutarsi	to greet each other
conoscersi	to know each other	scriversi	to write to each other
darsi	to give to each other	separarsi	to get separated from each other
guardarsi	to look at each other		
incontrarsi	to meet each other	sposarsi	to marry each other
innamorarsi	to fall in love with each other	telefonarsi	to phone each other
		vedersi	to see each other

Ci diamo del tu.
We address each other familiarly.

I miei gatti **si odiano**.
My cats hate one another.

Le ragazze **si aiutano** a studiare.
The girls help each other study.

Perché non **vi abbracciate**?
Why don't you hug each other?

● Note that the use of reciprocal verbs can be ambiguous. For example, **si guardano** can mean *they look at themselves* or *they look at each other*. To clarify or emphasize a verb's reciprocal meaning, use phrases like **fra (di) loro**, **l'un l'altro** (males only), or **l'un l'altra** (when there is one or more female in a group).

Renzo e Lucia **si guardano l'un l'altra**.
*Renzo and Lucia **are looking at one another**.*

Fra loro si chiamano "tesoro".
They call each other "sweetheart".

Fra di voi vi parlate in inglese o in italiano?
*Do you **talk to each other** in English or in Italian?*

Ci aiutiamo sempre **l'un l'altro**.
*We always **help one another**.*

Reflexives in the *passato prossimo*

Always conjugate reflexive verbs, including reciprocals, with **essere** in the **passato prossimo**. Remember that the past participle has to agree with the subject.

Natalia **si è pettinata**.
*Natalia **combed her hair**.*

Marco **si è svegliato** tardi.
*Marco **woke up** late.*

Ci siamo visti al mercato.
*We **saw each other** at the market.*

Vi siete già **conosciute**?
*Have you already **met**?*

Ci siamo sposati due anni fa.
*We **got married** two years ago.*

Oggi **si è laureato**.
*He **graduated from college** today.*

Provalo!　**Completa ogni frase con il pronome riflessivo corretto per descrivere queste azioni reciproche.**

1. Carlo e Annalisa __si__ telefonano tre volte al giorno.
2. Noi _____ vediamo a pranzo tutti i mercoledì.
3. Tu e Riccardo _____ parlate sempre in inglese.
4. Io e Enea _____ aiutiamo a fare i compiti.
5. Tamara e Bartolomeo _____ amano tantissimo.
6. Tu e Ilaria non _____ parlate da due mesi?
7. Le bambine _____ sono chiamate.
8. Io e Roberto _____ siamo conosciuti a Padova.
9. Giacomo e Anna _____ chiamano spesso.
10. Tu e Luigi _____ date del tu?
11. Io e Maria _____ siamo incontrati ieri.
12. Marco e Francesco _____ salutano sempre.

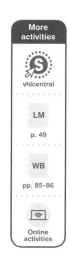

More activities

vhlcentral

LM
p. 49

WB
pp. 85–86

Online activities

STRUTTURE

1 **Completare** Scegli le forme corrette per completare la frase.

1. Natalia (ti / si) è (fatta / fatto) male alla gamba.
2. Tu e Roberto (ci / vi) siete (divertite / divertiti) alla festa?
3. Io (si / mi) sono (svegliate / svegliata) tardi.
4. Noi (vi / ci) siamo (lavati / lavato) i capelli ieri.
5. Tiziana e Caterina (si / mi) sono (innamorata / innamorate) dello stesso ragazzo.
6. Tu (ti / vi) sei (addormentata / addormentati).
7. Io (mi / ci) sono (vestito / vestite) elegantemente per la cena.
8. Voi (ci / vi) siete (annoiato / annoiati) ieri?

2 **Raccontare** Usa dei verbi reciproci per raccontare la storia di Lorenzo e Lina.

MODELLO

Lina incontra Lorenzo tutti i giorni.
Lorenzo incontra Lina tutti i giorni.
Lina e Lorenzo si incontrano tutti i giorni.

1. Lina conosce Lorenzo da un anno. Lorenzo conosce Lina da un anno.
2. Lina guarda Lorenzo con amore. Lorenzo guarda Lina con amore.
3. Lina scrive spesso e-mail a Lorenzo. Lorenzo scrive spesso e-mail a Lina.
4. Lina telefona a Lorenzo tutte le sere. Lorenzo telefona a Lina tutte le sere.
5. Lina dice a Lorenzo tutti i suoi segreti. Lorenzo dice a Lina tutti i suoi segreti.
6. Lina regala a Lorenzo dei cioccolatini. Lorenzo regala a Lina dei cioccolatini.

3 **Creare** Usa le parole date per creare frasi complete al passato prossimo.

1. Marco e Alessandro / sposarsi / lo scorso settembre.
2. Io e mio fratello / scriversi / diverse e-mail la settimana scorsa.
3. Dopo molti anni / Alessia e sua figlia / conoscersi.
4. Quando / laurearsi / Marisa?
5. Voi / innamorarsi / mai / a prima vista?

4 **Descrivere** Usa dei verbi reciproci per scrivere frasi su che cosa fanno le persone dei disegni.

1. gli uomini d'affari

2. Io e Armando

3. loro

4. tu e Claudia

5. noi

6. voi

COMUNICAZIONE

5 **Il mimo** Lavorate a coppie. A turno, mimate azioni reciproche davanti alla classe. Le altre coppie devono indovinare. La coppia che indovina mima l'azione successiva.

> **MODELLO**
>
> **S1:** *Secondo me, si parlano.*
> **S2:** *No, si salutano!*

abbracciarsi	lasciarsi
chiamarsi	salutarsi
guardarsi	scriversi
incontrarsi	sposarsi

6 **Relazioni** In gruppi di quattro, usate i verbi dati per farvi domande sulle relazioni che avete con altre persone. Rispondete a turno.

> **MODELLO**
>
> **S1:** *Come aiuti il tuo compagno di stanza?*
> **S2:** *Lo aiuto a svegliarsi la mattina.*
> **S3:** *Ci aiutiamo a studiare italiano.*
> **S4:** ...

abbracciarsi	incontrarsi
aiutarsi	parlarsi
chiamarsi	scriversi
darsi	svegliarsi

7 **Una storia romantica** A coppie, scrivete una storia romantica tra due personaggi reali o immaginari. Descrivete la loro storia, dall'inizio alla fine, usando verbi reciproci e il passato prossimo.

> **MODELLO**
>
> *Roberto e Gina si sono incontrati al corso di chimica. Si sono guardati e...*

STRUTTURE

6A.3

Ci and *ne*

Punto di partenza Use the adverb **ci** to mean *there* or to replace certain prepositional phrases. Use the pronoun **ne** to replace a previously mentioned phrase that includes the partitive or an expression of quantity, or that begins with the preposition **di**.

- In **Lezione 1A** you learned how to use **ci** in the expressions **c'è** and **ci sono**. **Ci** can be used to replace expressions of location, which are often preceded by the prepositions **a**, **in**, **su**, or **da**.

  Vai **a casa?**
  Are you going home?

  Siete andate **in biblioteca?**
  Did you go to the library?

  Sei stato **dal dentista?**
  Have you been to the dentist?

  Sì, **ci** vado.
  Yes, I'm going there.

  No, non **ci** siamo andate.
  No, we didn't go there.

  Sì, **ci** sono stato ieri.
  Yes, I was there yesterday.

- **Ci** is also used to replace phrases beginning with **a** after many common verbs.

  Credo **all'amore a prima vista**.
  I believe in love at first sight.

  Pensa sempre **ai compiti**.
  She is always thinking about homework.

  È riuscito **a svegliarsi presto**.
  He was able to wake up early.

  Quella ragazza prova **a truccarsi** senza lo specchio.
  That girl is trying to put on makeup without the mirror.

  Ci credo.
  I believe in it.

  Ci pensa sempre.
  She is always thinking about it.

  Ci è riuscito.
  He was able to do it.

  Quella ragazza **ci** prova senza lo specchio.
  That girl is trying to do it without the mirror.

- **Ci** follows the same placement rules as object pronouns. You learned these rules in **Lezione 5A**.

  Se stai male, perché non vai dal medico? **Ci** devi andare!
  *If you're not feeling well, why don't you go to the doctor? You should go (**there**)!*

  Hai lasciato le chiavi in farmacia. **Ci** torni adesso?
  *You left the keys at the pharmacy. Are you going back (**there**) now?*

  No, non voglio andar**ci**.
  *No, I don't want to go (**there**).*

  Sì, ma prima di tornar**ci**, devo telefonare.
  *Yes, but before I go back (**there**), I have to call.*

- Note that **ci** is used differently from **là/lì**, which you learned in **Lezione 1A**. Use **là/lì** to indicate a specific location. Use **ci** to point out the existence of something.

  Il dottore non **c'è**.
  The doctor is not in.

  Non **ci** sono pettini.
  There are no combs.

  L'infermiera è **lì**.
  The nurse is over there.

  La spazzola è **là**.
  The hairbrush is over there.

Ne

Ne means *some* or *any* when it replaces the partitive. It follows the same rules of placement as **ci**.

Hai **dello** shampoo?	**Ne** hai?
*Do you have **any** shampoo?*	*Do you have **any**?*

- **Ne** can also mean *of it/them* when replacing nouns used with expressions of quantity. Note that the use of **ne** is required in these cases.

Ho due **asciugacapelli**.	**Ne** ho due.
*I have two **hairdryers**.*	*I have two (**of them**).*

- When **ne** is used with an adjective expressing quantity, the adjective must agree with the noun that **ne** replaces.

Quanti **cani** avete?	**Ne** abbiamo molti.
*How many **dogs** do you have?*	*We have many (**of them**).*

- **Ne** often replaces phrases introduced by **di**, especially after expressions such as **avere paura/bisogno/voglia di**.

Ho voglia **di dormire**.	**Ne** ho voglia.
*I feel like **sleeping**.*	*I feel like **it**.*
Parli sempre **di politica**?	**Ne** parli sempre?
*Do you always talk **about politics**?*	*Do you always talk **about it**?*
Hai paura **dell'esame**?	No, non **ne** ho paura.
*Are you afraid **of the test**?*	*No, I'm not afraid **of it**.*

- If **ne** is used with an expression of quantity in the **passato prossimo**, the past participle must agree with the noun being replaced. However, when **ne** replaces a prepositional phrase, no agreement is necessary.

Quanti **rasoi** hai comprato?	Ne ho **comprati** due.
*How many **razors** did you buy?*	*I bought two of them.*
Quanta **crema** ha usato?	Ne ha **usata** molta.
*How much **lotion** did she use?*	*She used a lot (of it).*
Quante **caramelle** hai mangiato?	Ne ho **mangiate** molt**e**.
*How many **candies** did you eat?*	*I ate many (of them).*
Ha parlato **di politica**.	Ne ha **parlato**.
*He spoke **about politics**.*	*He spoke about it.*

Provalo!   Riscrivi ogni frase sostituendo la parola o le parole sottolineate con **ci** o **ne**.

1. Ieri sono andato <u>all'ospedale</u>. (ci) *Ieri ci sono andato.* _____
2. Andiamo spesso <u>dal farmacista</u>. (ci) _____
3. Vado <u>in palestra</u> per fare esercizio fisico. (ci) _____
4. La mattina Vittoria sta <u>in bagno</u> 45 minuti. (ci) _____
5. Ho bisogno <u>di una pillola per la nausea</u>. (ne) _____
6. Giada ha comprato due <u>creme per le mani</u>. (ne) _____
7. Tu hai paura <u>del dentista</u>? (ne) _____
8. Avete parlato al dottore <u>della vostra depressione</u>? (ne) _____

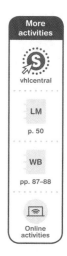

More activities

vhlcentral

LM
p. 50

WB
pp. 87–88

Online activities

STRUTTURE

1 **Completare** Scrivi la forma corretta del participio passato per completare ogni frase.

IACOPO Isabella, hai (1) _____ (comprare) tutte le medicine per Cirillo?

ISABELLA No, ne ho (2) _____ (comprare) solo due.

IACOPO Perché, non hai (3) _____ (portare) abbastanza soldi?

ISABELLA Esatto, ne ho (4) _____ (portare) pochi e le medicine sono più care ora.

IACOPO Hai (5) _____ (parlare) al farmacista dei suoi sintomi (*symptoms*)?

ISABELLA No, non ne ho (6) _____ (parlare) con lui, solo con il dottore.

IACOPO Va bene, non ti preoccupare. Ci vediamo dopo? Ho (7) _____ (comprare) dei film; possiamo guardare la televisione tutta la sera!

ISABELLA Tutta la sera? Ma quanti ne hai (8) _____ (comprare)?

2 **Trasformare** Riscrivi ogni frase usando **ne**.

> **MODELLO**
>
> **Ho due computer.**
> *Ne ho due.*

1. Luigi compra una macchina.
2. Antonella e Simona guardano due film.
3. Voi parlate sempre di casa vostra.
4. Io e Annabella abbiamo molti amici in comune.
5. Tu hai tre cani.
6. Io ho bisogno di dormire molto.

3 **Rispondere** Rispondi a ogni domanda usando **ci**.

1. Vai spesso dal dottore?
2. Riesci a ingoiare (*swallow*) le pillole senza acqua?
3. Provi spesso a svegliarti presto la mattina?
4. Pensi alla tua famiglia quando sei all'università?
5. Riesci a truccarti/raderti senza specchio?
6. Provi regolarmente a stare in forma?

4 **Abbinare** Abbina le domande della colonna a sinistra alle risposte della colonna a destra.

1. Quanti giorni hai passato in ospedale?___
2. Avete avuto bisogno dell'asciugacapelli?___
3. Quante medicine hanno venduto?___
4. Quanta schiuma da barba usa Luigi?___
5. Hai voglia di ascoltare la musica?___
6. Hai parlato del problema con il tuo dottore?___

a. Ne hanno vendute poche.
b. Ne usa troppa!
c. Ne ho passati tre.
d. No, non ne ho voglia.
e. Sì, ne abbiamo avuto bisogno.
f. No, non ne ho parlato.

5 **Risposte** Rispondi alle domande usando **ci** e le parole tra parentesi.

1. Sei andata in farmacia? (Sì / due giorni fa).
2. Hai litigato con Sergio? (No).
3. Avete pensato alla salute di vostro figlio? (Sì / spesso).
4. Maurizio ha creduto a quello che gli ha detto il dottore? (No)
5. Quando siamo andati dal dentista? (A dicembre).
6. Siete uscite con Dario? (Sì / lo scorso fine settimana)

COMUNICAZIONE

6 **In centro** A coppie, fatevi domande sui posti indicati. Usate **ci** nelle risposte.

▶ **MODELLO**

in mensa

S1: *Quando vai in mensa?*
S2: *Ci vado il fine settimana.*

1. in gelateria

2. in biblioteca

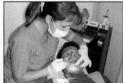

3. dal dentista

4. all'ospedale

5. in farmacia

6. in palestra

7 **Dove sono?** A coppie, dite se le persone indicate sono in ospedale o no. Se no, dite dove sono. Usate **ci** e **lì/là** nelle risposte.

MODELLO

S1: *Il dottore è in ospedale oggi?*
S2: *Sì, il dottore c'è. E l'infermiera c'è?*
S1: *No, l'infermiera non c'è. È là, in ambulanza! C'è il radiologo?*

Chi	Dov'è?
il dottore	in ospedale
l'infermiera	in ambulanza
il radiologo	in clinica
lo specialista delle allergie	in ospedale
l'anestesista	in ospedale
il cardiologo	in ufficio
la psicologa	in ufficio

8 **Che cosa hai?** A coppie, fate un elenco di otto articoli d'igiene personale. Fate domande su quali oggetti avete nel vostro bagno. Rispondete a turno usando **ne**.

MODELLO

S1: *Hai dello shampoo?*
S2: *Sì, ne ho. Tu hai dei trucchi?*
S1: *No, non ne ho.*

9 **Dal dottore** In gruppi di tre, parlate dell'ultima volta che siete stati dal dottore. Usate il passato prossimo, **ci** e **ne**.

MODELLO

S1: *Quando sei stata dal dottore l'ultima volta?*
S2: *Ci sono stata tre mesi fa. E tu?*
S3: *Io ci sono stato sei mesi fa.*
S1: *Quante medicine hai dovuto comprare dopo?*
S2: *Ne ho dovute comprare molte.*

Ricapitolazione

1 Chi è? A coppie, fate a turno a descrivere uno dei disegni che seguono e a indovinare a quale disegno si riferisce (*refers to*) la descrizione.

S1: È in bagno…
S2: Disegno uno?
S1: No, è in bagno, davanti allo specchio…

1.

2.

3.

4.

5.

6.

2 Regole di vita In gruppi di tre, create una lista di regole che i compagni di stanza devono seguire per rendere più facile la convivenza (*living together*). Usate verbi riflessivi e reciproci.

MODELLO

I compagni di stanza devono aiutarsi tutti i giorni…

3 Dove vado? Pensa a un posto dove vai questa settimana. Scrivi il nome del posto su un foglio. Poi, a coppie, fatevi domande per indovinare dove va l'altra persona. Usate **ci** dove possibile.

MODELLO

S1: Vai in biblioteca questa settimana?
S2: No, non ci vado questa settimana.
S1: Vai…?

4 Parti del corpo A coppie, usate i verbi riflessivi e reciproci della lista per descrivere le azioni che possiamo fare con quelle parti del corpo.

MODELLO

S1: Usiamo le mani per scriverci.
S2: Usiamo gli occhi per guardarci…

A	B
bocca	baciarsi
dita	guardarsi
labbra	parlarsi
mani	pettinarsi
occhi	radersi
orecchie	scriversi
	telefonarsi
	truccarsi

5 Un negozio vuoto A coppie, preparate una conversazione fra un cliente e il proprietario di una profumeria. Il cliente chiede diversi articoli, ma il negoziante non li ha! Usate i partitivi e **ne** dove possibile.

MODELLO

S1: Ha dello shampoo?
S2: No, non ne ho.
S1: Ha delle spazzole?
S2: …

6 Un dibattito In gruppi di quattro, preparate un dibattito su questo argomento: chi ci mette più tempo a prepararsi la mattina, gli uomini o le donne? Preparate una lista di ragioni per difendere la vostra posizione e poi presentate le vostre opinioni alla classe.

MODELLO

S1: Le donne ci mettono più tempo perché devono truccarsi.
S2: Sì, ma molti uomini si radono tutte le mattine!

More activities

vhlcentral

Online activities

Video # Italia autentica

Lo Zapping: Dal dentista

 Preparazione Dai un'occhiata al paragrafo, guarda l'immagine e rispondi alle seguenti domande.

- Secondo te, il dentista cosa sta chiedendo di fare al paziente? Il paziente dell'immagine è felice di essere dal dentista?
- Chi riceve trattamenti odontoiatrici gratuiti in Italia? E negli Stati Uniti?

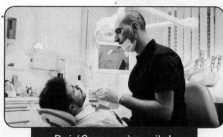

Il Servizio Sanitario Nazionale italiano garantisce cure odontoiatriche (*dental care*) gratuite fino ai 14 anni di età, agli individui a basso reddito (*income*) e a tutti i cittadini in caso di urgenze. Generalmente gli italiani vanno da dentisti privati ma, per l'aumento dei prezzi, negli ultimi anni il 9,7% delle persone non se l'è potuto permettere.

Dai (*Come on*), aprila!

1 **Comprensione** Guarda il clip e scegli la risposta corretta.

1. Dopo quali parole il paziente apre la bocca?

   a. Aprila... è Finestral!
   b. Apri (*Open*) la bocca!
   c. Fai (*Make*) un sorriso (*smile*)!

2. Che cosa pubblicizza il clip?

   a. Un'azienda (*company*) di finestre.
   b. Prodotti (*products*) per l'igiene orale.
   c. Macchinari (*machinery*) per dentisti.

2 **Discussione** A coppie, discutete delle domande seguenti. Usate le Espressioni utili per creare frasi complete.

1. Quanto spesso si va dal dentista negli Stati Uniti? Secondo te, quanto spesso ci vanno gli italiani?

3. Secondo te, perchè la pubblicità usa lo studio di un dentista per promuovere il suo prodotto?

3 **Presentazione** Immagina di essere andato dal dentista e che a fine seduta lui ti ha dato vari consigli per una corretta igiene orale. Raccontaci cosa ti ha raccomandato. Usa le seguenti indicazioni.

- quanto spesso dovresti andare dal dentista
- quante volte al giorno dovresti lavarti i denti
- quali prodotti dovresti usare
- quali cibi dovresti evitare e perché

Espressioni utili	
Mi lavo i denti due/ tre voce al giorno.	*I brush my teeth once/ twice a day.*
Vado dal dentista tre volte all'anno.	*I go to the dentis three times a year.*
(Non) Uso	*(I don't) use*
Secondo me, (non) è importante	*In my opinion, it's (not) important*
Il dentista mi consiglia di (non)	*The dentist advises me (not) to...*
Dovrei/ Non dovrei	*I should/I shouldn't*

More activities

vhlcentral

Online activities

Lezione

6B

Communicative Goals

You will learn how to:

- talk about health
- talk about remedies and well-being

CONTESTI

Hotspots

Dal dottore

Vocabolario

espressioni	*expressions*
andare dal dottore	*to go to the doctor*
curare	*to heal; to treat*
essere allergico/a (a)	*to be allergic (to)*
essere in/fuori forma	*to be in/out of shape*
evitare (di)	*to avoid*
farsi male	*to hurt oneself*
guarire (-isc-)	*to get better*
perdere/prendere peso	*to lose/gain weight*
piangere	*to cry*
rompersi (un braccio)	*to break (an arm)*

all'ospedale	*at the hospital*
l'ambulanza	*ambulance*
l'aspirina	*aspirin*
il/la chirurgo/a	*surgeon*
il/la dentista	*dentist*
il/la farmacista	*pharmacist*
la medicina	*medicine; drug*
il medico (di famiglia)	*(family) doctor*
il pronto soccorso	*first aid; emergency room*
la ricetta	*prescription*
il termometro	*thermometer*

le malattie e i sintomi	*ailments and symptoms*
la carie (*invar.*)	*cavity*
la depressione	*depression*
il dolore	*pain*
l'infezione (*f.*)	*infection*
l'influenza	*flu*
l'insonnia	*insomnia*
il naso chiuso	*stuffy nose*
la nausea	*nausea*

diagnosi	*diagnosis*
grave	*serious*
leggero/a	*slight*
malato/a	*ill*
sano/a	*healthy*

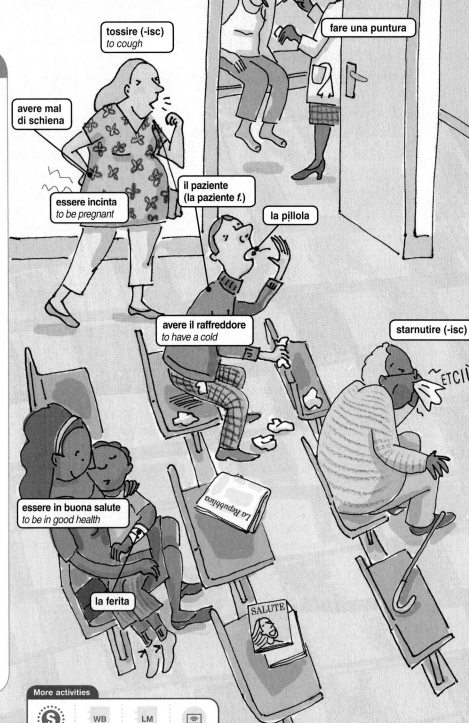

avere la febbre

fare una puntura

tossire (-isc)
to cough

avere mal di schiena

il paziente (la paziente *f.*)

essere incinta
to be pregnant

la pillola

avere il raffreddore
to have a cold

starnutire (-isc)

~ETCIÙ!

essere in buona salute
to be in good health

la ferita

More activities

S vhlcentral	WB pp. 89–90	LM p. 51	Online activities

Pratica

1 Associazioni

Scegli una parola della lista da associare alle seguenti parole o frasi.

| l'aspirina | l'influenza | il pronto soccorso |
| la carie | la nausea | il raffreddore |

1. il vomito _____
2. il dentista _____
3. la ferita _____
4. fare una puntura _____
5. tossire e starnutire _____
6. avere la febbre _____

2 Mettere etichette

Etichetta ogni foto con una parola o un'espressione appropriata.

1. _____

2. _____

3. _____

4. _____

5. _____

6. _____

3 Completare

Scegli la parola corretta per completare ogni frase.

1. Il paziente chiede al dottore (una carie / un naso pieno / una medicina).
2. Ho la tosse e la febbre, sono proprio (in buona salute / malata / in forma).
3. Valeria aspetta un bambino! Cioè, è (allergica / incinta / sana).
4. Per andare al pronto soccorso abbiamo chiamato (un'ambulanza / un termometro / una pillola).
5. Ho preso un appuntamento con il dentista. Ho paura di avere (l'insonnia / la nausea / una carie).
6. Un po' di esercizio fisico aiuta a (fare una puntura / essere fuori forma / perdere peso).

4 Rispondere

Rispondi alle domande usando frasi complete.

1. Hai la febbre oggi?
2. Quando hai il raffreddore, tossisci e starnutisci molto?
3. Che cosa prendi quando hai la febbre?
4. Che tipo di esercizio fisico fai?
5. Che cosa fai per essere in forma?
6. Vai spesso dal dottore?

Illustration labels

l'infermiere (m.)

VIETATO FUMARE

fare esercizio (fisico)/ ginnastica

l'infermiera (f.)

avere mal di testa

avere mal di pancia

Attenzione!

To talk about aches and pains, remember to use the definite article, not the possessive, with the body part in question.

Mi fa male il ginocchio.
My knee hurts.

CONTESTI

Comunicazione

---

5 **Dal dottore** A coppie, ascoltate la conversazione tra Marco e il suo dottore. Mentre ascoltate, spuntate (*check off*) le parole o espressioni che sentite.

1. essere in forma ☐
2. fare esercizio fisico ☐
3. fare una puntura ☐
4. la febbre ☐
5. il naso chiuso ☐
6. l'insonnia ☐

7. la depressione ☐
8. la ricetta ☐
9. il mal di pancia ☐
10. il mal di schiena ☐
11. il raffreddore ☐
12. rompersi una gamba ☐

---

6 **Consigli** A coppie, guardate le seguenti persone. Descrivete la loro condizione, poi date un consiglio per curare o migliorare (*to improve*) la loro situazione.

> **MODELLO**
>
> **S1:** Federico si è fatto male al piede.
> **S2:** Deve andare al pronto soccorso!

1. Federico 2. Marta 3. Graziella 4. Paola

5. Luciano 6. Davide 7. Michela 8. Sara

---

7 **Al pronto soccorso!** Lavorate a coppie. L'insegnante vi darà due fogli diversi, ciascuno con metà delle informazioni sui pazienti del pronto soccorso. A turno, fate domande per trovare il problema o la malattia di ciascuna persona. Poi scrivete un riassunto (*summary*) di quello che avete scoperto.

> **MODELLO**
>
> **S1:** Chi ha un braccio rotto?
> **S2:** La signora Rossini. Che problema ha il signor Tucci?
> **S1:** Ha...

8 **Indoviniamo!** In gruppi di tre, fate a turno a descrivere e a indovinare le parole della **Lezione 6A.**

> **MODELLO**
>
> **S1:** Lo soffi (*blow*) quando hai il raffreddore.
> **S2:** Il naso!

Pronuncia e ortografia Audio

🔊 Spelling plurals II

aranc**ia**	aranc**e**	logg**ia**	logg**e**

When the Italian word endings **-cia** and **-gia** contain a diphthong and are preceded by a consonant, the plural is usually formed by dropping the **i** to form **-ce** or **-ge**.

camic**ia**	camic**ie**	cilieg**ia**	cilieg**ie**

When **-cia** and **-gia** contain a diphthong and are preceded by a vowel, the **i** is retained to form the plurals **-cie** and **-gie**.

farmac**ia**	farmac**ie**	mag**ia**	mag**ie**

When there is no diphthong and the letter **i** is stressed in **-cia** and **-gia**, the **i** is retained to form the plurals **-cie** and **-gie**.

esemp**io**	esemp**i**	negoz**io**	negoz**i**

When Italian words ending in **-io** form a diphthong, the plural is usually formed by dropping the final **-o**.

tr**io**	tr**ii**	z**io**	z**ii**

However, when a diphthong is not formed in words ending in **-io**, the final **-o** is changed to **-i** in the plural, resulting in double **i**.

🔗 Pronunciare Ripeti le parole ad alta voce.

1. provincia	**4.** addii	**7.** grigia	**10.** pii
2. province	**5.** lancia	**8.** grigie	**11.** freccia
3. addio	**6.** lance	**9.** pio	**12.** frecce

🔗 Articolare Ripeti le frasi ad alta voce.

1. I miei zii sono vecchi.
2. Oggi c'è la pioggia.
3. Non dire bugie!
4. Piangi perché hai paura della magia?
5. Quelle camicie grigie costano molto.
6. Attenzione alle strisce gialle!

Chi parla in faccia non è traditore.[2]

🔗 Proverbi Ripeti i proverbi ad alta voce.

Chi lascia la via vecchia per la nuova sa quel che lascia, ma non sa quel che trova.[1]

[2] He who speaks to your face is not a traitor.

[1] Better the devil you know than the devil you don't. (lit. He who leaves the old road for the new knows what he left but not what he'll find.)

FOTOROMANZO

Una visita medica Video

Emily

Lorenzo

Marcella

Il medico

Riccardo

Viola

Dal medico

MEDICO Cosa è successo?

RICCARDO Facevamo il turno per il bagno...

EMILY Quando si è svegliata non aveva nessun sintomo...

LORENZO Hanno preparato la cena ieri sera...

MEDICO Va bene, basta così. Viola, cosa è successo?

VIOLA Ieri io, Riccardo e Emily abbiamo preparato la cena.

RICCARDO Rigatoni alla carbonara alla pensione!

MARCELLA Una carbonara con qualche ingrediente extra.

EMILY Cipolle, funghi, aglio.

LORENZO Troppo aglio.

MEDICO Sei allergica a uno di questi cibi?

MEDICO Continua.

VIOLA Ieri sera mi facevano male lo stomaco e il petto, però stanotte ho dormito bene e anche stamattina stavo bene. Aspettavamo Lorenzo, che era in bagno, poi mi sono svegliata sul pavimento.

MEDICO Va bene. Tutti fuori dal mio studio. (*A Viola*) Hai altri sintomi?

In centro

LORENZO Sono per Viola. Da parte tua.

RICCARDO Da parte mia?

LORENZO È colpa tua se sta male. E poi mi devi una camicia nuova.

RICCARDO È stata Viola a macchiare d'olio la tua camicia, non io.

LORENZO Hai preparato tu la cena.

RICCARDO E Emily ci ha messo le cipolle e i funghi.

RICCARDO Andiamo, Lorenzo: sei innamorato di Viola.

LORENZO Ma che dici? Viola? È troppo timida e seria.

RICCARDO Sì, lo so. Ma a volte quando vi guardate i tuoi occhi brillano.

LORENZO Sei pazzo.

RICCARDO Dici di no, ma in realtà vuoi dire sì.

Alla pensione

VIOLA E poi io ho macchiato d'olio la camicia di Lorenzo. Si è molto arrabbiato.

EMILY Eh già, le camicie di Lorenzo costano più della mia università. Gli studenti in America non sono così eleganti. (*Verso la porta*) Entrate. Volete aiutarci a finire la ripresa per il blog?

A T T I V I T À

1

Completare Completa ogni frase con un verbo al passato prossimo.

1. Quando Viola _____ non aveva nessun sintomo.

2. Riccardo ed Emily _____ la cena ieri sera.

3. La scorsa notte Viola _____ bene.

4. Il medico le _____ delle medicine contro la nausea.

5. Riccardo _____ la cena ieri sera e tutti si sono sentiti male.

6. _____ Viola a macchiare d'olio la camicia di Lorenzo.

7. Emily _____ le cipolle e i funghi nella pasta.

8. Lorenzo _____ per la camicia.

9. Riccardo _____ troppo aglio.

10. Riccardo _____ insensibile e scortese.

Viola si è sentita male.

VIOLA A volte sono nervosa e preoccupata per la vita a Roma e per l'università.

MEDICO Secondo me, sei stata male a causa di una leggera depressione e di un brutto bruciore di stomaco. Ti ho prescritto delle medicine contro la nausea. Ti consiglio di riposare, di bere acqua e tè e di evitare la cucina di Riccardo.

Alla pensione

EMILY Oggi Viola è andata dal dottore con dolore di stomaco e nausea. Come è successo?

VIOLA Riccardo ha preparato la cena ieri sera e ci siamo sentiti male tutti.

EMILY È pericoloso lasciarlo entrare in cucina.

VIOLA Riccardo fa sempre quello che gli pare. Non si sa trattenere.

LORENZO Questi sono da parte di Riccardo. Si scusa per aver usato troppo aglio.

VIOLA Grazie.

RICCARDO Ecco le tue pillole. «Prendere una compressa prima di mangiare i miei piatti.» (*A Emily*) Scusa Emily. Volevi preparare la cena per tutti e io sono stato insensibile e scortese.

EMILY E?

LORENZO Ed egoista, inutile, stupido e un pessimo cuoco!

VIOLA Sapete una cosa? Roma comincia a piacermi.

Espressioni utili

Talking about events in the past

- **facevamo il turno**
  we were waiting for our turn
- **Quando si è svegliata non aveva nessun sintomo.**
  When she woke up she had no symptoms.
- **Mi facevano male lo stomaco e il petto.**
  My stomach and chest hurt.
- **Anche stamattina stavo bene.**
  I felt fine this morning, too.
- **Aspettavamo Lorenzo, che era in bagno.**
  We were waiting for Lorenzo, who was in the bathroom.
- **volevi preparare tu la cena**
  you wanted to prepare dinner

Additional vocabulary

- **bruciore di stomaco**
  heartburn
- **È pericoloso lasciarlo entrare.**
  It's dangerous to let him enter.
- **Riccardo fa sempre quello che gli pare. Non si sa trattenere.**
  Riccardo always does what he wants. He doesn't know how to stop himself.

- **da parte tua**
  from you
- **brillano**
  sparkle
- **pavimento**
  floor
- **studio**
  office
- **finire la ripresa**
  to finish shooting

- **macchiare d'olio**
  to stain with oil
- **dici di no**
  you say no
- **compressa**
  tablet
- **pessimo**
  awful

---

2 **Per parlare un po'** A coppie, scegliete uno dei personaggi di questa puntata e parlate di un suo problema di salute. Di che tipo di problema si tratta? Qual è la causa? Che cosa deve fare per stare meglio?

3 **Approfondimento** «Ospedale», «ambulanza», «infermiere/a»: conosci l'origine di queste parole? Cerca su Internet o su un dizionario italiano la loro etimologia e presenta la tua risposta alla classe.

More activities

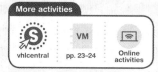

vhlcentral | VM pp. 23–24 | Online activities

ATTIVITÀ

IN PRIMO PIANO

L'importante è la salute

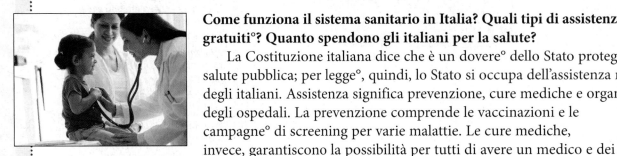

Come funziona il sistema sanitario in Italia? Quali tipi di assistenza sono gratuiti°? Quanto spendono gli italiani per la salute?

La Costituzione italiana dice che è un dovere° dello Stato proteggere° la salute pubblica; per legge°, quindi, lo Stato si occupa dell'assistenza medica degli italiani. Assistenza significa prevenzione, cure mediche e organizzazione degli ospedali. La prevenzione comprende le vaccinazioni e le campagne° di screening per varie malattie. Le cure mediche, invece, garantiscono la possibilità per tutti di avere un medico e dei farmaci°, o di fare esami clinici. Infine, l'organizzazione degli ospedali implica° che lo Stato gestisce° le strutture mediche pubbliche, cioè il pronto soccorso, gli ospedali e le strutture per anziani°.

Tutti e tre° i tipi di assistenza sono pagati, per la maggior parte, dallo Stato e dalle Regioni. La popolazione è infatti divisa in fasce di reddito° e ogni persona paga una percentuale su ogni medicina o esame clinico in rapporto a quanto guadagna°. Le medicine per le persone che soffrono° di malattie molto gravi, o che sono necessarie per salvare la vita, sono sempre totalmente gratuite. Lo Stato garantisce inoltre assistenza sanitaria e socio-sanitaria alle persone con disabilità° e non autosufficienti°. Alcune forme di assistenza non sono incluse in questo sistema: per esempio, le medicine alternative e le operazioni di chirurgia estetica° non vengono mai pagate dallo Stato.

Questo sistema ha aspetti positivi e negativi. Certamente, è un grande vantaggio° per tutti avere diritto° a un'assistenza medica che costa poco, ma per questa stessa ragione le tasse° in Italia sono alte. Inoltre, la qualità del servizio non è uguale dappertutto°; nelle regioni più ricche lo standard è molto alto, mentre in altre zone ci sono pochi ospedali e le strutture a volte sono molto vecchie. Di conseguenza, molti italiani preferiscono curarsi fuori dal sistema pubblico, rivolgendosi° a medici privati spesso molto costosi.

Consumi medi mensili° delle famiglie italiane (in euro)				
	ALIMENTARI	SPESE SANITARIE	SIGARETTE	ALTRO
NORD	468	99,8	18,9	2.373,49
CENTRO	431	82,3	22,4	2.181,22
SUD	460	62,5	23,4	1.590,41

FONTE: ISTAT

gratuiti *free* **dovere** *obligation* **proteggere** *to protect* **per legge** *by law* **campagne** *campaigns* **farmaci** *drugs* **implica** *implies* **gestisce** *manages* **anziani** *the elderly* **Tutti e tre** *All three* **fasce di reddito** *income levels* **in rapporto a quanto guadagna** *in relation to what he/she earns* **soffrono** *suffer* **disabilità** *disability* **non autosufficiente** *not self-sufficient* **chirurgia estetica** *plastic surgery* **vantaggio** *advantage* **diritto** *right* **tasse** *taxes* **dappertutto** *everywhere* **medi mensili** *monthly average* **rivolgendosi** *turning to*

A T T I V I T À

1

Vero o falso? Indica se l'affermazione è **vera** o **falsa**. Correggi le affermazioni false.

1. La Costituzione italiana protegge la salute pubblica.

2. Il servizio medico nazionale in Italia paga anche le vaccinazioni.

3. Lo Stato paga, per la maggior parte, l'assistenza medica.

4. I malati pagano le medicine in riferimento alla fascia di reddito.

5. Le operazioni di chirurgia estetica sono gratuite.

6. Lo Stato paga in parte le medicine per le malattie molto gravi.

7. Le tasse in Italia sono alte anche perché lo Stato paga molti servizi medici.

8. Lo standard degli ospedali in Italia è sempre molto alto.

9. Molti italiani preferiscono andare dai medici privati.

10. L'assistenza medica privata non è molto costosa.

L'ITALIANO QUOTIDIANO

Malattie e disturbi°

l'emicrania	*migraine*
l'eruzione cutanea	*rash*
il foruncolo	*pimple*
la frattura	*fracture*
il livido	*bruise*
il mal di gola	*sore throat*
il mal di mare	*seasickness*
il morbillo	*measles*
l'orticaria	*hives*
la scottatura	*burn*
la tosse	*cough*
la varicella	*chickenpox*

disturbi *ailments*

USI E COSTUMI

I rimedi naturali

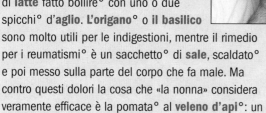

In Italia, come in tutto il mondo, ci sono dei rimedi° tradizionali contro le malattie più comuni, chiamati «i rimedi della nonna». Per la tosse, ad esempio, «la nonna» consiglia di bere un bicchiere di **latte** fatto bollire° con uno o due spicchi° d'**aglio**. L'**origano**° o il **basilico** sono molto utili per le indigestioni, mentre il rimedio per i reumatismi° è un sacchetto° di **sale**, scaldato° e poi messo sulla parte del corpo che fa male. Ma contro questi dolori la cosa che «la nonna» considera veramente efficace è la pomata° al **veleno d'api**°: un rimedio per le persone più coraggiose!

rimedi *remedies* **fatto bollire** *boiled* **spicchi** *cloves* **origano** *oregano*
reumatismi *rheumatism* **sacchetto** *small bag* **scaldato** *heated*
pomata *salve* **veleno d'api** *bee venom*

RITRATTO

Fabiola Gianotti

Fabiola Gianotti, nata a Roma nel 1960, è una fisica° italiana e la prima donna a ricoprire il ruolo° di direttore generale del CERN (Organizzazione europea per la ricerca nucleare). Gianotti entra a far parte del CERN nel 1987 e partecipa a una lunga serie di esperimenti nell'ambito dell'accelerazione delle particelle°. Coordina i lavori nell'esperimento ATLAS, l'esperimento scientifico° più grande mai realizzato con la collaborazione di oltre 3000 scienziati° di tutto il mondo. Nel 2012, dopo 20 anni di esperimenti, annuncia al mondo la scoperta del bosone di Higgs. Quando nel 2013 Peter Higgs vince il Premio Nobel per la fisica, chiama al suo fianco Fabiola Gianotti per onorare il suo contributo nella scoperta.

fisica *physicist* **ricoprire il ruolo** *to have the role* **acceleratore di particelle** *particle acceleration*
esperimento scientifico *scientific experiment* **scienziati** *scientists*

RITMO ITALIANO

Com'è la tua routine mattutina? A che ora suona di solito la tua sveglia? Vai su **vhlcentral.com** e scopri una canzone che sintetizza l'umore e la colazione tipica degli italiani.

---

2 **Completare** Completa le frasi.

1. Fabiola Gianotti è il _____ del CERN.
2. L'ATLAS è l'esperimento _____ più grande mai realizzato.
3. Gianotti partecipa alla _____ del bosone di Higgs.
4. I rimedi tradizionali sono chiamati _____.
5. Contro la tosse, la nonna consiglia di bere latte con uno o due _____.
6. La pomata al veleno d'api è usata per i _____.

3 **A voi** A coppie, rispondete alle seguenti domande.

1. Per curarti usi farmaci tradizionali o medicine alternative?
2. Secondo te, quali tipi di medicine sono più efficaci?
3. Secondo te, le medicine alternative sono utili anche per curare malattie molto gravi?

More activities

vhlcentral

Online activities

ATTIVITÀ

STRUTTURE

6B.1

The *imperfetto*

Punto di partenza You've learned how to use the **passato prossimo** to express past actions. Now you'll learn another past tense, the **imperfetto** (*imperfect*).

- The **imperfetto** can be translated into English in several ways.

  Lia **piangeva**.
  Lia cried.
  Lia used to cry.
  Lia was crying.

  Facevo esercizio.
  I exercised.
  I used to exercise.
  I was exercising.

- The **imperfetto** is a simple tense; it does not require an auxiliary verb. The pattern of conjugation is identical for verbs ending in **-are**, **-ere**, and **-ire**. Drop the **-re** to form the stem and add the appropriate imperfect ending.

The *imperfetto*				
	parlare	leggere	dormire	finire (-isc-)
io	parlavo	leggevo	dormivo	finivo
tu	parlavi	leggevi	dormivi	finivi
Lei/lui/lei	parlava	leggeva	dormiva	finiva
noi	parlavamo	leggevamo	dormivamo	finivamo
voi	parlavate	leggevate	dormivate	finivate
loro	parlavano	leggevano	dormivano	finivano

- **Essere** is irregular in the **imperfetto**, and the verbs **bere**, **dire**, and **fare** have irregular stems.

Irregular verbs in the *imperfetto*				
	essere	bere	dire	fare
io	ero	bevevo	dicevo	facevo
tu	eri	bevevi	dicevi	facevi
Lei/lui/lei	era	beveva	diceva	faceva
noi	eravamo	bevevamo	dicevamo	facevamo
voi	eravate	bevevate	dicevate	facevate
loro	erano	bevevano	dicevano	facevano

- Use the **imperfetto** to talk about actions that took place repeatedly or habitually during an unspecified period of time. Note that, in English, we often use the phrase *used to* or *would* to indicate habitual or repeated actions.

  Alberto **faceva esercizio** fisico ogni giorno.
  Alberto used to exercise every day.

  Da bambine, Giovanna e Lucia **dormivano** molto.
  As children, Giovanna and Lucia used to sleep a lot.

  Andavo regolarmente dal dottore.
  I would go to the doctor regularly.

  Lo scorso inverno **bevevamo** succo d'arancia tutte le mattine.
  Last winter we used to drink orange juice every morning.

- The **imperfetto** is also a descriptive tense. Use it to describe physical and mental states in the past, including age.

Rachele **era** contenta mentre Franco **era** depresso.
*Rachele **was** happy while Franco **was** depressed.*

Dante **aveva** nove anni quando ha visto Beatrice.
*Dante **was** nine years old when he saw Beatrice.*

Mi facevano male lo stomaco e il petto.

Volevi preparare la cena per tutti.

- Also use the **imperfetto** to describe weather and time in the past.

Pioveva stamattina.
***It was raining** this morning.*

Erano le sei e **faceva** bel tempo.
***It was** 6:00 and the weather **was** nice.*

- Use the **imperfetto** to describe an action or actions in progress in the past. **Mentre** (*While*) often signals two ongoing actions occurring over the same period of time.

Mentre leggevo la ricetta, l'infermiere **parlava**.
***While I was reading** the prescription, the nurse **was speaking**.*

Mentre guardava quel film, Carlo **piangeva**.
***While he was watching** that movie, Carlo **was crying**.*

- An ongoing action in the **imperfetto** can also be interrupted by another action expressed with the **passato prossimo**. **Quando** (*When*) is often used to introduce the interrupting action.

Quando il medico è entrato, l'infermiere **parlava**.
***When** the doctor came in, the nurse **was speaking**.*

Guardavamo il film **quando** Carlo ha starnutito.
***We were watching** the film **when** Carlo sneezed.*

Quando siamo arrivati, Paolo **studiava**.
***When** we arrived, Paolo **was studying**.*

Quando ho chiamato, loro **dormivano**.
***When** I called, **they were sleeping**.*

Provalo! Scegli la forma corretta dell'imperfetto per completare ogni frase.

1. Da piccola, Geltrude non (amavo / amava) leggere.
2. A te (piaceva / piacevano) i broccoli da bambino?
3. Le nostre camere da letto (erano / eravate) molto piccole.
4. Io non (beveva / bevevo) il latte.
5. Chi (voleva / volevo) diventare un dottore da bambino?
6. Voi (preparavi / preparavate) dei dolci buonissimi.
7. Io e Antonio non (dicevate / dicevamo) mai bugie (*lies*).
8. Quell'inverno (facevo / faceva) veramente molto freddo.

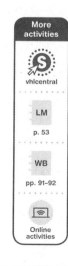

More activities

vhlcentral

LM
p. 53

WB
pp. 91–92

Online activities

STRUTTURE

PRATICA

1 Scegliere Scegli il verbo corretto all'imperfetto.

1. Sei anni fa, Giancarlo soffriva / soffrivo d'insonnia.

2. A quattro anni tu non sapeva / sapevi nuotare.

3. Lo scorso inverno, la sorella di Ugo avevi / aveva spesso il naso chiuso.

4. Da piccoli, Francesco e Marco leggevamo / leggevano sempre i fumetti.

5. Di solito d'estate mi piaceva / piacevo andare in montagna.

6. Quando (voi) andavamo / andavate alle elementari, scrivevate / scrivevamo delle poesie?

2 Completare Completa ogni frase con la forma corretta dell'imperfetto.

1. Da piccolo, mi _____ (fare) spesso male lo stomaco.

2. L'estate i bambini _____ (svegliarsi) tardi.

3. Francesca non _____ (usare) mai il trucco.

4. Io e la mia famiglia non _____ (programmare) la sveglia il fine settimana.

5. Tu _____ (essere) spesso malata.

6. Voi _____ (parlare) francese con vostra nonna?

7. Gigliola ed Evelina _____ (usare) solo rimedi biologici (*organic*).

8. Elena _____ (evitare) sempre di mangiare cibi piccanti.

3 Descrivere Scrivi una frase completa per ogni disegno per dire cosa facevano queste persone l'anno scorso.

▶ **MODELLO**

Gabriele / dormire sempre

Gabriele dormiva sempre.

1. io / fare / jogging   2. i ragazzi / fare / i compiti

3. voi / mangiare / tanti gelati   4. tu / bere / troppo caffè   5. Agostina / pettinarsi spesso   6. Adelaide / starnutire sempre

4 Rispondere Rispondi alle domande su quando eri più piccolo/a usando l'imperfetto.

1. Tu e i tuoi amici eravate in forma?

2. Che cosa bevevi a colazione?

3. A che ora ti svegliavi in estate?

4. La tua famiglia andava spesso dal dottore?

5. Quante volte al giorno ti lavavi i denti?

6. Cosa facevate tu e la tua famiglia il fine settimana?

7. Quante ore passavi al computer o a guardare la TV?

8. Andavi volentieri a scuola?

COMUNICAZIONE

5 La salute A coppie, fatevi delle domande su come era la vostra routine fisica l'estate scorsa. Rispondete a turno.

> **MODELLO**
>
> essere in buona salute
> **S1:** Eri in buona salute l'estate scorsa?
> **S2:** Sì, ero in buona salute. / No, non ero in buona salute...

1. fare attività fisica
2. avere il raffreddore
3. alzarsi tutti i giorni alle 7

4. comprare uno shampoo speciale
5. usare la sveglia
6. avere spesso mal di testa

6 Come stavano? A coppie, fate a turno a descrivere i problemi di salute che, l'anno scorso, avevano le persone dei disegni. Dovete essere creativi!

Diego

> ► **MODELLO**
>
> **S1:** A Diego faceva male la gamba.
> **S2:** Forse perché giocava a calcio tutti i giorni.

1. Lina

2. Iacopo

3. Fosca

4. Renzo

5. Gina

6. Daniela

7 Un'inchiesta Chiedi ai tuoi compagni cosa facevano durante le vacanze quando erano al liceo. Poi fai un rapporto sui risultati per la classe e, insieme (*together*), discutete qual era l'attività più popolare e quale la meno popolare.

> **MODELLO**
>
> **S1:** Cosa facevi durante le vacanze quando eri al liceo?
> **S2:** Leggevo e guardavo la televisione tutti i giorni.
> **S3:** Anch'io a volte leggevo, ma di solito lavoravo.

8 Intervistare Usando le parole nel box, crea delle domande per i tuoi compagni, e poi racconta cosa ti hanno risposto al tuo compagno/alla tua compagna di banco. Usa l'imperfetto.

> **MODELLO**
>
> bere molto latte
>
> **S1:** *Da bambino* bevevi molto latte?
> **S2:** Sì, ne bevevo molto.
> **S3:** Anch'io.
> **S1:** Da bambini, S2 e S3 bevevano molto latte.

> dire bugie
> dormire dopo pranzo
> mangiare sempre le verdure
> volere diventare un ballerino/ballerina
> leggere libri di avventura

STRUTTURE

6B.2

Imperfetto vs. *passato prossimo*

Punto di partenza Although the **passato prossimo** and the **imperfetto** are both past tenses, they have distinct uses and are not interchangeable. The choice between these two tenses depends on the context and the point of view of the speaker.

Anche stamattina stavo bene.

Sei stata male a causa di una leggera depressione.

Uses of the *passato prossimo* and the *imperfetto*

Passato prossimo	Imperfetto
To express actions completed at a specific moment or within a definite time period in the past:	**To express ongoing actions with no reference to beginning or end or for an unspecified period of time in the past:**
Lisa si **è rotta** il braccio due volte. *Lisa **broke** her arm twice.*	Da giovane **ero** sempre in buona salute. *When I was young **I was** always in good health.*
Mia sorella **ha parlato** con il farmacista stamattina. *My sister **spoke** with the pharmacist this morning.*	Mentre **cercavo** la ricetta, mia sorella **parlava**. *While **I was looking for** the prescription, my sister **was talking**.*
To refer to the beginning or end of a past action or event:	**To refer to habitual or recurring past actions and events:**
Abbiamo cominciato a prendere peso due anni fa. *We **started** gaining weight two years ago.*	Ogni giorno **andavamo** in palestra a fare ginnastica. *We **used to go** to the gym every day to exercise.*
Il dolore **è sparito** all'improvviso. *The pain **disappeared** suddenly.*	Di solito il dottore ci **faceva** le punture. *Usually, the doctor **gave** us shots.*
To express a change in mental, physical, or emotional state in the past:	**To describe past mental, physical, or emotional states and conditions, including age:**
Mi sono ammalato perché ho dimenticato la giacca. *I **got sick** because I forgot my jacket.*	Raffaella **era** incinta e **si sentiva** spesso male. *Raffaella **was** pregnant and **she** often **felt** ill.*
To narrate a series of past actions or events:	**To describe weather and talk about time in the past:**
Sono caduto, **mi sono rotto** il braccio e **sono andato** al pronto soccorso. *I **fell down**, **broke** my arm, and **went** to the emergency room.*	**Erano** le sei e **pioveva** ancora. *It **was** six o'clock and **it was** still **raining**.*

- The **passato prossimo** and the **imperfetto** are often used together for narrative purposes.

Ieri mattina il tempo **era** fantastico e così **ho deciso** di andare a sciare. **Sono uscito** di casa presto e, quando **sono salito** in cima alla montagna, non c'**era** ancora nessuno. Improvvisamente **ho sentito** un rumore che **veniva** dal bosco. Santo cielo, **era** l'Abominevole Uomo delle Nevi!

*Yesterday morning the weather **was** fantastic and so **I decided** to go skiing. **I left** the house early and, when **I climbed** to the top of the mountain, there **was** no one around. Suddenly, **I heard** a sound that **was coming** from the woods. Good heavens, **it was** the Abominable Snowman!*

- Certain verbs have different meanings in the **imperfetto** and the **passato prossimo**. Compare the use of **conoscere** and **sapere** in these examples.

Il chirurgo **conosceva** Anna.
*The surgeon **knew** Anna.*

Luisa **sapeva** cosa fare per guarire.
*Luisa **knew** what to do to get better.*

Ho conosciuto il chirurgo.
*I **met** the surgeon (for the first time).*

Carlo **ha saputo** che Luisa era malata.
*Carlo **found out** that Luisa was sick.*

- **Dovere**, **potere**, and **volere** have slightly different meanings in the **imperfetto** as well. The **imperfetto** describes intention or capability but doesn't specify the outcome, whereas the **passato prossimo** indicates that an action was carried out.

Anna **doveva** andare dal medico.
*Anna **was supposed to** go to the doctor.*

Il dottore **poteva** curarlo.
*The doctor **could** (**had the ability to**) heal him.*

Rosa non **voleva** fare ginnastica, ma è andata in palestra lo stesso.
*Rosa **did** not **want to** exercise, but she went to the gym anyway.*

Anna **è dovuta** andare dal medico.
*Anna **had to** (**and did**) go to the doctor.*

Il dottore **ha potuto** curarlo.
*The doctor **was able to** (**and did**) heal him.*

Rosa non **ha voluto** fare ginnastica, e allora è restata a casa.
*Rosa **did** not **want to** exercise, so she stayed home.*

 Provalo!   **Scrivi la forma corretta del verbo indicato.**

passato prossimo
1. cominciare (lui) *ha cominciato*
2. andare (tu) _____
3. bere (noi) _____
4. fare (loro) _____
5. nascere (io) _____

imperfetto
6. giocare (noi) *giocavamo*
7. essere (tu) _____
8. dire (lei) _____
9. avere (voi) _____
10. leggere (io) _____

More activities

vhlcentral

LM
p. 54

WB
pp. 93–94

Online activities

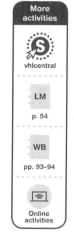

STRUTTURE

1 Scegliere Scegli i tempi verbali corretti per completare il racconto.

L'estate scorsa (1.) (ho fatto / facevo) esercizio fisico tutti i giorni. La mattina mi (2.) (è piaciuto / piaceva) andare in piscina a nuotare. (3.) (Ha fatto / Faceva) molto caldo per tutta l'estate. Un giorno (4.) (mi sono rotto / mi rompevo) il braccio. Mia sorella mi (5.) (ha portato / portava) all'ospedale. Non (6.) (ho potuto / potevo) nuotare per il resto dell'estate. (7.) (Sono stato / Ero) molto triste. Per fortuna il 24 agosto il dottore (8.) (ha detto / diceva): «Ora stai bene, torna in piscina!».

2 Completare Completa il brano con le forme corrette del passato prossimo o dell'imperfetto.

Cari amici,

Vi voglio raccontare un'avventura dell'anno scorso. Quel giorno (1) _____ (piovere), ma io (2) _____ (essere) molto contenta per il mio viaggio a Roma. Purtroppo a mezzogiorno l'aeroporto (3) _____ (cancellare) il mio volo. Allora (io) (4) _____ (telefonare) a mia mamma e le (5) _____ (chiedere) di venire a prendermi e riportarmi a casa. (Io) (6) _____ (essere) triste e arrabbiata, ma per fortuna (7) _____ (potere) partire il giorno dopo. Che avventura! Buona fortuna con il vostro viaggio!

Giuliana

3 Descrivere Scrivi che cosa facevano le persone quando è successo qualcos'altro (*something else*).

MODELLO

Marcello (fare esercizio fisico) / noi (arrivare)
Marcello faceva esercizio fisico quando noi siamo arrivati.

1. il dottore (visitare) il paziente / l'infermiere (entrare)
2. Quintino (stare) meglio / l'ambulanza (arrivare)
3. mi (fare male) lo stomaco / i miei amici (andare) alla partita
4. Pamela (giocare) a calcio / (rompersi) la gamba
5. io (sentirsi) in forma / (iscriversi) alla maratona
6. Diletta non (essere) ancora incinta / mia zia (avere) il suo bambino
7. il ragazzo (avere) la febbre / (andare) in vacanza
8. i pazienti (bere) acqua / l'infermiera (portare) le pillole

4 Abbinare Completa le frasi abbinando la colonna a sinistra alla colonna a destra.

1. Mentre ero dal dottore...
2. Quando era in vacanza in montagna, Giulia...
3. Siccome (*Since*) l'altra settimana avevamo l'influenza...
4. Poiché (*Since*) non guarivi...
5. Siccome vi facevano male i denti...
6. Ieri Giacomo ha saputo...

... ho incontrato Stefania.
... si è rotta una gamba.
... abbiamo bevuto molta acqua.
... ho chiamato il dottore.
... siete andati dal dentista.
... che Patrizia era incinta.

COMUNICAZIONE

5 **Una storia** In gruppi di quattro, fate a turno a scrivere una storia. La prima persona scrive una frase su una situazione passata, poi la seconda descrive un'interruzione. Ripetete con le altre due persone fino a scrivere dodici frasi. Potete usare le espressioni della lista. Poi leggete la storia alla classe.

> **MODELLO**
>
> **S1:** *Era una giornata calda e Michela leggeva un libro in giardino.*
> **S2:** *All'improvviso il suo amico Dimitri ha telefonato...*

all'improvviso	*all of a sudden*
improvvisamente	*suddenly*
inaspettatamente	*unexpectedly*
tutto ad un tratto	*all at once*

6 **Una malattia o una ferita** A coppie, fate a turno a raccontare l'ultima volta che eravate malati o che vi siete fatti male. Cosa facevate prima di stare male? Che sintomi avevate? Cosa avete fatto per stare meglio?

> **MODELLO**
>
> **S1:** *Durante l'anno accademico stavo bene, ma alla fine di maggio mi sono ammalata...*

7 **In sala d'aspetto** A coppie, scegliete una o due persone del disegno e scrivete una storia su che cosa gli/le è successo prima di venire dal dottore.

> **MODELLO**
>
> **S1:** *Il bambino giocava a calcio.*
> **S2:** *Correva quando all'improvviso ha guardato i suoi amici e...*

8 **Intervistare** In gruppi di tre, parlate delle vostre abitudini della scorsa estate scambiandovi domande su quanto spesso facevate le attività della lista. Usate l'imperfetto e il passato prossimo. Alla fine, valutate le vostre risposte: eravate pigri o attivi?

alzarsi presto anche nel fine settimana	uscire la sera
salire le scale a piedi	muoversi in macchina in città
camminare almeno 15 minuti al giorno	pulire la casa

STRUTTURE

The *trapassato prossimo*

Punto di partenza The **trapassato prossimo** is used to talk about what someone had done or what had occurred before another past action, event, or state. The **trapassato prossimo** uses the imperfect tense of **avere** or **essere** with the past participle of the primary verb.

The *trapassato prossimo*			
parlare		**uscire**	
avevo parlato	*I had spoken*	ero uscito/a	*I had gone out*
avevi parlato	*you had spoken*	eri uscito/a	*you had gone out*
aveva parlato	*you had spoken; he/she/it had spoken*	era uscito/a	*you had gone out; he/she/it had gone out*
avevamo parlato	*we had spoken*	eravamo usciti/e	*we had gone out*
avevate parlato	*you had spoken*	eravate usciti/e	*you had gone out*
avevano parlato	*they had spoken*	erano usciti/e	*they had gone out*

Quando Paolo le ha portato l'acqua, Maria non **aveva** ancora **trovato** l'aspirina.
*When Paolo brought her the water, Maria **had** not yet **found** the aspirin.*

Pina **aveva** già **fatto ginnastica** per due ore prima di andare al lavoro.
*Pina **had** already **exercised** for two hours before going to work.*

- In the **trapassato prossimo**, as in the **passato prossimo**, the past participle of verbs formed with **essere** must agree in gender and number with the subject.

Giulia e Antonio non **erano** mai **andati** a Como.
*Giulia and Antonio **had** never **gone** to Como.*

Sabato scorso, Sandra e Chiara **erano** già **uscite**.
*Last Saturday, Sandra and Chiara **had** already **gone out**.*

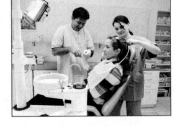

Quando il dentista è entrato, la paziente **era** appena **arrivata**.
*When the dentist came in, the patient **had** just **arrived**.*

Giovanni non **si era** mai **fatto male** prima d'ora.
*Giovanni **had never hurt** himself before.*

- The **trapassato prossimo** can be used in conjunction with either the **passato prossimo** or the **imperfetto**.

I bambini non avevano fame perché **avevano mangiato** prima.
*The children weren't hungry because **they had eaten** before.*

Ti eri già svegliato quando ti ho telefonato?
***Had you** already **woken up** when I called you?*

Sono arrivata dopo che **eravate usciti.**
*I arrived after **you had gone out.***

Avevamo sonno perché non **avevamo dormito** bene.
*We were sleepy because **we hadn't slept** well.*

- The **trapassato prossimo** is often used with the word **già** to indicate that an action, event, or mental or physical state had already occurred before another. Remember to place **già**, as well as adverbs such as **mai**, **appena**, and **ancora**, between the conjugated form of **avere** or **essere** and the past participle.

Avevano appena ordinato quando è suonato il suo telefonino.
*They **had just ordered** when her cell phone rang.*

Voi **non avevate mai avuto** il naso chiuso d'estate.
*You **hadn't ever had** a stuffy nose during summer before.*

Quando il conto è arrivato, la sua fidanzata **era già andata via.**
*When the bill arrived, his girlfriend **had already left.***

Quando sono arrivato, Gianna e Lucia **non si erano ancora truccate.**
*When I came, Gianna and Lucia **had not put on make up** yet.*

Provalo!   **Scegli la forma corretta del trapassato prossimo per completare ogni frase.**

1. Lunedì scorso la professoressa (aveva già corretto / avevi già corretto) tutti gli esami.
2. Io non (era mai stata / ero mai stato) in Italia per Natale.
3. Tu e Alberto (avevamo promesso / avevate promesso) di venire con noi.
4. Quando tu sei arrivato, noi (avevamo già finito / avevano già finito) di fare i compiti.
5. L'infermiera era stanca perché (eri tornata / era tornata) dal pronto soccorso un'ora prima.
6. Nadia stava ancora male perché (mi ero dimenticata / si era dimenticata) di prendere la medicina.
7. Letizia e Domenico sono arrivati in anticipo perché (erano uscite / erano usciti) presto.
8. Quando siamo andati a vedere il film, io (avevamo già letto / avevo già letto) il libro.

More activities

vhlcentral

LM
p. 55

WB
pp. 95–96

Online activities

STRUTTURE

PRATICA

1 **Completare** Completa ogni frase con la forma corretta del trapassato prossimo.

Il dottore è arrivato a casa alle otto di sera. Io gli (1) _____ (telefonare) perché mia nonna stava male. Mia nonna (2) _____ (farsi male) quel pomeriggio. Io e mia mamma (3) _____ (fare esercizio fisico) dopo pranzo. Quando siamo tornate a casa, mia nonna (4) _____ (cadere già) e aspettava aiuto. Mia nonna non (5) _____ (mangiare); era molto debole. Quando il dottore è arrivato, mia nonna (6) _____ (andare già) a letto. Il dottore le ha dato delle medicine e il giorno dopo mia nonna è tornata in forma.

2 **Abbinare** Abbina i soggetti e le forme di **avere** o **essere** ai participi passati per creare frasi originali.

A	B
io avevo	studiato
loro si erano	mangiato
tu eri	arrivato
noi avevamo	truccate
lui aveva	fatto ginnastica
voi avevate	fatta male
io mi ero	scritto
lei si era	caduta

3 **Raccontare** Racconta che cosa avevano fatto le persone prima di un momento dato nel passato.

MODELLO

Tommaso / svegliarsi / suonare / la sveglia
Tommaso si era già svegliato quando è suonata la sveglia.

1. il paziente / guarire / ricevere la medicina
2. Gloria / non lavarsi i capelli / uscire di casa
3. io / fare ginnastica / fare la doccia
4. tu / rompersi un braccio / rompersi l'altro
5. la signora Bellini / prendere l'aspirina / andare dal dottore
6. Bianca e Brigitta / non comprare le pillole / la farmacia / chiudere

4 **Descrivere** Completa le frasi con le parole date e coniuga i verbi al passato prossimo e al trapassato prossimo.

MODELLO

Viola / andare / dal dottore / perché / la sera prima / sentirsi male.
Viola è andata dal dottore perché la sera prima si era sentita male.

1. Lorenzo e Riccardo / comprare i fiori / dopo che / Viola / ammalarsi.
2. Viola / avere bruciore allo stomaco / perché / mangiare / il cibo di Riccardo.
3. Dopo che Emily, Viola e Riccardo / preparare la cena / Riccardo / essere / insensibile e scortese.
4. Viola / non / vivere / mai / a Roma / prima.
5. Lorenzo / arrabbiarsi / perché / Viola / macchiare / la camicia.
6. Quando Lorenzo e Riccardo / arrivare / Viola e Emily / già / scrivere / il blog.

COMUNICAZIONE

5 **Un anno fa** A coppie, fate domande su cosa avevate già fatto l'anno scorso prima della data di oggi.

> **MODELLO**
>
> **S1:** Eri già stato dal dottore prima di questa data?
> **S2:** No, non ero ancora stato dal dottore.

1. Eri stato/a dal dottore?
2. Avevi avuto la febbre?
3. Avevi avuto il raffreddore?
4. Eri stato/a dal dentista?
5. Avevi fatto il vaccino per l'influenza?
6. Avevi perso (*missed*) delle lezioni perché eri malato/a?

6 **Al liceo** Fai una lista di sei cose che avevi già fatto quando hai iniziato a studiare all'università. Poi, in gruppi di tre, fatevi domande e rispondete.

> **MODELLO**
>
> **S1:** Che cosa avevi già fatto quando sei arrivato all'università?
> **S2:** Avevo già studiato algebra. E tu?
> **S3:** Io ero già stato in Europa!

7 **Malattie e ferite** A coppie, parlate delle malattie e dei problemi di salute che avevate già avuto prima dei dieci anni. Fate una lista e poi discutetela con la classe.

> **MODELLO**
>
> **S1:** A otto anni mi ero già rotto il braccio.
> **S2:** Io non mi ero rotto niente, ma avevo già…

braccio rotto / gamba rotta
carie
allergie
insonnia
infezioni
febbre alta
varicella

8 **Dal dottore** Sei nell'ambulatorio del tuo medico. Mentre aspetti il tuo turno, chiacchieri con gli altri pazienti. Vi raccontate quali problemi di salute avete avuto in passato e come li avete risolti. Usate il passato prossimo e il trapassato prossimo.

SINTESI
Ricapitolazione

1 **Opposti** A coppie, descrivete due compagni di stanza, Aldo e Federico, che sono completamente diversi l'uno dall'altro. Scrivete cinque frasi per ogni persona e raccontate che cosa facevano da bambini. Usate l'imperfetto.

> **MODELLO**
>
> **S1:** *Aldo giocava sempre con i suoi amici, era molto attivo e amava gli sport.*
> **S2:** *Federico leggeva molto e guardava la TV per ore.*

2 **Un gioco** Scrivi la prima parte di sei frasi su sei fogli. Tre devono avere un'azione continua e tre un'interruzione o azione finita. Poi, in gruppi di quattro, fate a turno a prendere un foglio da ogni gruppo e a creare una frase.

> **MODELLO**
>
> **S1:** *Leggevo in biblioteca…*
> **S2:** *…quando è entrato un extraterrestre*

3 **All'improvviso** A coppie, scegliete uno dei disegni e scrivete una breve storia. Prima descrivete la scena, poi dite cosa è successo all'improvviso. Usate l'imperfetto e il passato prossimo. Siate creativi!

> **MODELLO**
>
> **S1:** *Era domenica e mi rilassavo nel bagno.*
> **S2:** *Leggevo il mio libro preferito…*

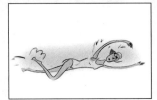

4 **La sala d'attesa** L'insegnante ti darà un foglio con il disegno di una sala d'attesa. Chiedi ai tuoi compagni di classe di disegnare un paziente che aspetta il dottore. Chiedi informazioni sui suoi sintomi. Poi scrivi un piccolo riassunto (*summary*) sui pazienti e i loro problemi.

> **MODELLO**
>
> **S1:** *Il bambino mangiava un gelato quando la sua faccia è diventata tutta rossa…*

8 **Un brutto giorno al ristorante** A coppie, guardate la foto e poi create una storia in cui a uno dei due succede qualcosa di inaspettato (*something unexpected*). Può essere un incidente, una reazione allergica o qualcosa di completamente differente. Usate l'immaginazione!

> **MODELLO**
>
> **S1:** *Sara e Carlo mangiavano e parlavano al ristorante La melanzana rossa.*
> **S2:** *All'improvviso…*

6 **Mini storie** In gruppi di tre, fate a turno a creare tre mini storie di tre frasi ciascuna. La prima persona descrive qualcosa che è già successo a un personaggio. La seconda scrive che cosa faceva o come stava il personaggio dopo che è successa la cosa. La terza aggiunge un'azione improvvisa. Poi scegliete la storia che vi piace di più e illustratela per la classe come un fumetto (*comic book*). Usate il trapassato prossimo, l'imperfetto e il passato prossimo.

> **MODELLO**
>
> **S1:** *Riccardo si era rotto un braccio.*
> **S2:** *Dopo un mese, stava molto meglio.*
> **S3:** *Ieri, però, si è rotto l'altro braccio!*

7

Cosa è successo?
In gruppi di quattro, scegliete una delle due foto e descrivete cosa è successo prima di arrivare alla situazione che vedete. Siate creativi!

MODELLO

S1: *Tiziana si sentiva male da tre giorni.*
S2: *Stamattina è andata dal dottore…*

Tiziana

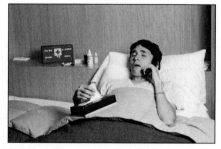

Davide

8

La nuova paziente
Lavorate a coppie. L'insegnante vi darà due fogli diversi, ciascuno con metà delle informazioni su una paziente che è appena arrivata in ospedale. A turno, fate domande sul passato della paziente per ricostruire la sua storia medica. Usate l'imperfetto, il passato prossimo e il trapassato prossimo quando e come necessario.

MODELLO

S1: *La signora Gramicci è stata all'ospedale l'anno scorso?*
S2: *No, ma si era rotta il braccio l'anno prima.*

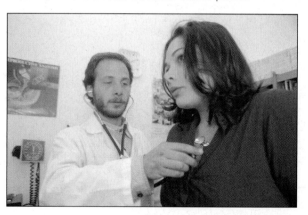

Il mio di zio na rio

Aggiungi al tuo dizionario personalizzato cinque parole relative alla salute.

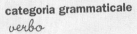
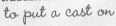

ingessare

traduzione
to put a cast on

categoria grammaticale
verbo

uso
Mi sono rotta la gamba e il dottore me l'ha ingessata.

sinonimi
mettere il gesso

antonimi
togliere il gesso

More activities

vhlcentral   Online activities

Panorama

Il Triveneto

Trentino-Alto Adige

La regione in cifre

▸ **Superficie:** *13.607 km²*   ▸ **Popolazione:** *1.062.860*

▸ **Industrie principali:** *turismo, energia idroelettrica°*

▸ **Città principali:** *Trento, Bolzano, Merano*

Trentini celebri

▸ **Alcide De Gasperi,** *ex-primo ministro (1881–1954)*

▸ **Fortunato Depero,** *pittore e grafico° (1892–1960)*

▸ **Francesca Neri,** *attrice (1964–)*

Veneto

La regione in cifre

▸ **Superficie:** *18.345 km²*   ▸ **Popolazione:** *4.906.210*

▸ **Industrie principali:** *commercio, turismo*

▸ **Città principali:** *Venezia, Verona, Padova*

Veneti celebri

▸ **Marco Polo,** *esploratore (1254–1324)*

▸ **Tiziano Vecellio,** *pittore (1490–1576)*

▸ **Giuliana Benetton,** *donna d'affari (1937–)*

Friuli-Venezia Giulia

La regione in cifre

▸ **Superficie:** *7.924 km²*   ▸ **Popolazione:** *1.219.191*

▸ **Industrie principali:** *agricoltura, cantieristica°*

▸ **Città principali:** *Trieste, Udine, Pordenone*

Friulani celebri

▸ **Italo Svevo,** *scrittore (1861–1928)*

▸ **Pier Paolo Pasolini,** *regista e scrittore (1922–1975)*

▸ **Lidia Bastianich,** *cuoca e ristoratrice° (1947–)*

energia idroelettrica *hydroelectric energy* **grafico** *graphic designer*
cantieristica *shipbuilding* **ristoratrice** *restaurateur* **mummia** *mummy*
ghiacciaio *glacier* **permette** *allows*

GERMANIA

SVIZZERA

A L P I

Passo del Brennero

AUSTRIA

Merano

Bolzano

TRENTINO-ALTO ADIGE

Trento

SLOVENIA

FRIULI-VENEZIA GIULIA

D O L O M I T I

Pordenone

Udine

Tagliamento

Monte Baldo

VENETO

Lago di Garda

Verona

Astico

Venezia

Murano

Padova

Laguna di Venezia

Golfo di Trieste

Trieste

Laguna di Marano

CROAZIA

Adige

Golfo di Venezia

Po

M A R E   A D R I A T I C O

un tramonto a Trieste

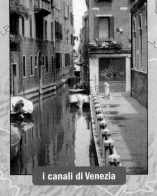
i canali di Venezia

il leone marciano

0 — 30 miglia
0 — 30 chilometri

Incredibile ma vero!

È molto famoso in tutto il mondo, è italiano e ha più di cinquemila anni. Chi è? È Ötzi, una mummia° trovata in un ghiacciaio° del Norditalia nel 1991. La sua storia è un mistero, ma oggi si trova nel Museo Archeologico dell'Alto Adige, a Bolzano, conservata in una struttura che ne permette° l'osservazione.

La storia

Trieste: città di confine

La città di Trieste si trova nell'estremo nordest dell'Italia, al confine° con la Slovenia. Trieste fa parte dell'Italia dal 1918. Tra il 1945 e il 1954 è stata contesa° fra Italia ed ex–Jugoslavia. Durante il XIX secolo° è stata rivendicata° dal movimento nazionalista detto "irredentista," che si batteva per l'annessione° allo stato italiano di tutti i territori e le popolazioni etnicamente italiani. Il dialetto triestino è molto difficile per i parlanti dell'italiano standard e ha diverse influenze austriache. Trieste è la città dove si fondono° la cultura italiana e quella dell'Europa dell'est.

L'artigianato

Capolavori di vetro

Murano, chiamata anche «isola del vetro°», si trova a un chilometro da Venezia. È formata da sette isole e ha circa 4.500 abitanti. L'industria del vetro è presente a Murano dal 1921, quando venne spostata° da Venezia a causa degli incendi° creati dalle vetrerie°. Venezia voleva inoltre mantenere l'arte del vetro un segreto in possesso solo delle famiglie coinvolte°; per questo l'ha trasferita su un'isola fuori dalla città. Esempi di prodotti in vetro di Murano sono piatti, bicchieri, lampadari, soprammobili° e specchi.

Lo sport

Tutti in barca°!

La regata Barcolana è uno degli eventi sportivi più seguiti in Italia. Si svolge° a Trieste la seconda domenica di ottobre e attrae in media più di 200.000 persone. Le origini della regata risalgono° al 1969, quando l'unico requisito° era avere una barca lunga minimo sei metri°. Recentemente 2.000 imbarcazioni° hanno partecipato alla regata, con un totale di circa 25.000 persone di equipaggio°, rendendo questo evento un'occasione unica per gli amanti° di questo sport.

La letteratura

Shakespeare in Italia

La città di Verona è diventata molto famosa grazie alle opere di Shakespeare. La più conosciuta è «Romeo e Giulietta», ma un'altra grande opera del poeta inglese è «I due gentiluomini di Verona», una storia di amori e tradimenti° che si svolge tra Verona e Milano. Non si sa° perché per queste sue opere Shakespeare abbia scelto° Verona, che nel 1500 è stata teatro di molte guerre° e della peste°. È interessante anche il fatto che Shakespeare non sia mai stato° a Verona e che immaginasse° la città simile a Venezia. Grazie a Shakespeare, Verona è conosciuta anche come «città dell'amore».

Quanto hai imparato? Completa le frasi.

1. Ötzi è stato trovato in Italia nel _____.
2. Oggi la mummia Ötzi si trova _____.
3. Trieste fa parte dell'Italia dal _____.
4. Il movimento nazionalista _____ voleva l'annessione di Trieste allo stato italiano.
5. A causa degli incendi, l'industria del vetro è stata spostata da _____ a Murano nel 1921.

6. Murano è in provincia di _____.
7. La Barcolana è una _____.
8. Negli ultimi anni circa _____ hanno partecipato alla Barcolana.
9. _____ sono due opere di Shakespeare che si svolgono a Verona.
10. Shakespeare immaginava Verona simile a _____.

More activities

vhlcentral WB pp. 97–98 Online activities

SU INTERNET

Go to vhlcentral.com to find more cultural information related to this **Panorama**.

1. Ötzi è una mummia famosa, ma ci sono stati altri ritrovamenti (*discoveries*) incredibili sui ghiacciai. Cerca informazioni su altri ritrovamenti in Italia.
2. L'isola di Murano è famosa per il vetro. Per che cosa è famosa Burano, un'altra isola in provincia di Venezia?
3. Un'altra opera di Shakespeare che ha a che fare (*deals with*) con Verona è «La bisbetica domata». Cerca informazioni su questa commedia e i luoghi italiani in cui (*in which*) si svolge.

confine *border* **contesa** *disputed* **secolo** *century*
rivendicata *reclaimed* **annessione** *annexation*
si fondono *merge* **vetro** *glass* **venne spostata** *was moved*
incendi *fires* **vetrerie** *glassworks* **coinvolte** *involved*
soprammobili *knickknacks* **barca** *boat* **Si svolge** *It takes place*
risalgono *date back* **requisito** *requirement*
lunga minimo sei metri *at least six meters long*
imbarcazioni *boats* **equipaggio** *crew* **amanti** *lovers*
tradimenti *betrayals* **Non si sa** *It isn't known*
abbia scelto *chose* **guerre** *wars* **peste** *plague*
non sia mai stato *had never been* **immaginasse** *he imagined*

Lettura

 Audio: Reading

Prima di leggere

Esamina il testo Questa è una lista di parole che conosci. Per ogni parola trovane un'altra nel testo che faccia parte della stessa famiglia. Usa il dizionario per trovare un equivalente in inglese.

MODELLO

settimana	il fine settimana	weekend
1. ora		
2. lavorare		
3. aiuto		
4. consigliare		
5. divertirsi		
6. stress		

Famiglie di parole A coppie, trovate la parola migliore per completare ogni famiglia di parole. (Nota: conoscete tutte le parole che mancano nel testo e c'è una parola per famiglia.)

MODELLO

VERBO	NOME	AGGETTIVO
vedere	vista	visto/a
1. dovere	dovere	
2. esagerare		esagerato/a
3.	aiuto	aiutato/a
4.	consiglio	consigliabile
5. rilassarsi		
6.	lettura	letto/a

Tutti in forma!

della dottoressa Giovanna Palmieri

Sei sempre stanco? Non trovi una soluzione? Non c'è problema! La dottoressa Giovanna Palmieri ha dieci idee per tornare in forma in poco tempo.

1 Dovete mangiare sano

È molto importante mangiare di tutto. Dovete fare una buona colazione e mangiare poco la sera. Evitate i carboidrati e scegliete molta frutta, verdura e pesce. Un dolce ogni tanto va bene, ma non dovete esagerare!

2 Dovete evitare fumo, alcool e caffeina

Fumare e bere è dannoso° alla salute. Dovete limitare l'uso di caffeina (caffè, Coca-Cola, tè) e bere invece tanta acqua.

3 Dovete fare sport

Forse siete stanchi dopo lo sport, ma non fare sport non è la soluzione! È una buona idea fare attività fisica tre volte alla settimana. Attenzione, però, a non fare sport prima di andare a dormire o potete avere problemi ad addormentarvi!

4 Dovete fare una pausa°

Siete sempre di corsa°? Siete occupati tutto il giorno? Fermatevi! Potete ascoltare la musica (classica, non rock!), fare una passeggiata nel parco o riposarvi° qualche minuto.

Dopo la lettura

Completare Completa le frasi seguenti.

1. Per essere in forma dovete mangiare _____.
2. È importante dormire senza _____.
3. _____ possono aiutarvi a dormire quando siete stressati.
4. Se siete sempre di corsa è importante _____.
5. È una buona idea fare attività fisica _____ alla settimana.
6. La sera non è un buon momento per risolvere _____.
7. Non fa bene alla salute bere _____.
8. Se possibile provate a dormire per _____ durante la giornata.

Vero o falso? Indica se ogni frase è **vera** o **falsa**. Correggi le frasi false.

1. Giovanna Palmieri è una cliente della dottoressa.
   _____
2. Se mangiate frutta e verdura, potete mangiare anche tanti dolci.
   _____
3. È importante dormire con della musica classica.
   _____
4. È consigliabile avere orari regolari.
   _____
5. La meditazione e lo yoga non fanno dormire bene.
   _____
6. È bene non fare molto sport prima di dormire.
   _____
7. È una buona idea evitare discussioni la sera.
   _____
8. Il fumo e la caffeina sono elementi positivi per il corpo.
   _____

La vostra opinione Che cosa pensate delle idee della dottoressa Palmieri? Secondo voi, ha ragione o no? A coppie, scegliete due delle sue raccomandazioni e dite cosa pensate di ciascuna. Quali consigli potete dare a un(a) amico/a?

⑤ Dovete avere orari regolari

Dovete alzarvi la mattina e andare a letto la sera alla stessa ora tutti i giorni, con una piccola eccezione il fine settimana. Avere orari regolari è molto importante per essere in forma.

⑥ Dovete fare un riposino°

Anche solo 15–20 minuti sono sufficienti a darvi tanta energia per il resto della giornata. Se avete tempo, provate a fare un riposino: i risultati sono incredibili! Se dormite un pochino siete più rilassati e concentrati e potete fare tante cose!

⑦ Dovete ridere

È sempre consigliabile° ridere un po' durante il giorno. Potete leggere delle barzellette°, vedere gli amici o passare del tempo con la famiglia. Dovete parlare di cose divertenti e rilassanti e non pensare allo stress per una o due ore.

⑧ Dovete evitare i problemi la sera

La sera è il momento peggiore° per avere discussioni e risolvere i problemi esistenziali. Se siete nervosi e stressati non dormite bene e non potete pensare a buone soluzioni. È consigliabile aspettare il giorno dopo.

⑨ Dovete rilassarvi prima di dormire

Quando siete pronti per andare a letto, usate pochi minuti per un po' di rilassamento. Provate a dimenticare lo stress, il lavoro, gli esami e gli altri problemi. La meditazione e lo yoga possono aiutare.

⑩ Dovete dormire bene

Potete dormire 6 ore o potete dormirne 10, non è importante. L'importante è dormire le ore di cui° il vostro corpo ha bisogno. È anche importante dormire bene, senza musica o televisione. Buonanotte!

dannoso *harmful* **fare una pausa** *to take a break* **di corsa** *rushing* **riposarvi** *rest*
riposino *nap* **consigliabile** *advisable* **barzellette** *jokes* **peggiore** *worse* **di cui** *that*

In ascolto

Listening for specific information

Once you identify the subject of a conversation, you can listen more effectively for specific information. You can also use your background knowledge to predict what kinds of information you might hear.

 To practice this strategy, you will listen to a commercial for a flu relief medication. Before you listen, use what you already know about the flu and commercials for medications to predict the content of the commercial. Then, listen and jot down specific information the commercial provides. Compare these details to the predictions you first made.

Preparazione

Guarda la foto e descrivi le due persone. Come sono? Secondo te, sono atletiche? Sono in forma? Hanno problemi di salute? Se sì, che tipo di problemi? Di che cosa parlano?

Ascoltiamo

Ascolta la conversazione e indica i problemi che ha Beatrice.

1. _____ naso chiuso
2. _____ carie
3. _____ influenza
4. _____ insonnia
5. _____ febbre
6. _____ mal di pancia
7. _____ depressione
8. _____ nausea

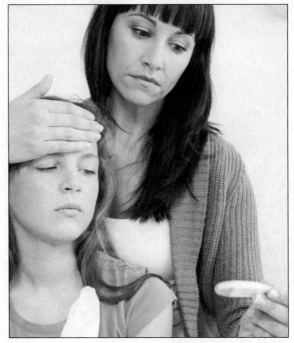

Comprensione

 Completare Completa le frasi.

1. Beatrice non sta bene, è _____.
2. Beatrice ha _____.
3. Il dottore può venire alle _____.
4. Paola chiede a Beatrice se ha _____ in casa.
5. Beatrice ha bevuto _____ e ora è a letto.
6. Paola chiede a Beatrice se vuole andare _____.
7. Beatrice chiede a Paola di portarle _____.
8. Beatrice dice a Paola che la chiama _____.

 Un questionario In gruppi di tre, immaginate di lavorare all'ambulatorio (*health center*) della tua università. Ci sono molti studenti italiani quest'anno e tutti devono andare dal dottore prima di essere ammessi (*admitted*). Il vostro direttore vi ha chiesto di creare un questionario in italiano sulla salute e lo stile di vita degli studenti. Preparate il questionario (minimo dieci domande) e poi presentatelo alla classe. Temi da considerare:

- malattie
- recenti problemi di salute
- nutrizione
- attività fisica
- dieta
- stress e problemi personali
- abitudini per il dormire

Scrittura

How to report an interview

There are several ways to prepare a written report about an interview. You can transcribe the interview verbatim, you can summarize what was said, or you can combine the two approaches. Whatever approach you choose, the report should begin with an interesting title and a brief introduction including the five W's (*who, what, when, where, why*) and the H (*how*) of the interview. The report should end with an interesting conclusion. Note that when you transcribe a conversation in Italian, you should pay careful attention to format and punctuation.

Scrivere una conversazione in italiano

- Per mostrare chi parla in una conversazione, potete scrivere il nome della persona prima della frase.

  MONICA Lucia, che cosa hai fatto ieri sera?

  LUCIA Sono restata a casa. Dovevo andare alla festa di Davide, ma avevo la febbre.

  MONICA Poverina! Ti senti meglio adesso?

  LUCIA Un po', ma questo pomeriggio vado dal dottore.

- Puoi anche iniziare la frase con una lineetta (*dash*) per indicare che parla una persona diversa.

  — Ciao, Luca! Come stai? Ti vedo in forma!

  — Grazie, Antonio. Da due mesi vado in palestra.

  — Bravo. Anch'io volevo andare in palestra, ma proprio non trovo il tempo!

  — Allora la prossima volta che ci vado ti chiamo.

Tema 🔗

Scrivere un'intervista

Sergio DeCarli è l'autore di un libro su una nuova dieta e un nuovo stile di vita (*lifestyle*). Il suo libro è molto popolare e aiuta molti italiani a stare in forma. DeCarli viene nella tua università per una presentazione e tu hai il compito di intervistarlo per il giornale della scuola.

- Inizia con un'introduzione.

Ecco Sergio DeCarli, autore del libro sulla salute più venduto (sold) quest'anno.

- Prepara una lista di domande da fare a Sergio DeCarli sul suo nuovo libro. Per esempio, considera i seguenti argomenti:

  - il titolo del libro
  - il suo successo
  - dove ha preso l'idea
  - perché è importante essere in forma

- Scrivi una conversazione immaginaria di 10 o 12 righe (*lines*) tra te e DeCarli. Indica chi parla con una lineetta o con il nome della persona.

- Finisci la conversazione con una breve conclusione.

Potete trovare il libro di Sergio DeCarli in tutte le librerie. Sabato 26 luglio alle 15.00 DeCarli sarà (will be) alla Libreria Trugotto a firmare (sign) libri.

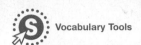
Lezione 6A

In bagno

l'accappatoio *bathrobe*
l'asciugacapelli (m.) *hair dryer*
l'asciugamano *towel*
in bagno *in the bathroom*
la crema *lotion*
il dentifricio *toothpaste*
le pantofole *slippers*
il pettine *comb*
il pigiama *pajamas*
il rasoio *razor*
il rossetto *lipstick*
il sapone *soap*
la schiuma da barba *shaving cream*
lo shampoo *shampoo*
la spazzola *hairbrush*
lo spazzolino (da denti) *toothbrush*
lo specchio *mirror*
il trucco *makeup*

La routine del mattino

Suona la sveglia. *The alarm clock rings.*
farsi la barba *to shave one's beard*
lavarsi i denti *to brush one's teeth*
la routine del mattino *morning routine*
sbadigliare *to yawn*
svegliarsi *to wake up*
truccarsi *to put on makeup*

Reciprocal verbs

abbracciarsi *to hug each other*
aiutarsi *to help each other*
amarsi *to love each other*
baciarsi *to kiss each other*
chiamarsi *to call each other*
conoscersi *to know each other*
darsi *to give to each other*
guardarsi *to look at each other*
incontrarsi *to meet each other*
innamorarsi *to fall in love with each other*
lasciarsi *to leave each other, to split up*
odiarsi *to hate each other*
parlarsi *to speak to each other*
salutarsi *to greet each other*
scriversi *to write to each other*
separarsi *to get separated*
sposarsi *to get married*
telefonarsi *to phone each other*
vedersi *to see each other*

Le parti del corpo

la bocca *mouth*
il braccio (pl. le braccia) *arm(s)*
i capelli (m.) *hair*
la caviglia *ankle*
il ciglio (pl. le ciglia) *eyelash(es)*
il collo *neck*
il corpo *body*
il cuore *heart*
il dito (pl. le dita) *finger(s)*
il dito del piede *toe*
la faccia *face*
la gamba *leg*
il ginocchio (pl. le ginocchia) *knee(s)*
la gola *throat*
il gomito *elbow*
il labbro (pl. le labbra) *lip(s)*
la mano (pl. le mani) *hand(s)*
il naso *nose*
l'occhio *eye*
l'orecchio (pl. le orecchie) *ear(s)*
la pancia *abdomen*
le parti del corpo *parts of the body*
la pelle *skin*
il petto *chest*
il piede *foot*
il polso *wrist*
il sangue *blood*
la schiena *back*
il sopracciglio (pl. le sopracciglia) *eyebrow(s)*
la spalla *shoulder*
lo stomaco *stomach*
la testa *head*
la vita *waist*

Espressioni utili *See p. 243.*

Lezione 6B

All'ospedale

all'ospedale *at the hospital*
l'ambulanza *ambulance*
l'aspirina *aspirin*
il/la chirurgo/a *surgeon*
il/la dentista *dentist*
il/la farmacista *pharmacist*
l'infermiere/a *nurse*
la medicina *medicine*
il medico (di famiglia) *(family) doctor*
il/la paziente *patient*
la pillola *pill*
il pronto soccorso *first aid; emergency room*
la ricetta *prescription*
il termometro *thermometer*

Dal dottore

andare dal dottore *to go to the doctor*
avere il raffreddore *to have a cold*
avere la febbre *to have a fever*
avere mal di gola *to have a sore throat*
avere mal di pancia (schiena, testa) *to have a stomachache (backache, headache)*
curare *to heal; to treat*
dal dottore *at the doctor*
essere allergico/a (a) *to be allergic (to)*
essere in buona salute *to be in good health*
essere in/fuori forma *to be in/out of shape*
essere incinta *to be pregnant*
evitare (di) *to avoid*
fare esercizio (fisico) /fare ginnastica *to exercise*
fare una puntura *to give a shot*
farsi male *to hurt oneself*
guarire (-isc-) *to get better*
perdere/prendere peso *to lose/ gain weight*
piangere *to cry*
rompersi (un braccio) *to break (an arm)*
starnutire (-isc-) *to sneeze*
tossire (-isc-) *to cough*

Le malattie e i sintomi

la carie (invar.) *cavity*
la depressione *depression*
il dolore *pain*
la ferita *injury; wound*
l'infezione (f.) *infection*
l'influenza *flu*
l'insonnia *insomnia*
le malattie e i sintomi *ailments and symptoms*
il naso chiuso *stuffy nose*
la nausea *nausea*

Diagnosi

diagnosi *diagnosis*
grave *serious*
leggero/a *slight*
malato/a *ill*
sano/a *healthy*

Reflexive verbs

addormentarsi *to fall asleep*
alzarsi *to stand/get up*
annoiarsi *to get/be bored*
arrabbiarsi *to get angry*
chiamarsi *to be called*
divertirsi *to have fun*
farsi male *to hurt oneself*
fermarsi *to stop (oneself)*
innamorarsi *to fall in love*
lamentarsi (di) *to complain (about)*
laurearsi *to graduate from college*
mettersi *to put on*
pettinarsi *to comb/brush one's hair*
preoccuparsi (di) *to worry (about)*
prepararsi *to get ready*
radersi *to shave*
rendersi conto (di) *to realize*
riposarsi *to rest*
sbagliarsi *to make a mistake*
sedersi *to sit down*
sentirsi *to feel*
spogliarsi *to undress*
sposarsi *to get married*
svegliarsi *to wake up*
truccarsi *to put on makeup*
vestirsi *to get dressed*

Espressioni utili *See p. 265.*

Casa dolce casa

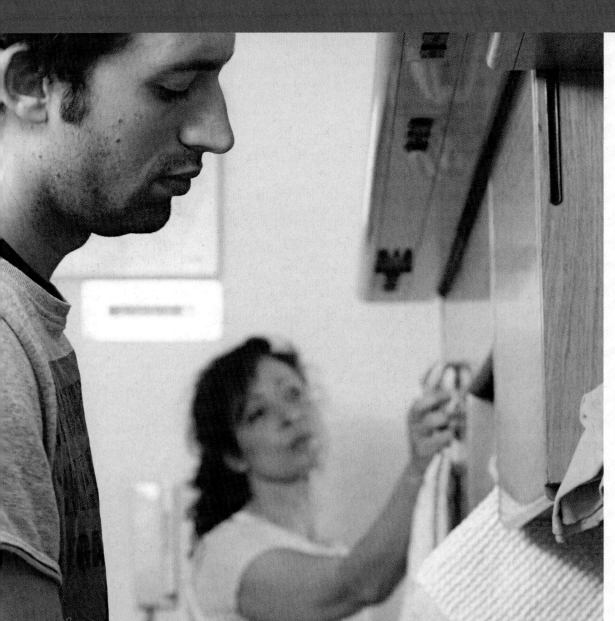

✆ Per cominciare

● Dove sono Riccardo e Marcella?
  a. in garage b. in cucina c. in giardino
● Secondo te, la stanza è pulita o sporca?
● Marcella lava i piatti o pulisce?
● Marcella e Riccardo sono dentro la pensione o fuori?

Lezione 7A

Communicative Goals

You will learn how to:
- describe your home
- talk about future actions and events

A casa Hotspots

Vocabolario

espressioni	expressions
affittare	to rent (owner)
prendere in affitto	to rent (tenant)
subaffittare	to sublet
trasferirsi/traslocare	to move

le parti della casa	parts of the house
la cabina armadio	(walk-in) closet
la cucina	kitchen
la dispensa	pantry
la mansarda	attic
la sala da pranzo	dining room
la stanza	room
lo studio	office; study

l'arredamento	furnishings
l'armadio	armoire
il cassetto	drawer
il comodino	night table
la credenza	cupboard
il mobile	piece of furniture
il piano cottura	stove top
il quadro	painting
la scrivania	desk

Dove abiti?	Where do you live?
l'appartamento	apartment
il bilocale	two-room apartment
la camera doppia/singola	double/single room
il palazzo	apartment building; palace
il monolocale	studio apartment
la villa	single-family home; villa

posizione	location
a destra/sinistra	to the right/left
accanto (a)	next to
davanti (a)	in front of
dentro	inside
dietro (a)	behind
fuori	outside
sopra	above, over
sotto	below, under

la tenda

il balcone

il bagno

il water

il poster

il corridoio

la vasca da bagno

il divano

il tappeto

la poltrona

il vaso da fiori

il seminterrato
basement

il soggiorno

More activities

| vhlcentral | WB pp. 99–100 | LM p. 56 | Online activities |

Attenzione!

In Italy, the floors of a building are numbered beginning with the second floor (**il primo piano**). The ground floor is called **il pianterreno**.

la parete

lo scaffale

la lampada

la cassettiera

la camera da letto

il garage

Pratica

1 **Le coppie** Abbina la parte della casa con l'oggetto associato a quella stanza.

1. ____ la cucina		**a.** la tenda
2. ____ il soggiorno		**b.** l'automobile
3. ____ la camera da letto		**c.** la credenza
4. ____ il garage		**d.** il water
5. ____ il bagno		**e.** il divano
6. ____ lo studio		**f.** il comodino
7. ____ la finestra		**g.** i vestiti
8. ____ l'armadio		**h.** il computer

2 **Mettere etichette** Scrivi la parola che corrisponde alla parte di casa associata al numero.

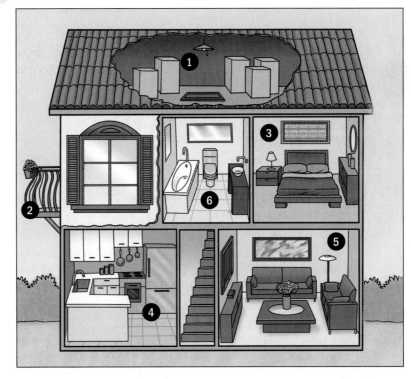

1. _____   4. _____
2. _____   5. _____
3. _____   6. _____

3 **Scegliere** Cerchia (*Circle*) la parola che associ alla definizione che senti.

1. corridoio	cucina	5. dispensa	piano cottura
2. parete	bagno	6. water	quadro
3. camera da letto	soggiorno	7. monolocale	villa
4. studio	garage	8. a sinistra	accanto

CONTESTI

Comunicazione

4 **Dove abito** A coppie, fate a turno a usare le parole di ogni colonna per descrivere la vostra casa o camera o il vostro appartamento.

MODELLO

S1: Il mio appartamento è abbastanza grande.

S2: Il mio appartamento non è grande, ma ha un bel balcone.

A	B	C
la mia casa	(non) è	bagno
la mia camera (nel dormitorio)	(non) ha	balcone
il mio appartamento		camera da letto
		cucina
		garage
		scrivania
		soggiorno
		grande/piccolo
		vecchio/nuovo

5 **La casa di Donato** Donato parla della sua casa alla sua amica Marta. A coppie, mettete in ordine le frasi per creare una conversazione logica. Poi confrontate (*compare*) la vostra casa con quella di Donato.

_____ DONATO Sì! E uno studio dove teniamo (*we keep*) il computer. Abbiamo anche un lungo corridoio con tanti bei quadri alle pareti.

_____ MARTA Davvero? E dove abitavate prima?

_____ MARTA È vero, i vostri quadri sono molto belli. Mi piacciono anche i poster in camera tua. Che fortuna avere una casa così bella!

_____ DONATO Grazie, Marta. Ci siamo trasferiti in questa villa l'anno scorso.

_____ MARTA Avete anche una mansarda?

_____ MARTA Donato, ma che bella casa!

_____ DONATO Prima abitavamo in un appartamento in centro, però era piccolo. Allora abbiamo deciso di comprare una villa grande fuori città. Adesso abbiamo una cucina molto spaziosa, un soggiorno, una sala da pranzo, tre camere da letto e due bagni.

6 **La mia camera da letto** In gruppi di tre, fate a turno a confrontare la vostra camera da letto con quella del disegno.

MODELLO

S1: Nella mia camera c'è un letto ma non c'è una scrivania e non ho un computer.

S2: Nella mia camera c'è un computer ma...

7 **Inventario** Lavorate a coppie. L'insegnante vi darà due fogli diversi, ciascuno con metà delle informazioni sulla pianta (*floor plan*) del vostro nuovo appartamento e sugli oggetti che avete portato. Descrivete le informazioni che avete per identificare tutte le stanze dell'appartamento e decidete dove mettere tutti gli oggetti.

MODELLO

S1: Ho sei forchette, sei coltelli e sei cucchiai.

S2: Li devi mettere in cucina. È la stanza a sinistra del bagno. Ho...

Pronuncia e ortografia

 Audio

🔊 I segni diacritici

| da d**à** | se s**é** | si s**ì** | te t**è** |

In Italian, diacritical marks (**segni diacritici**) are an essential part of a word's spelling. They indicate how vowels are pronounced or distinguish between words with similar spellings but different meanings.

....

| n**é**... n**é** | affinch**é** | bench**é** | perch**é** |

L'accento acuto (´) is sometimes used over the vowel **e** to indicate a closed **e** sound, similar to the e in the English word *they*. It is used in the words **né** (*neither*), **sé** (*self*), and with conjunctions ending in –**che**.

....

| cos**ì** | **è** | l**à** | andr**ò** |

L'accento grave (`) indicates where the spoken stress falls, marks vocal emphasis on a vowel, differentiates between similarly spelled words, and is characteristic of certain forms of the future tense.

....

| ci**ò** | gi**ù** | pi**ù** | pu**ò** |

L'accento grave is also used in certain monosyllabic words ending in two vowels. **L'accento grave** indicates that the spoken stress falls on the final vowel and that a diphthong is formed.

🗣 Pronunciare Ripeti le parole ad alta voce.

1. cioè
2. metà
3. avrò
4. chissà
5. finché
6. sé
7. città
8. là
9. dì
10. comodità
11. poiché
12. età

🗣 Articolare Ripeti le frasi ad alta voce.

1. Il suo papà vede il Papa.
2. Sì, voglio un tassì.
3. È vero! Andrò in Italia!
4. Hai già fatto i compiti?
5. La facoltà di lettere è lì.
6. Perché non può venire?

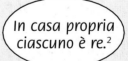

In casa propria ciascuno è re.[2]

🗣 Proverbi Ripeti i proverbi ad alta voce.

Casa che ha il buon vicino, val più di qualche fiorino.[1]

VENDUTA

[1] A house with a good neighbor is worth more money. (lit. A house with a good neighbor is worth a few florins.)

[2] Everyone is king in his own home.

More activities

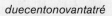

vhlcentral   LM p. 57

FOTOROMANZO

Riposo e svago Video

In Piazza di Santa Maria in Trastevere...

EMILY Povera Viola, a letto malata, si perde la nostra giornata a Trastevere.

RICCARDO Viola. Viola non sa divertirsi. È felice solo quando sta sul divano a leggere. E vuole l'attenzione di tutti per lei.

EMILY Non lo dici sul serio, Riccardo. La tua cucina l'ha fatta star male. È per questo che sei arrabbiato.

Alla pensione...

MARCELLA Come ti senti, Viola?

VIOLA Molto meglio, grazie.

MARCELLA C'è Massimo.

VIOLA Massimo? Dove?

MARCELLA In soggiorno.

VIOLA Non mi può vedere in questo stato. Digli che sarò da lui fra qualche minuto.

MARCELLA Va bene.

VIOLA Ciao.

MASSIMO Ciao.

VIOLA Ciao. Siediti pure. Vuoi qualcosa da bere?

MASSIMO No, grazie. Ti ho portato gli appunti della lezione di ieri. Ecco.

VIOLA Grazie.

MASSIMO *(Indicando i fiori)* Te li ho presi dal fiorista vicino alla facoltà.

VIOLA Oh, Lorenzo! Ciao. Questo è Massimo. Mi ha portato gli appunti della lezione di ieri. *(Indicando i fiori)* E questi. Non è carino?

LORENZO Sei molto gentile, Massimo. Non è meglio se ti riposi un po', Viola?

MASSIMO *(A Viola)* Ti chiamo più tardi.

LORENZO Che c'è?

VIOLA Sei un cretino.

A Trastevere...

EMILY Questo è il mio primo morso a una vera pizza italiana. Hmm... squisita! Adoro questo posto!

RICCARDO Quale posto? Roma? Trastevere o la pizzeria?

EMILY Tutti e tre. Trastevere è figo.

EMILY Voglio prendere in affitto un appartamento qui quando finirà il semestre.

RICCARDO Dici sul serio?

EMILY Sì.

RICCARDO No, perché ho visto che c'è un appartamento in affitto.

A T T I V I T À

1

Chi è? A chi si riferiscono queste affermazioni? **Emily, Massimo, Riccardo o Viola?**

1. È a letto malata.
2. È felice solo quando sta sul divano a leggere.
3. È arrabbiato.
4. Ha portato dei fiori a Viola.
5. Chiama Viola più tardi.
6. Secondo lei, Lorenzo è un cretino!
7. È il suo primo morso a una vera pizza italiana.
8. Ha visto che c'è un appartamento in affitto.
9. Avrà bisogno di una doccia.
10. Vuole restare a Roma quando finirà il semestre.

Massimo visita Viola e Emily si innamora di Roma.

MASSIMO Come ti senti?
VIOLA Benissimo. Grazie per gli appunti. E per i fiori. Li metterò sul mio comodino.
MASSIMO Sai, ci sono dei giardini molto belli vicino alla facoltà. Appena starai meglio, ci andremo insieme.
VIOLA Sì, sarà bello.

MASSIMO Quando tornerai a lezione?
VIOLA Domani.
MASSIMO Le lezioni sono noiose senza di te.

EMILY A me basta una camera singola.
RICCARDO Avrai bisogno anche di una doccia.
EMILY E di un armadio. Un armadio grande.
RICCARDO E di una cucina.
EMILY E di un balcone.
RICCARDO Hmm, hmm... mobili!
EMILY Con una pizzeria a sinistra e un bar a destra.

RICCARDO Cosa diranno i tuoi?
EMILY Diranno sicuramente che sono pazza. Lo dirò subito a mia madre. Lo metteremo sul sito appena arriveremo a casa. *(Alla videocamera)* Mamma, resterò a Roma quando finirà il semestre!

Espressioni utili

Talking about the future

- **digli che sarò da lui**
  tell him that I'll be with him
- **li metterò**
  I'll put them
- **Appena starai meglio, ci andremo insieme.**
  As soon as you're better, we can go there together.
- **Sarà bello.**
  That will be nice.
- **Quando tornerai?**
  When will you be back?
- **avrai bisogno anche di**
  you'll also need
- **Lo dirò subito a mia madre.**
  I'll tell my mother right away.
- **Lo metteremo sul sito appena arriveremo a casa.**
  We'll post it to the website as soon as we get back home.
- **Resterò a Roma quando finirà il semestre.**
  I'm going to stay in Rome when the semester ends.

Additional vocabulary

- **C'è Massimo.**
  Massimo is here.
- **in questo stato**
  like this
- **Siediti pure.**
  Have a seat.
- **Te li ho presi dal fiorista.**
  I got them for you at the florist.
- **Povera Viola!**
  Poor Viola!
- **cretino**
  jerk
- **si perde**
  she is missing
- **morso**
  bite
- **meglio**
  better
- **tutti e tre**
  all three

---

2 **Per parlare un po'** Emily cerca casa. A coppie, scrivete un dialogo di almeno 15 battute (*lines*) tra Emily e una persona che ha un appartamento da dare in affitto. Presentate il vostro dialogo alla classe.

3 **Approfondimento** Trastevere è un noto rione (*district*) di Roma. Che cosa significa questo nome? Su quale riva (*bank*) del fiume Tevere si trova? Quale animale è rappresentato nel suo stemma (*coat of arms*)? Presenta le tue risposte alla classe.

More activities

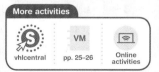

vhlcentral   VM pp. 25–26   Online activities

A T T I V I T À

IN PRIMO PIANO

Case per tutti i gusti

Come sono le case italiane? La struttura delle case italiane è di solito in cemento o in mattoni°. All'interno° ci sono raramente pavimenti° coperti di moquette°; quasi sempre ci sono mattonelle° e a volte legno° o marmo°.

Nelle grandi città ci sono numerosi palazzi con appartamenti dove, in genere, abitano famiglie, lavoratori single e studenti. Nei piccoli centri è più facile vedere case monofamiliari°come ville o villette a uno o più piani, dove di solito abitano le persone più anziane.

Le stanze tipiche nelle case italiane sono: una cucina, un soggiorno o sala da pranzo, uno o due bagni e due o più camere da letto. Nelle case monofamiliari spesso ci sono anche una cantina° e una soffitta°. I più fortunati hanno anche un garage. Le stanze più amate dagli italiani sono il soggiorno e la cucina. In soggiorno gli italiani trascorrono° le ore di riposo, solitamente seduti su un comodo° divano davanti alla TV; in cucina si ritrovano° per mangiare, soprattutto durante la settimana, mentre la sala da pranzo è usata per le grandi occasioni.

In Italia non è molto comune trasferirsi da una città all'altra come negli Stati Uniti: per questo molti italiani sono proprietari di casa, spesso da generazioni. In genere, i giovani in cerca di una prima abitazione affittano una casa o un appartamento.

Per gli italiani è abbastanza comune avere una seconda casa; molte persone infatti possiedono° o affittano un appartamento o una casa al mare, in montagna, in campagna o al lago dove trascorrono le vacanze estive o invernali°. Gli italiani sono molto legati alla casa non solo per motivi sentimentali, ma anche per motivi pratici: la considerano un valido investimento economico!

Cosa fanno gli italiani in casa?

Si dedicano alla casa e ai suoi abitanti.	52,0%
Si dedicano agli hobby.	36,4%
Lavorano.	5,4%
Mangiano e dormono soltanto.	6,4%

FONTE: Mondocasablog

mattoni *bricks* **All'interno** *Inside* **pavimenti** *floors* **moquette** *carpet* **mattonelle** *floor tiles* **legno** *wood* **marmo** *marble* **monofamiliari** *single-family* **cantina** *cellar* **soffitta** *attic* **trascorrono** *they spend* **comodo** *comfortable* **si ritrovano** *they gather* **possiedono** *own* **estive o invernali** *summer or winter*

ATTIVITÀ

1

Vero o falso? Indica se l'affermazione è **vera** o **falsa**. Correggi le affermazioni false.

1. I pavimenti delle case italiane tipicamente hanno mattonelle.

2. Le persone anziane, di solito, abitano in appartamenti.

3. I giovani, in genere, prendono un appartamento in affitto.

4. Tutti gli italiani hanno un garage.

5. Gli appartamenti hanno sempre una cantina e una soffitta.

6. La camera da letto è la stanza preferita degli italiani.

7. Gli italiani non si trasferiscono spesso da una città all'altra.

8. Molti italiani trascorrono le vacanze in una seconda casa.

9. Le seconde case sono nelle grandi città.

10. Gli italiani considerano la propria casa un investimento.

L'ITALIANO QUOTIDIANO

Cerchiamo casa!

affittasi	*for rent*
vendesi	*for sale*
l'agenzia immobiliare	*real estate agency*
l'appartamento arredato	*furnished apartment*
l'ascensore	*elevator*
le bollette	*bills*
la caparra	*deposit*
il contratto	*contract; lease*
l'inquilino/a	*tenant*
il/la padrone/a di casa	*landlord/landlady*

USI E COSTUMI

Le case eccezionali d'Italia

In alcune regioni d'Italia ci sono delle case molto particolari, di origine antica.

In Puglia, per esempio, ci sono i **trulli**, abitazioni cilindriche con un tetto° a forma di cono. La struttura è in pietra°, il colore è bianco e di solito hanno una sola stanza.

Il centro storico della città di Matera, in Basilicata, è famoso per i **sassi**, cioè case scavate° nella roccia tufacea°, presenti già nel Neolitico. Molti «sassi» hanno facciate° decorate.

Nella regione alpina del Trentino Alto-Adige troviamo i caratteristici **masi**, abitazioni rurali dei contadini° costituite da una stanza, un fienile° e una stalla°. Di solito sono fatti di legno o legno e pietra.

tetto *roof* **pietra** *stone* **scavate** *dug* **roccia tufacea** *tuff (porous rock)*
facciate *façades* **contadini** *farmers* **fienile** *barn* **stalla** *stable*

RITRATTO

Andrea Palladio

Andrea di Pietro della Gondola, detto° Palladio, è un grande architetto italiano del XVI secolo. Nasce a Padova nel 1508 ma nel 1524 si trasferisce a Vicenza, dove matura come architetto. Tra il 1535 e il 1538 incontra il poeta e umanista° Gian Giorgio Trissino, che diventa suo mecenate° e amico. Dal 1540 inizia a lavorare come architetto e realizza° le sue opere più famose: Villa Godi; le logge della Basilica di Vicenza; Palazzo Chiericati; Villa Foscari, detta «la Malcontenta°»; **Villa Capra**, detta «la Rotonda», e molte altre. Nel 1570 scrive *I quattro libri dell'architettura*. Muore nel 1580 e lascia molte opere incompiute°, come il Teatro Olimpico di Vicenza. Lo stile neoclassico di Palladio, con le sue innovazioni geometriche, è stato imitato in tutta Europa e anche negli Stati Uniti: la Casa Bianca e Monticello, il palazzo di Thomas Jefferson, sono infatti in stile palladiano.

detto *known as* **umanista** *humanist* **mecenate** *patron* **realizza** *creates*
Malcontenta *Discontent* **incompiute** *unfinished*

SU INTERNET

AFFITTASI
APPARTAMENTO 76 mq.
RIFINITISSIMO!
339 8445754
333 8637791
RIVOLGERSI   TEL.

Cerca un annuncio per un appartamento in affitto in una città italiana.

Go to **vhlcentral.com** to find more information related to this **CULTURA**.

---

2 **Completare** Completa le frasi.

1. Il nome completo di Andrea Palladio è _____.
2. Palladio si trasferisce a _____ nel 1524.
3. Il titolo del libro di Palladio è _____.
4. I «trulli» sono abitazioni tipiche della _____.
5. I «masi» del Trentino Alto-Adige sono abitazioni fatte in _____.
6. I _____ sono presenti già nel Neolitico.

3 **A voi** A coppie, discutete le seguenti domande.

1. Abiti in una casa monofamiliare o in un appartamento?
2. Qual è la tua stanza preferita?
3. Conosci luoghi con case antiche negli Stati Uniti?

More activities

vhlcentral
Online activities

ATTIVITÀ

STRUTTURE

The *futuro semplice*

Punto di partenza Use the future tense to talk about what *will happen.* Unlike in English, in Italian the future tense is expressed with one word.

Affitterò il mio appartamento a Bologna.
I am going to rent out my apartment in Bologna.

Domani i miei amici **partiranno** per la Francia.
*Tomorrow my friends **will be leaving** for France.*

- The future tense endings are the same for all **-are**, **-ere**, and **-ire** verbs. To form the stem of regular **-are** verbs, change the characteristic **a** to **e** and drop the final **e**. For regular **-ere** and **-ire** verbs, simply drop the final **e**.

		parlare	leggere	dormire
Future tense of regular verbs				
io		parlerò	leggerò	dormirò
tu		parlerai	leggerai	dormirai
Lei/lui/lei		parlerà	leggerà	dormirà
noi		parleremo	leggeremo	dormiremo
voi		parlerete	leggerete	dormirete
loro		parleranno	leggeranno	dormiranno

I bambini **dormiranno** bene.
*The children **will sleep** well.*

Metterai il vaso sul tavolo?
Will you put the vase on the table?

- Some **-are** verbs require additional spelling changes. Add an **h** to the future stem of verbs whose infinitives end in **-care** or **-gare** to maintain the hard **c** or **g** sound. Drop the **i** from the future stem of verbs whose infinitives end in **-ciare** or **-giare**.

Giocheremo a carte in cucina.
We're going to play cards in the kitchen.

A che ora **comincerà** la festa?
*What time **will the party start**?*

Questo mese **non pagheranno** l'affitto.
They won't pay the rent this month.

Mangerete bene a casa mia.
You'll eat well at my house.

- To form the future of **dare**, **fare**, and **stare**, drop the final **-e** and add the future endings to the stem.

Ti **darò** un poster se **farai** il letto.
I'll give you a poster if you make the bed.

Voi **farete** la spesa sabato prossimo?
Will you go grocery shopping next Saturday?

Maria **starà** a casa o uscirà?
Will Maria stay home or will she go out?

Loro mi **daranno** una mano.
They'll give me a hand.

- Several common verbs have irregular stems in the future tense. These verbs drop the characteristic vowel from the stem before adding the future endings.

infinitive	future stem
andare	andr-
avere	avr-
cadere	cadr-
dovere	dovr-
potere	potr-
sapere	sapr-
vedere	vedr-
vịvere	vivr-

Avremo i mobili nuovi la settimana prossima.
We will have the new furniture next week.

Michele e Giulia **andranno** a Napoli e **vivranno** insieme.
Michele and Giulia will go to Naples and live together.

- These verbs have irregular future-tense stems that do not follow a pattern.

infinitive	future stem
bere	berr-
ẹssere	sar-
rimanere	rimarr-
venire	verr-
volere	vorr-

Non rimarranno a casa stasera.
They won't be staying at home tonight.

E tu, dove **sarai** dopodomani?
And where will you be the day after tomorrow?

Avrai anche bisogno di una doccia.

Digli che sarò da lui fra qualche minuto.

Provalo! Completa la tabella con la forma corretta del futuro.

	bere	essere	venire
1. io	*berrò*	_____	verrò
2. tu	berrai	_____	_____
3. Lei/lui/lei	_____	sarà	_____
4. noi	_____	saremo	verremo
5. voi	berrete	sarete	_____
6. loro	berranno	_____	verranno

More activities

vhlcentral

LM
p. 58

WB
pp. 101–102

Online activities

STRUTTURE

1 **Completare** Completa ogni frase con la forma corretta del futuro.

1. Io _____ (pagare) metà della cassettiera.

2. Ambrogio e Linda _____ (vedere) un nuovo appartamento domani.

3. Tu e Giuditta _____ (affittare) il bilocale?

4. Quando arriveranno gli ospiti, Francesco _____ (andare) a dormire in soggiorno.

5. A che ora (tu) _____ (cominciare) a pulire la tua camera?

6. Noi _____ (trasferirsi) il mese prossimo.

2 **Trasformare** Riscrivi ogni frase sostituendo il verbo sottolineato con la forma corretta del futuro.

MODELLO

Riccardo pulisce la cucina.
Riccardo pulirà la cucina.

1. D'estate vado a lavorare nella villa del signor Vacchetti.

2. I bambini riordinano la stanza velocemente.

3. Hai passato l'aspirapolvere (*vacuum cleaner*) prima di cena?

4. Noi viviamo in un appartamento accanto alla farmacia.

5. Emiliano legge un libro di cucina.

6. Avete usato la caffettiera dopo pranzo?

3 **Creare** Scegli delle parole da ogni colonna per creare frasi complete usando il futuro. Se necessario, aggiungi altre parole.

MODELLO

Dopo pranzo io berrò dell'acqua.

A	B	C
io	andare	a carte
io e la mia famiglia	bere	a letto
l'agente immobiliare	dormire	nello studio
Piera e Marcantonio	giocare	dell'acqua
tu	vedere	tre appartamenti
tu e i tuoi amici	venire	una villa

4 **Aggiungere** Completa il racconto con i verbi dati al futuro.

cominciare	andare	potere
leggere	scrivere	rimanere
fare (x2)	bere	essere

Quando _____ in vacanza in Sicilia, noi _____ ogni giorno colazione accanto alla piscina e dopo _____ a rilassarci in spiaggia, sotto all'ombrellone (*beach umbrella*). A Luca piace nuotare, perciò lui _____ il bagno; io, invece, _____ sullo sdraio (*beach chair*), _____ tè freddo e _____ un buon libro. Silvia e Alessandro vi _____ delle cartoline. Purtroppo non _____ rimanere più di una settimana, perché Luca e Alessandro _____ un nuovo lavoro il lunedì successivo

5 **Domande personali** Lavorate a coppie. A turno, fate le seguenti domande sui vostri piani (*plans*) futuri.

> **MODELLO**
>
> **S1:** *Cosa studierai l'anno prossimo?*
> **S2:** *Studierò...*

1. Cosa studierai l'anno prossimo?
2. Cosa farai questo semestre?
3. Quali attività farai questo fine settimana?
4. Che tipo di vacanza farai quest'estate?

5. Cosa farai per il tuo prossimo compleanno?
6. Dove andrai dopo questa lezione?
7. Dove vivrai l'anno prossimo?
8. Dove sarai e cosa farai tra dieci anni?

6 **La casa dei miei sogni** Lavorate a coppie. A turno, descrivete dove vivrete nel futuro. Sarà una casa o un appartamento? Quante stanze ci saranno? Sarà grande o piccola/o?

> **MODELLO**
>
> **S1:** *Io vivrò in un appartamento in centro. Sarà piccolo ma avrà...*

7 **Inchiesta** Chiedi ai tuoi compagni quali sono i loro progetti per l'anno prossimo. Scrivi le risposte. Poi, come classe, determinate qual è l'attività più popolare e quella meno popolare.

> **MODELLO**
>
> **S1:** *Cosa farai l'anno prossimo?*
> **S2:** *Studierò ancora italiano.*
> **S3:** *Io andrò...*

8 **Curiosità** In gruppi di tre o quattro, parlate delle vostre prossime vacanze. Scoprite nei minimi dettagli tutto quello che faranno i vostri compagni. Poi riportate alla classe le informazioni che avete raccolto.

> **MODELLO**
>
> **S1:** *Viaggerete da soli o in compagnia?*
> **S2:** *Io viaggerò da sola.*
> **S3:** *Io invece affitterò una macchina assieme a due amici.*

prenotare una camera	andare a letto tardi
bere un espresso	fare dello sport
prendere il treno	visitare un museo

STRUTTURE

Usage of the *futuro semplice*

Punto di partenza The **futuro semplice** is generally used like the future tense in English; however, there are some exceptions.

- These words and expressions are commonly used to talk about the future in Italian.

Expressions commonly used with the future tense			
domani	*tomorrow*	in futuro	*in the future*
dopodomani	*the day after tomorrow*	la settimana (il mese, l'anno) prossima/o	*next week (month, year)*
fra/tra due giorni (una settimana, tre anni, ecc.)	*in two days (a week, three years, etc.)*	presto	*soon*
		questo weekend	*this weekend*
fra/tra poco	*in a little while*		

Cercherò un appartamento **questo weekend**.
*I'll look for an apartment **this weekend**.*

I miei arriveranno a Bologna **fra tre giorni**.
*My parents will arrive in Bologna **in three days**.*

- The **futuro semplice** is frequently used after the adverbs **appena** (*as soon as*), **quando** (*when*), and **se** (*if*) when talking about future events or actions. In these cases, English typically uses the present tense. In Italian, use the future tense for both parts of the sentence.

Appena avremo i soldi, potremo trasferirci in un appartamento.
***As soon as we have** the money, we can move into an apartment.*

Italo mi scriverà **quando andrà** a Parigi.
*Italo will write to me **when he goes** to Paris.*

La mia compagna di camera pulirà il frigo **quando tornerà**.
*My roommate will clean the fridge **when she gets back**.*

Cosa faranno **se non troveranno** una camera doppia?
*What will they do **if they don't find** a double room?*

Appena starai meglio, ci andremo insieme.

Resterò a Roma quando finirà il semestre.

Se troverai un appartamento, dovrai comprare dei mobili.

Andrete all'università insieme domani?

- The **futuro semplice** is often used to express probability or conjecture. This is referred to as the **futuro di probabilità** and is equivalent to English expressions in the present tense with *probably*, *might*, *must*, or *could*. Note that the **futuro di probabilità** actually refers to the present, not the future.

Dov'è Maria?	**Sarà** in cucina.
Where is Maria?	*She's **probably** in the kitchen.*
Che ore sono?	**Saranno** le otto e mezza.
What time is it?	*It **might be** 8:30.*
Chi è quella donna?	**Sarà** la nostra professoressa.
Who is that woman?	*She **must be** our professor.*

Con chi abita Luigi?

Abiterà con Andrea.

- As in English, in Italian the present tense can be used instead of the future to express an action or event that will definitely take place, especially in the near future. This usage is most common in colloquial Italian.

Mia madre mi **porta** la cassettiera dopodomani.	Cosa **fate** questo weekend? **Andate** in centro?
*My mother **is bringing** me the dresser the day after tomorrow.*	*What **are you doing** this weekend? **Are you going** downtown?*
Quali corsi **segui** il prossimo semestre?	La prossima estate **restiamo** a casa.
*What classes **are you taking** next semester?*	*Next summer **we're staying** home.*
Domani mattina **mi alzo** presto.	Che cosa **vediamo** al cinema domani?
*Tomorrow morning **I'm going to wake up** early.*	*What **are we seeing** tomorrow at the movies?*

Provalo! Metti le frasi seguenti in ordine di tempo. Usa **1** per indicare l'azione più vicina e **8** per indicare l'azione più lontana nel futuro.

1. __1__ Domani telefonerò alla mia famiglia.
2. ____ Il mese prossimo comprerò un computer nuovo.
3. ____ L'anno prossimo andrò in vacanza da solo.
4. ____ Fra quattro anni troverò il lavoro dei miei sogni.
5. ____ Fra una settimana avrò un esame di chimica.
6. ____ Dopodomani mangerò nel mio ristorante preferito.
7. ____ Il semestre prossimo studierò ancora italiano.
8. ____ Questo weekend andrò al cinema con i miei amici.

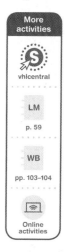

More activities

vhlcentral

LM
p. 59

WB
pp. 103–104

Online activities

STRUTTURE

1 **Scegliere** Scegli la forma corretta del futuro per completare il paragrafo seguente.

Fra due settimane, mio fratello Andrea (1. andranno / andrà) a trovare degli amici in Italia. La sua camera (2. rimarrà / rimarremo) vuota e io (3. potremo / potrò) finalmente usarla come voglio. Io e i miei amici (4. giocherete / giocheremo) sicuramente con il computer di Andrea. Io non (5. dovrò / dovrà) più studiare in cucina. Questo weekend, i miei amici mi (6. aiuteremo / aiuteranno) a riordinare la camera e in futuro noi tutti (7. useranno / useremo) il divano e la poltrona quando dovremo studiare. Che bello, (8. sarà / sarò) davvero divertente!

2 **Completare** Completa ogni frase con la forma corretta del futuro.

1. (Io) potrò cucinare tante torte appena _____ (comprare) un forno nuovo.

2. I bambini potranno usare il computer se _____ (mangiare) le verdure.

3. Potrete dormire da noi quanto _____ (volere).

4. Potremo uscire insieme spesso se loro non _____ (traslocare).

5. Affitterò il suo appartamento quando Gino _____ (andare) in vacanza.

6. Studierò con te appena (tu) _____ (pulire) la tua stanza.

7. Voi _____ (potere) guardare la tv dopo aver fatto tutti i compiti.

8. Giorgio _____ (dormire) benissimo nel letto nuovo.

3 **Creare** Crea frasi complete al futuro usando gli elementi dati.

MODELLO

i miei genitori / comprare una poltrona / appena / avere più soldi
I miei genitori compreranno una poltrona appena avranno più soldi.

1. la mia camera / essere più interessante / se / comprare dei poster

2. io / potere pulire meglio / quando / avere una scopa (*broom*) nuova

3. Loretta e Dorella / leggere meglio / se / sostituire la lampada

4. tu / fare i compiti / appena / io / portarti gli appunti

5. noi / pagare l'affitto / quando / ricevere lo stipendio (*paycheck*)

6. voi / dovere comprare una stampante nuova / se / rompersi quella vecchia

7. Io / venire / a vedere / il tuo nuovo appartamento / domani.

8. Noi / rimanere / a casa / tutto il fine settimana / e / pulire / tutte le stanze.

4 **Abbinare** Abbina le frasi della colonna a sinistra con quelle della colonna a destra.

1. Quando finirà il semestre...

2. Appena sarò guarito...

3. Se rimarrete da me...

4. Appena prenderanno l'appartamento...

5. Tu potrai usare il mio computer ...

6. Appena avremo tempo...

7. Quando dovranno traslocare...

8. Se berrai tanto caffè...

A. ...potremo guardare la tv insieme.

B. ...dovranno comprare dei mobili nuovi.

C. ...andremo in vacanza.

D. ...quando ne avrai bisogno.

E. ...riprenderò gli allenamenti.

F. ...puliremo la nostra camera.

G. ...resterai sveglio tutta la notte.

H. ...io li aiuterò volentieri.

COMUNICAZIONE

5 **Quando?** A coppie, usate le seguenti espressioni per parlare di quali eventi vi aspettate nel futuro.

MODELLO

S1: *Cosa farai domani?*
S2: *Domani leggerò…*

domani	fra un mese
dopodomani	l'anno prossimo
fra due settimane	questo weekend

6 **Mi chiedo…** Lavorate a coppie. A turno, indovinate cosa faranno queste persone. Usate il futuro e siate creativi!

MODELLO

S1: *Cosa faranno Beyoncé e Jay-Z la settimana prossima?*
S2: *Faranno una festa con tutti i loro amici…*

1. Blake Lively e Ryan Reynolds
2. Arnold Schwarzenegger
3. Michael Phelps
4. Halle Berry

5. Rafael Nadal
6. Barack Obama
7. l'insegnante d'italiano
8. i tuoi amici

7 **La scena è pronta** In gruppi di tre, guardate questo disegno e descrivete cosa farà stasera ogni membro della famiglia. Usate l'immaginazione e scrivete almeno sei frasi.

MODELLO

Quando i genitori torneranno a casa…

8 **Previsioni** Come sarà il mondo del futuro? Discutine con i tuoi compagni di banco, in gruppi di 3 o 4. Potete parlare di che tipo di mezzi di trasporto useranno le persone per viaggiare, quali mezzi di comunicazione ci saranno, come e dove si mangerà. Siate creativi e condividete le vostre previsioni con la classe.

7A.3

Double object pronouns

Punto di partenza You learned how to use direct object pronouns in **Lezione 5A** and indirect object pronouns in **Lezione 5B**. Now you will learn how to use these pronouns together.

DIRECT OBJECT	INDIRECT OBJECT		INDIRECT OBJECT PRONOUN	DIRECT OBJECT PRONOUN
Compro **il vaso** per **voi**.		▶	**Ve lo** compro.	
*I'm buying **the vase for you**.*			*I'm buying **it for you**.*	

- To use both pronouns in one sentence, place the indirect object pronoun first, followed by the direct object pronoun. Note that the **-i** in **mi**, **ti**, **ci**, and **vi** changes to an **-e** when these pronouns are used in combination with another pronoun. **Le**, **gli**, and **le** all combine with the direct object pronouns to form a single word beginning with **glie-**.

Pronomi doppi

indirect object pronouns	direct object pronouns				
	lo	la	li	le	ne
mi	me lo	me la	me li	me le	me ne
ti	te lo	te la	te li	te le	te ne
Le/gli/le	glielo	gliela	glieli	gliele	gliene
ci	ce lo	ce la	ce li	ce le	ce ne
vi	ve lo	ve la	ve li	ve le	ve ne
gli	glielo	gliela	glieli	gliele	gliene

Domenico **ti** porta la lampada.
Perché **te la** porta?
*Domenico is bringing **you** the lamp.*
*Why is he bringing **it to you**?*

Il tecnico **le** ripara la lavastoviglie.
Gliela ripara domani.
*The repairman is fixing the dishwasher **for her**.*
*He's fixing it **for her** tomorrow.*

Leo **mi** manda dei fiori tutte le settimane.
Me li manda la domenica.
*Leo sends **me** flowers every week.*
*He sends **them to me** on Sundays.*

Ho prestato dei quadri **a Dario**.
Gliene ho prestati tre.
*I lent **Dario** some paintings.*
*I lent **him three of them**.*

- Use context to clarify to whom the indirect object refers.

Ecco il gelato **per i bambini**.
Glielo puoi dare in cucina?
*Here's the ice cream **for the kids**.*
*Can you give it **to them** in the kitchen?*

Maria manda i soldi **al figlio**.
Glieli manda domani.
*Maria is sending money **to her son**.*
*She's sending **it to him** tomorrow.*

Professore, non **Le** posso dare i compiti.
Glieli darò domani.
*Professor, I can't give **you** my homework.*
*I'll give it **to you** tomorrow.*

Il figlio comprerà un tappeto **per lei**.
Glielo comprerà presto.
*Her son is going to buy **her** a rug.*
*He'll buy it **for her** soon.*

- Like single object pronouns, double object pronouns precede conjugated verbs or are attached to infinitives. When pronouns are attached to the end of a verb, they form a single word.

Ti porto i biscotti in soggiorno.
Te ne porto due o tre?
I'll bring the cookies to you in the living room.
*Should I bring **you** two or three **of them**?*

Leo non mi vuole pagare l'affitto. Deve
pagar**melo**! (**Me lo** deve pagare!)
Leo doesn't want to pay me the rent.
*He has to pay **it to me**!*

- The indirect object pronoun **loro** can also be used in double pronoun constructions, but it follows different rules. Always place **loro** after the verb and never attach it to other pronouns. With conjugated verbs, **loro** follows the verb and the direct object pronoun precedes the verb.

Ecco il caffè. Non vuole portar**lo loro** Luisa?
Lo lascerò **loro** in cucina.
*Here is the coffee. Luisa doesn't want to bring **it to them**?*
*I'll leave **it for them** in the kitchen.*

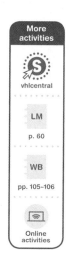

- Reflexive pronouns follow the pattern of indirect object pronouns when used in double pronoun constructions. The reflexive pronoun **si** changes to **se** when adding a direct object pronoun.

Lia **si** rade le gambe ogni giorno.
Se le rade in bagno.
Lia shaves her legs every day.
*She shaves **them** in the bathroom.*

Mi lavo i capelli adesso. Non
voglio lavar**meli** stasera.
I'm washing my hair now.
*I don't want to wash
it tonight.*

- Remember that when direct object pronouns are used in the **passato prossimo**, the past participle must agree with the direct object, as you learned in **Lezione 5A**. Double object pronouns ending in **-lo** or **-la** are shortened before a vowel sound.

Ho dato quella poltrona ad
Anna. Glie**l'**ho dat**a** ieri.
I gave that armchair to Anna.
*I gave **it** to her yesterday.*

Non si è lavata i capelli oggi.
Se **li** è lavat**i** ieri.
She didn't wash her hair today.
*She washed **it** yesterday.*

- When the adverb **ci** (*there*) is used in combination with **ne**, it becomes **ce** and precedes **ne**.

Quanti studenti **ci** sono?
*How many students are **there**?*

Ce ne sono trenta.
***There** are thirty **of them**.*

Quanta farina **c'**è in cucina?
*How much flour is **there** in the kitchen?*

Ce n'è tanta.
***There's** a lot **of it**.*

 Provalo!   **Riscrivi ogni frase usando i pronomi doppi.**

1. Il professore rende gli esami a noi. *Il professore ce li rende.* _____
2. I tuoi genitori comprano il computer a te. _____
3. Chi ha dato a Giuseppina quella bella lampada? _____
4. Hanno prenotato le camere per voi. _____
5. Fai a me le domande. _____
6. Puoi mostrare la foto a Domenico e a Eleonora? _____

More
activities

vhlcentral

LM
p. 60

WB
pp. 105–106

Online
activities

STRUTTURE

1 **Identificare** Scegli le parole corrette per completare ogni frase.

1. Noi daremo uno scaffale a lui.
   Noi (glielo / ce la) daremo.

2. Giannina stira (*irons*) le tende per Giacomo.
   Lei (ve le / gliele) stira.

3. Io ho dipinto un vaso a voi.
   Io (ce l' / ve l') ho dipinto.

4. Loro devono affittare i mobili per Bruno.
   Loro (glieli / me li) devono affittare.

5. Puoi portarmi le nuove tende?
   Puoi (portamele / portarmele)?

6. Anna mette il caffè nella caffettiera.
   Anna (glielo / ce lo) mette.

2 **Trasformare** Riscrivi ogni frase sostituendo l'espressione sottolineata con i pronomi doppi.

1. I genitori hanno affittato un appartamento per i figli Antonio e Gennaro.

2. Antonio e Gennaro descrivono le stanze a voi.

3. Voi portate un armadio a noi.

4. Voi regalate un quadro a me.

5. Io offro un pranzo a voi.

6. Antonio ha regalato una cassettiera a Gennaro.

7. Stamattina Gennaro si è fatto la barba nel bagno nuovo.

8. Domani Antonio e Gennaro mostrano ai genitori l'appartamento.

3 **Rispondere** Rispondi alle domande usando i pronomi doppi.

1. Vuoi dare a me il tuo divano rosso? (no)

2. Ti sei lavato i capelli ieri? (sì)

3. Hai subaffittato la tua casa ai signori Giotti? (sì)

4. Puoi fare il letto per noi? (no)

5. Hai dato il cibo al gatto? (sì)

6. Si è lavato le mani prima di pranzo? (sì)

7. Ho portato il tappeto blu a te? (no)

8. Hai mostrato il monolocale ai clienti? (sì)

4 **Rispondi** Rispondi alle seguenti domande usando gli indizi tra parentesi e i pronomi doppi.

MODELLO

Chi ti affitterà l'appartamento? (un'amica)
Me lo affitterà un'amica.

1. Chi ti arrederà la sala da pranzo? (mio zio)

2. Quando mi presterai il tuo libro? (la prossima settimana)

3. Come porterai le piante a Marcello? (in macchina)

4. Chi ci regalerà i quadri? (i nostri amici)

5. Quante stanze ci saranno nel nuovo appartamento? (cinque)

6. Quando ci aggiusterai la vasca da bagno? (stasera)

5 **Chi ti aiuta?** A coppie, fate domande su chi vi aiuta a fare certe cose. Potete usare le idee nella lista o sceglierne altre. Usate i pronomi doppi nelle risposte.

MODELLO

S1: *Quando vai dai nonni, come ci vai?*
S2: *Mio padre mi presta la macchina.*
S1: *Di solito quando te la presta?*
S2: *Di solito me la presta il venerdì.*

fare il letto	pagare gli studi
lavare i vestiti	prestare i libri
mettere in ordine	pulire la cucina

6 **Domande personali** A coppie, domandate e rispondete a turno. Usate i pronomi doppi nelle risposte.

MODELLO

S1: *Chi ti ha dato il regalo migliore per il tuo compleanno l'anno scorso?*
S2: *Me l'ha dato il mio amico Gerardo. Era...*

1. I tuoi genitori ti facevano vedere (*let you watch*) i film di Walt Disney quando eri piccolo/a?

2. I tuoi nonni ti insegnavano l'italiano da piccolo/a?

3. Chi ti cucinava la cena quando eri piccolo/a?

4. Chi ti comprava tanti regali?

5. Chi ti ha comprato la tua prima bicicletta?

6. I tuoi amici ti facevano usare i loro giochi?

7 **Il negozio di mobili** A coppie, create un dialogo tra un cliente e un commesso in un negozio di mobili. Guardate la foto di questo showroom (*furniture showroom*) e fate domande su quello che vedete. Usate i pronomi doppi quando possibile.

MODELLO

S1: *Mi piace quella lampada. Quanto costa?*
S2: *Costa 50 euro, ma gliela vendo per 40...*

8 **Chiacchierare** A coppie, immaginate che il prossimo anno ognuno di voi si trasferirà in un nuovo appartamento: fatevi le seguenti domande e, se necessario, rispondete con i pronomi doppi.

1. Dove prenderai in affitto il nuovo appartamento? Con chi?

2. Quante stanze ci saranno?

3. Farai una festa per festeggiare il nuovo appartamento?

4. Manderai degli inviti? A chi li manderai, e a chi non li manderai? Perché?

SINTESI

Ricapitolazione

1 **La catena** Lavorate in gruppi di quattro. Create a turno una catena di frasi. La prima persona dice cosa comprerà e per quale stanza. La seconda persona ripete e poi aggiunge un oggetto e una stanza. La terza persona ripete le prime due frasi e poi ne aggiunge una terza e così via.

MODELLO

S1: *Io comprerò un tappeto per il soggiorno.*
S2: *Daniela comprerà un tappeto per il soggiorno, e io comprerò una credenza per...*

2 **Un mistero** Crea una lista di cinque personaggi misteriosi che sono in vacanza in una villa in Toscana. Decidi in quale stanza della casa sono e cosa fanno. Poi, a coppie, chiedete a turno dove sono i personaggi. Date indizi (*clues*) se necessario.

MODELLO

S1: *La mia prima persona si chiama Aldo Lucci. Dov'è?*
S2: *È in cucina?*
S1: *No, non è in cucina. Ti do un indizio: Aldo legge un libro.*
S2: *Allora sarà in...!*

3 **Regali** A coppie, guardate i disegni dei regali. Create una lista di persone e poi associate le persone ai regali. Descrivete a chi darete che cosa, usando i pronomi doppi quando possibile.

MODELLO

S1: *Questo zaino è perfetto per mia sorella. Glielo comprerò per il suo compleanno!*

1.

2.

3.

4.

5.

6.

7.

8.

9.

4 **Opposti** A coppie, create una conversazione: siete due compagni di stanza che vanno a vivere in un nuovo appartamento. Avete gusti diversi e non siete d'accordo su dove mettere i mobili né su come decorare la casa. Provate a trovare una soluzione.

MODELLO

S1: *Dipingiamo (Let's paint) la cucina di verde e poi appendiamo (to hang) questi poster. Saranno perfetti!*
S2: *No, no, no! Non posso vivere in una casa con la cucina verde!*

5 **Tra cinquant'anni** Guarda le foto e pensa al futuro. Secondo te, come cambieranno questi elementi della vita quotidiana nei prossimi cinquant'anni? Scrivi due frasi per ogni categoria. Poi, in gruppi di tre, fate a turno a dire cosa avete scritto. Avete avuto le stesse idee? Avete qualcosa in comune? Mettete insieme le vostre liste e presentatele alla classe.

MODELLO

S1: *In futuro tutti affitteranno, nessuno comprerà più una casa.*
S2: *In futuro, le persone indosseranno...*

1. case

2. vestiti

3. tecnologia

4. macchine

6 **Una festa per la casa nuova** In gruppi di quattro, create una conversazione tra un padrone di casa e tre ospiti. Ogni ospite porta un regalo al padrone di casa per festeggiare la sua casa nuova. Usate i pronomi doppi quando possibile.

MODELLO

S1: *Ciao! Che bella casa! Ecco... ho visto questo vaso e te l'ho comprato subito.*
S2: *Me l'hai comprato subito? Grazie, è bellissimo!*

More activities

vhlcentral

Online activities

Video

Italia autentica

Lo Zapping: Grazie miglia

 Preparazione Dai un'occhiata al testo, guarda l'immagine e rispondi alle domande.

● A che età i ragazzi italiani e i ragazzi americani...

...fanno la patente (*driver's license*)?   ...vanno all'università?

...finiscono la scuola superiore?   ... vanno a vivere per conto loro?

A causa della situazione economica dell'Italia, e per ragioni di praticità, durante l'università molti ragazzi italiani continuano a vivere a casa dei genitori. Dopo la laurea, per trovare lavoro molti devono cambiare città e, negli ultimi anni, addirittura nazione.

È stato bellissimo viaggiare con te.

1 **Comprensione** Per che cosa ringrazia il padre Serena? Guarda il video e scegli le risposte corrette tra quelle elencate.

Serena ringrazia il padre per averle/a...

___ portata a lezione di danza.

___ accompagnata (*brought*) in ospedale il giorno in cui è nata.

___ accompagnata e ripresa (*picked up*) da scuola tutti i giorni.

___ portata a lezione di karate tre volte a settimana.

___ portata al cinema tutte le domeniche.

___ aiutata a fare i compiti di chimica.

___ accompagnata a fare il test di medicina all'università.

___ insegnato a guidare.

2 **Discussione** A coppie, discutete delle domande seguenti. Usate le **Espressioni utili** e rispondete con frasi complete.

1. Ti piace / piacerebbe vivere per conto tuo? Quali sono i vantaggi e gli svantaggi di vivere lontani (*far*) dalla propria famiglia e città d'origine?

2. Che cosa ti manca di più del tuo ambiente (*environment*) famigliare?

3 **Presentazione** Prepara una breve presentazione sulla tua casa ideale. Rispondi alle seguenti domande:

• *Quanto è grand la tua casa ideale?*

• *Dove si trova?*

• *Quante stanze ha? Che mobili ci sono nelle diverse stanze?*

• *Quanti piani ha?*

• *Ci vivi da solo o con qualcuno?*

Espressioni utili	
il centro	*downtown*
la periferia	*suburbs*
il quartiere tranquillo/rumoroso	*quiet/noisy neighborhood*
la strada trafficata	*busy street*
isolato	*isolated*
per conto mio/tuo	*on my/your own*
il pianterreno	*first floor*
la pietra miliare	*milestone*
il mammone	*mama's boy*
toccare a	*to have to, to need*
spazioso	*spacious*

More activities

vhlcentral

Online activities

Lezione

7B

Communicative Goals

You will learn how to:
- talk about household chores
- talk about appliances

Le faccende Hotspots

Vocabolario

espressioni	*expressions*
apparecchiare (la tavola)	*to set the table*
fare le faccende	*to do household chores*
fare il bucato	*to do laundry*
mettere in ordine	*to tidy up*
passare l'aspirapolvere	*to vacuum*
sparecchiare (la tavola)	*to clear the table*
spolverare	*to dust*
sporcare	*to soil*

descrizioni	*descriptions*
Che casino!	*What a mess!*
È un porcile!	*It's a pigsty!*
impeccabile	*impeccable; perfectly clean*
macchiato/a	*stained*
pulito/a	*clean*
schifoso/a	*disgusting*
sporco/a	*dirty*

gli elettrodomestici	*appliances*
l'asciugatrice (f.)	*clothes dryer*
l'aspirapolvere (m.)	*vacuum cleaner*
la caffettiera	*coffee maker*
i fornelli	*stove top; burners*
la lavastoviglie	*dishwasher*
la lavatrice	*washing machine*
il tostapane	*toaster*

le parti della casa	*parts of the house*
il cortile	*courtyard*
il pavimento	*floor*
la scala	*stair; staircase*
il soffitto	*ceiling*
la terrazza	*terrace*
il tetto	*roof*

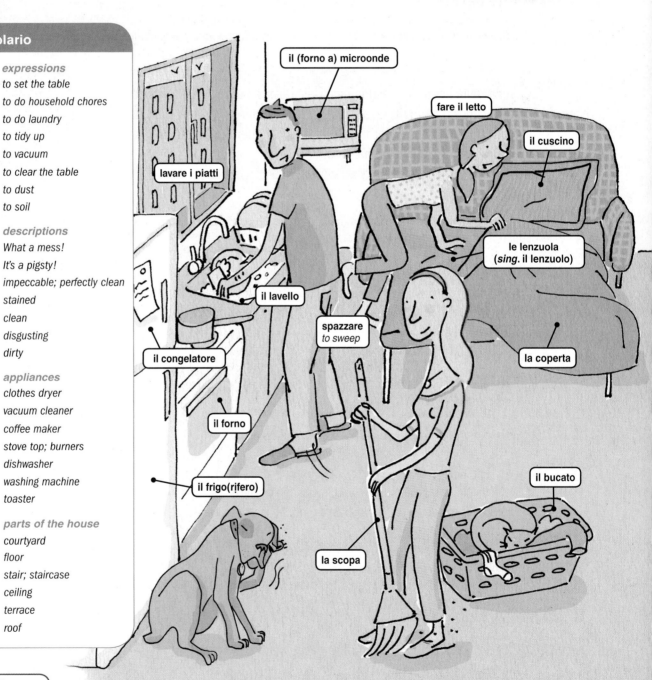

il (forno a) microonde

fare il letto

il cuscino

lavare i piatti

le lenzuola (*sing.* il lenzuolo)

il lavello

spazzare *to sweep*

il congelatore

la coperta

il forno

il frigo(rifero)

il bucato

la scopa

More activities

 vhlcentral | WB pp. 107–108 | LM p. 61 | Online activities

Attenzione!

The compound words **aspirapolvere, lavastoviglie,** and **tostapane** are invariable. Their plural forms are identical to the singular.

portare fuori la spazzatura

stirare

il ferro (da stiro)

l'asse (f.) da stiro

Pratica

1 Trova l'intruso Trova la parola che non appartiene al gruppo.

MODELLO fare il letto, lenzuola, coperta, ⟨ferro⟩

1. forno, frigo, lavastoviglie, cuscino
2. soffitto, pavimento, tostapane, tetto
3. pulito, sporco, schifoso, macchiato
4. coperta, lenzuola, congelatore, cuscino
5. asciugatrice, bucato, lavatrice, scopa
6. caffettiera, scala, terrazza, cortile
7. mettere in ordine, sporcare, spazzare, passare l'aspirapolvere
8. microonde, fornelli, asse da stiro, tostapane

2 Analogie Completa ogni analogia con una parola della lista.

| aspirapolvere | lavastoviglie | pulito | tavola |
| frigo | lavatrice | scopa | tostapane |

1. piatto : lavastoviglie : : vestiti : _____
2. stirare : asse da stiro : : spazzare : _____
3. fare il letto : lenzuola : : pulire il pavimento : _____
4. cucinare : fornelli : : lavare i piatti : _____
5. sporcare : sporco : : mettere in ordine : _____
6. caffè : caffettiera : : pane tostato : _____

3 Completare Scegli la parola che completa meglio ogni frase.

1. Il pavimento è sporco. Ora prendo la (scopa / scala) e lo pulisco.
2. Per piacere, dammi lenzuola e coperte. Devo fare il (letto / congelatore).
3. Io apparecchio la tavola e tu la (stiri / sparecchi).
4. Questa stanza è sporca, è un vero (porcile / aspirapolvere)!
5. Metto la caffettiera sul (tostapane / fornello).
6. Che casino in camera nostra! Dobbiamo (sporcare / mettere in ordine).

4 Descrivere A coppie, discutete chi nelle vostre famiglie o nelle vostre case fa le faccende indicate.

MODELLO passare l'aspirapolvere

S1: *Di solito mia sorella passa l'aspirapolvere.*
S2: *A casa mia, io passo sempre l'aspirapolvere!*

1. portare fuori la spazzatura
2. fare il bucato
3. lavare i piatti
4. sparecchiare
5. spolverare
6. stirare

Comunicazione

5 **La riunione di famiglia** Ascolta la signora Morelli che dice quali faccende
devono fare oggi le differenti persone. Poi, a coppie, abbinate ogni persona a una faccenda.

1. _____ Francesco
2. _____ Giovanna
3. _____ la signora Morelli
4. _____ Matteo
5. _____ Gabriella
6. _____ Adele

a. portare fuori la spazzatura
b. passare l'aspirapolvere
c. fare i letti
d. lavare i piatti
e. stirare
f. fare il bucato

6 **È ora di lavorare!** In gruppi di tre, immaginate di vivere nell'appartamento del disegno.
È un porcile! Decidete quali faccende ognuno/a di voi farà oggi. Poi decidete chi farà cosa
ogni settimana per tenerlo pulito (*keep it clean*). Assegnate degli incarichi (*tasks*) settimanali
a ogni persona del gruppo.

MODELLO

S1: *Chi laverà i piatti oggi?*
S2: *Li laverò io! E chi...?*

7 **La giornata di Maria** Lavorate a coppie.
L'insegnante vi darà due fogli diversi con metà
delle faccende che ha fatto ieri Maria. Descrivete e
paragonate a turno quello che ha fatto. Poi scrivete
un breve paragrafo e descrivete tutte le faccende
che Maria ha fatto ieri.

MODELLO

S1: *Ieri mattina, Maria doveva fare il bucato.*
S2: *Sì! Allora...*

8 **La casa dei miei sogni** A coppie, fate a
turno a descrivere il tipo di casa che avrete in futuro.
Descrivete la casa, i mobili e gli elettrodomestici
che ci saranno e chi farà le faccende come cucinare,
pulire e fare il bucato.

MODELLO

S1: *La mia casa sarà grandissima! Avrà dieci
camere da letto, una piscina (pool) e un
garage per quattro macchine.*
S2: *La mia casa sarà piccola ma bella. Avrà...*

Pronuncia e ortografia Audio

Spelling changes to maintain the sound of *c* or *g*

---

cer**c**are	incomin**c**iare	pa**g**are	man**g**iare

Certain classes of Italian verbs have regular spelling changes in order to maintain the hard or soft *c* or *g* sound of the infinitive.

---

abbrac**c**erete	comin**c**i	man**g**erò	viag**g**iamo

In verbs ending in **-ciare** or **-giare**, the **i** is not stressed. It is dropped when the verb ending begins with **i** or **e**, to maintain the soft *c* or *g* sound.

---

sc**i**i	sc**i**eranno	sp**i**erai	sp**i**i

When the **i** of the infinitive stem is stressed, as in **sciare**, the **i** is not dropped.

---

gio**ch**eranno	indi**ch**i	spie**gh**erà	pie**gh**iamo

Verbs whose infinitive ends in **-care** or **-gare** require the addition of the letter **h** before adding a verb ending beginning with **e** or **i** in order to maintain the hard *c* or *g* sound.

Pronunciare Ripeti le parole ad alta voce.

1. pubblicherò
2. passeggeremo
3. invii
4. sporchiamo
5. incomincerai
6. ricercheranno
7. incoraggiamo
8. nevicherà
9. parcheggi
10. baci
11. mangiamo
12. festeggerete

Articolare Ripeti le frasi ad alta voce.

1. Parcheggerò la macchina.
2. Paghi il conto stasera?
3. Come spieghiamo l'incidente?
4. Scii abbastanza bene!
5. Cercheranno il libro domani.
6. Comincerà il lavoro a gennaio.

Proverbi Ripeti i proverbi ad alta voce.

Casa sporca, gente aspetta.[2]

Casa mia, casa mia, per piccina che tu sia, tu mi sembri una badia.[1]

[1] My home, my home, as small as you may be, you seem to me an abbey.
[2] A messy house invites unexpected guests.

FOTOROMANZO

Che porcile! Video

la cameriera

Emily

Isabella

Lorenzo

Marcella

Riccardo

Viola

Alla pensione...

MARCELLA Che casino! Ci vorranno tre ore per mettere in ordine. Paolo, Paolo, Paolo. Quando imparerai a mettere in ordine? Ah, disgustoso.

RICCARDO Marcella. Non ti avevo visto.

MARCELLA Riccardo. Usa un piatto. Per favore.

MARCELLA Oh, scusa.

VIOLA Riccardo! Che schifo!

RICCARDO Sei proprio una lagna.

VIOLA Mangi così a casa tua?

MARCELLA Qual è il problema?

VIOLA Riccardo è un cafone. Da cinque minuti lo osservo mentre riempie il lavandino (*sink*) di briciole.

RICCARDO Durante gli ultimi quindici anni, ho lavato i piatti e portato fuori la spazzatura tutti i giorni. Per due famiglie.

Al bar...

EMILY Senta, scusi?

CAMERIERA Buongiorno, mi dica.

EMILY Vorrei un caffè, per favore. (*Alla webcam*) Da quando sono arrivata a Roma, ho provato più di 50 caffè. Negli ultimi tre mesi ne ho bevuti alcuni veramente buoni. Come sarà questo? Oh, ho dimenticato di ordinare un cornetto alla crema.

EMILY Ben caldo. Bel colore. Un po' amaro. Abbastanza buono. Hmm. 75. Il mio preferito fino a oggi l'ho bevuto a Trastevere... 98. Devo andarci più spesso. (*Alla cameriera*) Senta, scusi. Vorrei dell'acqua. (*Alla webcam*) Quando sono arrivata, ero sorpresa. Roma è così ospitale e dinamica. È una città antica, ma anche giovanile. Mi sento a casa in Italia. Mamma, mi devi permettere di restare qui.

EMILY (*Alla webcam*) Lorenzo? Anche Lorenzo è qui. Ma con chi? (*A Lorenzo*) Lorenzo. Ciao. Guarda, siamo in diretta su Internet!

LORENZO Ciao, Emily. Questa è Emily, è di Chicago e sta alla pensione.

EMILY Piacere di conoscerti, Francesca.

ISABELLA Francesca? Ma chi è Francesca?

1

Rispondere Rispondi alle seguenti domande con frasi complete.

1. Secondo Marcella, quante ore ci vorranno per mettere in ordine?

2. Che parola usa Riccardo per definire Viola?

3. Che parola usa Viola per definire Riccardo?

4. Che faccende deve fare Riccardo?

5. Che faccende deve fare Viola?

6. Quanti caffè ha provato Emily da quando è arrivata a Roma?

7. Quali aggettivi usa Emily per definire Roma?

8. Con chi è Lorenzo?

9. Da quanto tempo Viola lavora sui motori?

10. In quale stanza della casa è a suo agio Riccardo?

Riccardo e Viola aiutano a pulire la pensione.

VIOLA Ho un'idea. Marcella, lascia che ti aiutiamo a pulire la pensione. Il più bravo avrà un premio.

RICCARDO Che premio? Venti euro! Le tue sono tutte chiacchiere, Viola.

VIOLA Sarà Marcella a scegliere il vincitore.

RICCARDO Dicci cosa dobbiamo fare.

MARCELLA Riccardo, pulisci il forno e i fornelli. Poi lava i piatti. Viola, passa l'aspirapolvere e spolvera in sala da pranzo e in soggiorno. Poi pulisci il pavimento. Ora, mettetevi al lavoro, questo posto è un porcile.

Alla pensione...

MARCELLA Cos'è successo? Tutto bene?

RICCARDO Spostati. Fammi vedere.

VIOLA Riccardo, non sai cosa fare.

RICCARDO Perché, tu sì?

VIOLA Lavoro sui motori da quando ho sei anni. Guarda tu stesso.

MARCELLA Grazie, Viola.

VIOLA Di niente, Marcella. Riccardo è a suo agio in cucina. Lui è bravo a scherzare. Io sono brava a riparare le cose. *(Esasperata)* Gli uomini!

Espressioni utili

Giving commands, directions, suggestions

- **Usa un piatto.**
  Use a plate.
- **Lascia che ti aiutiamo.**
  Let us help you.
- **Dicci cosa dobbiamo fare.**
  Tell us what to do.
- **Pulisci il pavimento.**
  Clean the floor.
- **Mettetevi al lavoro!** • **Mi dica.**
  Get to work! *Tell me.*
- **Senta.** • **Spostati.**
  Listen. *Move over.*

Time expressions

- **ci vorranno tre ore**
  it will take three hours
- **da cinque minuti**
  for five minutes
- **durante gli ultimi 15 anni**
  for the last 15 years
- **fino a oggi**
  so far

Additional vocabulary

- **Il più bravo avrà un premio.**
  The best one wins a prize.
- **Le tue sono tutte chiacchiere.**
  You're all talk.
- **ben caldo** • **cafone**
  nice and hot *slob, brute*
- **Mi sento a casa.** • **riempie**
  I feel at home. *he fills*
- **Siamo in diretta.** • **briciole**
  We're live. *crumbs*
- **È a suo agio.** • **lagna**
  He feels at ease. *whiner*
- **qualcos'altro**
  something else

---

2 **Per parlare un po'** In gruppi di tre, immaginate di vivere insieme nello stesso appartamento. Dovete ricevere ospiti *(guests)*, ma la vostra casa è un porcile! Fate una lista delle cose da fare e decidete quali faccende deve fare ogni persona.

3 **Approfondimento** Il caffè in Italia si beve in molti modi. Fai una ricerca e scopri la differenza tra un caffè espresso, un caffè ristretto, un caffè lungo, un cappuccino e un caffellatte. Prepara una presentazione su queste differenze.

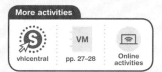

More activities

vhlcentral | VM pp. 27–28 | Online activities

ATTIVITÀ

CULTURA

Gli italiani e gli elettrodomestici

Quali elettrodomestici ci sono nelle case italiane? Gli italiani usano il microonde? E l'asciugatrice? Se pensate di trascorrere un periodo di tempo in Italia, in una casa o in un appartamento, è bene parlare degli elettrodomestici che troverete o... non troverete!

In una cucina italiana tipicamente ci sono grandi e piccoli elettrodomestici. Tra i grandi elettrodomestici c'è il piano cottura, di solito a gas, con i fornelli con la fiamma°, e un forno elettrico o a gas. In molte case italiane c'è un forno a microonde ma si usa in genere solo per scaldare° o scongelare° i cibi.

Molti italiani hanno una lavastoviglie, eppure i piatti si lavano spesso a mano° nel lavello e si mettono ad asciugare nello scolapiatti° che si trova, quasi sempre, sopra il lavello. Il tritarifiuti° esiste raramente nelle cucine italiane. Il frigorifero non è enorme come quelli americani perché le case italiane sono generalmente più piccole di quelle americane; le famiglie italiane hanno spesso un congelatore in più° per le scorte° di cibo.

Tra i piccoli elettrodomestici c'è il tostapane, che però non viene utilizzato° così comunemente comein America. Sono molto diffusi, invece, il frullatore°, lo sbattitore° per fare i dolci e il robot da cucina°.

Nelle case italiane in genere non c'è una stanza per fare il bucato. In ogni abitazione c'è una lavatrice, di solito in bagno oppure in cucina, e il bucato si asciuga al sole su pratici stendini°. Essenziali, però, sono il ferro da stiro e l'asse da stiro per avere vestiti sempre perfetti e fare bella figura.

fiamma *flame* **scaldare** *to warm up* **scongelare** *to defrost* **si lavano a mano** *are washed by hand* **scolapiatti** *dish drying rack* **tritarifiuti** *garbage disposal* **in più** *extra* **scorte** *supplies* **frullatore** *blender* **viene utilizzato** *is used* **sbattitore** *mixer* **robot da cucina** *food processor* **stendini** *drying rack*

Il lavoro dentro e fuori casa

	DONNE	UOMINI
Ore giornaliere dedicate ai lavori di casa	5	1.5
Ore settimanali dedicate al lavoro fuori casa	37.5	37.5
Percentuale di persone che non lavorano fuori casa	10.9	

FONTE: OCCENSIS, ANSA e ISTAT

A T T I V I T À

1 **Vero o falso?** Indica se l'affermazione è **vera** o **falsa.** Correggi le affermazioni false.

1. Il forno delle cucine italiane è sempre elettrico.
2. Gli italiani usano spesso il microonde per cucinare.
3. In quasi tutte le cucine italiane c'è lo scolapiatti.
4. I frigoriferi italiani sono più piccoli di quelli americani.
5. Lo sbattitore è un piccolo elettrodomestico.

6. Il tostapane è usato spesso come in America.
7. Gli italiani usano lo sbattitore elettrico per fare il bucato.
8. La lavatrice è in bagno o in cucina.
9. Il bucato si asciuga con l'asciugatrice.
10. L'asse da stiro è usato per asciugare i vestiti.

L'ITALIANO QUOTIDIANO

Aiuti per la casa

la balia	*nanny*
la collaboratrice domestica	*maid*
il falegname	*carpenter*
l'idraulico	*plumber*
l'imbianchino	*painter*
il lavavetri	*window cleaner*
il muratore	*bricklayer*
lo spazzacamino	*chimney sweep*
il tecnico del telefono/ televisore/computer	*telephone/TV/computer repairman/woman*

USI E COSTUMI

Benvenuti!

Gli italiani amano stare in compagnia di familiari e amici e le occasioni per farlo sono molte. Per le occasioni importanti i «padroni di casa°» si organizzano in anticipo° e si riuniscono° con gli ospiti intorno a una tavola imbandita°. Generalmente gli ospiti portano un regalo che varia da un'occasione all'altra: per Natale regali più grandi e importanti; per un caffè o una cena a casa di amici basta un mazzo° di fiori, una bottiglia di buon vino o un dolce.

A differenza delle° abitudini americane, in Italia non capita° spesso di avere ospiti per molti giorni; le visite sono brevi ma molto frequenti.

padroni di casa *hosts* **in anticipo** *in advance* **si riuniscono** *they gather* **imbandita** *laid for a feast* **mazzo** *bouquet* **A differenza delle** *Differently from* **capita** *happens*

RITRATTO

Alfonso Bialetti e la Moka Express

Al mattino è difficile trovare una cucina italiana senza una caffettiera sul fornello che emana° un forte e inconfondibile° aroma di caffè. Il marchio° legato alla caffettiera è senza dubbio quello della Bialetti, azienda° che nasce negli anni '20 in Piemonte dall'idea di Alfonso Bialetti. Alfonso presenta, nel 1933, la prima **Moka Express**, design Art Déco, per fare il caffè espresso in casa. La fama dell'azienda cresce grazie anche ad un'attenta campagna pubblicitaria° televisiva, in cui viene presentato l'*Omino con i Baffi*°, che diventa il simbolo del nome Bialetti.

In una Moka ci sono un serbatoio° con una valvola di sicurezza° per l'acqua che deve essere scaldata; un serbatoio a forma di imbuto° che contiene la polvere° di caffè; un filtro che separa la polvere di caffè dall'acqua; un serbatoio per il caffè liquido; un coperchio° e un manico°.

emana *gives off* **inconfondibile** *unmistakable* **marchio** *brand* **azienda** *company* **campagna pubblicitaria** *ad campaign* **Omino con i Baffi** *Little Man with a Moustache* **serbatoio** *container* **valvola di sicurezza** *safety valve* **imbuto** *funnel* **polvere** *grinds* **coperchio** *lid* **manico** *handle*

RITMO ITALIANO

Nella discografia italiana c'è una canzone famosissima che parla di una casa molto particolare. Sei mai stato in una casa del genere? Scopri il brano su **vhlcentral.com**.

---

2 Completare Completa le frasi.

1. L'azienda Bialetti nasce in _____.
2. La prima caffettiera Moka Express nasce nel _____.
3. Il simbolo della Bialetti è _____.
4. Per ricevere ospiti nelle occasioni importanti, gli italiani si organizzano _____.
5. Generalmente gli ospiti portano _____.
6. Per una cena con gli amici il regalo può essere _____.

3 A voi A coppie, discutete le seguenti domande.

1. Che tipo di caffè preferisci bere?
2. In quali occasioni visiti la tua famiglia?
3. Porti un regalo quando visiti gli amici?

More activities

vhlcentral

Online activities

A T T I V I T À

STRUTTURE

7B.1

The informal imperative

Punto di partenza The **imperativo** is the form of a verb that is used for commands, requests, suggestions, and for giving directions or instructions. The informal imperative consists of the **tu**, **noi**, and **voi** forms only.

Porta fuori la spazzatura!
Take out the trash!

Mettete l'acqua nella caffettiera.
Put the water in the coffee maker.

- The affirmative imperative forms of regular verbs are identical to the present tense, except that the **tu** form of **-are** verbs ends in **-a** rather than **-i**.

Informal imperative of regular verbs

	parlare	leggere	dormire	finire
tu	parla	leggi	dormi	finisci
noi	parliamo	leggiamo	dormiamo	finiamo
voi	parlate	leggete	dormite	finite

Lava i piatti, Mariarosa!
Wash the dishes, Mariarosa!

Usate il forno, ragazzi!
Use the oven, guys!

- The **noi** imperative corresponds to English expressions with *Let's*.

Finiamo questo lavoro!
Let's finish this work!

Sparecchiamo la tavola!
Let's clear the table!

- **Essere** and **avere** are irregular in the informal imperative.

The informal imperative of *avere* and *essere*

	avere	essere
tu	abbi	sii
noi	abbiamo	siamo
voi	abbiate	siate

Abbiate pazienza!
Be patient!

Sii buono, Giovanni!
Be nice, Giovanni!

- A few verbs have irregular **tu** forms that can be used interchangably with the regular present-tense forms. **Dire** has an irregular form only.

andare	dare	dire	fare	stare
va' (vai)	da' (dai)	di'	fa' (fai)	sta' (stai)

Va' (Vai) a letto subito!
Go to bed immediately!

Da' (Dai) una mano a tuo fratello!
Give your brother a hand.

Su, **fa' (fai)** le faccende!
Come on, do the chores!

Sta' (Stai) zitto!
Shut up!

- Attach object and reflexive pronouns to the end of the informal imperative form.

Ecco la pizza. Mangia**la**!
*Here's the pizza. Eat **it**!*

Lava**tevi** le mani, bambini!
Wash your hands, kids!

- When using the commands **va'**, **da'**, **di'**, **fa'**, and **sta'** with attached object pronouns, drop the apostrophe and double the initial letter of the pronoun, except in the case of **gli**.

Hai un segreto? **Dimmelo**!
*You have a secret? **Tell it to me**!*

Antonio, dove sei? **Stammi** vicino.
Antonio, where are you?
***Stay** close **to me**.*

Non hai fatto il letto? **Fallo** subito!
*You didn't make your bed? **Do it** right now!*

Lucia non ha la scopa. **Dagliela**!
Lucia doesn't have the broom.
***Give it to her**!*

- To form the negative **voi** and **noi** imperative forms, simply place **non** before the verb.

Non dormite fino a tardi.
***Don't sleep** late.*

Non facciamo niente stasera!
***Let's not do** anything tonight!*

- The negative **tu** imperative, however, is expressed differently. To form it, place **non** before the infinitive form of the verb.

Sergio, **non bere** troppo!
*Sergio, **don't drink** too much!*

Marta, **non spegnere** la luce.
*Marta, **don't turn off** the light.*

Non sporcare la terrazza, Luca.
***Don't get** the terrace **dirty**, Luca.*

Non scrivere sul tavolo, Gianni!
***Don't write** on the table, Gianni!*

- With the negative imperative forms, either place object and reflexive pronouns before the verb or attach them to the end. Because the negative **tu** form is an infinitive, remember to drop the final **-e** when attaching pronouns to it.

Va bene, non **dirmelo**/non **me lo** dire!
*OK, don't tell **it to me**!*

È un porcile. Non **ci** entrate. /Non entrate**ci**.
*It's a pigsty. Don't go in **there**.*

Non mangiamo**lo**. /Non **lo** mangiamo.
*Let's not eat **it**.*

Non portar**gliela**. /Non **gliela** portare!
*Don't bring **it to them**!*

Provalo!   **Scegli la forma corretta dell'imperativo informale per completare ogni frase.**

1. Ragazzi, (guarda / (guardate)) la televisione in soggiorno!
2. Mamma, (prepari / prepara) il ferro da stiro!
3. Francesco, (mi aiuti / aiutami) a pulire la stanza!
4. Fabio, (trasloca / traslochi) nella casa accanto alla nostra!
5. Gino, (subaffitti / subaffitta) l'appartamento insieme a noi!
6. Beatrice e Daniela, (porti / portate) fuori la spazzatura prima di cena!
7. Senti, Teresa, (vendiamo / vende) quel divano! È orribile!
8. Chiara, (ti siedi / siediti) su quella poltrona!

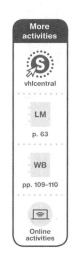

More activities

S
vhlcentral

LM
p. 63

WB
pp. 109–110

Online activities

STRUTTURE

1 Completare Completa ogni frase con la forma corretta dell'imperativo informale.

1. Martina, _____ (partecipare) al dibattito!
2. Gioia e Veronica, _____ (mandare) gli inviti per la festa!
3. Cosa facciamo stasera? _____ (andare) al cinema!
4. Bernardo, non _____ (parlare) mentre mangi!
5. Bambini, non _____ (scrivere) sui muri!
6. Diana, _____ (dire) la verità.

2 Creare Crea una frase per ogni disegno usando l'imperativo informale.

▶ **MODELLO**

tu / apparecchiare la tavola
Apparecchia la tavola!

1. noi / sparecchiare la tavola
2. Marco / stirare
3. voi / riciclare la spazzatura
4. ragazze / fare il bucato
5. Luca / spazzare i pavimenti
6. Rosa / fare il letto

3 Trasformare Riscrivi le frasi seguenti come ordini usando l'imperativo informale.

MODELLO

Giovanni fa il letto.
Giovanni, fai il letto!

1. Maria canta un'opera lirica.
2. Gina finisce la pasta.
3. I bambini non colorano i disegni.
4. Tu mi dici cosa è successo.
5. Gerardo e Cristiano lavano la macchina.
6. Marina non ascolta la musica rock.
7. La mia mamma e il mio papà mi scrivono un'e-mail.
8. Claudia e Giuditta comprano una pianta per la casa nuova.

4 Aggiungere Completa le frasi con i verbi della lista all'imperativo.

apparecchiare	fare (x2)	passare	mettere	sporcare	andare

1. Dai, _____ insieme (*together*) la tavola! Ho fame!
2. Hai tutte le camicie macchiate. _____ il bucato!
3. Ragazzi, questa casa è un porcile! _____ l'aspirapolvere e _____ in ordine!
4. Giorgio, attento! Non _____! Ho appena pulito.
5. Forza, _____ le faccende e poi _____ a divertirci!

COMUNICAZIONE

5 **Che porcile!** A coppie, immaginate di essere coinquilini (*roommates*). Dovete pulire il vostro appartamento perché i vostri genitori verranno a farvi visita. Guardate i disegni e, a turno, datevi ordini su quello che dovete fare.

MODELLO

S1: *Guarda la camera! Riordina subito!*
S2: *Va bene, ma tu lava i piatti!*

1.

2.

3.

4.

5.

6.

6 **Un consiglio** A coppie, scrivete una lista di otto consigli da dare a uno studente straniero che viene dall'Italia per studiare nella vostra università.

MODELLO

S1: *Porta vestiti pesanti per l'inverno!*
S2: *Non studiare il venerdì sera!*

7 **Simone dice** In gruppi di cinque, giocate a «Simone dice». Uno studente dà ordini usando le forme dell'imperativo del tu, voi, e noi. Gli altri studenti fanno cosa dice il leader, ma solo se lui/lei inizia la frase con «Simone dice». Cambiate leader dopo cinque frasi.

MODELLO

S1: *Simone dice: «Rita e Agostino, ballate!»; «Caterina, canta!»*

alzare il braccio	ballare	chiudere	sedersi
destro/sinistro	cantare	gli occhi	toccarsi il naso
alzarsi		saltare	

8 **Aiutiamo un amico** Un vostro amico è malato e volete dargli una mano con le faccende. In gruppi di 3 o 4, dividetevi i compiti.

MODELLO

S1: *Io cambio le lenzuola. Tu metti in ordine!*
S2: *Va bene. Tu, invece,...*

fare il bucato	pulire il pavimento
mettere in ordine	cambiare le lenzuola
passare l'aspirapolvere	stirare le camicie
avviare la lavastoviglie	dare da mangiare al gatto

STRUTTURE

The formal imperative

Punto di partenza In **Strutture 7B.1** you learned the informal imperative. Use the formal imperative to give instructions, directions, or suggestions to a person you address using **Lei**.

- The formal imperative forms correspond to **Lei** and **Loro**. Form the **Lei** imperative by dropping the **-o** ending of the first person present-tense form and adding **-i** to **-are** verbs and **-a** to **-ere** and **-ire** verbs.

	parlare	leggere	dormire	finire
Formal imperative of regular verbs				
Lei	parli	legga	dorma	finisca
Loro	parlino	leggano	dormano	finiscano

- Remember that the use of **Loro** is limited to very formal situations. The imperative form of **voi** is much more commonly used to address a group.

Chiuda la porta, signorina!
Close the door, Miss!

Compri questa lampada, signore!
Buy this lamp, Sir!

Si siedano, signori!
Be seated, gentlemen!

Sedetevi, signori!
Sit down, gentlemen!

- For verbs that are irregular in the first person present, change the final **-o** to **-a**.

Signorina, **venga** in cucina e **beva** un tè.
Miss, come into the kitchen and drink some tea.

Esca subito, dottore! **Vada** con Giuseppe.
Go out right away, Doctor! Go with Giuseppe.

Faccia il bucato, per favore.
Do the laundry, please.

Dica la verità!
Tell the truth!

- Some common verbs are irregular in the formal imperative.

avere	dare	essere	sapere	stare
Irregular formal imperative forms				
abbia	dia	sia	sappia	stia

Stia tranquillo! Li lavo io.
Stay calm. I'll wash them.

Abbia pazienza, signora!
Be patient, Ma'am!

- To form the **Loro** imperative of all regular verbs, drop the **-o** ending of the first person present-tense form and add **-ino** to **-are** verbs and **-ano** to **-ere** and **-ire** verbs. For irregular verbs, simply add **-no** to the **Lei** imperative form.

Guardino che bella villa!
Look, what a beautiful villa!

Vedano com'è grande il cortile!
See how big the courtyard is!

Mi **dicano**: come posso aiutarli?
Tell me, how can I help you?

Vengano da questa parte, per cortesia.
Come this way, please.

- To make a negative formal command, add **non** before the affirmative form. No other changes are necessary.

Non dica niente a mia madre!
Don't say *anything to my mother!*

Non faccia rumore.
Don't make *noise.*

- Unlike with informal commands, object and reflexive pronouns precede formal commands. The only exception is the indirect object pronoun **loro**.

Si svegli, signore. Vuole il caffè? **Ne prenda** un po'.
***Wake up**, Sir. Do you want some coffee? **Have some**.*

Le bambine faranno i letti. **Gli dia** (**Dia loro**) le lenzuola.
*The girls will make the beds. **Give them** the sheets.*

- Here are some common expressions using the formal imperative.

Common imperatives in the *Lei* form

Abbia pazienza.	*Be patient.*	Guardi.	*Look.*
Si accomodi.	*Make yourself comfortable.*	Mi passi...	*Pass me . . .*
Aspetti.	*Wait.*	Prenda.	*Here./Here you go.*
Mi dia...	*Give me . . .*	Non si preoccupi.	*Don't worry.*
Mi dica.	*Tell me./May I help you?*	Senta.	*Listen.*
Firmi qui.	*Sign here.*	Mi scusi.	*Excuse me.*

- Words such as **prego** and **pure** can be used to soften a command or to offer encouragement.

Prego, si accomodi!
***Please**, make yourself comfortable!*

Chiuda **pure** la porta.
*Close the door, **please**.*

Venga **pure**!
*Come in, **please**!*

Mi dica **pure**.
*Tell me, **please**.*

 Provalo!   **Scegli la forma corretta dell'imperativo formale per completare ogni frase.**

1. Professore, (passa / (passi)) l'aspirapolvere dopo la lezione!
2. Signora, (pulisci / pulisca) i fornelli!
3. Per favore, mi (dai / dia) la scopa!
4. Signori, (facciano / faccia) attenzione!
5. Mi (scusa / scusi), dov'è il ferro da stiro?
6. Dottori, (spazzino / spazzi) il laboratorio!
7. (Siamo / Sia) paziente, sarà tutto impeccabile tra due minuti!
8. Signora Paoletti, (stira / stiri) le lenzuola, per favore!

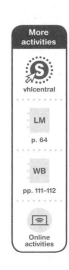

More activities

vhlcentral

LM
p. 64

WB
pp. 111–112

Online activities

STRUTTURE

PRATICA

1 **Completare** Completa la tabella con le forme mancanti (*missing*) dell'imperativo formale.

	Lei	Loro
1. stirare	stiri	_____
2. mettere	metta	_____
3. avere	_____	abbiano
4. sporcare	_____	sporchino
5. sapere	sappia	_____
6. pulire	pulisca	_____
7. stare	_____	stiano
8. venire	_____	vengano
9. essere	_____	siano
10. prendere	prenda	_____

2 **Trasformare** Riscrivi le frasi seguenti usando l'imperativo formale.

MODELLO

Il signor D'Andreo pulisce la stanza.
Signor D'Andreo, pulisca la stanza!

1. Il signor Gemma telefona ai suoi figli.
2. La signora Todi scrive all'avvocato.
3. Il dottor Angiotti si siede per primo.
4. La signora è paziente.
5. Il professore ci dà il libro.
6. Il signor Guidi mi fa questo favore.
7. I professori vengono al teatro con noi.
8. Il dottor Treviso riceve il premio alla carriera.
9. Il signor Cianci porta una torta.
10. Le signore prendono del tè.

3 **Creare** Usa gli indizi dati per scrivere frasi complete usando l'imperativo formale.

MODELLO

Signora Rossi / non / preoccuparsi / di lavare i piatti
Signora Rossi, non si preoccupi di lavare i piatti.

1. signora / non affittare / quell'appartamento
2. signor Pozzi / andare a vedere / quella villa
3. signora Rosa / vendere / il monolocale
4. signora Logni / pulire / la cucina
5. signor Gentili / non fare / il letto
6. signor Fabietti / traslocare / il mese prossimo
7. professore / guardare / questo quadro
8. signora / mostrare / questa bella sala da pranzo
9. dottore / aspettare / dieci minuti
10. signore / non andare / in soggiorno

COMUNICAZIONE

4 **Un consiglio** A coppie, leggete la seguente lettera scritta a un giornale (*newspaper*) e poi scrivete una risposta. Dovete dare almeno sei consigli. Usate l'imperativo formale.

MODELLO

Non si preoccupi se il suo compagno di camera non pulisce tutti i giorni. Rimanga ottimista…

> Cara Angela,
>   Ho un grosso problema con il mio compagno di stanza, Clemente. A Clemente non piace pulire la sua camera. Non lava mai i piatti, non usa l'aspirapolvere e in bagno c'è sempre tanta confusione. I suoi vestiti sono dappertutto (*everywhere*) e quando gli chiedo di portare fuori la spazzatura o di sparecchiare la tavola, si arrabbia e dice che lo farà dopo… alla fine lo faccio sempre io! Ho bisogno di un consiglio. Mi dica cosa posso fare!
> La ringrazio,
> Giulio

5 **Genitori in visita** A coppie, create una conversazione tra uno studente e la madre del suo compagno di stanza. La madre è venuta a trovare il figlio, ma lui ora è a lezione. La madre chiede cosa può fare mentre aspetta e lo studente dà consigli. Usate l'imperativo formale.

MODELLO

S1: *Signora Russo, prego, entri. Vuole dell'acqua?*
S2: *Grazie Enrico. Non ti preoccupare, sto bene. Enrico, dimmi cosa posso fare mentre aspetto.*

6 **Al negozio di elettrodomestici** A coppie, create una conversazione tra un cliente e un commesso. Il cliente vuole comprare degli elettrodomestici: un congelatore, una lavatrice, una lavastoviglie e un'asciugatrice. Il commesso assiste il cliente. Usate l'imperativo formale e i verbi dati.

MODELLO

S1: *Ha bisogno di aiuto?*
S2: *Sì, grazie. Ho bisogno di comprare degli elettrodomestici. Mi mostri gli ultimi modelli.*
S1: *Certo! Guardi qui…*

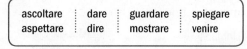

ascoltare	dare	guardare	spiegare
aspettare	dire	mostrare	venire

7 **In agenzia immobiliare** Lavorate in gruppi di tre o quattro. Siete a Roma per un semestre e dovete affittare un appartamento. All'agenzia immobiliare, chiedete informazioni a un impiegato. Scambiatevi i ruoli.

MODELLO

S1: *Prego, accomodatevi. Come posso aiutarvi?*
S2: *Siamo studenti americani a Roma per un semestre e vogliamo affittare un appartamento.*
S1: *Guardate queste brochure e ditemi quali caratteristiche preferite.*
S3: *Quanto costa questo appartamento?…*

7B.3

STRUTTURE

Time expressions

Punto di partenza You have already learned how to talk about the past, the present, and the future. Now you will learn to talk about the duration and sequence of actions and events.

- In **Lezione 2B**, you learned to use **da** with the present tense to express the starting point or the duration of an ongoing action or event. **Da** is equivalent to *since* or *for* in similar English expressions.

  Studio italiano **da** tre mesi.
  I have been studying Italian for three months.

  È **da** ieri che Maurizia riordina.
  Maurizia has been tidying up since yesterday.

- Use the preposition **per** to indicate the duration of an action or event.

  In genere pulisco **per** un'ora.
  I generally clean for an hour.

  Luca ha abitato là **per** anni.
  Luca lived there for years.

- To describe how long something *lasts*, use the verb **durare**. It is generally used with **essere** in compound forms.

  Il film **è durato** due ore e mezzo.
  The movie lasted two and a half hours.

  Quanto **durerà** questo freddo?
  How long will this cold weather last?

- **Durante** corresponds to the English word *during*.

  Durante il film, Anna dormiva.
  During the movie, Anna slept.

  Non uscite **durante** il temporale!
  Don't go out during the storm!

- To express how much time an event or activity takes, use the expressions **volerci** and **metterci**. The **ci** in both expressions is idiomatic and does not change form.

  Ci vogliono due ore per pulire questa stanza.
  It takes two hours to clean this room.

  Ci ho messo tre ore per pulirla, ma finalmente ho finito.
  I spent three hours cleaning it, but I'm finally done.

- To talk about someone doing one action before another, use **prima di** + [*infinitive*]. Use **dopo** + [*past infinitive*] to express doing something afterward. Form the past infinitive with **avere** or **essere** + [*past participle*].

  Finisci le faccende **prima di uscire**.
  Finish your chores before going out.

  Puoi uscire **dopo aver finito** le faccende.
  You can go out after you finish your chores.

- Use the verbs **passare** (*to spend*), **perdere** (*to waste*), and **risparmiare** (*to save*) with **tempo** and other time references.

  Abbiamo perso troppo tempo in cucina.
  We wasted too much time in the kitchen.

  Passano ore nel cortile quando c'è il sole.
  They spend hours in the courtyard when it's sunny.

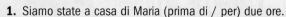

Provalo! Scegli la parola o espressione corretta per completare ogni frase.

1. Siamo state a casa di Maria (prima di / **per**) due ore.
2. (**Ci vogliono** / Durano) tre ore per andare a New York in macchina.
3. Non usate il cellulare (da / **durante**) la lezione!
4. Ho aspettato l'autobus (**per** / da) venti minuti.
5. La lezione (ci mette / **dura**) cinquanta minuti.
6. Parlano al telefono (da / **durante**) venti minuti.

PRACTICA E COMUNICAZIONE

1 Identificare Completa le frasi seguenti con da, per o durante.

MODELLO

Legge quel libro __da__ due ore.

1. Ha fatto i compiti _____ quaranta minuti, poi è andato a giocare.
2. Non spendere tutti i soldi _____ le vacanze.
3. Abbiamo aspettato la tua telefonata _____ due giorni!
4. Non puoi parlare ad alta voce _____ il film.
5. Studio in questa città _____ due anni.
6. Ho vissuto in Italia _____ sette anni.
7. Devi sorridere (smile) spesso _____ l'intervista.
8. _____ sei mesi bevo due litri d'acqua al giorno.

2 Completare Completa la seguente conversazione con le forme corrette di durare, volerci e metterci.

PAMELA Ciao Lucio, come stai?

LUCIO Così così. Ho l'influenza e _____ già da tre giorni.

PAMELA Oh no, mi dispiace! _____ pazienza.

LUCIO Sì, lo so.

PAMELA Anch'io ho avuto l'influenza e non è divertente!

LUCIO Quanto _____ la febbre?

PAMELA Un paio (couple) di giorni. Hai preso delle medicine?
 Quanto tempo _____ l'aspirina per farti stare meglio?

LUCIO Sì, ho preso le medicine, ma l'effetto _____ solo poche ore.

PAMELA Vai a dormire, _____ tanto riposo quando sei malato!

LUCIO Grazie, buonanotte!

3 Lavoro e piacere Lavorate a coppie. Fate, a turno, le seguenti domande su quanto tempo ci vuole a fare certe attività e su come passate il vostro tempo libero. Perdete molto tempo o lo organizzate bene?

MODELLO

S1: Quanto tempo ci vuole ogni giorno a fare i compiti d'italiano?
S2: Ci vuole un'ora.

1. Quanto tempo ci vuole ogni giorno per fare i compiti?
2. Quanto tempo passi a parlare al telefono?
3. Quante ore perdi a giocare al computer?
4. Quanto tempo passi a guardare la TV ogni giorno?
5. Quanti minuti ci vogliono per andare in classe dal tuo dormitorio o appartamento?
6. Quante ore risparmi usando un computer per fare i compiti?
7. Quanti minuti ci metti per alzarti la mattina?
8. Quanto tempo dedichi allo sport ogni settimana?

4 Quando? Lavorate a coppie. Parlate, a turno, di cosa fate prima, durante e dopo la vostra prima classe del giorno.

SINTESI

Ricapitolazione

1 Consigli
A coppie, parlate dei seguenti problemi. Una persona parla dei problemi della colonna A, l'altra parla dei problemi della colonna B. A turno, datevi consigli usando l'imperativo informale.

MODELLO

S1: Ho perso il mio libro d'italiano!
S2: Pulisci la tua stanza e lo troverai!

A	B
1. La pasta è pronta, ma non trovo una forchetta pulita.	1. Ho perso i biglietti del treno per domani.
2. Non c'è posto per la macchina in garage, ma non voglio lasciarla in strada.	2. I miei amici vengono a cena stasera, ma il frigo è vuoto.
3. Non riesco a studiare in camera mia.	3. Non trovo il libro che ho preso in biblioteca.
4. L'anno prossimo non avrò i soldi per affittare questa villa.	4. Ho una festa stasera, ma i miei vestiti preferiti sono sporchi.

2 I traslocatori
In gruppi di tre, create una conversazione tra due traslocatori (*movers*) e il padrone di casa, il signor Tedesco. I traslocatori chiedono dove mettere ogni elettrodomestico e il signore risponde. Usate gli elettrodomestici della lista o altri che volete. Usate l'imperativo formale.

MODELLO

S1: Signor Tedesco, dove metto la lavatrice?
S2: La metta lì, in quell'angolo (*corner*).

asciugatrice	forno
aspirapolvere	frigorifero
congelatore	lavastoviglie

3 Le faccende
Lavorate a coppie. L'insegnante vi darà due fogli diversi, ciascuno con metà delle informazioni sul tempo che diverse persone hanno impiegato a fare le faccende. A turno, fate domande su cosa ha fatto ogni persona e quanto tempo ci ha messo.

MODELLO

S1: Quanto tempo ci ha messo Sofia a fare le sue faccende?
S2: Sofia ci ha messo due ore a lavare i vestiti...

4 Un albergo di lusso
A coppie, create un opuscolo (*brochure*) per un albergo di lusso in una località famosa. Usate l'imperativo formale per incoraggiare i possibili clienti a svolgere varie attività mentre sono nell'albergo. Usate foto o disegni per rendere l'opuscolo più attraente!

MODELLO

Visiti la Toscana!
Si rilassi nelle nostre stanze di lusso che includono frigorifero, microonde e caffettiera!...

Albergo
LA TOSCANA

Godi la storia, la natura e i sapori della valle del Chianti.

approfittare (*to take advantage*)	non fare le faccende
distrarsi (*to amuse oneself*)	non preoccuparsi
divertirsi	rilassarsi
godersi (*to enjoy*) le vacanze	riposarsi

5 La compagna di stanza
A coppie, scrivete la storia di due compagne di stanza: una è molto brava e l'altra non è brava affatto (*at all*). Come hanno passato la giornata? Si sono organizzate bene o no? Scrivete la storia usando dettagli su cosa hanno fatto e per quanto tempo.

MODELLO

Mariella si è alzata alle sette di mattina. Alle nove aveva già studiato per due ore...

6 Un'inchiesta
L'insegnante ti darà un foglio con una lista di attività. Chiedi ai tuoi compagni se hanno fatto quelle attività nell'ultimo mese. Quando qualcuno dice di sì, scrivi il suo nome accanto all'attività. Trova una persona per ogni attività.

MODELLO

S1: Hai guardato la televisione per più di tre ore ieri sera?
S2: No, l'ho guardata solo per due ore!

7 **Il nuovo arredatore** In gruppi di tre, create una conversazione tra una famiglia e un arredatore (*interior designer*) che li aiuta a rifare la cucina. Usate l'imperativo formale o informale come necessario.

MODELLO

S1: *Signorina Di Masso, prego, entri.*
S2: *Secondo me, dobbiamo...*
S1: *Amore, lascia parlare prima lei. Ascoltiamo le sue idee!*

ascoltare	osservare
cambiare colore	smettere (*to stop*)
guardare	smontare (*to take down*)
montare (*to put up*)	spostare (*to move*)

8 **L'ufficio del dottore** A coppie, create una conversazione tra dottore e paziente. Il paziente descrive i suoi sintomi e il dottore gli dà consigli su cosa fare. Usate l'imperativo formale. Scambiate poi i ruoli.

MODELLO

S1: *Dottore, per favore, mi aiuti! Ascolti quali sono i miei sintomi e mi dia un consiglio.*
S2: *Signor Tinetti, si calmi. Non si preoccupi, sono un esperto!*

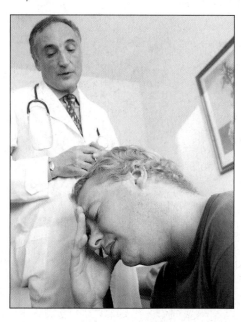

Il mio dizionario

Aggiungi al tuo dizionario personalizzato cinque parole relative alle case o all'ambiente domestico.

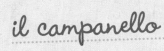

il campanello

traduzione
doorbell
categoria grammaticale
sostantivo (m.)
uso
Il postino suona il campanello.

sinonimi
/

antonimi
/

More activities

vhlcentral

Online activities

Panorama

le acque turchesi
della Sardegna

Le isole

Sardegna

La regione in cifre

- ▶ **Superficie:** *24.100 km²*
- ▶ **Popolazione:** *1.653.135*
- ▶ **Industrie principali:** *turismo, agricoltura, petrolchimica°, tessile, metallurgia*
- ▶ **Città principali:** *Cagliari, Sassari, Quartu Sant'Elena, Olbia, Alghero*

Sardi celebri

- ▶ **Eleonora d'Arborea,** *regina° di Sardegna (1340–1404)*
- ▶ **Grazia Deledda,** *scrittrice e vincitrice del Premio Nobel (1871–1936)*
- ▶ **Antonio Gramsci,** *filosofo, scrittore e politico (1891–1937)*
- ▶ **Renato Soru,** *fondatore di Tiscali (società di telecomunicazioni°) e politico (1957–)*

Sicilia

La regione in cifre

- ▶ **Superficie:** *25.832 km²*
- ▶ **Popolazione:** *5.056.641*
- ▶ **Industrie principali:** *agricoltura, turismo, pesca°, cantieristica, petrolchimica*
- ▶ **Città principali:** *Palermo, Catania, Messina, Siracusa, Marsala*

Siciliani celebri

- ▶ **Archimede di Siracusa,** *matematico e inventore (287 a.C.–212 a.C.)*
- ▶ **Luigi Pirandello,** *scrittore e vincitore del Premio Nobel (1867–1936)*
- ▶ **Natalia Ginzburg,** *scrittrice (1916–1991)*
- ▶ **Maria Grazia Cucinotta,** *attrice (1968–)*

petrolchimica petrochemical industry **regina** queen **società di telecomunicazioni** telecommunications company **pesca** fishing **inquinamento** pollution **rifiuti** trash **asini** donkeys **terreno pianeggiante** level ground

il Duomo di
Palermo (Sicilia)

l'Etna, in Sicilia: il vulcano
più alto del continente europeo

Incredibile ma vero!

Meno inquinamento° per la raccolta dei rifiuti°: a Castelbuono, in Sicilia, i rifiuti sono raccolti con... asini°! È una soluzione economica ed ecologica allo stesso tempo. Ogni asino lavora su terreno pianeggiante°, per non più di cinque ore, portando solo cento chili. Un asino costa un massimo di €2.800 all'anno: un vero affare!

L'architettura

Costruzioni religiose o militari?

I nuraghi sono costruzioni a forma di torre che risalgono al 1800 a.C. (avanti Cristo) e sono caratteristici della Sardegna. Ci sono diversi tipi di nuraghi e ogni tipo ha dimensioni diverse. Una torre può essere alta anche 20 metri. All'interno ci sono uno o più corridoi e una o più stanze. Non sappiamo di sicuro che cosa siano° questi nuraghi. Ci sono diverse teorie: alcuni archeologi dicono che i nuraghi erano costruzioni militari per la difesa dell'isola, altri dicono che i nuraghi erano troppo freddi e umidi per viverci e che, invece, erano costruzioni usate per le cerimonie religiose.

Le tradizioni

Un carnevale misterioso

A Mamoiada, in Sardegna, tutti gli anni viene celebrato un carnevale molto speciale. Non ci sono le belle maschere di Venezia o di Viareggio; qui, i protagonisti sono i Mamuthones e gli Issohadores. I primi° indossano una maschera di legno nera e camminano su due file° parallele. I secondi° camminano all'esterno dei Mamuthones e fanno finta° di catturare come prigionieri le persone del pubblico. È una tradizione antichissima° che rappresenta probabilmente un evento storico. Oggi è una cerimonia solenne° a cui partecipa tutto il paese. I mamoiadini dicono: «Senza Mamuthones non c'è carnevale»!

Il clima

Caldo, umido e tanto vento

In generale il clima della Sicilia è tipico mediterraneo, con estati calde e inverni non troppo freddi. Un fenomeno particolare della Sicilia è lo Scirocco: un vento caldo che parte dal deserto del Sahara, in Africa, e arriva fino all'Italia. Lo Scirocco è un fenomeno dell'autunno e della primavera. Porta sabbia° dal deserto e può anche raggiungere° i 100 km/ora. Spesso crea problemi di salute; per esempio, causa debolezza°, mancanza° di concentrazione e depressione e qualche volta anche febbre. A volte è necessaria una terapia speciale per aiutare le persone in questa situazione.

La gastronomia

Il cannolo: un piccolo tubo°

I cannoli sono nati vicino a Palermo, forse in un monastero°. Una leggenda dice che risalgono addirittura° al tempo della dominazione araba. All'inizio erano preparati per il Carnevale, ma oggi si trovano tutto l'anno. I cannoli sono fatti di pasta° fritta riempita di ricotta e frutta candita°. Gli emigrati italiani che sono venuti in America li hanno portati con loro ma li hanno adattati e cambiati a seconda della disponibilità° degli ingredienti. I cannoli sono probabilmente i dolci siciliani più famosi negli Stati Uniti.

Quanto hai imparato? Completa le frasi.

1. Nella città di Castelbuono gli asini _____.
2. Gli asini di Castelbuono lavorano per non più di _____ al giorno.
3. I _____ sono costruzioni a forma di torre.
4. I nuraghi erano costruzioni _____.
5. I Mamuthones e gli Issohadores sono i protagonisti del Carnevale di _____.

6. I Mamuthones indossano _____ di legno nera.
7. Lo Scirocco viene dal deserto del _____.
8. _____ può causare debolezza e depressione.
9. All'inizio i cannoli erano preparati per _____.
10. I cannoli sono fatti di pasta fritta riempita di _____.

More activities

vhlcentral | WB pp. 115–116 | Online activities

SU INTERNET

Go to vhlcentral.com to find more cultural information related to this **Panorama**.

1. Cerca informazioni su Grazia Deledda e trova il libro che le ha fatto vincere il Premio Nobel. Leggi il riassunto e poi decidi se hai voglia di leggere tutto il libro o no e perché.
2. Cerca informazioni sui costumi dei Mamuthones e degli Issohadores e sul loro ruolo durante il Carnevale.
3. Fai una ricerca su Internet per scoprire quali sono i cibi tipici della cucina siciliana.

siano *are* **I primi** *The former* **file** *lines* **I secondi** *The latter* **fanno finta** *they pretend* **antichissima** *very ancient* **solenne** *solemn* **sabbia** *sand* **raggiungere** *reach* **debolezza** *weakness* **mancanza** *lack* **tubo** *tube* **monastero** *monastery* **addirittura** *even* **pasta** *dough* **frutta candita** *candied fruit* **disponibilità** *availability*

Lettura

 **Audio: Reading**

Prima di leggere

Predicting content from the title

Prediction can be a useful strategy in reading for comprehension. For example, reading the headline of a newspaper or magazine article will help you to predict what the article is about, and in some cases, the author's attitude toward the topic. Predicting content from the title will help you increase your reading comprehension in Italian.

Esamina il testo Leggi i titoli del testo. Che tipo di testo è? A coppie, create una lista di informazioni che, secondo voi, potrete trovare in ciascuna sezione.

Titoli Guarda i titoli seguenti e indica in poche parole il possibile argomento (*topic*) del testo corrispondente. Secondo te, dove sono stati trovati questi titoli (in un giornale, una rivista, un opuscolo, una guida ecc.)?

Questa settimana a Roma:

Un nuovo ristorante per la catena McDonald's

Problemi enormi per la spazzatura nei cortili

Gli ultimi scandali dell'attrice Maura de Bianchi

---- linea dell'autobus

Le ville di Hollywood

Hotel La Luna, 2 ½ stelle, ottimi prezzi, vicino alla stazione

VISITIAMO ROMA
VILLA BORGHESE

UNA STORIA ANTICA

L'area dov'è la Villa oggi era già di proprietà della famiglia Borghese nel 1580. Il cardinale Scipione Borghese voleva creare una «villa di delizie» con il giardino più grande di Roma. Grazie a diversi architetti e giardinieri, la Villa è stata completata nel 1633. Il complesso è rimasto invariato° fino al 1776 quando il principe Marcantonio IV (1730–1800) ha apportato molti cambiamenti°. Il cambiamento più grande è stato la realizzazione del Giardino del Lago. Questo giardino è uno dei pochi esempi di giardino all'inglese° in area romana ed è ricco di piante esotiche, come, per esempio, alberi di banane e bambù. Nel 1901 il complesso è stato comprato dal Re d'Italia, che lo ha passato al comune di Roma nel 1903. Il parco è stato aperto al pubblico il 12 luglio di quell'anno.

UN MUSEO PREZIOSO

L'interno di Villa Borghese è oggi un museo d'arte. Ci sono dipinti° e sculture di molti artisti, per esempio Antonello da Messina, Giovanni Bellini, Raffaello, Tiziano, Correggio, Caravaggio, Bernini e Canova. La collezione è stata iniziata dal cardinale Borghese all'inizio del XVII secolo. Scipione Borghese amava l'arte del Rinascimento e l'arte contemporanea. Non gli piaceva l'arte medievale, ma invece gli piaceva molto la scultura antica. Nel 1700 il successore di Scipione Borghese, Marcantonio Borghese, ha rinnovato° l'edificio in stile neoclassico per evidenziare° meglio le prestigiose opere d'arte che vi erano presenti.

UN GIARDINO INCREDIBILE

Villa Borghese è un grande parco di Roma, il terzo in ordine di grandezza°. Nel parco ci sono giardini, laghi, fontane, templi, monumenti ed edifici. Particolarmente interessante è il Tempio di Esculapio, realizzato all'inizio del Novecento° ad imitazione dell'originale tempio greco. Il Tempio si trova su una piccola isola nel mezzo del lago (nel Giardino del Lago). Il lago stesso ha molte piante, pesci e tartarughe°, una vera attrazione per molti bambini! Un altro elemento caratteristico del luogo è l'orologio ad acqua, costruito su progetto di padre Giovanni Battista Embriaco nel 1873. All'interno del giardino c'è anche un teatro che offre spettacoli durante l'estate. Non dimentichiamo, poi, i giardini segreti, che erano giardini privati, dei veri capolavori° che includono piante rare ed esotiche di incredibile bellezza.

VILLA BORGHESE IN CIFRE

Il parco di Villa Borghese si estende su circa ottanta ettari° per un perimetro di sei chilometri. Al suo interno ci sono nove ingressi, quindici edifici, sei giardini, trentacinque fontane, trentotto monumenti, quattro musei e 485.000 visitatori (nel 2007)! Nel Parco c'è anche il Bioparco, uno zoo tra i più grandi d'Europa, che ospita più di mille animali. Molto interessante è anche il Cinema dei Piccoli: con sessantatré posti, uno schermo di cinque metri per due metri e mezzo e un'area di 71,52 m², nel 2005 è stato inserito nel Guinness dei Primati con la definizione di «edificio più piccolo del mondo adibito a° spettacoli cinematografici».

invariato *unchanged* **cambiamenti** *changes* **all'inglese** *English style*
dipinti *paintings* **ha rinnovato** *renewed* **evidenziare** *highlight* **grandezza** *size*
Novecento *1900s* **tartarughe** *turtles* **capolavori** *masterpieces* **ettari** *hectares*
adibito a *used for*

Dopo la lettura

Vero o falso? Indica se ogni affermazione è **vera** o **falsa**. Correggi le affermazioni false.

1. Villa Borghese è stata completata nel 1580.

   _____

2. Il parco è diventato pubblico nel 1873.

   _____

3. La collezione artistica di Villa Borghese è iniziata nel 1600.

   _____

4. Scipione Borghese amava l'arte medievale.

   _____

5. Il Tempio di Esculapio è nel Giardino del Lago.

   _____

6. I giardini segreti hanno sculture e dipinti antichi.

   _____

7. Il Bioparco è grande circa ottanta ettari.

   _____

8. Il Cinema dei Piccoli è il teatro più piccolo del mondo.

   _____

Rispondere Rispondi alle seguenti domande con frasi complete. Scrivi le risposte su un foglio.

1. Che cos'è il Giardino del Lago?
2. Cos'è successo nel 1901?
3. Quali artisti si trovano nel museo di Villa Borghese?
4. Chi era Marcantonio Borghese e cosa ha fatto?
5. Cosa c'è nel parco di Villa Borghese?
6. Cosa ha fatto Giovanni Battista Embriaco?
7. Quante persone hanno visitato Villa Borghese nel 2007?
8. Che cos'è il Bioparco?

I personaggi della Villa Borghese In gruppi di tre, scegliete uno dei personaggi menzionati nel testo e fate ricerca su di lui. Preparate un rapporto scritto e presentatelo alla classe.

More activities

vhlcentral

Online activities

In ascolto

Preparazione

Cosa vedi nelle tre fotografie a destra? Secondo te,
di che cosa parlano Benedetta, la cliente, e Vieri,
l'agente immobiliare?

Ascoltiamo

Ascolta la conversazione. Vieri parlerà alla signora
Benedetta di tre case. Guarda la pubblicità e segna
l'opzione che Vieri le mostrerà per prima.

1. Rif. 520: ___
2. Rif. 521: ___
3. Rif. 522: ___

AFFITTASI

Appartamento in città,
moderno, con balcone,
1.200 €
(Rif. 520)

3 stanze, giardino,
15 minuti dal parco
di Villa Borghese,
1.700 €
(Rif. 521)

Casa in periferia (*suburb*),
grande, cucina con frigo,
forno e microonde, aria
condizionata, 1.200 €
(Rif. 522)

Comprensione

I dettagli Dopo aver ascoltato il dialogo una seconda volta,
completa la tabella con le informazioni richieste.

	Dove?	Casa o appartamento?	Con o senza mobili?	Numero di camere da letto?	Garage?	Giardino?
Alloggio (*House*) 1						
Alloggio 2						
Alloggio 3						

Quale scelgono i Boldini? Leggi la descrizione della
famiglia Boldini. Decidi quale casa o appartamento sceglierà
questa famiglia e spiega il perché della tua decisione.

Il signor Boldini lavora in centro. Non è importante quanto tempo
ci mette per tornare a casa, ma la sera dopo il lavoro è molto
stanco e non vuole fare le faccende in casa o in giardino. Per
fortuna la signora Boldini adora cucinare e pulire. La sua casa
è sempre impeccabile perché passa spesso l'aspirapolvere.
Hanno una figlia di tredici anni che ama invitare gli amici a casa a
giocare. Poco prima di cercare casa, i Boldini hanno comprato
una macchina nuova: una grossa BMW che è sicuramente costata
un sacco di soldi!

Scrittura

STRATEGIA

Making an outline

When we write to share information, an outline can serve to separate topics and subtopics, providing a framework for presenting the information. Consider the following excerpt from an outline of a brochure presenting a house for sale.

I. La casa
   A. Stanze
      1. La cucina
      2. Le camere da letto
      3. Il soggiorno
   B. Giardino
   C. Gli extra

II. La zona
   A. La regione
   B. I dintorni (*surroundings*)

Schema d'idee

Idea maps can be used to create outlines. The major sections of an idea map correspond to the Roman numerals in an outline. The minor sections correspond to the outline's capital letters, and so on. Consider the idea map that led to the outline above.

Tema

Scrivere un opuscolo

Sei un agente immobiliare (*real estate agent*) e vuoi vendere una casa. Per attirare (*attract*) clienti devi descrivere tutte le sue caratteristiche. Usa uno schema d'idee per aiutarti a definire il contenuto della tua presentazione. Ecco degli esempi di informazioni che puoi includere nell'opuscolo.

- titolo interessante

- presentazione generale della casa: quanto è grande e in che stile è (piccola, grande, tradizionale, contemporanea ecc.)

- luogo in cui si trova e descrizione della zona (vicino a una città, vicino al mare, in campagna ecc.)

- numero delle stanze e delle camere da letto

- breve descrizione delle stanze più importanti

- mobili, se ci sono

- garage, se c'è

- giardino, se c'è

- altre informazioni utili (elettricità, telefono, sistema di sicurezza ecc.)

- prezzo richiesto dalla persona che vende

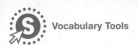
Lezione 7A

Le parti della casa

il **bagno** *bathroom*
il **balcone** *balcony*
la **cabina armadio** *(walk-in) closet*
la **camera da letto** *bedroom*
il **corridoio** *hallway*
la **cucina** *kitchen*
la **dispensa** *pantry*
il **garage** *garage*
la **mansarda** *attic*
la **parete** *wall*
le **parti della casa** *parts of the house*
la **sala da pranzo** *dining room*
il **seminterrato** *basement*
il **soggiorno** *living room*
la **stanza** *room*
lo **studio** *office; study*

L'arredamento

l'**armadio** *armoire*
l'**arredamento** *furnishings*
il **cassetto** *drawer*
la **cassettiera** *dresser*
il **comodino** *night table*
la **credenza** *cupboard*
il **divano** *couch*
la **lampada** *lamp*
il **letto** *bed*
il **mobile** *piece of furniture*
il **piano cottura** *stove top*
la **poltrona** *armchair*
il **poster** *poster*
il **quadro** *painting*
lo **scaffale** *bookshelf*
la **scrivania** *desk*
il **tappeto** *carpet*
la **tenda** *curtain*
la **vasca da bagno** *bathtub*
il **vaso da fiori** *flower vase*
il **water** *toilet*

Abitare

l'**appartamento** *apartment*
il **bilocale** *two-room apartment*
la **camera doppia/singola** *double/ single room*
il **palazzo** *apartment building; palace*
il **monolocale** *studio apartment*
la **villa** *single-family home; villa*
affittare *to rent (owner)*
prendere in affitto *to rent (tenant)*
subaffittare *to sublet*
trasferirsi/traslocare *to move*

Le posizioni

le **posizioni** *locations*
a **destra/sinistra** *to the right/left*
accanto (a) *next to*
davanti (a) *in front of*
dentro *inside*
dietro (a) *behind*
fuori *outside*
sopra *above, over*
sotto *below, under*

Expressions used with the future

domani *tomorrow*
dopodomani *the day after tomorrow*
fra/tra due giorni (una settimana, tre anni, ecc.) *in two days (a week, three years, etc.)*
fra/tra poco *in a little while*
in futuro *in the future*
la **settimana (il mese, l'anno) prossima/o** *next week (month, year)*
presto *soon*
questo weekend *this weekend*

Espressioni utili *See p. 295.*

Lezione 7B

Le parti della casa

il **cortile** *courtyard*
il **pavimento** *floor*
la **scala** *stair; staircase*
il **soffitto** *ceiling*
la **terrazza** *terrace*
il **tetto** *roof*

Le faccende

l'**asse (f.) da stiro** *ironing board*
il **bucato** *laundry*
la **coperta** *blanket*
il **cuscino** *pillow*
le **faccende** *chores*
il **lavello** *kitchen sink*
le **lenzuola (sing. il lenzuolo)** *sheets*
la **scopa** *broom*
apparecchiare (la tavola) *to set the table*
fare le faccende *to do household chores*
fare il letto *to make the bed*
fare il bucato *to do laundry*
lavare i piatti *to wash the dishes*
mettere in ordine *to tidy up*
passare l'aspirapolvere *to vacuum*
portare fuori la spazzatura *to take out the trash*
sparecchiare (la tavola) *to clear the table*
spazzare *to sweep*
spolverare *to dust*
sporcare *to soil*
stirare *to iron*

Per descrivere

Che casino! *What a mess!*
È un porcile! *It's a pigsty!*
impeccabile *impeccable; perfectly clean*
macchiato/a *stained*
pulito/a *clean*
schifoso/a *disgusting*
sporco/a *dirty*

Gli elettrodomestici

l'**asciugatrice (f.)** *clothes dryer*
l'**aspirapolvere (m.)** *vacuum*
la **caffettiera** *coffee maker*
il **congelatore** *freezer*
gli **elettrodomestici** *appliances*
il **ferro (da stiro)** *iron*
i **fornelli** *stovetop; burners*
il **forno** *oven*
il **(forno a) microonde** *microwave (oven)*
il **frigo(rifero)** *fridge*
la **lavastoviglie** *dishwasher*
la **lavatrice** *washing machine*
il **tostapane** *toaster*

Common formal imperatives

Abbia pazienza. *Be patient.*
Si accomodi. *Make yourself comfortable.*
Aspetti. *Wait.*
Mi dia... *Give me . . .*
Mi dica. *Tell me./May I help you?*
Firmi qui. *Sign here.*
Guardi. *Look.*
Mi passi... *Pass me . . .*
Prenda. *Here./Here you go...*
Non si preoccupi. *Don't worry.*
Senta. *Listen.*
Mi scusi. *Excuse me.*

Time expressions

da *since; for*
dopo *after*
durante *during*
per *for*
prima di *before*
durare *to last*
metterci *to spend*
passare *to spend (time)*
perdere *to waste (time)*
risparmiare *to save (time)*
volerci *to take*

Espressioni utili *See p. 317.*

Sì, viaggiare!

〰 Per cominciare

- Emily è in vacanza o al lavoro?
- Attraversa la strada o guida una macchina?
- Deve prendere il treno per andare al Colosseo o può andare a piedi?

Lezione

8A

Communicative Goals

You will learn how to:
- talk about cars and driving
- talk about public transportation

CONTESTI

Il trasporto

 Hotspots

Vocabolario

espressioni	*expressions*
allacciare	*to buckle (seatbelt)*
avere un incidente	*to have/be in an accident*
colpire (-isc-)	*to hit*
essere in panne	*to break down*
frenare	*to brake*
noleggiare	*to rent (car)*
parcheggiare	*to park*
i mezzi di trasporto	*means of transportation*
la barca	*boat*
il camion	*truck*
la metro(politana)	*subway*
il motorino	*scooter*
la nave	*ship*
il pullman	*coach bus*
il taxi	*taxi*
il traghetto	*ferry*
il treno	*train*
guidare la macchina	*driving a car*
l'autista	*driver*
l'autostrada	*highway*
il cambio automatico/ manuale	*automatic/manual transmission*
il finestrino	*car/train/plane window*
i freni	*brakes*
la frizione	*clutch*
il limite di velocità	*speed limit*
la patente	*driver's license*
i mezzi pubblici	*public transportation*
il binario	*track; platform*
la biglietteria	*ticket office/window*
il biglietto	*ticket*
il controllore	*ticket collector*
la fermata	*(bus/train) stop*
l'orario	*timetable*
convalidare	*to validate (ticket)*
prima/seconda classe	*first/second class*

benzina|diesel verde

la stazione di servizio

la macchina

il bagagliaio

il volante

il cofano

riparare

la cintura di sicurezza

fare benzina

il motore

il meccanico

la portiera

bucare una gomma

More activities

vhlcentral | WB pp. 117–118 | LM p. 66 | Online activities

il traffico

Attenzione!

In Italy, distance is calculated in kilometers (**chilometri**). Convert from kilometers to miles (**miglia**) with this formula: mi = km × 0.62. Convert from miles to kilometers with this formula: km = mi × 1.61.

120 km = 74 mi
50 mi = 81 km

POLIZIA

il vigile urbano

la multa

i tergicristalli

il parabrezza

i fari

Pratica

1 **Le coppie** Abbina ogni verbo all'espressione adatta.

1. ____ allacciare
2. ____ fare benzina
3. ____ frenare
4. ____ riparare la macchina
5. ____ fare la multa
6. ____ guidare la macchina

a. la stazione di servizio
b. il meccanico
c. il vigile urbano
d. il volante
e. la cintura di sicurezza
f. i freni

2 **Mettere etichette** Etichetta ogni foto con una parola del vocabolario della lezione.

1. _____ 2. _____ 3. _____

4. _____ 5. _____ 6. _____

3 **Ordinare** Scrivi i numeri per mettere nell'ordine corretto le seguenti frasi.

1. ____ allacciare la cintura di sicurezza
2. ____ cambiare la gomma bucata
3. ____ bucare una gomma
4. ____ aprire la portiera e salire in macchina
5. ____ andare alla stazione di servizio
6. ____ guidare la macchina

4 **Rispondere** Ascolta le frasi, poi scegli una delle due opzioni e rispondi alle domande con frasi complete.

1. vigile / controllore _____
2. stazione di servizio / biglietteria _____
3. orario / binario _____
4. patente / multa _____
5. camion / barca _____
6. frizione / tergicristalli _____

CONTESTI

Comunicazione

5 **Che cosa è successo?** A coppie, guardate il disegno e leggete l'articolo del giornale. Poi rispondete alle seguenti domande.

12 Notizie locali

Ieri mattina, alle ore nove e trenta, c'è stato un incidente in centro. Un camion ha colpito una macchina blu al semaforo (*traffic light*) dell'incrocio (*intersection*) tra via Pascoli e corso Indipendenza. Alla guida del camion c'era un uomo di Firenze che non ha notato il semaforo rosso. In macchina c'erano tre studenti universitari di Perugia, che fortunatamente indossavano la cintura di sicurezza. La macchina, in seguito all'urto (*collision*), ha colpito un motorino parcheggiato lì vicino. Per fortuna, non ci sono stati feriti (*injuries*). Sul luogo dell'incidente sono arrivati subito i vigili urbani che hanno dato una multa all'autista del camion. Tutti e tre i veicoli sono stati portati dal meccanico più vicino per essere riparati.

1. Che cosa è successo ieri mattina alle nove e trenta?
2. Quali sono i veicoli coinvolti (*involved*)?
3. Chi guidava i veicoli?
4. Chi ha causato l'incidente? Perché?
5. Che cosa ha colpito la macchina blu?
6. Ci sono stati feriti?
7. Chi è arrivato sul luogo dell'incidente?
8. Dove sono stati portati i veicoli?

6 **Le sette differenze** Lavorate a coppie. L'insegnante vi darà due fogli diversi, ciascuno con un disegno. Descrivete a turno i vostri disegni e fate domande per trovare le sette differenze fra i due disegni.

MODELLO

S1: *Vedo tre taxi.*
S2: *Anch'io vedo tre taxi. C'è anche una fermata dell'autobus.*
S1: *Io non vedo una fermata dell'autobus...*

7 **I mezzi di trasporto** In gruppi di tre, parlate dei diversi mezzi di trasporto che usate per andare in questi posti. Poi fate una lista dei mezzi di trasporto più usati dal gruppo. Paragonate la vostra lista con quella di un altro gruppo.

MODELLO

S1: *Per andare in centro, prendo la metropolitana.*
S2: *Veramente? Io ci vado in motorino.*
S3: *Io preferisco andare a piedi, ma...*

mezzi	posti
a piedi	casa di un amico in campagna
in autobus	supermercato
in bicicletta	biblioteca
in macchina	centro
in metropolitana	un altro stato
in motorino	città vicina
in taxi	cinema
in treno	???

Pronuncia e ortografia

 Audio

◁)) *Consonanti doppie*

quello	**fa**nno	**po**rre	**pa**sso

In Italian, all consonants (except **q** and **h**) can be written as a single or double consonant. When a consonant is doubled, it is emphasized and held longer than a single consonant.

sono	**so**nno	**se**te	**se**tte

It is important to pronounce single and double consonants correctly. Some words are differentiated only by the doubled consonant.

Dammeli!	**Di**mmi!	**Fa**llo!	**Va**cci!

When object pronouns (except **gli**) are attached to the informal **tu** commands **da'**, **di'**, **fa'**, **sta'**, and **va'**, the initial consonant of the pronoun is doubled.

contra**dd**ire	contra**tt**empo	sopra**cc**iglio	sopra**tt**utto

When forming compound words beginning with **contra-** (*against*) or **sopra-** (*above, over*), the initial consonant of the attached word is usually doubled.

Pronunciare Ripeti le parole ad alta voce.

1. sopravvivere	4. terra	7. fissare	10. spalla
2. mamma	5. farro	8. vero	11. dammi
3. latte	6. lettera	9. verrò	12. sanno

Articolare Ripeti le frasi ad alta voce.

1. Fammi un favore!
2. Quello è un libro molto interessante.
3. È stata una serata bellissima.
4. Sono solo le sette, ma ho sonno.
5. La ragazza chiama la mamma.
6. La nonna di Gianni prepara il caffè.

Proverbi Ripeti i proverbi ad alta voce.

Chi va e torna, fa buon viaggio.[1]

Viaggiando e leggendo s'impara.[2]

[1] He who goes and comes back has a nice trip.
[2] One learns by travelling and reading.

More activities

vhlcentral   LM   p. 67

FOTOROMANZO

C'eravamo tanto amati Video

PERSONAGGI

Emily

Francesca

Lorenzo

Marcella

Riccardo

Viola

RICCARDO Dov'è il mio cellulare? Porca miseria!

MARCELLA Che succede? È andato via più di due ore fa.
VIOLA Non ti preoccupare, Marcella. Starà bene.
MARCELLA Sono più arrabbiata che preoccupata.

EMILY Viola, indovina! Ho visto Lorenzo in un bar con una ragazza.
VIOLA Francesca?
EMILY È quello che ho pensato io, ma non era lei.
VIOLA E chi era? Era carina?
EMILY Non lo so. Sì, molto carina. Non carina come te. È già tornato?
VIOLA Era qui prima, ma poi è andato via.

In piazza della Rotonda...
LORENZO Ciao, Francesca. Com'è andato il viaggio?
FRANCESCA Un traffico incredibile. Le autostrade sono intasatissime, ma è anche peggio a Milano.
LORENZO Ho pensato molto a noi due, Francesca.
FRANCESCA Anche io.

RICCARDO Il motore ha cominciato a fare *bababaaa*. Lo sai riparare, Viola?
VIOLA Forse.
RICCARDO Viola, per favore.
VIOLA Che cosa mi dai in cambio?
RICCARDO Tutto ciò che vuoi. Sul serio!
VIOLA Da tempo desidero un lettore MP3.
EMILY Viola!

FRANCESCA Tu ed io non possiamo stare insieme.
LORENZO E sei venuta a Roma per dirmi questo?
FRANCESCA Lorenzo. Io ti amo, ma... ma siamo la peggior coppia del mondo. Vogliamo cose diverse.
LORENZO Lo so.
FRANCESCA Perciò, niente più telefonate. Abbi cura di te, Lorenzo. Ciao.

ATTIVITÀ

1 **Vero o falso?** Decidi se le seguenti affermazioni sono **vere** o **false**.

1. Marcella è arrabbiata.
2. Emily ha visto Riccardo con una ragazza in un ristorante.
3. Riccardo è andato via con la macchina di Marcella.
4. Secondo Emily, Riccardo guida male.
5. Emily dice che Riccardo è un bravo ragazzo.

6. Francesca dice che in autostrada non c'era traffico.
7. Viola desidera un lettore MP3.
8. Francesca e Lorenzo sono una coppia modello (*perfect*).
9. Viola ripara lo scooter.
10. Marcella è delusa di Riccardo.

Lo scooter di Marcella si è rotto.

VIOLA Hai parlato con Riccardo?

EMILY L'ultima volta è stata stamattina.

VIOLA Hai il suo numero di cellulare?

EMILY Dov'è? Cos'è successo?

VIOLA Se n'è andato con lo scooter di Marcella circa due ore fa.

EMILY Fa sempre così. Non ti preoccupare, guida bene.

VIOLA Stavo riparando l'aspirapolvere e lui mi voleva aiutare, al suo solito. Gli ho detto che non sapeva farlo. È un idiota.

EMILY Riccardo ama strafare, ma è un bravo ragazzo.

VIOLA Non m'interessa. È il tuo migliore amico, non il mio.

RICCARDO Emily? Emily, ci sei? Emily!

VIOLA Lo scooter è come nuovo adesso.

RICCARDO Grazie, Viola.

VIOLA Di niente. Ora sei in debito con me.

EMILY Prendi l'autobus domani!

EMILY Marcella.

MARCELLA Riccardo, ti posso parlare un momento?

RICCARDO Marcella, posso spiegarti. Viola...

MARCELLA Sei irresponsabile e immaturo! Sono molto delusa.

2 **Per parlare un po'** A coppie, scrivete una conversazione tra due fidanzati che hanno deciso di rompere il loro fidanzamento. Scrivete almeno 15 battute (*lines*) e poi presentatelo ai vostri compagni di classe.

3 **Approfondimento** In Italia ci sono molte autostrade, ma anche molte tangenziali (*circular roads*) e alcuni trafori (*tunnels*). Fai una ricerca e spiega la differenza tra autostrade, tangenziali e trafori. Poi trova il nome di tre di queste strade e scopri quali posti collegano. Presenta i tuoi risultati alla classe.

More activities

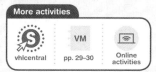

vhlcentral — VM pp. 29–30 — Online activities

A T T I V I T À

CULTURA

In treno o in autobus?

Come viaggiano gli italiani? Quali mezzi di trasporto preferiscono?

I mezzi di trasporto pubblico sono molto usati in Italia: sono convenienti°; collegano° ogni singolo paese°, cittadina° e città; diminuiscono l'intasamento° dei centri storici e fermano spesso nel centro delle città.

I mezzi pubblici hanno sicuramente tanti vantaggi, ma molti italiani usano comunque l'auto. Nonostante gli inconvenienti del traffico, i pedaggi° e il parcheggio, c'è sempre chi preferisce la libertà e la flessibilità di prendere la propria macchina per non essere limitato dagli orari e dai percorsi degli autobus o dei treni.

Gli autobus sono urbani (se viaggiano all'interno di una città), extraurbani (se collegano una città con i paesi vicini) o interurbani (se collegano diverse città). I treni sono invece regionali (se si fermano in ogni stazione), interregionali (se collegano solo i paesi più grandi) oppure Intercity, Frecciargento e Frecciarossa (se fermano solo nelle città principali). Più° un treno o un autobus è locale, più è usato dai pendolari° (lavoratori o studenti) e meno° è costoso, mentre su treni Intercity o autobus interurbani è facile, specialmente in estate, viaggiare in mezzo a turisti stranieri.

Una particolarità dei treni e degli autobus è che i biglietti devono essere comprati° e timbrati° prima di iniziare il viaggio. Le macchinette, che stampano° la data e l'ora sul biglietto, si trovano nelle stazioni dei treni e a bordo degli autobus. I biglietti generalmente hanno validità di un'ora per gli autobus e sei ore per i treni: ecco perché devono essere timbrati, per determinare quando è iniziato il viaggio.

E se avete dimenticato di timbrare prenderete una bella multa!

I pendolari in Italia

	AUTO/MOTO	TRENO	AUTOBUS
Percentuale di lavoratori pendolari	70,2%	14,8%	10,7%

FONTE: CENSIS

convenienti *cheap* **collegano** *they connect* **paese** *village* **cittadina** *town* **intasamento** *gridlock* **pedaggi** *tolls* **interno** *within* **Più** *The more* **pendolari** *commuters* **meno** *the less* **devono essere comprati** *must be purchased* **timbrati** *validated* **stampano** *print*

ATTIVITÀ

1 **Vero o falso?** Indica se l'affermazione è **vera** o **falsa**. Correggi le affermazioni false.

1. I mezzi pubblici italiani sono costosi.
2. I treni e gli autobus collegano città, cittadine e piccoli paesi.
3. In città è spesso difficile trovare parcheggio.
4. Molti italiani preferiscono usare l'auto più che i mezzi pubblici.
5. Le stazioni dei treni sono lontane dal centro.
6. Gli autobus interurbani collegano il centro con i paesi vicini.
7. I treni Intercity sono meno costosi dei regionali.
8. In estate molti turisti usano treni regionali e autobus urbani.
9. I biglietti devono essere timbrati perché sono a tempo.
10. Se una persona non timbra il biglietto, deve pagare una multa.

L'ITALIANO QUOTIDIANO

In viaggio

l'abbonamento	subscription; pass
il capolinea	terminus
la coincidenza	connection
la fermata a richiesta	stop on request
il passaggio a livello	level crossing
la prenotazione	reservation
il rimborso	refund
il senso unico	one way
il supplemento	supplement, excess fare
la tariffa	fare

USI E COSTUMI

Un viaggio particolare

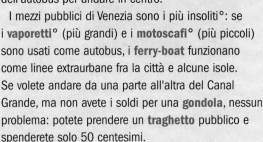

Molte città italiane sono antiche e i mezzi di trasporto a volte devono adattarsi alla loro speciale struttura. Alcune città costruite in collina° hanno **scale mobili°** (Belluno e Perugia) o **funicolari°** (Genova e Napoli) invece dell'autobus per andare in centro.

I mezzi pubblici di Venezia sono i più insoliti°: se i **vaporetti°** (più grandi) e i **motoscafi°** (più piccoli) sono usati come autobus, i **ferry-boat** funzionano come linee extraurbane fra la città e alcune isole. Se volete andare da una parte all'altra del Canal Grande, ma non avete i soldi per una **gondola**, nessun problema: potete prendere un **traghetto** pubblico e spenderete solo 50 centesimi.

collina *hill* **scale mobili** *escalators* **funicolari** *funiculars* **insoliti** *unusual* **vaporetti** *large motorboats* **motoscafi** *motorboats* **centesimi** *cents*

RITRATTO

Ferrari: l'uomo e la macchina

Enzo Ferrari nasce a Modena nel 1898. Nel 1920 inizia a correre° come pilota per l'Alfa Romeo. La madre di Francesco Baracca (un aviatore, eroe della Prima Guerra Mondiale) gli consegna°, dopo una gara°, il simbolo che suo figlio portava sull'aereo da guerra°. «Lo metta sulla sua auto: Le porterà fortuna°», dice° al giovane pilota. È il marchio° della futura Scuderia° Ferrari: un cavallino rampante°.

Dopo la nascita del figlio Dino, Enzo Ferrari smette° di fare il pilota e diventa team manager, prima dell'Alfa Romeo e poi dell'Auto Avio Costruzioni, una casa automobilistica fondata da lui nel 1937 e che diventerà la Ferrari nel 1943. Per evitare i bombardamenti° della Seconda Guerra Mondiale, viene costruito uno stabilimento° a Maranello, un piccolo paese dove non c'è pericolo di bombe.

La Scuderia Ferrari, diretta da Enzo Ferrari fino alla sua morte nel 1988, ha vinto da allora molte gare e vari titoli mondiali di Formula Uno.

correre *to race* **consegna** *gives* **gara** *race* **aereo da guerra** *fighter plane* **Le porterà fortuna** *It will bring you luck* **marchio** *trademark* **Scuderia** *Racing team* **cavallino rampante** *rearing pony* **smette** *stops* **bombardamenti** *bombings* **stabilimento** *plant*

SU INTERNET

Quali informazioni sono necessarie per comprare un biglietto del treno italiano online?

Go to **vhlcentral.com** to find more information related to this **CULTURA**.

---

2 Completare Completa le frasi.

1. Il simbolo della Ferrari è un _____.
2. Enzo Ferrari ha cominciato la sua carriera come _____ nel 1920.
3. La sede della Ferrari è a _____.
4. A _____ puoi andare in centro in funicolare.
5. A Venezia, invece degli autobus extraurbani ci sono i _____.
6. In _____ puoi attraversare il Canal Grande per pochi soldi.

3 A voi A coppie, discutete le seguenti domande.

1. Usi spesso i mezzi di trasporto pubblico? Quali?
2. Hai mai usato mezzi di trasporto particolari, come scale mobili, funicolari, motoscafi o altro? Racconta la tua esperienza.
3. Qual è il tuo mezzo di trasporto preferito? Perché?

More activities

vhlcentral   Online activities

ATTIVITÀ

STRUTTURE

8A.1 Comparatives of equality

Punto di partenza Comparatives of equality (**comparativi di uguaglianza**) are used to indicate that two people, things, or qualities are equal. In Italian, comparisons of equality are expressed with (**così**)... **come** and (**tanto**)... **quanto**.

Lei è (**così**) alta **come** lui.
*She's **as** tall **as** he is.*

È **tanto** dolce **quanto** fedele.
*He's **as** sweet **as** he is loyal.*

- With adjectives or adverbs, use either of the following constructions. Both are equivalent to *as* + [*adjective/adverb*] + *as* in English.

  (**così**) + [*adjective or adverb*] + **come**
  (**tanto**) + [*adjective or adverb*] + **quanto**

- **Così** and **tanto** are optional in these constructions with adjectives and adverbs and are frequently omitted.

Rita guida (**tanto**) **bene quanto** Mario.
*Rita drives **as well as** Mario.*

La mia macchina è (**così**) **vecchia come** la tua.
*My car is **as old as** yours.*

L'autobus non sarà **veloce come** il taxi.
*The bus won't be **as fast as** a taxi.*

La cintura è **necessaria quanto** i freni.
*The seatbelt is **as necessary as** the brakes.*

- When using pronouns after **come** and **quanto**, use disjunctive pronouns, which you learned in **Lezione 4A**.

È bello **come me** il tuo ragazzo?
*Is your boyfriend **as** handsome **as I** am?*

Angela è **tanto** stanca **quanto te**.
*Angela is **as** tired **as you** are.*

Riccardo è tanto simpatico quanto te

Non è carina come te.

- When comparing nouns, use only **tanto... quanto** (*as many/much... as*). Note that **tanto** and **quanto** agree in gender and number with the nouns that follow them, and **tanto** cannot be omitted.

A Roma ci sono **tanti motorini quante macchine.**
*In Rome there are **as many scooters as cars**.*

Ho visto **tanti controllori quanti passeggeri.**
*I saw **as many ticket collectors as passengers**.*

- To make comparisons with verbs, use **(tanto) quanto** (*as much as*) together after the verb. **Tanto** is optional.

Dottore, Lei non **guida (tanto) quanto** me.
*Doctor, you don't **drive as much as** I do.*

Giosuè **ha pulito (tanto) quanto** Francesca.
*Giosuè **cleaned up as much as** Francesca did.*

Viaggia **tanto quanto** voi?
*Does she travel **as much as** you do?*

Ha speso **quanto** me per il pieno.
*He spent **as much as** I did to fill the tank.*

Provalo!   **Scegli la forma corretta per completare le frasi seguenti.**

1. Rita guida (tanto / tanti) bene (quanto / quante) Mario.
2. Questa università è (tanta / tanto) grande (quanta / quanto) l'università dove vai tu.
3. Edoardo mangia (così / come) educatamente (così / come) Giorgio.
4. Anna ha (tanto / tanti) pantaloni (quante / quanti) gonne.
5. Questo computer si blocca (tante / tanto) (quanto / quanti) quel computer.
6. Lucilla è (così / come) bella (così / come) Maria.
7. Ti piace nuotare (tanta / tanto) (quante / quanto) giocare a tennis?
8. Alessandro è (tanti / tanto) intelligente (quanto / quante) divertente.

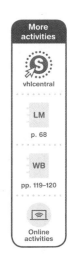

More activities

vhlcentral

LM
p. 68

WB
pp. 119–120

Online activities

1 **Completare** Completa la seguente conversazione con la forma corretta di **tanto** e **quanto**.

BIANCA Hai sentito che la principessa Teresa ha organizzato una mostra di tutte le sue cose personali?

ANTONIA Sì! Ho letto che ha (1) _____ collane (2) _____ braccialetti e anche (3) _____ giochi (*games*) (4) _____ un negozio intero!

BIANCA Secondo me è (5) _____ viziata (*spoiled*) (6) _____ sua sorella Ludovica. Loro la mattina si alzano (7) _____ lentamente (8) _____ pigramente e sicuramente non lavorano (9) _____ (10) _____ giocano!

ANTONIA Che bello essere una principessa!

2 **Creare** Crea frasi con il comparativo di uguaglianza.

MODELLO

Giovanni / riparare / macchine / Giulia
Giovanni ripara tante macchine quanto Giulia.

1. i professori / lavorare / intensamente / studenti
2. i cani / essere / fedeli / gatti
3. Lorella / guardare / commedie / documentari
4. la tecnologia / servire / per imparare / per lavorare
5. questo libro / essere / lungo / noioso
6. io / bere / acqua naturale / bevande gassate
7. la Ferrari / essere / veloce / la Lamborghini.
8. mio fratello / riparare / bene / i motori / un meccanico.
9. il biglietto / essere / necessario / in traghetto / in metropolitana.
10. l'autista / viaggiare / il controllore.

3 **Descrivere** Usa le informazioni date per fare paragoni (*comparisons*) tra Tommaso e Teresa. Usa il comparativo di uguaglianza.

MODELLO

lavorare
Tommaso lavora tanto quanto Teresa.

1. felice
2. macchine
3. abbronzarsi
4. studiare il fine settimana
5. estroverso/a
6. il traffico
7. le vacanze
8. fare sport
9. viaggiare
10. parcheggiare

COMUNICAZIONE

4 **Gemelli** A coppie, descrivete due gemelli che sono molto simili. Includete informazioni sulla loro personalità, aspetto fisico, interessi e cose che hanno. Usate il comparativo di uguaglianza.

> **MODELLO**
>
> *Federico è tanto serio quanto Flavia. Lei è tanto alta quanto lui e...*

5 **Cose in comune** A coppie, fatevi domande per scoprire cosa avete in comune. Quando trovate un aspetto simile, usate il comparativo di uguaglianza.

> **MODELLO**
>
> **S1:** *Quante ore al giorno studi italiano?*
> **S2:** *Due ore al giorno. E tu?*
> **S1:** *Anch'io! Studio italiano tante ore quanto te.*

lezioni	giacche
dormire	scarpe
fare esercizio fisico	studiare
fare shopping	uscire
fratelli e sorelle	viaggiare

6 **Due città** A coppie, guardate queste foto di Roma e di Parigi (*Paris*). Usate a turno il comparativo di uguaglianza per fare quanti più paragoni possibili (as many comparisons as possible).

affollato (*crowded*)	bello	negozi	persone
antico	edifici	parcheggiare	traffico

7 **Paragoni** In gruppi di tre, confrontate diversi modi di viaggiare e cercate di fare più paragoni possibili.

> **MODELLO**
>
> **S1:** *Di solito viaggiate da soli o in compagnia?*
> **S2:** *Io di solito viaggio da sola.*
> **S3:** *A me invece piace viaggiare con gli amici.*

> prendere il taxi/la metropolitana
> viaggiare in pullman/treno/nave
> usare la macchina/il motorino
> andare a piedi/in bicicletta
> noleggiare una macchina

STRUTTURE

8A.2 | ## Comparatives of inequality

Punto di partenza You have learned how to form comparisons of equality. Use comparatives of inequality to compare two people, things, or qualities that are not equal.

- To compare two subjects in relation to the same quality, use the construction **più** + [*adjective, adverb, or noun*] + **di** to express *more . . . than.*

  Una nave è **più grande di** una barca.
  *A ship is **bigger than** a boat.*

  Hai preso **più multe di** Michele.
  *You got **more tickets than** Michele.*

- Use the construction **meno** + [*adjective, adverb, or noun*] + **di** to express *less/fewer . . . than.*

  Una gondola è **meno veloce di** un traghetto.
  *A gondola is **slower than** a ferry.*

  Ha avuto **meno incidenti di** Isa.
  *He had **fewer accidents than** Isa.*

- When using a definite article after **di**, remember to use **preposizioni articolate**. You learned how to do this in **Lezione 3A**.

  Il suo motorino sarà più nuovo **del** mio.
  *His scooter must be newer **than** mine.*

  Questo biglietto era meno costoso **dell'**altro.
  *This ticket was less expensive **than** the other.*

  L'aereo è più veloce **della** barca.
  *The airplane is faster **than** the boat.*

  Le mie amiche sono meno attive **delle** tue.
  *My friends are less active **than** yours.*

- When using a pronoun after **di**, use the disjunctive pronoun.

  Il meccanico avrà più esperienza **di me**.
  *The mechanic probably has more experience **than I** do.*

  L'autista ha viaggiato meno **di Lei**.
  *The driver traveled less **than you**.*

- To compare two nouns, verbs, adjectives, etc. in relation to the same subject, use **che** instead of **di**.

  Ci sono **più macchine che barche**.
  *There are **more cars than boats**.*

  Usano **meno la metro che il taxi**.
  *They use **the subway less than taxis**.*

  Gli piace **meno prendere il treno che guidare**.
  *He likes **taking the train less than driving**.*

  La biglietteria è **più spesso chiusa che aperta**.
  *The ticket window is **closed more often than it's open**.*

- To express *more/fewer* than a certain number, use **più/meno di** + [*number*].

Ho **più di sette** persone in macchina.
*I have **more than seven** people in my car.*

La stazione ha **meno di sei** binari.
*The station has **fewer than six** tracks.*

Irregular comparatives

- Some common adjectives and adverbs have both regular and irregular comparative forms.

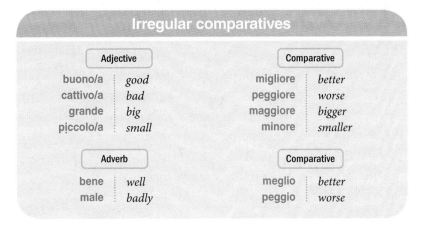

Irregular comparatives

Adjective		Comparative	
buono/a	*good*	migliore	*better*
cattivo/a	*bad*	peggiore	*worse*
grande	*big*	maggiore	*bigger*
piccolo/a	*small*	minore	*smaller*

Adverb		Comparative	
bene	*well*	meglio	*better*
male	*badly*	peggio	*worse*

Una bici è **migliore** di una moto.
*A bike is **better** than a motorcycle.*

Il taxi è **peggiore** della metropolitana.
*The taxi is **worse** than the subway.*

Com'è che guidi **peggio** di me?
*How is it that you drive **worse** than I do?*

In treno si viaggia **meglio** che in aereo.
*Traveling by train is **better** than traveling by plane.*

- As with all adjectives, irregular comparative forms of adjectives agree in number with the nouns they modify. Remember that adverbs are invariable.

Quei motorini sono **peggiori** di questi?
*Are those scooters **worse** than these?*

Parcheggio la macchina molto **meglio** di te.
*I park the car much **better** than you do.*

- Use the regular comparative forms of **grande** and **piccolo/a** to denote size. The irregular forms **maggiore** and **minore** are frequently used to mean *older* and *younger* in reference to family members. They can also mean *greater* and *lesser*.

Il Suo bagagliaio è **più grande** del mio.
*Your trunk is **bigger** than mine.*

Chiara è **minore** di me, ma ha problemi **maggiori**.
*Chiara is **younger** than I am, but she has **bigger** problems (than I do).*

Provalo! Scegli la parola corretta per completare le seguenti frasi.

1. Firenze è meno grande (di / che) San Francisco.
2. Quella pizza ha più formaggio (di / che) pomodori.
3. Giada studia più velocemente (di / che) attentamente.
4. La classe del professor Gini è più noiosa (della / che la) classe del professor Paci.
5. Mi piace più leggere (di / che) guardare la televisione.
6. L'estate è più calda (dell' / che l') inverno.
7. In estate fa più caldo (di / che) in inverno.
8. Tu parli italiano più velocemente (di / che) me.

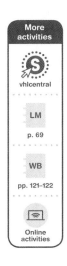

More activities

vhlcentral

LM
p. 69

WB
pp. 121–122

Online activities

PRATICA

1

Completare Completa ogni frase con la forma corretta del comparativo. Fai attenzione alle preposizioni articolate quando necessarie!

1. La musica classica è _____ rilassante _____ musica rock. (più)

2. Il treno è _____ veloce _____ aereo. (meno)

3. Nino è _____ divertente _____ serio. (più)

4. Parigi è considerata _____ romantica _____ Londra. (più)

5. Noleggiare una macchina è _____ costoso _____ comprarla. (meno)

6. La prima classe è _____ lussuosa (*luxurious*) _____ seconda classe. (più)

7. Preferisco mangiare _____ broccoli _____ cioccolato. (meno)

8. Diora si comporta (*behaves*) _____ bene _____ Martina. (meno)

2

Creare Crea delle frasi con i comparativi usando gli indizi dati.

MODELLO

motorino / pullman (piccolo)
Un motorino è più piccolo di un pullman.

1. le torte della nonna / le torte del supermercato (buono)

2. Giovanni / Piero (piccolo)

3. Anna guida la macchina / Daniela guida la macchina (male)

4. il tuo successo / il mio successo (grande)

5. io parlo italiano / tu parli italiano (bene)

6. questi spaghetti / quelle lasagne (cattivo)

3

Rispondere Rispondi alle domande con frasi complete.

1. Ha più posti una macchina o la metropolitana?

2. Cos'è meglio: viaggiare in aereo o in barca?

3. È meno costoso un ostello della gioventù o un albergo a cinque stelle?

4. È più avventuroso guidare la macchina o prendere il treno?

5. Cos'è più divertente: sciare o andare al mare?

6. È più rilassante il servizio in camera o un ristorante?

7. È peggio perdere l'aereo o partire in ritardo?

8. Cos'è migliore per una crociera: una barca o una nave?

4

Abbinare Abbina le frasi della colonna a sinistra a quelle della colonna a destra.

1. La metropolitana costa più...
2. Marco ha avuto meno incidenti...
3. Le città sono più inquinate...
4. Visiterò città con meno...
5. In genere siamo più puntuali...
6. Avete delle valigie migliori...

a. ...che rilassanti
b. ...delle nostre?
c. ...del pullman.
d. ...di voi.
e. ...di me.
f. ...di duecentomila abitanti.

COMUNICAZIONE

5 **Mezzi di trasporto** In gruppi di tre, discutete dei mezzi di trasporto che vedete nelle foto. Paragonate i vantaggi e gli svantaggi (*advantages and disadvantages*) di ciascuno usando i comparativi.

MODELLO

S1: È meno costoso viaggiare in bicicletta che in macchina.
S2: È vero, ma le macchine sono migliori delle biciclette perché sono più veloci.

1.

2.

3.

4.

5.

6.

6 **Cos'è meglio?** A coppie, paragonate il lavoro di un tassista (*taxi driver*) e di un vigile urbano. Includete i vantaggi e gli svantaggi di ciascun lavoro.

MODELLO

S1: È meglio guidare un taxi: è più divertente.
S2: Forse, ma un vigile urbano non lavora tante ore quante un tassista.

dare multe	pericoloso
flessibile	regolare
guidare	sicuro
parlare alle persone	stare in piedi

7 **Le nostre vite** A coppie, fate domande su com'è una vostra giornata tipica. Poi riassumete la discussione usando i comparativi. Includete informazioni sulle vostre attività, le vostre lezioni, cosa mangiate, quanto dormite ecc.

MODELLO

S1: Io mangio la pizza tre volte alla settimana, e tu?
S2: La mangio una volta alla settimana. Tu mangi la pizza più spesso di me.

8 **Argomentare** In gruppi di 3 o 4, paragonate i vantaggi e gli svantaggi della vita in città e della vita in campagna.

MODELLO

S1: Io preferisco la vita in campagna: è più tranquilla della vita in città.
S2: A me invece piace più la città. La città è più vivace della campagna.
S3: Però in città c'è più traffico che in campagna.

STRUTTURE

Superlatives

Punto di partenza You have learned to use comparatives to compare qualities of two people or items. Use superlatives to express the highest or lowest degree of a quality within a group.

- Superlatives are *relative* or *absolute*. Use relative superlatives to express the quality of a person or thing in relation to other people or things within a particular group. Use absolute superlatives to express the idea of *very* or *extremely*.

relative superlative	absolute superlative
La Ferrari è **la più bella di** tutte le macchine.	Sì, ed è una macchina **velocissima**!
*The Ferrari **is the most beautiful of** all cars.*	*Yes, and it's a **very fast** car!*

- Form the relative superlative of adjectives using the construction below.

$$[\textit{definite article}] + \textbf{più/meno} + [\textit{adjective}]$$

La città di Roma è **la più grande.**	L'autobus numero 64 è **il più affollato.**
*The city of Rome is **the biggest**.*	*Bus number 64 is **the most crowded**.*

- Use **di** after the superlative to express *in* or *of*.

È la Vespa **il più famoso dei** motorini italiani?	La bici è **il meno costoso dei** mezzi di trasporto.
*Is the Vespa **the most famous of all** Italian scooters?*	*A bike is **the least expensive** mode of transportation.*
La Sicilia è **la più famosa delle** isole italiane.	Il treno è **la meno flessibile delle** opzioni.
*Sicily is **the most famous of all** Italian islands.*	*A train is **the least flexible of all** the options.*

- When using the relative superlative to describe a noun, place the noun between the definite article and **più/meno**. With adjectives that generally precede the noun (see **Lezione 3B**), place the noun after the adjective in the superlative construction.

Qual è **l'autostrada più lunga** d'Italia?	Sarà **la vacanza meno divertente** della mia vita.
*Which is **the longest highway** in Italy?*	*It will be **the least enjoyable vacation** of my life.*
La via Appia è **la più vecchia strada** di Roma.	Quali sono **i più bravi autisti** della classe?
*The Appian Way is **the oldest street** in Rome.*	*Who are **the best drivers** in the class?*

- When forming the relative superlative with adverbs, do not include the definite article. Use the phrase **di tutti** to differentiate it from the comparative form.

$$\textbf{più/meno} + [\textit{adverb}] + \textbf{di tutti}$$

Luciano guida **meno attentamente di tutti.**	È vero, ma lui guida anche **più lentamente di tutti.**
*Luciano drives **less carefully than everyone else**.*	*That's true, but he also drives **more slowly than everyone else**.*
Ada corre **più velocemente di tutti.**	Teo esce **più spesso di tutti.**
*Ada runs **faster than everyone else**.*	*Teo goes out **more often than everyone else**.*

- Form the absolute superlative of an adjective either with **molto** or by adding the suffix **-ssimo/a** to the adjective's masculine plural form.

—È stato **molto lungo** il viaggio?
—Sì, è stato **lunghissimo**.
—*Was the trip **very long**?*
—*Yes, it was **very long***.

La nave era **molto moderna**: le camere erano **modernissime**.
*The ship was **very modern**: the rooms were **extremely modern**.*

- Similarly, form the absolute superlative of an adverb either with **molto** or by dropping the final vowel and adding the suffix **-issimo**. Unlike the adjective form, this form is invariable.

Il tassista guida **molto bene**.
*The taxi driver drives **very well**.*

Stavo **malissimo** su quella barca.
*I was feeling **very ill** on that boat.*

- Some adjectives and adverbs have irregular superlative forms in addition to their regular forms.

Irregular superlatives

Adjective	Relative superlative	Absolute superlative
buono/a	il/la migliore	ọttimo/a
cattivo/a	il/la peggiore	pẹssimo/a
grande	il/la maggiore	mạssimo/a
pịccolo/a	il/la minore	mịnimo/a

Adverb	Relative superlative	
bene	meglio di tutti	*(regular only)*
male	peggio di tutti	*(regular only)*

Il motorino è un **ottimo** mezzo di trasporto.
Quali sono le marche **migliori**?
*The scooter is an **excellent** mode of transportation. What are **the best** brands?*

Il ristorante in cui abbiamo cenato ieri era **pessimo** (**molto cattivo**/**cattivissimo**).
*The restaurant where we ate dinner last night was **very bad**.*

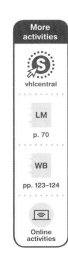

More activities

vhlcentral

LM
p. 70

WB
pp. 123–124

Online activities

Provalo! **Scegli la forma corretta per completare le frasi seguenti.**

1. Questo treno è (il più / i più) veloce (che / di) tutti.
2. Il limite di velocità su quella strada era (meno basso che / bassissimo).
3. La crociera era (la più / il più) costosa (che le / **delle**) opzioni.
4. Questa valigia è (molto / che) pesante.
5. Il traffico alle 17.00 è (le più / il più) terribile (della /che la) giornata.
6. La bicicletta di Nicola è (la più / le più) vecchia (della / di) tutte.
7. L'albergo dove siamo stati era (carissimo / più caro di).
8. Bernardo viaggia (più / il più) spesso (di / che) tutti.

PRATICA

1 **Completare** Completa ogni frase con la forma corretta del superlativo.

1. Sei _____. (buono)
2. Viaggiare in macchina è _____. (noioso)
3. Piera è la mia sorella _____. (piccolo)
4. La vacanza in Italia è stata _____ di tutte! (corto)
5. I miei compagni di viaggio erano _____. (interessante)
6. Secondo te, tra le città italiane, Milano è _____? (grande)
7. L'autista guida _____. (lentamente)
8. La temperatura _____ è 25 gradi. (piccolo)

2 **Trasformare** Riscrivi ogni frase al superlativo con il significato contrario.

> **MODELLO**
>
> **Questa è la macchina più costosa.**
> *Questa è la macchina meno costosa.*

1. Questo è il taxi più lento della città!
2. La prima classe è la parte più affollata del treno.
3. Questa barca è il mezzo di trasporto più grande.
4. La metropolitana è il mezzo più puntuale della città.
5. L'ascensore A è il più veloce dell'albergo.
6. Sara è la studentessa più attiva di tutti.

3 **Creare** Usa gli indizi dati per creare frasi con i superlativi.

> **MODELLO**
>
> **Superlativo assoluto:** traghetto / veloce
> *Questo traghetto è velocissimo.*
> **Superlativo relativo:** traghetto / veloce / d'Italia
> *Questo traghetto è il più veloce d'Italia.*

Superlativo assoluto

1. treno / sporco
2. pullman / lento
3. pensione / accogliente (*welcoming*)
4. parcheggio / caro

Superlativo relativo

5. camion / rumoroso / i mezzi di trasporto
6. ostello / economico / gli alloggi
7. crociera / romantica / le vacanze
8. tassista / impaziente / gli autisti

4 **Abbinare** Abbina le parole delle colonne per creare dei paragoni con il superlativo relativo.

> **MODELLO**
>
> **treno / conveniente / i mezzi di trasporto.**
> *Il treno è il più conveniente dei mezzi di trasporto.*

Sostantivi	Aggettivi	Termini di paragone
la nave	comodo	i trasporti urbani
il camion	costoso	i mezzi di trasporto
la metropolitana	sicuro	i trasporti su strada
il pullman	inquinante	i trasporti su acqua
il taxi	pratico	i mezzi di trasporto su ruote
la barca	efficiente	i mezzi di trasporto senza ruote

COMUNICAZIONE

5 **Mezzi di trasporto** A coppie, discutete i vari mezzi di trasporto. Scrivete le vostre opinioni e poi paragonatele con le opinioni di un'altra coppia.

MODELLO

S1: *Secondo me il treno è il mezzo di trasporto più divertente.*
S2: *Secondo me l'aereo è il modo migliore di viaggiare…*

| caro | divertente | lento | pericoloso | sicuro |
| comune | economico | noioso | raro | veloce |

6 **Fare shopping** A coppie, create una conversazione tra un cliente che cerca una macchina nuova e la persona che vende le macchine. Discutete dei diversi modelli di macchine e paragonateli usando i superlativi.

MODELLO

S1: *Sto cercando la macchina meno costosa di tutte.*
S2: *Abbiamo anche macchine economiche, ma questa Ferrari è la macchina più elegante del mondo! È la più sicura e anche…*

7 **Categorie** In gruppi di tre, discutete quali persone famose rientrano (*fit*) nelle seguenti categorie. Poi riassumete le vostre opinioni e scrivete il nome della persona per ogni categoria.

Qualità	Persona famosa
il/la più elegante	
il/la più sportivo/a	
il/la più divertente	
il/la più generoso/a	
il/la più bravo/a	
il/la più fidato/a (*trustworthy*)	
il/la più antipatico/a	

8 **Chiacchierare** In gruppi di tre o quattro, discutete dei mezzi di trasporto che usate quando siete all'università e quando siete a casa. Usate i superlativi relativi, assoluti e irregolari.

MODELLO

S1: *Qual è il tuo mezzo di trasporto preferito per andare all'università?*
S2: *Io prendo sempre la metropolitana: è il mezzo più rapido e conveniente.*
S3: *Io invece preferisco la macchina: è più comoda. E per te?*
S1: *Per me il mezzo migliore è la bicicletta.*

SINTESI

Ricapitolazione

1 Paragoni A coppie, paragonate quello che vedete nelle foto. Siate creativi e usate quanti più comparativi possibili. Lavorate poi con un'altra coppia e parlate di cosa avete scritto.

MODELLO

S1: Il taxi è più costoso del motorino.
S2: Il motorino è più divertente del taxi.

2 Una pubblicità In gruppi di tre, disegnate la macchina del futuro e fate una lista delle sue caratteristiche, incluso il nome. Scrivete poi una pubblicità e paragonate la vostra macchina alle macchine sul mercato oggi.

MODELLO

S1: «Futura» ha sei ruote. Ha più ruote delle macchine di oggi.
S2: È molto più veloce delle macchine disponibili oggi.

3 Dieci anni fa A coppie, parlate della vostra vita dieci anni fa e paragonatela alla vostra vita di oggi. Cosa fate più spesso? Cosa fate meno spesso? Fate quanti più paragoni possibili.

MODELLO

S1: Io studio più seriamente di dieci anni fa.
S2: Io leggo più libri e...

dormire	amici
fare esercizio fisico	libri
guardare la TV	tecnologia
leggere	tempo libero
mangiare	vestiti
studiare	videogiochi

4 Posti In gruppi di tre, decidete quali posti nella vostra città, stato o regione rientrano (*fit*) meglio nelle seguenti categorie. Poi, come classe, paragonate i risultati. Votate per decidere un solo posto per categoria!

MODELLO

S1: Secondo me, Columbia River Gorge è il posto più bello dell'Oregon.
S2: Secondo me invece, il posto migliore dell'Oregon è l'Oregon Coast.

alla moda	brutto	noioso
bello	divertente	storico

5 Ho pochi soldi! A coppie, create una lista di posti da raccomandare a un nuovo studente della vostra scuola. Quali sono i posti più economici per fare shopping? Quali sono i migliori per mangiare o ballare? Quali sono i peggiori e i più costosi?

MODELLO

S1: Il posto più economico per mangiare è Rudy's Diner.
S2: Un altro posto molto conveniente è Mel's Barbecue.

6 Alla stazione A coppie, create una conversazione tra una persona che lavora alla stazione dei treni e una persona che vuole comprare un biglietto del treno. Guardate la tabella e fate quante più domande possibili su tutte le opzioni.

MODELLO

S1: Quale treno è il più veloce da Milano a Roma?
S2: Il treno delle 15.00 è il più veloce, ma è al completo (*sold out*).

Partenze				ferroviario nazionale	
Partenza	**Arrivo**	**Durata viaggio**	**Tipo di biglietto**	**Prenotazione**	**Status**
14.30	18.15	3 ore 45 min.	solo prima classe	no	
15.00	18.00	3 ore	prima/ seconda	sì	completo
15.45	22.00	6 ore 15 min.	prima/ seconda	no	
16.22	20.22	4 ore	solo prima classe	sì	completo
17.00	22.20	5 ore 20 min.	prima/ seconda	no	

More activities

vhlcentral

Online activities

Video

Italia autentica

Lo Zapping: La Transiberiana italiana

 Preparazione Dai un'occhiata al testo, guarda l'immagine e rispondi alle domande.

- Di quale mezzo di trasporto si parla in questo video?
- Secondo te, gli italiani usano spesso questo mezzo di trasporto? Perché?

Le rete ferroviaria italiana si estende per quasi 17.000 km, è gestita (*managed*) quasi interamente dallo Stato e raggiunge (*reaches*) quasi tutte le città e i paesi della penisola. I treni vengono usati sia per lavoro che per turismo. La linea Sulmona-Isernia, costruita nel 1897, è un capolavoro (*masterpiece*) di ingegneria ferroviaria.

Questo è un bellissimo giro (*tour*)!

1 **Vero o falso** Guarda il video e scegli la risposta corretta.

1. La linea ferroviaria Sulmona-Isernia è attiva da molti anni. _____
2. Oggi la Sulmona-Isernia è molto popolare tra i turisti. _____
3. I promotori (*promoters*) del progetto vorrebbero ampliarlo (*to expand it*). _____
4. Nelle speranze dei promotori, in futuro il treno viaggerà tutti i giorni. _____
5. La ferrovia attraversa le montagne. _____
6. Il percorso non è adatto ai bambini. _____

2 **Discussione** A coppie, discutete delle domande seguenti. Create frasi complete usando le **Espressioni utili**.

1. Quali sono i vantaggi e gli svantaggi di questo mezzo di trasporto?
2. Secondo te, si usa di più il treno in Italia o negli Stati Uniti? Perché?

3 **Presentazione** Descrivi un viaggio che hai fatto in passato con la tua famiglia o con i tuoi amici e preparati a raccontarlo ai tuoi compagni di classe. Aiutati con le seguenti domande:

- *Dove sei andato/a? Quali luoghi hai visitato?*
- *Quando hai fatto questo viaggio? Quanto è durato?*
- *Quale mezzo di trasporto hai usato?*
- *Con chi hai viaggiato?*
- *Quanto è costato il viaggio?*
- *Quali sono i momenti del viaggio che ti sono piaciuti di più o di meno?*

Espressioni utili

affollato	crowded
comodo	comfortable
deserto	empty
percorribile	accessible
rumoroso	noisy
scomodo	uncomfortable
silenzioso	quiet
imbarcarsi	to embark
salire a bordo	to board
la mobilità integrata	integrated mobility
la rete ferroviaria	railway network
il supplemento	additional fee

More activities

vhlcentral

Online activities

Lezione

8B

Communicative Goals

You will learn how to:
- talk about travel
- talk about vacations and tourism

CONTESTI

In vacanza

 Hotspots

Vocabolario

in aeroporto	*at the airport*
gli arrivi	arrivals
la carta d'identità	ID
la classe turistica/economica	tourist/economy class
il controllo passaporti	passport control
la dogana	customs
il passeggero	passenger
le partenze	departures
il ritardo	delay
il visto	visa
il volo	flight
andata e ritorno	round-trip
puntuale	on-time
all'estero	abroad
le vacanze	*vacations*
la crociera	cruise
il giorno festivo	public holiday
la settimana bianca	ski vacation
il villaggio turistico	resort
fare il ponte	to take a long weekend
fare la valigia	to pack a suitcase
gli alloggi	*lodgings*
l'albergo (a cinque stelle)	(five-star) hotel
l'ascensore (m.)	elevator
la chiave	key
il/la cliente	customer, client
l'ostello della gioventù	youth hostel
la pensione	small hotel; boarding house
il posto disponibile	vacancy
il servizio in camera	room service
disdire	to cancel
prenotare	to make a reservation
al completo	full; no vacancies

l'uscita

leggere la mappa

la spiaggia

sole e mare

abbronzarsi

il mare

i viaggiatori

Corriere

la carta d'imbarco

l'agente di viaggio

il giornale

il bagaglio a mano

More activities

| vhlcentral | WB pp. 125-126 | LM p. 71 | Online activities |

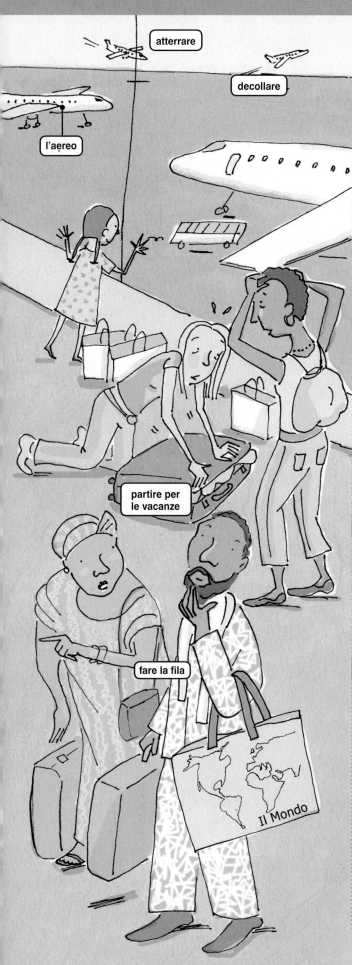

atterrare

decollare

l'aereo

partire per le vacanze

fare la fila

Il Mondo

Pratica

1 Analogie Scegli la parola o l'espressione che meglio completa ogni analogia.

1. abbronzarsi : la spiaggia : : volare : (l'aereo / la crociera)
2. puntuale : in ritardo : : decollare : (atterrare / abbronzarsi)
3. albergo a 5 stelle : pensione : : villaggio turistico : (controllo passaporti / ostello della gioventù)
4. posto disponibile : al completo : : prenotare : (disdire / fare la valigia)
5. arrivi : partenze : : servizio in camera : (salire in ascensore / andare in un ristorante)
6. controllo passaporti : carta d'identità : : camera chiusa : (dogana / chiave)

2 Categorie Metti ogni parola nella categoria giusta.

carta d'imbarco	ostello della gioventù	spiaggia
controllo passaporti	posto disponibile	villaggio turistico
crociera	servizio in camera	volo

alloggio	aeroporto	vacanza
_____	_____	_____
_____	_____	_____
_____	_____	_____

3 Abbinare Abbina ogni parola alla sua definizione.

1. ____ la chiave
2. ____ fare il ponte
3. ____ la settimana bianca
4. ____ in ritardo
5. ____ la crociera
6. ____ al completo

a. sette giorni passati a sciare
b. serve per entrare in camera
c. una vacanza in nave
d. senza disponibilità
e. non puntuale
f. prendere un lungo fine settimana di vacanza

4 Rispondere Rispondi alle domande con frasi complete. Poi, a coppie, paragonate le vostre risposte.

1. Preferisci prenotare una vacanza da un agente di viaggio o su Internet? Perché?
2. Quale posto preferisci per le vacanze: il mare, la montagna, la campagna o la città? Perché?
3. Come ti piace passare il tempo quando fai un viaggio lungo? (leggere un libro, ascoltare la musica ecc.)
4. Di solito vai in vacanza con pochi o tanti bagagli? Cosa non lasci mai a casa?
5. Sei mai stato/a all'estero? Dove?
6. Quale bagaglio a mano porti quando voli?

CONTESTI

Comunicazione

5 **Annunci** Ascolta gli annunci. Poi, a coppie, abbinate ogni annuncio a una delle seguenti frasi.

1. _____ I passeggeri del pullman per Perugia stanno per (*are about to*) partire.
2. _____ I passeggeri arriveranno in ritardo a Firenze.
3. _____ I passeggeri per Chicago stanno per essere imbarcati.
4. _____ I passeggeri americani passano il controllo passaporti.
5. _____ I passeggeri per Roma stanno per partire.

6 **In aeroporto** Lavorate a coppie. L'insegnante vi darà due fogli diversi, ciascuno con metà delle informazioni sul tabellone (*message board*) di un aeroporto. A turno, fate domande per completare i vostri tabelloni con le informazioni mancanti.

> **MODELLO**
>
> **S1:** *Di che cosa hanno bisogno i passeggeri per imbarcarsi sull'aereo?*
> **S2:** *Hanno bisogno delle carte d'imbarco. Qual è il numero del volo di... ?*

7 **Descrizioni** A coppie, scrivete una descrizione per ogni disegno. Includete il maggior numero di dettagli possibile. Poi, con un'altra coppia, fate a turno a leggere le descrizioni dell'altra coppia e a indovinare quale disegno descrive ognuna.

> **MODELLO**
>
> *È sera. La ragazza ha una valigia...*

1.

2.

3.

4.

5.

6.

Pronuncia e ortografia

 Audio

◁)) The letters *d*, *l*, *p*, and *t*

dopo	me**l**a	p**i**ccolo	**t**anto

In Italian, the consonants **d**, **l**, **p**, and **t** have a slightly different pronunciation than they do in English.

data	**d**ico	**d**ormire	se**d**ia

The Italian **d** is voiced and pronounced by touching the tip of the tongue to the upper teeth, at the gum line. Unlike in English, the Italian **d** has no aspiration (audible breath) that follows.

largo	**l**etto	**l**ibro	so**l**o

The Italian **l** is pronounced in the front of the mouth. The tip of the tongue always touches the upper teeth when pronouncing **l** in Italian.

ca**p**o	**P**isa	**p**orta	**p**rendo

The English *p* is often followed by a puff of air, but the Italian **p** is never aspirated.

can**t**o	**t**ivù	**t**reno	tu**t**to

Like **d**, the Italian **t** is pronounced with the tip of the tongue touching near the gum line of the upper teeth and is never aspirated. However, the **t** is voiceless.

⬭ Pronunciare Ripeti le parole ad alta voce.

1. tardi
2. dire
3. passare
4. lampada
5. paese
6. itinerario
7. edificio
8. lunedì
9. foto
10. dare
11. tonno
12. colazione

⬭ Articolare Ripeti le frasi ad alta voce.

1. Prendo il treno alle otto.
2. Il ragazzo di Lisa è di Torino.
3. Questo pane è duro!
4. La porta del duomo è chiusa.
5. Non trovo il dottore!
6. La lettera della zia è sul tavolo.

Chi si volta e chi si gira, sempre a casa va a finire.[2]

⬭ Proverbi Ripeti i proverbi ad alta voce.

Né di Venere né di Marte, non si sposa né si parte.[1]

[2] No matter where you go, home is always waiting. (lit. Those who go around and those who take trips always end up back home.)

[1] One neither marries nor leaves on Friday and Tuesday.

FOTOROMANZO

Amici, romani, cittadini Video

PERSONAGGI

Emily

Lorenzo

Riccardo

Viola

VIOLA Prima della fine del semestre, devi venire a casa mia con me.
EMILY Sì, mi piacerebbe vedere Capistrello insieme a te.
RICCARDO Allora devi venire anche a Bari. Da lì potremmo prendere il traghetto per la Grecia. Ho dei cugini lì.
EMILY Sei un vero viaggiatore, Riccardo.

RICCARDO Lorenzo?
LORENZO Cosa?
VIOLA Sei mai stato in Grecia?
LORENZO Sì. Ho visto quasi tutta l'Europa con mio padre. Poi, andiamo spesso a sciare a Zermatt con la famiglia della mia matrigna.
EMILY Sei stato anche negli Stati Uniti?
LORENZO No.

RICCARDO Io vorrei andare a San Francisco.
EMILY Però il viaggio in aereo da Roma è molto lungo.
VIOLA A me piacerebbe visitare New Orleans.
EMILY Un mio amico frequenta l'università lì. Potremmo andarci tutti insieme per le vacanze!

RICCARDO Francesca?
EMILY Anch'io l'ho pensato, ma non era lei.
LORENZO Io volevo presentartela, ma non mi hai dato il tempo di parlare. Si chiama Isabella. Suo padre e mio padre sono soci d'affari.
EMILY Allora era un pranzo di lavoro?

LORENZO Siamo amici. Lei sa di Francesca. Ti stavamo prendendo in giro.
VIOLA Questo non è carino, Lorenzo.
LORENZO Mi dispiace, Emily. A Isabella piace fare degli scherzi ogni tanto. Avresti dovuto vedere la tua faccia! «Chi è Francesca?»
EMILY Non mi piace questo modo di scherzare.

RICCARDO Cos'è successo con Francesca?
LORENZO È stata a Roma, ha detto che voleva vedermi. Siamo stati insieme per due anni, così ho deciso di darle un'altra possibilità. E mi ha detto che ha conosciuto un altro ragazzo.
VIOLA Un nuovo ragazzo dopo quell'altro?

A T T I V I T À

1

Chi è? A chi si riferiscono queste affermazioni? Emily, Lorenzo, Riccardo o Viola?

1. Vuole vedere Capistrello.
2. Secondo Emily, è un vero viaggiatore.
3. Ha visto quasi tutta l'Europa.
4. Ha un amico a New Orleans.
5. Vuole conoscere meglio la storia e la cultura di Roma.
6. Deve chiedere scusa a Marcella.
7. Non ama il modo di scherzare di Lorenzo e Isabella.
8. Ha dato a Francesca un'altra possibilità.
9. Secondo Riccardo incontrerà una ragazza migliore.
10. Ha bisogno di un caffè.

I ragazzi fanno progetti per le vacanze.

EMILY Nel Medioevo, la gente prendeva marmo da qui per costruire chiese, palazzi e monumenti.

VIOLA Marcella ha ragione. Dovremmo conoscere meglio la storia e la cultura di Roma mentre viviamo qui.

EMILY Dovresti chiederle scusa.

RICCARDO L'ho fatto.

EMILY Un'altra volta.

LORENZO Perché? Cos'è successo?

VIOLA Riccardo ha preso lo scooter e l'ha rotto.

RICCARDO E adesso Marcella ce l'ha con me.

VIOLA Ma dai, Riccardo, è successo martedì. Sono passati quattro giorni.

EMILY Lo stesso giorno che ti ho visto al bar con... ma chi era quella ragazza?

RICCARDO Lei non fa per te. Ne incontrerai una migliore.

EMILY Dovresti rimanere da solo per un po'. Prenditi un po' di tempo. Io mi sto divertendo così tanto. Peter non mi manca affatto.

VIOLA Lorenzo. Mi dispiace. Non avrebbe dovuto farti questo.

LORENZO Grazie.

EMILY Ho bisogno di un caffè.

RICCARDO Tutte le strade portano a un caffè.

Espressioni utili

Using the conditional

- **Mi piacerebbe vedere Capistrello.**
  I would like to see Capistrello.

- **Potremmo prendere il traghetto.**
  We could take the ferry.

- **Io vorrei andare a San Francisco.**
  I'd like to go to San Francisco.

- **Dovremmo conoscere meglio la storia e la cultura di Roma.**
  We should learn more about Roman history and culture.

- **Dovresti chiederle scusa.**
  You should apologize to her.

- **Avresti dovuto vedere la tua faccia.**
  You should have seen your face.

- **Non avrebbe dovuto farti questo.**
  She shouldn't have done that to you.

Additional vocabulary

- **Medioevo** — **marmo**
  Middle Ages — *marble*

- **soci d'affari**
  business partners

- **Sono passati quattro giorni.**
  It's been four days.

- **Ti stavamo prendendo in giro.**
  We were pulling your leg.

- **Questo non è carino.**
  That's not nice.

- **Ho deciso di darle un'altra possibilità.**
  I decided to give her another chance.

- **Lei non fa per te.**
  She's not good for you.

- **Ne incontrerai una migliore.**
  You'll find someone better.

- **Io mi sto divertendo così tanto. Peter non mi manca affatto.**
  I'm having so much fun. I don't miss Peter at all.

2 **Per parlare un po'** Emily, Viola, Lorenzo, Riccardo, Massimo e Paolo decidono di fare una vacanza insieme. In gruppi di tre, scrivete un paragrafo in cui indicate la data della partenza, la destinazione, la lunghezza del viaggio, i mezzi di trasporto che prenderanno, dove alloggeranno e qualsiasi altro dettaglio necessario.

3 **Approfondimento** Riccardo dice che «tutte le strade portano a un caffè». Questa espressione ricorda il celebre modo di dire «tutte le strade portano a Roma». Traduci questa frase, poi fai una ricerca e spiega che cosa vuole dire. Trova anche il nome di tre importanti strade romane. Presenta la tua risposta alla classe.

More activities

vhlcentral | VM pp. 31-32 | Online activities

IN PRIMO PIANO

Una vacanza su misura°

Dove alloggiare° in Italia? Albergo, ostello o pensione? È difficile rispondere a questa domanda in un paese che offre attrattive molto varie. In molte regioni, ad esempio, esistono zone termali° dove ci si può° rilassare e divertire. Chi invece ama la natura deve sapere che il 15% del territorio italiano è parco nazionale: mare, montagna, boschi° e colline° dove fare escursioni, visite naturalistiche e sport. Il modo migliore per vivere una vacanza rilassante è alloggiare in un agriturismo, cioè una fattoria° che affitta stanze e dove si possono mangiare prodotti locali. Se invece visitate una città, potete scegliere fra alberghi, pensioni, ostelli, bed & breakfast o Airbnb. Gli ostelli sono la soluzione più economica e amata dai giovani. Costando poco, sono spesso al completo ed è meglio prenotarli in anticipo°, soprattutto durante i ponti. Gli italiani fanno il ponte° attaccando un giorno feriale tra due festività per allungare il periodo di vacanza.

I b&b, camere in case private con colazione inclusa, sono molto diffusi, ma a volte sono in realtà hotel costosi. Anche le sistemazioni tramite Airbnb sono diventate sempre più numerose e popolari, soprattutto nelle città d'arte. Un'alternativa, più comune nelle località turistiche di mare o di montagna, è la pensione, un albergo di media categoria a buon prezzo e in un'atmosfera casalinga° e informale.

Quanto agli° alberghi, ce ne sono dappertutto, per tutte le esigenze° e tutti i prezzi. Non rimane che° fare le valigie!

su misura *custom-made* alloggiare *to stay* zone termali *spas* ci si può *one can* boschi *woods* colline *hills* fattoria *farm* in anticipo *in advance* fanno il ponte *to take the extra day off (between 2 holidays)* casalinga *homey* Quanto agli *As for* esigenze *requirements* non rimane che *there's nothing left to do but*

Cosa offre un...

	PASTI	BAGNO	SISTEMAZIONE	PREZZO MEDIO PER NOTTE
Ostello	No	Non sempre	Camerata	€30
Agriturismo	Prodotti tipici	Non sempre	Camera-appartamento	€95
B&B	Colazione	Non sempre	Camera	€85
Pensione	Colazione; possibilità di pranzo e cena	60% delle camere	Camera	€60
Albergo 3 stelle	Colazione; possibilità di ristorante	80% delle camere	Camera	€115

FONTI: voyagertraveller.com, bbplanet.it, romaonline.net, ostellionline.org

---

A T T I V I T À

1 **Vero o falso?** Indica se l'affermazione è **vera** o **falsa**. Correggi le affermazioni false.

1. In Italia esistono molte zone termali.
2. Non ci sono molte possibilità di organizzare una vacanza a contatto con la natura.
3. Tutti i Parchi Nazionali italiani sono in montagna.
4. Gli agriturismi sono fattorie in cui è possibile alloggiare.
5. Ci sono degli agriturismi anche nelle città.
6. Gli ostelli sono costosi.
7. Gli ostelli sono spesso al completo e bisogna prenotarli in anticipo.
8. A volte, degli alberghi si presentano come B&B.
9. Le pensioni sono solo nelle grandi città.
10. Non è difficile trovare un albergo in Italia.

Oh, no! I negozi sono chiusi!

Capodanno	1 gennaio
Epifania	6 gennaio
Pasqua e Pasquetta°	marzo-aprile
Festa della Liberazione	25 aprile
Festa del Lavoro	1 maggio
Festa della Repubblica	2 giugno
Ferragosto	15 agosto
Ognissanti°	1 novembre
Immacolata Concezione	8 dicembre
Natale	25 dicembre
Santo Stefano	26 dicembre
Festa del Santo Patrono	differente in ogni città

Pasqua e Pasquetta *Easter Sunday and Monday* **Ognissanti** *All Saints' Day*

Un fine settimana diverso

Dove vanno gli italiani per scoprire il proprio paese?
Le **escursioni naturalistiche** (laghi, colline o piccole isole) sono molto amate e spesso diventano **escursioni gastronomiche**: come non assaggiare la cioccolata piemontese o la pasta con le sarde° alla siciliana?

Chi ama l'arte° organizza invece brevi viaggi in **piccole cittadine** come le città medievali dell'Umbria o del Veneto. E se il giorno di vacanza è uno solo? Beh, ogni **grande città** è circondata° da luoghi poco noti° ma che valgono° un viaggio: in realtà il problema più grande è decidere dove andare.

sarde *pilchards (fish similar to sardines)* **Chi ama l'arte** *Art lovers*
circondata *surrounded* **noti** *known* **valgono** *are worth*

La via Francigena

La via Francigena è il nome di un'antica strada di 3045 km usata nel corso della storia dai pellegrini° che parte dalla Francia e arriva a Roma. Molti sostengono° però che il punto di inizio del percorso sia in Inghilterra, a Canterbury. La strada

era percorsa durante il Medioevo dai pellegrini che volevano andare alla Santa Sede° ed era nota sia come "via Francigena", la strada che viene dalla Francia, che come "via Romea Francigena", ovvero la strada per Roma che parte dalla Francia. Oggi è un percorso di difficoltà media che si può fare a piedi, in bicicletta o a cavallo per scoprire le bellezze d'Italia immersi nella natura. Il sentiero attraversa i territori di Francia, Svizzera, e Italia e si stima che in totale si possa fare a piedi in 131 giorni. Alcuni degli itinerari italiani più famosi sono da San Miniato a San Gimignano, da Bolsena a Viterbo e da Viterbo a Roma.

pellegrini *pilgrims* **sostengono** *to claim* **Santa Sede** *Holy See*

Quali canzoni non possono mancare nella tua playlist da viaggio? Un famoso cantante italiano ha scritto un pezzo a proposito ispirandosi a un esploratore del passato. Vai su **vhlcentral.com** e scopri il brano.

---

2 **Completare** Completa le frasi.

1. La via Francigena parte dalla _____ e arriva a _____.
2. Secondo alcuni, il vero _____ è Canterbury.
3. Nel Medioevo la via Francigena veniva percorsa da _____.
4. La Festa della Repubblica si festeggia il _____.
5. La _____ è un piatto tipico della Sicilia.
6. In Veneto e in Umbria è possibile visitare molte città _____.

3 **A voi** A coppie, discutete le seguenti domande.

1. Preferisci una vacanza culturale, rilassante o naturalistica?
2. Hai mai fatto una vacanza in un agriturismo? E in una zona termale? Se sì, prova a descriverla. Se no, prova a immaginare se potrebbe (*could*) piacerti.
3. Quale regione d'Italia vorresti (*would you like*) visitare? Perché?

More activities

vhlcentral | Online activities

ATTIVITÀ

STRUTTURE

8B.1

The present conditional

Punto di partenza The present conditional (**il condizionale presente**) expresses what you *would* do or what *would* happen under certain circumstances. As in English, the conditional is also used to express polite requests in Italian.

Mi piacerebbe vedere Capistrello insieme a te.

Io vorrei andare a San Francisco.

- The conditional in Italian uses the same verb stems as the future tense (see **Lezione 7A**); only the endings are different.

	parlare	leggere	dormire
Condizionale presente			
io	parlerei	leggerei	dormirei
tu	parleresti	leggeresti	dormiresti
Lei/lui/lei	parlerebbe	leggerebbe	dormirebbe
noi	parleremmo	leggeremmo	dormiremmo
voi	parlereste	leggereste	dormireste
loro	parlerẹbbero	leggerẹbbero	dormirẹbbero

A Firenze **parleremmo** sempre italiano.
*In Florence **we would** always **speak** Italian.*

Dormirei qui, ma non ci sono posti disponibili.
*I **would sleep** here, but there's no vacancy.*

- As with the future tense, remember to change **a** in the stem of **-are** verbs to **e** in the conditional.

Prenoterebbero una camera doppia?
***Would they reserve** a double room?*

Mi abbronzerei, ma non andiamo mai in spiaggia.
*I **would get a tan**, but we never go to the beach.*

- Note that the spelling changes for forming the future tense of verbs ending in **-care**, **-gare**, **-ciare**, and **-giare** apply to the conditional as well.

Non **dimenticherebbe** mai i Suoi bagagli a mano.
***You would** never **forget** your carry-on luggage.*

Mangeremmo in camera, ma non c'è il servizio in camera.
***We would eat** in our room, but there's no room service.*

Pagherei io, ma Lucia non vuole.
*I **would pay**, but Lucia doesn't want me to.*

Comincerebbe immediatamente.
***He would start** immediately.*

- Verbs with irregular stems in the future use the same irregular stems in the conditional.

Ci **andresti** con un biglietto
di andata e ritorno.
*You would go there with a
round-trip ticket.*

Vivremmo benissimo a Roma.
We would live really well in Rome.

Sarebbe meglio partire in anticipo.
Vorrei essere puntuale.
It would be better to leave early.
I would like to be on time.

Avrei bisogno di un'informazione. **Potresti** darmela?
I would need some information.
Could you give it to me?

- Use the conditional to make a polite request or to soften a question or demand.

Vorrei vedere il Suo passaporto.
Me lo **darebbe**, per favore?
I'd like to see your passport.
Would you give it to me, please?

Sarebbe possibile prenotare una
camera con bagno?
*Would it be possible to reserve
a room with a bathroom?*

- To introduce a phrase explaining why a conditional action might not be carried
out, use the conjunction **ma** (*but*).

Leggerei la mappa prima di
partire, **ma non la trovo.**
*I would read the map before
leaving, but I can't find it.*

Starebbe in un ostello della gioventù,
ma vuole una camera singola.
*She would stay in a youth hostel,
but she wants a single room.*

- Note that in English *would* can also mean *used to*, in the sense of past habitual action.
However, to express past habitual actions in Italian, remember to use the imperfect.

Anni fa, **facevamo** una
crociera ogni estate.
*Years ago, we would
(used to) go on a cruise
every summer.*

BUT

Faremmo una crociera quest'estate,
ma non abbiamo i soldi.
*We would go on a cruise this
summer, but we don't have
the money.*

⚡ Attrezzi

In **Lezione 6B**, you learned
how to use the **imperfetto**
to describe what *used*
to happen.

 Provalo! Indica la forma corretta del condizionale per ciascuno dei verbi indicati.

1. io (mandare, perdere, finire) *manderei, perderei, finirei*
2. Luisa (andare, volere, preferire) _____
3. tu e Gabriele (dire, bere, vedere) _____
4. loro (lavorare, scegliere, cominciare) _____
5. tu (alzarsi, potere, servire) _____
6. noi (avere, giocare, pulire) _____
7. Antonio (parlare, essere, dimenticare) _____
8. voi (potere, mangiare, pagare) _____

More
activities

vhlcentral

LM
p. 73

WB
pp. 127-128

Online
activities

STRUTTURE

PRATICA

1 Completare Completa le frasi seguenti con la forma corretta del condizionale.

1. Io _____ (fare) una prenotazione in un albergo a cinque stelle, ma non ho abbastanza soldi.
2. I miei amici _____ (noleggiare) una Ferrari, ma io preferisco viaggiare in pullman.
3. Tu _____ (viaggiare) sempre in prima classe, ma la tua famiglia preferisce la seconda.
4. Tu e Ilaria _____ (prendere) un taxi, ma Gino vuole andare in metropolitana.
5. Noi _____ (cercare) un meccanico, ma tu vuoi riparare la macchina da solo.
6. Chiara _____ (parcheggiare) all'aeroporto, ma costa troppo.
7. I passeggeri _____ (essere) pronti, ma l'aereo è in ritardo.
8. Tu _____ (comprare) un biglietto andata e ritorno, ma non sai quanto starai via.

2 Trasformare Riscrivi le frasi seguenti usando il condizionale.

1. Susanna si abbronza sulla spiaggia.
2. Amilcare e Daniela partono per l'Italia.
3. Io dormo in un ostello della gioventù.
4. Le piace andare all'estero.
5. Ti aspetto al controllo passaporti.
6. Bevi tanta acqua sulla spiaggia.
7. Vogliamo prenotare alla pensione «Mariuccia».
8. Il vigile mi fa la multa.

3 Creare Crea delle frasi complete per dire cosa farebbero queste persone. Usa il condizionale presente.

1. noi / andare in vacanza oggi
2. i genitori / passare la giornata in albergo
3. il traffico / bloccare la città
4. tu / ordinare il servizio in camera
5. Gianni / visitare tutti i musei
6. voi / perdere la chiave
7. io / rispettare il limite di velocità
8. tu / usare i tergicristalli

4 Abbinare Che cosa desiderano queste persone? Scoprilo abbinando le parole alle immagini e poi completa le frasi.

rimanere	comprare
andare	stare
trasferirsi	fare

▶ **MODELLO**

È una bella giornata: vorrei giocare a pallacanestro con i miei amici.

1. La città è molto inquinata: ...

2. È uscito l'ultimo modello della Maserati: ...

3. Sono le 6 del mattino e fuori nevica: ...

4. Fa molto caldo oggi: ...

5. Le vacanze sono quasi finite: ...

6. Abbiamo appena finito gli esami: ...

COMUNICAZIONE

5 **Un milione di euro** A coppie, immaginate di avere un milione di euro. A turno, fate le seguenti domande e dite se fareste o no queste cose.

MODELLO

S1: *Voleresti in prima classe?*
S2: *No! È uno spreco (*waste*) di soldi. Però mangerei in ristoranti di lusso…*

1. Faresti una crociera intorno al mondo?
2. Chiederesti il servizio in camera?
3. Prenoteresti un albergo a quattro o cinque stelle?
4. Assumeresti (*Would you hire*) un autista personale?
5. Noleggeresti una Lamborghini decapottabile (*convertible*)?
6. Partiresti per una vacanza di sei mesi?
7. Andresti in un resort esclusivo?
8. Andresti in settimana bianca al Sestriere?
9. Vivresti su un'isola privata ai tropici?
10. Prenderesti un aereo personale?

6 **Un mondo migliore?** In gruppi di tre, dite come sarebbe il mondo senza le cose elencate. Usate le idee date e anche delle idee vostre.

MODELLO

compiti
Senza compiti, gli studenti sarebbero molto felici!

aerei	telefoni
computer	televisione
macchine	…

7 **Tempo a disposizione** A coppie, nominate cinque posti che vorreste visitare con tanto tempo a disposizione (*available*). Cosa fareste in quei paesi o in quelle città? Paragonate poi le vostre risposte come classe: qual è la destinazione più popolare?

MODELLO

S1: *Io andrei a Capri e passerei la giornata al mare.*
S2: *Io andrei sulle Alpi, in una località montana (*mountainous*), e scierei.*

STRUTTURE

The past conditional

Punto di partenza Use the past conditional (**il condizionale passato**) to talk about things that *would have* or *could have* happened in the past.

Sarei restata un'altra notte,
ma l'albergo era al completo.
*I would have stayed another
night, but the hotel was full.*

Avrei prenotato in anticipo,
ma non avevo i soldi.
*I would have reserved early,
but I didn't have the money.*

- To form the past conditional tense of a verb, use the present conditional of **avere** or **essere** + [*past participle*]. Use the same auxiliary verb (**avere** or **essere**) as you would use with that verb in the **passato prossimo**.

Condizionale passato		
	leggere	**partire**
io	avrei letto	sarei partito/a
tu	avresti letto	saresti partito/a
Lei/lui/lei	avrebbe letto	sarebbe partito/a
noi	avremmo letto	saremmo partiti/e
voi	avreste letto	sareste partiti/e
loro	avrebbero letto	sarebbero partiti/e

Sei ancora qui? Io **sarei**
già **andata** alla festa.
*You're still here? I would have
gone to the party already.*

Avrebbe letto il romanzo in
spiaggia, ma l'aveva già perso.
*She would have read the novel at the
beach, but she had already lost it.*

- Remember that the past participle of verbs that take **essere** must agree with the subject in gender and number.

Anna, ti **saresti messa**
una giacca o una felpa?
*Anna, would you have worn
a jacket or a sweatshirt?*

I ragazzi **sarebbero stati** in vacanza,
ma il volo è stato cancellato.
*The boys would have been on vacation,
but the flight was cancelled.*

● Use the past conditional to talk about what *would have* happened or what someone *would have* done under certain conditions.

Avrei portato un regalo, ma ho perso i bagagli.
I would have brought a present, but I lost my luggage.

Sarebbe stato più facile andare da un agente di viaggio.
It would have been easier to go to a travel agent.

Sarebbero andati all'estero, ma non avevano il visto.
They would have gone abroad, but they didn't have a visa.

Avremmo speso meno soldi per l'albergo.
We would have spent less money for the hotel.

Pina **sarebbe arrivata** prima, ma ha perso la chiave della stanza.
Pina would have arrived earlier, but she lost the room key.

Giulio non **avrebbe perso** la chiave.
Giulio wouldn't have lost the key.

● When restating what someone else said (indirect discourse), use the past conditional to express a future action from the perspective of the past. This is unlike English, which uses the present conditional in such situations.

direct discourse	indirect discourse
Hai detto: «Porteranno le carte d'imbarco». *You said: "They will bring the boarding passes."*	Hai detto che **avrebbero portato** le carte d'imbarco. *You said that **they would bring** the boarding passes.*
Ugo ha detto: «Arriverò alle tre». *Ugo said, "I will arrive at 3:00."*	Ugo ha detto che **sarebbe arrivato** alle tre. *Ugo said **he would arrive** at 3:00.*
Abbiamo risposto: «Non verremo.» *We replied: "We won't come."*	Abbiamo risposto che **non saremmo venuti**. *We replied that **we would not come**.*
Hanno promesso: «Non avremo bagagli». *They promised: "We won't have any luggage."*	Hanno promesso che **non avrebbero avuto** bagagli. *They promised that **they would not have** any luggage.*

 Provalo!   **Indica la forma corretta del condizionale passato di ogni verbo indicato.**

1. Vittoria (fare, leggere, partire) *avrebbe fatto, avrebbe letto, sarebbe partita*

2. io (andare, prepararsi, ricevere) _____

3. voi (sentire, guardare, credere) _____

4. tu (uscire, regalare, essere) _____

5. io e i miei amici (controllare, rimanere, sapere) _____

6. tu e Filomena (dormire, votare, passeggiare) _____

7. Luca (chiudere, vedere, svegliarsi) _____

8. noi (sperare, diventare, offrire) _____

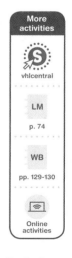

More activities

vhlcentral

LM
p. 74

WB
pp. 129-130

Online activities

STRUTTURE

1 Completare Completa le frasi con la forma corretta del condizionale passato.

1. Il nostro gruppo _____ (noleggiare) una macchina grande.
2. Noi _____ (chiedere) informazioni al vigile.
3. Gli aerei _____ (decollare) in orario.
4. Giulio _____ (fare benzina) regolarmente.
5. Tu _____ (aspettare) due ore alla dogana.
6. Io _____ (partire) a luglio.
7. Tu e Valeria _____ (convalidare) i biglietti.
8. Loro _____ (riparare) le macchine.
9. Anna e Giorgia _____ (rimanere) in spiaggia più a lungo.
10. Antonio _____ (andare) in vacanza.

2 Trasformare Riscrivi le frasi. Trasforma il condizionale presente in condizionale passato.

1. Comprerebbero una piantina (*street map*) della città.
2. Telefoneresti al meccanico.
3. L'aereo atterrerebbe alla pista numero tre.
4. La padrona della pensione porterebbe degli asciugamani puliti.
5. Cambierei la gomma bucata.
6. Prenderemmo l'autostrada.
7. Vi abbronzereste in montagna.
8. Registreresti il cliente.
9. Partiremmo prima.
10. Voi ragazze uscireste spesso.

3 Creare Usa le parole di ogni colonna per creare frasi complete al condizionale passato. Completa le frasi con le parole che vuoi.

MODELLO

L'aereo sarebbe decollato in tempo, ma un passeggero si è sentito male.

A	B	C
io	abbronzarsi	costare troppo
tu	arrivare in orario	dover lavorare
l'aereo	comprare i biglietti	essere chiuso/a
noi	decollare in tempo	essere al completo
l'autista	fare la fila	essere in panne
Fabio e Lidia	fare il ponte	sentirsi male
io e te	fare una prenotazione	fare freddo
tu e i tuoi amici	noleggiare una macchina	non avere tempo
l'agente di viaggi	parcheggiare all'albergo	preferire un taxi

COMUNICAZIONE

4 **Situazioni** A coppie, leggete ciascuna situazione e dite cosa avreste fatto voi in quella circostanza.

> **MODELLO**
>
> **Hai lasciato la valigia sull'aereo.**
> **S1:** *Sarei tornato sull'aereo per cercarla.*
> **S2:** *Avrei chiesto aiuto a un assistente di volo.*

1. Non trovavi il passaporto.
2. Hai preso la valigia di un'altra persona.
3. Hai dimenticato di prenotare il pasto vegetariano.
4. La persona accanto a te in aereo ha russato (*snored*) tutta la notte.
5. Avevi un appuntamento importante e il treno era terribilmente in ritardo.
6. Hai dimenticato di timbrare il biglietto del treno.

5 **Una vacanza fantastica** In gruppi di tre, immaginate che degli amici con gusti molto diversi dai vostri abbiano fatto (*took*) un viaggio in Italia. Oggi vi raccontano cosa hanno fatto. E voi? Cosa avreste fatto? Usate queste foto e aggiungete idee vostre.

> **MODELLO**
>
> **S1:** *Io avrei passato tutti i giorni sulla spiaggia.*
> **S2:** *Io avrei prenotato quell'albergo…*

6 **La mia vita** A coppie, parlate di cosa avreste fatto di diverso nel passato. Scrivete almeno cinque cose. Poi, come classe, paragonate le idee: avete molti rimpianti (*regrets*) in comune?

> **MODELLO**
>
> **S1:** *Io avrei studiato di più al liceo.*
> **S2:** *Io avrei passato più tempo con i miei amici…*

7 **Discutere** In gruppi di tre, immaginate una vacanza immaginaria nel passato, diversa dal solito. Discutete dove avreste voluto andare, con quale mezzo di trasporto e perché. Elencate almeno cinque elementi. Usate il condizionale passato.

> **MODELLO**
>
> **S1:** *Io sarei andato in vacanza in montagna. Ci sarei andato in treno.*
> **S2:** *E avresti fatto alpinismo?*
> **S1:** *Sì, mi sarebbe piaciuto molto. E tu, invece?*
> **S2:** *Io sarei andato a Venezia…*

STRUTTURE

8B.3

Dovere, potere, and volere in the conditional

Punto di partenza The verbs **dovere**, **potere**, and **volere** have special meanings in the present and past conditional tenses.

- As you learned in **Strutture 8B.1**, present conditional forms are often used to soften the force of a request or suggestion. These forms are commonly used with **dovere**, **potere**, and **volere**.

> **Vorrei** un caffè, per piacere.
> *I would like a coffee, please.*

> Tina, **potresti aiutarmi**?
> *Tina, could you help me?*

> Potremmo prendere il traghetto per la Grecia.

> Dovresti chiederle scusa.

- The conditional of **dovere** can be expressed with *should* or *ought to* in English. Its meaning is slightly less forceful than the present indicative, which implies duty or obligation.

> **Dovreste** fare la fila.
> *You should wait in line.*

> **Dovete** fare la fila.
> *You have to wait in line.*

> **Dovrebbe** guidare più lentamente.
> *He should drive more slowly.*

> **Deve** guidare più lentamente.
> *He has to drive more slowly.*

- When used in the past conditional, **dovere** is equivalent to *should have* or *ought to have* in English.

> Ragazzi, non **avreste dovuto** aspettare due ore?
> *Guys, **shouldn't you have** waited two hours?*

> **Avremmo dovuto** fare la fila. Adesso non ci sono più biglietti!
> *We should have waited in line. Now there are no more tickets!*

- The present conditional of **potere** means *could* or *might*, in contrast to the present indicative *can* or *may*.

> **Potremmo** fare il ponte?
> *Could we take a long weekend?*

> **Possiamo** fare il ponte?
> *Can we take a long weekend?*

- When used in the past conditional, **potere** is equivalent to *could have* in English.

> **Avremmo potuto** fare il ponte! Perché siamo venuti al lavoro?
> *We could have taken a long weekend! Why did we come to work?*

> **Non avreste potuto** conoscere il nuovo capo. È arrivato oggi.
> *You couldn't have met the new boss. He arrived today.*

- The present conditional of **volere** means *would like*, in contrast to the more direct *want* of the present indicative.

  Vorrei fare una crociera.
  I'd like to go on a cruise.

  Voglio fare una crociera.
  I want to go on a cruise.

- When used in the past conditional, **volere** is equivalent to *would have liked* in English.

  Avrei voluto fare una crociera, ma invece sono andata in montagna.
  I would have liked to go on a cruise, but I went to the mountains instead.

  I miei amici **avrebbero voluto** fare un viaggio con me.
  My friends would have liked to take a trip with me.

- As in the **passato prossimo**, the choice of whether to use **essere** or **avere** with **dovere**, **potere**, and **volere** in the past conditional should be determined by the infinitive that follows it, although the use of **avere** in all cases is becoming more common. Use **avere** if there is no infinitive at all.

Signorina, **avrebbe voluto visitare** i monumenti?
*Miss, **would you have liked to visit** the monuments?*

Sarebbero potuti andare in città, ma sono andati in spiaggia.
They could have gone to the city, but they went to the beach.

🏃 Attrezzi

In **Lezione 6B**, you learned that **dovere**, **potere**, and **volere** also have special meanings in the **passato prossimo** and the **imperfetto**.

Provalo! Completa la tabella con la forma corretta del condizionale presente o passato.

Condizionale presente:

	potere	dovere	volere
1. io	_potrei_	dovrei	_____
2. tu	potresti	_____	vorresti
3. Lei/lui/lei	_____	dovrebbe	vorrebbe
4. noi	_____	dovremmo	_____
5. voi	potreste	_____	_____
6. loro	potrebbero	_____	vorrebbero

Condizionale passato:

	potere	dovere	volere
7. io	avrei potuto	_____	_____
8. tu	_____	avresti dovuto	avresti voluto
9. Lei/lui/lei	_____	avrebbe dovuto	_____
10. noi	avremmo potuto	_____	avremmo voluto
11. voi	_____	avreste dovuto	_____
12. loro	avrebbero potuto	_____	avrebbero voluto

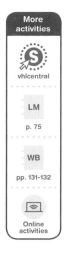

More activities

vhlcentral

LM
p. 75

WB
pp. 131-132

Online activities

STRUTTURE

1 **Scegliere** Scegli la forma corretta di **dovere**, **potere** o **volere** per completare la conversazione.

SONIA Scusa, **(1.)** (potresti / dovreste) aiutarmi con il bagaglio a mano?

ANNA Certo! Ecco qui... dove vai?

SONIA Vado alle Cinque Terre.

ANNA Bello! **(2.)** (Vorrei / Dovreste) visitarle anch'io!

SONIA **(3.)** (Dovrei / Dovresti)! Sono bellissime!

ANNA Ho fame. **(4.)** (Vorrei / Vorresti) qualcosa da mangiare? In prima classe c'è un ottimo ristorante.

SONIA D'accordo, andiamo! Poi forse (noi) **(5.)** (potremmo / dovrebbero) stare un po' in prima classe.

ANNA Viaggiare in prima classe è il mio sogno. I biglietti **(6.)** (potreste / dovrebbero) costare meno così sarebbe fattibile (*feasible*) per tutti!

2 **Completare** In base al contesto, decidi se usare **dovere**, **potere** o **volere** al condizionale. Poi completa le frasi.

1. Io _____ tanto andare in vacanza con voi!

2. Mi scusi, signora, _____ aiutarmi con la valigia?

3. La settimana bianca è finita. Ora (tu) _____ davvero ricominciare a lavorare!

4. Per favore, ragazzi, _____ allacciarvi la cintura di sicurezza?

5. Noi _____ partire con te, ma non possiamo.

6. Loro _____ controllare se hanno tutti i documenti prima di partire.

7. Laura lavora a giugno e ad agosto, ma _____ andare in crociera a luglio.

8. Io _____ chiamare un taxi; è troppo tardi per andare a piedi.

3 **Creare** Crea frasi al condizionale presente o passato usando gli indizi dati.

1. io / potere pagare la multa per te (presente)

2. tu e Giacomo / dovere accendere i fari (presente)

3. io / volere portare un bagaglio a mano (passato)

4. i miei genitori / volere comprare una barca (presente)

5. tu / potere cambiare la prenotazione (passato)

6. noi / dovere presentare la patente al vigile (passato)

4 **Creare** Leggi le situazioni e crea delle frasi usando il condizionale passato di **dovere**, **potere** o **volere**.

MODELLO

Lorenzo è arrivato in vacanza troppo stanco. (lavorare di meno)
Avrebbe dovuto lavorare di meno.

1. Lucia e Marco non riescono a prenotare l'albergo. (chiamare prima)

2. Tu e Giulio avete perso la carta d'identità. (metterla in un luogo sicuro)

3. Siamo sempre andati in vacanza in montagna. (andare una volta al mare ma era troppo costoso)

4. Stefano ha dimenticato il costume da bagno. (controllare (*to check*) bene la valigia.)

5. Giada, perché sei andata a lavorare venerdì? (fare il ponte)

6. Sono stanchissima: queste scale sono troppo ripide (*steep*) per me! (prendere l'ascensore)

COMUNICAZIONE

5 Programmi di viaggi
A coppie, parlate di viaggi che vorreste fare e discutete se potreste o dovreste farli. Spiegate dove andreste o non andreste. Ciascuno di voi dovrebbe parlare di almeno tre viaggi diversi.

MODELLO

S1: Io vorrei andare a sciare in Italia.
S2: Vorrei venire anch'io, ma devo stare a casa a studiare.

6 Passeggeri
A coppie, guardate i disegni di questi passeggeri. Sceglietene uno e create una conversazione che quel passeggero potrebbe avere con un compagno di viaggio. Usate **dovere**, **volere** e **potere** il più possibile.

MODELLO

S1: Va a Milano?
S2: Sì.
S1: Dovrebbe visitare il teatro alla Scala e vedere un'opera.
S2: Mi piacerebbe molto! Potrebbe dirmi qualcosa di più sulla città?

7 La vostra lista
Crea una lista di cose che vorresti e non vorresti fare la settimana prossima. Poi, a coppie, paragonate le vostre liste e parlate delle vostre attività. Create una lista combinata da presentare alla classe.

MODELLO

S1: Mi piacerebbe andare a trovare mia nonna.
S2: Che bello! Potresti stare un fine settimana intero!
S1: Sarebbe bello, ma devo studiare per un esame.

8 Un viaggio nel tempo
In gruppi di tre o quattro, immaginate di ritornare nel passato. Che cosa avreste voluto fare in un'altra epoca? Chi avreste voluto conoscere? Come avreste potuto viaggiare?

MODELLO

S1: Io avrei voluto vivere 250 anni fa. Avrei potuto conoscere George Washington.
S2: Io avrei voluto vivere a Firenze 700 anni fa perché avrei potuto conoscere Dante Alighieri.
S3: Sì, però forse saresti dovuto andare a Verona per conoscerlo!

9 La città ideale
In gruppi di tre o quattro, parlate della vostra città ideale. Che cosa dovrebbe avere? E quali cose non dovrebbe avere? Che cosa potreste fare in questa città? Paragonatela alla città in cui vivete adesso. Usate il condizionale presente e i comparativi.

MODELLO

S1: La mia città ideale dovrebbe avere molti parchi pubblici.
S2: E dovrebbe essere meno inquinata della mia città attuale (current).

SINTESI

Ricapitolazione

1 **Situazioni** A coppie, scegliete tre situazioni relative ai viaggi. Poi immaginate cosa farebbero tre persone diverse in queste situazioni.

Situazioni	Persone
albergo al completo	il presidente
bagagli persi	i tuoi amici
gomma bucata	l'insegnante d'italiano
incidente in autostrada	un attore di Hollywood
macchina in panne	l'Uomo Ragno (*Spiderman*)
partenza in ritardo	tuo padre

2 **Consigli per viaggiare** A coppie, create una lista di consigli per delle persone che vengono a visitare la vostra città. Quale mezzo di trasporto dovrebbero prendere? Dove dovrebbero stare? Cosa dovrebbero visitare? Date almeno cinque consigli. Poi paragonate la vostra lista con quella d'un altro gruppo.

MODELLO

S1: *Dovrebbero venire in macchina perché l'aeroporto non è vicino alla città.*
S2: *Dovrebbero stare almeno tre giorni. Potrebbero visitare…*

3 **Il mio ultimo viaggio** In gruppi di tre, parlate dell'ultimo viaggio che avete fatto. Cosa fareste di nuovo? Cosa non fareste mai più? Cosa avreste dovuto fare? Cosa vorreste fare la prossima volta?

MODELLO

S1: *Io sono andato a New York. Starei nello stesso albergo, ma dovrei prenotare prima.*
S2: *Io sono andata in California. Non avrei dovuto visitare Los Angeles per prima, perché non ho avuto tempo per le altre città. La prossima volta vorrei…*

4 **A Siena, ma dove?** In gruppi di tre, immaginate di dover programmare una vacanza a Siena. Uno vuole stare in albergo in centro, uno in campeggio fuori città, uno in un appartamento. Discutete vantaggi e svantaggi di ogni alloggio e cercate di convincere i vostri compagni!

MODELLO

S1: *Potremmo stare in un bell'albergo del centro, così siamo vicini a tutto!*
S2: *Sì ma costerebbe tanto! Potremmo stare in un campeggio, in mezzo alla natura.*
S3: *Secondo me, …*

5 **Cosa potrebbe succedere?** Lavorate a coppie. L'insegnante vi darà due fogli diversi, ciascuno con metà delle informazioni su situazioni e possibili risultati. Fate domande a turno per completare tutte le situazioni.

MODELLO

S1: *La macchina è in panne.*
S2: *Dovresti chiamare un meccanico!*

6 **Un lungo fine settimana** A coppie, parlate di un vostro lungo fine settimana. Cosa vi sarebbe piaciuto fare ma non avete fatto? Cosa non avreste voluto fare? Date almeno tre esempi per ciascuna categoria.

MODELLO

S1: *Sarei voluta andare in spiaggia e non avrei voluto dormire in un ostello.*
S2: *Mi sarebbe piaciuto dormire di più. Non avrei voluto studiare durante quel fine settimana!*

7 **Un'inchiesta** L'insegnante ti darà un foglio con diverse categorie relative ai viaggi. Chiedi ai tuoi compagni di classe cosa raccomanderebbero per ciascuna categoria. Poi, come classe, discutete i risultati.

MODELLO

S1: *Dove andresti per visitare la città più interessante?*
S2: *Io andrei a Firenze. C'è così tanta arte!*

8 **Giro d'Italia** A coppie, parlate di un viaggio che vorreste fare in Italia. Guardate le foto e discutete del vostro itinerario. Dove vorreste cominciare? Come viaggereste? Cosa fareste in ogni città?

MODELLO

S1: Io andrei a Pompei.
S2: Buon'idea! Viaggeremmo in prima classe o in classe economica?

Pompei

1. Roma

2. Pisa

3. Assisi

4. Firenze

5. Cinque Terre

6. Milano

9 **Tanti soldi e tanto tempo!** In gruppi di tre, discutete cosa potreste fare e comprare con molti soldi e tempo a disposizione. Discutete di almeno cinque idee. Poi paragonate la vostra lista con la classe.

MODELLO

S1: Io comprerei una macchina nuova.
S2: Io cercherei una casa enorme con sei camere da letto.
S3: Io viaggerei e andrei nei paesi più lontani.

comprare	dei vestiti, una casa, apparecchi elettronici, ...
visitare	gli Stati Uniti, l'Italia, ...
aiutare	la famiglia, gli amici, i poveri, ...

Il mio di·zio·na·rio

Aggiungi al tuo dizionario personalizzato cinque parole relative al trasporto e alle vacanze.

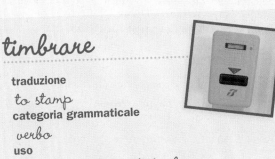

timbrare

traduzione
to stamp
categoria grammaticale
verbo
uso
Non dimenticare di timbrare il biglietto prima di salire sul treno!
sinonimi
bollare, convalidare
antonimi
/

More activities

vhlcentral   Online activities

Panorama

Venezia

La città in cifre

- ▶ **Superficie delle acque:** *398.888 km²*
- ▶ **Superficie della terra:** *15.684 km²*
- ▶ **Superficie totale:** *414.573 km²*
- ▶ **Popolazione:** *261.905*
- ▶ **Numero di canali:** *circa 150*
- ▶ **Numero di ponti:** *più di 400*

Venezia è una città come nessun'altra. Costruita su più di cento isole nella laguna di Venezia, è fatta di ponti e canali invece che di strade e viali. Sin dal Medioevo, nell'epoca della Serenissima Repubblica, Venezia è sempre stata una meta° di viaggiatori e commercianti, provenienti da° paesi lontani e dalle altre regioni italiane. Questa città romantica e misteriosa è veramente un posto unico!

- ▶ **Da non perdere:** *la Basilica di San Marco, il Ponte di Rialto, il Ponte dei Sospiri, il Canal Grande, il Palazzo Ducale, la Peggy Guggenheim Collection, Ca' Pesaro*

Veneziani celebri

- ▶ **Antonio Vivaldi,** *prete° e compositore (1678–1741)*
- ▶ **Carlo Goldoni,** *drammaturgo° e scrittore (1707–1793)*
- ▶ **Giacomo Casanova,** *avventuriero° e scrittore (1725–1798)*
- ▶ **Carla Thorneycroft,** *baronessa, filantropa e mecenate° (1914–2007)*
- ▶ **Mago Silvan,** *illusionista° (1935–)*
- ▶ **Monica «Moony» Bragato,** *musicista (1980–)*

meta *destination* **provenienti da** *coming from* **prete** *priest* **drammaturgo** *playwright* **avventuriero** *adventurer* **filantropa e mecenate** *philanthropist and patron of the arts* **illusionista** *magician* **marea** *tide* **inondare** *flood* **passerelle** *gangways* **come se niente fosse** *as if nothing happened*

Burano

Murano

il ponte di Rialto

Laguna Veneta

VIA DELLA LIBERTÀ

Canale delle Fondamente Nuove

Isola di San Michele

Madonna dell'Orto

Il Ghetto

Isola del Tronchetto

Parco Savorgnan

Ponte degli Scalzi

Il Canal Grande

Stazione di Santa Lucia

Ponte degli Scalzi

Ca' Pesaro

Ca' d'Oro

Piazzale Roma

Giardini Papadopoli

Santa Maria Gloriosa dei Frari

Ponte di Rialto

Campo dei Santi Giovanni e Paolo

Scuola di San Giorgio degli Schiavoni

Arsenale

Ponte della Costituzione

Campo San Polo

Mercato di Rialto

Scuola Grande di San Rocco

Rio Terà dei Pensieri

Bacino Stazione Marittima

Piazza San Marco

il Palazzo Ducale

RIVA DEGLI SCHIAVONI

VIA GARIBALDI

Isola di San Pietro

Ponte dell'Accademia

Gallerie dell'Accademia

Basilica de San Marco

Canale di Fusina

Collezione P. Guggenheim

Basilica di Santa Maria della Salute

Chiesa di San Giorgio Maggiore

Canale di San Marco

Giardini Pubblici

Sacca Fisola

Canale della Giudecca

Canale della Grazia

La Giudecca

Chiesa del Redentore

Parco delle Rimembranze

Isola di Sant'Elena

le famose gondole

la basilica di San Marco

Incredibile ma vero!

Un fenomeno tipico di Venezia è quello dell'«acqua alta». In autunno e in inverno l'alta marea° può inondare° parzialmente la città. Durante le maree più intense (che possono raggiungere i 140 cm o più), il comune attrezza la città con delle passerelle° e le persone possono comunque muoversi come se niente fosse°!

L'artigianato

Burano: la città dei merletti°

Burano è in provincia di Venezia e si trova a circa nove chilometri a nord della città. È composta da quattro piccole isole unite da ponti. L'arte del merletto ha origini molto antiche e ha reso Burano famosa fin dal 1500. Una tecnica particolare di lavorazione° del merletto, che è diventata famosa in tutta Europa, si chiama «punto di Burano». Alla fine del 1800 è stata creata la Scuola del Merletto, per tramandare° quest'arte così antica e particolare. Oggi è possibile apprezzare i merletti in molte lavorazioni, per esempio su tovaglie, fazzoletti° e vestiti.

Le feste

Il Carnevale di Venezia

Il Carnevale di Venezia è una delle feste più conosciute al mondo ed è diverso da qualsiasi altro carnevale che conoscete. Risale al decimo° secolo, ma solo nel 1296 il Carnevale è stato dichiarato una festa pubblica. Il cuore delle celebrazioni è Piazza San Marco, ma ci sono eventi organizzati in tutta la città. La festa dura per circa dieci giorni prima della Quaresima°. In questo periodo potete vedere maschere fantastiche con colori brillanti e vestiti incredibili. Originariamente le maschere erano usate per nascondere° l'identità delle persone, oggi solo per motivi estetici. È un evento da non perdere: buon divertimento!

La storia

La Repubblica di Venezia

La Serenissima Repubblica di Venezia è il nome di un antico stato dell'Italia nordorientale, la cui° capitale era Venezia. Nel Medioevo la città diventò° molto potente, grazie soprattutto alla sua posizione geografica. Venezia è stata una delle

più importanti Repubbliche Marinare° e una città con un'autonomia politica basata sulla prosperità economica. Nel 1500 diverse nazioni europee si coalizzarono° per contrastare la potenza di Venezia. Il declino finale arrivò° nel 1797, con l'invasione di Napoleone Bonaparte. Venezia è stata annessa° al Regno d'Italia nel 1866.

Gli animali

Attrazione turistica o pericolo°?

Piazza San Marco è famosa per la sua bellezza, l'architettura, la storia e... i piccioni°! Venezia ospita circa 40.000 piccioni, e in Piazza San Marco volano circa 13.500 piccioni al giorno. I piccioni certamente creano problemi sanitari ma anche problemi ai monumenti perché i loro escrementi sono dannosi° per materiali come legno e pietra. I piccioni, inoltre, sfregiano° le statue perché la pietra aiuta il loro sistema digestivo. Dal 2008 è illegale dare da mangiare° ai piccioni, ma molti veneziani e turisti non rinunciano a questa tradizione. I danni° sono calcolati in milioni di euro ogni anno.

Quanto hai imparato? Completa le frasi.

1. L'alta marea a Venezia si verifica (*happens*) in _____.
2. Le maree molto intense possono raggiungere _____.
3. «Il punto di Burano» è una tecnica di lavorazione dei _____.
4. La città di _____ è famosa per i merletti.
5. _____ è una festa veneziana famosa in tutto il mondo.

6. Le maschere di Carnevale erano usate per _____ l'identità.
7. La _____ Repubblica di Venezia era un antico stato.
8. Nel _____ Venezia è diventata parte del Regno d'Italia.
9. A Venezia ci sono circa 40.000 piccioni, in Piazza San Marco _____ al giorno.
10. I piccioni di Piazza San Marco creano danni per _____ ogni anno.

More activities

vhlcentral | WB pp. 133-134 | Online activities

SU INTERNET

Go to vhlcentral.com to find more cultural information related to this **Panorama**.

1. Perché il Ponte dei Sospiri ha questo nome? Fai una ricerca su Internet e scrivi un piccolo paragrafo da presentare alla classe.
2. Burano è molto famosa per i merletti, ma anche per altre cose. Cerca altre informazioni sulla città e la sua economia.
3. Cerca fotografie delle maschere del Carnevale di Venezia. Scegline una e portala in classe. Descrivila e spiega perché ti piace.

merletti *lace* **lavorazione** *production* **tramandare** *to hand down* **fazzoletti** *handkerchiefs* **decimo** *tenth* **Quaresima** *Lent* **nascondere** *hide* **la cui** *whose* **diventò** *became* **Repubbliche Marinare** *Maritime Republics* **si coalizzarono** *formed a coalition* **arrivò** *arrived* **è stata annessa** *was annexed* **pericolo** *danger* **piccioni** *pigeons* **dannosi** *harmful* **sfregiano** *scrape* **dare da mangiare** *to feed* **danni** *damages*

Lettura

 Audio: Reading

Prima di leggere

Guessing meaning from context

As you read in Italian, you will often see words you have not learned. You can guess what they mean by looking at surrounding words. Read this note and guess what **gradevole** means.

> Ciao Giovanna! Sono appena tornata da un viaggio a Sanremo. Ci ho passato un fine settimana lungo. Avevo fatto una prenotazione per una camera singola in un albergo delizioso proprio nel cuore della città. La camera era piccola, ma molto gradevole ed era decorata molto bene. Aveva anche una vista incredibile dal balcone. Mi sono divertita molto!

From the context, you can conclude that the writer is saying something positive about her room. If you guessed that **gradevole** means *pleasant*, you are correct.

Esamina il testo Guarda il testo e descrivi il formato. Secondo te, di che cosa parla? Trova le parole ed espressioni seguenti nel testo e prova a indovinare cosa vogliono dire.

scavi	Salto indietro nel tempo.
sistemazione	non sarà tralasciato niente
innumerevoli	C'è l'imbarazzo della scelta.

Esperienza personale Hai mai partecipato a una vacanza organizzata? Dove? Quando? Com'era? Ti sei divertito/a? Se no, perché? Parla della tua esperienza con un(a) compagno/a di classe.

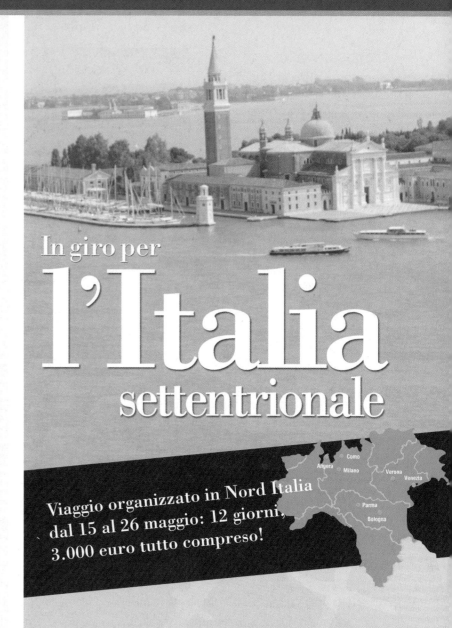

In giro per l'Italia settentrionale

Viaggio organizzato in Nord Italia dal 15 al 26 maggio: 12 giorni, 3.000 euro tutto compreso!

GIORNO 1 Milano
Incontro a Milano alle dieci presso l'Albergo Duomo. Pranzo alla pizzeria La Torre di Babele per parlare del viaggio. Nel pomeriggio, visita guidata al Duomo di Milano e dintorni°. Cena in albergo.

GIORNO 2 Milano – Angera
Visita alla chiesa quattrocentesca di Santa Maria delle Grazie (inclusa visita al *Cenacolo*, cioè il famoso dipinto di Leonardo *L'ultima cena*!). Nel pomeriggio, viaggio in pullman verso il paese di Angera.

GIORNO 3 Angera – Como
Nella mattinata, visita alla Rocca di Angera, sul Lago Maggiore. Pranzo al sacco°. Nel pomeriggio visita al Museo della Bambola°, che presenta una delle collezioni più ricche d'Europa. Nella sera viaggio a Como in pullman.

GIORNO 4 Como

Visita di chiese, monumenti e scavi archeologici per una giornata piena di storia e di arte. È consigliata una gita in battello° sul lago di Como. Costo extra, non incluso nel pacchetto.

GIORNO 5 Como – Milano

Colazione a Como. Ritorno a Milano. Giornata libera per visitare Milano e fare shopping. Biglietti per uno spettacolo al famoso Teatro alla Scala sono disponibili per un costo extra di 80 euro a persona.

GIORNO 6 Milano – Verona

Incontro alla stazione di Milano alle 8.30. Arrivo a Verona e sistemazione in albergo. Visita delle innumerevoli attrazioni della città. Cena in albergo.

GIORNO 7 Verona – Venezia

Salto indietro nel tempo. Visita della Verona di Shakespeare: da non perdere! Nel pomeriggio spostamento e arrivo a Venezia.

GIORNO 8 Venezia

Giornata a Venezia per visitare le meraviglie di questa città. Da San Marco al Ponte dei Sospiri non sarà tralasciato niente! Uso del traghetto per gli spostamenti e passeggiata per il centro storico. Per un prezzo extra sono disponibili gite in gondola. Cena fuori e notte in un Bed & Breakfast.

GIORNO 9 Venezia – Bologna

Viaggio in treno a Bologna. Bologna è chiamata «la dotta°, la grassa, la rossa»... Scopri perché durante questa bellissima gita!

GIORNO 10 Bologna – Parma

Da Bologna a Parma, antica città di origini etrusche che offre moltissimi monumenti e luoghi di interesse.

GIORNO 11 Parma

Giornata intera passata a Parma per visitare quanto più possibile! C'è l'imbarazzo della scelta: chiese, palazzi, parchi, teatri e molto di più. Notte all'albergo La Cittadella.

GIORNO 12 Parma – Milano

Mattinata libera. Alle 11.30 ritrovo alla stazione per tornare a Milano. E per finire... una bella festa! Tutti invitati all'Albergo Palazzo Sforza dove saranno offerti aperitivi, antipasti e tanta musica per concludere in bellezza questa fantastica avventura!

---

dintorni *surroundings* **Pranzo al sacco** *Bag lunch* **Bambola** *Doll* **battello** *boat* **dotta** *learned*

Dopo la lettura

Le domande dell'insegnante Immagina di aver deciso di fare questo viaggio organizzato. Parlane con l'insegnante. Rispondi alle domande in base al testo. Usa frasi complete!

1. Che cosa è compreso nel prezzo?

_____

2. Quali mezzi di trasporto userete?

_____

3. Quali città visiterete il 16 maggio?

_____

4. Dove dormirete durante il viaggio?

_____

5. Cosa farete a Venezia?

_____

6. Cosa visiterete dopo Bologna?

_____

7. Quali sono i costi extra durante il viaggio?

_____

8. Come concluderete il viaggio?

_____

Sì, andiamo in Italia! In gruppi di tre, preparate una conversazione basata su questa situazione: due di voi passeranno tre settimane in Italia e avete deciso di partecipare al viaggio organizzato che parte da Milano insieme a un amico. Chiamate l'agenzia di viaggi per chiedere più informazioni. Fate domande sul viaggio e chiedete dettagli sulle città che visiterete, le gite e le attività, gli alberghi, i trasporti ecc. Il terzo/La terza sarà l'agente di viaggio.

- A te piace fare gite in montagna mentre al tuo amico piace fare shopping e andare a teatro.

- L'agente di viaggio vi spiegherà perché questo viaggio in Nord Italia piacerà a tutti e due.

- Chiedete all'agente di trovare un biglietto aereo dalla vostra città a Milano.

- Chiedetegli anche di trovare un albergo a Milano per stare una settimana in più dopo il viaggio organizzato.

- L'agente vi suggerirà quali posti interessanti potete visitare e vi dirà cosa c'è da fare a Milano.

- Spiegate all'agente che durante le tre settimane vorreste anche avere del tempo libero.

More activities

vhlcentral · Online activities

In ascolto

Recognizing the genre of spoken discourse

You will encounter many different types of spoken discourse in Italian. For example, you may hear a political speech, a radio interview, a commercial, a voice-mail message, or a news broadcast. Try to identify the context of what you hear so that you can activate your background knowledge about that type of discourse and identify the speakers' motives and intentions.

 To practice this strategy, you will listen to two short selections. Identify the genre of each one.

Preparazione

Quando andate in vacanza, chi decide dove andare? Chi fa le prenotazioni? Usate un'agenzia di viaggi o Internet?

Ascoltiamo

Ascolta la pubblicità una volta. Poi ascoltala una seconda volta e scrivi le informazioni mancanti. Aggiungi anche altre informazioni che senti per ogni viaggio.

Paese (città/regione)	Numero di giorni/ settimane	Prezzo per persona	Dettagli supplementari
1.	3 giorni		
2. Dublino			
3.		1.500 euro	
4.	3 settimane	2.000 euro	
5. Alpi			

Comprensione

Dove vanno? Lavori all'agenzia di viaggi Dappertutto. Di' dove possono andare le seguenti persone e perché.

1. Ho solo cinque giorni liberi e vorrei andare nel nord Europa.

2. Vorrei andare fuori dall'Europa. Ho un mese di tempo e parlo inglese. Non mi piace molto il mare.

3. Ci piace molto la montagna e vorremmo restare in Italia.

4. Abbiamo solo tre giorni e non siamo mai stati nel Nord Italia.

5. Il mio sogno è andare in Irlanda!

6. Ho 600 euro e una settimana di tempo: dove posso andare?

7. Adoro il mare e posso spendere fino a un massimo di 3.000 euro.

Il tuo viaggio Hai deciso di fare uno dei viaggi proposti dall'agenzia Dappertutto. Oggi è l'ultimo giorno del tuo viaggio e scrivi una cartolina (postcard) a un tuo amico che parla italiano. Raccontagli del tuo viaggio. Dove sei andato/a? Che cosa hai fatto? Perché hai scelto quel viaggio? Ti sei divertito/a?

Scrittura

STRATEGIA

Expressing and supporting opinions

Written reviews are one of the many kinds of writing that require you to present your opinions. In order to convince your reader to take your opinions seriously, it is important to support them as thoroughly as possible. In a hotel review, for example, it is not enough just to rate the hotel and service. Readers will want details about the rooms, the kind of service you received, the amenities the hotel offers, its location, and the type of atmosphere you encountered. If you were writing a concert or album review, what kinds of details migh your readers expect to find?

It is easier to include details that support your opinions if you plan ahead. Before going to a place or event that you are planning to review, write a list of questions that your readers might ask. Decide which aspects of the experience you are going to rate, and list the details that will help you determine a rating. You can then organize these lists into a questionnaire and a rating sheet. Bring these with you to remind you of the kinds of information you need to gather in order to support your opinions. Later, they will help you organize your review into logical categories. They can also provide the details and other evidence you need to convince your readers of your opinions.

Tema 🔗

Scrivere una recensione (*review*)

Scrivi la recensione di un albergo. Prima, scrivi il nome dell'albergo e dove si trova, poi parla delle categorie seguenti. Infine dai la tua opinione sull'albergo. Secondo te quante stelle dovrebbe avere?

- **Informazioni generali**
  Com'è l'albergo? Quando entri, ti sembra pulito, in ordine e invitante? Qual è la tua impressione generale?

- **Camere**
  Quante camere ci sono nell'albergo? Quante camere singole e quante doppie? Sono grandi o piccole? Descrivi una delle stanze: cosa c'è nella stanza? È nuova o vecchia? Ha bisogno di essere modernizzata o va bene così? C'è un bagno privato? C'è la vasca o la doccia? Il bagno ha bisogno di riparazioni? Cosa vedi dalla finestra?

- **Comodità**
  C'è l'ascensore? Ci sono televisore, telefono e sveglia in ogni camera? Ci sono la piscina e la palestra? Fai una lista di tutte le altre comodità che l'albergo offre.

- **Servizio e atmosfera**
  Com'è il servizio? Lo staff dell'albergo è cortese? Le persone sono sempre pronte ad aiutare? La reception è aperta 24 ore al giorno? C'è un'atmosfera rilassante?

- **Prezzi**
  Quali sono i prezzi per i diversi tipi di stanza? Quando iniziano e quando finiscono l'alta e la bassa stagione? Ci sono offerte speciali ogni tanto?

- **Altre informazioni**
  C'è il ristorante? È buono? È costoso? Che tipo di cucina offre? L'albergo offre un servizio di trasporto da e per l'aeroporto? Scrivi anche un numero di telefono chei futuri clienti possono chiamare per fare una prenotazione.

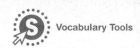
Lezione 8A

Guidare la macchina

l'**autista** *driver*
l'**autostrada** *highway*
il **bagagliaio** *trunk*
il **cambio automatico/manuale**
　automatic/manual transmission
la **cintura di sicurezza** *seatbelt*
il **cofano** *hood*
il **faro** *headlight*
il **finestrino** *car/train/plane window*
i **freni** *brakes*
la **frizione** *clutch*
la **gomma** *tire*
guidare la macchina *driving a car*
il **limite di velocità** *speed limit*
la **macchina** *car*
il **meccanico** *mechanic*
il **motore** *engine; motor*
la **multa** *fine; traffic ticket*
il **parabrezza** *windshield*
la **patente** *driver's license*
la **portiera** *(car) door*
la **stazione di servizio** *service station*
il **tergicristallo** *windshield wiper*
il **traffico** *traffic*
il **vigile urbano** *traffic officer*
il **volante** *steering wheel*
allacciare *to buckle (seatbelt)*
avere un incidente *to have/*
　be in an accident
bucare una gomma *to get a flat tire*
colpire (-isc-) *to hit*
essere in panne *to break down*
fare benzina *to get gas*
fare il pieno *to fill the tank*
frenare *to brake*
noleggiare *to rent (car)*
parcheggiare *to park*
riparare *to repair*

Prendere i mezzi pubblici

il **binario** *track; platform*
la **biglietteria** *ticket office/window*
il **biglietto** *ticket*
il **controllore** *ticket collector*
convalidare *to validate (ticket)*
la **fermata** *(bus/train) stop*
l'**orario** *timetable*
prendere i mezzi pubblici *taking*
　public transportation
prima/seconda classe *first/*
　second class

Comparatives and superlatives

così + [*adjective or adverb*] +
　come *as... as*
tanto + [*adjective or adverb*] +
　quanto *as... as*
(tanto) quanto *as much as*
più + [*adjective, adverb, or noun*] +
　di *more... than*
meno + [*adjective, adverb, or noun*]
　+ **di** *less/fewer... than*
più/meno di + [*number*] *more/fewer*
　than...
il/la più... *the most*
il/la meno... *the least*

I mezzi di trasporto

la **barca** *boat*
il **camion** *truck*
la **metro(politana)** *subway*
i **mezzi di trasporto** *means of*
　transportation
il **motorino** *scooter*
la **nave** *ship*
il **pullman** *coach bus*
il **taxi** *taxi*
il **traghetto** *ferry*
il **treno** *train*

Espressioni utili *See p. 345.*

Lezione 8B

In aeroporto

l'**aereo** *airplane*
in aeroporto *at the airport*
l'**agente di viaggio** *travel agent*
gli **arrivi** *arrivals*
il **bagaglio a mano** *carry-on luggage*
la **carta d'identità** *ID*
la **carta d'imbarco** *boarding pass*
la **classe turistica/economica** *tourist/*
　economy class
il **controllo passaporti** *passport control*
la **dogana** *customs*
il **giornale** *newspaper*
le **partenze** *departures*
il **passeggero** *passenger*
il **ritardo** *delay*
l'**uscita** *exit*
il **viaggiatore** *traveler*
il **visto** *visa*
il **volo** *flight*
atterrare *to land*
decollare *to take off*
fare la fila *to wait in line*
andata e ritorno *round-trip*
puntuale *on-time*
all'estero *abroad*

Le vacanze

la **crociera** *cruise*
il **giorno festivo** *public holiday*
il **mare** *sea*
la **settimana bianca** *ski vacation*
la **spiaggia** *beach*
il **villaggio turistico** *resort*
abbronzarsi *to tan*
fare il ponte *to take a long weekend*
fare la valigia *to pack a suitcase*
leggere la mappa *to read a map*
partire per le vacanze *to go on vacation*

In albergo

l'**albergo (a cinque stelle)** *(five-star)*
　hotel
gli **alloggi** *lodgings*
l'**ascensore (m.)** *elevator*
la **chiave** *key*
il/la **cliente** *customer; client*
l'**ostello della gioventù** *youth hostel*
la **pensione** *small hotel, boarding house*
il **posto disponibile** *vacancy*
il **servizio in camera** *room service*
disdire *to cancel*
prenotare *to make a reservation*
al completo *full; no vacancies*

Espressioni utili *See p. 367.*

UNITÀ 9

La vita in città

🔊 Per cominciare

- Dove sono Riccardo ed Emily?
- Cercano di orientarsi o guidano una macchina?
- Dove vogliono andare i due ragazzi?

Lezione 9A

Communicative Goals

You will learn how to:

- ask for and give directions
- talk about parts of a city

In centro

 Hotspots

Vocabolario

espressioni	*expressions*
costruire (-isc-)	*to build*
dare un passaggio	*to give (someone) a ride*
le indicazioni	*directions*
attraversare	*to cross (the street)*
l'angolo	*corner*
l'isolato	*block*
il marciapiede	*sidewalk*
la rotonda	*traffic circle, rotary*
la strada	*street*
le strisce pedonali	*crosswalk*
in centro	*downtown*
il centro commerciale	*mall; shopping center*
la chiesa	*church*
il chiosco	*newsstand; kiosk*
il grande magazzino	*department store*
il locale (notturno)	*(night)club*
il negozio	*store*
il paese	*town*
la piscina	*pool*
la gente	*people*
l'operatore ecologico	*street cleaner; garbage collector*
il pedone	*pedestrian*
il/la poliziotto/a	*police officer*
il/la sindaco/a	*mayor*
il vigile del fuoco	*firefighter*
Dove si trova...?	*Where is . . . ?*
girare	*to turn*
proseguire	*to continue*
di fronte a	*across from*
diritto	*straight*
fino a	*until*
lontano da	*far from*
qui vicino	*nearby*
verso	*toward*
vicino a	*close to*

il ponte

salire le scale

scendere le scale

la statua

la fontana

perdersi
to get lost

orientarsi

More activities

vhlcentral	WB pp. 135–136	LM p. 76	Online activities

Attenzione!

In Italian, the word **paese** can mean both *country* and *small town or village*. You will need to use context to determine the correct meaning.

il semaforo

l'incrocio

la via

la panchina

Pratica

1 Abbinare Abbina ogni attività al posto associato.

1. _____ nuotare
2. _____ ballare
3. _____ attraversare la strada
4. _____ sedersi
5. _____ comprare il giornale
6. _____ guidare la macchina

a. la panchina
b. la piscina
c. la strada
d. il chiosco
e. il locale (notturno)
f. le strisce pedonali

2 Mettere etichette Etichetta ogni foto con una parola del vocabolario della lezione.

1. _____

2. _____

3. _____

4. _____

5. _____

6. _____

7. _____

8. _____

9. _____

3 Definizioni Scegli dal vocabolario della lezione la parola più adatta per ogni definizione.

MODELLO Su questo camminano i pedoni. *il marciapiede*

1. È una persona che cammina. _____
2. Può essere rosso, giallo o verde. _____
3. Da questa esce molta acqua. _____
4. Questa persona spegne gli incendi (*fires*). _____
5. È un sinonimo di *continuare*. _____
6. Le persone ci vanno per nuotare. _____
7. È un centro con tanti negozi. _____
8. Le persone vanno in questo posto di notte. _____

CONTESTI

Comunicazione

4 **In città** A coppie, usate parole ed espressioni di ogni colonna per formare sei frasi.

MODELLO *I miei genitori vanno in chiesa durante il fine settimana.*

A	B	C	D
io	andare	il centro commerciale	da piccolo/a
io e i miei amici	attraversare	la chiesa	durante il fine settimana
i miei genitori	ballare	il grande magazzino	la settimana scorsa
i pedoni	fare spese	il locale notturno	ogni giorno
gli operatori ecologici	nuotare	il marciapiede	venerdì sera
tutti	pulire	la piscina	???

5 **Indicazioni** A coppie, chiedete e date indicazioni a turno su come arrivare nei seguenti posti. Il vostro punto di partenza è indicato sulla mappa dalla X.

MODELLO

S1: *Scusi, come arrivo alla Fontana di Nettuno?*
S2: *Vada diritto, poi attraversi... Poi giri a...*
S1: *Grazie.*

1. Università per Stranieri
2. locale notturno «Lo Zoo»
3. Fontana di Nettuno
4. il chiosco
5. centro commerciale «Quadrifoglio Verde»
6. la piscina

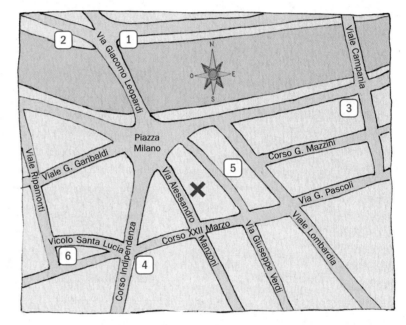

6 **Conversazioni** Ascolta le conversazioni. Poi, a coppie, decidete il luogo in cui si svolgono (*take place*).

1. il centro commerciale / il ponte
2. la fontana / il locale notturno
3. la piscina / il negozio
4. il chiosco / la strada
5. la panchina / la rotonda
6. le strisce pedonali / la banca

7 **Parole crociate** Lavorate a coppie. L'insegnante vi darà due fogli diversi, ciascuno con uno schema di parole crociate incompleto. Fatevi domande per trovare le parole mancanti che sono tratte da (*come from*) questa lezione e dalle **Unità 7** e **8**.

MODELLO

S1: *Che cos'è il numero due?*
S2: *È un posto dove i cattolici vanno ogni domenica.*

Pronuncia e ortografia Audio

◁)) *Parole affini I*

ability	abilità	foundation	fondazione

Cognates, or **parole affini**, are words in different languages that share a common origin and similar form. Learning the relationship between word endings in Italian and English will help you recognize cognates and expand your vocabulary in Italian.

famiglia	farmacia	dignitario	biologia
family	*pharmacy*	*dignitary*	*biology*

Words ending in **-ia** and **-io** in Italian are often equivalent to words ending in *-y* in English. The suffix **-ia** is used in many words that describe a field of study.

città	comunità	specialità	università
city	*community*	*speciality*	*university*

Words ending in **-tà** in Italian are often equivalent to words ending in *-ty* in English.

coincidenza	pazienza	sentenza	violenza
coincidence	*patience*	*sentence*	*violence*

Words ending in **-nza** in Italian are often equivalent to words ending in *-nce* in English.

attenzione	comunicazione	menzione	nazione
attention	*communication*	*mention*	*nation*

Words ending in **-zione** in Italian are often equivalent to words ending in *-tion* in English.

Pronunciare Ripeti le parole ad alta voce.

1. qualità
2. finanza
3. azione
4. mentalità
5. qualificazione
6. frazione
7. essenza
8. semplicità
9. trigonometria
10. frammentario
11. affinità
12. trilogia

Articolare Ripeti le frasi ad alta voce.

1. La farmacia è in centro.
2. È più importante la qualità o la quantità?
3. Hai studiato per l'esame di psicologia?
4. È necessario dormire otto ore.
5. Abbia pazienza, per favore!
6. Il negozio fa una promozione questa settimana.

Proverbi Ripeti i proverbi ad alta voce.

Chi va piano, va sano e va lontano.[1]

Onestà con gentilezza, supera ogni bellezza.[2]

[1] Slowly but surely. (lit. He who goes slowly goes safely and goes far.)
[2] Honesty with kindness is superior to every kind of beauty.

More activities

vhlcentral   LM p. 77

FOTOROMANZO

Come si va in Piazza di Spagna? Video

RICCARDO Buongiorno, signora Eriksson. Signora Rufo-Eriksson. Sono io, Riccardo. Emily mi ha detto che Lei parla un po' l'italiano, perciò Le dirò perché sua figlia dovrebbe restare a Roma dopo la fine del semestre. Innanzitutto, Emily è una studentessa e una coinquilina responsabile.
EMILY E poi?

RICCARDO Perderà peso perché beve solo caffè e non sa cucinare.
EMILY Riccardo!
RICCARDO Puoi tagliare l'ultima parte.
EMILY Lo farò di sicuro. Andiamo a prendere un caffè al bar che ho visto all'angolo?
RICCARDO Come non detto: conserva l'ultima parte.

EMILY Ci sono così tante cose che non abbiamo visto: chiese, fontane, statue, piazze. Dove potremmo andare dopo?
RICCARDO Mi scusi. Come si va in Piazza di Spagna?
CAMERIERE È facile da qui. Allora, si segue questa strada finché si arriva a un semaforo. Poi si gira a sinistra, si passa un chiosco e si continua diritto.

RICCARDO Fammi orientare.
EMILY Questo è l'incrocio in cui dovremmo girare a sinistra.
RICCARDO In questa strada? Sei sicura?
EMILY Qua c'è il semaforo. È questa la strada che dobbiamo prendere.

EMILY Quella è la fontana della Barcaccia. È bellissima.
RICCARDO Nel diciassettesimo secolo, tutta la piazza era territorio spagnolo. Pronti? Via!

EMILY Centotrentotto gradini. Siamo arrivati fino a Trinità dei Monti! Siete tornati amici con Marcella?
RICCARDO Non la vedo da qualche giorno.
EMILY La stai evitando.
RICCARDO Ha parlato con te?
EMILY Di te, no. Parliamo soprattutto dell'Italia.
RICCARDO Ah.

1 **Vero o falso?** Decidi se le seguenti affermazioni sono **vere** o **false**.

1. La signora Rufo-Eriksson non parla italiano.
2. Emily è una studentessa responsabile.
3. Emily cucina molto bene.
4. Riccardo chiede indicazioni per arrivare al Colosseo.
5. Secondo Riccardo, Lorenzo è testardo.
6. All'incrocio, i ragazzi girano a sinistra.
7. Riccardo ha visto Marcella ieri
8. Emily e Marcella parlano molto dell'Italia.
9. Riccardo è affezionato a Marcella.
10. Il cameriere aveva ragione.

Riccardo ed Emily vanno in Piazza di Spagna.

RICCARDO Grazie mille.
CAMERIERE Figurati. Roma è più bella quando si è innamorati, eh? Non state insieme?
EMILY No.
RICCARDO Ma quando mai!
CAMERIERE Davvero? Che peccato.
EMILY Hmm, niente male. Ottantadue. Riccardo?
RICCARDO Cento. Scrivilo. Cento.

RICCARDO Ma quel cameriere è pazzo.
EMILY Che cosa crede? Non siamo mica Lorenzo e Viola.
RICCARDO Quei due non potrebbero mai stare insieme.
EMILY Ma si piacciono o no?
RICCARDO Penso di sì. Ma non staranno mai insieme perché Lorenzo è troppo stupido e Viola invece è troppo testarda.

EMILY Che cosa possiamo fare per farvi fare pace?
RICCARDO Niente. Non mi perdonerà mai.
EMILY Le passerà, vedrai. Sei molto affezionato a lei, vero? Mi dispiace. Non mi piace vederti così triste, Riccardo.

RICCARDO Uh, il cameriere aveva proprio torto.
EMILY Su questo non c'è dubbio!
RICCARDO Puah!
EMILY Puah!
RICCARDO Amici?
EMILY Amici.

Espressioni utili

Giving directions

- **Come si va...?**
  How do you get to . . . ?
- **Si segue questa strada finché si arriva...**
  You follow this street until you get to . . .
- **Questo è l'incrocio in cui dovremmo girare.**
  This is the intersection where we should turn.
- **È questa la strada che dobbiamo prendere.**
  This is the street we should take.

Additional vocabulary

- **quando si è innamorati**
  when you're in love
- **Ma quando mai!**
  No way!
- **Davvero? Che peccato.**
  Really? What a shame.
- **nel diciassettesimo secolo...**
  in the seventeenth century . . .
- **Sono io, Riccardo.**
  It's me, Riccardo.
- **coinquilina**
  roommate
- **perciò**
  so
- **innanzitutto**
  first of all
- **perderà peso**
  she'll lose weight
- **tagliare**
  to cut
- **Lo farò di sicuro.**
  I definitely will.
- **Come non detto.**
  Never mind.
- **Figurati**
  You're welcome.
- **niente male**
  not bad
- **testarda**
  stubborn
- **Pronti? Via!**
  Ready? Go!
- **gradini**
  steps
- **La stai evitando.**
  You're avoiding her.
- **Le passerà.**
  She'll come around.
- **Puah!**
  Yuck!

2

Per parlare un po' Immaginate che Riccardo sia (*were*) un turista nella vostra città. A coppie, scrivete un paragrafo in cui gli indicate quali sono i tre posti migliori da visitare e in cui gli spiegate come arrivarci partendo dalla vostra scuola.

3

Approfondimento Trova su Internet la mappa di una città italiana. Poi scegli un posto interessante (un monumento, un museo, una chiesa, un palazzo ecc.) in questa città e scopri come arrivarci dalla stazione ferroviaria o dall'aeroporto più vicino. Presenta la tua ricerca alla classe.

More activities

vhlcentral | VM pp. 33–34 | Online activities

A T T I V I T À

CULTURA

Ci vediamo in piazza!

La piazza è il cuore pulsante° di ogni città e paese d'Italia. Sia i greci che° i romani, fin dai tempi più antichi, hanno attribuito a questo luogo un ruolo fondamentale nella vita delle città: lo stesso che possiamo osservare ancora oggi.

Da un punto di vista° urbanistico° la piazza è un luogo centrale, limitato ma facilmente accessibile. Da un punto di vista sociale la piazza è senza dubbio il luogo della democrazia, dove la popolazione si ritrova° e può esprimersi°. La versatilità di questo spazio è evidente negli eventi religiosi e mondani° che vi hanno luogo°.

Nelle piazze si trovano, in genere, chiese, cattedrali e basiliche, ma anche municipi° e altri edifici amministrativi e politici. Le feste in onore dei santi patroni avvengono° in piazza, così come gli scioperi°. Ed è sempre in questo luogo che i candidati politici presentano i loro comizi° prima delle elezioni.

Grazie alla sua accessibilità, la piazza è anche il luogo ideale per il commercio. Negozi e banche spesso si trovano nelle sue vicinanze° e, ancora adesso, in molte città e paesi, è qui che si svolge° il mercato settimanale. In estate molte piazze si trasformano in arene per eventi offerti al pubblico° di ogni età: concerti, esposizioni d'arte, cinema all'aperto e attività per i bambini.

Non importa se la piazza è grande come quella di San Marco a Venezia o antica come piazza Navona a Roma o piccola e semplice come quella di un paesino di montagna; gli italiani adorano tutte le loro piazze! Qui si incontrano con gli amici per un caffè o un aperitivo, per fare due chiacchiere° e magari° dare due calci° al pallone; infine, per i più vanitosi°, non c'è posto migliore per guardare e farsi guardare°!

pulsante *beating* **Sia... che...** *Both . . . and . . .* **punto di vista** *point of view* **urbanistico** *city-planning* **si ritrova** *gather* **esprimersi** *express themselves* **mondani** *social* **vi hanno luogo** *take place there* **municipi** *city halls* **avvengono** *take place* **scioperi** *strikes* **comizi** *rallies* **nelle sue vicinanze** *nearby* **si svolge** *takes place* **pubblico** *audience* **fare due chiacchiere** *have a chat* **magari** *perhaps* **calci** *kicks* **vanitosi** *vain* **farsi guardare** *let people look at you*

A T T I V I T À

1 **Vero o falso?** Indica se l'affermazione è **vera** o **falsa**. Correggi le affermazioni false.

1. I greci e i romani non avevano le piazze nelle loro città.
2. Le piazze hanno di solito una posizione centrale.
3. In piazza ci sono solo edifici amministrativi o politici.
4. I candidati politici usano le piazze durante le campagne elettorali.
5. La piazza non è un luogo adatto per il commercio.
6. In molte città il mercato settimanale si svolge in piazza.
7. La piazza è un luogo di divertimento solo per gli adulti.
8. Agli italiani piacciono solo le piazze grandi e importanti.
9. Gli italiani frequentano i bar in piazza.
10. La piazza è anche un luogo per i vanitosi.

Camminare in città

l'aiuola	flower bed
il centro storico	downtown
l'ufficio informazioni	tourist office
l'isola pedonale	pedestrian area
le mura	city walls
il quartiere	neighborhood
il vicolo	alley
a due passi da	not far from
dietro l'angolo	around the corner

Un santo per città

La tradizione di venerare° un santo protettore in ogni città e paese ha origini antiche e pagane. Il santo protettore, o patrono, protegge la città e garantisce salute e benessere ai cittadini, che lo celebrano in un giorno particolare. Oltre alle manifestazioni religiose° e alle processioni in onore del Santo, la gente in genere festeggia con concerti, parate°, giochi popolari e fuochi d'artificio°. Tra i santi patroni più famosi ci sono **San Gennaro** a Napoli, **Sant'Ambrogio** a Milano e **San Pietro** e **San Paolo** a Roma.

Il santo patrono non protegge soltanto le città, ma anche alcune categorie di persone. **San Valentino**, patrono di Terni, ad esempio, è considerato da tutti il santo protettore degli innamorati!

venerare *worshiping* **manifestazioni religiose** *religious events*
parate *parades* **fuochi d'artificio** *fireworks*

Urbino: la «città ideale»

Durante il Rinascimento°, con lo studio dei classici latini e greci, in particolare di Platone° e di Aristotele, torna anche il mito° dello «stato ideale» governato saggiamente° da filosofi che abitano in «città ideali». L'architettura della «città ideale» si ispira a figure geometriche assolute unite a figure classiche che creano un'immagine di rigore, equilibrio° e bellezza. Le strade sono rettilinee° e si incrociano° perpendicolarmente. La visione finale deve avere un effetto di prospettiva. Un esempio è la città di **Urbino**, nelle Marche, definita «città ideale del Rinascimento». Qui possiamo ammirare alcuni elementi dell'architettura ideale nel **Palazzo Ducale**, voluto dal Duca Federico di Montefeltro nel XV secolo. Il cortile è rettangolare, circondato° da colonne con capitelli corinzi°. Sopra il colonnato°, in un perfetto equilibrio di forme e colori, ci sono archi e finestre in marmo° bianco che creano un effetto di luce contrastante con il colore rosa delle mura.

Rinascimento *Renaissance* **Platone** *Plato* **mito** *myth* **saggiamente** *wisely* **equilibrio** *balance*
rettilinee *rectilinear* **si incrociano** *they intersect* **circondato** *surrounded* **capitelli corinzi**
Corinthian capitals **colonnato** *colonnade* **marmo** *marble*

Cerca tre foto di edifici realizzati seguendo i principi dell'architettura ideale.

Go to **vhlcentral.com** to find more information related to this **CULTURA**.

---

2 **Completare** Completa le frasi.

1. L'architettura della «città ideale» è caratterizzata da _____.
2. In una «città ideale» la visione finale deve avere un effetto di _____.
3. A Urbino si osservano dei dettagli dell'architettura ideale nel _____.
4. La tradizione del santo protettore ha origini _____.
5. Il _____, o patrono, protegge la città e garantisce salute e benessere ai cittadini.
6. I santi protettori proteggono le città e anche alcune _____.

3 **A voi** A coppie, discutete le seguenti domande.

1. Nella tua città esiste un luogo con le caratteristiche della piazza?
2. Secondo te, quali problemi non esistono in una «città ideale»?
3. Quali sono le caratteristiche dell'architettura ideale che preferisci, e perché?

More activities

vhlcentral   Online activities

ATTIVITÀ

9A.1

Si impersonale and si passivante

Punto di partenza In Italian, impersonal sentences have an unspecified subject and are used to refer to people in general. In English, this idea is frequently expressed with *one*, *people*, *you*, or *they*.

- In Italian, use the pronoun **si** with the third-person singular form of the verb to express an impersonal meaning. Note that a number of English translations are possible.

  In estate si va spesso al mare.
  ***People** often **go** to the beach in the summer.*
  ***They** often **go** to the beach in the summer.*

  Senza piscina non **si nuota** tanto.
  *Without a pool, **one** doesn't **swim** much.*
  *Without a pool, **you** don't **swim** much.*

- The impersonal construction is commonly used to request or give information, instructions, and permission.

  Come **si scrive** «striscia»?
  *How **do you spell** "striscia"?*

  Come **si dice** «pedone» in inglese?
  *How **do you say** "pedone" in English?*

- When a reflexive verb is used impersonally, use the pronoun combination **ci si** to avoid repeating the pronoun **si**.

  Ci si divertiva in quel locale notturno.
  ***People used to have fun** at that nightclub.*

  Qui non **ci si perderebbe** mai.
  *Here, **one would** never **get lost**.*

- When the verb used in an impersonal **si** construction has an expressed subject, it is called the **si passivante** and is equivalent to the passive voice. Compare the following.

  Compro le riviste al chiosco.
  ***I buy the magazines** at the kiosk.*

  Le riviste si comprano al chiosco.
  ***The magazines are bought** at the kiosk.*

- Note that the expressed subject often comes after the **si passivante** construction. If **si passivante** is followed by a plural subject, use the third-person plural form of the verb. Use the third-person singular form with singular subjects.

  Là **si vendono** delle belle scarpe.
  *Some nice shoes **are sold** there.*
  *(**They sell** some nice shoes there.)*

  A Firenze **si vedono** molti turisti.
  *Many tourists **are seen** in Florence.*
  *(**You will see** many tourists in Florence.)*

- In Italy, **si** constructions are often seen on signs, posted notices, and advertisements. Note that in such uses **si** is often attached to the verb to save space, as seen in the first two photos below.

More activities

vhlcentral

LM
p. 78

WB
pp. 137–138

Online activities

Provalo! Scegli l'opzione corretta per completare le seguenti frasi usando il *si impersonale* e il *si passivante*.

1. Non (si rivela / si rivelano) mai i segreti degli altri!
2. In questo negozio (si parla / si parlano) italiano.
3. Prima (si legge / si leggono) le istruzioni.
4. A cena non (si parla / si parlano) al cellulare.
5. In vacanza (ci si alza / si alza) tardi.
6. La sera (si accende / si accendono) le luci.

PRACTICA E COMUNICAZIONE

1

Completare Usa il *si impersonale* per completare ogni frase.

1. Non _____ (capire) quando parli così.
2. Come _____ (rispondere) all'insegnante? In italiano!
3. In biblioteca _____ (studiare) silenziosamente.
4. Con gli occhiali _____ (leggere) meglio.
5. Come _____ (scrivere) velocemente al computer?
6. Oggi _____ (pagare) con la carta di credito.
7. Stasera _____ (cenare) in sala da pranzo.
8. Non _____ (guidare) bene con la neve.

2

Trasformare Riscrivi le frasi usando il *si passivante*.

1. Compro le scarpe.
2. Guarda le statue.
3. Danno un passaggio ai turisti.
4. Aspetta i pedoni.
5. Spediamo le lettere.
6. Attraversano la strada alla rotonda.
7. Cerchiamo il ponte.
8. Prendiamo un caffè.

3

Creare Crea un cartello (*sign*) o un annuncio pubblicitario per ogni informazione.

MODELLO

attraversare / strada / qui
Si attraversa la strada qui.

1. in chiesa / stare / in silenzio
2. andare / diritto / per dieci metri
3. scendere / le scale / a destra
4. al semaforo / usare / strisce pedonali
5. lì / studiare / meglio
6. In estate / mangiare / tanti gelati
7. non / dare da mangiare / ai piccioni
8. mangiare bene / alla «Melanzana rossa»

4

In centro A coppie, descrivete cosa fanno le persone in questi posti. Usate il *si impersonale* e il *si passivante*.

MODELLO

S1: *Al centro commerciale si comprano vestiti nuovi.*
S2: *Al locale notturno, invece, si...*

1. il centro commerciale
2. il chiosco
3. la stazione di polizia
4. le strisce pedonali
5. la biblioteca
6. la piscina
7. il locale notturno
8. l'incrocio

5

Direzioni A coppie, scegliete quattro posti della vostra città o del vostro campus. Dite a turno come si arriva in ogni posto da casa vostra o dal vostro dormitorio. Usate il *si impersonale* e il *si passivante*.

MODELLO

Io vivo all'angolo di Main Street e Green Street. Per andare in biblioteca si va diritto fino all'angolo di Green Street. Si cammina per tre isolati e poi si gira a destra. Si passano tre semafori e....

9A.2

STRUTTURE

Relative pronouns

Punto di partenza Relative pronouns link two phrases together into a longer, more complex sentence. The second phrase gives additional information about the first phrase. Although relative pronouns are sometimes omitted in English, in Italian they must be used.

Non devi attraversare **al semaforo**.
*You mustn't cross **at the traffic light**.*

Il semaforo non funziona.
The traffic light doesn't work.

Non devi attraversare al semaforo **che** non funziona.
*You mustn't cross at the traffic light **that** doesn't work.*

- Here are some common Italian relative pronouns.

I pronomi relativi			
che	who, whom, that, which	cui	whom, which
chi	those who, the one(s) who	quello/quel che (ciò che)	that which, what

- **Che** is invariable and can refer to either people or things.

Quando vedremo **la chiesa**?
*When will we see **the church**?*

Mi piace **la chiesa**.
*I like **the church**.*

Quando vedremo la chiesa **che** mi piace?
*When will we see the church **that** I like?*

Ecco la donna **che** ha lavorato al negozio.
*Here is the woman **who** worked at the store.*

Ti siedi sulla panchina **che** si trova vicino alla fontana?
*Are you sitting on the bench (**that is**) located near the fountain?*

- After a preposition, use **cui**, not **che**.

Dov'è **il poliziotto**?
*Where is **the police officer**?*

Mario ha parlato **con il poliziotto**.
*Mario spoke **with the police officer**.*

Dov'è il poliziotto **con cui** ha parlato Mario
*Where is the police officer **with whom** Mario spoke?*

- Note that the relative pronoun **che** can never be used after a preposition.

La statua **che** abbiamo studiato è famosa.
*The statue (**that**) we studied is famous.*

BUT

Questa è la chiesa **in cui** si trova la statua.
*This is the church **in which** the statue is located.*

- Like **che**, **cui** is invariable and can refer to either people or things.

Parliamo **del** vigile del fuoco. Il vigile del fuoco **di cui** ti ho parlato si chiama Giorgio.
*Let's talk **about the** firefighter. The firefighter (**that**) I told you **about** is named Giorgio.*

Vai **al** centro commerciale? Il centro commerciale **in cui** devi andare è lontano da casa mia.
*You're going **to** the mall? The mall (**that**) you have to go **to** is far from my house.*

- The phrase **la ragione per cui** is equivalent to *the reason why*. It is often translated simply as *why* in English.

La Fontana di Trevi è **la ragione per cui** studia la scultura italiana.
*The Trevi Fountain is (**the reason**) **why** he studies Italian sculpture.*

Questa terribile cartina è **la ragione per cui** mi sono persa!
*This terrible map is (**the reason**) **why** I got lost!*

- In spoken Italian, **dove** (*where*) is frequently used instead of **in cui** when referring to a place.

Le è piaciuto il ristorante **dove** (**in cui**) abbiamo mangiato ieri sera?
*Did you like the restaurant **where** (**in which**) we ate last night?*

Non è quello il locale **dove** (**in cui**) abbiamo speso troppo?
*Isn't that the club **where** (**in which**) we spent too much money?*

- In the uses described above, **che** and **cui** refer to a specific noun mentioned earlier in the same sentence. In contrast, **quello che/ciò che** can refer to an object or concept that has not yet been specified. The forms are invariable, although **quello che** is often shortened to **quel che**.

Ciò che vedi è una fontana.
What you see is a fountain.

Non è **quello che** pensi!
*It's not **what** you think!*

- As a relative pronoun, **chi** refers only to people and is equivalent to *those who, people who*, and *he/she who*, especially in proverbs. Use **chi** with third-person singular verb forms.

Chi dorme non piglia pesci.
***Those who** sleep do not catch fish.*

Chi tardi arriva male alloggia.
***He who** arrives late lodges badly.*

Provalo!   **Scegli l'opzione che completa meglio ogni frase.**

1. Mi piacciono le persone (che / cui) sono aperte e oneste.
2. Il libro (cui / che) leggiamo in classe è molto interessante.
3. Non capisco (chi / ciò che) dici.
4. Il caffè (chi / che) preferisco è forte e senza zucchero.
5. Franco è l'amico di (cui / chi) ti ho parlato.
6. Per me va bene fare (quello che / quello a cui) vuoi tu.
7. La Sicilia è la regione (che / dove) si trova l'Etna?
8. (Chi / Che) conosce un posto dove si beve un buon caffè?

More activities

vhlcentral

LM
p. 79

WB
pp. 139–140

Online activities

PRATICA

1 Associare Completa le frasi con il pronome relativo appropriato. Usa ogni pronome una volta sola.

che	con cui	la ragione per cui
chi	in cui	quello che

1. Ho letto tutto _____ ha scritto.
2. La macchina _____ sono venuta qui è molto vecchia.
3. La casa _____ vivono è molto elegante.
4. Questa è _____ non voglio mai uscire con te!
5. Il computer _____ usiamo è di mio padre.
6. Roma è la città ideale per _____ ama la storia.

2 Completare Completa la seguente conversazione con **che**, **cui**, **dove** e **chi**.

ANNA Qual è la chiesa (1) _____ andate di solito?

LISA San Pietro; è la chiesa (2) _____ ti ho fatto vedere ieri. È molto bella e (3) _____ va lì una volta, ci torna sempre!

ANNA San Pietro è di fronte al negozio in (4) _____ ci siamo fermati domenica scorsa, giusto?

LISA Sì, giusto. Ed è accanto al grande magazzino (5) _____ abbiamo comprato il regalo per Giovanna.

ANNA La ragazza con (6) _____ giocavi da piccola?

LISA No, per la mia amica Giovanna, quella (7) _____ hai conosciuto l'altra sera in discoteca.

ANNA Sì, mi ricordo, è molto simpatica. È una persona con (8) _____ mi piacerebbe uscire di nuovo.

3 Combinare Usa un pronome relativo per combinare le due frasi.

MODELLO

Questo è un pedone. Ho visto il pedone all'incrocio.
Questo è il pedone che ho visto all'incrocio.

1. Mi piace la libreria nuova. Siamo andati in libreria stamattina.
2. Conosco una persona. Questa persona ha otto gatti.
3. Questo è Francesco. Ho studiato con Francesco per l'esame d'italiano.
4. Cristoforo Colombo era un esploratore. Cristoforo Colombo ha scoperto l'America.
5. L'Italia è un paese. In Italia si parla italiano.
6. Questa è una scuola elementare. Io sono andato in questa scuola da piccolo.

4 Scegliere Scegli il pronome relativo corretto per completare le frasi.

1. Roma è una città (che / in cui) ci sono molte cose da vedere.
2. (Cui / Chi) lascia la strada vecchia per quella nuova sa (cui / quello che) lascia ma non sa (ciò che / cui) trova.
3. L'affresco della Cappella Sistina, (il cui / che) autore è Michelangelo, è stato completato nel 1541.
4. La cupola (chi / che) abbiamo visitato è quella della basilica di San Pietro.
5. Le Scuderie del Quirinale! Quello è un museo (cui / che) vorrei visitare!
6. Andiamo al Pantheon, (per cui / in cui) sono sepolti dei monarchi italiani.

COMUNICAZIONE

5 **Posti** A coppie, fate la lista dei vostri sei posti preferiti: negozi, centri commerciali, ristoranti ecc. Poi scrivete una frase su ogni posto usando diversi pronomi relativi, come nel modello.

> **MODELLO**
>
> **S1:** *Bar Due è un locale dove vanno tutti gli studenti italiani.*
> **S2:** *Rusty, invece, è una discoteca che è famosa per la musica dal vivo (live music) e dove io e i miei amici andiamo spesso...*

6 **Opinioni** Lavorate a coppie. Date a turno la vostra opinione sulle seguenti cose, attività, persone e posti. Usate i pronomi relativi.

> **MODELLO**
>
> primavera
> **S1:** *La primavera è la stagione che preferisco perché mi piacciono molto i fiori.*
> **S2:** *Non mi piace la primavera perché è la stagione in cui ho molte allergie.*

1. colazione
2. navigare su Internet
3. il/la mio/a compagno/a di stanza
4. il lunedì

5. il corso d'italiano
6. l'Italia
7. il presidente degli Stati Uniti
8. l'insegnante d'italiano

7 **Memoria a catena** In gruppi di quattro, fate a turno a costruire la frase più lunga che potete. La prima persona crea una frase. La seconda la ripete e aggiunge un'altra frase usando un pronome relativo. La terza aggiunge un'altra frase e un pronome relativo. Quando non vi ricordate più tutta la frase, ricominciate da capo!

> **MODELLO**
>
> **S1:** *Conosco uno studente italiano.*
> **S2:** *Conosco uno studente italiano che vive nel dormitorio Houston.*
> **S3:** *Conosco uno studente italiano che vive nel dormitorio Houston, dove vivo anch'io...*

8 **Le radici** Lavorate in gruppi di tre o quattro. Ognuno pensa a un personaggio famoso e ne scrive la descrizione usando i pronomi relativi. Poi, a turno, cercate di indovinare i personaggi scelti dai vostri compagni.

> **MODELLO**
>
> **S1:** *È un uomo che ora gioca a pallacanestro negli Stati Uniti e che è cresciuto in Italia. Tra le città italiane in cui è cresciuto c'è Rieti.*
> **S2:** *È Kobe Bryant?*
> **S3:** *Sì!*

SINTESI

Ricapitolazione

1 Dove si trova...? Lavorate a coppie. Dite a turno dove si trovano le seguenti cose nella vostra città. Usate il **si impersonale** e il **si passivante**.

MODELLO

S1: Dove si trova la chiesa più vecchia?
S2: Nel centro storico si trovano due chiese molto vecchie.

1. la chiesa più vecchia
2. la fontana più grande
3. la piscina pubblica
4. la statua più famosa
5. l'edificio più spettacolare
6. l'incrocio più trafficato (congested)

2 Descrizione di un lavoro A coppie, scegliete una professione presentata in questa lezione o in una lezione precedente. Poi scrivete una descrizione di questa professione usando il **si impersonale** e il **si passivante**.

3 La ragione Lavorate a coppie. Dite a turno perché fate certe cose. Usate le azioni della lista e altre a vostra scelta.

MODELLO

S1: Perché vai a lezione?
S2: Vado a lezione perché si imparano tante cose e si fanno molte attività.

1. andare a lezione
2. studiare per un esame
3. uscire con gli amici
4. comprare vestiti nuovi
5. fare un favore a un amico
6. dormire il fine settimana

4 Definizioni Lavorate a coppie. Una persona sceglie una parola dal vocabolario della lezione e la definisce; l'altra persona deve indovinarla. Poi scambiate i ruoli. Usate il **si impersonale**, il **si passivante** e i **pronomi relativi**.

MODELLO

S1: È dove si attraversa la strada.
S2: Sono le strisce pedonali?
S1: No. È un posto in cui si incontrano due strade. A volte c'è un semaforo.
S2: È un incrocio!

5 Un'inchiesta Usate l'inchiesta seguente per fare domande e trovare almeno un(a) compagno/a di classe per ogni categoria.

MODELLO

S1: Sei una persona che attraversa la strada fuori dalle strisce pedonali?
S2: No! Io attraverso sempre sulle strisce pedonali!

Sei una persona che...	Nome
1. attraversa sempre sulle strisce pedonali?	Pietro
2. beve acqua dalle fontane?	
3. chiede indicazioni agli sconosciuti (strangers)?	
4. si perde facilmente in una città nuova?	
5. dà sempre un passaggio agli amici?	
6. va in bicicletta sul marciapiede?	
7. non ama le piscine pubbliche?	
8. non riporta (return) i libri in biblioteca in tempo?	

6 Pubblicità A coppie, create un opuscolo per la vostra città. Usate il **si impersonale** e il **si passivante** per descrivere cosa si può fare e cosa si può vedere. Usate i **pronomi relativi** per combinare frasi e aggiungere più dettagli possibili.

MODELLO

Nella mia città si può visitare facilmente il centro, dove si trovano molti edifici in stile moderno...

Architettura e natura, una combinazione vincente!

More activities

vhlcentral

Online activities

Video

Italia autentica

Lo zapping: Le città i mercati

Preparazione Dai un'occhiata al paragrafo e guarda l'immagine per rispondere alle seguenti domande.

- Come si chiama il mercato menzionato nel video? Dove si trova?
- Che cosa sta facendo la ragazza dell'immagine? Secondo te, quali articoli si vendono al mercato?

In Italia il mercato, con le sue bancarelle (*stands*) e i suoi venditori, è una tradizione secolare (*age-old*). Il mercato di Cesena è molto popolare ed è uno dei più grandi della Romagna. Gli ambulanti (*street vendors*) di Cesena sono riuniti nel consorzio «Le città i mercati»: in Emilia-Romagna, infatti, si sa da tempo che l'unione fa la forza!

Al mercato trovi tutto quello che fa per te (*is right for you*).

1 Comprensione Guarda il video e scegli la risposta corretta.

1. In che giorni c'è il mercato a Cesena?
   a. tutti i giorni (*every day*)
   b. il mercoledì e il sabato
   c. il mercoledì e il giovedì
   d. il fine settimana

2. Cosa si può comprare al mercato?
   a. frutta e verdura
   b. vestiti e accessori
   c. articoli per la casa
   d. a, b, c

2 Discussione A coppie, discutete le seguenti domande. Usate le Espressioni utili.

1. Ti piace fare acquisti? Dove compri le cose solitamente? Preferisci comprare nei negozi oppure online?
2. Nel tuo paese esistono mercati come quello di Cesena? Se sì, che cosa vendono? Dove si trovano?
3. Secondo te, che differenza c'è tra i prodotti che si comprano al mercato e quelli che si comprano nei negozi?

Espressioni utili	
cortese	*courteous*
disponibile	*helpful*
gentile	*kind*
ingannevole	*misleading*
lento	*slow*
menefreghista	*uncaring*
professionale	*professional*
sgarbato	*rude*
di buona/cattiva qualità	*good/bad quality*
di marca	*branded*
potere/non potere	*can be/cannot be returned*

3 Presentazione Immagina di essere un venditore del mercato: un'emittente televisivati chiede di fare un'intervista suoi tuoi prodotti. Parla della tua bancarella usando le seguenti indicazioni. Ricordati di usare i pronomi relativi e il si passivante.

- *Nome della tua bancarella*
- *Luogo in cui si trova*
- *Orari di apertura*
- *Caratteristiche dei tuoi prodotti*
- *Motivi per cui le persone dovrebbero acquistare i tuoi prodotti*

More activities

vhlcentral

Online activities

Lezione 9B

Communicative Goals

You will learn how to:

- talk about errands and banking
- talk about places and businesses in town

Le commissioni

 Hotspots

Vocabolario

espressioni	*expressions*
chiedere un prestito	to ask for a loan
fare delle commissioni	to run errands
firmare	to sign
inviare	to send
pagare con assegno	to pay by check
pagare con carta di credito/bancomat	to pay with a credit/debit card
pagare in contanti	to pay in cash
prelevare dei soldi	to withdraw money
ricevere	to receive
riempire un modulo	to fill out a form
versare dei soldi	to deposit money
la posta	***mail***
la busta	envelope
la cartolina	postcard
il francobollo	stamp
l'indirizzo	address
in banca	***at the bank***
il conto bancario	bank account
il conto corrente	checking account
il conto di risparmio	savings account
la moneta	coin; change
in città	***in the city***
il comune	town hall
il fiorista	flower shop; florist
il fotografo	photo shop; photographer
la lavanderia	laundromat
la profumeria	perfume/cosmetics shop
la questura	police headquarters
l'ufficio informazioni	(tourist) information office

Posteitaliane

Gioielleria Martino

Internet c@fé
spazio connessione

Cartoleria Patti

SALDI

la cartoleria

la gioielleria

l'ufficio postale

l'Internet point

imbucare una lettera

LETTERE

il pacco

la cassetta delle lettere

l'edicola

la rivista

More activities

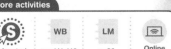

 vhlcentral

 WB pp. 141–142

 LM p. 80

 Online activities

il centro estetico

il postino
(la postina *f.*)

la posta

la banca

lo sportello automatico

la banconota

Attenzione!

Bancomat is one of the largest ATM networks in Italy, and most Italians refer to an ATM as **il bancomat**, rather than **lo sportello automatico**.

Pratica

1 **Trova l'intruso** Trova la parola che non appartiene al gruppo.

MODELLO busta, (moneta), cartolina, pacco

1. comprare, pagare con assegno, inviare, pagare in contanti
2. banconota, moneta, sportello automatico, posta
3. fotografo, postino, fiorista, assegno
4. imbucare, edicola, inviare, busta
5. francobollo, gioielleria, edicola, centro estetico
6. chiedere un prestito, conto corrente, comune, versare dei soldi

2 **Associazioni** Di' dove andresti a comprare le seguenti cose.

1. in _____
2. in _____
3. dal _____
4. dal _____
5. in _____
6. all' _____

3 **Vero o falso?** Ascolta le frasi e decidi se sono **vere** o **false**.

	Vero	Falso		Vero	Falso
1.	☐	☐	5.	☐	☐
2.	☐	☐	6.	☐	☐
3.	☐	☐	7.	☐	☐
4.	☐	☐	8.	☐	☐

4 **Definire** Scrivi una frase completa per definire ognuno dei seguenti termini.

MODELLO sportello automatico

È una macchina che puoi usare per prelevare dei soldi dal conto corrente.

1. Internet point _____
2. cassetta delle lettere _____
3. postino/a _____
4. edicola _____
5. lavanderia _____
6. questura _____

CONTESTI

Comunicazione

5 **Fare commissioni** A coppie, mettete le seguenti frasi nell'ordine corretto per creare una conversazione logica.

____ **GIULIA** Sì, devo assolutamente dirti cosa ho visto in gioielleria! Allora, andiamo!

____ **GIULIA** Posso venire con te all'ufficio postale. Anch'io devo spedire una lettera. Poi voglio passare in banca a prelevare dei soldi perché non ho contanti.

____ **SILVIA** Buona idea! Così possiamo parlare un po'.

____ **SILVIA** Devo fare alcune commissioni. Voglio spedire un pacco e delle lettere. Poi devo cercare un regalo di compleanno per mio fratello.

____ **SILVIA** Se vuoi c'è uno sportello automatico qui vicino. Anch'io ho appena prelevato dei soldi.

____ **SILVIA** Perfetto, andiamo!

____ **GIULIA** Ciao, Silvia, che cosa fai di bello in centro?

____ **GIULIA** Bene, allora andiamo prima allo sportello automatico. Poi, quando abbiamo finito le nostre commissioni, possiamo andare a prendere un caffè insieme!

6 **La giornata di Anna** Lavorate a coppie. L'insegnante vi darà due fogli diversi, ciascuno con metà delle informazioni riguardo ai posti dove Anna deve andare oggi. Descrivete a turno le sue attività e completate i vostri fogli.

MODELLO

Alle dieci Anna va all'ufficio postale a comprare dei francobolli. Poi...

7 **La città perfetta** In gruppi di tre, fate una lista dei 15 posti che dovrebbero essere presenti nella vostra città perfetta. Poi fate un disegno della città in cui li mostrate. Usate il disegno seguente o fatene uno vostro. Preparatevi a mostrare il vostro disegno alla classe e a descrivere i diversi posti che avete incluso.

MODELLO

S1: *Per me la città perfetta deve avere un Internet point.*

S2: *Buona idea! Io vorrei anche una buona pasticceria.*

S3: *Bah, non è così importante! Quello di cui abbiamo bisogno è...*

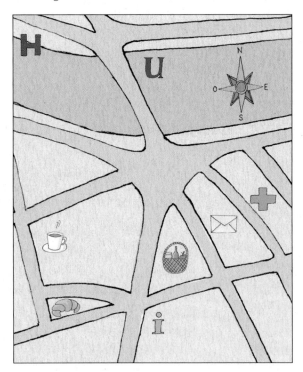

Pronuncia e ortografia Audio

Parole affini II

essenziale	**natur**ale	**parzi**ale	**speci**ale
essential	*natural*	*partial*	*special*

Italian words ending in **-ale** are often equivalent to English words ending in *-al*.

ciclista	**ottim**ista	**pian**ista	**special**ista
cyclist	*optimist*	*pianist*	*specialist*

Italian words ending in **-ista** are often equivalent to English words ending in *-ist*.

caratterizzare	**econom**izzare	**organ**izzare	**simpat**izzare
characterize	*economize*	*organize*	*sympathize*

Italian words ending in **-izzare** are often equivalent to English words ending in *-ize*.

famosa	**gel**oso	**gener**oso	**nerv**osa
*fam*ous	*jeal*ous	*gener*ous	*nerv*ous

Italian words ending in **-oso/a** are often equivalent to English words ending in *-ous*.

Pronunciare Ripeti le parole ad alta voce.

1. delizioso
2. finalizzare
3. oculista
4. abituale
5. artificioso
6. linguista
7. collegiale
8. specializzare
9. glorioso
10. editoriale
11. pessimista
12. invidiosa

Articolare Ripeti le frasi ad alta voce.

1. L'esame finale sarà difficile.
2. Posso italianizzare questa parola inglese?
3. Vai dal dentista oggi.
4. Questo risotto è delizioso.
5. È famoso questo libro?
6. Perché dovete analizzare tutto?

Proverbi Ripeti i proverbi ad alta voce.

È meglio pagare
e poco avere che molto
avere e sempre dovere.[2]

A mente curiosa
e sagace il troppo
riposo non piace.[1]

[1] To a curious and wise mind, too much rest is not pleasing.
[2] It is better to pay and have little than to have a lot and always owe.

More activities

vhlcentral   LM   p. 81

FOTOROMANZO

Un pomeriggio in centro  Video

Lorenzo

Viola

VIOLA (*Al telefono*) Ciao, Massimo, come stai? ... Alla posta. Ho comprato dei francobolli e spedito un pacco a mia madre. ... Beh, ho diverse cose da fare. In banca, in tintoria. Stasera? Ma non devi lavorare? Sì, mi piacerebbe vederti. Alle sette? Ho una lezione domani mattina. Facciamo alle sei? ... Ci vediamo lì. Benissimo. A dopo.

LORENZO Viola.
VIOLA Ciao.
LORENZO Ciao. Che cosa fai qui?
VIOLA Ho un conto corrente in questa banca e dovevo ritirare (to withdraw) dei soldi al bancomat. È qui che lavori?
LORENZO Sì. Lavorando guadagno crediti per l'università.
VIOLA Io dovrei andare a...

LORENZO È stato bello l'altro giorno.
VIOLA Che cosa?
LORENZO Il Foro. Noi tutti insieme. Sono stato molto bene.
VIOLA Davvero? Sei sempre così distante da tutti gli altri alla pensione.
LORENZO Lo so. Sono troppo serio a volte.

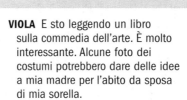

VIOLA Che c'è, hai qualche problema con lei?
LORENZO Con Emily? No, io non ho problemi con nessuno. Semplicemente, siamo diversi.
VIOLA Altroché!
LORENZO Ti va di fare due passi? Marcella ha detto che abbiamo tutti bisogno di un po' più di cultura.

VIOLA E sto leggendo un libro sulla commedia dell'arte. È molto interessante. Alcune foto dei costumi potrebbero dare delle idee a mia madre per l'abito da sposa di mia sorella.
LORENZO Tua madre farà l'abito di tua sorella?

VIOLA L'ha fatto anche per le altre tre mie sorelle. Un giorno, ne farà uno anche per me.
LORENZO Per quando ti sposerai con Massimo?
VIOLA Perché dici queste cose?
LORENZO Scusa. Dovrei lasciare le battute a Riccardo. Marcella è ancora arrabbiata con lui, vero?
VIOLA Sì.

A T T I V I T À

1

Rispondere Rispondi alle seguenti domande.

1. Che cosa ha fatto Viola in posta?
2. Dove deve ancora andare Viola?
3. Dove lavora Lorenzo?
4. Com'è il caffè?
5. Secondo Marcella, di che cosa hanno bisogno tutti?

6. Che libro legge Viola?
7. Chi farà l'abito da sposa per la sorella di Viola?
8. Con chi è ancora arrabbiata Marcella?
9. Secondo Lorenzo, com'è Riccardo?
10. Con chi ha un appuntamento Viola?

Lorenzo e Viola si incontrano in centro.

LORENZO Senti, io ho finito di lavorare per oggi. C'è un buon bar in fondo alla strada. Potremmo provare il loro caffè per Emily. Mi dispiace per quello che è successo con Isabella.
VIOLA Però era divertente.
LORENZO «Chi è Francesca?»

LORENZO Com'è il caffè?
VIOLA Ottimo. Devo dire a Emily di questo bar. Non lo conosce ancora.
LORENZO Vuole davvero andare in tutti i bar di Roma?
VIOLA Penso proprio di sì. Ne ha già visitati tanti.

LORENZO Non avrebbe mai dovuto prendere il suo scooter.
VIOLA Lo so, ma sono diventati ottimi amici.
LORENZO È impossibile essere arrabbiati con lui. Io ci ho provato. È così rozzo, ma è un bravo ragazzo e poi è proprio divertente.

VIOLA Oh, no! Massimo! Che ora è? Devo andare!
(Si baciano.)
VIOLA Devo andare. Massimo mi aspetta. Sono in ritardo. Ciao.
LORENZO Ah, accidenti.

Espressioni utili

Indefinite words

- **tutti gli altri**
  everyone else
- **Sono troppo serio a volte.**
  I'm too serious sometimes.
- **Ne ha già visitati tanti.**
  She's already been to a lot of them.
- **qualche problema**
  some problem
- **alcune foto**
  some photos

Expressing negation

- **Non ho problemi con nessuno.**
  I don't have a problem with anyone.
- **Non avrebbe mai dovuto prendere il suo scooter.**
  He never should have taken her scooter.

Additional vocabulary

- **tintoria**
  dry cleaner
- **Facciamo alle sei?**
  How's six o'clock?
- **È qui che lavori?**
  This is where you work?
- **Lavorando guadagno crediti per l'università.**
  I earn college credits working here.
- **in fondo alla strada**
  down the street
- **Ti va di fare due passi?**
  Do you feel like going for a walk?
- **L'ha fatto anche per le altre tre mie sorelle.**
  She made one for my other three sisters.
- **Altroché!**
  Absolutely!
- **sto leggendo**
  I'm reading
- **l'abito da sposa**
  wedding dress
- **lasciare le battute**
  to leave the jokes
- **Io ci ho provato.**
  I've tried.
- **rozzo**
  crude

2 **Per parlare un po'** A coppie, fate programmi per una giornata in centro. Scrivete un dialogo in italiano di almeno 15 battute (*lines*) in cui decidete dove andare, spiegate il perché delle vostre scelte e anche come intendete arrivarci.

3 **Approfondimento** Fai una ricerca sulla commedia dell'arte e rispondi alle seguenti domande. Quando è nata? Che cosa significa *arte*? Con quali altri nomi veniva chiamata (*was it called*)? Quali sono le tematiche principali della commedia dell'arte? Quali sono le maschere (*characters*) più famose?

More activities

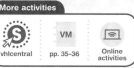

vhlcentral   VM pp. 35–36   Online activities

A T T I V I T À

IN PRIMO PIANO

Contanti o carta di credito?

Qual è il rapporto degli italiani con i soldi? Gli italiani sono per tradizione un popolo di risparmiatori°. Per amministrare i soldi e per pagare alcune spese, la maggior parte degli italiani utilizza i servizi offerti dalle banche o dalle Poste Italiane, come il conto corrente e il conto di risparmio.

Il primo° permette di versare e prelevare soldi e fare pagamenti°. Il secondo permette di depositare una somma° che matura interessi° nel tempo. Con l'apertura° di un conto corrente la banca, di solito, offre al cliente un libretto di assegni°, la domiciliazione delle utenze°, l'Internet Banking, una o più carte di credito e, a volte, un fido bancario°.

Per gli acquisti giornalieri, come la spesa, il giornale o la colazione al bar, di norma° si usano i contanti. Gli italiani non usano gli assegni con la stessa frequenza degli americani e preferiscono utilizzare metodi di pagamento elettronico°, primo fra tutti la carta di debito, chiamata comunemente "bancomat". Pagare con la carta di credito o con il bancomat è sempre più comune e tanti negozi e ristoranti sono pronti a ricevere pagamenti di questo tipo, soprattutto quando l'importo° supera i 20 o 30 euro.

Cosa comprano gli italiani con la carta di credito? In genere fanno acquisti di un certo valore, e gli acquisti online che, negli ultimi anni, hanno registrato un grosso aumento°. La carta prepagata° è un tipo di carta molto richiesto. Per ottenerla non è necessario avere un conto corrente; la più utilizzata è quella offerta da Poste Italiane che si attiva facilmente e si ricarica di volta in volta con la cifra desiderata presso le poste o in tabaccheria. Per questo motivo è molto usata dai giovani e dagli studenti. Comporta, però, spese per le operazioni e le ricariche, e non offre garanzie in caso di smarrimento°.

Cosa comprano gli italiani online?

viaggi	49%
libri/musica	48%
moda	43%
informatica	33%
cosmetici	25%
prodotti alimentari	2%

FONTE: Nielsen

risparmiatori *savers* **Il primo** *The former* **effettuare pagamenti** *to make payments* **somma** *sum* **matura** *earns* **interessi** *interest* **apertura** *opening* **libretto di assegni** *checkbook* **domiciliazione delle utenze** *automatic bill pay* **fido bancario** *line of credit* **di norma** *normally* **metodi di pagamento elettronico** *electronic payment methods* **importo** *amount* **grosso aumento** *large increase* **prepagata** *prepaid* **smarrimento** *loss*

ATTIVITÀ

1

Vero o falso? Indica se l'affermazione è **vera** o **falsa**. Correggi le affermazioni false.

1. Agli italiani piace risparmiare.

2. Le Poste Italiane e le banche offrono servizi molto diversi.

3. Il conto corrente permette di prelevare soldi.

4. Gli italiani preferiscono utilizzare metodi di pagamento elettronico.

5. I pagamenti con le carte di credito non sono molto comuni in Italia.

6. Gli italiani usano le carte di credito per le piccole spese di tutti i giorni.

7. La carta di credito è molto usata per gli acquisti online.

8. Una carta usata particolarmente da giovani e studenti è il bancomat.

9. Per ottenere la carta prepagata è necessario avere un conto corrente.

10. La carta prepagata richiede spese per le operazioni.

L'ITALIANO QUOTIDIANO

In banca e all'ufficio postale

l'investimento	investment
la posta prioritaria	priority mail
la raccomandata	registered letter
la rata	installment; payment
lo sportello	window (teller)
il tasso di interesse	interest rate
essere al verde	to be broke
fare la coda	to wait in line
pagare le bollette	to pay the bills

USI E COSTUMI

Edicole e tabaccherie

Le **edicole** e le **tabaccherie** sono due punti vendita° presenti in genere in ogni centro abitato°. L'edicola può essere un negozio o un chiosco per la vendita di quotidiani° e riviste di ogni genere: settimanali o periodici per adulti e bambini e per ogni tipo di hobby. Molte edicole oggi vendono anche cartoline e piccoli articoli da regalo° e di cartoleria. In passato le tabaccherie si chiamavano «Sali e Tabacchi» perché vendevano anche il sale, ma oggi vendono sigari°, sigarette°, biglietti per il trasporto pubblico, francobolli e valori bollati°. Oggi nelle tabaccherie è anche possibile comprare i biglietti per varie lotterie°, pagare le multe e il bollo auto°.

punti vendita *points of sale* **centro abitato** *community* **quotidiani** *daily papers* **articoli da regalo** *gifts* **sigari** *cigars* **sigarette** *cigarettes* **valori bollati** *revenue stamps* **lotterie** *lotteries* **bollo auto** *vehicle license fee*

RITRATTO

Chiara Ferragni

Chiara Ferragni è un'imprenditrice°, fashion blogger e influencer italiana famosa in tutto il mondo. Nata a Cremona nel 1987, Chiara lancia il suo fashion blog, *The Blonde Salad*, nell'ottobre del 2009 mentre frequenta giurisprudenza° alla Bocconi di Milano. Due anni dopo il debutto, *The Blonde Salad* raggiunge un milione di visite al mese e *Teen Vogue* nomina Chiara "Blogger of the moment". La sua carriera decolla° e nel 2013 vince vari premi come blogger dell'anno, posa per la campagna promozionale di Guess e collabora con Steve Madden alla sua collezione primaverile. Nel 2015 fattura 10 milioni di dollari e diventa oggetto di un caso di studio alla Harvard Business School. Chiara è stata inoltre la prima fashion blogger ad apparire su una copertina di Vogue. I riconoscimenti continuano con Forbes, che la inserisce nella lista "30 Under 30 Europe: The Arts" del 2016 e la nomina «influencer di moda più importante al mondo» nel 2017. Nel 2016 ha reso pubblica la sua relazione con il rapper italiano Fedez e il 19 marzo 2018 è nato Leone, il primogenito° della coppia.

imprenditrice *entrepreneur* **giurisprudenza** *law* **decolla** *to take* **primogenito** *firstborn*

RITMO ITALIANO

Molti grandi interpreti hanno scritto la storia della musica italiana ispirandosi alle meravigliose città del Bel Paese. Vuoi ascoltarne un esempio? Lo trovi su **vhlcentral.com**.

---

2 **Completare** Completa le frasi.

1. Chiara Ferragni è una fashion blogger _____ in tutto il mondo.
2. Forbes ha inserito Ferragni nella _____ "30 under 30 Europe".
3. Il figlio di Chiara Ferragni e Fedez si chiama _____.
4. L'edicola è un negozio che vende _____.
5. Il nome delle tabaccherie in passato era _____.
6. Oggi in _____ è possibile pagare le multe e il bollo auto.

3 **A voi** A coppie, rispondete alle seguenti domande.

1. Hai una carta di credito o un bancomat?
2. Paghi le bollette di persona oppure online?
3. Dove compri, di solito, quotidiani e riviste?

More activities

vhlcentral   Online activities

A T T I V I T À

STRUTTURE

9B.1 Indefinite words

Punto di partenza Indefinite pronouns replace nouns representing unspecified people or things.

Approfondimento

Remember to use the definite article after **tutto/a/i/e**.

Common indefinite adjectives			
alcuni/e	*some, a few*	qualche	*some, a few*
altro/a/i/e	*other*	tanto/a/i/e	*so much, so many*
molto/a/i/e	*many, a lot of*	troppo/a/i/e	*too much, too many*
ogni	*each, every*	tutto/a/i/e	*all, the whole*
poco/a, pochi/e	*little, few*		

- Like other adjectives, indefinites generally agree with the noun they modify. However, remember that **alcuni/e** can be used only with plural nouns, and **ogni** (like **qualche**) is invariable and used with singular nouns only.

  Ogni città è unica.　　　　　　　　　　Ho comprato **alcuni** francobolli.
  Every city is unique.　　　　　　　　　*I bought **a few** stamps.*

Pronomi indefiniti

- Most indefinite pronouns agree in number and gender with the nouns they replace.

Approfondimento

Qualcosa is singular and invariable. For purposes of agreement, it is treated as masculine.

È **arrivato qualcosa** per te.
***Something** arrived for you.*

Use **qualcosa di** before adjectives and **qualcosa da** before infinitives. Use the masculine form of the adjective after **qualcosa di**.

Common indefinite pronouns					
alcuni/e	*some, a few*	ognuno/a	*each one, everyone*	tanto/a/i/e	*so much, so many*
altro	*something (anything) else*	poco/a, pochi/e	*little, few*	troppo/a/i/e	*too much, too many*
altri/e	*others*	qualcuno/a	*someone, anyone*	tutto	*everything*
molto/a/i/e	*much, many*	qualcosa	*something, anything*	tutti/e	*everyone*

indefinite adjective

Ho spedito un pacco a **ogni ragazza**.
*I sent a package to **each girl**.*

Alcune banche sono aperte il sabato.
***Some banks** are open on Saturdays.*

Lui è puntuale, gli **altri studenti** no.
*He is on time, but the **other students** are not.*

indefinite pronoun

Ho spedito un pacco a **ognuna**.
*I sent a package to **each one**.*

Alcune sono aperte il sabato.
***Some** are open on Saturdays.*

Lui è puntuale, gli **altri** no.
*He is on time, but the **others** are not.*

- Use **ognuno/a** and **qualcuno/a** in the singular form only.

  Ognuno ha un conto bancario.　　　　　A **qualcuna** non piace il profumo.
  ***Everyone** has a bank account.*　　　　***Some (women)** don't like perfume.*

More activities

vhlcentral

LM
p. 82

WB
pp. 143–144

Online activities

Provalo!　Scegli l'aggettivo o il pronome indefinito che meglio completa ogni frase.

1. Oggi in classe ci sono (pochi / qualcuno) studenti.
2. Sto male perché ho mangiato (pochi / troppi) biscotti.
3. (Ogni, Qualche) stato ha una capitale.
4. Maria ha (molti / ognuno) amici.
5. Il gelato alla banana è buono. Posso mangiarlo (tutto / troppo)?

PRATICA E COMUNICAZIONE

1 **Completare** Completa ogni frase con un aggettivo o pronome indefinito della lista. Fai tutti i cambiamenti necessari.

alcuni	molti	ognuno	qualcuno
altro	ogni	poco	tutto

1. _____ semaforo era rosso!
2. _____ ha dimenticato l'orologio.
3. Questo problema è molto difficile; solo _____ persone l'hanno capito.
4. Non essere egoista. Pensa anche agli _____ .
5. Queste riviste in inglese non sono interessanti. Ne voglio leggere _____ in italiano.
6. _____ può prendere solo un regalo.
7. _____ dicono che l'italiano è facile.
8. _____ le statue sono dello stesso artista.

2 **Creare** Usa gli indizi dati per scrivere frasi complete con aggettivi indefiniti.

1. io / avere / troppo / monete
2. lo sportello automatico / non essere aperto / per / molto / ore
3. oggi / esserci / poco / persone in lavanderia
4. essere impossibile / avere / troppo / statue nel parco
5. tanto / turisti / perdersi / in questa città
6. io / vedere / sempre / molto / polizia in questo centro commerciale

3 **Troppe, abbastanza o poche?** A coppie, parlate di diverse cose che possedete e dite se ne avete troppe, abbastanza o poche. Usate gli aggettivi indefiniti e paragonate le vostre opinioni.

MODELLO

S1: *Non ho abbastanza soldi, ma ho troppe monete da dieci centesimi (cents).*
S2: *Io ho abbastanza soldi, ma ho poche banconote da un dollaro.*

4 **In banca** In gruppi di tre, create una conversazione tra un cliente di una banca, che si lamenta di alcuni errori nel suo conto, e una cassiera (*bank teller*) e il direttore della banca che spiegano che non è possibile. Usate gli aggettivi e i pronomi indefiniti e siate creativi!

MODELLO

S1: *Ci sono troppo pochi soldi nel mio conto in banca!*
S2: *Non è possibile! Facciamo pochissimi errori e tutti sono attenti...*

alcuni	ognuno	qualcosa	troppo
altro	poco	qualcuno	tutto
molto	qualche	tanto	

STRUTTURE

Negative expressions

Punto di partenza You have already learned how to use some negative expressions. In this lesson you will learn new ways to express negative meanings.

Attrezzi

You learned **non... mai, non... ancora,** and **non... più** in **Lezioni 2B, 4B,** and **5B**.

Approfondimento

Remember that **ancora, mai,** and **più** are placed between the auxiliary verb and the past participle in compound tenses.

Common negative expressions			
non... affatto	not at all	non... neanche/ nemmeno/neppure	not even
non... ancora	not yet		
non... mai	never	non... nessuno	nobody
non... né... né	neither... nor	non... niente/nulla	nothing
		non... più	no longer

Non hanno **né** carta di credito **né** contanti.
*They have **neither** a credit card **nor** cash.*

Stefano **non** lavora **più** in banca.
*Stefano **no longer** works at the bank.*

Non ho chiesto **neppure** un prestito.
*I did **not even** ask for a loan.*

Non c'era **nessuno** in libreria.
*There wasn't **anyone** at the bookstore.*

- In most negative expressions, use **non** before the verb and the negative word. Object pronouns follow **non** and precede the verb.

Ugo **non** ha firmato **niente**.
*Ugo did **not** sign **anything**.*

Non può **affatto** andare in banca.
*She **can't** go to the bank **at all**.*

- **Nessuno** can mean *not any* in negative sentences when it precedes a noun. In these cases, the form of **nessuno** follows the pattern of the indefinite article **uno** (**nessun, nessun', nessuno, nessuna**). Use **nessuno** with singular nouns only.

Gina **non** ha **nessuna** busta.
*Gina does **not** have **any** envelopes.*

Non ha visto **nessuno** studente.
*She did**n't** see **any** students.*

Approfondimento

You already learned that **qualcosa** is followed by **di** before adjectives and **da** before infinitives. **Niente** and **nulla** follow the same pattern.

- **Nessuno, niente/nulla,** and **né... né** can precede the verb if they are subjects. In these cases, omit **non**.

Nessuno è venuto in comune.　　OR　　**Non** è venuto **nessuno** in comune.
　　　　　Nobody came to the town hall.

Niente è cambiato.　　OR　　**Non** è cambiato **niente**.
　　　　　Nothing has changed.

- When **né... né** precedes the verb, use the third-person plural form of the verb.

Né cani **né** gatti possono entrare.
Neither dogs nor cats may enter.

Né Gina **né** Mimmo andranno.
Neither Gina nor Mimmo is going.

More activities

vhlcentral

LM
p. 83

WB
pp. 145–146

Online activities

Provalo! Scegli la parola o espressione corretta per completare le seguenti frasi.

1. Non ho (ancora / nessuno) letto il suo ultimo libro.
2. Non sono (mai / né) andata a trovare Carla in Italia.
3. Non ho mangiato (più / niente) sull'aereo.
4. Non ho parlato con Andrea. Non l'ho (nulla / nemmeno) visto oggi!
5. La pasta è perfetta, né troppo calda (né / mai) troppo fredda.
6. Il semestre è finito e non c'è (né / nessuno) al campus.

PRATICA E COMUNICAZIONE

1 **Associare** Associa le frasi negative al loro corrispondente affermativo.

1. _____ Non ho ancora finito di guardare il film.
2. _____ Non vedo nessuno.
3. _____ Non dormo mai fino a tardi la mattina.
4. _____ Non ho detto niente ai tuoi amici.
5. _____ Non ho più telefonato a Gina.
6. _____ Da qui non sento nemmeno la televisione.

a. Ho telefonato di nuovo a Gina.
b. Dormo sempre fino a tardi la mattina.
c. Da qui sento anche la televisione.
d. Ho già finito di guardare il film.
e. Ho detto tutto ai tuoi amici.
f. Vedo qualcuno.

2 **Completare** Completa la seguente conversazione con le espressioni negative date. Usa ogni espressione una volta sola.

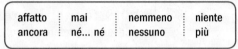

affatto	mai	nemmeno	niente
ancora	né... né	nessuno	più

EMMA Ciao, Matteo, come stai?

MATTEO Bene. E tu?

EMMA Bene. Non ti ho (1) _____ sentito da domenica. Hai parlato con la banca per quel prestito?

MATTEO Sì, ma è stato molto difficile, perché non ho (2) _____ chiesto un prestito. Inoltre, prima non c'era (3) _____ disponibile con cui parlare, poi ho scoperto di non avere (4) _____ un documento con me e infine non avevo (5) _____ deciso che tipo di prestito chiedere!

EMMA Mamma mia, che brutta esperienza! Ma la persona con cui hai parlato non ti ha aiutato (6) _____?

MATTEO Non mi ha aiutato (7) _____ con dei consigli _____ con degli esempi!

EMMA E allora, cosa farai?

MATTEO Per ora non faccio (8) _____, ma forse la prossima settimana vado in un'altra banca...

3 **Trasformare** A coppie, usate le espressioni negative per negare le affermazioni.

MODELLO

La cartoleria vende ancora cartoline. (non... più)
No, la cartoleria non vende più cartoline.

1. La banca dà soldi a tutti. (non... nessuno)
2. Il vigile ha già dato una multa. (non... ancora)
3. Questo semaforo funziona sempre. (non... mai)
4. La polizia ha chiamato anche un testimone. (non... nemmeno)
5. Ho prelevato tutto dal mio conto corrente. (non... niente)
6. È assolutamente vero! (non... affatto)

4 **Una storia al negativo** A coppie, create una conversazione tra la vittima di un furto (*robbery*) a uno sportello automatico e un poliziotto. Il poliziotto fa domande alla vittima, ma la vittima risponde solo con frasi negative! Fate domande e date risposte per ricostruire la storia.

MODELLO

S1: *Era dentro la banca?*
S2: *No, non sono mai stato dentro la banca.*

SINTESI

Ricapitolazione

1 Nessuno In gruppi di quattro, parlate di attività che nessuno fa più perché non sono di moda. Siate il più possibile specifici. Poi paragonate la vostra lista con un altro gruppo e discutete delle vostre scelte con loro.

MODELLO

S1: *Nessuno va più a ballare al Quest Lounge, neanche gli studenti del primo anno.*
S2: *Nessuno mangia più...*

2 In cartoleria A coppie, create una conversazione tra un cliente e una persona che lavora in una cartoleria. Il cliente cerca certi articoli, ma, sfortunatamente, sono esauriti (*sold out*). Siate creativi e usate quante più espressioni negative possibili.

MODELLO

S1: *Buongiorno! Avete dei quaderni?*
S2: *No, mi dispiace, non vendiamo più quaderni.*
S1: *Non ne avete neanche uno o due vecchi?*
S2: *No, nessuno...*

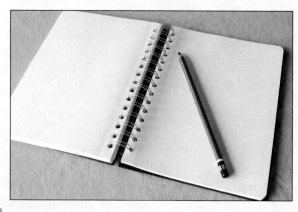

3 Il postino A coppie, create un rapporto (*report*) che un postino potrebbe scrivere sui clienti a cui porta la posta. Chi non vive più in quella strada? Ci sono case in cui non vive nessuno? Chi non riceve mai posta? Usate le espressioni negative che conoscete e date molti dettagli.

MODELLO

La prima casa è quella dei signori Lavelli. I signori Lavelli non ricevono mai posta, nemmeno dalla banca. La casa accanto è dei signori Tedesco, ma nessuno...

4 Non lo farei mai! A coppie, parlate di cose che non fareste mai e dite perché. Per esempio, dove non andreste mai? Provate a scrivere almeno sei posti o attività usando le espressioni negative.

MODELLO

S1: *Io non userei mai la carta di credito, perché è facile spendere troppi soldi.*
S2: *Io non lavorerei mai in un ufficio postale, perché secondo me è molto noioso.*

5 In città Lavorate a coppie. L'insegnante vi darà due fogli per scrivere le preferenze del/della vostro/a compagno/a di classe riguardo a vari posti in città. Chiedete con quale frequenza lui o lei fa le singole cose.

MODELLO

S1: *Cristina, quante volte vai in cartoleria?*
S2: *Non vado affatto in cartoleria, compro tutto al supermercato. E tu, con quale frequenza vai in comune?*
S1: *Non vado in comune nemmeno una volta l'anno!*

foglio di lavoro

		mai	affatto	più	nemmeno	quante volte?
1	la cartoleria		✓			
2	il comune				✓	una volta all'anno
3						
4						

6 La persona più negativa del mondo! A coppie, create un'intervista sulla giornata della persona più negativa del mondo: la signora Nero. Siate creativi e usate quante più espressioni negative possibili. Poi scambiate i ruoli e create un'altra intervista.

MODELLO

S1: *Buongiorno, signora Nero, come sta oggi?*
S2: *Malissimo! Non sono mai stata peggio!*
S1: *Mi dispiace. Mi dica, cosa ha fatto stamattina?*
S2: *Non ho fatto niente. Non c'è niente di divertente da fare e nessuno...*

7 Un puzzle logico Lavorate a coppie per risolvere questo puzzle logico. Poi usate espressioni negative simili per creare un nuovo puzzle da scambiare con un'altra coppia.

Chi è il sindaco?

1. Il sindaco lavorava all'ufficio postale, ma adesso non ci lavora più.
2. Stefano lavora dal fiorista e in lavanderia.
3. Il sindaco non va mai in gioielleria.
4. Marco non va mai in banca il lunedì.
5. Gina non lavora né all'ufficio postale né in gioielleria.
6. Il sindaco non visita mai il fiorista.
7. Laura non conosce nessuno all'ufficio postale e non ha mai conosciuto nessuno che lavora lì.
8. Il sindaco va in banca tutti i giorni, eccetto il martedì.

8 Inventario Lavorate a coppie. L'insegnante vi darà due fogli diversi, ciascuno con metà delle informazioni sull'inventario di un grande magazzino. Domandatevi a turno quali articoli sono nel negozio e quali non ci sono, basandovi sulle informazioni del vostro foglio.

MODELLO

S1: *Quanti calzini e cinture abbiamo?*
S2: *Non abbiamo né calzini né cinture. Quante sciarpe abbiamo?*
S1: *Nessuna!...*

9 Feste: sì e no Lavorate in gruppi di tre o quattro. Che cosa fate generalmente alle feste? Descrivete il vostro comportamento (*behavior*) tipico. Ognuno di voi deve usare almeno 5 espressioni che includano (*whether they be*) pronomi, aggettivi indefiniti o espressioni negative.

MODELLO

S1: *Io non arrivo mai tardi. Sono sempre puntuale! ...*
S2: *Io porto sempre qualcosa da mangiare...*

Il mio di·zio·na·rio

Aggiungi al tuo dizionario personalizzato cinque parole relative alle città, alle banche e alla posta.

il parchimetro

traduzione
parking meter

categoria grammaticale
sostantivo (m.)

uso
Devo mettere ancora monete nel parchimetro.

sinonimi
/

antonimi
/

More activities

vhlcentral   Online activities

Panorama

L'Italia centrale

Marche

La regione in cifre

▶ **Superficie:** *9.401 km²*

▶ **Popolazione:** *1.538.055*

▶ **Città principali:** *Ancona, Pesaro, Macerata*

Marchigiani celebri

▶ **Raffaello Sanzio,** *pittore e architetto (1483–1520)*

▶ **Maria Montessori,** *educatrice (1870–1952)*

▶ **Valentino Rossi,** *motociclista (1979–)*

Umbria

La regione in cifre

▶ **Superficie:** *8.464 km²*

▶ **Popolazione:** *888.908*

▶ **Città principali:** *Perugia, Terni, Foligno*

Umbri celebri

▶ **San Francesco d'Assisi,** *frate°, patrono d'Italia (1181–1226)*

▶ **Aldo Capitini,** *filosofo (1899–1968)*

▶ **Monica Bellucci,** *attrice e modella (1964–)*

Lazio

La regione in cifre

▶ **Superficie:** *17.232 km²*

▶ **Popolazione:** *5.898.124*

▶ **Città principali:** *Roma, Latina, Viterbo*

Laziali celebri

▶ **Vittorio De Sica,** *regista e attore (1901–1974)*

▶ **Anna Magnani,** *attrice (1908–1973)*

▶ **Tiziano Ferro,** *cantautore° (1980–)*

frate *friar* **cantautore** *singer-songwriter* **grotte** *caverns*
lunghezza *length* **pozzi** *wells*

una spiaggia a Sirolo

la basilica di San Francesco ad Assisi

SAN MARINO

Pesaro
Fano
Urbino
Ancona
Sirolo
Grotte di Frasassi
Macerata
MARCHE
Assisi
Perugia
Deruta
Foligno
Ascoli Piceno
Monte Vettore
Monte Gorzano
Lago Trasimeno
Monti Sibillini
Monti Volsini
UMBRIA
Lago di Bolsena
Monti Cimini
Terni
Monti della Laga
Viterbo
Rieti
Tarquinia
Lago di Vico
Monti Sabatini
Lago di Bracciano
Guidonia
Montecelio
Cerveteri
CITTÀ DEL VATICANO
Roma
Ostia Antica
LAZIO
Frosinone
Latina
Golfo di Gaeta
Isole Ponziane
MAR TIRRENO
MARE ADRIATICO
APPENNINI
Marecchia
Conca
Metauro
Potenza
Topino
Nera
Salto
Tevere
Tronto

0   100 miglia
0   100 chilometri

i bagni termali a Ostia Antica

Incredibile ma vero!

Le grotte° di Frasassi sono state scoperte nel 1948 e sono state aperte al pubblico nel 1974. La lunghezza° totale è di circa 13 chilometri, la stalagmite «Obelisco» è alta 15 metri, alcuni pozzi° sono profondi 25 metri e la «Sala di Ancona» è così grande che può contenere il Duomo di Milano. È uno spettacolo naturale da non perdere!

Le feste

Un festival di cioccolato

Si chiama EuroChocolate Festival e si svolge° a ottobre nella città di Perugia. Il festival dura dieci giorni. La sua prima edizione si è tenuta nel 1994. Nel 2008 hanno partecipato un milione di persone e 200 aziende, che hanno offerto 190 tonnellate° di cioccolato in degustazione°. Oltre all'offerta di dolci, durante il festival si tengono convegni, mostre, laboratori° e dibattiti. Particolare attenzione va al dolce di Perugia per eccellenza, il Bacio Perugina. Nel 2003 è stato preparato un Bacio che è entrato nel Guinness dei Primati: largo 7 metri e alto 2, con 3.500 chili di cioccolato e centinaia di migliaia di nocciole°. Peso totale: 5.980 chili!

L'artigianato

Ceramiche famose in tutto il mondo

Le ceramiche di Deruta sono note per la loro qualità e i loro colori. È una tradizione che risale agli Etruschi ed è nata grazie alle risorse naturali presenti nell'area. Deruta è sempre stato il centro principale italiano della produzione di ceramica ed è stato per anni anche un importante centro economico e artistico. I colori tipici dei prodotti sono il verde, il bruno manganese°, l'arancione, il blu e il giallo. I prodotti tipici sono vasi, piatti, piani per tavoli e complementi d'arredo. La maiolica, un tipo di ceramica, è usata anche per i pavimenti delle chiese.

La storia

La civiltà etrusca in Italia

Gli etruschi sono un popolo antico dalle origini molto incerte. Sappiamo che vissero° nel Lazio, in Toscana e in Campania. In alcuni testi greci e romani del VII secolo a.C. troviamo dei riferimenti alla cultura etrusca.

Fu° proprio l'ascesa° di Roma a determinare la fine della civiltà etrusca. Di particolare interesse sono le necropoli, aree ricche di tombe etrusche che si trovano presso le città di Tarquinia e Cerveteri. L'interno di questi sepolcri è spesso decorato con pitture a colori raffiguranti danze e banchetti° preparati per rendere felice il morto°. Purtroppo solo poche necropoli sono oggi aperte al pubblico.

L'architettura

Un'acustica perfetta

Lo Sferisterio di Macerata è stato costruito all'inizio dell'Ottocento. A quei tempi era usato per spettacoli sportivi, come il gioco del pallone col bracciale° e gli spettacoli di tauromachia°. Nel 1921 è diventato un teatro di opera lirica.

Può ospitare circa 3.000 persone e, secondo molti, è l'arena italiana con la migliore acustica. Grazie al «Musicultura Festival», iniziato negli anni '90, questo teatro ha ospitato gli artisti più grandi nel campo della danza e della musica, tra i quali Nureyev, Pavarotti, Carreras, Caballé, Miles Davis, Joe Venuti, B. B. King, Ray Charles e Sarah Vaughan.

Quanto hai imparato? Completa le frasi.

1. La stalagmite _____, nelle grotte di Frasassi, è alta 15 metri.

2. Nelle grotte di Frasassi ci sono pozzi profondi _____.

3. EuroChocolate Festival si svolge a _____ in ottobre.

4. Nel 2003 un enorme _____ è entrato nel Guinness dei Primati.

5. La città di Deruta è famosa per la produzione di _____.

6. I colori tipici delle ceramiche di Deruta sono il verde, _____, l'arancione, il blu e il giallo.

7. La cultura etrusca risale al _____.

8. A Tarquinia e Cerveteri ci sono molte _____ etrusche.

9. Lo Sferisterio di Macerata oggi è un teatro per spettacoli di _____.

10. Nello Sferisterio di Macerata è iniziato, negli anni '90, _____.

More activities

vhlcentral — WB pp. 147–148 — Online activities

SU INTERNET

Go to **vhlcentral.com** to find more cultural information related to this **Panorama**.

1. Cerca informazioni su una delle città menzionate in **La regione in cifre**. Prepara una presentazione per la classe.

2. Gli etruschi sono stati un popolo affascinante e misterioso. Cerca più informazioni sulla loro storia e l'importanza che hanno avuto nella cultura italiana.

3. In cosa consistevano il gioco del pallone col bracciale e gli spettacoli di tauromachia? Cerca descrizioni dei due eventi e presentale alla classe.

si svolge *it takes place* **tonnellate** *tons* **degustazione** *tasting* **convegni, mostre, laboratori** *meetings, exhibitions, workshops* **nocciole** *hazelnuts* **bruno manganese** *a shade of brown* **vissero** *they lived* **Fu** *It was* **ascesa** *rise* **banchetti** *banquets* **per rendere felice il morto** *to make the dead happy* **bracciale** *armband* **tauromachia** *bullfighting*

Lettura

Audio: Reading

Prima di leggere

Reading for the main idea

As you know, you can learn a great deal about a reading selection by looking at its format and by looking for cognates, titles, and subtitles. You can skim to get the gist of the reading selection and scan it for specific information. Reading for the main idea is another useful strategy; it involves locating the topic sentences of each paragraph to determine the author's purpose. Topic sentences can provide clues about the content of each paragraph, as well as the general organization of the reading. Your choice of which reading strategies to use will depend on the style and format of each reading selection.

Esaminare il testo In questa lettura ci sono due testi diversi. Guardali velocemente. Il loro formato è simile o differente? Quali strategie pensi di poter usare per identificare il genere di questi testi? Paragona le tue idee con quelle di un(a) compagno/a.

Confrontare i due testi

Il primo testo

Analizza il formato del primo testo. C'è un titolo? Ci sono sottotitoli? Ci sono molte sezioni? Com'è organizzato il testo? Adesso guarda il contenuto. Che tipo di vocabolario è usato? Cosa ne pensi?

Il secondo testo

Questo testo è organizzato come il primo? Ci sono titoli, sottotitoli e diverse sezioni? Le informazioni sono simili a quelle del primo testo? E il vocabolario? Cosa pensi del genere del secondo testo? I due testi parlano dello stesso argomento?

Valdilago

un vero angolo di paradiso!

Benvenuti a Valdilago!

Ecco alcune informazioni utili sulla nostra città.

Negozi: A Valdilago si trovano tutti i negozi di cui avete bisogno: supermercati, farmacie, negozi di vestiti, negozi di musica, ristoranti etnici e locali, cartolerie, edicole, lavanderie e tanto altro.

Edifici pubblici: In centro si trovano un ufficio postale, una biblioteca, la questura, il comune, la polizia, i pompieri (firefighter), alcune banche (con sportello automatico) e alcune chiese. Per ottenere i numeri di telefono di questi posti chiamate il numero verde° 800-1234567.

Per divertirvi: Valdilago ha un Internet point, locali notturni e piscine. Ci sono tante opzioni per tutti i gusti e per tutte le età.

Shopping: Non dimenticate di fare shopping durante la vostra visita! Comprate qualcosa per voi stessi o per i vostri amici nelle nostre gioiellerie, centri estetici, profumerie e centri commerciali: sarà un regalo indimenticabile!

Per ulteriori informazioni e numeri di telefono, consultate il nostro sito web o il centro informazioni.

Il blog di Pierantonio

9 MAGGIO, 2018

Valdilago

Cari amici, eccomi di nuovo dopo tre giorni di assenza dal mio blog. Oggi voglio parlarvi della mia città, Valdilago. Se venite a visitarla vi divertirete! Una cosa che mi piace di Valdilago è che in centro si trova tutto quello che si desidera: dalla banca alla lavanderia all'ufficio postale. Non si deve guidare per ore, basta solo fare pochi passi e tutte le spese sono fatte! Spesso quando vado in centro mangio alla «Trattoria Roberto», un ottimo ristorante di cucina locale.

Ci sono anche tanti ristoranti etnici, dal cinese al tailandese al messicano; quest'ultimo è uno dei miei preferiti. Dopo pranzo non potete non assaggiare il gelato di Rino: il migliore del mondo! A volte il pomeriggio vado all'Internet point ed è da lì che vi scrivo. Ci sono tanti negozi di vestiti e c'è anche un centro commerciale con opzioni per tutti i prezzi. Io passo anche tanto tempo nel negozio di musica, che si trova vicino all'Internet point—quindi ci vado spesso! Il venerdì sera, di solito, io e i miei amici andiamo a esplorare qualche locale notturno.

Allora, amici miei, venite a trovarmi e a visitare la mia città, che aspettate?

Pierantonio

P.S. Portate anche le vostre ragazze, a loro piaceranno moltissimo i centri estetici e le profumerie!

numero verde *toll-free number*

Dopo la lettura

Vero o falso? Indica se le seguenti frasi sul primo testo sono **vere** o **false**. Correggi le frasi false.

1. A Valdilago ci sono pochi negozi.

   _____

2. Valdilago ha un sito web.

   _____

3. La banca ha uno sportello automatico.

   _____

4. A Valdilago non c'è niente per divertirsi.

   _____

5. Il numero verde è per chiedere informazioni.

   _____

6. Per fare shopping c'è solo un centro commerciale.

   _____

Dov'è? Di' dove devono andare queste persone per fare quanto indicato a Valdilago.

1. La signora Dadi vuole spedire un pacco a sua figlia.

   _____

2. Giovanna vuole comprare un CD per il compleanno di Dante.

   _____

3. Sono le dieci di sera e i signori Costa hanno bisogno di soldi.

   _____

4. Sabrina vorrebbe una collana.

   _____

5. Giulio vuole scrivere un'email alla sua ragazza.

   _____

6. I turisti vogliono alcune informazioni.

   _____

E voi? A coppie, parlate di dove andate a fare shopping o a fare spese senza dire il nome del posto. Una persona deve dare una descrizione dettagliata mentre l'altra prova a indovinare di quale posto parla. Poi, scambiate i ruoli.

More activities

vhlcentral

Online activities

In ascolto

Using background information

Once you discern the topic of a conversation, take a minute to think about what you already know about the subject. Using this background information will help you guess the meaning of unknown words or linguistic structures.

🔊 To help you practice this strategy, you will listen to a short news report. Jot down the subject of the report, and then use your knowledge of the subject to listen for and write down the main points.

Preparazione

Guarda la fotografia. Quante persone ci sono? Dove sono? Secondo te, di che cosa stanno parlando?

Ascoltiamo 🔊 👥 🔊

Ascolta la conversazione tra Alessandro e Elena. Poi ascoltala di nuovo e scrivi le quattro cose che Alessandro e Elena faranno stamattina. Poi, a coppie, paragonate le vostre risposte.

_____

_____

_____

_____

Comprensione

Vero o falso? Indica se le affermazioni sono **vere** o **false**. Correggi le frasi false.

1. Alessandro vive in città da tre mesi.

   _____

2. Alessandro vuole aprire un conto in banca.

   _____

3. Lo sportello automatico della Banca Toscana è aperto tutto il giorno.

   _____

4. La banca si trova a destra della farmacia.

   _____

5. La Libreria Filippi non è lontana dalla banca.

   _____

6. Alessandro vuole comprare dei libri per una sua compagna di classe.

   _____

7. Alessandro chiede un favore a Elena.

   _____

8. Alessandro va in comune a prendere dei documenti.

   _____

Nella tua città Alessandro passerà un semestre nella tua università e ti fa le stesse domande che ha fatto a Elena. Scrivigli una breve lettera e spiegagli come andare dall'università alla banca più vicina. Poi spiegagli come andare dalla banca al supermercato dove vanno gli studenti della tua scuola a fare la spesa. Infine chiedi ad Alessandro se può farti un favore mentre fa la spesa e digli cosa fare.

Scrittura

STRATEGIA

Using linking words

You can make your writing more sophisticated by using linking words to connect simple sentences or ideas, in order to create more complex sentences. Consider the following two passages:

Without linking words

Oggi ho fatto molte spese. Sono stato in posta. Ho fatto la fila per circa mezz'ora. Ho comprato dei francobolli. Ho comprato anche delle buste. Sono andato in banca. La banca è accanto alla lavanderia. Ieri ho perso la carta di credito. Dovevo anche prelevare dei soldi. Sono andato in una pizzeria a mangiare con un amico. Il mio amico si chiama Marco. Sono tornato a casa. Erano le sei. Mia madre tornava dal lavoro.

With linking words

Oggi ho fatto molte spese. Prima sono stato in posta, dove ho fatto la fila per circa mezz'ora. Ho comprato dei francobolli e delle buste. Po sono andato in banca, che è accanto alla lavanderia, perché ieri ho perso la carta di credito e perché dovevo prelevare dei soldi. Poi sono andato in una pizzeria a mangiare con un amico che si chiama Marco. Alle sei, infine, sono tornato a casa mentre mia madre tornava dal lavoro.

Linking words			
allora	then	perché	because
cioè	that is to say	perciò	that's why
così	so	però	however
di solito	usually	per quanto riguarda	regarding
dopo che	then, after that		
dunque	so	prima	first
finalmente	finally	poi	then
in effetti	indeed	sempre più	more and more
inoltre	moreover		
ma	but	sempre meno	less and less
mentre	while, as	spesso	often
nonché	as well as	talvolta	sometimes
o, oppure	or	tuttavia	however

Tema

Descrivere un nuovo negozio

Hai deciso di aprire un negozio con un amico vicino al campus. Vuoi creare un luogo originale che non esiste da nessuna parte e che sarà utile agli studenti, un posto dove gli studenti possono fare diverse cose allo stesso tempo (per esempio: fare il bucato e navigare su Internet). Prepara una descrizione dettagliata della tua idea e dei servizi che vuoi offrire. Usa l'immaginazione e le domande della lista come guida.

- Che tipo di negozio vuoi aprire?

- Quale sarà il nome del negozio?

- Che prodotti venderai? Saranno costosi o economici? Dai dei dettagli.

- Dove sarà questo posto?

- Come sarà l'interno del negozio (stile, decorazioni ecc.)?

- Quale sarà l'orario di apertura e di chiusura?

- Perché sarà diverso dagli altri? Spiega cosa lo renderà unico e perché gli studenti dovrebbero venire.

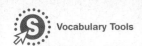
Lezione 9A

Indicazioni

attraversare *to cross (the street)*
l'angolo *corner*
l'incrocio *intersection*
indicazioni *directions*
l'isolato *block*
il marciapiede *sidewalk*
il ponte *bridge*
la rotonda *traffic circle, rotary*
il semaforo *traffic light*
la strada *street*
le strisce pedonali *crosswalk*
la via *street*
girare *to turn*
proseguire *to continue*
di fronte a *across from*
diritto *straight*
fino a *until*
lontano da *far from*
qui vicino *nearby*
verso *toward*
vicino a *close to*
est *east*
nord *north*
ovest *west*
sud *south*

Espressioni

Dove si trova...? *Where is...?*
costruire (-isc-) *to build*
dare un passaggio *to give (someone) a ride*
orientarsi *to get one's bearings*
perdersi *to get lost*
salire le scale *to climb stairs*
scendere le scale *to go down the stairs*

La gente

l'operatore ecologico *treet cleaner; garbage collector*
il pedone *pedestrian*
il/la poliziotto/a *police officer*
il/la sindaco/a *mayor*
il vigile del fuoco *firefighter*

In centro

il centro commerciale *mall; shopping center*
la chiesa *church*
il chiosco *newsstand; kiosk*
la fontana *fountain*
il grande magazzino *department store*
il locale (notturno) *(night)club*
il negozio *store*
il paese *town; country*
la panchina *bench*
la piscina *pool*
la statua *statue*

Relative pronouns

che *who, whom, that, which*
chi *those who, the one(s) who*
cui *whom, which*
quello/quell che (ciò che) *that which, what*

Espressioni utili *See p. 397.*

Lezione 9B

La banca e le finanze

la banca *bank*
la banconota *bill (banknote)*
lo sportello automatico *ATM*
il conto bancario *bank account*
il conto corrente *checking account*
il conto di risparmio *savings account*
la moneta *coin; change*
chiedere un prestito *to ask for a loan*
fare delle commissioni *to run errands*
firmare *to sign*
pagare con assegno *to pay by check*
pagare con carta di credito/ bancomat *to pay with a credit/debit card*
pagare in contanti *to pay in cash*
prelevare dei soldi *to withdraw money*
riempire un modulo *to fill out a form*
versare dei soldi *to deposit money*

In città

la cartoleria *stationery store*
il centro estetico *beauty salon*
in città *in the city*
il comune *town hall*
l'edicola *newsstand*
il fiorista *flower shop; florist*
il fotografo *photo shop; photographer*
la gioielleria *jewelry store*
l'Internet point *Wi-Fi hotspot*
la lavanderia *laundromat*
la profumeria *perfume/cosmetics shop*
la questura *police headquarters*
l'ufficio informazioni *(tourist) information office*

La posta

la busta *envelope*
la cassetta delle lettere *mailbox*
la cartolina *postcard*
il francobollo *stamp*
l'indirizzo *address*
il pacco *package*
la posta *mail*
il/la postino/a *mail carrier*
la rivista *magazine*
l'ufficio postale *post office*
imbucare una lettera *to mail a letter*
inviare *to send*
ricevere *to receive*

Espressioni negative

non... affatto *not at all*
non... ancora *not yet*
non... mai *never*
non... né... né *neither... nor*
non... neanche/nemmeno/ neppure *not even*
non... nessuno *nobody*
non... niente/nulla *nothing*
non... più *no longer*

Common indefinite adjectives

alcuni/e *some, a few*
altro/a/i/e *other*
molto/a/i/e *many, a lot of*
ogni *each, every*
poco/a, pochi/e *little, few*
qualche *some, a few*
tanto/a/i/e *so much, so many*
troppo/a/i/e *too much, too many*
tutto/a/i/e *all, the whole*

Common indefinite pronouns

alcuni/e *some, a few*
altro *something (anything) else*
altri/e *others*
molto/a/i/e *much, many*
ognuno/a *each one, everyone*
poco/a, pochi/e *little, few*
qualcuno/a *someone, anyone*
qualcosa *something, anything*
tanto/a/i/e *so much, so many*
troppo/a/i/e *too much, too many*
tutto *everything*
tutti/e *everyone*

Espressioni utili *See p. 413.*

Lo spirito creativo

🔊 Per cominciare
- Dove sono i ragazzi, a teatro o al museo?
- Sono attori o fanno parte del pubblico?
- Qualcuno suona uno strumento?
- Chi indossa una maschera?
- Come si chiamano due di questi personaggi della commedia dell'arte?

Lezione 10A

Communicative Goals

You will learn how to:

- talk about the performing arts
- talk about music and musicians

Lo spettacolo  Ⓢ Hotspots

Vocabolario

espressioni	*expressions*
essere in tour	*to be on tour*
interpretare	*to perform*
mettere in scena	*to put on a show*
recitare (un ruolo)	*to play (a role)*
allo spettacolo	*at a show*
l'applauso	*applause*
l'assolo	*solo*
l'atto	*act*
il balletto	*ballet*
la canzone	*song*
il concerto	*concert*
il coro	*chorus*
il debutto	*debut*
il festival	*festival*
la fine	*end*
l'intervallo	*intermission*
l'orchestra	*orchestra*
la proiezione	*screening*
il pubblico	*public; audience*
la rappresentazione (dal vivo)	*(live) performance*
gli strumenti musicali	*musical instruments*
il clarinetto	*clarinet*
la fisarmonica	*accordion*
il flauto	*flute*
il sassofono	*saxophone*
il violino	*violin*
la gente	*people*
il compositore/ la compositrice	*composer*
il/la drammaturgo/a	*playwright*
il personaggio (principale)	*(main) character*
il pubblico	*public; audience*
il/la regista	*director*

il ballerino

la ballerina

applaudire

la spettatrice

La danza

il pianista

il chitarrista

il batterista

ANTONELLA ROSSI & CO.

la cantante

il gruppo rock

More activities

Ⓢ vhlcentral | WB pp. 149-150 | LM p. 84 | Online activities

Attenzione!

In Italian, the word **opera** can mean *opera* (**opera lirica**), *work of art*, or *work* in general. Use context to determine the correct meaning.

la commedia

la tragedia

Il teatro

lo spettatore

la cantante lirica

Aida di Verdi

il violinista

l'opera

la poltrona

Pratica

1 **Le coppie** Abbina ogni parola al disegno più adatto.

1. ____ cantante

2. ____ poltrone

3. ____ ballerina

4. ____ pianista

5. ____ violinista

6. ____ batterista

a.   b.   c.   d.   e.   f.

2 **Aggiungere** Scegli la parola dalla lista che meglio completa ogni gruppo.

canzone	intervallo	regista	tragedia
fisarmonica	recitare	spettatrice	violinista

1. clarinetto, flauto, violino, _____
2. pubblico, applaudire, poltrone, _____
3. balletto, commedia, opera, _____
4. batterista, chitarrista, pianista, _____
5. cantante, coro, concerto, _____
6. fine, primo atto, terzo atto, _____
7. cantare, interpretare, suonare, _____
8. cinema, film, proiezione, _____

3 **Scegliere** Ascolta le frasi, poi scegli la parola più appropriata.

MODELLO Come cantano bene queste persone!

l'orchestra / (il coro)

1. il concerto / il balletto
2. la commedia / la tragedia
3. l'assolo / il debutto
4. la fine / l'intervallo
5. il ballerino / il cantante
6. la tragedia / l'applauso
7. l'atto / la poltrona
8. il chitarrista / lo spettatore

Comunicazione

4 **E tu?** A coppie, fate a turno a farvi le seguenti domande e a rispondere.

MODELLO

S1: *Preferisci le commedie o le tragedie?*
S2: *Preferisco le tragedie. E tu?*

1. Qual è il tuo strumento musicale preferito?
2. Ti piace l'opera lirica?
3. Hai mai visto un'opera? Quale?
4. Qual è il/la tuo/a cantante preferito/a? E il tuo gruppo preferito?
5. Sei mai andato/a a un concerto rock? Dove? Quando?
6. Hai mai recitato un ruolo in una rappresentazione teatrale (*play*)? Se sì, che personaggio hai interpretato?
7. Ti piace il balletto? Perché?
8. Ti piace cantare? Hai mai fatto parte di un coro?

5 **A teatro** A coppie, mettete le seguenti frasi nell'ordine corretto per creare una descrizione logica di una serata a teatro.

1. _____ La rappresentazione finisce.
2. _____ Dopo i primi due atti c'è l'intervallo.
3. _____ Le persone arrivano a teatro.
4. _____ Dopo venti minuti, inizia il terzo atto.
5. _____ Il pubblico si siede.
6. _____ Gli spettatori applaudono.
7. _____ Durante l'intervallo, un pianista suona per il pubblico.
8. _____ L'opera comincia.

6 **Le arti** Lavorate a coppie. L'insegnante vi darà due fogli diversi, ciascuno con un'e-mail che presenta un problema relativo alle arti. A turno, riassumete il problema e chiedetevi consiglio.

7 **Un concerto rock** In gruppi di tre, immaginate di aver visto ieri sera il concerto rock dei tre ragazzi nella foto. Scrivete una descrizione dell'evento, includendo informazioni sui musicisti, sul loro aspetto (*appearance*) e sulle loro azioni. Esprimete le vostre impressioni sulla loro interpretazione.

MODELLO

S1: *Il concerto è stato il debutto di questo gruppo rock.*
S2: *Il pubblico era entusiasta e i musicisti erano...*

Pronuncia e ortografia Audio

Elision and the *d eufonica*

all'ultimo	**dov'è**	**quest'anno**	**un'idea**

In Italian, letters are sometimes dropped or left out in order to ease pronunciation. This is called *elision*.

l'albero	**l'ho**	**d'Italia**	**un'amica**

Elision occurs most commonly when a word that ends in a vowel precedes a word that begins with a vowel sound. The elided vowel is often replaced with an apostrophe.

le Alpi	**le amiche**	**le università**	**le uova**

Elision does not occur when the definite article **le** precedes a noun that begins with a vowel sound.

andar bene	**farlo**	**dottor Bianchi**	**signor Rossi**

Often the final -**e** of infinitives and masculine titles is dropped in Italian. When this occurs, the dropped vowel is not replaced by an apostrophe.

ad esempio	**ad un amico**	**ed è**	**ed io**

To make pronunciation clearer, the letter **d** is often added to the Italian words **a** and **e** (and sometimes **o**) when they precede a word beginning with a vowel, especially when that word begins with the same vowel. This added letter is called the **d eufonica**. Note that the **d eufonica** is never added to the verb **è**.

Pronunciare Ripeti le espressioni ad alta voce.

1. l'aria
2. ed oltre
3. buon'idea
4. com'è
5. le isole
6. aver fatto
7. portarla
8. l'hanno
9. c'è
10. ad Atene
11. dottor Perilli
12. dell'universo

Articolare Ripeti le frasi ad alta voce.

1. Il signor Ricci è dall'amico.
2. Penso di poter venire con voi domani.
3. Scriviamo un'altra volta ad un esperto.
4. C'è un'automobile blu a casa tua.
5. L'ho visto stasera con Marco ed Alberto.
6. Potrebbe andar bene o potrebbe andar male.

Chi ben comincia è a metà dell'opera.[2]

Proverbi Ripeti i proverbi ad alta voce.

Cambiano i suonatori ma la musica è sempre quella.[1]

[1] The melody's changed, but the song remains the same. (lit. The musicians change, but the music is always the same.)
[2] A good start is half the battle. (lit. He who starts well is halfway through the job.)

More activities

vhlcentral   LM   p. 85

FOTOROMANZO

I sogni son desideri Video

**Emily-
Colombina**

**Lorenzo-
Pantalone**

**Massimo
(Innamorato)**

**Riccardo-
Arlecchino**

**Viola
(Innamorata)**

VIOLA Chi è che applaude? È una rappresentazione teatrale? Sto interpretando una parte?
COLOMBINA Il pubblico ti aspetta.
VIOLA Emily? Emily, sei tu?
COLOMBINA Benvenuti, benvenuti. La rappresentazione di stasera è una commedia. Spero.

MASSIMO Ho scritto una poesia. Mia bella Viola. L'amore è il dono più bello del mondo. E io voglio farti questo dono. Il dono più grande. Il dono dell'amore. Ah, grande dono d'amore, come ti amo!

COLOMBINA Vi ha annoiato il mio amico con la sua esibizione?
ARLECCHINO Dolce Colombina, ho una cosa per te.
COLOMBINA Un regalo? Per me? Vediamo che cos'è?
ARLECCHINO Un'orchestra!
COLOMBINA Quella è una scatola.
ARLECCHINO Sì, una scatola magica. Ascolta.

ARLECCHINO Lo sente il sassofono?
PANTALONE Lo sento. Lo sento. Oh, è meraviglioso. Devo avere quella scatola.
ARLECCHINO Le piacerebbe averla, vero? Ma è l'unica al mondo. Non posso dargliela gratis.
PANTALONE Ma io non ho soldi. Come posso pagarla?
ARLECCHINO Non ha soldi?

ARLECCHINO Mi prometta due cose. Primo. Non la userà mai per obbligare Viola a separarsi da Massimo.
PANTALONE Non potrei mai farlo. E qual è la seconda promessa?
ARLECCHINO Mi piace tanto quella camicia che indossava l'altro giorno.
PANTALONE Cerca di non sporcarla. (*Ascolta la scatola.*) Adoro il suono della fisarmonica. Ho un'idea.

PANTALONE Mi trovo davanti a un dilemma. Non riesco a decidere tra l'amore e i soldi.
MASSIMO Per Lei, vincono sempre i soldi.
PANTALONE ... La gente pagherebbe un sacco di soldi per sentire la musica che esce da questa scatola, e io diventerei l'uomo più ricco d'Italia. A quel punto Viola si renderebbe conto che mi ama.

1

Vero o falso? Decidi se le seguenti affermazioni sono vere o false.

1. Il pubblico aspetta Emily.
2. Massimo ha scritto una poesia per Emily.
3. Arlecchino ha una scatola per Colombina.
4. La scatola di Arlecchino è magica.
5. Arlecchino è il padrone di Pantalone.

6. Pantalone vuole la scatola di Arlecchino.
7. Pantalone ha una camicia che piace ad Arlecchino.
8. Massimo ha un dilemma.
9. Colombina vuole la camicia di Pantalone.
10. La scatola suona in presenza del vero amore.

Viola sogna i personaggi della commedia dell'arte.

COLOMBINA Hai detto che c'è un'orchestra dentro questa scatola? Violini? Flauti e clarinetti? Tamburi? C'è anche un cantante d'opera? Ti consiglio di inventare qualcosa di migliore se io sono l'oggetto dei tuoi desideri!

PANTALONE Che cosa stai facendo?
ARLECCHINO Ascolti, padrone. Ora c'è un pianista che suona un concerto.
PANTALONE Ma io non sento niente.
ARLECCHINO Shhh. Silenzio. Ascolti con tutte e due le orecchie.

MASSIMO Mi faccia vedere questa scatola. È vuota. Buffone!
PANTALONE Fermo! Ti prego!
ARLECCHINO Che cosa hai fatto?
MASSIMO La colpa di tutto questo è tua! Era solo un trucco. Ho detto la verità a un uomo anziano.

ARLECCHINO Non hai capito niente.
COLOMBINA Questa scatola non suona nessuna musica.
PANTALONE Ma no, no, no! Ridammi la mia camicia!
ARLECCHINO Ma sì che suona. Suona una musica meravigliosa in presenza del vero amore.
COLOMBINA Ma per chi suona?

2 **Per parlare un po'** In gruppi di tre, scrivete una scena con dei personaggi della commedia dell'arte di circa 40 battute (*lines*). Includete anche una breve poesia. Preparatevi a recitare la vostra commedia di fronte alla classe.

3 **Approfondimento** Fai una ricerca su Internet e trova informazioni sulle tre maschere (*recurring characters*) di questo episodio: Arlecchino, Colombina e Pantalone. Poi spiega quale maschera preferisci e perché. Presenta la tua risposta alla classe.

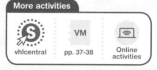

More activities

vhlcentral   VM pp. 37-38   Online activities

ATTIVITA

IN PRIMO PIANO

Opera e affini°

Quali sono le forme di spettacolo tradizionali in Italia? Gli italiani hanno sempre amato divertirsi. Fin dal° Rinascimento, infatti, i nobili organizzavano spettacoli di musica e teatro nei loro palazzi. Nel Cinquecento° aprirono° i primi teatri pubblici e da allora° la gente comune ha cominciato a frequentarli, influenzando con i suoi gusti lo stile degli spettacoli. È così che nascono l'opera lirica e la commedia dell'arte.

La caratteristica principale della commedia dell'arte è che non c'era un copione° scritto: gli attori conoscevano i personaggi e i rapporti tra di loro, ma improvvisavano le battute°. Inoltre, ogni personaggio aveva un ruolo e un vestito riconoscibile. Era fisso° anche il repertorio di gag e acrobazie° che il pubblico si aspettava di vedere. Questo tipo di spettacolo, molto fisico e non raffinato°, ha avuto successo fino al Settecento, quando fu° poi sorpassato° dalla moda di un teatro più realistico come quello di Carlo Goldoni. Ancora oggi, però, alcune compagnie e alcuni autori (il più famoso è stato Dario Fo, Premio Nobel) si ispirano alla commedia dell'arte e la portano in scena.

Se la commedia dell'arte attrae° il pubblico facendolo ridere°, l'opera lo attrae, invece, con il canto e una scenografia molto ricca. L'opera è amata e rappresentata anche oggi: gli spettacoli più famosi sono quelli dell'Arena romana di Verona. I grandi autori, però, restano quelli del passato, come Rossini, Bellini, Verdi e Puccini.

Così, anche se il cinema rimane il divertimento più popolare, gli italiani amano il teatro, l'opera e i concerti di musica classica e moderna. Anche se l'opera non è ascoltata comunemente dalla maggior parte degli italiani, soprattutto dai giovani, resta una parte importante della cultura e della storia italiane.

affini *similar things* **Fin dal** *Since the* **Cinquecento** *1500s* **aprirono** *they opened* **da allora** *since then* **copione** *script* **battute** *lines* **fisso** *set* **acrobazie** *acrobatics* **raffinato** *refined* **fu** *it was* **sorpassato** *surpassed* **attrae** *attracts* **facendolo ridere** *by making them laugh* **Prosa** *Play*

Quanto costa divertirsi

	OPERA	DANZA	CONCERTO DI MUSICA CLASSICA	CONCERTO DI MUSICA POP	PROSA°
Teatro di una piccola città	€16–€50	€25	€15–€30	€25–€45	€18–€25
Arena di Verona	€26–€204	€89–€ 204	n.a.	€35–€275	n.a.
Teatro lirico (La Fenice – Venezia)	€20–€300 (€10 solo per ascoltare)	€20–€100 (€10 solo per ascoltare)	€15–€50	n.a.	n.a.
Cinema	€8				

FONTI: teatrolafenice.it, vivaticket.it, geticket.com, arena.it, comune.rovigo.it

ATTIVITÀ

1 Vero o falso? Indica se l'affermazione è **vera** o **falsa**. Correggi le affermazioni false.

1. La commedia dell'arte è una forma di spettacolo tradizionale italiano.

2. I nobili nel Rinascimento organizzavano spettacoli pubblici.

3. I primi teatri pubblici furono (*were*) aperti nel Cinquecento.

4. La caratteristica principale dell'opera è l'improvvisazione.

5. Gli attori della commedia dell'arte non conoscevano i personaggi delle loro commedie.

6. Il teatro realistico nasce in Italia nel Settecento.

7. Dario Fo è stato un grande rappresentante della commedia dell'arte

8. In un'opera, tradizionalmente, la scenografia è ricca.

9. I più grandi autori di opere sono contemporanei.

10. Nell'Italia di oggi, il cinema è più popolare dell'opera.

L'ITALIANO QUOTIDIANO

A teatro

l'abbonamento	subscription
la balconata	theater balcony
il biglietto intero	full-price ticket
il biglietto ridotto	discounted ticket
la galleria	gallery
il loggione	theater gallery
il palco	box; stage
la platea	stall; audience
il settore	block of seats; section
la tribuna	stand

USI E COSTUMI

Dove andiamo stasera?

Il modo più facile per ascoltare musica in Italia è andare in un **bar** o in una **birreria°**: basta pagare un piccolo extra all'entrata per ascoltare un cantante o un gruppo musicale locale.

Per un vero concerto, invece, ci sono i **teatri**, i **palazzetti°** o anche **strutture storiche** adattate° alla musica: ascoltare il rock in una villa del '500 è un'esperienza unica! Per le rockstar internazionali ci sono gli **stadi**, ma non sempre questa soluzione è praticabile°: ad esempio, nel 1987, Madonna ha annullato° un concerto perché la squadra di calcio proprietaria° non voleva il campo di gioco rovinato° dal pubblico!

Anche i **festival** sono popolari, come quello di Sanremo, di sola musica italiana, l'Umbria Jazz di Perugia e il Festival dei Due Mondi di Spoleto.

birreria pub **palazzetti** indoor stadiums **adattate** adapted **praticabile** practicable **annullato** cancelled **proprietaria** owner **rovinato** ruined

RITRATTO

Io canto... Laura Pausini

Laura Pausini nasce nel 1974. Suo padre è un cantante di pianobar e lei lo accompagna fin da quando ha otto anni. Nel 1991 è concorrente° al Festival di Castrocaro, una manifestazione° per cantanti emergenti°, dove è selezionata per partecipare al Festival di Sanremo, il più famoso evento della canzone italiana. Laura vince il Festival nel 1993, nella sezione «Nuove Proposte°».

Da quel momento la sua carriera decolla: partecipa alla serie di concerti Pavarotti & Friends e collabora con Phil Collins, Madonna e molti artisti italiani. Nel 2006 vince il Grammy Award per il miglior pop latino: è la prima donna italiana a ricevere questo premio. Oggi è la cantante italiana più famosa nel mondo e canta in italiano e in spagnolo.

Per il suo successo e per il suo impegno° verso i bambini che ha adottato in Brasile, il Presidente della Repubblica l'ha nominata Commendatore, un'onorificenza° molto importante.

concorrente contestant **manifestazione** event **emergenti** emerging **Proposte** Proposals **impegno** care **onorificenza** honor

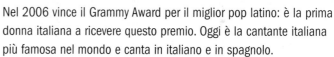

SU INTERNET

Quali sono i più importanti festival musicali in Italia?

Go to **vhlcentral.com** to find more information related to this **CULTURA**.

---

2 Completare Completa le frasi.

1. Laura Pausini ha cominciato a cantare con _____ quando aveva otto anni.

2. Laura Pausini ha vinto un _____ per il miglior pop latino.

3. Anche _____ e Madonna hanno collaborato con Laura Pausini.

4. A Sanremo si organizza il _____ della musica italiana.

5. Nel 1987, Madonna ha dovuto annullare un concerto in uno _____.

6. Il Festival dei Due Mondi ha sede nella città di _____.

3 A voi A coppie, rispondete alle seguenti domande.

1. Per una serata con gli amici preferisci il cinema, il teatro o un concerto? Perché?

2. Quali sono i più importanti eventi musicali e teatrali nella tua regione?

3. Sei mai andato/a a teatro a vedere una commedia, un concerto di musica classica o un'opera? E a un concerto di musica moderna? Ti sei divertito/a?

More activities

vhlcentral / Online activities

A T T I V I T À

STRUTTURE

10A.1

Infinitive constructions

Punto di partenza Infinitive constructions consisting of a conjugated verb and an infinitive are common in Italian.

- In two-verb constructions, some conjugated verbs are followed immediately by the infinitive. You have already used several of these verbs with infinitives.

Verbs followed directly by infinitives			
amare	to love	piacere	to please
desiderare	to wish; to desire	potere	to be able to
dovere	to have to	preferire	to prefer
fare	to make; to do	sapere	to know how to
lasciare	to allow, to let	volere	to want

Sai suonare il violino?
Do you know how to play the violin?

Non gli **piaceva andare** all'opera.
He didn't like going to the opera.

- In sentences in which one subject compels or allows another to do something, use **fare** + [*infinitive*] or **lasciare** + [*infinitive*], respectively. If an object follows the infinitive, then the person being compelled or allowed to act is expressed as an indirect object.

Mia madre **mi faceva suonare** la fisarmonica.
*My mother **used to make me play** the accordion.*

Il regista **le ha lasciato vedere** il copione.
*The director **let her see** the script.*

- Most two-verb constructions require a preposition between the conjugated verb and the infinitive. You must memorize which preposition is used with each verb. Use the preposition **a** after the following verbs when they precede an infinitive.

Verbs followed by *a* before infinitives			
abituarsi	to get used to	mettersi	to start
aiutare	to help	obbligare	to force, to compel
andare	to go	prepararsi	to prepare; to get ready
cominciare	to begin		
continuare	to continue	provare	to try
imparare	to learn	riuscire	to succeed
incoraggiare	to encourage	servire	to be good for/ useful for
insegnare	to teach		
invitare	to invite	venire	to come

vSi **è messa a ballare** nel primo atto.
*She **started dancing** during the first act.*

Quando **avete cominciato a studiare** arte?
*When **did you begin studying** art?*

Dai, Massimo, **prova a cantare** con loro!
*Go on, Massimo, **try to sing** with them!*

Andiamo **a comprare** i biglietti!
*Let's **go buy** the tickets!*

• Many verbs require the preposition **di** before an infinitive.

Verbs followed by *di* before infinitives

cercare	*to try*	offrirsi	*to offer*
chiędere	*to ask*	pensare	*to plan*
consigliare	*to advise*	permęttere	*to permit*
crędere	*to believe*	promęttere	*to promise*
decįdere	*to decide*	ricordare/	*to remember*
dimenticare/	*to forget*	ricordarsi	
dimenticarsi		smęttere	*to stop, to quit*
dire	*to say, to tell*	sognare	*to dream*
domandare	*to ask*	sperare	*to hope*
dubitare	*to doubt*	suggerire (-isc-)	*to suggest*
fįngere	*to pretend*	temere	*to fear*
finire	*to finish*		

Zeno **spera di fare** l'assolo.
*Zeno **hopes to play** the solo.*

Scusi, può **smettere di parlare**?
*Excuse me, could you **stop talking**?*

Sogno di debuttare presto.
***I dream of making** my debut soon.*

Cerchiamo di andare a conoscere la regista.
***Let's try to go to meet** the director.*

• You have already learned many expressions that follow the pattern **avere** + [*noun*] + **di** + [*infinitive*].

Sara **ha paura di recitare**.
*Sara **is afraid to perform**.*

Hai intenzione di guardare il Festival di Sanremo?
***Do you intend to watch** the Sanremo Festival?*

Abbiamo voglia di ascoltare l'orchestra.
***We feel like listening to** the orchestra.*

Avete smesso di cantare nel coro?
***Have you quit singing** for the choir?*

• The construction **essere** + [*adjective*] + **di** + [*infinitive*] is also common.

Tiziano è **stanco di essere** in tour?
*Is Tiziano **tired of being** on tour?*

Sarà felice di arrivare alla fine.
***He'll be happy to get** to the end.*

Sono stufi di recitare quei ruoli.
***They're tired of playing** those roles.*

Siamo impazienti di iniziare il concerto.
***We are eager to start** the concert.*

Provalo! **Scegli la preposizione corretta per completare ogni frase. Scegli il trattino (*dash*) se la preposizione non è necessaria.**

1. Nino prova (a / di) finire il libro prima di cena.

2. Giorgia e Amelia sperano (a / di) vincere il primo premio.

3. Non mi piace (- / a) lavorare dopo cena.

4. I miei genitori devono (di / -) uscire di casa alle sette di mattina.

5. Io dubito (- / di) arrivare in tempo.

6. Tu e Dario vi dimenticate sempre (a / di) telefonare quando arrivate.

7. Noi non vogliamo (- / a) andare di nuovo in quel ristorante.

8. Ti metti (- / a) disegnare?

9. Finalmente oggi finiamo (a / di) scrivere la proposta per il progetto.

10. Io amo (di / -) cucinare.

More
activities

vhlcentral

LM
p. 86

WB
pp. 151-152

Online
activities

STRUTTURE

1 **Scegliere** Scegli la preposizione corretta per completare ogni frase. Attenzione! In alcuni casi la preposizione non è necessaria.

1. Ho imparato _____ suonare il violino l'anno scorso.
2. Preferiscono _____ andare ai concerti rock.
3. Luigi sogna _____ diventare un drammaturgo famoso.
4. Ti consiglio _____ chiedere aiuto a un attore professionista.
5. Sapete _____ recitare?
6. Vi invito tutti _____ venire a vedere lo spettacolo sabato sera.
7. Ti promettiamo _____ presentarti il cantante alla fine del concerto.
8. Puoi _____ usare il cellulare durante l'intervallo.
9. Mi rendo conto _____ dover ripassare meglio la mia parte.
10. Riusciamo _____ imparare la canzone prima del concerto?

2 **Trasformare** Trasforma gli indizi dati per scrivere frasi complete.

MODELLO

lo spettatore / pensare / uscire presto
Lo spettatore pensa di uscire presto.

1. gli studenti / cercare / girare / un film
2. io / vi / consigliare / ascoltare / l'assolo
3. Anna / sognare / diventare / una stella del cinema
4. l'orchestra / cominciare / suonare / alle 20.00
5. il compositore / dubitare / comporre / un'opera nuova / quest'anno
6. il coro / imparare / interpretare / le canzoni
7. il regista / provare / mettere in scena / una rappresentazione dal vivo
8. Letizia / sperare / essere in tour / l'anno prossimo
9. Daniela e Giorgia / fingere / saper / ballare.
10. Da quanto tempo / tu e Carlo / mettersi / suonare / professionalmente?

3 **Creare** Usa le parole di ogni colonna per creare frasi complete. Aggiungi dettagli per renderle più interessanti.

MODELLO

Io comincio a recitare il ruolo con passione.

A	B	C
voi	aiutare	andare
tu	amare	applaudire
noi	cominciare	comprare
Elisa	mettersi	mettere in scena
tu e Vittoria	preferire	organizzare
io	promettere	recitare
i gruppi rock	ricordarsi	uscire
la gente	venire	vedere

COMUNICAZIONE

4 **Un concerto** A coppie, descrivete un concerto che non è andato come previsto (*predicted*). Scrivete un riassunto di cosa è successo. Usate gli indizi dati e l'immaginazione.

MODELLO

S1: *Il pubblico non ha smesso di parlare quando è iniziato il concerto.*
S2: *Il cantante ha dimenticato di presentare gli altri musicisti…*

> Il batterista ha provato a…
> Il chitarrista ha iniziato a…
> Il pubblico ha finito di…
> Il pianista ha cercato di…
> Il cantante ha dimenticato di…
> Il pubblico non ha smesso di…

5 **Prima e dopo** A coppie, immaginate di mettere in scena uno spettacolo. A turno, usate gli indizi dati per fare domande sulle persone coinvolte (*involved*). Usate le costruzioni con l'infinito.

MODELLO

drammaturgo / aiutare
S1: *Cosa fa il drammaturgo?*
S2: *Il drammaturgo aiuta a definire il ruolo di un personaggio.*

1. la ballerina / preferire
2. il pianista / iniziare
3. il personaggio / dimenticarsi
4. il pubblico / desiderare
5. i chitarristi / essere stanchi
6. i sassofonisti / sperare

6 **Progetti** A coppie, usate i verbi della lista per parlare dei vostri progetti futuri. A turno, fate domande e rispondete.

MODELLO

S1: *Cosa comincerai a fare tra cinque anni?*
S2: *Comincerò a frequentare più concerti. E tu?*

aiutare	dimenticarsi	preparare
cercare	finire	promettere
cominciare	imparare	provare
continuare	pensare	smettere

7 **Un concorso** In gruppi di tre o quattro, immaginate di essere all'edizione italiana di X Factor. Uno studente fa il candidato, gli altri fanno i giudici e lo intervistano. Scambiatevi i ruoli e scegliete il candidato migliore.

MODELLO

S1: *Che cosa cercherai di cantare questa sera?*
S2: *Stasera cercherò di cantare "Strani amori."*
S3: *Da quando hai iniziato a ascoltare Laura Pausini?*

STRUTTURE

10A.2 Non-standard noun forms

Punto di partenza As you learned in **Lezione 1A**, nouns that end in **-o** are usually masculine and those that end in **-a** are usually feminine. However, there are a few groups of words that do not follow this rule.

- Many Italian nouns of Greek origin end in **-ma**. These nouns are masculine, and therefore must be used with masculine article and adjective forms.

Nomi maschili in -ma			
aroma	*aroma; flavoring*	problema	*problem*
clima	*climate*	programma	*program; plan*
dilemma	*dilemma*	schema	*scheme, diagram*
diploma	*diploma, degree*	sistema	*system*
dramma	*drama; play*	tema	*theme; essay*
panorama	*panorama, landscape*	teorema	*theorem*
		trauma	*trauma*
poema	*poem*		

Guardate quel bel **panorama**!
*Look at that beautiful **landscape**!*

Chi ha scritto questo **poema**?
*Who wrote this **poem**?*

Risolviamo questo **problema**.
*Let's solve this **problem**.*

Senti che ottimo **aroma**!
*Smell this excellent **aroma**!*

- Form the plural of these nouns with **-mi**.

Ho visto molti **drammi** l'anno scorso.
*I saw a lot of **plays** last year.*

Questo balletto ha dei **problemi**.
*This ballet has some **problems**.*

- As you have seen, adjectives ending in **-ista** have only one singular form, yet they have different masculine and feminine plural endings: **-isti** and **-iste**.

- The same pattern applies to nouns ending in **-ista**, such as **batterista**, **dentista**, **giornalista**, **musicista**, and **violinista**. These nouns are invariable in the singular form, but any adjectives and articles agree with the gender of the person referenced. Remember that two endings are possible in the plural.

Serena è una **chitarrista** bravissima.
*Serena is a very good **guitarist**.*

Quel **musicista** diventerà famoso.
*That **musician** is going to become famous.*

Le **registe** italiane sono molto brave.
*Italian **directors** are really talented.*

Questi **giornalisti** scrivono molto bene.
*These **journalists** write really well.*

Attrezzi

You learned how to use adjectives ending in **-ista** in **Lezione 3B**.

Attrezzi

You learned many of these words relating to body parts in **Lezione 6A**.

- Another type of irregular noun is masculine in the singular but feminine in the plural. Many of these nouns refer to body parts. Note that the feminine plural forms end in -a, with the exception of **orecchie**.

Nouns that change gender in the plural

singular	plural		singular	plural	
il braccio	le braccia	*arms*	il lenzuolo	le lenzuola	*sheets*
il ciglio	le ciglia	*eyelashes*	il miglio	le miglia	*miles*
il dito	le dita	*fingers*	l'osso	le ossa	*bones*
il ginocchio	le ginocchia	*knees*	il paio	le paia	*pairs*
il labbro	le labbra	*lips*	l'uovo	le uova	*eggs*
l'orecchio	le orecchie	*ears*			
il sopracciglio	le sopracciglia	*eyebrows*			

- Use masculine adjectives with the singular forms and feminine adjectives with the plurals. Remember, even if the plural form ends in -a, you must use plural articles and adjectives with it.

Marco, ti sei lavato **le orecchie**?
*Marco, did you wash your **ears**?*

Quel ballerino ha le **braccia lunghissime**.
*That dancer has **very long arms**.*

Il ballerino ha comprato **un paio** di scarpe nuove.
*The dancer bought **a new pair** of shoes.*

Che disastro! Il chitarrista si è rotto **il dito**.
*What a disaster! The guitarist broke his **finger**.*

- The noun **mano** (*hand*) is irregular because it is feminine, but does not have regular feminine endings. The singular form is **la mano** and the plural is **le mani**.

Scusi, signore, mi potrebbe dare **una mano**?
*Excuse me, sir, could you give me **a hand**?*

Anna ha **le mani piccole**, ma suona molto bene il pianoforte.
*Anna has **small hands**, but she plays the piano really well.*

Provalo! **Scrivi le forme mancanti del nome e dell'articolo determinativo.**

	singolare	plurale		singolare	plurale
1.	*il braccio*	le braccia	**8.**	il paio	_____
2.	il regista	_____	**9.**	_____	le ossa
3.	_____	i problemi	**10.**	_____	i temi
4.	_____	le mani	**11.**	il dito	_____
5.	l'uovo	_____	**12.**	l'aroma	_____
6.	_____	le ginocchia	**13.**	la musicista	_____
7.	_____	i drammi	**14.**	_____	le miglia

More activities

vhlcentral

LM
p. 87

WB
pp. 153-154

Online activities

STRUTTURE

1 Mettere etichette Usa le parole della presentazione per etichettare le foto. Includi l'articolo determinativo.

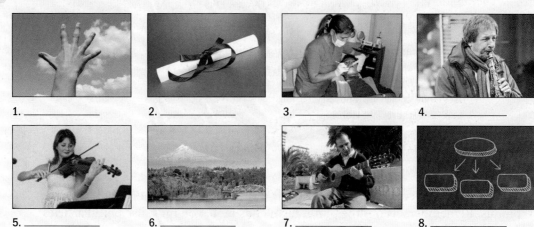

1. _____
2. _____
3. _____
4. _____

5. _____
6. _____
7. _____
8. _____

2 Completare Completa ogni frase con una parola della lista. Includi l'articolo determinativo se è necessario.

clima	mano	orecchio	poema
dramma	osso	pianista	problema

1. _____ è molto bravo; suona veramente bene.
2. Dobbiamo risolvere (*to solve*) molti _____ complicati.
3. Silvio ha _____ grosse e una corporatura (*build*) robusta.
4. _____ in questo periodo dell'anno è perfetto: fa caldo e piove poco.
5. _____ messi in scena in questo teatro sono piuttosto (*rather*) buoni.
6. Il poeta siciliano che ha scritto _____ non è molto famoso.
7. Gli spettatori avevano _____ ben aperte mentre il pianista suonava.
8. _____ del chitarrista si muovevano velocemente.
9. _____ del violoncellista sono molto delicate.
10. Conoscete tutti _____ di geometria?

3 Rispondere Rispondi a ogni domanda con una frase completa usando una parola del vocabolario della lezione.

1. Con che cosa si fa il letto?
2. Che cosa fanno le galline (*hens*)?
3. Come si chiama la persona che suona la chitarra?
4. Che cosa caratterizza un buon caffè?
5. Che cosa ricevono gli studenti quando finiscono gli studi?
6. Che cosa risolvi quando studi matematica?
7. Che cosa scrivono i poeti?
8. Che cosa fai per pianificare il fine settimana?
9. Che cosa ammirate dalla cima di una montagna?
10. Che cosa scrivono spesso gli studenti alla fine del semestre?

COMUNICAZIONE

4 **Domande personali** A coppie, fatevi a turno le seguenti domande. Alla fine paragonate le vostre risposte con quelle di un'altra coppia.

MODELLO
S1: *Hai mai scritto dei poemi?*
S2: *No, non ho mai scritto un poema.*

1. Quanti diplomi hai?
2. Qual è il tuo clima preferito?
3. Hai mai visto un dramma a teatro?
4. Quante miglia cammini ogni settimana?

5. Mangi spesso le uova? Quante?
6. Hai un aroma preferito?
7. Hai un regista preferito?
8. Scrivi molti temi per i tuoi corsi?

5 **Un dialogo** A coppie, create una conversazione usando le parole della lista. Siate creativi e siate pronti a interpretarla davanti alla classe.

MODELLO
S1: *Professore, ho due problemi.*
S2: *Dimmi. Qual è il tuo dilemma?*

dilemma	schema
diploma	sistema
problema	tema
programma	teorema

6 **Un mostro** Lavorate in gruppi di quattro. A turno, ciascuno/a descrive un mostro (*monster*) usando le parole della presentazione. Le altre persone del gruppo disegnano il mostro descritto. Quando tutti avrete descritto il vostro mostro, votate il disegno migliore.

▶ **MODELLO**

S1: *Il mio mostro ha tre paia di occhi! Ha...*

7 **La clinica** In gruppi di tre o quattro, immaginate di essere dottori in una clinica specializzata per artisti (cantanti, scrittori, musicisti, attori). Quali problemi hanno? In quali parti del corpo? Che cosa li ha provocati? Discutetene e consigliate una terapia.

▶ **MODELLO**

la ballerina / fratturare (*fracture*) / un piede
La ballerina si è fratturata un piede.

SINTESI

Ricapitolazione

1 **Frasi** Su diversi pezzi di carta, scrivi la parte finale di una frase a partire dai verbi dati. Poi, in gruppi di quattro, mescolateli. Prendete a turno un pezzo di carta e inventate la frase più divertente possibile.

> **MODELLO** ...comincia a ballare con il presidente degli Stati Uniti
>
> *Hmmm. Homer Simpson comincia a ballare con il presidente degli Stati Uniti.*

1. preferire suonare
2. cominciare a ballare
3. decidere di sposarsi
4. permettere di andare via
5. provare a nuotare
6. divertirsi a leggere
7. aiutare a vincere
8. volere sapere

2 **Intervista a una persona famosa** A coppie, create una conversazione tra un presentatore e un(a) musicista famoso/a, o un attore o attrice. Usate il vocabolario della lezione e le costruzioni con l'infinito.

> **MODELLO**
>
> **S1:** *Allora, mi dica, quando ha iniziato a recitare?*
> **S2:** *Se ricordo bene, ho iniziato a recitare quando avevo cinque anni, in uno spettacolo a scuola…*

3 **Paure** In gruppi di quattro, guardate i disegni e dite se avete paura o no delle attività mostrate. Conoscete qualcuno che ha paura di queste attività? Fate una lista delle vostre risposte, poi discutetele con la classe. Alla fine decidete quali sono le tre attività che fanno più paura.

> **MODELLO**
>
> **S1:** *Hai paura di cantare in pubblico?*
> **S2:** *No, io non ho paura di cantare in pubblico, ma mia cugina sì, perché è molto timida.*

1.

2.

3.

4.

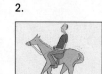
5.

6.

4 **Concentrazione** A coppie, scegliete 12 nomi tra quelli presentati in **Strutture 10A.2**. Create due set di carte, uno con la forma singolare dei nomi e l'altro con la forma plurale. Poi mescolateli e, a turno, scopritene due alla volta. Chi trova due carte con lo stesso nome deve dire l'articolo determinativo giusto per entrambe le forme.

> **MODELLO**
>
> **S1:** *trauma e traumi: il trauma e i traumi*

5 **Una storia** A coppie, create una lista di dieci nomi tra quelli presentati in **Strutture 10A.2**. Scambiate la vostra lista con quella di un'altra coppia di studenti. Usate tutte le parole che ricevete per scrivere una breve storia o un cartone animato. Siate creativi e includete un misto di forme singolari e plurali.

> **MODELLO**
>
> *La casa era sette miglia fuori città. In giardino c'erano un paio di persone*

6 **Indovinare** Dividetevi in gruppi di quattro. A turno, scegliete un nome tra quelli presentati in **Strutture 10A.2** e descrivetelo al gruppo senza nominare la parola. Gli altri studenti devono provare a indovinarla. Chi trova la parola giusta sceglie la successiva.

> **MODELLO**
>
> **S1:** *Usi questa cosa quando suoni il piano o la chitarra.*
> **S2:** *Le dita?*
> **S1:** *No, la dai quando conosci qualcuno e dici «piacere»!*
> **S2:** *La mano!*

More activities

vhlcentral · Online activities

A piedi nudi
sul palco

Un cortometraggio di Andrea Rovetta

Italia autentica

 Video

Cortometraggio

In **A piedi nudi sul palco**, di Andrea Rovetta (2007), la protagonista è un'aspirante attrice che sa parlare inglese, francese, spagnolo, sa fare i versi degli animali, sa ballare... e molto di più! Insomma, un'artista molto versatile e indubbiamente fuori dal comune affronta un regista altrettanto (*equally*) esigente in un provino memorabile. Otterrà il ruolo?

Preparazione

1 **Chi fa cosa?** Abbina le parole a sinistra alle attività elencate a destra.

1. ____ L'assistente di scena   a. nitrisce.
2. ____ Il regista   b. raglia.
3. ____ Il tecnico delle luci   c. muggisce.
4. ____ La mucca   d. parla senza aprire la bocca.
5. ____ Il grillo   e. frinisce.
6. ____ Il cavallo   f. si occupa delle luci del palco.
7. ____ L'asino   g. decide chi supera il provino.
8. ____ Il ventriloquo   h. aiuta il regista.

2 **Un provino** Immagina di essere un attore/un'attrice: devi affrontare un provino per ottenere il ruolo da protagonista. Che cosa pensi che ti chiederanno di fare? Metti le attività in ordine di probabilità (1: più probabile–10: meno probabile). Poi confronta le tue scelte con quelle di un(a) compagno/a e difendi la tua opinione.

> **MODELLO**
>
> **S1:** *Mi chiederanno di recitare in francese.*
> **S2:** *Non sono d'accordo, perché...*
> **S1:** *Ma io sarò Cyrano, quindi...*

____ Ballare il tango   ____ Muovere le orecchie

____ Cantare   ____ Nitrire

____ Fare la verticale   ____ Recitare in francese

____ Fare il verso del grillo   ____ Suonare il piano

____ Fare il/la ventriloquo/a   ____ Volare

Espressioni utili

- **Mi fa sentire qualcosa?**
  Can I hear something?
- **fare i versi degli animali**
  to make animal noises
- **Vado con la ...?**
  Shall I go with . . . ?
- **Come se la cava?**
  How do you manage?
- **la corda**
  rope
- **l'asino**
  donkey
- **il grillo**
  cricket
- **il/la ventriloquo/a**
  ventriloquist
- **la verticale**
  handstand
- **il palco**
  stage

Per parlare del film

- **fuori dal comune**
  uncommon
- **l'assistente di scena**
  assistant director
- **fare un provino**
  to (go for an) audition
- **il tecnico delle luci**
  lighting technician
- **la battuta**
  line (in a script)
- **il/la contorsionista**
  contortionist
- **muggire (-isc-)**
  to moo
- **nitrire (-isc-)**
  to neigh
- **ragliare**
  to bray
- **frinire (-isc-)**
  to chirp (cricket)
- **cinguettare**
  to chirp (bird)

Scene: A piedi nudi sul palco

ATTRICE Buongiorno.
REGISTA Buonasera... Ha qualcosa di pronto°? Cominci pure° quando vuole.
ATTRICE O padre oltraggiato°, gioisci°...

REGISTA Guardi, per questo ruolo io cerco una che suoni il pianoforte. Lei sa suonare?... Basta così, grazie.

REGISTA Qualcos'altro con la voce? Tipo... Lei sa fare i versi degli animali? ... Grillo?

REGISTA Circense°? Corda! Verticale! Orecchie!

REGISTA Tango! Danza classica? ... Volare?
ATTRICE Mi scusi?

REGISTA Signorina, Lei sa volare? (*L'attrice vola.*) ... Peccato, guardi°, cercavo una che non sapesse° volare...

qualcosa di pronto *something ready* Cominci pure *Go ahead and start* oltraggiato *offended*
gioisci *rejoice* Circense *Circus performer* Peccato, guardi *What a shame, you see*
che non sapesse *who doesn't know how*

Analisi

3 **In ordine** Ricostruisci la storia mettendo in ordine il dialogo. Ti ricordi la battuta finale? A coppie, paragonate le vostre risposte.

1. _____ —Buongiorno!
2. _____ —Maestro, vado con la quattro?
3. _____ —Numero 43.
4. _____ —Guardi, la mia protagonista è una che conosce le lingue... Lei sa l'inglese?
5. _____ —Lei sa fare la ventriloqua?
6. _____ —La cinque!
7. _____ —Mi scusi?
8. _____ —Buonasera. Caffè. Faccia due passi a destra... Cominci pure quando vuole.
9. _____ —Mi scusi.
10. _____ —Volare?
11. _____ —O padre oltraggiato gioisci!
12. _____ —Peccato, guardi, cercavo una che non sapesse volare... _____

4 **A ciascuno la sua battuta** In gruppi di quattro, attribuite ogni battuta dall'attività 3 al personaggio appropriato. Vi ricordate altre battute? Ricostruite il copione (*script*), distribuite i ruoli e presentatelo alla classe.

> **MODELLO** Buongiorno!
> **S1:** *Battuta uno. La dice l'attrice.*

1. il tecnico delle luci _____

2. il regista _____

3. l'assistente di scena _____

4. l'attrice _____

5 **Emozioni e sentimenti** A coppie, osservate le immagini, poi descrivete e discutete i sentimenti e le emozioni che i personaggi esprimono.

> **MODELLO**
> **S1:** *Secondo me, l'attrice ha paura del regista.*
> **S2:** *No, per me l'attrice non ha paura. È molto sicura di sé.*

1.

2.

3.

4.

More activities

vhlcentral   Online activities

Lezione

10B

Communicative Goals

You will learn how to:

- talk about movies and television
- describe movies and books

CONTESTI

Le arti Hotspots

Attenzione!

Unlike the nouns ending in **–ma** that you learned about in **Lezione 10A**, **il cinema** is masculine because it is the shortened form of a masculine noun: **il cinematografo**. Like other shortened nouns, it is invariable in the plural.

Vocabolario

espressioni	*expressions*
girare	*to film, to shoot*
pubblicare	*to publish*
scolpire (-isc-)	*to carve, to sculpt*
visitare una galleria d'arte	*to go to an art gallery*
le belle arti	*fine arts*
il capolavoro	*masterpiece*
la collezione	*collection*
l'esposizione (*f.*)	*exhibit*
la mostra	*exhibition*
l'opera (d'arte)	*work (of art)*
il paesaggio	*landscape*
il racconto epico	*epic story*
i media	*the media*
il cinema	*cinema*
l'editoria	*publishing industry*
la radio	*radio*
la stampa	*press*
la televisione	*television*
i generi	*genres*
il cartone animato	*cartoon*
il cortometraggio	*short film*
il documentario	*documentary*
il dramma (psicologico)	*(psychological) drama*
la favola	*fairy tale*
il racconto	*short story*
il ritratto	*portrait*
scrivere una recensione	*writing a review*
la trama	*plot*
artistico/a	*artistic*
commovente	*touching, moving*
contemporaneo/a	*contemporary*
dotato/a	*gifted; talented*
drammatico/a	*dramatic*
innovativo/a	*innovative*
inquietante	*disturbing*

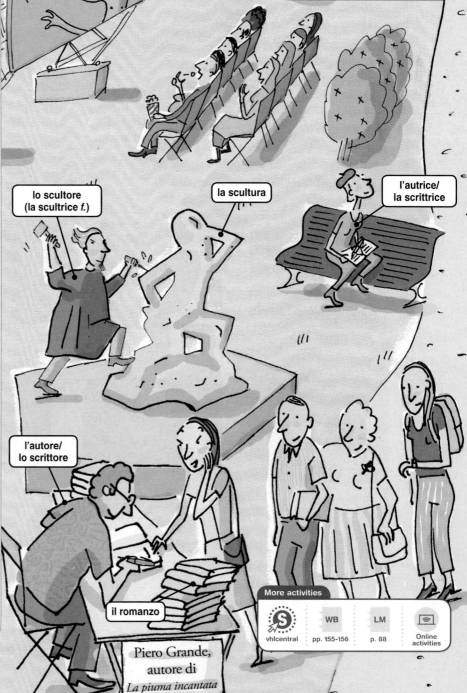

il film di fantascienza

lo scultore (la scultrice f.)

la scultura

l'autrice/ la scrittrice

l'autore/ lo scrittore

il romanzo

Piero Grande, autore di *La piuma incantata*

More activities

S vhlcentral	WB pp. 155–156	LM p. 88	Online activities

il film dell'orrore

la poetessa (il poeta *m.*)

la poesia

la pittura

il quadro

la pittrice (pittore *m.*)

dipingere *to paint*

Pratica

1 **Trova l'intruso** Trova la parola che non appartiene al gruppo.

> **MODELLO** pittrice, poeta, ⊙ritratto⊙, scultore

1. cinema, televisione, radio, pittura
2. romanzo, paesaggio, racconto, favola
3. autore, dipingere, pittore, quadro
4. pubblicare, mostra, editoria, stampa
5. opera d'arte, scultura, capolavoro, girare
6. film, cartone animato, galleria d'arte, documentario

2 **Associazioni** Scrivi la parola della lista che corrisponde a ogni definizione.

> **MODELLO** un quadro che mostra una persona *ritratto*

| collezione | inquietante | racconto | scrittrice |
| contemporaneo | pittore | ritratto | trama |

1. molti quadri _____
2. un sinonimo di *moderno* _____
3. quello che succede in un libro o in un film _____
4. un uomo che dipinge _____
5. una storia breve _____
6. una donna che scrive romanzi _____

3 **Scegliere** Scegli la parola che completa meglio ogni frase.

> **MODELLO** Ieri sera ho cominciato a leggere un bel ⊙romanzo⊙ / quadro).

1. Mi piace molto la (trama / mostra) di quel libro.
2. Da piccola mi piaceva leggere (le favole / i cortometraggi).
3. Quando sono in macchina sento le notizie (alla radio / al cinema).
4. Quella statua è stata (girata / scolpita) nel Rinascimento.
5. Mio zio ha una (collezione / scultura) di quadri bellissimi.
6. Il *David* è uno dei (capolavori / cortometraggi) di Michelangelo.
7. Quel film dell'orrore è molto (dotato / inquietante).
8. Che bei (quadri / film) hai appeso (*hung up*) nel tuo ufficio!

4 **Rispondere** Rispondi alle domande che senti con frasi complete.

1. _____
2. _____
3. _____
4. _____
5. _____
6. _____

Comunicazione

5 **Il critico d'arte** A coppie, leggete la recensione di un critico d'arte sul giornale. Poi completate le frasi seguenti con la parola corretta.

Milano Domenica scorsa ho visitato la mostra d'arte contemporanea al Castello Sforzesco. I quadri esposti (*on display*) erano di pittori e pittrici italiani e internazionali, mentre le sculture erano solo italiane. L'esposizione ha attratto molta gente. Il pubblico sembrava entusiasta delle opere esposte e di alcune ha apprezzato molto il carattere innovativo.

Non sono mancati tuttavia i commenti negativi di alcune persone. A mio parere (*In my opinion*), anche se tutte le opere esposte riflettono (*reflect*) il grande senso artistico di pittori e scultori, alcuni quadri e alcune sculture sono difficili da capire e a volte anche un po' inquietanti!

1. La mostra al Castello Sforzesco era di arte (commovente / contemporanea).
2. Le sculture esposte erano di artisti (internazionali / italiani).
3. Molte persone hanno visitato la (mostra / recensione).
4. La maggior parte delle persone ha apprezzato il carattere (innovativo / negativo) delle opere.
5. I pittori e gli scultori che hanno esibito le opere hanno un grande senso (drammatico / artistico).
6. Secondo il critico d'arte, alcune opere sono (epiche / inquietanti).

6 **Un film dell'orrore** In gruppi di quattro, discutete quali caratteristiche deve avere un film dell'orrore per avere successo. Poi scrivete un breve paragrafo (almeno otto frasi) spiegando le vostre ragioni. Potete parlare di come devono essere gli attori, la trama, i personaggi ecc.

MODELLO

S1: *Secondo me, gli attori sono importanti.*
S2: *Sono d'accordo! Gli attori devono essere...*

7 **Una canzone importante** A coppie, dite qual era la vostra canzone preferita al liceo, e perché. Date più dettagli possibili (autore, cantante, genere, testo...).

MODELLO

S1: *Al liceo la mia canzone preferita era...*
S2: *Ah! Ti ricordava qualcosa di particolare?*

8 **Arti e attività** Lavorate a coppie. L'insegnante vi darà due fogli diversi, ciascuno con metà delle informazioni su possibili attività per questo fine settimana. A turno, fatevi domande per completare i vostri fogli. Poi decidete a quali eventi assisterete, basandovi sulle vostre preferenze e sul vostro budget.

MODELLO

S1: *Venerdì sera c'è un concerto di jazz in centro. Costa 12 euro. Cos'altro c'è venerdì?*
S2: *Venerdì c'è anche...*

9 **Chi sono?** In gruppi di tre o quattro, a turno, uno di voi fa la parte di un artista famoso e dà 3/4 indizi (*clues*) su se stesso. Gli altri devono indovinare chi siete.

MODELLO

S1: *Sono una regista, ho un padre famosissimo, ho girato film di diverso genere e ho vinto un premio a Cannes nel 2017. Chi sono?*
S2: *Sei Sofia Coppola!*

Pronuncia e ortografia Audio

🔊 **Punctuation**

Penso di sì.   **10.000**   **$1.000.250,90**   **23.15**

In Italian, **il punto** (.) is used, as in English, at the end of a statement and indicates a lengthy pause. In addition, Italian style uses a period instead of a comma in numbers 1,000 and above. A period can also be used to indicate time on the 24-hour clock.

Alla fine, …   **Sì, è quello.**   **3,5**   **€20,27**

La virgola (,) is used to indicate a shorter pause within a phrase and is used more often in Italian than in English. Commas are also used in the place of a decimal point to indicate fractions.

È bello, alto e simpatico.   **Ci vogliono farina, acqua e zucchero.**

In Italian, a comma is not used before the final item of a series.

«Certo», ha detto.   **Questo "fatto" è sbagliato.**   **È appropriato dire «Ciao»?**

In Italian, **le virgolette** may be **basse** (« ») or **alte** (" "). As in English, they are used to indicate direct quotations, to highlight a particular term, or to indicate the idiomatic use of a word. Place ending punctuation and commas outside quotation marks unless they are part of what is being quoted.

La ragazza ha chiesto: — È questo il posto?
— Sì, è questo, — ha risposto suo fratello.

Quotation marks can be replaced with **una lineetta** (—) in dialogues.

🔗 **Punteggiatura** Riscrivi le frasi con la punteggiatura giusta.

1. Gli studenti hanno chiesto Quali sono i compiti per domani
2. Sì spiega il ragazzo ci sono 25000 persone in lista
3. Metto in valigia un vestito delle scarpe e un libro
4. La camera diventa silenziosa
   Silvia dice Marco ci sei
   Sì Silvia eccomi

> Chi ha arte per tutto ha parte.[2]

🔗 **Articolare** Ripeti ad alta voce le frasi con la loro punteggiatura.

1. «No», ha detto, «non li ho visti».
2. Ci vuole una virgola dopo la parola "bello".
3. Il film comincia alle 20.35.
4. —È troppo tardi.   —No, arriveremo in tempo.
5. Questo romanzo costa €10,40.
6. Abbiamo già visto il programma «Now».

🔗 **Proverbi** Ripeti i proverbi ad alta voce.

> Oggi a te, domani a me.[1]

[1] Every dog has his day. (lit. Today to you, tomorrow to me.)
[2] He who has art, has everywhere a part.

FOTOROMANZO

Il mondo di Paolo Video

Emily

Lorenzo

Paolo

Riccardo

Viola

PAOLO Buongiorno a tutti. Grazie per aver accettato di aiutarmi a girare il filmino per l'esercitazione a scuola.
RICCARDO Figurati. È un piacere.
PAOLO Ho finito di scriverlo un'ora fa.
EMILY Scrivere è più difficile di quanto sembri.

RICCARDO Qual è la trama?
PAOLO Un poveraccio possiede una scatola vuota. Finge di sentire della musica quando la apre. Dopo che l'ha venduta, si accorge che suona per davvero. *(Tira fuori le maschere.)*
LORENZO Che succede? Tutto bene?
VIOLA Da dove vengono?
PAOLO Mi sono ricordato che erano sotto il tuo letto.

VIOLA Emily, devo dirti una cosa. Promettimi che non lo dirai a nessuno. Soprattutto a Riccardo.
EMILY Promesso. Nemmeno una parola.
VIOLA Lorenzo mi ha baciata.
EMILY Non ci posso credere! Ma, come è successo?

PAOLO Sei pronta per girare la scena? Vado a svegliare Riccardo mentre Lorenzo ti fa vedere dove devi stare.
RICCARDO Ah, Paolo. Quale scena giriamo per prima?
PAOLO La sesta. E dopo forse la terza.

RICCARDO È buona la tua sceneggiatura. Mi piace. È drammatica e inquietante. Hai del talento. Dovresti studiare cinema quando andrai all'università.
PAOLO Mi piacerebbe, ma alla fine studierò informatica.
RICCARDO Beh, sei bravo anche in quello.

PAOLO Bene. Questa è la scena in cui Riccardo vende la scatola a Lorenzo e si accorge che suona veramente. Emily, tu sei arrabbiata perché lui ha venduto la scatola. Viola, tu vuoi la scatola per te, ma Lorenzo ha intenzione di tenersela. E... azione!
RICCARDO *(Recitando)* Sento della musica. Com'è possibile?
LORENZO Ho pagato una miseria rispetto a quanto vale questa scatola.

1 **Chi è?** A chi si riferiscono queste affermazioni? Lorenzo, Massimo, Paolo, Riccardo o Viola?

1. Ha scritto un filmino.
2. Ha baciato Viola.
3. Ha incontrato Lorenzo in centro.
4. È uscito a cena con Viola.
5. È arrogante.
6. Paolo va a svegliarlo.
7. Vuole studiare informatica.
8. Compra la scatola.
9. Secondo Riccardo, non è un grande attore.
10. Dovrebbe girare un documentario.

Paolo gira un filmino per la scuola.

VIOLA L'ho incontrato per caso in centro facendo delle commissioni. Abbiamo passato il pomeriggio insieme. È stato molto divertente. E poi, quando ci stavamo salutando, lui...

EMILY E Massimo?

VIOLA Non gli ho detto niente quando l'ho visto per cena.

EMILY La stessa sera?

EMILY Prima hai baciato Lorenzo, poi sei andata a cena con Massimo? Non si fanno queste cose, Viola!

VIOLA Lo so. Shhh.

EMILY Allora, chi ti piace, Lorenzo o Massimo... o tutti e due?

VIOLA Massimo è molto carino. E noioso. Lorenzo è bello e intelligente, ma è così arrogante. Non lo so. Che cosa faresti tu?

Espressioni utili

Actions in progress

- **facendo delle commissioni**
  running errands
- **Ci stavamo salutando...**
  We were saying goodbye . . .

Ordinal numbers

- **la sesta**   • **la terza**
  the sixth   *the third*

Additional vocabulary

- **Scrivere è più difficile di quanto sembri.**
  Writing is harder than it seems.
- **Lorenzo ha intenzione di tenersela.**
  Lorenzo wants to keep it for himself.
- **Non sei un granché come attore.**
  You are not such a great actor.
- **l'esercitazione a scuola**
  school project
- **filmino**   • **Taglia!**
  short film   *Cut!*
- **poveraccio**   • **possiede**
  poor man   *owns*
- **si accorge**   • **tutti e due**
  he realizes   *both of them*
- **sceneggiatura**   • **miseria**
  screenplay   *fraction*
- **battuta**   • **per davvero**
  line   *for real*

EMILY Lorenzo. Basta, per favore!

RICCARDO Non sei un granché come attore, Lorenzo.

LORENZO Senti chi parla!

PAOLO Taglia! Proviamo un'altra volta. Iniziamo dalla battuta di Emily.

EMILY Come hai potuto venderla, hmm? Ora non abbiamo più niente!

VIOLA Se mi aiutate a prendere quella scatola, io... mi prenderò cura di voi.

LORENZO Ha, ha, ha, non ci riuscirete mai!

PAOLO Taglia!

RICCARDO Forse faresti meglio a girare un documentario: «Pensione Paradiso».

2 **Per parlare un po'** A coppie, immaginate di essere registi famosi che vogliono girare un nuovo film. Scrivete un paragrafo di circa 300 parole che riassume la trama e menziona anche quali attori avete scelto.

3 **Approfondimento** Scegli un film italiano e fai una ricerca. Di che anno è? Chi sono gli attori principali? Qual è la trama? Perché hai scelto questo film? Preparati a rispondere a queste domande.

More activities

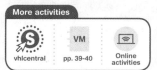

vhlcentral   VM pp. 39–40   Online activities

A T T I V I T À

La culla° dell'arte

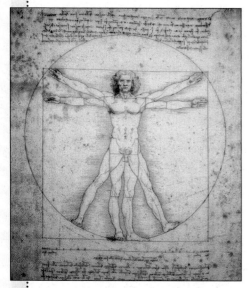

Qual è la prima cosa che viene in mente° quando si pensa all'Italia? Sicuramente l'arte. Gli antichi° romani, gli uomini del Medioevo° e gli artisti moderni hanno lasciato in Italia libri, dipinti° e sculture. L'arte italiana più conosciuta nel mondo è sicuramente quella del Rinascimento.

Il Rinascimento è un movimento culturale che si sviluppa° a Firenze tra il 1400 e il 1500. È ispirato all'Umanesimo, una corrente di pensiero° che apprezza soprattutto l'umanità° e tutte le sue espressioni. In questo clima la cultura, la razionalità e la creatività, cioè tutte le cose che rendono° gli uomini migliori, sono sostenute° e promosse°. L'uomo ideale nel Rinascimento è l'antico romano: equilibrato° e saggio°. Anche l'arte vuole imitare lo spirito antico; per questo le opere vogliono ispirare equilibrio e serenità. Questa idea è simboleggiata° dal famoso *Uomo vitruviano* di Leonardo da Vinci, dove le proporzioni del corpo umano sono progettate° con grande cura.

I più famosi artisti rinascimentali lavorano a Firenze perché la famiglia che governa° la città, i Medici, ama l'arte e finanzia° le opere d'arte per aumentare il suo prestigio. Nascono così i dipinti oggi ospitati nel Museo degli Uffizi e le opere di Leonardo e Michelangelo.

La tradizione artistica italiana non è comunque solo quella del Rinascimento: anche oggi ci sono artisti italiani conosciuti, come lo scultore Maurizio Cattelan, il poeta Mario Luzi e l'architetto Gae Aulenti—famosa sia per i restauri° di opere del passato, come Palazzo Grassi a Venezia, che° per la progettazione° di nuovi edifici, come il Museo d'Orsay a Parigi.

culla *cradle* **viene in mente** *comes to mind* **antichi** *ancient* **Medioevo** *Middle Ages* **dipinti** *paintings* **si sviluppa** *develops* **corrente di pensiero** *school of thought* **umanità** *mankind* **rendono** *make* **sostenute** *supported* **promosse** *promoted* **equilibrato** *well-balanced* **saggio** *wise* **simboleggiata** *symbolized* **progettate** *designed* **governa** *rules* **finanzia** *finances* **restauri** *restorations* **sia... che** *both . . . and* **progettazione** *designing*

A T T I V I T À

1

Vero o falso? Indica se l'affermazione è **vera** o **falsa**. Correggi le affermazioni false.

1. Il Rinascimento e l'Umanesimo sono la stessa cosa.

2. L'Umanesimo è un movimento culturale che dà grande importanza all'uomo e all'umanità.

3. La cultura del Rinascimento promuove tutte le cose che migliorano l'uomo.

4. L'uomo ideale del Rinascimento è l'antico romano, equilibrato e saggio.

5. L'*Uomo vitruviano* è un esempio del perfetto antico romano.

6. I Medici sono la famiglia che governa Firenze durante il Rinascimento.

7. I Medici finanziano i grandi artisti e le loro opere per aumentare il prestigio della loro famiglia.

8. Michelangelo ha progettato gli Uffizi.

9. Maurizio Cattelan è un famoso poeta.

10. Gae Aulenti ha progettato Palazzo Grassi.

L'ITALIANO QUOTIDIANO

È un'opera in stile...

barocco/a	Baroque
bizantino/a	Byzantine
(neo)classico/a	(Neo)classical
futurista	Futurist
gotico/a	Gothic
manierista	Mannerist
rinascimentale	Renaissance (adj.)
romanico/a	Romanesque
romantico/a	Romantic
verista	belonging to the Verismo movement

USI E COSTUMI

Musei e curiosità

L'Italia è ricca di opere d'arte e quasi ogni paese ha un museo. I **musei nazionali, archeologici** o **artistici**, sono di solito nelle grandi città d'arte. Esistono, però, anche **collezioni private**, case di personaggi importanti (come Leonardo da Vinci), **aree archeologiche** (come **Pompei**) e **musei tematici°** (della scienza, per esempio, o del folklore). Ci sono anche **collezioni strane**: musei dedicati al vino, al cioccolato e al prosciutto, musei dedicati ai giocattoli°o a Pinocchio e inquietanti musei di antropologia criminale o dei coltelli.

La maggior parte dei musei ha un giorno di chiusura settimanale° e degli orari di apertura° limitati: è sempre bene cercare informazioni prima di trovare una porta chiusa!

tematici theme **giocattoli** toys **chiusura settimanale** weekly closing **orari di apertura** opening hours

RITRATTO

Il padre della lingua italiana

Dante Alighieri nasce a Firenze nel 1265. Intraprende° una buona carriera politica, ma vive in un periodo difficile, ossia° durante la guerra civile che divide la città. La fazione nemica° prende il potere e condanna° Dante a morte. Fortunatamente in quell'epoca lui è a Roma e si salva, ma non può più tornare a casa. Da quel momento vive come ospite° di diverse famiglie potenti° del nord Italia, scrivendo la *Divina Commedia* e offrendo la sua esperienza politica a chi lo ospita. Muore di malaria nel 1321.

Sin da giovane Dante scrive poesie usando uno stile sperimentale, lo «Stilnovo», creato per essere musicale. Dante è considerato il padre della lingua italiana: nella sua ricerca di una lingua "comune" da eleggere a lingua poetica, il "sommo poeta" sceglie il dialetto toscano che, insieme a parole latine e di altri dialetti, diventa il nuovo standard. L'italiano è così lingua dolce perché creata per la poesia, ma con una grammatica complicata, perché include elementi di lingue diverse.

Intraprende undertakes **ossia** that is **fazione nemica** enemy faction **condanna** sentences **ospite** guest **potenti** powerful

RITMO ITALIANO

Tosca, personaggio dell'omonima opera di Puccini, è una cantante che ha consacrato la sua vita all'arte. Scopri su **vhlcentral.com** un'aria del secondo atto dedicata alla sua passione.

---

2 **Completare** Completa le frasi.

1. Dante è nato a _____ nel 1265.
2. All'inizio della sua carriera politica, una fazione nemica lo _____ a morte.
3. Dante muore nel 1321 a causa della _____.
4. In Italia esistono musei dedicati al vino, al cioccolato e al _____.
5. Molti musei hanno un giorno di _____ settimanale.
6. Per i bambini ci sono musei dedicati ai _____ e a Pinocchio.

3 **A voi** A coppie, discutete le seguenti domande.

1. Ti piace visitare i musei? Preferisci quelli storici-artistici o quelli più strani?
2. Guarda la lista degli stili artistici in **L'italiano quotidiano**. Qual è il tuo stile preferito? Perché?
3. Preferisci l'arte antica, rinascimentale o moderna? Perché?

More activities

vhlcentral

Online activities

ATTIVITÀ

STRUTTURE

10B.1

The gerund and progressive tenses

Punto di partenza You have already learned that the present tense in Italian can be used to describe what someone does or is doing. To emphasize that an action is in progress, use the present tense of **stare** and the **gerundio**.

Attrezzi

You learned to use the simple present to express ongoing actions in **Lezione 2A** and the imperfect to express ongoing actions in the past in **Lezione 6B**.

- Form the **gerundio** by replacing the **-are** ending of an infinitive with **-ando**, and the **-ere** and **-ire** endings with **-endo**. This form is equivalent to the English ending *-ing*.

infinitive	gerundio	
girare	girando	*filming*
dipingere	dipingendo	*painting*
scolpire	scolpendo	*sculpting*

Approfondimento

Note that the use of the **forma progressiva** is more limited in Italian than in English. It is much more common to use the simple present or **imperfetto** to talk about ongoing actions in Italian. Use the **forma progressiva** to emphasize the fact that an action is in progress.

- A few verbs that have an irregular stem in the **imperfetto**, such as **bere**, **dire**, **fare**, and **tradurre** (*to translate*), use the same irregular stem to form the **gerundio**.

imperfetto	gerundio	
bevevo	bevendo	*drinking*
dicevo	dicendo	*saying*
facevo	facendo	*doing*
traducevo	traducendo	*translating*

- Use the present tense of **stare** + [**gerundio**] to express an action that is in progress. This is called the **forma progressiva**.

Non posso parlare; **sto mangiando**.
*I can't talk; **I'm eating**.*

Che cosa **stai scrivendo**? Una favola?
*What **are you writing**? A fairy tale?*

- Use the **imperfetto** of **stare** + [**gerundio**] to describe actions that were in progress in the past.

Il regista non c'era. **Stava girando** un'altra scena.
*The director wasn't there. **He was shooting** another scene.*

Non ti ho visto. **Stavo cercando** le chiavi.
*I didn't see you. **I was looking** for my keys.*

Approfondimento

In cases where an English word ending in *-ing* is used as the subject of a sentence, the infinitive, rather than the **gerundio**, is typically used in Italian.

Andare al cinema è il mio passatempo preferito.
***Going** to the movies is my favorite hobby.*

Pubblicare un libro è quasi sempre difficile.
***Publishing** a book is almost always difficult.*

- Object and reflexive pronouns either precede the conjugated form of **stare** or are attached to the end of the **gerundio**.

Perché la *Gioconda* **mi sta sorridendo/sta sorridendomi**?
*Why **is** the Mona Lisa **smiling at me**?*

Il quadro sarà bellissimo. **Lo sto finendo/Sto finendolo** adesso.
*The painting will be very beautiful. **I'm finishing it** now.*

Provalo! Per ogni frase, scrivi il gerundio del verbo indicato.

1. Il pittore sta *lavorando* (lavorare).
2. Tu stai _____ (scrivere) al professore?
3. I bambini stavano _____ (ascoltare) la radio.
4. Io e Tiziana stavamo _____ (correre) verso di te.
5. Ieri sera alle otto io stavo _____ (cenare).
6. Voi state _____ (cercare) l'ufficio del professor Antichi?

PRATICA E COMUNICAZIONE

1 **Completare** Completa ogni frase con la forma progressiva presente del verbo indicato.

1. Loro _____ (visitare) la galleria d'arte.

2. La stampa _____ (pubblicare) tutti i dettagli della storia.

3. Io e Giulia _____ (leggere) una bella favola.

4. Quei registi _____ (girare) un nuovo film.

5. Le collezioni _____ (andare) in giro per il mondo.

6. Voi _____ (scolpire) un vero capolavoro!

2 **Mettere etichette** Per ogni foto scrivi cosa stanno facendo queste persone adesso o cosa stavano facendo ieri. Usa frasi complete.

1. ieri / Rosa e Bianca / suonare il violino

2. Giuseppe / dipingere il garage / adesso

3. Maria e Armando / mangiare al ristorante / adesso

4. ieri / gli assistenti / filmare un documentario

5. gli studenti / scriversi delle e-mail / adesso

6. Ieri Marco / guardare la partita

3 **Proprio adesso** A coppie, descrivete che cosa stanno facendo queste persone in questo momento. Usate la fantasia e le forme progressive.

MODELLO

il cuoco

Il cuoco sta scaldando la pizza nel microonde.

1. il pittore

2. l'autrice

3. gli scultori

4. la regista di un documentario

5. i bambini

6. i tuoi genitori

7. il presidente

8. io e te

4 **Quando è saltata la corrente** A coppie, preparate una lista di otto persone. Possono essere persone che conoscete o non conoscete. Poi immaginate cosa stavano facendo ieri sera alle 18.00, quando improvvisamente è saltata la corrente (*the power went out*). Descrivete le loro azioni con frasi complete.

MODELLO

mia madre

Mia madre stava cucinando e guardando la televisione.

More activities

vhlcentral

LM
p. 90

WB
pp. 157-158

Online activities

STRUTTURE

10B.2

Ordinal numbers

Punto di partenza Ordinal numbers, such as *first*, *second*, etc., indicate the order or rank of things relative to others. Suffixes are endings that, added to a word, modify the meaning of the word.

- The Italian ordinal numbers equivalent to *first* through *tenth* do not follow a regular pattern and must be memorized.

Cardinal numbers			Ordinal numbers		
1	uno	*one*	1°	primo	*first*
2	due	*two*	2°	secondo	*second*
3	tre	*three*	3°	terzo	*third*
4	quattro	*four*	4°	quarto	*fourth*
5	cinque	*five*	5°	quinto	*fifth*
6	sei	*six*	6°	sesto	*sixth*
7	sette	*seven*	7°	settimo	*seventh*
8	otto	*eight*	8°	ottavo	*eighth*
9	nove	*nine*	9°	nono	*ninth*
10	dieci	*ten*	10°	decimo	*tenth*

- Form most other ordinal numbers by dropping the final vowel of the cardinal number and adding the suffix **-esimo**. Numbers ending in **-tré** or **-sei** maintain the final vowel, but the accent mark on **-tré** is dropped.

Cardinal	Ordinal	Cardinal	Ordinal
11 undici	11° undicesimo	82 ottantadue	82° ottantaduesimo
20 venti	20° ventesimo	100 cento	100° centesimo
26 ventisei	26° ventiseiesimo	500 cinquecento	500° cinquecentesimo
33 trentatré	33° trentatreesimo	1000 mille	1000° millesimo

- Ordinal numbers are adjectives, and therefore must agree in gender and number with the nouns they modify.

Mi piacciono **i primi due film** di Fellini.	Domani vedrò quel film per **la quarta volta**.
*I like Fellini's **first two films**.*	*I'm seeing that movie for **the fourth time** tomorrow.*

- Abbreviate ordinal numbers with superscripts **o**, **a**, **i**, or **e**, according to the gender and number of the noun that follows.

La collezione ha vinto il **2° premio**.	Legga la **10ª poesia**, per favore.
*The collection won **2nd prize**.*	*Read the **10th poem**, please.*

- Use Roman numerals to refer to centuries (**secoli**) or royalty.

XIII (**tredicesimo**) secolo	Enrico **IV** (**quarto**)
13th century	*Henry IV (the fourth)*

Provalo!   Scrivi le parole corrette per esprimere i numeri elencati.

1. 11° *undicesimo*
2. 87° _____
3. 5° _____
4. 26° _____
5. 100° _____
6. 32° _____
7. 95° _____
8. 44° _____
9. 17° _____
10. 16° _____

PRATICA E COMUNICAZIONE

1 **Trasformare** Trasforma i numeri dati in numeri ordinali. Fai tutti i cambiamenti necessari all'ordine delle parole.

> **MODELLO**
>
> *Questa è la lezione numero otto.*
> *Questa è l'ottava lezione.*

1. Abitiamo al piano numero 3.
2. Questo è il giorno numero 6 di pioggia.
3. Sono in fila numero 14.

4. La mia preferita è la traccia (*track*) numero 8.
5. È la Sinfonia numero 9 di Beethoven.
6. È il suo semestre numero 2 in questa università.

2 **Completare** Completa le frasi seguenti scrivendo in lettere il numero ordinale dato. Fai attenzione alla concordanza.

1. Questo è il _____ (12°) documentario che vediamo questa settimana!
2. È il _____ (4°) giorno che si dimentica di venire.
3. Gli studenti di quella scuola si sono classificati _____ (2°).
4. Per la _____ (100°) volta: no, non voglio uscire con te!
5. I _____ (1°) computer erano molto grandi e lenti.
6. Complimenti, Lei è il _____ (33°) cliente e vince un certificato regalo di 5 euro!
7. Queste macchine sono _____ (2°) solo alle macchine che hai provato ieri.
8. Non ho ancora visto il _____ (26°) paio di guanti che hai comprato.
9. Nel 2011 abbiamo celebrato il _____ (150°) anniversario dell'Unità d'Italia.
10. Questa bicicletta è di _____ (3°) mano.

3 **Riscrivere** Riscrivi le frasi usando i *nomi alterati*.

> **MODELLO**
>
> *Quel bambino è un po' cattivo.*
> *Quel bambino è cattivello.*

1. Marzia e Luigi parlano troppo.
2. La bocca piccola e carina dei neonati fa tenerezza.
3. Non compriamo un giornale che pubblica soltanto scandali.
4. Tu e Luca avete avuto proprio una brutta giornata.
5. Tutti mi dicono che sono un ragazzo molto cattivo.
6. Guarda quel bambino come muove le sue piccole mani!

4 **Il grande magazzino** A coppie, immaginate un grande magazzino di dodici piani. Descrivete cosa potete trovare in ciascun piano. Usate i numeri ordinali.

> **MODELLO**
>
> **S1:** *Al primo piano c'è il reparto (department) elettrodomestici,*
> *dove ci sono i televisori, le lavastoviglie ecc.*
> **S2:** *Al secondo piano...*

More activities

vhlcentral

LM
p. 91

WB
pp. 159-160

Online activities

STRUTTURE

Suffixes

Attrezzi

In **Lezione 3A** you learned to use suffixes to talk about family members with words such as **fratellino** (*little brother*) and **sorellina** (*little sister*).

In Italian, there are many suffixes that can be added to nouns or adjectives, as well as to proper names.

- To add a suffix, first drop the final vowel of the base word.

  fratello + -ino ▸ fratellino
  sorella + -ina   sorellina

- The suffixes -ello/a, -etto/a, -ino/a, and -uccio/a are often used to indicate smallness or to express affection.

  Che belle **casette**!
  *What cute **little houses**!*

  Che bel **gioiellino**!
  *What a nice **little jewel**!*

  Ecco la mia **nipotina Mariuccia**.
  *Here is my **small niece**, **little Mary**.*

  Rilassiamoci e leggiamo questi **librini**.
  *Let's relax and read these **little books**.*

- The suffix -one/a expresses largeness or importance.

  Guardate questi **libroni**!
  *Look at these **big books**!*

  Lui mi scrive sempre delle **letterone**.
  *He always writes me **long letters**.*

  Il nostro gattino è **pigrone**.
  *Our kitten is **very lazy**.*

  Laura è una **chiacchierona**.
  *Laura is a **chatterbox**.*

- The suffix -accio/a has a disparaging or pejorative connotation.

  Non dire **parolacce** a lezione.
  *Don't say **swear words** in class.*

  Ho avuto una serie di **giornatacce**.
  *I have had a series of **bad days**.*

  Che **filmaccio**! Cambiamo canale!
  *What a **bad film**! Let's change the channel!*

  Questi **giornalacci** sono uno spreco di carta.
  *These **trashy newspapers** are a waste of paper.*

- The use of suffixes is idiomatic, and not every suffix can be added to every noun or adjective. Focus on learning words you see or hear rather than trying to add suffixes on your own. Here are some additional commonly used words with suffixes.

Common *nomi alterati*

bellino/a	cute, pretty	la giornataccia	bad day
caruccio/a	sweet, very dear	la letterona	long letter
cattivello/a	a little bit naughty	la manina	little hand
piccolino/a	very small	il minestrone	thick soup
la boccuccia	cute little mouth	il nasino	little nose
la borsetta	small purse	il ragazzaccio	bad boy
il/la chiacchierone/a	chatterbox	il tempaccio	bad weather
il giornalaccio	trashy newspaper	il topolino	little mouse

More activities

vhlcentral

LM
p. 92

WB
pp. 161–162

Online activities

Provalo! Scrivi le parole corrette per le parole elencate. Fai tutti i cambiamenti necessari.

1. sorella (+ one) _sorellona_
2. piccole (+ ino) _____
3. macchina (+ one) _____
4. tesoro (+ uccio) _____
5. aiuto (+ ino) _____

6. lavoro (+ -accio) _____
7. cugina (+ -etto) _____
8. esame (+ -uccio) _____
9. ville (+ -etto) _____
10. telefono (+ -ino) _____

PRATICA E COMUNICAZIONE

1 Associare Associa ogni frase alla parola più adatta.

1. Roberto è un ___. Non fa mai quello che deve fare.
2. Quel bambino ha una ___ e un sorriso dolcissimi!
3. Quei due sono dei ___. Non smettono mai di parlare.
4. Che bella ___, piccola e molto elegante. È perfetta per andare a teatro.
5. Che ___! Piove da una settimana e non smetterà per altri due giorni.
6. Non dire tutte quelle ___; parla educatamente e con rispetto!
7. In inverno mi piace mangiare un bel ___ caldo.
8. Gianna ci ha scritto una ___ di cinque pagine sul suo viaggio.

a. borsetta
b. minestrone
c. tempaccio
d. letterona
e. ragazzaccio
f. chiacchieroni
g. parolacce
h. boccuccia

2 Creare Crea delle frasi con le parole date usando i *nomi alterati*.

MODELLO

bicicletta / essere / bella.
La bicicletta è bellina.

1. mio / appartamento / essere / piccolo.
2. bambine / salutare / con / mani.
3. quando / fare freddo / noi / cuciniamo / minestra.
4. io / comprare / borsa / Louis Vuitton.
5. tu e Marcello / leggere / soltanto / pessimi giornali.
6. tu / dovere / soffiare / naso?

3 Il mimo Lavorate in gruppi di quattro. A turno, mimate alcune delle parole con suffisso che avete imparato in questa lezione. La persona che indovina la parola mimerà la parola successiva.

MODELLO

S1: *Provo a indovinare. Sei una nipotina?*
S2: *No!*
S3: *Ok, allora, sei un topolino?*
S2: *Sì!*

4 Una recensione Lavorate a coppie. Preparate la recensione di una mostra in una galleria d'arte. Usate quanti più numeri ordinali e parole con suffisso possibili.

MODELLO

ARTE: *La nascita di Venere*, di Sandro Botticelli
La nascita di Venere, di Sandro Botticelli, è conservata nella Galleria degli Uffizi, a Firenze, e rappresenta la bellezza ideale della figura femminile...

SINTESI

Ricapitolazione

1 Il festival delle arti

In gruppi di tre, create una conversazione: immaginate di essere a un importante festival delle arti e commentate quello che stanno facendo le diverse persone. Usate la forma progressiva e il vocabolario della lezione.

MODELLO

S1: Oh, guarda, c'è quel famoso pittore. Cosa sta facendo?
S2: Sta parlando con qualcuno dei suoi quadri.
S3: E là, c'è quello scrittore della rivista che ti piace tanto. Sta comprando una scultura…

2 Un bel film

A coppie, scegliete un film e scrivete il nome di sei personaggi che appaiono (appear) nella sceneggiatura (screenplay). Descriveteli e dite cosa stanno facendo quando inizia il film.

MODELLO

All'inizio, Aldo si sta preparando per l'intervista. Sta pensando a quando diventerà famoso e non sta facendo attenzione a…

3 Una recensione televisiva

A coppie, assumete il ruolo di due critici televisivi. Scegliete un programma e poi, a turno, descrivete cosa è successo e quali sono state le vostre reazioni. Usate il passato progressivo.

MODELLO

S1: Secondo me è stato molto commovente quando il personaggio principale stava descrivendo…
S2: Sono d'accordo, ma secondo me è stato molto inquietante il momento in cui la polizia è arrivata…

4 Una famiglia reale

Lavorate a coppie. L'insegnante vi darà un foglio con un albero genealogico parzialmente completato. Inventate i nomi e le date per completarlo. Usate i numeri ordinali per i titoli e i secoli. Poi, seguendo il modello, fate a turno a parlare di quella famiglia.

MODELLO

Antonio Quattordicesimo è vissuto nel nono secolo. Sua moglie Rosa Maria è vissuta nel nono e nel decimo secolo.

5 Pettegolezzi

A coppie, immaginate di essere i presentatori (hosts) di un famoso programma di pettegolezzi (gossip). Usate le parole della lista per creare l'episodio di oggi. Scrivete almeno dieci frasi e siate pronti a presentare l'episodio alla classe.

MODELLO

S1: Prima, parliamo di Carla Cugino. Che bellina!
S2: Sì, è vero! Ha…

bellino/a	giornalaccio
boccuccia	giornataccia
caruccio/a	manina
casetta	nasino
cattivello/a	piccolino/a
chiacchierone/a	pigrone/a
filmaccio	sorellina

6 Compleanni

A coppie, parlate di quali sono stati i vostri compleanni preferiti e quali non vi sono piaciuti. Parlate di almeno quattro compleanni e dite perché vi sono piaciuti o no. Usate i numeri ordinali e i punti grammaticali della lezione quando possibile.

MODELLO

Ricordo il mio quinto compleanno. Che giornataccia! Abbiamo fatto una festa, ma ha cominciato a piovere appena ci siamo messi a mangiare il dolce…

7 **In vacanza** A coppie, guardate il disegno e dite cosa stanno facendo le persone in questo posto di villeggiatura. Poi immaginate cosa possano star facendo (*might be doing*) al momento cinque altre persone che si trovano nello stesso posto.

MODELLO

S1: *La donna con il costume viola sta guardando uno squalo (shark).*
S2: *I bambini…*

8 **Sette differenze** Lavorate a coppie. L'insegnante vi darà due fogli diversi, ciascuno con un disegno. I disegni hanno sette differenze. Seguite il modello e, a turno, fate domande per trovare le sette differenze fra i disegni.

MODELLO

S1: *Nel mio disegno l'uomo al primo piano sta scolpendo una statua.*
S2: *Anche nel mio disegno sta scolpendo una statua.*

Il mio di·zio·na·rio

Aggiungi al tuo dizionario personalizzato cinque parole relative alle arti e allo spettacolo.

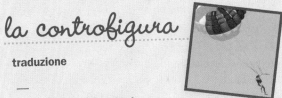

la controfigura

traduzione
—

categoria grammaticale
sostantivo (f.)

uso
Molti attori usano una controfigura per le scene pericolose.

sinonimi
/

antonimi
attore principale

More activities

vhlcentral | Online activities

Panorama

Firenze

La città in cifre

▶ **Superficie della provincia:** *3.514 km²*

▶ **Superficie della città:** *102 km²*

▶ **Popolazione della provincia:** *1.014.423*

▶ **Popolazione della città:** *382.258*

Firenze, uno dei posti più visitati dell'Italia, attira milioni di turisti all'anno grazie alla sua reputazione di città d'arte e del Rinascimento. Le sue chiese e i suoi monumenti adornano le due sponde° del fiume Arno collegate da ponti, tra cui il famoso Ponte Vecchio.

▶ **Da non perdere:** *Palazzo Pitti, Ponte Vecchio, il Duomo, la basilica di Santa Maria Novella, la Galleria degli Uffizi, la Galleria dell'Accademia, Piazza della Signoria, Palazzo Vecchio*

Fiorentini celebri

▶ **Sandro Botticelli,** *pittore (1445–1510)*

▶ **Amerigo Vespucci,** *navigatore ed esploratore (1454–1512)*

▶ **Caterina de' Medici,** *regina di Francia (1519–1589)*

▶ **Eugenia Mantelli,** *cantante d'opera (1860–1926)*

▶ **Guccio Gucci,** *stilista e imprenditore° (1881–1953)*

▶ **Oriana Fallaci,** *scrittrice e giornalista (1929–2006)*

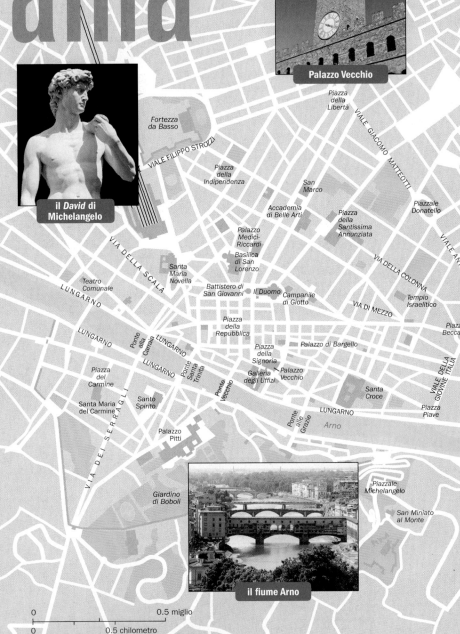

il *David* di Michelangelo

Palazzo Vecchio

il fiume Arno

0   0.5 miglio
0   0.5 chilometro

Incredibile ma vero!

La cupola° del Duomo di Firenze è uno dei simboli della città. Capolavoro del Rinascimento, costruita da Brunelleschi tra il 1420 e il 1436, è l'opera in muratura° più grande del mondo, larga 45,52 metri e alta 91 metri. La cupola pesa 37.000 tonnellate e ci sono voluti circa quattro milioni di mattoni° per costruirla.

sponde *banks* **imprenditore** *entrepreneur* **cupola** *dome*
muratura *masonry* **mattoni** *bricks*

L'arte

Il Rinascimento

Firenze è considerata la culla°
del Rinascimento (metà del XIV
secolo-fine del XVI secolo). Alcuni
tra i più grandi artisti sono vissuti in
quel periodo: Michelangelo, Leonardo,
Raffaello, Botticelli e molti altri. Tra i
capolavori dell'epoca ci sono il *David*
di Donatello e la *Porta del Paradiso*
di Ghiberti (1381–1455). Donatello
(1386–1466), artista fiorentino che
ha studiato con Brunelleschi, ha
scolpito il suo *David* intorno al° 1453. La *Porta del Paradiso*
(così definita da Michelangelo) del Battistero di Firenze è formata
da dieci quadri, che rappresentano scene dell'Antico Testamento°.
È stata fatta da Ghiberti tra il 1425 e il 1452.

L'artigianato

Una carta speciale

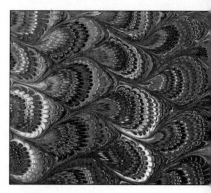

Una caratteristica dell'artigianato
fiorentino è la carta
marmorizzata°. La tecnica per
crearla era già in uso in Cina
nel VIII secolo ed è arrivata in
Europa alla fine del Cinquecento.
La carta marmorizzata tornò di
moda, dopo un lungo periodo di
disuso, a metà degli anni '70.
Da allora è una caratteristica
delle carte da regalo e da rilegatura° della città. Come si
fa la carta marmorizzata? Si prepara un liquido con acqua,
gelatina e colori. Poi, con vari strumenti, si muovono i colori
per formare il motivo°. Infine si appoggia la carta sulla
superficie del liquido e la carta marmorizzata è pronta!

La storia

Una famiglia potente

I Medici furono° una famiglia potentissima° tra il XIV e il XVIII
secolo. Erano banchieri e per molto tempo sono stati la famiglia
più ricca d'Europa. Grazie alla loro ricchezza hanno influenzato

grandemente la storia di quel periodo: tre
papi° erano Medici (Leone X, Clemente VII
e Leone XI); diversi artisti del tempo sono
stati sponsorizzati da questa famiglia, tra
cui Masaccio, Brunelleschi e Leonardo da
Vinci; ed è in questo periodo che sono
stati costruiti il giardino di Boboli, gli Uffizi,
Forte Belvedere, Palazzo Medici-Riccardi
e innumerevoli° ville. Molti Medici sono
sepolti° nella Basilica di San Lorenzo.

L'architettura

Ponte Vecchio

Il Ponte Vecchio è stato costruito
per la prima volta in epoca romana.
A quei tempi era l'unico ponte
della città. Rovinato dall'alluvione°
del 1117 e distrutto di nuovo
dall'alluvione del 1333, il Ponte
Vecchio è stato ricostruito tra il 1333
e il 1345. È stato l'unico ponte della città non distrutto
durante la Seconda Guerra Mondiale. Originariamente
i negozi sul ponte erano soprattutto macellerie, ma
Ferdinando I li ha voluti sostituire tutti con oreficerie°. Nel
1565 è stato costruito il Corridoio Vasariano e da allora
l'aspetto del ponte è rimasto pressoché immutato°.

Quanto hai imparato? Completa le frasi.

1. La cupola del Duomo di Firenze è stata costruita da
   _____.

2. La cupola del Duomo di Firenze è alta _____.

3. Il Rinascimento è durato dalla _____ alla _____.

4. La *Porta del Paradiso* è una porta del _____ di Firenze.

5. La tecnica per la carta _____ è arrivata in Europa nel 500.

6. La carta marmorizzata è usata come carta da _____.

7. I Medici hanno dominato la storia italiana dal _____
   al _____.

8. I Medici hanno sponsorizzato molti artisti, per esempio
   _____.

9. Il Ponte Vecchio è stato l'unico ponte _____ durante
   la Seconda Guerra Mondiale.

10. Il Corridoio Vasariano è stato
    costruito nel _____.

More activities

vhlcentral · WB pp. 163–164 · Online activities

SU INTERNET

Go to vhlcentral.com to find more cultural information related to this **Panorama**.

1. Firenze è stata la capitale d'Italia per cinque anni. Cerca informazioni su questo
   periodo importantissimo per la città.

2. La cucina toscana è una delle più particolari d'Italia. Ricerca informazioni sui piatti
   tipici e presentane uno o due alla classe.

3. Nel corso della sua storia Firenze ha subito molte devastanti alluvioni. Fai una ricerca
   su quelle più importanti e sui terribili effetti che hanno avuto sulla città.

culla *cradle* **intorno al** *around* **Antico Testamento** *Old Testament*
carta marmorizzata *marbled paper* **rilegatura** *book binding*
motivo *pattern* **furono** *were* **potentissima** *very powerful* **papi** *Popes*
innumerevoli *countless* **sepolti** *buried* **alluvione** *flood*
oreficerie *goldsmith's shops* **pressoché immutato** *nearly unchanged*

Lettura

S Audio: Reading

Prima di leggere

STRATEGIA

Making inferences and recognizing metaphors

For dramatic effect and to achieve a smoother writing style, authors often do not explicitly supply the reader with all the details of a story or a poem. Clues **(Indizi)** in the text can help you infer **(dedurre)** those things the writer chooses not to state in a direct manner. By "reading between the lines", you can fill in the missing information.

Metaphors **(Metafore)** are figures of speech used in literature to make descriptions more vivid. They identify one thing with the attributes and qualities of another, as in *all the world's a stage*.

Esamina il testo

Guarda il testo. È preso da un romanzo? Un racconto? Un poema? Qual è il titolo? Guarda anche l'immagine. Cosa ti dice sul contenuto del testo?

L'autore

Dante Alighieri

Dante Alighieri (Firenze 1265 – Ravenna 1321) è stato uno dei poeti più importanti della letteratura italiana. La sua opera più famosa è la *Commedia*, scritta circa tra il 1302 e il 1321. Nella *Commedia* Dante fa un viaggio attraverso l'Inferno°, il Purgatorio° e il Paradiso°. La guida per l'Inferno e il Purgatorio è il suo maestro Virgilio°, un poeta latino, autore dell'*Eneide*°. La guida per il Paradiso è Beatrice. La *Commedia* è divisa in tre libri (chiamati «cantiche»), ciascuno formato da 33 canti (34 nell'*Inferno* – uno è l'introduzione). Ogni canto è composto da terzine di endecasillabi°. L'aggettivo «divina» è stato aggiunto° nel XVI secolo dall'editore veneziano Ludovico Dolce. Henry Wadsworth Longfellow è stato il primo statunitense a tradurla° in inglese.

Inferno *Hell* **Purgatorio** *Purgatory* **Paradiso** *Heaven* **Virgilio** *Virgil* **Eneide** *Aeneid*
terzine di endecasillabi *eleven-syllable tercets* **aggiunto** *added* **tradurla** *translate it*

INFERNO

Dante e Virgilio

sono all'entrata° dell'Inferno. La scritta° sulla porta dice che da lì si entra nella città del dolore, l'Inferno, dove sono le anime perdute°, e che chi passa la porta deve abbandonare ogni speranza° di tornare indietro. Dante non capisce il significato° di quelle parole (il «colore oscuro») ed è spaventato°, ma Virgilio gli dice di abbandonare le sue paure e i suoi dubbi («sospetto» e «viltà»). Poi Virgilio gli dice che sono arrivati nel luogo di cui gli aveva già parlato e in cui si trovano le persone che non possono più aspirare a Dio (non hanno «il ben dell'Intelletto»).

CANTO III

PER ME° SI VA NELLA CITTÀ DOLENTE,
PER ME SI VA NELL' ETTERNO DOLORE,
PER ME SI VA TRA LA PERDUTA GENTE.

GIUSTIZIA MOSSE IL MIO ALTO FATTORE°:
5 FECEMI° LA DIVINA POTESTATE°,
LA SOMMA° SAPIENZA E 'L PRIMO AMORE.

DINANZI A ME NON FUOR° COSE CREATE
SE NON ETTERNE, E IO ETTERNA DURO°.
LASCIATE OGNI SPERANZA, VOI CH' ENTRATE.

10 Queste parole di colore oscuro
vid' io scritte al sommo d'una porta;
per ch' io: 'Maestro, il senso lor m' è duro°.'

Ed elli° a me, come persona accorta°:
'Qui si convien lasciare ogni sospetto;
15 ogni viltà convien che qui sia morta.

Noi siam venuti al loco° ov' io t' ho detto
che tu vedrai le genti dolorose
c' hanno perduto il ben dell' intelletto.'

entrata *door* **scritta** *writing* **anime perdute** *lost souls* **speranza** *hope*
significato *meaning* **spaventato** *frightened* **per me** *through me*
il mio alto fattore *God* **fecemi** *he made me* **potestate** *power* **somma** *highest*
fuor *they were* **duro** *endure* **duro** *hard* **elli** *he* **accorta** *wise* **loco** *place*

Dopo la lettura

Vero o falso? Decidi se ogni affermazione è **vera** o **falsa**. Usa parole dal testo per giustificare la tua risposta.

1. Attraverso la porta, Dante e Virgilio entrano nell'Inferno.
   _____

2. Le anime che entrano dalla porta sono felici per l'eternità.
   _____

3. Nell'Inferno ci sono anime sante.
   _____

4. Quando le anime entrano nell'Inferno, sono piene di speranze.
   _____

5. Dante non capisce il significato delle parole.
   _____

6. Virgilio è una persona saggia *(wise)*.
   _____

7. Dante deve avere dubbi e paure quando entra all'Inferno.
   _____

8. Virgilio ha già parlato a Dante di questo posto.
   _____

Linguaggio poetico Dante ha scritto il poema *Divina Commedia* usando l'italiano del quattordicesimo secolo. Scegli una terzina (gruppo di tre versi) e riscrivila in italiano moderno con parole tue. In che modo il linguaggio poetico cambia il tono e il significato del passaggio?
_____
_____
_____
_____

La guida Dante sceglie il poeta latino Virgilio come guida al suo fantastico viaggio attraverso l'Inferno perché ammira molto il poeta classico. Immagina di scrivere una tua storia fantastica. Chi sceglieresti come guida? Perché? Parla della tua scelta con un(a) compagno/a di classe.

More activities

vhlcentral   Online activities

In ascolto Audio

Preparazione

A coppie, guardate e descrivete la fotografia. Dove sono queste persone? Cosa stanno facendo? Secondo te, che genere di musica suona il gruppo?

Ascoltiamo

Sei in Italia e vuoi invitare un amico a uscire questo fine settimana. Stai ascoltando la radio e senti un annuncio per uno spettacolo che potrebbe piacere al tuo amico. Scrivi le informazioni più importanti, così puoi parlargliene e decidere quando andarci.

_____

_____

_____

_____

_____

_____

_____

Comprensione

Completare Completa le frasi.

1. Questo festival è di musica _____.
   a. hip-hop   b. classica   c. rock

2. Il festival è stato organizzato per celebrare _____.
   a. gli artisti internazionali   b. gli artisti italiani
   c. i fan degli artisti

3. Gli artisti italiani si esibiranno _____.
   a. quattro sere   b. una sera   c. cinque sere

4. Il festival inizia il _____.
   a. 10 giugno   b. 29 settembre   c. 2 ottobre

5. I biglietti da visita (*business cards*) del pubblico saranno usati per _____.
   a. partecipare a una lotteria   b. comprare i biglietti
   c. cantare insieme ai gruppi rock

6. Quattro biglietti gratuiti per un concerto saranno assegnati _____.
   a. alle 21.00 stasera   b. la prima serata
   c. alla fine del festival

Invita un tuo amico Adesso hai tutte le informazioni di cui hai bisogno per invitare il tuo amico al festival questo fine settimana. Lavorate a coppie per creare la seguente conversazione.

- Invita il tuo amico al festival e digli a che ora andrai tu.

- L'amico ti farà domande per avere più informazioni sull'evento (i gruppi, il motivo per cui hanno organizzato il festival ecc.).

- Il tuo amico suggerirà altre attività che potete fare nel fine settimana oltre il concerto (cinema, teatro, museo ecc.).

- Discutete le varie possibilità e sceglietene un paio da fare.

Scrittura

Using note cards

Note cards serve as valuable study aids in many different contexts. When you write, note cards can help you organize and sequence the information you wish to present.

For example, if you were going to write a review of an art exhibit you attended, you might jot down notes about each artist on a different note card. Then you could easily arrange them in chronological order, or from best to worst, etc.

Here are some helpful techniques:

- Label the top of each card with a general subject, such as **il museo** or **l'artista**.

- Number the cards in each subject category in the upper right corner to help you organize them.

- Use only the front side of each note card so that you can easily flip through them to find information.

Study this example of a note card used to prepare a review.

La Mostra   1

- _Museo: Villa Pisani, Vicenza (Veneto)_
- _Apertura: 30 maggio_
- _Orario: lunedì–venerdì 9.00/17.00_
  e sabato–domenica 9.30/19.30
- _Durata: fino al 30 luglio_
- _Biglietti: 10,50 euro_
- _Tipo di arte: moderna_
  e contemporanea
- _Note: artisti presenti ogni sabato dalle 15.00_
  alle 17.00

Tema

Scrivi la recensione di un'opera

Scrivi la recensione di un film, uno spettacolo teatrale, un concerto o una mostra a tua scelta. La recensione dovrebbe avere tre parti: un'introduzione, uno sviluppo e una conclusione. Nell'introduzione presenta brevemente l'opera che hai scelto. Nella fase di sviluppo descrivila in dettaglio. Nella conclusione dai la tua opinione e spiega perché la raccomanderesti o no. Usa i suggerimenti seguenti come punti di partenza.

INTRODUZIONE

- Menziona il titolo del film o dello spettacolo e il nome dell'artista o artisti.

- Descrivi il soggetto dell'opera e il genere.

- Di' quando e dove si può vedere.

SVILUPPO

- Riassumi brevemente la storia.

- Menziona i nomi dei personaggi e di altre figure importanti.

- Descrivi i personaggi, il set e i costumi.

CONCLUSIONE

- Esprimi la tua opinione sull'opera.

- Spiega perché la raccomanderesti o non la raccomanderesti.

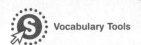
Lezione 10A

Espressioni

applaudire *to applaud*
essere in tour *to be on tour*
interpretare *to perform*
mettere in scena *to put on a show*
recitare (un ruolo) *to play (a role)*

Allo spettacolo

allo spettacolo *at a show*
l'applauso *applause*
l'assolo *solo*
l'atto *act*
il balletto *ballet*
la canzone *song*
la commedia *comedy*
il concerto *concert*
il coro *chorus*
il debutto *debut*
il festival *festival*
la fine *end*
il gruppo rock *rock band*
l'intervallo *intermission*
l'opera *opera*
l'orchestra *orchestra*
la poltrona *seat*
la proiezione *screening*
il pubblico *public; audience*
la rappresentazione (dal vivo) *(live) performance*
la tragedia *tragedy*

Gli strumenti musicali

il clarinetto *clarinet*
la fisarmonica *accordion*
il flauto *flute*
il sassofono *saxophone*
gli strumenti musicali *musical instruments*
il violino *violin*

La gente

il/la ballerino/a *(ballet) dancer/ballerina*
il/la batterista *drummer*
il/la cantante *singer*
il/la cantante lirico/a *opera singer*
il/la chitarrista *guitarist*
il compositore/la compositrice *composer*
il/la drammaturgo/a *playwright*
il personaggio (principale) *(main) character*
il/la pianista *pianist*
il/la regista *director*
lo spettatore/la spettatrice *spectator*
il/la violinista *violinist*

Verbs + infinitives

amare *to love*
desiderare *to wish; to desire*
dovere *to have to*
fare *to make; to do*
lasciare *to allow, to let*
piacere *to please*
potere *to be able to*
preferire *to prefer*
sapere *to know how to*
volere *to want*

Verbs + *a* + infinitives

abituarsi *to get used to*
aiutare *to help*
andare *to go*
cominciare *to begin*
continuare *to continue*
imparare *to learn*
incoraggiare *to encourage*
insegnare *to teach*
invitare *to invite*
mettersi *to start*
obbligare *to force, to compel*
prepararsi *to prepare; to get ready*
provare *to try*
riuscire *to succeed*
servire *to be good for/useful for*
venire *to come*

Verbs + *di* + infinitives

cercare *to try*
chiedere *to ask*
consigliare *to advise*
credere *to believe*
decidere *to decide*
dimenticare/dimenticarsi *to forget*
dire *to say, to tell*
domandare *to ask*
dubitare *to doubt*
fingere *to pretend*
finire *to finish*
offrirsi *to offer*
pensare *to plan*
permettere *to permit*
promettere *to promise*
ricordare/ricordarsi *to remember*
smettere *to stop, to quit*
sognare *to dream*
sperare *to hope*
suggerire (-isc-) *to suggest*
temere *to fear*

Nomi maschili in –ma

aroma *aroma; flavoring*
clima *climate*
dilemma *dilemma*
diploma *diploma; degree*
dramma *drama; play*
panorama *panorama; landscape*
poema *poem*
problema *problem*
programma *program; plan*
schema *scheme; diagram*
sistema *system*
tema *theme; essay*
teorema *theorem*
trauma *trauma*
l'osso/le ossa *bones*
il paio/le paia *pairs*
l'uovo/le uova *eggs*

Espressioni utili *See p. 435.*

Lezione 10B

Espressioni

dipingere *to paint*
girare *to film, to shoot*
pubblicare *to publish*
scolpire (-isc-) *to carve; to sculpt*
visitare una galleria d'arte *to visit an art gallery*

Scrivere una recensione

la trama *plot*
artistico/a *artistic*
commovente *touching, moving*
contemporaneo/a *contemporary*
dotato/a *gifted; talented*
drammatico/a *dramatic*
innovativo/a *innovative*
inquietante *disturbing*
scrivere una recensione *to write a review*

I media

il cinema *cinema*
l'editoria *publishing industry*
i media *media*
la radio *radio*
la stampa *press*
la televisione *television*

I generi

il cartone animato *cartoon*
il cortometraggio *short film*
il documentario *documentary*
il dramma (psicologico) *(psychological) drama*
la favola *fairy tale*
il film (dell'orrore, di fantascienza) *(horror, sci-fi) film*
i generi *genres*
la poesia *poem; poetry*
il racconto *short story*
il ritratto *portrait*
il romanzo *novel*

La gente

l'autore/autrice *author*
il pittore/la pittrice *painter*
il poeta/la poetessa *poet*
lo scrittore/la scrittrice *writer*
lo scultore/la scultrice *sculptor*

Ordinal numbers

primo *first*
secondo *second*
terzo *third*
quarto *fourth*
quinto *fifth*
sesto *sixth*
settimo *seventh*
ottavo *eigth*
nono *ninth*
decimo *tenth*
undicesimo *eleventh*
ventesimo *twentieth*
ventiseiesimo *twenty-sixth*
trentatreesimo *thirty-third*
ottantaduesimo *eighty-second*
centesimo *hundreth*
cinquecentesimo *five hundreth*
millesimo *one thousandth*

Le belle arti

il capolavoro *masterpiece*
la collezione *collection*
l'esposizione (f.) *exhibit*
la mostra *exhibition*
l'opera (d'arte) *work (of art)*
il paesaggio *landscape*
la pittura *painting; paint*
il quadro *painting*
il racconto epico *epic story*
la scultura *sculpture*

Common nommi alterati

bellino/a *cute, pretty*
caruccio/a *sweet, very dear*
cattivello/a *a little bit naughty*
piccolino/a *very small*
la boccuccia *cute little mouth*
la borsetta *small purse*
il/la chiacchierone/a *chatterbox*
il giornalaccio *trashy newspaper*
la giornataccia *bad day*
la letterona *long letter*
la manina *little hand*
il minestrone *thick soup*
il nasino *little nose*
il ragazzaccio *bad boy*
il tempaccio *bad weather*
il topolino *little mouse*

Espressioni utili *See p. 455.*

Offerte di lavoro

◠◠ Per cominciare
- Che cosa sta leggendo Emily?
- Emily sta cercando le chiavi o sta cercando lavoro?
- Dove vorrebbe lavorare Emily, in un bar o in un ufficio?
- Vorrebbe fare la cameriera o fare la veterinaria?

Communicative Goals

You will learn how to:

- talk about professions
- talk about work

 Hotspots

Le professioni

la scienziata
(lo scienziato *m.*)

la veterinaria
(il veterinario *m.*)

la camionista
(il camionista *m.*)

la contabile
(il contabile *m.*)

il vigile del fuoco
(la vigile del fuoco *f.*)

il tassista
(la tassista *f.*)

il cuoco
(la cuoca *f.*)

PRONTO VET

TAXI

$H_2O + C_2$

Vocabolario

espressioni	*expressions*
dare le dimissioni	*to resign*
dirigere	*to manage*
essere ben/mal pagato/a	*to be well/poorly paid*
essere disoccupato/a	*to be unemployed*
fallire (-isc-)	*to fail*
guadagnare	*to earn*
licenziare	*to fire, to dismiss*
prendere un congedo	*to take leave time*
al lavoro	*at work*
l'assicurazione (sulla vita)	*(life) insurance*
l'aumento	*raise*
il capo	*boss, head*
il/la consulente	*consultant*
il/la dirigente	*executive; manager*
il livello	*level*
il/la pensionato/a	*retiree*
la promozione	*promotion*
la riunione	*meeting*
il successo	*success*
il sindacato	*(labor) union*
a tempo parziale	*part-time*
a tempo pieno	*full-time*
esigente	*demanding*
le occupazioni	*occupations*
l'analista	*analyst*
il/la barista	*bartender*
il/la commercialista	*business consultant*
il/la docente	*teacher, lecturer*
il/la funzionario/a	*civil servant*
il/la giudice	*judge*
l'operaio/a	*(factory) worker*
il programmatore / la programmatrice	*programmer*
il/la segretario/a	*secretary*
il tecnico	*technician*
l'uomo/la casalingo/a	*homemaker*

More activities

| S vhlcentral | WB pp. 165–166 | LM p. 93 | Online activities |

il banchiere
(la banchiera *f.*)

l'agente
immobiliare

Attenzione!

The phrase fare il/la + [*profession*] is commonly used to talk about a person's profession.

Laura fa la psicologa.
Laura is a psychologist.

l'agricoltore
(l'agricoltrice *f.*)

l'elettricista

lo psicologo
(la psicologa *f.*)

Pratica

1 **Associazioni** Abbina le professioni alle foto.

1. ___ banchiere   3. ___ cuoca   5. ___ veterinaria
2. ___ camionista   4. ___ tassista   6. ___ vigile del fuoco

a.   b.   c.

d.   e.   f.

2 **Analogie** Scegli la parola o l'espressione dal vocabolario della lezione che completa correttamente ogni analogia.

1. ufficio : segretario :: laboratorio : _____
2. cucina : cuoca :: casa : _____
3. banca : banchiere :: camion : _____
4. classe : docente :: banca : _____
5. camion : camionista :: taxi : _____
6. tribunale (*court*) : giudice :: locale notturno : _____

3 **Completare** Scegli la parola o l'espressione più adatta a completare ogni frase.

aumento	dimissioni	riunione
consulente	pensionato	sindacato
cuoco	psicologo	tempo pieno

1. Mia sorella lavora a _____.
2. La _____ di oggi è stata molto lunga!
3. Suo nonno è _____; non lavora più.
4. Che bello! Ho ricevuto una promozione e un _____!
5. In quel ristorante si mangia benissimo! Il _____ è italiano.
6. Sua moglie lavora come _____.
7. Mio padre è uno _____; ascolta sempre i miei problemi.
8. Il contabile ha dato le _____ ieri, quindi dobbiamo cercarne uno nuovo.

Comunicazione

4 **Definire** A coppie, scrivete una definizione per ognuna delle seguenti parole o espressioni. Usate frasi complete.

1. agente immobiliare _____
2. essere disoccupato _____
3. dare le dimissioni _____
4. contabile _____
5. sindacato _____
6. essere ben pagato _____

5 **In ufficio** Ascolta la conversazione tra la dirigente e il segretario. Poi, a coppie, decidete se le seguenti affermazioni sono **vere** o **false**.

	Vero	Falso
1. Questa mattina c'è stata una riunione di segretari.	☐	☐
2. Il reparto (*department*) riceverà meno soldi.	☐	☐
3. Marco riceverà una promozione.	☐	☐
4. Marco deve ancora finire di studiare.	☐	☐
5. Marco guadagnerà di più.	☐	☐
6. Il nuovo principale (*boss*) di Marco è una persona esigente.	☐	☐
7. In questo periodo molte persone sono disoccupate.	☐	☐
8. La conversazione si svolge nell'ufficio di Marco.	☐	☐

6 **Le sette differenze** Lavorate a coppie. L'insegnante vi darà due fogli diversi, ciascuno con un disegno. A turno, fate domande e date risposte per trovare le sette differenze.

MODELLO

S1: *C'è un camionista nel tuo disegno?*
S2: *Sì, e nel tuo?*
S1: *Nel mio ci sono due camionisti.*

7 **Un giorno nella vita di...** In gruppi di tre, scegliete due dei disegni; poi descrivete che cosa è successo oggi a questi personaggi. Cominciate da quando si sono alzati questa mattina e parlate della loro routine mattutina e della loro giornata in ufficio. Potete inventare una storia che include entrambi i disegni oppure due storie diverse.

MODELLO

S1: *Questa mattina Laura si è alzata tardi.*
S2: *Sì, è arrivata tardi al lavoro.*
S3: *In ufficio...*

Pronuncia e ortografia Audio

◁)) Capitalization

---

i ragazzi italiani **gli inglesi** **la moda francese** **parlano spagnolo**

In Italian, a capital letter is not used at the beginning of nouns or adjectives referring to nationalities, languages, or groups of people.

---

novembre **sabato** **gli anni Cinquanta** **il Settecento**

Seasons, months, and days of the week are not capitalized in Italian. However, the initial letter of centuries and decades is capitalized.

---

il presidente **il ministro** **le teorie freudiane** **la musica vivaldiana**

In Italian, job titles and titles of officials are usually not capitalized. In addition, adjectives derived from proper names are not capitalized.

---

il Mar Rosso **il Monte Bianco** **il (fiume) Po** **il (mare) Mediterraneo**

Geographic terms such as **mare**, **monte**, and **fiume** are usually capitalized when referring to a proper name. However, when the inclusion of the geographical term is optional, as is often the case with well-known place names, the term may not be capitalized. The word **oceano** is also rarely capitalized.

---

lo Stato **il Paese** **la Democrazia** **il Dipartimento**

Nouns referring to specific political or business entities and concepts are often capitalized in Italian, especially in documents and articles. The same words may not be capitalized when used in a generic sense.

Correggere Riscrivi ogni parola o frase usando le maiuscole dove necessario.

1. VENERDÌ
2. IL QUATTROCENTO
3. IL TEDESCO
4. LUGLIO
5. MERCOLEDÌ
6. L'OCEANO ATLANTICO

Riscrivere Riscrivi le frasi usando le maiuscole dove necessario.

1. SONO DIRIGENTE DI UN'AZIENDA A ROMA.
2. È LO STATO CHE DECIDE.
3. VIENI ALLA FESTA MARTEDÌ?
4. VADO ALLA LEZIONE D'ITALIANO.
5. STUDIA IL PENSIERO DANTESCO.
6. COS'È SUCCESSO NEGLI ANNI SESSANTA?

Proverbi Ripeti i proverbi ad alta voce.

Non manca mai da fare, a chi ben sa lavorare.[2]

Chi ama il suo lavoro lo fa bene.[1]

[1] He who loves his work does it well.
[2] He who knows how to work well will always have something to do.

More activities

vhlcentral   LM   p. 94

FOTOROMANZO

Casa e affetti Video

EMILY Secondo i miei genitori è meglio che io torni a casa quest'estate. Ma io voglio restare. Devo pensare a un modo per convincerli.
(Viola entra in sala da pranzo.)
EMILY Ciao, Viola. Manda un saluto a tutti!
VIOLA Ciao, Chicago.

EMILY Cosa è successo?
VIOLA Ho lasciato Massimo.
EMILY Davvero? Che cosa gli hai detto?
VIOLA Gli ho detto che non siamo fatti l'uno per l'altra.
EMILY Hai fatto bene. Hai parlato con Lorenzo?
VIOLA No, non ancora.

EMILY Vorresti metterti con lui?
VIOLA È meglio che non veda nessuno adesso. Il semestre è quasi finito e devo pensare agli esami.
(Entra Lorenzo.)
LORENZO Ciao, Emily. Viola.
EMILY Scusate, devo studiare. Posso lasciare il computer qui, se volete lasciare un messaggio sul blog.

MARCELLA Lorenzo. Mi dai una mano?
LORENZO Certo.
MARCELLA Grazie. Stai bene?
(Lorenzo scuote la testa.)
MARCELLA Sembra impossibile adesso, ma un giorno vedrai tutto con più serenità.

MARCELLA Un giorno, quando sarai un banchiere di successo, ti ricorderai del tuo semestre a Roma e il pensiero ti metterà allegria.
LORENZO Allegria?
MARCELLA Fidati di me, Lorenzo.
LORENZO Penso che andrò a fare una passeggiata e che mi prenderò un gelato. Ne porto uno anche a te?
MARCELLA Alla stracciatella.

RICCARDO Te lo restituisco. È pulito. L'ho lavato.
MARCELLA Riccardo.
RICCARDO Non so cosa fare per meritare la tua fiducia. Non posso tenerlo. Appartiene a Paolo.
MARCELLA Riccardo, mi dispiace. Non so perché mi sono arrabbiata così tanto con te.

A T T I V I T À

1

Completare Scegli le parole che meglio completano le seguenti frasi.

1. Emily deve trovare un modo per (convincere i suoi genitori / tornare a casa quest'estate).

2. Viola ha detto a Massimo che (non sono fatti l'uno per l'altra / ha fatto bene).

3. Adesso Viola vuole pensare (a Lorenzo / agli esami).

4. (Lorenzo / Marcella) pensa di essere stato troppo impulsivo.

5. Viola vuole prima (diventare un'insegnante / stare con qualcuno)

6. Marcella chiede a Lorenzo di (consolarla / aiutarla).

7. Lorenzo va a fare una passeggiata (con Marcella / da solo).

8. Marcella considera amiche (tante / poche) persone.

9. Riccardo ha vissuto anche con (sua sorella / sua nonna).

10. Secondo Marcella è impossibile essere (amici / arrabbiati) con Riccardo.

Il semestre sta finendo e i ragazzi parlano dei loro sentimenti.

VIOLA Inizia tu.

LORENZO Va bene. Non avrei dovuto baciarti. Mi dispiace. Cioè, no, non volevo dire questo. È che all'inizio non volevo crederci, ma sembra che io mi senta attratto da te. No, no. No, aspetta. Non volevo dire neanche questo. Mi dispiace di essere stato troppo impulsivo. Tu stai con Massimo, è stato un errore.

VIOLA Lorenzo, fermati. Va tutto bene. Io e Massimo ci siamo lasciati. Ma non voglio stare con nessuno per il momento. Voglio studiare e diventare un'insegnante. E dopo potrò pensare all'amore. Possiamo essere amici?

LORENZO Certo.

VIOLA Scusa, devo studiare.

MARCELLA Da quando ho aperto la pensione, ho conosciuto tante persone. Ma solo poche le considero amiche.

RICCARDO Dopo che mia madre e mio padre hanno divorziato, sono andato a vivere con mia nonna. Poi con mio padre, con mia madre, e infine con mia zia. Ho vissuto ovunque a Bari e non mi sono mai sentito a casa in nessun posto. Poi sono venuto qui.

RICCARDO Sono stato egoista a prendere il tuo scooter. Non avrei dovuto farlo. Continuerai a considerarmi un amico?

MARCELLA È impossibile essere arrabbiati con te.

Espressioni utili

Impersonal expressions

- **È meglio che io torni a casa quest'estate.**
  It's best if I go home this summer.
- **È meglio che non veda nessuno.**
  It's better if I don't see anybody.
- **Sembra che io mi senta attratto da te.**
  It seems I'm attracted to you.
- **È impossibile essere arrabbiati con te.**
  It's impossible to be angry with you.

Relationships

- **Non siamo fatti l'uno per l'altra.**
  We're not made for each other.
- **Vorresti metterti con lui?**
  Do you want to start dating him?
- **Fidati di me.**
  Trust me.
- **meritare la tua fiducia**
  to earn your trust

Additional vocabulary

- **Manda un saluto a tutti!**
  Say hi to everybody!
- **Lorenzo scuote la testa.**
  Lorenzo shakes his head.
- **ti metterà allegria**
  it will make you happy
- **alla stracciatella**
  chocolate chip ice cream
- **Appartiene a Paolo.**
  It belongs to Paolo.
- **Ho vissuto ovunque a Bari.**
  I lived all over Bari.
- **Sono stato egoista a prendere il tuo scooter.**
  It was selfish of me to take your scooter.

---

2 **Per parlare un po'** Emily vuole proprio restare in Italia dopo la fine del semestre. Come può convincere i suoi genitori? A coppie, scrivete un breve paragrafo in cui presentate una soluzione al problema di Emily.

3 **Approfondimento** Fai una ricerca su Internet e scopri quali sono gli ingredienti base del gelato italiano. Poi fai una lista dei tuoi cinque gusti preferiti. Presenta la tua risposta alla classe.

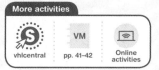

More activities
vhlcentral | VM pp. 41–42 | Online activities

A T T I V I T À

CULTURA

Gli italiani e il lavoro

«L'Italia è una Repubblica democratica, fondata sul lavoro...»
Così inizia il primo articolo della Costituzione italiana. Il mondo lavorativo° in Italia è abbastanza particolare e in parte diverso da quello di molti altri paesi. Cerchiamo, quindi, di capire la realtà del lavoro in Italia.

Molti lavori sono statali, cioè sono posizioni in enti° e organizzazioni che lavorano per lo Stato: scuole, università, uffici pubblici e così via°. Per ottenere un lavoro statale è necessario vincere un concorso pubblico°. Questo tipo di impiego è generalmente a tempo indeterminato°, cioè chi lo ha non può essere licenziato dopo un periodo iniziale di prova.

Altri tipi di lavoro sono quelli in aziende° private e quelli autonomi°. Per lavorare in un'azienda privata è necessario avere i requisiti° voluti dall'azienda e superare un colloquio°; in questo caso la posizione che si ottiene può essere sia a tempo indeterminato che determinato.

Il lavoro autonomo si riferisce° alle professioni autofinanziate°. Una parte del mercato del lavoro italiano è rappresentata da piccoli imprenditori°, singole persone o gruppi, che da soli o con il contributo dello Stato creano e gestiscono° la loro azienda. Ristoratori, negozianti, albergatori, artigiani e molti ancora, investono il loro tempo e i loro soldi in attività proprie°. Ci sono poi i liberi professionisti: notai°, avvocati, medici e così via. Per poter praticare queste professioni occorre° un titolo di studio° appropriato ed è necessario superare un esame per iscriversi all'albo professionale°.

Infine, un aspetto importante del lavoro in Italia sono i sindacati, che dalla fine del 1800 assistono e rappresentano i lavoratori. Lo strumento più comune in Italia per proteggere i diritti dei lavoratori è lo sciopero°. Gli italiani, qualunque sia° la loro professione, sono coscienti del potere della collettività nel difendere i diritti dei lavoratori.

lavorativo *working* **enti** *agencies; companies* **così via** *so on* **concorso pubblico** *civil service exam* **indeterminato** *indefinite* **aziende** *firms* **autonomi** *self-employed* **requisiti** *requirements* **colloquio** *interview* **si riferisce** *refers* **autofinanziate** *self-financed* **imprenditori** *entrepreneurs* **gestiscono** *manage* **proprie** *of their own* **notai** *notaries* **occorre** *one must have* **titolo di studio** *degree* **albo professionale** *professional register* **sciopero** *strike* **qualunque sia** *whatever*

ATTIVITÀ

1

Vero o falso? Indica se l'affermazione è **vera** o **falsa**. Correggi le affermazioni false.

1. In Italia ci sono molti lavori statali.

2. Il lavoro statale termina generalmente dopo pochi anni.

3. Per ottenere un lavoro in un'azienda privata è necessario superare un concorso pubblico.

4. I dottori devono avere un titolo di studio appropriato.

5. Gli avvocati e i notai sono lavoratori statali.

6. Gli avvocati devono essere membri di un albo.

7. I piccoli imprenditori non sono comuni.

8. In Italia i sindacati esistono da due secoli.

9. I sindacati rappresentano varie categorie di lavoratori dipendenti.

10. Lo sciopero è uno strumento usato per proteggere i diritti dei lavoratori.

L'ITALIANO QUOTIDIANO

Il vocabolario del lavoro

i contributi	contributions; taxes
le ferie	vacation time
l'indennità di disoccupazione	unemployment compensation
la liquidazione	severance pay
la mensilità	monthly paycheck; salary
la pensione	pension
lo stipendio	wage; salary
la tredicesima	year-end bonus
assumere	to hire

USI E COSTUMI

I diritti dei lavoratori

Lavorare in Italia significa godere° di alcuni diritti°.

Tra i vari benefici° ci sono quattro settimane di **ferie** all'anno, pagate al 100% e obbligatorie° per ogni lavoratore. Quando una lavoratrice aspetta un bambino ha diritto alla **maternità**: due mesi di congedo dal lavoro prima del parto° e tre mesi dopo; tale periodo può aumentare in base alle necessità personali ed è concesso° anche nel caso di adozione.

Per i lavoratori che sono costretti° a una sospensione del lavoro c'è la **cassa integrazione guadagni**, con cui l'azienda paga loro una percentuale dello stipendio per un periodo di tempo che va dai sei mesi ai due anni.

Infine ricordiamo la «**tredicesima**», una mensilità in più a fine d'anno che tutti i lavoratori aspettano con entusiasmo.

godere to enjoy **diritti** rights **benefici** benefits **obbligatorie** mandatory
parto birth **concesso** granted **costretti** forced

RITRATTO

I lavori degli immigrati in Italia

Gli immigrati occupati° in Italia sono circa 2.4 milioni e il loro lavoro rappresenta il 9% del PIL (prodotto interno lordo°). La maggior parte degli stranieri viene dall'Europa orientale (Romania e Albania); a seguire°, Marocco, Cina e Ucraina. Le imprese condotte da immigrati contribuiscono notevolmente alla crescita e alla produzione di valore aggiunto° in Italia. Negli ultimi anni le imprese straniere sono cresciute del 25% e la
maggior parte di questi imprenditori sono originari del Marocco e della Cina. Gli immigrati garantiscono forza lavoro° indispensabile in molti settori e le professioni con maggiore presenza di stranieri sono: domestici (74%), venditori ambulanti (51,6%), badanti° (51,1%), pastori, boscaioli e pescatori (40%) e braccianti agricoli (30%).

occupati employed **PIL (prodotto interno lordo)** GDP (gross domestic product) **a seguire** following **valore aggiunto** added value **forza lavoro** labor force **badanti** caregivers

SU INTERNET

Cerca i nomi dei principali sindacati italiani.

Go to vhlcentral.com to find more information related to this **CULTURA**.

---

2 Completare Completa le frasi.

1. Gli _____ producono il 9% del prodotto interno lordo.
2. Gli imprenditori stranieri vengono sopratutto dal _____ e dalla _____.
3. Gli immigrati garantiscono _____.
4. Tra i vari benefici per i lavoratori ci sono quattro settimane di _____.
5. Una lavoratrice che aspetta un bambino ha diritto alla _____.
6. La tredicesima è una mensilità in più a _____.

3 A voi A coppie, discutete le seguenti domande.

1. Hai mai lavorato?
2. Hai mai fatto un colloquio di lavoro per un'azienda?
3. Conosci dei lavori statali negli Stati Uniti?

More activities

vhlcentral   Online activities

ATTIVITÀ

STRUTTURE

11A.1 Impersonal constructions

Punto di partenza Impersonal expressions are used to make general statements such as *It's good . . .* or *It's important . . .* In this lesson, you will learn how to use impersonal expressions in sentences where no subject is specified.

Saper fare un buon caffè è importante.

È impossibile essere arrabbiati con te.

- Impersonal expressions in Italian typically consist of a single verb or a verb followed by a noun or adjective.

Common impersonal expressions			
basta	*it's enough*	è (in)opportuno	*it's (in)appropriate*
bisogna	*it's necessary*	è interessante	*it's interesting*
è bello	*it's nice*	è male	*it's bad*
è bene	*it's good*	è meglio	*it's better*
è difficile	*it's difficult*	è necessario	*it's necessary*
è facile	*it's easy*	è ora	*it's time*
è giusto	*it's right*	(è un) peccato	*it's a pity*
è importante	*it's important*	è strano	*it's strange*
è (im)possibile	*it's (im)possible*	pare	*it seems*
è (im)probabile	*it's (un)likely*	sembra	*it seems*

È impossibile studiare qui!
It's impossible to study here!

È difficile trovare subito il lavoro ideale.
It's difficult to immediately find your ideal job.

È giusto mentire?
Is it right to lie?

È meglio dormire a casa.
It's better to sleep at home.

È bello imparare l'italiano!
It's nice to learn Italian!

È bene cercare lavoro subito.
It's good to look for a job right away.

- To make a general statement in which no subject is specified, use an infinitive after an impersonal expression.

È difficile trovare lavoro.
It's difficult to find a job.

Bisogna andare alla riunione.
It's necessary to go to the meeting.

È facile dirigere un'azienda?
Is it easy to manage a company?

È importante avere la maternità.
It's important to have the maternity leave.

È bello ricevere un aumento.
It's nice to get a raise.

È meglio avere un'assicurazione.
It's better to have an insurance.

- When an infinitive follows the expression **è ora**, use the preposition **di** before it.

È ora di chiedere una promozione.
It's time to ask for a promotion.

È ora di andare al colloquio.
It's time to go to the interview.

- Sometimes impersonal expressions are placed after the infinitive. In such cases, the infinitive translates as a gerund (-*ing* form) in English.

È necessario lavorare sodo.   OR   **Lavorare** sodo **è necessario.**
It's necessary to work hard.   *Working hard is necessary.*

- Both **pare** and **sembra** mean *it seems*. You have already learned the verb **sembrare**; **parere** functions similarly.

- When adjectives are included in impersonal constructions and they do not refer to any specific individual, always use the masculine plural form.

È meglio essere **felici** che **ricchi**.
*It's better to be **happy** than **rich**.*

Per fare i vigili del fuoco **bisogna** essere **forti?**
*To be a firefighter **is it necessary** to be **strong**?*

Attrezzi

In **Lezione 5B** you learned to use the verb **sembrare** in constructions with indirect object pronouns.

 Provalo!   Scegli la forma corretta del verbo per completare ogni frase.

1. È opportuno (prendere) / prende) un congedo.
2. È importante (parlare / parliamo) con un consulente.
3. La segretaria (volere / vuole) un aumento.
4. Mio fratello dice che è difficile (guadagnare / guadagna) molti soldi.
5. È impossibile (trovare / trovi) un lavoro a tempo pieno.
6. Secondo molte persone, è bene (essere / sono) ben pagati.

More activities

vhlcentral

LM
p. 95

WB
pp. 167–168

Online activities

STRUTTURE

PRATICA

1 **Associare** Associa le espressioni impersonali alle frasi che le completano meglio.

1. È ora ____
2. È un peccato ____
3. È interessante ____
4. È impossibile ____
5. È importante ____
6. È meglio ____

a. sentire del tuo nuovo lavoro.
b. essere felici che ricchi.
c. lavorare 24 ore al giorno.
d. di consegnare (*turn in*) l'esame.
e. essere responsabili.
f. sentire che l'ufficio chiuderà.

2 **Completare** Usa i verbi della lista per completare le frasi.

andare	fare
cenare	lavorare
comportarsi	parlare
essere	spendere

1. Bisogna sempre _____ bene con i colleghi.
2. È importante _____ duramente per avere una promozione.
3. Secondo i dirigenti è meglio _____ mal pagati che disoccupati.
4. È opportuno _____ onestamente con lo psicologo.
5. Se hai problemi basta _____ a parlare con un rappresentante del sindacato.
6. È impossibile _____ il tassista se non ti piace guidare.
7. Sono già le 19.00; è ora di _____!
8. È facile _____ soldi quando li hai!

3 **Creare** Usa le espressioni impersonali per creare frasi originali.

MODELLO

È bene non lavorare a tempo pieno.

1. È bene...
2. È bello...
3. È strano...
4. Bisogna...
5. Non è giusto...
6. È improbabile...
7. Basta...
8. Non è facile...

COMUNICAZIONE

4 **Professioni** Lavorate in gruppi di tre. A turno, descrivete e indovinate le diverse professioni del vocabolario della lezione. La persona che descrive deve usare espressioni impersonali.

MODELLO

S1: *In questa professione è importante essere socievoli.*
È necessario amare le persone e voler lavorare di notte.
S2: *È un cuoco?*
S1: *No!*
S2: *È un barista?*

5 **Opinioni** Scrivi frasi complete usando le espressioni date. Poi, in gruppi di quattro, fate a turno a leggere le vostre frasi e controllate chi ha le stesse risposte. Infine, come classe, paragonate le vostre frasi. Chi ha le risposte più divertenti?

MODELLO

Secondo me, è male andare in discoteca la sera prima di un esame.

1. Per gli studenti è importante...
2. Qualche volta è necessario...
3. Secondo me, è male...
4. Non sempre è facile...
5. Non è giusto...
6. Per me è difficile...

6 **Un colloquio di lavoro** A coppie, create una conversazione tra un candidato e un datore di lavoro (*employer*). Usate le espressioni impersonali per fare domande e per rispondere. Chiedete del lavoro stesso e dell'ambiente di lavoro (*workplace*).

MODELLO

S1: *Per questa posizione è molto importante lavorare lo stesso numero di ore tutte le settimane?*
S2: *Sì, bisogna avere un orario regolare. È anche necessario...*

7 **Competenze** In gruppi di tre o quattro, parlate di quali sono le competenze necessarie per le professioni elencate nella tabella. Poi formate nuovi gruppi e confrontate le vostre risposte.

MODELLO

S1: *Cos'è importante per essere un bravo docente?*
S2: *Secondo me è importante essere preparati.*
S3: *Per me, invece, è importante avere pazienza.*

la scienziata	l'agente immobiliare
il veterinario	lo psicologo
la tassista	la cuoca

STRUTTURE

11A.2

The present subjunctive: use with impersonal expressions

Punto di partenza With the exception of the imperative and the conditional, the Italian verb forms you have learned have been in the *indicative* mood, which is used for statements of fact and certainty. The *subjunctive* mood (**il congiuntivo**) expresses a person's emotions, opinions, desires, or subjective attitude toward events, as well as actions or states that the person views as uncertain or hypothetical.

- The subjunctive is usually used in complex sentences that consist of a main clause and a subordinate or dependent clause connected by **che**. The main clause contains a verb or expression that triggers the use of the subjunctive in the subordinate clause.

MAIN CLAUSE	che	SUBORDINATE CLAUSE (WITH SUBJUNCTIVE)
È necessario	che	Enrico **sia** puntuale.
It's necessary	*that*	*Enrico **be** on time.*

- Many impersonal expressions trigger the use of the subjunctive. You have already learned to use impersonal expressions with an infinitive when no subject is specified. To refer to a specific subject, however, use **che** + [*subjunctive*] after an impersonal expression that conveys opinion or perception.

È importante lavorare ogni giorno.
***It's important to work** every day.*

È importante che io lavori ogni giorno.
***It's important that I work** every day.*

- To form the present subjunctive of regular verbs, use the same stem that you learned for the present indicative, including forms with **-isc-**, and add the subjunctive endings.

		parlare	leggere	dormire	finire
	io	parli	legga	dorma	finisca
	tu	parli	legga	dorma	finisca
	Lei/lui/lei	parli	legga	dorma	finisca
	noi	parliamo	leggiamo	dormiamo	finiamo
	voi	parliate	leggiate	dormiate	finiate
	loro	parlino	leggano	dormano	finiscano

Present subjunctive of regular verbs

- The three singular forms are identical for each verb. Use subject pronouns when necessary to avoid ambiguity.

È importante che (**io**) **dorma**.
*It's important that **I sleep**.*

Bisogna che (**lei**) **parli** forte.
*It's necessary that **she speak** loudly.*

- The **loro** form for all verbs can be formed by simply adding **-no** to the singular subjunctive form.

  È giusto che questa ragazza **lavori**.
  *It's right that this girl is **working**.*

  È strano che i ragazzi **non lavorino**.
  *It's strange that the boys **aren't working**.*

  È improbabile che Michela **si diverta**.
  *It's unlikely that Michela **is having fun**.*

  Pare che i pensionati **si divertano** molto.
  *It seems like the retirees **are having** a lot of **fun**.*

- The **noi** and **voi** endings are the same for all verbs. Note that the **noi** subjunctive and indicative forms are identical.

  È bene che **compriamo** l'assicurazione.
  *It's good that **we're buying** insurance.*

  È ora che la **compriate** anche voi.
  *It's time that **you buy** it, too.*

  È meglio che **leggiamo** le istruzioni.
  *It's better that **we read** the instructions.*

  Basta che **leggiate** le istruzioni.
  *It's enough that **you read** the instructions.*

🏃 Attrezzi

English also uses the subjunctive. It used to be very common, but now survives mostly in expressions such as *if I were you* and *be that as it may*. Indicative forms are increasingly more frequent.

- Add an **-h-** between the stem and ending of regular verbs ending in **-care** or **-gare** to maintain the stem's hard **c** or **g** sound.

  È interessante che il giudice **giochi** a tennis.
  *It's interesting that the judge **plays** tennis.*

  È meglio che voi **paghiate** il tassista.
  *It's better that **you pay** the taxi driver.*

- Do not double the **i** in verbs ending in **-iare**.

  Bisogna che io **studi** per l'esame.
  *It's necessary that **I study** for the test.*

  Sembra che non **mangino** abbastanza.
  *It seems that **they don't eat** enough.*

  È un peccato che tu **ti annoi**.
  *It's a pity that **you get bored**.*

  È impossibile che ci **licenzino**.
  *It's impossible that **they fire** us.*

Approfondimento

Some verbs ending in **-iare** maintain the double i in the three singular forms of the present subjunctive. For instance, **sciare** or **avviare** becomes **scii** and **avvii**: that's because the **i** and the **a** belong to two separate syllables. If in doubt, check a dictionary to see how infinitives are separated into distinct syllables.

Provalo! **Scegli la forma corretta del verbo per completare ogni frase.**

1. È necessario che Enrico (legga / legge) il libro.
2. È importante che loro (rispondono / rispondano) a quella telefonata.
3. Sembra impossibile che tu (frequenti / frequenta) già il liceo.
4. Peccato che io non (guido / guidi) ancora la macchina.
5. È giusto che i più ricchi (dividono / dividano) quello che hanno con i più poveri.
6. È difficile che Chiara (pulisca / pulisce) la sua stanza tutti i giorni.
7. È strano che loro (comprino / comprano) solo vestiti di marca.
8. È importante che tu (capisci / capisca) bene la situazione.

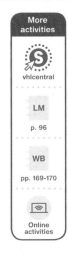

STRUTTURE

1 **Completare** Completa ogni frase con la forma corretta del congiuntivo.

1. È importante che io _____ (dormire).

2. È bello che i bambini _____ (giocare) tanto insieme.

3. È ora che tu _____ (cominciare) a cucinare.

4. È giusto che voi _____ (studiare) di più quest'anno.

5. È meglio che io e Serena _____ (smettere) di cantare così forte.

6. Bisogna che lui _____ (guadagnare) di più se vuole comprare una casa nuova.

2 **Trasformare** Usa gli indizi dati per creare frasi complete.

1. è giusto che / i ragazzi / lavorare

2. pare che / quella banca / chiudere il mese prossimo

3. è triste che / la storia / finire male

4. è interessante che / tu / cambiare carriera così spesso

5. è incredibile che / voi / guadagnare così poco

6. sembra che / io e Margherita / incontrarsi sempre in centro

3 **Creare** Usa le parole e le espressioni di ogni colonna per creare frasi complete.

MODELLO

È impossibile che il mio compagno di stanza studi il venerdì sera.

A	B	C
è bello che	i miei amici	cantare
è difficile che	i miei genitori	chiedere
è impossibile che	i professori	fallire
è male che	il mio compagno di stanza	guidare
è necessario che	io	lavorare
è probabile che	la mia famiglia	licenziare
pare che	tu	studiare
sembra che	tu e io	

4 **Scrivere** Suggerisci una soluzione a ogni situazione usando gli indizi tra parentesi e il congiuntivo presente. Scrivi frasi complete.

MODELLO

Alberto lavora da più di quarant'anni. (bene / finire presto di lavorare)
È bene che finisca presto di lavorare.

1. Stefania e Lucia lavorano molto ma guadagnano poco. (giusto / ricevere un aumento)

2. Annamaria è una scienziata molto preparata e impegnata. (probabile / diventare direttrice del laboratorio)

3. Tu e Giulio avete appena finito l'università. (improbabile / trovare un lavoro a tempo pieno)

4. Voglio cambiare carriera e ricominciare da zero. (è possibile / ricevere uno stipendio basso)

5. Il cuoco di quel ristorante brucia tutto! (necessario / licenziarsi)

6. Ho visto Chiara preparare la valigia. (bello / prendersi una vacanza)

5 **Requisiti di lavoro** Lavorate a coppie. A turno, descrivete quali sono i requisiti (*requirements*) più importanti da avere per poter fare i seguenti lavori.

MODELLO

camionista
È importante che un camionista non si addormenti quando guida di notte.

agente immobiliare	analista	segretario/a
camionista	operaio/a	tassista
cuoco/a	psicologo/a	veterinario/a

6 **Persone famose** In gruppi di tre, create una lista di dieci persone famose. Poi scrivete a turno una frase per ciascuna persona usando un'espressione impersonale e il congiuntivo. Avete le stesse idee?

MODELLO

Lindsay Lohan
Peccato che Lindsay Lohan non si comporti meglio!

è bene	è probabile
è importante	è strano
è impossibile	peccato
è necessario	sembra

7 **I miei obiettivi** A coppie, discutete i vostri piani per il futuro e dite quali professioni vi piacerebbe fare. Poi usate le espressioni impersonali e il congiuntivo per dire che cosa dovete fare per preparavi per quel lavoro.

MODELLO

Io voglio fare il contabile. È necessario che io frequenti dei corsi di contabilità. È anche importante che io...

8 **Produrre** Lavorate a coppie: uno studente sta cercando un lavoro per l'estate e l'altro lo aiuta. Scrivete delle domande e delle risposte appropriate usando le espressioni impersonali e coniugando i verbi della tabella al congiuntivo presente.

MODELLO

S1: *Quest'estate voglio fare il barista. È necessario che io usi il computer?*
S2: *No, per fare il barista non è necessario che tu usi il computer.*

parlare una lingua straniera	guadagnare molti soldi
finire l'università	acquisire nuove competenze
sottoscrivere un'assicurazione sanitaria	guidare l'automobile

SINTESI
Ricapitolazione

1 Opinioni

Usa le espressioni impersonali per scrivere una reazione a ogni attività della lista. Poi, a coppie, paragonate le vostre reazioni. Siete d'accordo?

MODELLO indossare due scarpe diverse

S1: È strano indossare due scarpe diverse!
S2: Secondo me, è divertente indossare due scarpe diverse.

1. indossare due scarpe diverse
2. parlare ad alta voce al cinema durante un film
3. fare i compiti e ascoltare musica allo stesso tempo
4. non andare in classe il giorno di un esame
5. partecipare a un karaoke senza saper cantare
6. imparare una lingua straniera
7. spedire un'email imbarazzante alla persona sbagliata
8. dimenticarsi di un appuntamento importante

2 La riunione

In gruppi di quattro, immaginate di essere il capo, il contabile, il rappresentante del sindacato e lo psicologo di un'azienda. Siete a una riunione e ognuno di voi ha le sue idee su cosa è necessario fare per il futuro dell'azienda. Dovete creare una lista di priorità su cui tutti sono d'accordo. Usate le espressioni impersonali per esprimere il vostro punto di vista.

MODELLO

S1: Secondo me, è importante che noi guadagniamo abbastanza da poter pagare i dipendenti e offrire l'assicurazione sulla vita.
S2: Sì, ma come rappresentante del sindacato vi dico che è necessario che tutti capiscano...

3 L'ottimista e il pessimista

A coppie, create una conversazione tra due impiegati che parlano della loro giornata in ufficio. Uno è un ottimista e l'altro è un pessimista. Usate **È bene** ed **È male** per iniziare le vostre frasi.

MODELLO

S1: È bene che oggi il direttore non ci chieda di partecipare a una riunione.
S2: È male però che la giornata passi più lentamente senza riunioni...

4 Il consulente

A coppie, create una conversazione tra un consulente e una dirigente. Il consulente offre le sue osservazioni e raccomandazioni alla dirigente. La dirigente deve reagire a ogni commento. Usate le espressioni impersonali con il congiuntivo o l'infinito.

MODELLO

S1: È importante avere un direttore esigente.
S2: Sì, ed è bene che assumiamo un nuovo direttore molto esigente...

5 Studenti nuovi

A coppie, create una lista di almeno otto raccomandazioni per studenti nuovi che vengono nella vostra università. Usate espressioni impersonali e il congiuntivo.

MODELLO

S1: È necessario che i nuovi studenti vivano in un dormitorio il primo anno, così possono incontrare molte persone.
S2: È anche importante che non mangino in mensa! Il cibo è terribile...

6 La nuova casa

In gruppi di tre, create una conversazione tra un agente immobiliare e una coppia sposata. Il marito è cuoco e la moglie è tecnico informatico. Guardate il disegno e date la vostra opinione usando le espressioni impersonali.

MODELLO

S1: Che bella casa! Mi sembra perfetta per voi due.
S2: Sì, ma è un peccato che la cucina sia (is) così piccola. A me piace cucinare e per me è importante che...

More activities

vhlcentral

Online activities

Espressioni utili

- **fare festa**
  to party

- **viziare**
  to spoil; to pamper

- **Che schifo!**
  How disgusting!

- **la serratura**
  lock

- **scivolare**
  to slip

- **Se non fosse la moglie del capo...**
  If she weren't the boss's wife

- **Non ti sopporto più!**
  I can't stand you anymore!

- **spalmare**
  to spread

- **il croccante**
  crunchy candy

- **(raf)freddare**
  to cool down

- **incastrato/a**
  stuck

Per parlare del film

- **il cibo spazzatura**
  junk food

- **consolare**
  to console, to comfort

- **curato/a**
  trim, well-groomed

- **le delizie**
  delicacies

- **vendicarsi**
  to take revenge

- **il/la vicino/a**
  neighbor

Italia autentica

 Video

Cortometraggio

Viola fondente è un cortometraggio di Fabio Simonelli; ha vinto numerosi premi, tra cui "Miglior attrice protagonista". Viola è una donna bella, giovane e... grassa. La sua vita è scandita da un lavoro noioso, un marito assente (*absent*) e una routine domestica all'insegna della solitudine (*loneliness*) e dei dolci. La vendetta (*revenge*) però è dietro l'angolo e ha la forma, e il sapore, del cioccolato.

Preparazione

1 Completare Usa le parole e le espressioni date per completare le seguenti frasi.

1. Pamela è molto elegante e sempre ben _____.
2. Ti piace _____ il miele sul pane?
3. Questa stanza è un porcile! Che _____!
4. Dopo il furto (*theft*), abbiamo cambiato _____.
5. È importante non _____ troppo i bambini.
6. Il mio _____ della casa accanto si chiama Roberto.
7. Smetto di mangiare _____ perché sto cercando di perdere peso.
8. Attenzione a non _____ sul pavimento bagnato (*wet*)!
9. I vigili del fuoco hanno salvato un gatto che era _____ sull'albero (*tree*).
10. La mamma cerca di _____ suo figlio che piange.

2 Discutere A coppie, rispondete alle seguenti domande.

1. Quanto è importante per voi essere in forma e mangiare sano?
2. Quanto conta il giudizio (*opinion*) degli altri sul vostro aspetto fisico? È più importante piacersi o piacere agli altri?
3. Per voi l'aspetto fisico/esteriore (essere magri, essere in forma, seguire la moda) può influenzare i rapporti con gli altri?

3 Proverbi Leggi questi due proverbi. Sei d'accordo? Perché? Discuti con un(a) compagno/a.

- Chi è svelto (*quick*) a mangiare è svelto a lavorare.
- Dimmi cosa mangi e ti dirò chi sei.

SINTESI

Scene: Viola fondente

CASSIERA Fa festa anche stasera, eh?
VIOLA Una cena fra amiche.
CASSIERA Certo che le vizia proprio queste amiche...

SEGRETERIA TELEFONICA (*messaggio del marito*) Viola? Viola, ci sei? Senti, non torno a cena stasera e... puoi evitare di spalmare il divano di cioccolato? Grazie.

COMMESSA Viola? La signora prende queste tre. Se cortesemente le puoi fare il conto, grazie.
COMMESSA Che schifo! Se non fosse la moglie del capo, lo saprei io...

VICINA Viola! Ma che succede?
VIOLA Ha cambiato la serratura.
VICINA Ma chi?
VIOLA Mio marito.

VICINA (*leggendo*) «Mi lasci i cioccolatini squagliati° nel letto... l'ultima volta che ho fatto la doccia mi hai fatto scivolare col croccante che hai messo a freddare sul marmo della vasca. Viola, io non ti sopporto più.»
VICINA Be' certo, il croccante nella vasca... va be', non ti devi preoccupare. Purtroppo gli uomini sono così. Ma per adesso puoi stare qui. Puoi dormire sul soppalco°. Io dormo di là.

COMMESSA Che dice? È perfetto.
CLIENTE Ma insomma, stringe° un po', però.
COMMESSA Non mi sembra.
CLIENTE Sì... no, guardi, non sono convinta°.
COMMESSA Non va bene.
CLIENTE Mi dispiace.
COMMESSA Non importa.

squagliati *melted* **soppalco** *loft*
stringe *it's tight* **convinta** *convinced*

Analisi

4 Vero o falso? Indica se le seguenti affermazioni sono **vere** o **false**.

	Vero	Falso
1. Viola ama cucinare piatti sani.	☐	☐
2. Viola sembra infelice della vita con il marito.	☐	☐
3. Viola non mangia mai fuori pasto.	☐	☐
4. Viola ha un bel rapporto con la commessa del negozio del marito.	☐	☐
5. Il marito di Viola ha un negozio di abbigliamento.	☐	☐
6. Il numero nel nome del negozio si riferisce alla taglia ideale.	☐	☐
7. A casa della vicina non c'è il televisore.	☐	☐
8. Viola e il marito cercano in tutti i modi di migliorare (*improve*) la situazione.	☐	☐
9. Viola apre un chiosco di dolci di fronte al negozio del marito.	☐	☐
10. La cliente della scena finale non compra la giacca perché è fuori moda.	☐	☐

5 Professioni
Che lavoro fanno questi personaggi? In gruppi di tre descrivete le qualità necessarie per riuscire in queste professioni. Elencate (*List*) i vantaggi e gli svantaggi di ogni attività. Quale lavoro preferite? Perché?

1.

2.

3.

4.

6 Riflettere
A coppie, immaginate una conversazione tra Viola e suo marito dopo che lui ha cambiato la serratura e lei torna a casa a prendere le sue cose. Cosa dice il marito? Perché non la sopporta più? E cosa risponde Viola? Presentate la conversazione alla classe.

More activities

vhlcentral

Online activities

Lezione
11B

Communicative Goals

You will learn how to:
- talk about jobs and qualifications
- talk about job applications and interviews

CONTESTI

In ufficio Hotspots

Vocabolario

espressioni	expressions
assumere	to hire
fare domanda	to apply
fare progetti	to make plans
fotocopiare	to photocopy
lasciare un messaggio	to leave a message
ottenere*	to get, to obtain
prendere un appuntamento	to make an appointment
trovare lavoro	to find a job

cercare lavoro	looking for a job
il/la candidato/a	candidate
la carriera	career
il consiglio	advice
l'esperienza professionale	professional experience
l'istruzione (f.)	education
la lettera di referenze	letter of reference
le referenze	references
il mestiere	occupation, trade
il posto	position; job
il settore	field; sector
lo/la specialista	specialist
lo stage	internship
lo stipendio (alto/basso)	(high/low) salary
il tirocinio	professional training

in ufficio	in the office
la bacheca	bulletin board
la cucitrice	stapler
la fotocopiatrice	copy machine
la graffetta	paper clip; staple
la rubrica	address book

al telefono	on the telephone
Attenda in linea, per favore.	Please hold.
C'è il/la signor(a)...?	Is Mr./Mrs. . . . there?
Chi è?/Chi parla?	Who's calling?
Da parte di chi?	On behalf of whom?

More activities

vhlcentral · WB pp. 171–172 · LM p. 97 · Online activities

la direttrice del personale

il curriculum vitae, il C.V.

Personale

il colloquio di lavoro

l'assistente amministrativa
(l'assistente amministrativo *m.*)

la cornetta

le offerte di lavoro

Paolini SPA

l'azienda

Pratica

1 Mettere etichette Scegli un'etichetta per ogni oggetto.

1. graffetta / settore   2. stage / bacheca   3. cucitrice / personale

4. cornetta / stipendio   5. mestiere / rubrica   6. curriculum vitae / settore

2 Completare Completa con la parola mancante le espressioni del vocabolario della lezione.

1. prendere un _____   4. direttrice del _____
2. _____ domanda   5. lettera di _____
3. colloquio di _____   6. _____ un messaggio

3 Abbinare Abbina ogni parola alla sua definizione.

1. ____ la graffetta
2. ____ il mestiere
3. ____ lo stipendio
4. ____ lasciare un messaggio
5. ____ la lettera di referenze
6. ____ il candidato

a. Lo si fa quando risponde la segreteria telefonica.
b. I soldi che una persona riceve per il proprio lavoro.
c. È una persona che si presenta per un colloquio di lavoro.
d. Serve per tenere insieme dei fogli.
e. È un sinonimo di *occupazione.*
f. Accompagna il curriculum.

4 Creare Usa i suggerimenti dati per dire con frasi complete quello che il/la candidato/a per ogni lavoro dovrebbe fare o aver fatto.

MODELLO psicologo / buone referenze

Il candidato per il lavoro di psicologo dovrebbe avere buone referenze.

1. docente / tre anni di insegnamento e due pubblicazioni
2. cuoco / cinque anni di esperienza in un ristorante
3. banchiere / la laurea in economia e commercio ed esperienza pluriennale (*many years'*)
4. contabile / un diploma di contabilità
5. elettricista / minimo tre anni di esperienza nel settore
6. segretaria / esperienza di cinque anni come segretaria del direttore

CONTESTI

Comunicazione

5 **Il colloquio di lavoro** Ascolta questo colloquio di lavoro. Mentre ascolti, spunta (*check off*) le parole menzionate dalla candidata. Poi, a coppie, scrivete altre tre domande per la candidata.

1. candidato ☐
2. istruzione ☐
3. mestiere ☐
4. referenze ☐
5. salario (*salary*) ☐
6. settore ☐
7. stage ☐
8. tirocinio ☐

6 **Come cercare lavoro** Lavorate a coppie. L'insegnante vi darà due fogli diversi, ciascuno con metà delle informazioni riguardo ai dieci passi necessari per cercare lavoro. A turno, fatevi domande per trovare tutti i dieci passi. Poi, insieme, metteteli nell'ordine corretto.

> **MODELLO**
>
> **S1:** *Come prima cosa devo prendere un appuntamento con il capo del personale. Tu che cos'hai?*
> **S2:** *Io devo selezionare alcune aziende. Devo farlo prima di prendere un appuntamento.*

7 **Le inserzioni di lavoro** In gruppi di tre, create un annuncio di lavoro (*job ad*) per due delle cinque professioni raffigurate (*depicted*). Accertatevi di (*Be sure to*) includere informazioni sui requisiti, sullo stipendio, sul processo di selezione e su quello che i candidati devono fare per poter fare domanda. Cercate di scrivere delle inserzioni attraenti!

> **MODELLO**
>
> **S1:** *Cercasi veterinario a tempo pieno.*
> **S2:** *Un piccolo studio di veterinari cerca...*

Pronuncia e ortografia Audio

🔊 Omitting the final vowel of an infinitive

pensarci	**saperne**	**scrivergli**	**trovarlo**

The final **e** of an infinitive is often dropped, especially in spoken Italian. The **e** must be dropped when an object pronoun is added to the infinitive of a verb.

aver fatto	**esser venuta**	**andar bene**	**sentir dire**

The final **e** of an infinitive is often dropped when followed by a past participle or an adverb. The final **e** may also be dropped when the infinitive is followed by another infinitive, especially when the second infinitive has a similar sound.

far sentire	**far bene**	**far festa**	**far da mangiare**

The verb **fare** usually drops the final **e** when followed by another infinitive, an adjective, an adverb, a noun, or the preposition **da**.

avere scritto	**fare spendere**	**fare studiare**	**esser stato**

The final **e** of an infinitive should not be dropped before any word that begins with **s** + [*consonant*], except the past participle **stato**.

🗣 Pronunciare Ripeti le parole e le espressioni ad alta voce.

1. aver pensato
2. prenderlo
3. far male
4. fare scordare
5. pensar bene
6. esserci
7. fare spendere
8. regalarglielo
9. star bene
10. esser andato
11. cercarli
12. far sapere

🗣 Articolare Ripeti le frasi ad alta voce.

1. Ho deciso di cucinarlo stasera.
2. Cerchiamo di star bene quando andiamo in vacanza.
3. Volete andarci domani?
4. Pensavo di aver finito tutto!
5. Deve sempre andar via presto.
6. Vorrei saperne di più prima di decidere.

🗣 Proverbi Ripeti i proverbi ad alta voce.

Il lavoro nobilita l'uomo.[2]

Chi fa da sé, fa per tre.[1]

[1] If you want something done, do it yourself. [lit. He who works by himself does the work of three.]

[2] Work ennobles man.

More activities

vhlcentral LM p. 98

FOTOROMANZO

Pensando al futuro Video

PERSONAGGI

Emily

Lorenzo

Riccardo

Viola

VIOLA Ho ricevuto il tuo messaggio. Tutto bene?
EMILY I miei genitori non vogliono che io stia in Italia quest'estate. Se voglio farlo, devo mantenermi da sola.
VIOLA Hai provato a calcolare quanto costerebbe?

VIOLA Appartamento... cibo... caffè, spese varie... Dovresti trovare un lavoro. Che cosa sai fare?
EMILY Purtroppo non ho nessuna esperienza professionale. Non ho nemmeno un curriculum. Però so fare il caffè.
VIOLA È vero, tu bevi sempre caffè. Dovresti parlare con il gestore e vedere se sta cercando qualcuno.

VIOLA È facile risolvere i problemi degli altri. Poi i nostri sono sempre troppo complicati.
EMILY Ora lascia che io aiuti te. Che cosa succede?
VIOLA Lorenzo.

RICCARDO Si è lasciata con Massimo. Credo che tu le piaccia.
LORENZO Lo pensavo anch'io. Ma per lei, adesso, è più importante studiare.
RICCARDO Quella ragazza non sa cosa vuole. Domani cambierà idea e dirà che è attratta da te. Mi piaceva di più quando faceva la timida.

VIOLA Penso di aver commesso un errore. Non so nemmeno come mi sento.
EMILY Cosa hai detto a Lorenzo?
VIOLA Che penserò all'amore dopo la laurea.
EMILY Ma lui ti piace davvero?
VIOLA Penso di sì. Non lo so.
EMILY O forse ti piace il fatto che tu gli piaccia?

VIOLA Che cosa vuoi dire?
EMILY Insomma, è possibile che l'idea di Lorenzo sia più interessante del vero Lorenzo? Temo che tu sia innamorata dell'amore, Viola.
VIOLA Questo non è vero. No. Non avrei dovuto chiederti consiglio.

A T T I V I T À

1

Rispondere Rispondi alle seguenti domande.

1. Che cosa ha ricevuto Viola?
2. Che cosa sa fare Emily?
3. Che cosa dice Viola dei nostri problemi personali?
4. Che cosa sta cercando Riccardo?
5. Perché Lorenzo deve andare a Milano?

6. Come piaceva di più Viola a Riccardo?
7. Che cosa ha detto Viola a Lorenzo?
8. Secondo Emily, di che cosa è innamorata Viola?
9. Secondo Riccardo perché Viola è arrabbiata con Emily?
10. Perché le ragazze si comportano in questo modo, secondo Riccardo?

I ragazzi parlano di lavoro e di sentimenti.

Alla pensione...

RICCARDO Hai visto il mio carica batteria?

LORENZO No. Mi dispiace.

RICCARDO Aaah! Il mio lettore è morto.

LORENZO Tieni, puoi ascoltare la musica con questa.

RICCARDO Questa è buona, Lorenzo.

RICCARDO Che stai facendo?

LORENZO Ho un colloquio di lavoro a Milano. Sto sistemando il curriculum e le mie referenze.

RICCARDO Come va con Viola?

LORENZO A cosa ti riferisci?

RICCARDO Dovresti mettere lo stage qui e parlare della tua istruzione qui.

(Riccardo riceve un messaggio.)

LORENZO Perché ridi?

RICCARDO È Emily. Pare che tu piaccia di nuovo a Viola. Emily non le crede, così lei adesso è arrabbiata con Emily. Te l'avevo detto che sarebbe andata a finire così.

LORENZO Perché le ragazze si comportano in questo modo?

(Riccardo trova il carica batteria.)

RICCARDO Aha! Ti ho trovato! *(A Lorenzo)* Lo fanno per attirare la nostra attenzione.

Espressioni utili

Opinions, desires, possibilities, and fears

- **Non vogliono che io stia in Italia.**
  They don't want me to stay in Italy.

- **Lascia che io aiuti te.**
  Let me help you.

- **Credo che tu le piaccia.**
  I think she likes you.

- **Penso di aver commesso un errore.**
  I think I made a mistake.

- **il fatto che tu gli piaccia**
  the fact that he likes you

- **È possibile che l'idea di Lorenzo sia più interessante del vero Lorenzo?**
  Is it possible that the idea of Lorenzo is more interesting than Lorenzo himself?

- **Temo che tu sia innamorata dell'amore.**
  I'm afraid that you're in love with love.

- **Pare che tu piaccia di nuovo a Viola.**
  It seems that Viola likes you again.

Additional vocabulary

- **Devo mantenermi da sola.**
  I have to provide for myself.

- **gestore**
  manager

- **Questa è buona.**
  Good one.

- **Sto sistemando...**
  I'm putting together . . .

- **cambierà idea**
  she'll change her mind

- **quando faceva la timida**
  when she acted shy

- **Perché le ragazze si comportano in questo modo?**
  Why do girls act this way?

---

2 **Per parlare un po'** Che cosa succederà tra Viola e Lorenzo? In gruppi di tre o quattro, scrivete un breve paragrafo in italiano in cui fate una previsione su come finirà la loro storia. Preparatevi a leggere la vostra previsione alla classe.

3 **Approfondimento** Milano è il capoluogo della Lombardia. Fai una ricerca e scopri alcune attrazioni di questa città. Trova cinque luoghi interessanti da visitare (musei, chiese, monumenti ecc.) e per ognuno indica perché ti piacerebbe visitarlo.

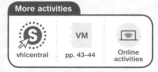

More activities

vhlcentral | VM pp. 43–44 | Online activities

ATTIVITÀ

CULTURA

Dalla scuola al lavoro

Quali sono le prospettive di lavoro per i giovani laureati italiani?
In Italia, negli ultimi anni, il rapporto tra neolaureati° e mondo del lavoro ha mostrato molti cambiamenti°. Un primo nuovo aspetto è l'aumento° del numero dei laureati. Questo è dovuto in gran parte a due fattori° nuovi: l'introduzione delle lauree di tre anni alla fine degli anni '90 e l'introduzione di nuove leggi che agevolano le aziende che assumono i giovani.

La laurea triennale ha anticipato molto l'età media° dei laureati italiani, che ora possono accedere° al mondo del lavoro prima rispetto al passato. Le leggi di riforma del mercato del lavoro hanno introdotto nuovi tipi di contratto, in particolare i contratti a progetto°, che permettono ai giovani di fare una prima esperienza di lavoro, limitata nel tempo, appena dopo la conclusione degli studi universitari.

Per facilitare i contatti tra neolaureati e aziende sono nati molti siti Internet e portali «informagiovani». Molti uffici informagiovani appartengono° alle università; raccolgono° i curriculum vitae dei neolaureati e li mettono a disposizione dei datori di lavoro°, creando un punto di incontro° diretto. Altri uffici informano gli studenti su programmi di scambio° con università straniere, stage e formazione presso le aziende. La formazione e gli stage, conosciuti anche come *internship* o tirocini, rappresentano una fase molto importante per i giovani in cerca di una prima occupazione. Sono una buona opportunità per conoscere in prima persona° il mondo del lavoro con tutti i diritti e i doveri dei lavoratori. Tuttavia, la disoccupazione dei giovani italiani è un grande problema. Secondo Eurostat, solo il 53% di chi ha ottenuto la laurea riesce a trovare un'occupazione dopo tre anni dal conseguimento del titolo.

neolaureati *recent graduates* **cambiamenti** *changes* **aumento** *increase* **fattori** *factors* **età media** *average age* **accedere** *access* **contratti a progetto** *project contracts* **appartengono** *belong* **raccolgono** *collect* **datori di lavoro** *employers* **punto di incontro** *meeting place* **scambio** *exchange* **in prima persona** *firsthand*

1 Vero o falso? Indica se l'affermazione è **vera** o **falsa**. Correggi le affermazioni false.

1. I laureati in Italia sono in diminuzione negli ultimi anni.

2. Il mondo del lavoro in Italia non cambia da 50 anni.

3. La laurea triennale è un nuovo tipo di laurea.

4. I contratti a progetto sono nati per agevolare i giovani.

5. Per avere un contratto a progetto, i giovani devono fare uno stage.

6. I siti e portali «informagiovani» aiutano i giovani a contattare le aziende.

7. I siti e portali per il lavoro sono solo per i giovani che cercano un lavoro.

8. Il tirocinio è un periodo di formazione e lavoro dei giovani in un'azienda.

9. Il tirocinio è molto diverso dallo stage e dall'*internship*.

10. In Italia non ci sono problemi di disoccupazione giovanile.

Per cercare lavoro

l'agenzia per il lavoro	temp agency
l'annuncio di lavoro	job ad
l'assunzione (f.)	hiring
la capacità	skill
la competenza	competence; ability
la formazione	training
la prima occupazione	first job
la qualifica	qualification
le risorse umane	human resources
la raccomandazione	recommendation
la specializzazione	specialization

Dove cercare offerte di lavoro

Cercare lavoro può essere frustrante, soprattutto quando uno non sa bene dove guardare. I «luoghi» più comuni sono i **giornali**: le colonne con gli annunci di lavoro nei quotidiani, oppure i giornali specializzati per chi cerca e per chi offre lavoro. Con la tecnologia anche in Italia sono nati molti portali e **siti Internet** che permettono di inserire i dati° del candidato e selezionare° le sue qualifiche, le capacità e le competenze. Molto interessanti sono i portali come Almalaurea o Primolavoro dedicati ai neolaureati o neodiplomati°. Negli ultimi anni sono molto utilizzate anche le **agenzie per il lavoro**, conosciute anche come agenzie di lavoro interinale°, specializzate nei lavori a tempo parziale o a progetto.

dati *information* **selezionare** *select* **neodiplomati** *recent high-school graduates* **interinale** *temporary*

Musica per celebrare i lavoratori

Il primo maggio in Italia si celebra la Festa dei lavoratori°. Questa data, che ricorda le conquiste° dei diritti del lavoro, è diventata una festa nazionale alla fine del 1800.

Durante il Ventennio fascista° il regime ha spostato la data al 21 aprile, giorno del Natale di Roma°; dopo la fine della Seconda Guerra Mondiale, però, il paese è tornato a festeggiare il primo giorno di maggio. In tutta l'Italia ci sono cortei° di lavoratori e comizi° di rappresentanti dei sindacati. Dal 1990, la manifestazione più importante e seguita è il **Concerto del Primo Maggio** in Piazza San Giovanni, a Roma, organizzato dai tre sindacati principali: CGIL, CISL e UIL.

Per molte ore cantanti italiani e internazionali si esibiscono° per un pubblico numerosissimo. Spesso alla musica si alternano presentazioni di personaggi della politica, ma anche ospiti del mondo del cinema e dello spettacolo.

Festa dei lavoratori *Labor Day* **conquiste** *victories* **Ventennio fascista** *Fascist period* **Natale di Roma** *Foundation of Rome* **cortei** *parades* **comizi** *rallies* **si esibiscono** *perform*

Cosa fanno dopo la laurea i giovani italiani? Su **vhlcentral.com** trovi una canzone che descrive e racconta le sfide che diversi italiani devono affrontare dopo l'università.

---

2 **Completare** Completa le frasi.

1. Il primo maggio in Italia si celebra la _____.
2. In Italia la Festa dei lavoratori è festa nazionale dalla fine del _____.
3. Il _____ del Primo Maggio si svolge in Piazza San Giovanni.
4. Cercare _____ può essere frustrante.
5. Per cercare lavoro in Italia si sono molti _____ e siti web.
6. *Almalaurea* e *Primo lavoro* sono portali dedicati ai _____.

3 **A voi** A coppie, rispondete alle domande e discutete le vostre risposte.

1. Hai mai inserito il tuo curriculum vitae su un sito Internet?
2. Hai mai partecipato a un tirocinio in un'azienda?
3. Come si celebra la Festa dei lavoratori nel tuo paese?

More activities

vhlcentral · Online activities

ATTIVITÀ

STRUTTURE

11B.1

Irregular present subjunctive

Punto di partenza In **Lezione 11A**, you learned how to form the present subjunctive of regular verbs. However, many common verbs are irregular in the subjunctive.

		avere	dare	essere	sapere	stare
	io	abbia	dia	sia	sappia	stia
	tu	abbia	dia	sia	sappia	stia
	Lei/lui/lei	abbia	dia	sia	sappia	stia
	noi	abbiamo	diamo	siamo	sappiamo	stiamo
	voi	abbiate	diate	siate	sappiate	stiate
	loro	abbiano	diano	siano	sappiano	stiano

Present subjunctive of common irregular verbs

- Remember that the **noi** and **voi** forms of all verbs, regular or irregular, follow the same patterns, and that the subjunctive **noi** form is the same as the indicative. Note that the **voi** form resembles the **noi** form, except for the **-te** ending.

  Bisogna che **siamo** puntuali.
  *We must **be** punctual.*

  Non è giusto che **siate** tanto esigenti.
  It's not fair that you're so demanding.

- As with regular verbs, the **loro** form of irregular verbs can be formed by adding **-no** to the singular present subjunctive form.

  È necessario che Pina **abbia** delle referenze professionali.
  *It's necessary that Pina **have** some professional references.*

  È male che questi candidati **non abbiano** esperienza professionale?
  *Is it bad that these candidates **don't have** professional experience?*

- Although many verbs that are irregular in the present indicative are also irregular in the present subjunctive, many of them follow an identifiable pattern like **andare** below, whose irregular forms can be derived from the first-person singular indicative form.

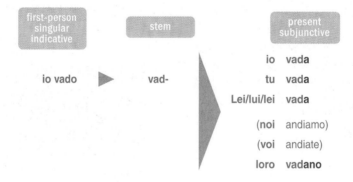

first-person singular indicative	stem	present subjunctive	
		io	vada
io vado	vad-	tu	vada
		Lei/lui/lei	vada
		(noi	andiamo)
		(voi	andiate)
		loro	vadano

- Remember that **noi** and **voi** forms always derive from the indicative **noi** form.

- Use these singular subjunctive forms to derive the full present subjunctive conjugation for the following verbs. Note that **dovere** stems from the alternate first-person indicative form **debbo**.

bere	**beva**	fare	**faccia**	uscire	**esca**
dire	**dica**	piacere	**piaccia**	venire	**venga**
dovere	**debba**	potere	**possa**	volere	**voglia**

● You have already learned many impersonal expressions of opinion or perception that trigger the subjunctive.

È bene che tu **faccia domanda** per il posto.
It's good that you are applying for the position.

Pare che Sara **debba** cercare un nuovo lavoro.
It seems that Sara has to look for a new job.

● It is important to note, however, that not all impersonal expressions trigger the subjunctive. Impersonal expressions that state fact or certainty are followed by the indicative.

È bello che Silvana **abbia** finalmente un colloquio.
It's nice that Silvana finally has an interview.

BUT

È vero che Silvana **ha** finalmente un colloquio.
It's true that Silvana finally has an interview.

● Here are more examples of expressions of both types.

Impersonal expressions that . . .

trigger the subjunctive		do not require the subjunctive	
è incredibile	*it's incredible*	è certo	*it's certain*
può darsi	*it's possible*	è chiaro	*it's clear*
è preferibile	*it's preferable*	è sicuro	*it's definite*

Può darsi che lui **voglia** aiuto.
It's possible that he wants help.

È chiaro che lui **vuole** il mio consiglio.
It's clear that he wants my advice.

● Remember that an infinitive follows the impersonal expression if there is no specific subject.

È preferibile prendere un appuntamento.
It's preferable to make an appointment.

More activities

vhlcentral

LM
p. 99

WB
pp. 173–174

Online activities

Provalo! Scrivi le forme mancanti del congiuntivo.

		dire	dovere	sapere	uscire
1.	io	*dica*	debba	_____	esca
2.	tu	dica	_____	sappia	_____
3.	Lei/lui/lei	_____	debba	sappia	_____
4.	noi	diciamo	_____	_____	usciamo
5.	voi	_____	dobbiate	_____	usciate
6.	loro	dicano	_____	sappiano	_____

STRUTTURE

1 **Scegliere** In base al contesto, scegli o l'indicativo o il congiuntivo per completare ogni frase.

1. È incredibile che loro (hanno / abbiano) ancora voglia di giocare.
2. Può darsi che il treno (è / sia) partito in ritardo.
3. È certo che questa sera (piove / piova).
4. È preferibile che tu (scrivi / scriva) la lettera al computer.
5. È chiaro che io (preferisco / preferisca) il nuoto alla ginnastica.
6. È sicuro che voi (venite / veniate) quest'estate.

2 **Abbinare** Abbina le frasi della colonna a sinistra a quelle della colonna a destra.

1. Bisogna che Lei... _____
2. Può darsi che noi... _____
3. È necessario che loro... _____
4. È improbabile che io... _____
5. È importante che voi... _____
6. È meglio che lui ... _____

a. ...facciamo domanda per questo posto.
b. ...finiate il tirocinio.
c. ...ti dia un consiglio.
d. ...possa fotocopiare quei progetti.
e. ...mi dia la Sua lettera di referenze.
f. ...ottengano un aumento di stipendio.

3 **Completare** Completa le frasi seguenti con la forma corretta del congiuntivo.

1. Pare che Daniela non _____ (avere) esperienza.
2. È importante che tu _____ (sapere) cosa fare in queste situazioni.
3. È impossibile che a loro _____ (piacere) solo queste verdure.
4. Sembra che noi _____ (uscire) tutti insieme stasera.
5. È possibile che anche voi _____ (andare) in Italia a giugno?
6. Può darsi che anch'io _____ (bere) acqua e non succo a cena.
7. È incredibile che tutti _____ (avere) il raffreddore.
8. È bene che io _____ (venire) in classe tutti i giorni.

4 **Trasformare** Usa gli indizi dati per creare frasi complete con il congiuntivo.

1. è bello che / Silvana / avere un colloquio
2. è importante che / loro / andare da uno psicologo
3. non è bene che / a Fiorella / non piacere i miei amici
4. è impossibile che / il tassista / non sapere dove andare
5. sembra che / tu / volere davvero questo lavoro
6. è bene che / io / essere pronto alle 17.00 in punto
7. è incredibile che / Rosetta / potere viaggiare così tanto
8. pare che / questo cuoco / fare sempre le stesse cose

5 **La mia lista** A coppie, parlate a turno di alcune cose che, per voi, sono importanti. Usate i verbi dati.

> **MODELLO**
>
> **S1:** È importante che io dica ai miei genitori quali corsi frequento.
> **S2:** È importante che io…

1. andare
2. bere
3. dare
4. dire

5. fare
6. uscire
7. venire
8. sapere

6 **Opinioni** Lavorate a coppie. Usate le espressioni di ciascuna colonna per scrivere una lista di opinioni e reazioni riguardo alla vita in ufficio.

> **MODELLO**
>
> **S1:** Può darsi che i migliori candidati trovino sempre lavoro.
> **S2:** È certo che i migliori candidati trovano sempre lavoro.

A	B
è incredibile	i migliori candidati / trovare sempre lavoro
può darsi	la segretaria / non volere parlare al direttore
è preferibile	la riunione / essere troppo lunga
è vero	il dirigente / occuparsi degli impiegati
è certo	il successo / dipendere da te
è sicuro	l'agente immobiliare / sapere tutto della casa
bisogna	il veterinario / conoscere tutti gli animali per nome

7 **Il candidato ideale** In gruppi di tre, scegliete una professione dalla **Lezione 11A**. Create una lista di criteri per la persona adatta a quella professione. Usate le espressioni impersonali e il congiuntivo dei verbi **avere**, **essere** e **sapere** per dire cosa quella persona dovrebbe fare e sapere e come dovrebbe essere.

> **MODELLO**
>
> **S1:** Per essere un agente immobiliare è importante che il candidato abbia esperienza professionale.
> **S2:** È necessario che sia una persona estroversa e amichevole.
> **S3:** Ed è preferibile che conosca bene il mercato.

8 **Organizzazione** In gruppi di tre o quattro, immaginate di lavorare in un ufficio. A turno, uno studente è il direttore e gli altri studenti svolgono altri ruoli (ad es., l'impiegato, l'assistente amministrativo, il direttore del personale). Organizzate una giornata di lavoro usando le espressioni impersonali e i verbi al congiuntivo presente.

> **MODELLO**
>
> **S1:** Alle 8:00 è necessario che tu fotocopi i progetti.
> **S2:** È importante che li fotocopi io? Preferisco che lo faccia lui.
> **S3:** …

STRUTTURE

Verbs that require the subjunctive

Punto di partenza In addition to many impersonal expressions, verbs expressing emotions, attitudes, and doubts also require the subjunctive in a subordinate clause.

- If the clauses have two different subjects and the verb in the main clause expresses emotion, then use the subjunctive in the subordinate clause. Use **che** to connect the two clauses.

MAIN CLAUSE EXPRESSION OF EMOTION	CONJUNCTION	SUBORDINATE CLAUSE VERB IN SUBJUNCTIVE MOOD
La direttrice **è contenta** *The manager **is happy***	**che** *that*	**rispondano** al telefono. ***they're answering** the phone.*
Non **hai paura** *Aren't **you afraid***	**che** *that*	lo stipendio **sia** troppo basso? *the salary **is** too low?*

- Verbs expressing hope and desire also trigger the subjunctive, as do verbs of will used to influence the actions of others.

Verbs of emotion, desire, hope, and will			
avere bisogno	*to need*	insistere	*to demand, insist on*
avere paura	*to be afraid*	piacere	*to please*
chiedere	*to ask, request*	preferire	*to prefer*
desiderare	*to desire, wish*	sperare	*to hope*
dispiacere	*to be sorry*	suggerire (-isc-)	*to suggest*
essere contento/a	*to be happy*	temere	*to fear*
essere triste	*to be sad*	volere	*to want*

Mi dispiace che tu non **possa** lavorare.
I'm sorry that you can't work.

Ho bisogno che voi mi **aiutiate**.
I need you to help me.

Speriamo che **Lei trovi** lavoro presto.
We hope that you'll find a job soon.

Siamo contenti che loro **stiano** bene.
We're happy they are well.

- Verbs of opinion, doubt, and uncertainty also require the subjunctive in subordinate clauses.

Verbs of opinion, doubt, and uncertainty			
avere l'impressione	*to have the impression*	immaginare	*to imagine*
credere	*to believe*	non essere sicuro	*to be uncertain*
dubitare	*to doubt*	pensare	*to think*

Non crede che il mio consiglio la **aiuti**.
She doesn't believe that my advice is helping her.

Dubito che tu **abbia** un colloquio di lavoro.
I doubt that you have a job interview.

Il candidato **pensa** che il posto **sia** perfetto per lui.
The candidate thinks that the position is perfect for him.

Immagino che lei **abbia** la lettera di referenze.
I imagine that she has the letter of reference.

- Do not use the subjunctive in a subordinate clause if its subject is the same as that of the main clause. Use **di** + [*infinitive*] instead of **che** + [*subjunctive*] after most verbs in such cases.

Lucrezia **non crede di ottenere** il lavoro.
*Lucrezia **doesn't believe she's getting** the job.*

Il mio amico **pensa di fare domanda**.
*My friend **is thinking about applying**.*

Dubitiamo di poter arrivare in tempo.
*We **doubt we can arrive** on time.*

Temo di avere sbagliato numero.
*I'm **afraid I dialed the wrong** number.*

Suggerite di prendere un appuntamento?
*Do you **suggest to make** an appointment?*

Hanno bisogno di lasciare un messaggio.
*They **need to leave** a message.*

- Omit **di** before the infinitive in same-subject sentences with **desiderare**, **preferire**, or **volere** in the main clause.

Preferite fotocopiare il documento?
*Do you **prefer to photocopy** the document?*

Quel signore **desidera lasciare** un messaggio.
*That man **wants to leave** a message.*

- Verbs or expressions of fact and certainty are not followed by the subjunctive.

Verbs and expressions that do not trigger the subjunctive

essere certo/a	*to be certain*	ricordare	*to remember*
essere sicuro/a	*to be sure*	sapere	*to know*
riconoscere	*to recognize, acknowledge*	vedere	*to see*

So che il colloquio **è** domani.
*I **know** the interview **is** tomorrow.*

Vedi che la tua esperienza **non c'entra**?
*Do you **see** that your experience **isn't relevant**?*

Riconosca che **ho** delle ottime referenze.
*Please, **acknowledge I have** excellent references.*

Ricordatevi che **dovete** fare domanda di lavoro.
*Remember that **you have** to apply for a job.*

Provalo!   Scegli la forma del verbo che meglio completa ogni frase.

1. Il capo pensa che tu (devi / debba) far domanda per il lavoro.
2. Silvano non pensa di (riceva / ricevere) uno stipendio giusto.
3. Claudio preferisce che tu (risponda / rispondi) al telefono.
4. Il posto richiede che noi (viaggiare / viaggiamo) spesso.
5. L'impiegato spera che tu (puoi / possa) scrivere una buona lettera di referenze.
6. La segretaria ti chiede di (resti / restare) in attesa.
7. Il giudice dubita che quell'avvocato (vinca / vince) il caso.
8. Tutti i candidati hanno paura di non (passare / passano) il colloquio di lavoro.
9. Secondo me, questo assistente non (ha / abbia) un buon C.V.
10. Sembra che Nicola non (trovi / trova) la sua rubrica.

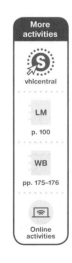

More activities

vhlcentral

LM
p. 100

WB
pp. 175–176

Online activities

STRUTTURE

PRATICA

1 **Associare** Associa le frasi alle conclusioni che le completano meglio.

1. È tardi ma Marco spera e spera _____
2. La segretaria è contenta che tu _____
3. È certo che in quest'ufficio noi _____
4. Non è possibile che le graffette _____
5. È sicuro che il tassista _____
6. Non so nemmeno a quante offerte di lavoro _____
7. Abbiamo l'impressione _____
8. Loro preferiscono _____

a. abbiamo bisogno di uno specialista.
b. siano già finite!
c. di poter lasciare un messaggio.
d. ho risposto prima di accettare questo posto.
e. arriva puntuale.
f. l'aiuti a preparare i documenti.
g. che inviamo il C.V. via email.
h. di aver fatto progetti troppo ambiziosi.

2 **Completare** Completa la conversazione con la forma corretta di ogni verbo.

LAURA Ciao Nicoletta, come stai?

NICOLETTA Non bene. Ho lasciato il mio lavoro e temo che il capo non mi
(1) _____ (scrivere) una buona lettera di referenze.

LAURA Mi dispiace che voi (2) _____ (lasciarsi) in cattivi rapporti. Ma sei sicura?
È un peccato che lui e i tuoi colleghi non ti (3) _____ (dare) tutto l'aiuto di cui hai bisogno.

NICOLETTA Non lo so. Giorgio insiste che io (4) _____ (restare) e Anna e Francesco
sperano che tu e altri amici mi (5) _____ (fare) cambiare idea. Dubito che qualcuno
mi (6) _____ (aiutare) a decidere obiettivamente!

LAURA Ricordati che tu (7) _____ (essere) una professionista e sappi che noi tutti ti
(8) _____ (sostenere), qualunque decisione tu prenda!

3 **Creare** Usa gli indizi per creare frasi complete.

1. la direttrice insistere / l'impiegato fotocopiare le referenze
2. Sofia essere felice / il capo le dare una promozione
3. essere chiaro / a Monica non piacere questo lavoro
4. io sperare / tu chiedere un aumento
5. Gianni non credere / fare l'agricoltore / essere un mestiere difficile
6. il direttore preferire / avere impiegati a tempo pieno
7. Tu e Luca avere bisogno / accumulare esperienza professionale
8. Gianna e io dubitare / tu cambiare la data dell'appuntamento

4 **Cerco lavoro!** Un tuo amico vuole cercare lavoro ma non sa come fare. Dagli dei consigli appropriati usando il congiuntivo presente dove necessario.

MODELLO

Ho una sola copia del C.V.
Suggerisco che tu faccia almeno cinquanta fotocopie del C.V.

1. Ho bisogno di esperienza professionale.
2. Non so dove cercare lavoro.
3. Quando telefono alle aziende, spesso mi risponde la segreteria telefonica.
4. Non ho la lettera di referenze.
5. Non so dove inserire il mio percorso scolastico nel C.V.

COMUNICAZIONE

5 **Un giorno difficile** A coppie, create frasi usando gli indizi dati e verbi al congiuntivo.

1. Il contabile ha paura che...
2. Alla segretaria dispiace che...
3. Il direttore del personale è felice che...
4. La direttrice insiste che...
5. Gli impiegati sperano che...
6. Lo specialista dubita che...
7. L'operaio teme che...
8. La psicologa suggerisce che...

6 **Vero o falso?** In gruppi di quattro, fate a turno a dare delle informazioni su voi stessi. Gli altri devono dire se credono a, o dubitano di, quello che dite. Ogni volta che una persona indovina prende un punto. Fate a turno a dare informazioni e a indovinare.

MODELLO

S1: Io ho esperienza professionale come tassista.
S2: Dubito che tu abbia...
S3: Io penso che sia vero che...

7 **Un copione** A coppie, immaginate di dover scrivere un copione (*script*) per un film che si svolge in un ufficio. Descrivete le emozioni e i sentimenti di ogni personaggio usando le espressioni presentate. Fate attenzione a usare il congiuntivo e l'indicativo correttamente.

MODELLO

La dirigente si chiama Laura Vincenzo. Ha paura che gli impiegati non lavorino abbastanza seriamente. Teme anche che il suo stipendio sia troppo basso. Dubita di ricevere un aumento nel prossimo futuro...

la dirigente

una segretaria

un'impiegata

un agente immobiliare

una consulente

un assistente

un rappresentante del sindacato

una biologa

8 **L'apprendista** State partecipando a una puntata di *L'Apprendista*, un reality show televisivo in cui i giovani concorrono per imparare un mestiere. Dividetevi in gruppi di quattro o cinque: uno studente è il mentore e gli altri sono gli apprendisti. Discutete delle caratteristiche necessarie per ottenere il lavoro dei vostri sogni. Scambiatevi i ruoli.

MODELLO

S1: Io voglio fare lo scienziato. Di che cosa ho bisogno?
S2: (mentore): Sono contento che tu voglia fare lo scienziato. Hai bisogno di studiare chimica.
S3: Io suggerisco che tu faccia domanda per un tirocinio in un laboratorio.

SINTESI

Ricapitolazione

1 Frasi a catena

Frasi a catena In gruppi di quattro, usate le espressioni date per creare una catena di frasi complete. La prima persona completa la prima frase, la seconda ripete la prima frase e ne aggiunge un'altra e così via. Continuate fino a quando la frase è troppo lunga e non la ricordate più.

MODELLO

S1: È importante che i professori non diano compiti il fine settimana.

S2: È importante che i professori non diano compiti il fine settimana e che siano molto pazienti con gli studenti...

Frasi utili:

1. È importante che i professori...
2. È giusto che gli studenti...
3. È necessario che gli esami...
4. È bene che io...
5. È possibile che la classe...
6. È improbabile che noi...

2 Scritte in ufficio

Scritte in ufficio A coppie, immaginate di essere in un ufficio. Fate una breve descrizione del posto e poi create una lista di otto scritte (*signs*) che potreste trovare in un ufficio. Usate espressioni impersonali e il congiuntivo quando necessario.

MODELLO

Siamo da un veterinario. È pieno di animali e c'è molto rumore. La prima scritta dice: È necessario che tutti i clienti tengano buoni i loro animali. La seconda scritta dice...

> È necessario che tutti i clienti tengano buoni i loro animali.

> È proibito dare da mangiare agli animali!

3 Il consulente

Il consulente A coppie, create una conversazione tra uno studente che si sta preparando per un colloquio di lavoro e una consulente che lo aiuta. Prima di iniziare, lo studente deve scrivere cinque domande usando espressioni impersonali e il congiuntivo. La consulente scrive cinque consigli. Poi create la conversazione.

MODELLO

S1: È importante che io abbia lettere di referenze prima del colloquio?

S2: Sì, è necessario che tu trovi delle persone che ti conoscono e...

4 Un'inchiesta

Un'inchiesta L'insegnante ti darà un foglio con delle domande per un'inchiesta. Fa' le domande ai tuoi compagni e scrivi le risposte sul foglio usando frasi complete.

MODELLO

S1: Cosa speri che ti regalino i tuoi genitori per il tuo compleanno?

S2: Spero che mi regalino un nuovo portatile.

5 Cosa voglio

Cosa voglio A coppie, dite a turno cosa volete che facciano per voi una serie di persone presenti nella vostra vita. Usate la lista seguente o persone di vostra scelta.

MODELLO

S1: Cosa vuoi che facciano i tuoi amici?

S2: Voglio che mi aiutino a pulire il mio appartamento!

i tuoi amici	la tua famiglia
i tuoi genitori	i tuoi professori
il tuo compagno di stanza	un perfetto sconosciuto (*stranger*)
la tua migliore amica	il tuo capo

6 Due verità e una bugia

Due verità e una bugia Crea una lista di tre fatti su te stesso/a. La lista deve contenere due verità e una bugia (*lie*). Poi, in gruppi di quattro, fate a turno a leggere le vostre frasi. Gli altri devono dire quale frase, secondo loro, è la bugia e quali frasi sono le verità. La persona che legge ottiene un punto ogni volta che un'altra persona non indovina.

MODELLO

S1: Conosco il cugino di Taylor Swift. Ho nove fratelli e sorelle. Ho sei dita nel piede sinistro.

S2: È vero che conosci il cugino di Taylor Swift ed è anche vero che hai nove fratelli e sorelle. Dubito che tu abbia sei dita nel piede sinistro.

7 **La visita guidata** A coppie, scrivete una storia divertente su una visita guidata in Italia. Create dei nomi per sei personaggi e usate il congiuntivo per descrivere cosa è incluso nella visita e le reazioni dei personaggi. Siate creativi!

MODELLO

Signor Ravello: nervoso, irritabile
Il Signor Ravello è nervoso perché c'è troppa gente e teme che sia difficile vedere il David.

il *David*

1. Ponte Vecchio

2. il Vaticano

3. il Colosseo

4. il Duomo di Milano

5. un'opera di Shakespeare

6. il Ponte dei Sospiri

8 **Chi fa cosa in ufficio** Lavorate a coppie. L'insegnante vi darà due fogli diversi, ciascuno con metà delle informazioni su un ufficio. Domandatevi a turno cosa ogni persona vuole, crede o desidera che gli altri facciano. Usate le informazioni che ottenete per scrivere frasi complete sulla vita in quest'ufficio.

MODELLO

S1: *Cosa vuole la segretaria?*
S2: *La segretaria vuole che l'assistente amministrativo faccia le fotocopie dei documenti.*

Il mio dizionario

Aggiungi al tuo dizionario personalizzato cinque parole relative al mondo del lavoro.

efficiente

traduzione
efficient

categoria grammaticale
aggettivo

uso
I nostri impiegati sono tutti molto efficienti.

sinonimi
produttivo, capace

antonimi
incapace, inefficiente

More activities

vhlcentral · Online activities

Panorama

Dalle Alpi alla Riviera

Valle d'Aosta

La regione in cifre

- Superficie: *3.263 km²*
- Popolazione: *126.883*
- Città principali: *Aosta, Saint-Vincent, Donnas*

Valdostani celebri

- Italo Mus, *pittore impressionista (1892–1967)*
- Gloriana Pellissier, *sci alpinista° (1976–)*

Piemonte

La regione in cifre

- Superficie: *25.400 km²*
- Popolazione: *4.392.526*
- Città principali: *Torino, Novara, Alessandria*

Piemontesi celebri

- Cesare Pavese, *scrittore e poeta (1908–1950)*
- Carla Bruni, *cantautrice° e modella (1967–)*

Liguria

La regione in cifre

- Superficie: *5.416 km²*
- Popolazione: *1.565.307*
- Città principali: *Genova, La Spezia, Savona*

Liguri celebri

- Giuseppe Mazzini, *patriota, politico e filosofo (1805–1872)*
- Vanessa Beecroft, *artista (1969–)*

Lombardia

La regione in cifre

- Superficie: *23.863 km²*
- Popolazione: *10.019.166*
- Città principali: *Milano, Brescia, Monza*

Lombardi celebri

- Veronica Gambara, *poetessa (1485–1550)*
- Andrea Pirlo, *calciatore (1979–)*

sci alpinista *ski mountaineer* **cantautrice** *singer-songwriter*
liutai *violin makers* **sono suonati** *they are played*

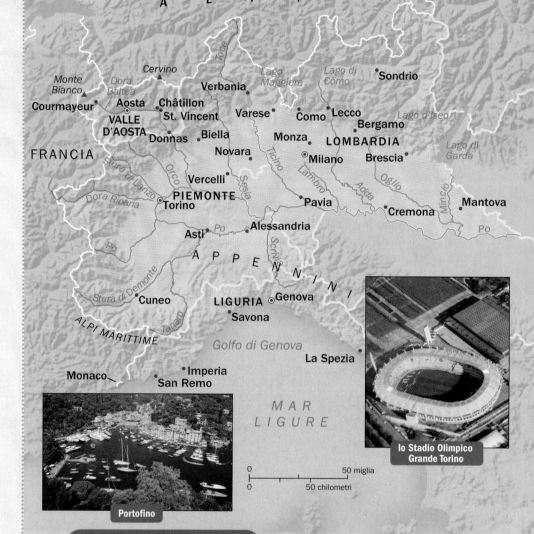

il lago di Como

Portofino

lo Stadio Olimpico
Grande Torino

Incredibile ma vero!

Amati, Guarneri e Stradivari sono tre famosi liutai° di Cremona. I loro violini sono considerati i migliori del mondo. Oggigiorno ci sono circa 500 Stradivari in circolazione e sono suonati° dai migliori musicisti del mondo. Il prezzo più alto pagato per uno Stradivari è di più di 10 milioni di euro nel 2011.

Lo sport

La Valle d'Aosta in inverno

La Valle d'Aosta è una meta° sciistica da non perdere! In Valle d'Aosta ci sono quattro delle più alte montagne europee: il Monte Bianco (alto più di 4.800 metri), il Cervino°, il Monte Rosa e il Gran Paradiso. Qui si trova anche Courmayeur, una delle località di montagna più famose in Europa e nel mondo. Uno sport sempre più popolare è lo scialpinismo. Come dice la parola, lo scialpinismo combina le tecniche dello sci e quelle dell'alpinismo per un'esperienza invernale senza limiti!

La gastronomia

Il pesto alla genovese

Il pesto è una delle salse più famose del mondo. È nato in Liguria intorno al Seicento, ed è fatto con basilico, aglio, pinoli, Parmigiano Reggiano, pecorino e olio d'oliva. Il pesto alla genovese è uno dei molti prodotti europei DOP°. Oggi il pesto è diffusissimo° anche in America. Il primo riferimento scritto in America è apparso grazie ad Angelo Pellegrini, che nel 1944 ne ha pubblicato una ricetta sul *New York Times*. Il pesto, però, è diventato popolare in Nord America solo negli anni '80 e '90.

La letteratura

Torino, una città di letterati

Capitale d'Italia tra il 1861 e il 1865, Torino è un centro culturale importante in cui hanno vissuto e lavorato molti artisti e scrittori. Tra i nomi più importanti ricordiamo Umberto Eco, Edmondo De Amicis, Antonio Gramsci, Cesare Pavese e Primo Levi. Torino è anche la sede di molte case editrici° che ne hanno fatto un centro culturale molto importante. L'Einaudi, fondata nel 1933 da Giulio Einaudi, è una delle più conosciute, ma molto note sono anche la Società Editrice Internazionale (SEI), la Loescher, la Paravia e la Utet.

L'industria

Fabbrica Italiana Automobili Torino

La Fiat nasce a Torino nel 1899. La prima macchina è la «3½ HP» di cui, nel 1899, furono prodotti otto esemplari°. Uno dei modelli Fiat più famosi è la 500, che ha avuto molto successo grazie a una buona combinazione di dimensioni e prezzo. Negli anni '30 la Fiat ha avuto quasi il monopolio del mercato e negli anni '50, con le macchine 500 e 600, ha contribuito in modo incredibile al «miracolo economico» italiano. Oggi la Fiat produce macchine, SUV e furgoni°, di cui il Ducato è il più venduto in Europa.

Quanto hai imparato? Completa le frasi.

1. Stradivari era un _____ di Cremona.
2. I migliori musicisti del mondo suonano _____ Stradivari originali.
3. Il Monte Bianco, il Cervino, il Monte Rosa e il Gran Paradiso sono _____.
4. Lo scialpinismo combina lo sci e _____.
5. Gli ingredienti del pesto alla genovese sono basilico, aglio, _____, Parmigiano Reggiano, pecorino e olio d'oliva.
6. Angelo Pellegrini ha pubblicato la _____ del pesto per la prima volta in America.
7. Umberto Eco e Primo Levi sono due _____ che hanno lavorato a Torino.
8. L'Einaudi è una _____ di Torino.
9. La Fiat è nata a _____ nel 1899.
10. Le macchine Fiat 500 e 600 sono state create negli anni _____.

More activities

vhlcentral | WB pp. 177–178 | Online activities

SU INTERNET

Go to **vhlcentral.com** to find more cultural information related to this **Panorama**.

1. Che cosa rende i violini Stradivari così unici e ricercati? Dove si trovano oggi alcuni degli esemplari originali?
2. Ricerca altre notizie sulla città di Torino. Trova informazioni sulla sua storia o su eventi particolari. Poi presenta i risultati della ricerca alla classe.
3. Lo sviluppo industriale della Fiat è molto legato agli eventi storici italiani. Trova informazioni sul ruolo della Fiat fra le due guerre mondiali.

meta *destination* **Cervino** *Matterhorn* **DOP** *PDO (protected denomination of origin)* **diffusissimo** *very wide-spread* **case editrici** *publishing companies* **furono prodotti otto esemplari** *eight of them were made* **furgoni** *vans*

Lettura

 **Audio: Reading**

Prima di leggere

STRATEGIA

Identifying point of view

You can understand a text more completely if you identify the point of view of the narrator. Some stories are narrated in the first person. That is, the narrator is a character in the story, and everything you read is filtered through that person's thoughts, emotions, and opinions. Other texts have an omniscient narrator who is not a character in the story but who reports the thoughts and actions of the story's characters.

Esamina il testo

Osserva il titolo e l'immagine. Secondo te, di che cosa tratta il testo? Descrivi l'immagine. Cosa ti suggeriscono il titolo e l'immagine?

L'autrice
Grazia Deledda

Grazia Deledda nasce a Nuoro, in Sardegna, nel 1871 in una famiglia piuttosto agiata°. Dopo la quarta elementare° prosegue la sua formazione° da autodidatta° (all'epoca alle ragazze non è consentita un'istruzione superiore°). Nel 1888 vengono pubblicati i suoi primi racconti e nel 1895 esce il suo primo romanzo, *Anime oneste*. La scrittrice si trasferisce a Roma nel 1899 e nel 1900 sposa Palmiro Madesani, un funzionario statale°, da cui ha due figli. Continua la pubblicazione di romanzi, racconti e opere teatrali. Nelle sue opere è centrale la Sardegna, di cui ritrae° cultura, paesaggi, gente e storia. Nel 1926 le viene assegnato° il premio Nobel per la letteratura: è la prima donna italiana a ottenere il prezioso riconoscimento. Malata da tempo, muore nel 1936. Tra i suoi romanzi più importanti ricordiamo *Cenere* (1904) e *Canne al vento* (1913). *I tre fratelli* è un racconto tratto da *Leggende sarde*, libro in cui Deledda raccoglie fiabe° e leggende della natia° Sardegna.

agiata *well-off* **quarta elementare** *fourth grade* **formazione** *education* **autodidatta** *self-educated* **istruzione superiore** *higher education* **funzionario statale** *government official* **ritrae** *portrays* **le viene assegnato** *she is awarded* **fiabe** *fables* **natia** *native*

I TRE FRATELLI
(versione ridotta)
Grazia Deledda

ella catena di monti° che circondano Nurri, c'è una grotta° naturale, dove i contadini e i pastori° si rifugiano° per riposarsi, e talvolta per passarvi la notte. Una volta
5 tre fratelli stanchi di aver raccolto olive tutta la giornata entrarono, verso sera, per riposarsi in questa grotta. Mentre stavano cenando con del pane e del magro companatico°, videro entrare tre donne, che si fermarono dubbiose sull'ingresso, guardandoli con
10 diffidenza. Ma subito essi, da buoni giovani che erano, le invitarono gentilmente ad avanzarsi° ed a prender parte alla loro cena. Le donne accettarono. Finito il pasto, dopo molti inutili ragionamenti, esse chiesero ai tre lavoratori chi fossero° e come si chiamavano.

15 «Siamo tre fratelli orfani», risposero essi con buona grazia, «e lavoriamo per vivere. Siamo tanto poveri che se sapessimo come migliorare la nostra condizione davvero che lo faremmo volentieri.»

Le tre donne che erano tre streghe°, o meglio tre
20 fate°, si consultarono con lo sguardo, prima; poi parvero combinare qualcosa fra loro, con uno strano linguaggio che sembrava piuttosto un miagolio°.

Quindi la più vecchia si levò di tasca una tovaglia e la diede° al maggiore dei fratelli dicendogli:
25 «Buon giovine, prendi questo dono che ti faccio da vera amica. Tutte le volte che vorrai mangiare, tu, i tuoi fratelli e tutta la compagnia, non avrai che da sbattere tre volte questa tovaglia, stendendola poscia° dove tu vorrai. E sopra di essa ti comparirà ogni ben di Dio°».

30 La seconda delle fate si rivolse al secondo fratello e gli offrì un portafogli° dicendogli:
«E tu prendi questo. Tutte le volte che lo aprirai ci troverai denaro a tua volontà».

La più giovine intanto porgeva un piffero° al terzo,
35 con queste parole: «Questo strumento da fiato che io ti do servirà non solo per te, ma per tutti coloro° che lo suoneranno e lo udranno°. Va', caro fanciullo, io non ho

altro di meglio, ma vedrai che questo umile dono ti renderà
un servigio° maggiore di quello che renderanno ai tuoi
40 fratelli la tovaglia e il portafogli».

I tre giovani, possessori di quei talismani meravigliosi,
non avendo più bisogno di lavorare, presero a viaggiare
per le città dell'isola in cerca di avventure e di piaceri.
Ma un giorno un prete potente° e strapotente intimò°
45 loro di lasciar l'uso dei loro talismani, pena la scomunica°
e il carcere°.

Alle replicate minacce° del prete il più giovane dei fratelli
si pose a suonare il piffero, che aveva l'incanto di far ballare
con la sua musica tutti coloro che la sentivano, tranne° i tre
50 fratelli. Ed ecco il prete che, contro volontà, si diede a ballare
con uno slancio proprio ridicolo e irrefrenabile.

Accorse molta gente; ma a misura che si accostavano e
che sentivano distintamente il magico suono, tutti ballavano
senza potersi mai fermare.
55 I tre fratelli si diedero alla fuga, ma ben presto furono
raggiunti, legati e gettati in fondo ad una torre°.

Perciò il loro processo fu presto sbrigato, e, condannati
a morte, furono dopo pochi giorni condotti alla forca°.

Sul punto di morire
60 i tre condannati chiesero
ai magistrati presenti di
accordar loro una grazia
per uno. E siccome ai
condannati non viene
65 negata un'ultima grazia,
tranne quella della vita,
i tre fratelli ebbero
ciò che chiedevano.

> **"Sul punto di morire
> i tre condannati
> chiesero ai magistrati...
> di accordar loro una
> grazia per uno."**

Il primo chiese di offrire un pranzo a tutta la
70 moltitudine, compresi i giudici.

La proposta fu accolta con entusiasmo dalla folla°,
e subito il giovine stese la sua tovaglia sul palco. Ogni sorta
di pietanze°, di frutta, di dolci e di vini squisiti compariva
sulla strana mensa.
75 La gente mangiava e beveva a crepapelle°, ma più
se ne consumava più grazia di Dio abbondava sulla tavola.
Allora il secondo fratello chiese la grazia di distribuire del
denaro. Figuriamoci se fu concessa! Aperto il portafogli
incantato, il condannato distribuì enormi somme a quei
80 poveri diavoli di soldati, di contadini e di pastori che mai
avevano veduto una simile meraviglia.
Mentre tutti si abbandonavano ad una pazza allegria,
il terzo fratello chiese la grazia di suonare. Sperando un
altro beneficio, i giudici e la folla accordarono a grandi
85 voci quest'ultima grazia. Il giovine si mise a suonare e
immantinente° i giudici, le soldataglie e i carnefici° si
diedero ad eseguire una danza furiosa, macabra,
spingendosi gli uni sugli altri, pestandosi, urtandosi°,
cadendo a terra... E nella terribile confusione i tre
90 condannati poterono svignarsela° e porsi in salvo°
coi loro talismani. ■

catena di monti *chain of mountains* **grotta** *cave* **i contadini e i pastori** *peasants and shepherds*
si rifugiano *take shelter* **companatico** *condiments* **avanzarsi** *come in* **fossero** *they were* **streghe**
witches **fate** *fairies* **miagolio** *meow* **diede** *gave* **poscia** *thereafter* **portafogli** *wallet* **ben di Dio** *all
sorts of good things* **piffero** *penny-whistle* **coloro** *those* **udranno** *will hear* **servigio** *service* **prete
potente** *powerful priest* **intimò** *intimated* **scomunica** *excommunication* **carcere** *prison* **minacce**
threats **tranne** *except* **torre** *tower* **forca** *gallows* **folla** *crowd* **pietanze** *dishes* **mangiava... a
crepapelle** *ate their fill* **immantinente** *immediately* **carnefici** *executioners* **urtandosi** *bumping into
each other* **svignarsela** *to slip away* **in salvo** *in safety*

Dopo la lettura

Vero o falso? Determina se queste frasi sono **vere** o **false**.
Dove possibile, usa parole dal testo per giustificare la tua risposta.

1. I tre fratelli, dopo una giornata di lavoro, stanno consumando
una ricca cena.

_____

2. Prima di accettare l'invito a cena, le tre donne chiedono ai tre
fratelli chi sono e come si chiamano.

_____

3. Le tre donne si consultano prima con lo sguardo e poi con un
linguaggio insolito.

_____

4. Le tre donne danno un talismano ognuna a ognuno dei tre
fratelli: una tovaglia, dei soldi e un piffero.

_____

5. Grazie ai talismani, i tre fratelli smettono di lavorare, ma un
giorno un prete ordina loro di non usarli più.

_____

6. Di fronte alle minacce del prete, uno dei fratelli gli offre dei soldi.

_____

7. I tre fratelli cercano di scappare ma vengono presi e
condannati a morte.

_____

8. Prima di morire, i tre chiedono una grazia ognuno ma i
magistrati dicono di no.

_____

9. Il primo fratello offre da mangiare a tutti, il secondo
distribuisce soldi e il terzo suona il piffero.

_____

10. Approfittando della confusione generale, i tre fratelli riescono a
fuggire ma perdono i loro talismani.

_____

Il narratore Leggi di nuovo il brano. Secondo te, come
si pone l'autrice nei confronti dei tre fratelli protagonisti della
storia? Simpatizza per loro o piuttosto per le autorità che li
condannano a morte? Perché pensi così? A coppie, discutete le
vostre risposte.

Seguito Scrivi un possibile *sequel* della storia. Cosa fanno
i tre fratelli una volta al sicuro? Rimangono in Sardegna?
Continuano a usare i talismani ricevuti? Rimangono uniti o
nascono dei contrasti tra loro? Specifica più dettagli possibili.

More activities

vhlcentral

Online
activities

In ascolto

Listening for linguistic clues

You can enhance your listening comprehension by listening for specific linguistic cues. For example, if you listen for the endings of conjugated verbs or for familiar constructions, such as the **passato prossimo**, **avere voglia di** + [*infinitive*], or **avere bisogno di** + [*infinitive*], you can find out whether a person did something in the past, wants to do something, or needs to do something.

 To practice listening for linguistic clues, you will listen to four sentences. As you listen, note whether each sentence refers to a past, present, or future action.

Preparazione

Guarda la fotografia. Per quale tipo di lavoro sta facendo domanda l'uomo? Come sta andando il colloquio? Secondo te, l'uomo otterrà il lavoro?

Ascoltiamo

Ascolta la conversazione due volte. Dopo la seconda volta completa gli appunti dell'intervistatrice sul candidato.

Nome: Carmelo Nanni

Posizione: _____

Diploma in: _____

Esperienza professionale:

· _____ presso (*with*) i laboratori della Johnson & Johnson a Roma

· Ricerca su _____

· Lavoro a tempo parziale presso _____

· Cerca _____

Comprensione

 Rispondere Rispondi alle seguenti domande basate sulla conversazione. Usa frasi complete.

1. Perché Carmelo vuole essere un assistente di laboratorio?

   _____

2. Dove e quando si è laureato Carmelo?

   _____

3. Quanto è durato lo stage presso la Johnson & Johnson?

   _____

4. Dov'era lo stage che ha fatto Carmelo?

   _____

5. A Carmelo piacerebbe viaggiare?

   _____

6. Dove gli piacerebbe andare?

   _____

7. Quali giorni lavora Carmelo?

   _____

8. Carmelo è interessato a un lavoro a tempo parziale?

   _____

Una lettera a un intervistatore Immagina di essere stato/a intervistato/a per un apprendistato (*apprenticeship*) presso un'azienda italiana. L'intervista è andata bene e ora sei ansioso/a di avere notizie dall'azienda. A coppie, preparate una lettera in cui ringraziate (*you thank*) l'intervistatore per il suo tempo e il suo interesse. Usate questa opportunità per ripetere quali sono le vostre qualifiche per il lavoro. Ricordatevi di usare il **Lei** formale.

Scrittura

Writing strong introductions and conclusions

Introductions and conclusions serve a similar purpose: both are intended to focus the reader's attention on the topic being covered. The introduction presents a brief preview of the topic. In addition, it informs your reader of the important points that will be covered in the body of your writing. The conclusion reaffirms those points and concisely sums up the information that has been provided. A compelling fact or statistic, a humorous anecdote, or a question directed to the reader are all interesting ways to begin or end your writing.

For example, if you were writing a cover letter for a job application, you might start by indentifying the job posting to which you are responding. The rest of your introductory paragraph could outline the areas you will cover in the body of your letter, such as your work experience and your reasons for wanting the job. In your conclusion, you might sum up the most important and convincing points of your letter and tie them together in a way that would leave your reader impressed and curious to learn more. You could, for example, use your conclusion to state why your qualifications make you the ideal candidate for the job and convince your reader of your enthusiasm for the position.

Tema

Scrivi una lettera di accompagnamento (*cover letter*)

Scrivi una lettera di accompagnamento per fare domanda per il lavoro dei tuoi sogni. La lettera dovrebbe avere tre parti: un'introduzione, uno sviluppo e una conclusione. Nell'introduzione, dichiara brevemente lo scopo della lettera. Nello sviluppo, descrivi in dettaglio le tue qualifiche e i tuoi interessi. Nella conclusione, riassumi i vari punti e spiega perché sei un(a) buon candidato/a per quel posto. Usa i seguenti suggerimenti come punti di partenza.

INTRODUZIONE

- Di' qual è il titolo del posto per cui fai domanda.
- Spiega perché fai domanda per questo lavoro.

SVILUPPO

- Riassumi la tua istruzione e le tue esperienze.
- Di' che cosa hai imparato da queste esperienze.
- Spiega perché tali esperienze ti rendono qualificato/a per questo lavoro.
- Descrivi quali attributi particolari puoi apportare all'azienda.

CONCLUSIONE

- Conferma il tuo entusiasmo e il tuo interesse per il lavoro.
- Spiega perché questo lavoro può aiutare la tua carriera e come può beneficiarne il datore di lavoro.

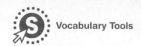
Lezione 11A

Espressioni

dare le dimissioni *to resign*
dirigere *to manage*
essere ben/mal pagato/a *to be well/poorly paid*
essere disoccupato/a *to be unemployed*
fallire (-isc-) *to fail*
guadagnare *to earn*
licenziare *to fire, to dismiss*
prendere un congedo *to take leave time*

Al lavoro

al lavoro *at work*
l'assicurazione (sulla vita) (f.) *(life) insurance*
l'aumento *raise*
il capo *boss, head*
il/la consulente *consultant*
il/la dirigente *executive; manager*
il livello *level*
il/la pensionato/a *retiree*
la promozione *promotion*
la riunione *meeting*
il sindacato *(labor) union*
il successo *success*
a tempo parziale *part-time*
a tempo pieno *full-time*
esigente *demanding*

Le occupazioni

l'agente immobiliare *real estate agent*
l'agricoltore/agricoltrice *farmer*
l'analista *analyst*
il/la banchiere/a *banker*
il/la barista *bartender*
il/la camionista *truck driver*
la casalinga *homemaker*
il/la commercialista *business consultant*
il/la contabile *accountant*
il/la cuoco/a *cook, chef*
il/la docente *teacher, lecturer*
l'elettricista *electrician*
il/la funzionario/a *civil servant*
il/la giudice *judge*
le occupazioni *occupations*
l'operaio/a *(factory) worker*
il programmatore / la programmatrice *programmer*
lo/la psicologo/a *psychologist*
lo/la scienziato/a *scientist*
il/la segretario/a *secretary*
il/la tassista *taxi driver*
il tecnico *technician*
il/la veterinario/a *veterinarian*
l'uomo casalingo *homemaker*
il/la vigile del fuoco *firefighter*

Common impersonal expressions

basta *it's enough*
bisogna *it's necessary*
è bello *it's nice*
è bene *it's good*
è difficile *it's difficult*
è facile *it's easy*
è giusto *it's right*
è importante *it's important*
è (im)possibile *it's (im)possible*
è (im)probabile *it's (un)likely*
è (in)opportuno *it's (in)appropriate*
è interessante *it's interesting*
è male *it's bad*
è meglio *it's better*
è necessario *it's necessary*
è ora *it's time*
(è un) peccato *it's a pity*
è strano *it's strange*
pare *it seems*
sembra *it seems*

Espressioni utili *See p. 479.*

Lezione 11B

Espressioni

assumere *to hire*
fare domanda *to apply*
fare progetti *to make plans*
fotocopiare *to photocopy*
ottenere *to get, to obtain*
prendere un appuntamento *to make an appointment*
trovare lavoro *to find a job*

In ufficio

la bacheca *bulletin board*
la cucitrice *stapler*
la fotocopiatrice *copy machine*
la graffetta *paper clip; staple*
la rubrica *address book*
in ufficio *in the office*

Al telefono

al telefono *on the telephone*
Attenda in linea, per favore. *Please hold.*
C'è il/la signor(a)...? *Is Mr./Mrs....there?*
Chi è?/Chi parla? *Who's calling?*
Da parte di chi? *On behalf of whom?*
Pronto? *Hello?*
la cornetta *receiver*
il numero di telefono *telephone number*
lasciare un messaggio *to leave a message*
restare in attesa *to be on hold*
riattaccare il telefono *to hang up the phone*
rispondere al telefono *to answer the phone*

Cercare lavoro

l'assistente amministrativo/a *administrative assistant*
l'azienda *firm*
il/la candidato/a *candidate*
la carriera *career*
cercare lavoro *looking for a job*
il colloquio di lavoro *job interview*
il consiglio *advice*
il curriculum vitae, il C.V. *résumé*
il direttore/la direttrice *manager*
il direttore/la direttrice del personale *personnel manager*
l'esperienza professionale *professional experience*
l'impiegato/a *employee*
l'istruzione (f.) *education*
la lettera di referenze *letter of reference*
il mestiere *occupation, trade*
le offerte di lavoro *job openings*
il posto *position; job*
e referenze *references*
il settore *field; sector*
lo/la specialista *specialist*
lo stage *internship*
lo stipendio (alto/basso) *(high/low) salary*
il tirocinio *professional training*

Impersonal expressions

è certo *it's certain*
è chiaro *it's clear*
è incredibile *it's incredible*
è preferibile *it's preferable*
è sicuro *it's definite*
può darsi *it's possible*

Verbs that require the subjunctive

avere bisogno *to need*
avere l'impressione *to have the impression*
avere paura *to be afraid*
chiedere *to ask, request*
credere *to believe*
desiderare *to desire, wish*
dispiacere *to be sorry*
dubitare *to doubt*
essere contento/a *to be happy*
non essere sicuro *to be uncertain*
essere triste *to be sad*
immaginare *to imagine*
insistere *to demand, insist on*
pensare *to think*
piacere *to please*
preferire *to prefer*
sperare *to hope*
suggerire (-isc-) *to suggest*
temere *to fear*
volere *to want*

Verbs that do not trigger the subjunctive

essere certo/a *to be certain*
essere sicuro/a *to be sure*
riconoscere *to recognize, acknowledge*
ricordare *to remember*
sapere *to know*
vedere *to see*

Espressioni utili *See p. 499.*

L'ambiente naturale

🔊 Per cominciare

- Dove sono Paolo, Emily e Marcella?
  a. su un prato   b. in un deserto
  c. su una montagna
- Che cosa stanno facendo?
  a. remano   b. esplorano   c. fanno un picnic
- Cosa c'è dietro di loro?
  a. l'oceano   b. degli alberi   c. la luna

Lezione

12A

Communicative Goals

You will learn how to:
- talk about nature
- talk about outdoor activities

All'aria aperta Hotspots

Vocabolario

la natura	*nature*
l'alba	*dawn; sunrise*
l'ambiente (*m.*)	*environment*
la baita	*cabin (mountain shelter)*
la campagna	*countryside*
il campo	*field*
la cascata	*waterfall*
la costa	*coast*
il deserto	*desert*
la fattoria	*farm*
il fieno	*hay*
il fiume	*river*
la foresta	*forest*
la montagna	*mountain*
l'oceano	*ocean*
l'orizzonte (*m.*)	*horizon*
la pineta	*pine forest*
il prato	*meadow*
il sentiero	*path*
il sole	*sun*
il tramonto	*sunset*
sorgere*	*to rise (sun)*
tramontare	*to set (sun)*
gli insetti e gli animali	***insects and animals***
l'ape (*f.*)	*bee*
la capra	*goat*
il gabbiano	*seagull*
l'orso	*bear*
la pecora	*sheep*
la rondine	*swallow*
il toro	*bull*
l'uccello	*bird*
le attività	***activities***
esplorare	*to explore*
passare	*to pass by; to spend (time)*
remare	*to row*
scalare	*to climb*

il cielo

l'albero

la pianta

la valle

fare un picnic

il fiore

la mucca

lo scoiattolo

l'erba

More activities

vhlcentral | WB pp. 179–180 | LM p. 101 | Online activities

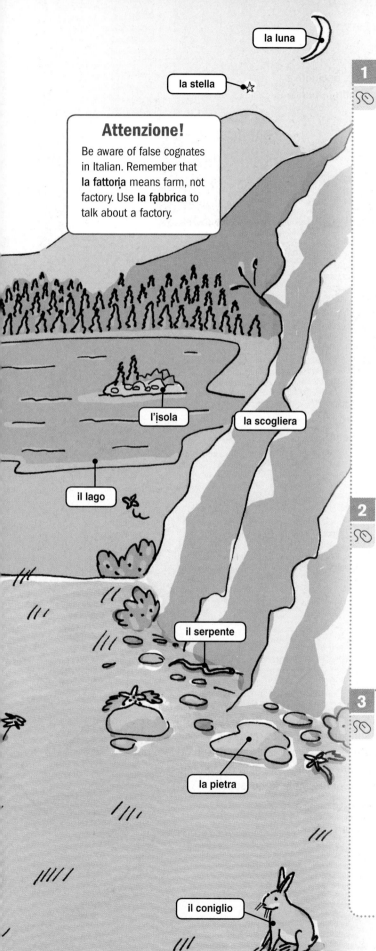

la luna

la stella

Attenzione!

Be aware of false cognates in Italian. Remember that **la fattoria** means farm, not factory. Use **la fabbrica** to talk about a factory.

l'isola

la scogliera

il lago

il serpente

la pietra

il coniglio

Pratica

1 Abbinare Abbina ogni parola alla foto adatta.

1. ____ l'albero

2. ____ la cascata

3. ____ il fiore

4. ____ il tramonto

5. ____ la scogliera

6. ____ la montagna

a.

b.

c.

d.

e.

f.

2 Categorie Elenca tre parole che rientrano (*fit*) in ogni categoria.

> **MODELLO** animali che si trovano in montagna
>
> *la capra, il serpente, l'uccello*

1. vegetazione _____
2. animali che volano _____
3. formazioni geografiche _____
4. corpi celesti (*astronomical bodies*) _____
5. animali da fattoria _____
6. bacini d'acqua (*bodies of water*) _____

3 Vero o falso? Indica se le affermazioni sono **vere** o **false**.

	Vero	Falso
1. Il prato è un animale.	☐	☐
2. Il sole sorge di sera.	☐	☐
3. La rondine vola in cielo.	☐	☐
4. Nella foresta ci sono molte stelle.	☐	☐
5. La mucca fa il latte.	☐	☐
6. Il coniglio mangia l'erba.	☐	☐
7. Il gabbiano è un uccello.	☐	☐
8. In cielo ci sono molti fiori.	☐	☐

Comunicazione

4 **Che cosa stanno facendo?** Ascolta le conversazioni. Poi, a coppie, decidete a quale foto corrisponde ogni conversazione e scrivete quello che stanno facendo le persone.

> **MODELLO** *You hear:*
> —Che bel colore ha il cielo!
> —È vero. Alle sei di sera è così rosso... sembra di fuoco!
> —È proprio romantico guardarlo insieme!

Conversazione __1__
Stanno guardando il tramonto.

1. Conversazione ____

2. Conversazione ____

3. Conversazione ____

4. Conversazione ____

5. Conversazione ____

5 **Una bellissima vacanza!** A coppie, mettete in ordine le frasi per creare una conversazione logica.

____ DAVIDE Per fortuna nel pomeriggio abbiamo trovato una baita dove rifugiarci dalla pioggia.

____ DAVIDE Ti ricordi che bella la vacanza in montagna della scorsa estate?

____ SILVIA Abbiamo anche visto molti animali: mucche, capre, scoiattoli, pecore... Peccato che siamo partiti con il sole ma poi è arrivato il temporale!

____ DAVIDE È vero! Abbiamo camminato molto per valli e sentieri. Abbiamo visto tanti fiumi e tante cascate.

____ SILVIA E alla sera è tornato il sereno. Che tramonto incantevole, e che stelle! Penso che sia stata la gita più bella della mia vita!

____ SILVIA Sì, ci siamo divertiti molto. Quella gita che abbiamo fatto è stata stupenda. Ma che fatica!

6 **Le sette differenze** Lavorate a coppie. L'insegnante vi darà due fogli diversi, ciascuno con un disegno. Fatevi domande per trovare le sette differenze fra i disegni.

> **MODELLO**
> **S1:** *Quanti fiumi ci sono nel tuo disegno?*
> **S2:** *Ci sono due fiumi. E nel tuo?*
> **S1:** *Ah, nel mio ce n'è uno!*

7 **Un dibattito** In gruppi di quattro, dividetevi in due squadre e discutete qual è la migliore destinazione per le vacanze: la campagna o la città. Ogni squadra presenta una lista di vantaggi e di svantaggi. Poi discutete la questione.

> **MODELLO**
> **S1:** *È meglio la città. Ci sono negozi e ristoranti e...*
> **S2:** *Ma la natura è così bella!*

Pronuncia e ortografia Audio

◁)) **Common abbreviations**

---

avv. = avvocato   **dott.** = dottore   **sen.** = senatore

Abbreviations (**Abbreviazioni**) are very common in written Italian. Abbreviations never end with a vowel, and double consonants must be maintained. A period indicates where the word has been shortened.

---

pagg. = pagine   **dott.ri** = dottori   **prof.ssa** = professoressa

When making abbreviations plural, double the final consonant of the abbreviation. If an abbreviation already ends in a doubled consonant, add the final part of the word after the period. Final letters are also added for feminine abbreviations.

Fiat = Fabbrica Italiana Automobili Torino   **Onu** = Organizzazione delle Nazioni Unite

Italians use many acronyms (**acronimi**) in speaking and writing to replace the full names of companies or organizations. **Acronimi** may be written by using all capital letters or capital letters separated with periods. Today, it is common to write **acronimi** with an initial capital letter followed by lowercase letters.

TIM = Telecom Italia Mobile
say: TIM

APT = Azienda di Promozione Turistica
say: a-pi-ti

Acronimi are usually formed in a manner that can be easily pronounced as a word. When the letters cannot be pronounced as a word, spell out the letters.

Pronunciare Ripeti gli acronimi ad alta voce.

1. RAI = Radio Audizioni Italiane
2. C.A.P. = Codice Avviamento Postale
3. IVA = Imposta sul Valore Aggiunto
4. ISTAT = Istituto di Statistica
5. C.V. = Curriculum Vitae
6. S.p.A. = Società per Azioni

Articolare Ripeti le frasi ad alta voce.

1. La dott.ssa Bianchi scrive agli avv.ti Rossi e Giannini.
2. Compro un vestito nuovo alla STANDA.
3. Qual è il C.A.P. della tua città?
4. Aprite il libro a pag. 14.
5. Il prezzo non include l'IVA.
6. La sig.ra Mancini e il sig. Tommasi sono andati in crociera negli Usa.

La mala erba cresce in fretta.²

Proverbi Ripeti i proverbi ad alta voce.

Il sole che nasce ha più adoratori di quel che tramonta.¹

¹ The rising sun has more admirers than the setting one.
² Weeds grow quickly.

More activities   vhlcentral   LM   p. 102

FOTOROMANZO

Picnic d'addio  Video

LORENZO Buongiorno, Marcella.

MARCELLA Come sei elegante, Lorenzo. A che ora parti?

LORENZO Devo prendere il treno dell'una e mezza per Milano. Ho un appuntamento domani mattina.

MARCELLA Che peccato che tu non possa restare per il picnic. Non mi avevi detto che dovevi partire. L'avremmo fatto un altro giorno.

LORENZO È meglio così. Mi mancherà la tua cucina, Marcella.

MARCELLA Spero che tu sia stato bene qua.

LORENZO Molto bene, grazie. Puoi salutare Emily e Viola da parte mia?

MARCELLA Non vuoi farlo tu?

LORENZO Non mi piace...

MARCELLA Lorenzo! Come sei tenero!

EMILY Stai proprio bene, Lorenzo.

LORENZO Grazie. Vado a dare il mio ultimo esame e poi prendo il treno per Milano dell'una e mezza.

EMILY Riccardo mi ha detto del tuo colloquio domani. In bocca al lupo.

LORENZO Crepi. Ci sono state delle divergenze tra di noi, Emily, ma sei un'ottima persona. Spero che troverai il caffè perfetto.

RICCARDO E il bar?

EMILY Non guadagnerei abbastanza per pagare l'affitto di un appartamento.

PAOLO Puoi restare con noi.

MARCELLA Ma Paolo, stanno per arrivare i nuovi ospiti.

EMILY Grazie per l'ospitalità, Paolo. Ma tua madre conduce un'attività. È meglio che io vada a casa.

MARCELLA Ovunque tu vada, Emily, Roma resterà nel tuo cuore.

RICCARDO Eh già, non c'è nessun posto come questo al mondo. Quando torni a Chicago?

EMILY Il mio volo parte il 20.

RICCARDO Allora abbiamo un'altra settimana per esplorare la costa e le montagne. Vero, Viola? Viola?

VIOLA Sì?

RICCARDO Possiamo far vedere a Emily un altro po' d'Italia prima che vada via.

VIOLA Sì, certo.

EMILY Sei ancora arrabbiata con me?

VIOLA No. Ma dov'è Lorenzo?

PAOLO In viaggio per Milano.

RICCARDO No, non ancora.

ATTIVITÀ

1 **Vero o falso?** Decidi se le seguenti affermazioni sono vere o false.

1. Lorenzo ha un appuntamento a Milano tra due giorni.
2. Lorenzo è stato bene alla pensione di Marcella.
3. Emily augura (*wishes*) buona fortuna a Lorenzo.
4. Lorenzo pensa di dimenticarsi di Marcella.
5. I ragazzi fanno un picnic sulla spiaggia.
6. Emily ha deciso di lavorare in un bar.
7. Riccardo propone (*suggests*) di far vedere a Emily un altro po' d'Italia.
8. Viola vuole mandare un messaggio a Riccardo.
9. Emily parte all'una e mezza.
10. Marcella presta il suo scooter a Viola e a Riccardo.

I ragazzi fanno un ultimo picnic insieme.

EMILY Abbi cura di te, Lorenzo.
E guarda il blog ogni tanto.
LORENZO Lo farò.
EMILY Hai visto Viola?
LORENZO No. (*A Marcella*) Verrò a prendere i bagagli dopo l'esame. Qualunque cosa accada, non mi dimenticherò mai di te.

Al parco...
EMILY Che bel prato!
RICCARDO È il parco più bello che ci sia a Roma, Emily.
MARCELLA Hai deciso che cosa farai?
EMILY I miei genitori non vogliono che io resti a Roma a meno che non trovi un lavoro.

VIOLA Devo parlare con lui.
RICCARDO Sembra che, invece, lui non voglia parlare con te.
VIOLA Avete il suo numero di cellulare? Potrei mandargli un messaggio.
RICCARDO No.
VIOLA Con quale treno parte?
EMILY Quello dell'una e mezza.

VIOLA Marcella, Marcella, puoi prestare il tuo scooter a me e a Riccardo?
MARCELLA Certo.
RICCARDO No, non vado da nessuna parte prima del dolce.
VIOLA Tu sei in debito con me, Riccardo. Andiamo!... Andiamo!
RICCARDO Maledetta gratitudine!

2 **Per parlare un po'** In gruppi di cinque, organizzate un picnic per il prossimo fine settimana. Dove andrete? A che ora vi troverete? Come ci arriverete? Che cosa porterete da mangiare? Quali altre persone volete invitare? Poi parlate del vostro programma con il resto della classe.

3 **Approfondimento** Emily, Riccardo e Viola hanno una settimana per visitare l'Italia partendo da Roma. Scegli alcuni posti che dovrebbero visitare, poi fai una ricerca su Internet e scopri quali mezzi di trasporto devono prendere e dove possono alloggiare. Presenta il tuo programma alla classe.

More activities

vhlcentral

VM
pp. 45–46

Online activities

A T T I V I T À

CULTURA

Una gita fuori porta°

Quali sono le attività all'aperto che gli italiani amano di più per stare a contatto con la natura? La maggior parte della gente preferisce escursioni, passeggiate e giri in bicicletta. Il tipo di attività praticato dipende molto dalla regione dove si abita.

L'escursionismo°, per esempio, è più popolare nelle zone di montagna ed è certamente il tipo di attività meglio organizzato: lungo° tutte le Alpi e gli Appennini esistono sentieri mantenuti° dallo Stato o da volontari. Di solito un'escursione comincia con una salita° su un monte per godersi° il panorama e finisce in un rifugio°, una casa tra i boschi° che offre ospitalità e cibo. Per i più avventurosi ci sono i bivacchi°, piccole capanne° nelle zone più isolate, con dei letti e una scorta di provviste° che, per buona educazione°, bisogna rimpiazzare° con un po' del proprio cibo.

L'escursionismo è praticato anche in altre parti d'Italia, soprattutto nelle zone umide, dove è possibile osservare numerose specie di uccelli. Anche andare in bicicletta è popolare e ci sono sempre più piste ciclabili°, specialmente lungo i fiumi del nord e tra i boschi delle colline° del centro e del sud.

Non tutte le attività all'aperto, però, implicano° uno sforzo° fisico; spesso il vero scopo° di un'escursione è mangiare in un rifugio o fare un picnic. La stagione delle escursioni, infatti, si apre con una gita particolare: il picnic di Pasquetta. Il lunedì dopo Pasqua gli italiani vanno in campagna per un pranzo sull'erba, il primo dell'anno, per godersi il primo sole e per passeggiare nel verde. Insomma, viva la vita nella natura… ma con qualche comodità°!

Piste ciclabili più lunghe d'Italia

PISTA CICLABILE	REGIONE	LUNGHEZZA
Ciclopista del Sole	Trentino-Alto Adige - Sicilia	3000 km
Ciclovia dell' acquedotto pugliese	Campania, Basilicata, Puglia	500 km
Ciclovia dei Borboni	Puglia, Campania	334 km
Ciclovia del Po	Lombardia	250 km
Ciclabile della Val Pusteria	Trentino-Alto Adige	105 km

FONTE: Zingarate.com

escursionismo *hiking* **lungo** *along* **mantenuti** *maintained* **salita** *ascent* **gita fuori porta** *outdoor excursion* **odersi** *enjoy* **rifugio** *refuge* **boschi** *woods* **bivacchi** *bivouacs* **capanne** *huts* **scorta di provviste** *supply of provisions* **buona educazione** *good manners* **rimpiazzare** *replace* **piste ciclabili** *cycling paths* **colline** *hills* **implicano** *require* **sforzo** *effort* **scopo** *purpose* **comodità** *comfort*

A T T I V I T À

1 **Vero o falso?** Indica se l'affermazione è **vera** o **falsa**. Correggi le affermazioni false.

1. Fra le attività all'aperto, gli italiani preferiscono passeggiate, escursioni e giri in bicicletta.

2. L'escursionismo è praticato solo in montagna.

3. I sentieri di montagna sono mantenuti dallo Stato e da volontari.

4. I rifugi sono piccole capanne tra i monti con dei letti e una provvista di cibo.

5. In un bivacco è anche possibile dormire.

6. Nelle zone umide si possono osservare numerose specie di uccelli.

7. In Italia non ci sono piste per andare in bicicletta.

8. Le attività all'aperto sono tutte fisiche e implicano uno sforzo.

9. La stagione delle gite si apre con il picnic di Pasquetta.

10. Pasquetta è il nome del sabato prima di Pasqua.

Nel bosco

l'abete	fir
la bacca	berry
il cespuglio	bush
il cipresso	cypress
la foglia	leaf
il muschio	moss
la quercia	oak
la radice	root
la radura	clearing
il ramo	branch
il ruscello	stream
il sasso	stone

Vacanze in campagna

In Italia esiste un turismo a contatto con la natura chiamato **agriturismo**. Fare agriturismo significa soggiornare° in un appartamento in una fattoria o casa di campagna, entrare in un'atmosfera famigliare a contatto con la vita quotidiana dei padroni di casa, assaggiare il cibo prodotto da loro e conoscere l'artigianato, le feste e la cultura rurale. Alcuni agriturismi organizzano anche escursioni a cavallo o corsi di cucina, ma generalmente le loro attrattive sono il relax e il fatto che sono adatti alle famiglie.

Questa formula non è solo originale ma anche utile: il turismo, infatti, sostiene i redditi° degli agricoltori e recupera le vecchie case di campagna in rovina°.

soggiornare *stay* **redditi** *earnings* **in rovina** *run-down*

A favore della natura

Pro Natura, la prima associazione italiana per la protezione della natura, nasce nel 1948 con gli obiettivi° di educare al rispetto dell'ambiente° e di proteggere e conservare° le bellezze naturali per le generazioni future.

L'associazione amministra° alcune zone naturali, chiamate *oasi*, e cerca di recuperare° altre zone inquinate°. Lo scopo° è dimostrare che è possibile gestire° le risorse naturali in armonia con l'uomo. Per questo, ogni oasi è organizzata come un laboratorio, dove tecniche moderne d'ingegneria dell'ambiente sono usate per conservare l'equilibrio naturale e spiegate° ai visitatori. L'educazione e l'informazione sono infatti una priorità nell'attività di Pro Natura.

Le oasi mostrano così un'Italia fatta non solo di monumenti antichi o panorami da cartolina, ma anche di una natura viva.

obiettivi *aims* **ambiente** *environment* **conservare** *preserve* **amministra** *manages* **recuperare** *recover* **inquinate** *polluted* **scopo** *goal* **gestire** *to manage* **spiegate** *explained*

Cerca tre posti in Italia per fare agriturismo.

Go to **vhlcentral.com** to find more information related to this **CULTURA**.

---

2 **Completare** Completa le frasi.

1. Pro Natura nasce nel _____.
2. Pro Natura amministra alcune aree naturalistiche chiamate _____.
3. Tra le priorità di Pro Natura ci sono l'informazione e _____.
4. Fare agriturismo significa soggiornare in un _____ o casa di campagna.
5. Alcuni agriturismi organizzano escursioni _____ e corsi di cucina.
6. L'agriturismo aiuta anche a sostenere i _____ degli agricoltori.

3 **A voi** A coppie, discutete le seguenti domande.

1. Quali attività fuori porta sono comuni nella tua regione?
2. Quali associazioni per la protezione della natura conosci?
3. Una vacanza in un agriturismo può essere considerata un'esperienza culturale? Perché?

More activities

vhlcentral

Online activities

ATTIVITÀ

STRUTTURE

12A.1

The past subjunctive

Punto di partenza You have learned to use the present subjunctive in certain situations to talk about actions and events taking place in the present or future. To express actions that took place in the past in such situations, use the **congiuntivo passato** (*past subjunctive*).

congiuntivo presente	congiuntivo passato
Ernesto pensa che **scalino** la montagna.	Ernesto pensa che **abbiano scalato** la montagna.
Ernesto thinks they're climbing the mountain.	*Ernesto thinks they climbed the mountain.*
Dubitiamo che **nuotiate** nel lago.	Dubitiamo che **abbiate nuotato** nel lago.
We doubt you're swimming in the lake.	*We doubt you swam in the lake.*

- Form the past subjunctive with the present subjunctive of **avere** or **essere** + [*past participle*].

Congiuntivo passato		
	parlare	**andare**
io	abbia parlato	sia andato/a
tu	abbia parlato	sia andato/a
Lei/lui/lei	abbia parlato	sia andato/a
noi	abbiamo parlato	siamo andati/e
voi	abbiate parlato	siate andati/e
loro	abbiano parlato	siano andati/e

- As with the present subjunctive, use the past subjunctive in subordinate clauses when the main clause contains a verb or expression in the present that triggers the subjunctive mood.

indicative	subjunctive
È vero che le rondini **sono tornate.**	**Crede** che le rondini **siano tornate.**
It's true that the swallows have returned.	*He believes that the swallows have returned.*
È ovvio che lo scoiattolo **ha mangiato** il panino.	**Penso** che lo scoiattolo **abbia mangiato** il panino.
It's obvious that the squirrel ate the sandwich.	*I think the squirrel ate the sandwich.*

- Choose the past subjunctive when the action in the subordinate clause takes place *before* the action in the main clause.

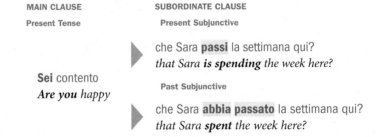

MAIN CLAUSE	SUBORDINATE CLAUSE
Present Tense	Present Subjunctive
	che Sara **passi** la settimana qui?
	that Sara is spending the week here?
Sei contento	Past Subjunctive
Are you happy	
	che Sara **abbia passato** la settimana qui?
	that Sara spent the week here?

- The past subjunctive follows the same rules of agreement as the **passato prossimo**.

È incredibile che loro **abbiano nuotato** fino all'isola.
*It's incredible that they **swam** all the way to the island.*

Credi che **siamo entrate** nella foresta senza di lui?
*Do you believe that we **went into** the forest without him?*

Spero che **siate riusciti** a trovare la cascata.
*I hope **you were able** to find the waterfall.*

Peccato che lei non **abbia potuto** vedere le stelle ieri sera.
*It's too bad she **couldn't see** the stars last night.*

- You have already learned to use **di** + [*infinitive*] when the subjects of the main verb and the subordinate verb are the same. Similarly, if such a sentence refers to a past action or event, use **di** + [*past infinitive*]. Form the past infinitive with **avere/essere** + [*past participle*].

Ovviamente non siamo felici d'**esserci perduti** nella pineta.
*Clearly, we're not happy that we **got lost** in the pine forest.*

Sono contenta di **averti trovato** così presto!
*I'm glad **I found you** so soon!*

Superlatives and the subjunctive

You have already learned many types of sentences that require the subjunctive. The subjunctive is also used in clauses that follow a relative superlative.

RELATIVE SUPERLATIVE	SUBJUNCTIVE

È il tramonto **più bello** che io **abbia** mai **visto**!
*It's the **most beautiful** sunset **I've** ever **seen**!*

È il **migliore** picnic che **abbiamo** mai **fatto**.
*It is the **best** picnic **we've** ever **had**.*

È la scalata **più difficile** che **abbia** mai **fatto**.
*It's the **hardest** climb **he's** ever **done**.*

 Provalo! Scegli la forma corretta del congiuntivo passato per completare ogni frase.

1. Giuliana pensa che loro (sia arrivato / (siano arrivati) ieri sera.
2. Patrizia e Riccardo sperano che voi (vi siate ricordati / ci siamo ricordati) di portare da bere.
3. Daniela teme che noi (vi siate persi / ci siamo persi).
4. Tu hai paura che loro non (abbiate avuto / abbiano avuto) una buon'idea.
5. È bene che loro (abbia parlato / abbiano parlato) con il professore.
6. È incredibile che Eleonora (abbia cucinato / abbiamo cucinato) per così tante persone.

More activities

vhlcentral

LM
p. 103

WB
pp. 181–182

Online activities

PRATICA

1 **Associare** Associa la prima parte di ogni frase alla conclusione corretta.

1. Penso che in classe tu ____
2. Mariuccia non crede che noi ____
3. Tu e Silvestro pensate che io ____
4. Dubitiamo che loro ____
5. Tu hai paura che Giuliano ____
6. Nino e Lina sono felici che voi ____

a. abbiamo già finito tutti i compiti.
b. abbiano creduto alla nostra storia.
c. non si sia messo a dieta come promesso.
d. abbia fatto la presentazione migliore.
e. siate arrivati alla festa.
f. non mi sia mai fidata di voi.

2 **Completare** Completa ogni frase con la forma corretta del congiuntivo passato.

1. È importante che tu _____ (capire) le istruzioni.
2. Questa è la cascata più impressionante che noi _____ (visitare) in questa regione.
3. Ho paura che le vacanze _____ (finire già).
4. È bene che voi _____ (fare) il picnic ieri, perché oggi pioverà.
5. Le api sono gli insetti più pericolosi con cui io _____ (lavorare).
6. Sono contenta che tu e Paolo _____ (scegliere) questo prato; è perfetto per giocare a calcio!
7. È il cielo più stellato che io _____ (vedere mai).
8. Dubito che Giacinta _____ (andare) al concerto ieri sera.

3 **Scegliere** Scegli la risposta corretta per completare le frasi.

1. Pare che ...
   a. abbiate fatto un picnic.
   b. avete fatto un picnic.
   c. fanno un picnic.
2. Dubito che ...
   a. hanno scalato la montagna.
   b. abbiano scalato la montagna.
   c. scalano la montagna.
3. È possibile che ...
   a. attende il tramonto.
   b. attendi il tramonto.
   c. abbia atteso il tramonto.
4. Sembra che le rondini ...
   a. sono già arrivate.
   b. siano già arrivate.
   c. siamo già arrivate.
5. È improbabile che io ...
   a. compri una fattoria.
   b. ho comprato una fattoria.
   c. compro una fattoria.
6. Può darsi che ...
   a. siete passati per la foresta.
   b. passate per la foresta.
   c. passiate per la foresta.
7. È bello che tu ...
   a. hai affittato una baita.
   b. abbia affittato una baita.
   c. affittiate una baita.

4 **Trasformare** Usa gli indizi dati per creare frasi complete al congiuntivo passato.

1. non è vero / noi / dormire nel deserto quest'estate
2. essere strano / la guida turistica / consigliare questa baita per la notte
3. questo albero è il più piccolo / voi / comprare quest'anno
4. è male / noi / arrivare in ritardo
5. dubitiamo / voi / fidanzarsi senza dirlo a nessuno
6. non è possibile / tu / remare per tre ore ieri
7. loro sono contenti / io / venire al lago questa settimana
8. questo è il tramonto / più romantico a cui noi / assistere

COMUNICAZIONE

5 **Domande** Di' ai tuoi compagni di classe se pensi o no che abbiano fatto le attività descritte. Usa il congiuntivo presente o passato. Quando trovi qualcuno che ha fatto un'attività, scrivi il suo nome.

MODELLO

S1: *Penso che tu sia andato in montagna in bicicletta. È vero?*
S2: *Sì, è vero./No, non è vero.*

Attività	Nome
andare in montagna in bicicletta	Alessia
collezionare insetti	
dare da mangiare agli scoiattoli	
esplorare un sentiero nascosto (hidden)	
essere punto (stung) da un'ape	
fare un picnic in inverno	
giocare a football americano	
nuotare nell'oceano	

6 **Un'escursione** A coppie, descrivete un'escursione (*outing*) nella natura durante la quale otto studenti fanno cose diverse. Usate il congiuntivo passato e le attività elencate nella lista.

MODELLO

nuotare nel lago
È bene che Michele abbia nuotato nel lago.

cercare insetti	guardare il tramonto
esplorare sentieri segreti	passare la giornata sul lago
osservato la vegetazione	remare tutto il giorno
fotografare piante	scalare la montagna

7 **Vero o falso?** Scrivi quattro affermazioni, vere o false, usando il congiuntivo passato e il superlativo. Poi, in gruppi di quattro, leggete le vostre frasi: gli altri devono indovinare se vi credono davvero o no.

MODELLO

S1: *Il lago Erie è il lago più bello che io abbia mai visto.*
S2: *Penso che tu lo creda davvero.*
S3: *Non penso che tu lo creda veramente.*

8 **Esperienze passate** In gruppi di tre o quattro, a turno parlate di una vacanza del passato. Commentate le esperienze dei vostri compagni di classe usando il congiuntivo passato.

MODELLO

S1: *L'anno scorso sono andata a Venezia per una settimana.*
S2: *È bello che tu abbia visitato una città così unica.*
S3: *Peccato tu non sia rimasta per almeno un mese!*

STRUTTURE

The subjunctive with conjunctions

Punto di partenza Conjunctions are used to connect two words or phrases together in a sentence. Certain conjunctions commonly introduce adverbial clauses, which describe *how*, *why*, *when*, or *where* an action takes place.

● You have already learned several conjunctions that are used with the indicative tenses.

Common conjunctions used with the indicative			
appena	*as soon as*	mentre	*while*
e	*and*	o/oppure	*or*
ma	*but*	perché	*because*

Faccio una foto **appena** sorge il sole.
*I'll take a photo **as soon as** the sun rises.*

Vorresti fare un picnic **oppure** esplorare la valle?
*Would you like to have a picnic **or** explore the valley?*

● Some conjunctions, however, must be followed by the subjunctive in Italian.

Common conjunctions used with the subjunctive			
affinché		a condizione che	
in modo che } *so that*		a patto che } *provided that*	
perché		purché	
benché		prima che	*before*
per quanto } *although*		senza che	*without*
sebbene		a meno che... non	*unless*

MAIN CLAUSE	conjunction	SUBORDINATE CLAUSE
Andiamo al fiume	**affinché**	i ragazzi **possano** fare il bagno.
Let's go to the river	*so that*	*the boys can go swimming.*
Vado alla fattoria	**a patto che**	tu **venga** con me.
I'll go to the farm	*provided that*	*you come with me.*

● **Perché** can mean either *because*, which is used with the indicative, or *so that*, which requires the subjunctive. Use the context of the sentence to determine which usage is appropriate.

Alle mucche piace quel campo **perché** lì l'erba **è** migliore.
*The cows like that field **because** the grass **is** better there.*

Porto la mucca nel campo **perché possa** mangiare l'erba.
*I'm bringing the cow to the field **so that** it **can** eat the grass.*

- Conjunctions that require the subjunctive generally do so even when the main and subordinate clauses share the same subject.

Dormirà nella foresta **purché trovi** la baita.
*He will sleep in the forest **provided that he finds** the shelter.*

Vengo al lago **benché sia** stanco.
*I'll come to the lake although **I am** tired.*

Sebbene il lago **sia** profondo, non ospita molti pesci.
***Although** the lake **is** deep, it is not home to many fish.*

Puoi venire sulla montagna, purché **ti copra** bene.
*You can come to the mountain, **provided that you dress** well.*

- However, **perché**, **prima che**, and **senza che** take the subjunctive only when there are two different subjects. In same-subject sentences, **per**, **prima di**, and **senza** + [*infinitive*] are used instead.

Le compra una barca **perché impari** a remare.
*He's buying her a boat **so that she can learn** to row.*

Chiudi il cancello **prima che esca** il toro!
*Close the gate **before** the bull **gets out**!*

Non andate a guardare il tramonto **senza che** lo **sappia** vostro padre.
*Don't go to watch the sunset **without** your father **knowing**.*

Giuliana compra una barca **per imparare** a remare.
*Giuliana is buying a boat **in order to learn** to row.*

Chiudi il cancello **prima di uscire**!
*Close the gate **before you go out**!*

Non andate a guardare il tramonto **senza chieder**lo a vostro padre.
*Don't go to watch the sunset **without asking** your father.*

- Note that the order of the main and subordinate clauses may also be reversed. However, the verb immediately following the conjunction must always be in the subjunctive.

Benché non ci **siano** molti fiori, il prato è bellissimo.
***Even though** there **aren't** a lot of flowers, the meadow is very beautiful.*

Può andare in gita **a patto che finisca** i compiti.
*He can go on the trip **provided that he finishes** his homework.*

Non arriveremo mai **a meno che** tu **non trovi** il sentiero giusto.
*We'll never get there **unless** you **find** the right path.*

Ci sono molte api **benché faccia** piuttosto freddo.
*There are lots of bees **although it is** quite cold.*

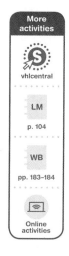

More activities

vhlcentral

LM
p. 104

WB
pp. 183–184

Online activities

Provalo!   Associa la prima parte delle frasi a sinistra alla seconda parte a destra.

1. Devi studiare di più affinché __f__
2. Andiamo tutti al lago sebbene ____
3. Dovete finire di pulire prima di ____
4. Ti telefono appena ____
5. Non puoi sempre lavorare senza ____
6. Prendiamo la mia macchina purché ____

a. andare a giocare.
b. piova.
c. dormire.
d. arrivo alla baita.
e. facciamo a turno a guidare.
f. i tuoi professori ti diano bei voti.

PRATICA

1 Scegliere Scegli la forma del verbo che completa meglio ogni frase.

1. Ho letto un intero capitolo mentre tu (finivi / abbia finito) gli esercizi di matematica.
2. Lavo tutti i piatti in modo che la cucina (è / sia) più in ordine.
3. Vengo volentieri al concerto a meno che i bambini non (sono / siano) ancora malati.
4. O finite le verdure oppure non (potete / possiate) mangiare il gelato.
5. Parlate con il direttore per (hanno / avere) più vacanze.
6. È tornato molto tardi ieri sera senza che io (me ne accorgo / me ne sia accorto).
7. Andiamo in piscina perché (fa / fare) molto caldo.
8. Adele e Felice verranno in biblioteca con noi a patto che non (viene / venga) Carlo.

2 Completare Completa la conversazione con la forma corretta di ogni verbo.

DANIELA Mi piace molto andare al lago perché l'alba lì (1) _____ (essere) stupenda.

PIETRO Sono d'accordo. È impossibile (2) _____ (trovare) un posto più bello di quello. Vuoi andarci questo fine settimana?

DANIELA Che bella idea! Va bene, a condizione che tu non (3) _____ (portare) il tuo amico Gino e purché noi (4) _____ (lasciare) i cellulari a casa.

PIETRO Perfetto. Appena tu e Veronica (5) _____ (riuscire) a organizzarvi per andare al cinema un altro giorno, io inizio a organizzare il fine settimana e (6) _____ (comprare) da mangiare e da bere.

DANIELA Scarico un paio di film, sebbene tu non (7) _____ (fidarsi) dei miei gusti...

PIETRO Sì, ma prima di (8) _____ (andare) sappi che non mi piacciono i film troppo romantici!

3 Rispondere Completa ogni frase con una risposta personale.

1. Io vado in campagna affinché...
2. Mi piacciono gli animali a condizione che...
3. Non andrei mai a vivere nel deserto perché...
4. Passerei un mese su un'isola deserta a patto che...
5. Chiamo sempre prima di...
6. Passo del tempo a dormire mentre...
7. Raccolgo (I pick) dei fiori per...
8. Esploro la pineta prima che...

4 Abbinare Abbina le frasi della colonna a sinistra a quelle della colonna a destra.

1. Andiamo a ripararci dal temporale... ____
2. Compriamo una coperta e un cestino... ____
3. Porta i bambini in montagna... ____
4. Non siete ancora andati al mare... ____
5. Ha trovato il sentiero giusto... ____
6. A meno che non piova... ____

a. ...affinché possiamo fare un picnic.
b. ...sebbene faccia già così caldo?
c. ...Marco andrà al lago.
d. ...perché possano respirare aria pura.
e. ...senza che nessuno glielo abbia indicato.
f. ...prima che sia troppo tardi!

COMUNICAZIONE

5 **Condizioni** Lavorate a coppie. Rispondete a turno alle seguenti domande usando una congiunzione della lista.

MODELLO

S1: *Ti alzeresti mai prima dell'alba?*
S2: *Mi alzerei prima dell'alba a condizione che tu mi porti il caffè a letto.*

> a condizione che | per quanto | perché

1. Salti (*Do you skip*) mai le lezioni?
2. Andresti mai in vacanza senza il cellulare?
3. Vorresti passare tutta l'estate alle Hawaii?
4. Lavoreresti in una fattoria?
5. Guardi mai le stelle in cielo la sera?
6. Faresti il bagno in un fiume?

6 **Una catena di frasi** In gruppi di quattro, create una catena di frasi usando **perché** e il congiuntivo o l'indicativo. La prima persona inizia una frase usando **perché**. La seconda ripete quella frase e ne aggiunge un'altra, anche questa con **perché**. Continuate fino a quando la frase è troppo lunga da ricordare.

MODELLO

S1: *Mi piace scalare le montagne perché posso vedere molto lontano.*
S2: *Mi piace scalare le montagne perché posso vedere molto lontano e perché posso fare esercizio fisico.*

7 **Una storia disegnata** A coppie, create la pagina di una storia raccontata attraverso disegni. Usate almeno sei disegni. Ogni parte deve finire con la frase **a meno che non** e poi continuare nel pannello successivo.

MODELLO

La mia famiglia è in campeggio. Mio fratello Pietro preparerà la cena a meno che non piova...

8 **Una gita** In gruppi di tre o quattro, organizzate una gita al lago. Ogni studente fa una lista delle cose che vuole fare e che vuole portare. Poi confrontate le vostre liste e fate dei suggerimenti usando le congiunzioni appropriate e il congiuntivo.

MODELLO

S1: *Io vengo alla gita purché si giochi a pallone.*
S2: *Possiamo giocare a pallone a patto che lo porti tu.*

SINTESI

Ricapitolazione

1 Reazioni In gruppi di tre, leggete a turno le seguenti frasi e reagite usando un'espressione della lista.

MODELLO Abbiamo fatto un picnic proprio qui l'anno scorso.

È bello che abbiate fatto un picnic qui l'anno scorso.

Credo	È male	È triste	Non sono felice
È bello	È necessario	È un peccato	Sono contento/a

1. Hanno aperto un nuovo sentiero l'anno scorso.
2. Le mucche non sono rimaste molto in montagna l'anno scorso.
3. Mio padre ha costruito quella baita.
4. Non ho potuto fotografare quei fiori l'anno scorso.
5. Tu non hai esplorato la foresta l'anno scorso.
6. Abbiamo visto molte stelle in montagna l'anno scorso.
7. Ho trovato alcuni serpenti sul sentiero l'anno scorso.
8. Voi avete remato sul lago per un giorno intero l'anno scorso.

2 Una gita di gruppo A coppie, scegliete sei diverse persone che conoscete tutti e due e immaginate di portarle con voi per una camminata (*walk*) nella natura. Dite che cosa pensano della natura usando il congiuntivo passato.

MODELLO

S1: *Caterina pensa che la camminata non sia stata molto difficile.*
S2: *Enrico pensa che la camminata sia stata molto faticosa.*

3 Un gioco Scrivi su diversi pezzi di carta tre frasi usando il vocabolario della lezione, il passato prossimo e soggetti diversi (io, la mia famiglia, tu e i miei amici ecc.). Poi, in gruppi di quattro, piegate i pezzi di carta e metteteli insieme. Ogni giocatore sceglie un'espressione della lista. Poi prende un pezzo di carta e crea una frase completa usando il congiuntivo passato.

MODELLO

Non ho visto nessuno scoiattolo.

È incredibile che io non abbia visto nessuno scoiattolo!

Basta	È incredibile	È possibile
Bisogna	È interessante	Pare
È improbabile	È meglio	Peccato

4 Regole A coppie, scrivete sei regole che i visitatori devono seguire quando camminano nella foresta. Usate una congiunzione della lista per ogni frase.

MODELLO

Non camminare fuori dal sentiero a meno che non ci sia un'emergenza.

a condizione che	a patto che	per quanto	prima che
a meno che... non	in modo che	perché	senza che

5 Compromessi A coppie, create una conversazione tra due amici, uno che ama la campagna e uno che ama la città. Discutete le vostre idee per il fine settimana e trovate dei compromessi su sei attività. Usate le congiunzioni presentate in questa lezione.

MODELLO

S1: *Facciamo un picnic al lago!*
S2: *Io vengo al picnic a condizione che tu venga al concerto con me stasera.*

6 Il buono e il cattivo A coppie, discutete ogni foto dicendo cosa c'è di buono e cosa c'è di cattivo in ciascuna. Usate **benché** e il congiuntivo.

MODELLO

S1: *Mi piace questo sentiero, benché sia isolato.*
S2: *Sembra un sentiero interessante, benché ci siano molti insetti.*

1.

2.

3.

4.

5.

6.

More activities

vhlcentral

Online activities

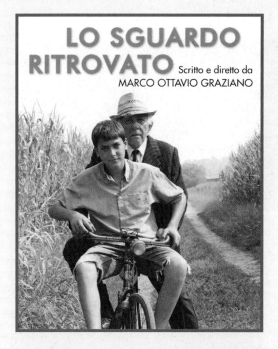

LO SGUARDO RITROVATO
Scritto e diretto da
MARCO OTTAVIO GRAZIANO

Italia autentica

 Video

Cortometraggio

Due generazioni s'incontrano nel cortometraggio filmato da Marco Ottavio Graziano. Il giovane PG va a trovare il nonno, ormai cieco, che vive in campagna. Riparandogli la vecchia bicicletta, rotta e abbandonata nel garage, gli restituirà, anche solo per un giorno, lo sguardo purtroppo perduto su paesaggi cari e mai dimenticati.

Espressioni utili

- **il campanile**
  bell tower
- **cieco/a**
  blind
- **il magazzino**
  shed/warehouse
- **il pollaio**
  hen-house
- **rotto/a**
  broken
- **la meliga/il granturco**
  corn

- **il campo**
  field
- **le galline**
  hens
- **pedalare**
  to pedal
- **la risaia**
  rice field
- **lo sguardo**
  glance

Per parlare del film

- **andare a trovare**
  to visit (someone)
- **burbero/a**
  grumpy
- **la vecchiaia**
  old age

- **il buio**
  darkness
- **la solitudine**
  solitude
- **la vista**
  eyesight

Preparazione

1 **In campagna** Decidi se le affermazioni sono **vere** o **false**. Correggi quelle false.

1. Le galline fanno le uova (*lay eggs*) nel magazzino.
2. Il granturco si coltiva nella risaia.
3. Per andare in bicicletta è necessario pedalare.
4. Meliga è sinonimo di granturco.
5. Una persona è cieca quando non sente.

2 **Vecchi e giovani** Leggi questi proverbi di origine africana: sei d'accordo? Perché? Discuti con un(a) compagno/a.

> *Il giovane prima parla e poi ascolta; l'anziano prima ascolta e poi parla.*

> *Il giovane cammina più veloce dell'anziano, ma l'anziano conosce la strada.*

Scene: Lo sguardo ritrovato

PG Nonno, di chi era questa bicicletta?

NONNO Era mia, la mia bicicletta.

PG Ma, nonno... perché è abbandonata lì dentro tutta rotta?

NONNO Che cosa me ne faccio?° Non ci vado da cinquant'anni. Da quando mi s'è spenta la luce°.

PG Nonno, ma con quella bicicletta tutta rotta che c'hai nel magazzino, dove andavi?

NONNO Quando c'andavo, non era mica° tutta rotta. C'andavo in città a lavorare, partivo la mattina e tornavo la sera. Mi ricordo le stradine di campagna, l'inverno con la pioggia, magari° anche la neve, un freddo! Però la domenica, i giorni di festa, non andavo mica vestito così, mi mettevo il mio vestito nuovo...

PG Nonno, la tua bicicletta.

NONNO Eh già...

PG Si può pedalare di nuovo!

NONNO Come?!

NONNO PG, da che parte stiamo?

PG Siamo sulla strada che porta al paese°, quella che passa per i campi.

NONNO Ah, sì, sì. Sento... sento l'acqua del canale. È qui, vero?

PG Bravo! È qui accanto a noi. Nonno, ma vado sempre avanti per questa strada?

NONNO Senti, dimmi cosa vedi.

PG Ci sono tanti tanti campi.

NONNO Il castello?

PG No, la meliga!

NONNO Senti, ma... è già sera?

PG Sì, nonno. Ma c'è ancora luce.

NONNO Ah. Ma fra poco° farà di nuovo buio... PG...

Che cosa me ne faccio? *What can I do with it?* **quando mi s'è spenta la luce** *when the lights went out on me*
non... mica *not . . . at all* **magari** *maybe* **che porta al paese** *that leads to town* **fra poco** *soon*

Analisi

3 **Comprensione** Rispondi alle domande.

1. Quante uova voleva il nonno? Perché PG ne ha prese così poche?
_____

2. Di chi era la vecchia bicicletta che PG trova nel magazzino? Da quanto tempo non era più usata?
_____

3. Che cosa ha cucinato il nonno per PG? Che ingredienti ha messo?
_____

4. Perché PG si alza presto la mattina seguente?
_____

5. Che cosa pensa PG del nonno?
_____

6. Dove vuole andare il nonno?
_____

7. Com'è il paesaggio che PG descrive al nonno? Che cosa vede?
_____

8. Di chi è la macchina che arriva? Perché arriva?
_____

4 **Interpretazione** A coppie, descrivete questi momenti del film inserendoli nella trama. Sono momenti chiave nel film? Perché?

MODELLO

S1: *Penso che questa scena dimostri un aspetto importante del nonno. Ci fa vedere l'importanza della luce.*

1. —Il buio è triste.

2. —Nonno, s'è rotta la lampadina.

3. —Nonno, sei un fenomeno!

4. —Ma così presto?

5 **Opinioni** Scegli la foto che meglio esprime, secondo te, il significato del film. Tieni presente anche il dialogo corrispondente. Poi, in gruppi di tre, giustificate la vostra scelta e cercate di convincere i compagni che la vostra scelta è la più appropriata.

1.

2.

3.

4.

More activities

vhlcentral | Online activities

Lezione

12B

Communicative Goals

You will learn how to:
- talk about pollution
- talk about environmentalism

Proteggere il pianeta

Hotspots

l'energia nucleare

la pioggia acida

il pannello solare

la centrale nucleare

FABBRICA D'AUTOMOBILI

l'inquinamento
pollution

il tubo di scappamento

fare i pendolari
to commute

Vocabolario

espressioni	*expressions*
migliorare	*to improve*
preservare	*to preserve*
proporre* una soluzione	*to propose a solution*
salvare il pianeta	*to save the planet*
sprecare	*to waste*
sviluppare	*to develop*
l'energia	*energy*
l'energia eolica	*wind power*
l'energia rinnovabile	*renewable energy*
l'energia solare	*solar energy*
l'energia termica	*thermal energy*
la fabbrica	*factory*
i problemi ambientali	*environmental problems*
l'alluvione (f.)	*flood*
la catastrofe	*catastrophe*
il degrado	*deterioration*
il disboscamento	*deforestation*
la discarica	*garbage dump, landfill*
l'effetto serra	*greenhouse effect*
il pericolo	*danger*
i rifiuti tossici	*toxic waste*
il riscaldamento globale	*global warming*
lo smog	*smog*
la sovrappopolazione	*overpopulation*
le soluzioni	*solutions*
l'agricoltura biologica	*organic farming*
l'ambientalismo	*environmentalism*
la coscienza ambientale	*environmental awareness*
l'ecologia	*ecology*
il governo	*government*
la legge	*law*
la macchina ibrida/elettrica	*hybrid/electric car*
la raccolta dei rifiuti	*garbage collection*
la sostenibilità	*sustainability*

More activities

vhlcentral | WB pp. 185–186 | LM p. 105 | Online activities

il camion della
nettezza urbana

il riciclo

riciclare

Vietato buttare rifiuti.

l'immondizia

Pratica

1 **Trova l'intruso** Trova la parola che non appartiene al gruppo.

1. alluvione, pioggia acida, legge, effetto serra
2. sprecare, riciclare, preservare, migliorare
3. eolica, solare, acida, nucleare
4. riciclo, agricoltura biologica, macchina ibrida, rifiuti tossici
5. coscienza ambientale, degrado, ecologia, ambientalismo
6. pericolo, camion della nettezza urbana, immondizia, rifiuti

2 **Mettere etichette** Etichetta ogni fotografia con una parola o espressione del vocabolario della lezione.

1. _____

2. _____

3. _____

4. _____

5. _____

6. _____

3 **Scegliere** Scegli la risposta che meglio completa ogni frasi.

1. Quando piove troppo può esserci un' (alluvione / ecologia).
2. Il riscaldamento globale è dovuto all' (energia solare / effetto serra).
3. È importante che il governo faccia nuove (spazzature / leggi) per proteggere l'ambiente.
4. Per risolvere il problema dei rifiuti bisogna (sprecare / riciclare) di più.
5. Una soluzione per lo smog sono le (macchine ibride / piogge acide).
6. Se il (disboscamento / pannello solare) continua, presto ci saranno altri problemi ambientali.

4 **Creare** Completa le seguenti frasi in maniera logica.

MODELLO Una buona cosa delle macchine ibride è che...

riducono l'inquinamento in città.

1. Il riciclo è importante perché...
2. I vantaggi dell'agricoltura biologica sono...
3. La sovrappopolazione è un problema perché...
4. Alcuni esempi di energia rinnovabile sono...
5. È importante sviluppare nuove fonti (*sources*) di energia perché...
6. Per salvare il nostro pianeta è necessario...

CONTESTI

Comunicazione

5 **Un problema ambientale** Leggi l'articolo di giornale. Poi, a coppie, completate le frasi seguenti con le parole mancanti.

Notizie ambientali

La crisi energetica è un problema sempre più serio e deve essere affrontato (*dealt with*) al più presto. Le nostre fabbriche consumano troppo, senza contare che contribuiscono all'inquinamento del pianeta. Anche le nostre automobili consumano troppo e causano un problema serio per le nostre città: lo smog. Le soluzioni per migliorare la situazione della crisi energetica sono molteplici (*many*). Anzitutto, bisogna sviluppare energie alternative, come quella solare o quella eolica. In città possiamo aumentare i mezzi pubblici e usare macchine ibride, così possiamo risolvere anche il problema dello smog. Ma il problema della crisi energetica si risolve anche nelle nostre case. Dobbiamo cercare di consumare meno energia, facendo attenzione al consumo delle nostre apparecchiature (*appliances*) elettriche. Lavoriamo insieme per salvare il pianeta!

1. Le fabbriche contribuiscono all'_____ del pianeta.
2. Un problema serio per le nostre città è lo _____.
3. Due esempi di energia alternativa sono quella _____ e quella _____.
4. Una soluzione per le città sono _____.
5. A casa bisogna consumare meno _____.
6. È necessario lavorare insieme per _____.

6 **Facciamo la nostra parte** Ascolta questo annuncio alla radio e completa le seguenti frasi con le informazioni fornite. Poi, a coppie, scrivete un annuncio su un'altra questione ambientale.

Secondo l'annuncio...
1. ...dobbiamo riciclare la _____ e il _____.
2. ...è importante consumare meno _____ e meno _____.
3. ...quando è possibile, è meglio scegliere prodotti _____.
4. ...dobbiamo sviluppare una _____ e salvare il nostro _____.

7 **Intorno al mondo** Lavorate a coppie. L'insegnante vi darà due fogli diversi, ciascuno con metà delle informazioni su vari problemi ambientali e la loro collocazione (*location*) geografica. Fatevi domande per aggiungere l'informazione mancante alla vostra mappa. Poi scegliete tre dei problemi elencati e cercate di trovare insieme delle soluzioni possibili.

MODELLO

S1: *Quale paese ha problemi di smog nella tua mappa?*
S2: *Il Messico. E nella tua?*
S1: *L'Inghilterra.*

8 **Carriere del futuro** In gruppi di quattro, scrivete tre descrizioni per tre lavori che secondo voi diventeranno importanti nel futuro. Per ognuno, descrivete il tipo di lavoro, la sua importanza attuale e perché pensate che diventerà ancora più importante. Usate l'immaginazione e fornite (*provide*) il maggior numero di dettagli possibile.

MODELLO

S1: *Nel futuro il riscaldamento globale aumenterà.*
S2: *Quindi un buon lavoro sarà quello di occuparsi di...*

Pronuncia e ortografia Audio

Borrowed words in Italian

computer	**leader**	**suspense**	**standard**

English words have become common in the Italian language. In general, these words maintain the original English spelling.

e-mail	**file**	**Internet**	**marketing**

In Italian, English words generally maintain their original general pronunciation and syllabication, but the words are often more enunciated. The letter *r* is rolled, and vowels (besides the long English *i*) tend to have an Italian pronunciation.

il **Web**	lo **sport**	la **Duke University**	una **star**

Since English does not give a gender to nouns, English nouns often become masculine in Italian. However, if an English word has a close Italian equivalent, the gender of the Italian equivalent will be used.

i **computer**	i **film**	gli **sport**	le **star**

When used in Italian, English nouns do not add the letter *s* to form the plural. The singular form of the word is maintained, and the plural form is indicated by the preceding article.

bloggare	**chat**tare	**scroll**are	**stress**are

Some English verbs, especially those referring to business or computer activities, are "Italianized" by altering spellings and/or by adding Italian infinitive endings and conjugations.

Pronunciare Ripeti le parole ad alta voce.

1. il weekend	4. lo smog	7. il business	10. il manager
2. la privacy	5. i jeans	8. cliccare	11. la webcam
3. il film	6. il bar	9. i quiz	12. downloadare

Articolare Ripeti le frasi ad alta voce.

1. Siamo sotto stress in questo periodo.
2. Ho visto il direttore di marketing al bar.
3. C'è un bel film al multiplex.
4. Questo weekend vanno in un bed and breakfast.
5. Chattiamo quando sono davanti al computer.
6. Fa un Master in ecologia all'università.

Proverbi Ripeti i proverbi ad alta voce.

Una rondine non fa primavera.[2]

Sole dopo tempesta mette gli uomini in festa.[1]

[1] Sunshine after a storm puts people in a festive mood.
[2] One swallow does not make it Spring.

FOTOROMANZO

Arrivederci, Roma! Video

PAOLO Pensi che Riccardo e Viola possano arrivare in tempo alla stazione?

MARCELLA Forse sì. Hanno più probabilità se i treni sono in ritardo.

EMILY Spero che ce la facciano.

PAOLO Cosa vuole dire Viola a Lorenzo?

EMILY Non lo so con certezza.

MARCELLA Alla fine lo scopriremo.

RICCARDO Ma, perché lo rincorri?

VIOLA Riccardo, pensa a guidare. Stai attento a non farlo ingolfare.

RICCARDO So guidare uno scooter, grazie mille.

VIOLA Lo pensavo anch'io prima che lo rompessi.

RICCARDO Se avessi un po' di buon senso, non ci troveremmo in questa situazione.

PAOLO Niente immondizia in giro! Sono un ecologista, io.

EMILY Pensavo che ti occupassi solo di film e computer.

PAOLO L'effetto serra è una cosa seria, Emily. Se non facciamo attenzione all'ambiente, rischiamo il riscaldamento globale.

RICCARDO Allora, com'è andata?

VIOLA Non ce l'ho fatta.

RICCARDO Che cosa volevi dirgli?

VIOLA Non capiresti.

RICCARDO Forse potrei.

EMILY Mia madre viene a Roma. Viaggeremo insieme per un mese.

MARCELLA Penso che sia un ottimo compromesso. Spero che tu ce la presenterai quando verrà a Roma.

EMILY Ho promesso che le preparerai gli spaghetti alla carbonara. Nel modo giusto. Non vedo l'ora di dirlo a Riccardo. Mi chiedo come sia andata a finire alla stazione.

VIOLA Volevo chiedergli scusa. Il treno per Milano era già partito.

RICCARDO Potremmo metterlo sul blog quando torniamo alla pensione.

VIOLA Sono una stupida, vero? ...Non sei costretto a rispondermi. Tu mi hai sempre detto quello che pensavi. Grazie.

RICCARDO Emily. (*Scrivendo un SMS*) Siamo arrivati troppo tardi.

ATTIVITÀ

1 Completare Completa le seguenti frasi.

1. Riccardo e Viola hanno più probabilità di arrivare in tempo se i treni sono _____.

2. Se Viola avesse un po' di _____, lei e Riccardo non sarebbero in questa situazione.

3. Secondo Paolo, l' _____ è una cosa seria.

4. Se non si fa attenzione all'ambiente, si rischia il _____.

5. Paolo ha proposto un impianto di _____.

6. Emily e sua madre viaggeranno per _____.

7. Viola voleva chiedere _____ a Lorenzo.

8. Riccardo pensa che Viola piaccia a Lorenzo perché è l' _____ di Francesca.

9. Riccardo dice che Viola è sensibile e _____.

10. Viola pensa che Riccardo sia molto _____.

Riccardo e Viola seguono Lorenzo alla stazione.

PAOLO Non mi piacerebbe avere un'amica che non si preoccupa dell'inquinamento e della deforestazione. Io e Caterina abbiamo proposto l'impianto di pannelli solari per la nostra scuola.

EMILY Caterina?

PAOLO È una ragazza che ho conosciuto durante un progetto di ecologia della scuola.

Alla stazione...

LUCIA Mi dispiace, scusa. Sto cercando il treno per Milano. Non ti ho visto.

LORENZO Non c'è di che. Lascia che... lascia che ti aiuti. Anch'io vado a Milano. Io sono Lorenzo.

LUCIA Lucia. Piacere di conoscerti.

LORENZO Dobbiamo sbrigarci se vogliamo prenderlo. Andiamo.

VIOLA Tra me e Lorenzo non avrebbe mai funzionato. Io l'ho sempre saputo. Aveva ragione Emily. Lui mi piaceva perché era attratto da me. Sono una stupida.

RICCARDO Non sei una stupida, Viola. Lorenzo deve ancora superare la storia con Francesca. Penso che tu gli piaccia perché sei il suo opposto.

VIOLA Non raffinata?

RICCARDO Non volevo dire questo. Sei così sensibile a volte. Tu sei molto interessante.

VIOLA Sei davvero molto dolce.

RICCARDO Era ora che te ne accorgessi.

VIOLA Andiamo.

Espressioni utili

Imperfect subjunctive

- **prima che lo rompessi**
  until you broke it
- **se avessi un po' di buon senso**
  if you had some good sense
- **pensavo che ti occupassi di...**
  I thought you were interested in . . .
- **Era ora che te ne accorgessi.**
  It was about time you figured that out.

Additional vocabulary

- **Spero che ce la facciano.**
  I hope they make it.
- **Perché lo rincorri?**
  Why are you chasing him?
- **farlo ingolfare**
  to flood the motor
- **Lascia che ti aiuti.**
  Let me help you.
- **Non ce l'ho fatta.**
  I didn't make it.
- **compromesso**
  compromise
- **nel modo giusto**
  the right way
- **Mi chiedo come sia andata a finire.**
  I wonder how everything went.
- **Non sei costretto a rispondere.**
  You don't have to answer.
- **Lorenzo deve ancora superare la storia con Francesca.**
  Lorenzo still needs to get over the whole Francesca thing.
- **Non raffinata?**
  Not refined?

2 **Per parlare un po'** A coppie, immaginate che Viola e Lorenzo si siano incontrati in stazione. Che cosa si sono detti? Scrivete un dialogo in italiano di almeno 15 battute e presentatelo alla classe.

3 **Approfondimento** Cerca una definizione della parola *ambientalismo*. Poi fai un elenco di alcuni problemi di cui si occupano gli ambientalisti e trova il nome di alcune associazioni ambientaliste italiane. Presenta le tue scoperte alla classe.

More activities

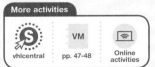

vhlcentral   VM pp. 47-48   Online activities

A T T I V I T À

IN PRIMO PIANO

Un mondo più pulito

Il principale problema ambientale in Italia è sicuramente lo smog urbano causato dalle molte auto e, d'inverno, dal riscaldamento° delle case.

Le città cercano di prevenire in vari modi il superamento° del livello di gas tossici nell'atmosfera. Una soluzione, anche se temporanea, è la pratica delle targhe alterne° nelle città che la adottano: i giorni pari° possono circolare le macchine con la targa che finisce con un numero pari e nei giorni dispari° possono circolare le auto con targa che termina in numero dispari. Un'altra iniziativa è quella delle domeniche a piedi, cioè domeniche, di solito in primavera, in cui è proibito usare l'auto in città. In questi giorni, in genere, gli autobus sono gratuiti e in centro sono organizzati eventi come gare° non competitive in bicicletta, bancarelle° gastronomiche e spettacoli in piazza. Lo scopo è quello di vedere la città da una prospettiva diversa e abituare° la gente a usare meno l'auto.

Anche lo Stato cerca di affrontare° il problema offrendo incentivi economici a chi usa energie alternative. Per esempio, lo Stato paga una parte della spesa effettuata per l'acquisto di un'auto a metano° o l'installazione dei pannelli solari. Esiste anche un programma di sviluppo delle energie alternative, chiamato Libro Bianco, che punta° soprattutto sull'energia idroelettrica e geotermica. Attualmente° gli impianti° non producono molta energia, ma il Ministero dell'ambiente ha un programma per lo sviluppo delle tecnologie ambientali. Considerando che l'Italia è un paese vulcanico e termale e che le sorgenti geotermiche° sono sfruttate° sin dal 1827, l'obiettivo rimane quello di usare al meglio le risorse del paese.

riscaldamento *heating* superamento *surpassing* targhe alterne *alternating license plate numbers* pari *even* dispari *odd* gare *races* bancarelle *stands* abituare *to accustom* affrontare *to face* acquisto *purchase* a metano *natural gas-powered* punta *focuses* Attualmente *At the moment* impianti *power plants* sorgenti geotermiche *hot springs* sfruttate *exploited*

ATTIVITÀ

1 **Vero o falso?** Indica se l'affermazione è **vera** o **falsa**. Correggi le affermazioni false.

1. Il maggiore problema ambientale in Italia è lo smog.

2. In inverno il problema dello smog è meno grave.

3. A volte, nei mesi pari, circolano solo le auto con targhe pari, mentre nei mesi dispari circolano le auto con targhe dispari.

4. Nelle domeniche a piedi è proibito usare tutti i mezzi di trasporto come auto, biciclette e autobus.

5. Le domeniche a piedi sono organizzate per abituare la gente a usare meno l'auto.

6. Lo Stato offre incentivi a chi usa energie alternative.

7. Se uno decide di installare dei pannelli solari a casa sua, lo Stato paga tutta la spesa.

8. Gli impianti idroelettrici e geotermici in Italia producono molta energia.

9. L'Italia è un paese ricco di acque termali ed energia geotermica.

10. L'energia geotermica è sfruttata in Italia dal (*since*) 1827.

L'ITALIANO QUOTIDIANO

L'igiene pubblica

la discarica	*dump*
il/la netturbino/a	*garbage collector*
le scorie	*waste*
buttare via	*to throw away*
conservare	*to preserve*
depurare	*to purify*
gettare	*to throw*
sbarazzarsi di	*to get rid of*
smaltire	*to drain; to dispose of*

USI E COSTUMI

Raccolta differenziata

La raccolta° dei rifiuti in Italia è organizzata diversamente di città in città. Generalmente i rifiuti sono gettati nei cassonetti° distribuiti nelle strade, i quali vengono svuotati° tutti i giorni nelle grandi città e due o tre volte alla settimana nei centri più piccoli. Per legge, in molte città **carta**, **alluminio**, **vetro**, **plastica** e **rifiuti organici** devono essere gettati in cassonetti differenti per poter essere riciclati; i **farmaci scaduti°** e le **batterie esaurite°** devono essere riportati nei negozi che li vendono.

I risultati di questa politica sono incoraggianti°: in alcune zone il 40% dei rifiuti è riciclato, ma resta ancora molto da fare. Per questo lo Stato punta sull'educazione e organizza nelle scuole delle campagne per sensibilizzare° i giovani al problema e creare così un futuro più ecologico.

raccolta *pick-up* **cassonetti** *garbage bins* **svuotati** *emptied* **farmaci scaduti** *expired medication* **esaurite** *used* **incoraggianti** *encouraging* **sensibilizzare** *to sensitize*

RITRATTO

Slow Food

L'associazione Slow Food, fondata da **Carlo Petrini**, nasce in Italia nel 1986 e con il suo nome vuole criticare la cultura della velocità tipica della vita moderna. L'associazione cerca infatti di promuovere° la qualità del cibo e il 5sana, la difesa delle diverse tradizioni alimentari del mondo e la promozione di coltivazioni° rispettose dei ritmi naturali.

L'idea è che dietro un buon piatto ci sono scelte° fatte nei campi, nelle scuole e nella politica. Slow Food così è organizzata in «presidi°». Ogni «presidio» è un progetto per la protezione di produzioni alimentari minacciate° dal degrado ambientale o dall'agricoltura massiva. Oltre ai presidi, Slow Food pubblica una rivista sulla biodiversità e sui vari temi eco-gastronomici.

I prodotti dei presidi Slow Food sono riconoscibili° per il marchio della chiocciola°, animale lento, e capace per questo di godersi la vita°.

promuovere *promote* **coltivazioni** *farming* **scelte** *choices* **presidi** *defenses* **minacciate** *threatened* **riconoscibili** *identifiable* **chiocciola** *snail* **godersi la vita** *to enjoy life*

RITMO ITALIANO

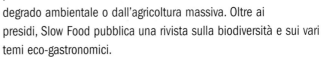

Molti cantanti cercano di sensibilizzare il pubblico sull'emergenza ambientale attraverso la loro musica. Conosci qualche canzone che parla di questo tema? Scopri il brano su **vhlcentral.com**.

---

2 **Completare** Completa le frasi.

1. Slow Food nasce in Italia nel _____.
2. Slow Food pubblica una rivista sulla _____.
3. Il simbolo di Slow Food è una _____.
4. In molte città italiane, per legge, carta, alluminio, _____ e rifiuti organici devono essere riciclati.
5. Le batterie _____ e i farmaci _____ devono essere riportati in negozi che li vendono.

3 **A voi** A coppie, discutete le seguenti domande.

1. Come viene affrontato nella tua città il problema dello smog?
2. Esiste la raccolta differenziata nella tua città? Com'è organizzata?
3. Esistono programmi per sensibilizzare i giovani ai problemi ambientali negli Stati Uniti?

More activities

vhlcentral | Online activities

ATTIVITÀ

STRUTTURE

12B.1

The imperfect and the past perfect subjunctive

Punto di partenza Like the indicative mood, the subjunctive mood has multiple tenses to talk about the past.

- The **congiuntivo imperfetto** (*imperfect subjunctive*) is used in the same situations as the present subjunctive, except that the verb in the main clause is in the past or the conditional.

PRESENT	PRESENT SUBJUNCTIVE	PAST	IMPERFECT SUBJUNCTIVE
È bene che lei non **faccia** la pendolare.		**Era** bene che lei non **facesse** la pendolare.	
*It's good that she doesn't **commute**.*		*It was good that she didn't **commute**.*	

- The pattern of conjugation is identical for verbs ending in **-are**, **-ere**, and **-ire**. Drop the **-re** to form the stem and add the imperfect subjunctive endings. Note that the **io** and **tu** endings are identical.

Congiuntivo imperfetto			
	parlare	leggere	dormire
io	parlassi	leggessi	dormissi
tu	parlassi	leggessi	dormissi
Lei/lui/lei	parlasse	leggesse	dormisse
noi	parlassimo	leggessimo	dormissimo
voi	parlaste	leggeste	dormiste
loro	parlassero	leggessero	dormissero

- While all verbs have the same endings, a few common verbs have irregular stems.

Irregular verbs in the *congiuntivo imperfetto*					
essere	dare	stare	bere	dire	fare
fossi	dessi	stessi	bevessi	dicessi	facessi
fossi	dessi	stessi	bevessi	dicessi	facessi
fosse	desse	stesse	bevesse	dicesse	facesse
fossimo	dessimo	stessimo	bevessimo	dicessimo	facessimo
foste	deste	steste	beveste	diceste	faceste
fossero	dessero	stessero	bevessero	dicessero	facessero

- Use the imperfect subjunctive when the action in the subordinate clause takes place at the same time as or later than a past-tense or conditional action in the main clause.

Credevi che **ci fosse** molto smog?
Did you think that there was a lot of smog?

Preferirebbe che **comprassi** una macchina ibrida.
She would prefer that I buy a hybrid car.

Il congiuntivo trapassato

The **congiuntivo trapassato** (*past perfect subjunctive*) is used in the same situations as the past subjunctive, except that the main clause is in the past or the conditional.

- Form the **congiuntivo trapassato** with the imperfect subjunctive of **essere** or **avere** + [*past participle*].

Congiuntivo trapassato		
	parlare	andare
io	avessi parlato	fossi andato/a
tu	avessi parlato	fossi andato/a
Lei/lui/lei	avesse parlato	fosse andato/a
noi	avessimo parlato	fossimo andati/e
voi	aveste parlato	foste andati/e
loro	avessero parlato	fossero andati/e

- Use the past perfect subjunctive when the action in the subordinate clause takes place *before* the action in the main clause.

Temeva che i bambini **avessero buttato** i rifiuti al parco.
*She was afraid that the children **had littered** in the park.*

Sospettavano che l'inquinamento **avesse** già **contribuito** all'effetto serra.
*They suspected that pollution **had** already **contributed** to the greenhouse effect.*

Credevo che **si fossero persi**.
*I believed that they **had been lost**.*

Temevate che **avessimo sprecato** il cibo?
*Were you afraid that **we had wasted** the food?*

- The past perfect subjunctive functions in a similar way to the past subjunctive. Compare the following examples.

PRESENT	CONGIUNTIVO PASSATO	PAST	CONGIUNTIVO TRAPASSATO

Sei felice che **abbiano usato** l'energia solare?
*Are you happy that **they used** solar energy?*

Eri felice che **avessero usato** l'energia solare?
*Were you happy that **they had used** solar energy?*

Dubito che **abbiano riciclato** la plastica.
*I doubt that they **recycled** plastic.*

Dubitavo che **avessero riciclato** la plastica.
*I doubted that they **had recycled** plastic.*

- Remember to use **di** + [*infinitive*] if there is no change of subject.

Avevano bisogno **di riciclare**?
*Did they need **to recycle**?*

Temevo **di avere sprecato** l'acqua.
*I was afraid **I had wasted** water.*

Provalo!   Completa la tabella con le forme mancanti del congiuntivo imperfetto.

	giocare	bere	dormire
1. io	giocassi	*bevessi*	dormissi
2. tu	_____	bevessi	_____
3. Lei/lui/lei	_____	bevesse	dormisse
4. noi	_____	_____	dormissimo
5. voi	giocaste	_____	_____
6. loro	giocassero	bevessero	_____

More activities

vhlcentral

LM
p. 107

WB
pp. 187-188

Online activities

PRATICA

1 **Completare** Scrivi la forma corretta del congiuntivo trapassato per completare le frasi seguenti.

1. Tu avresti voluto che io _____ (essere) più responsabile al lavoro.

2. Sarebbe stato bello se tu _____ (potere) giocare a calcio con loro.

3. Avrei voluto che Daniele _____ (vedere) com'è Carla veramente!

4. I nostri genitori erano felici che noi _____ (scrivere) loro ogni settimana.

5. Avremmo potuto accendere il fuoco sulla spiaggia se non _____ (piovere).

6. Sarebbe stata una cosa buona se voi _____ (comprare) una macchina ibrida.

2 **Trasformare** Usa gli indizi dati per scrivere frasi al passato usando il congiuntivo imperfetto.

MODELLO

i miei amici essere felici / la fabbrica non inquinare il fiume
I miei amici erano felici che la fabbrica non inquinasse il fiume.

1. essere importante / la gente riciclare i rifiuti

2. io essere contento / il governo incoraggiare l'agricoltura biologica

3. sembrare / molte persone comprare macchine ibride

4. essere bene / la legge proteggere l'ecologia

5. tutti essere preoccupati / lo smog aumentare

6. i cittadini sperare / tu trovare una soluzione

3 **Creare** Usa le espressioni elencate per creare frasi con il congiuntivo imperfetto o il congiuntivo trapassato.

MODELLO

l'energia termica
Ero contenta che la fabbrica usasse/avesse usato l'energia termica.

1. il riciclo

2. l'impianto nucleare

3. il disboscamento

4. lo smog

5. la coscienza ambientale

6. i rifiuti

4 **Scegliere** Scegli la risposta corretta per completare le frasi.

1. Temevamo che ...

   a. sprechino molta acqua.
   b. abbiano sprecato molta acqua.
   c. avessero sprecato molta acqua.

2. Speravo che tu...

   a. avessi una coscienza ambientale
   b. abbia una coscienza ambientale.
   c. hai una coscienza ambientale.

3. Sembrava che la legge...

   a. preservasse le risorse.
   b. preservi le risorse.
   c. abbia preservato le risorse.

4. Pareva impossibile che ...

   a. non prevedevano la catastrofe.
   b. non avessero previsto la catastrofe.
   c. non prevedano la catastrofe.

5. Credevi che il governo ...

   a. abbia proposto una soluzione?
   b. proponga una soluzione?
   c. proponesse una soluzione?

COMUNICAZIONE

5 **Cosa ti piacerebbe?** Lavorate a coppie. Fatevi a turno le seguenti domande usando il congiuntivo imperfetto. Non limitate le vostre risposte a «sì» e «no»; dite anche perché.

1. Secondo te, sarebbe più importante che la gente riciclasse la carta o la plastica?
2. Cosa vorresti che le fabbriche facessero per aiutare l'ambiente?
3. Secondo te, sarebbe importante che tutti comprassero macchine ibride?
4. Vorresti che la legge obbligasse i cittadini a praticare solo agricoltura biologica?
5. Quale tipo di energia sarebbe bene che la gente non usasse?
6. Secondo te, sarebbe meglio che ci fossero più soluzioni per l'effetto serra?

6 **Eventi passati** A coppie, date la vostra opinione su vari temi che sono accaduti nella vostra città nel passato. Usate la lista e il congiuntivo trapassato.

MODELLO

controllo governativo (*governmental*) sull'inquinamento
Era bene che trenta anni fa ci fosse già un controllo governativo sull'inquinamento.

Espressioni	Temi
Era bene	agricoltura biologica
Era impossibile che	leggi sull'ambiente
Era necessario	riciclo
Peccato che	buco (*hole*) nell'ozono
Sembrava che	rifiuti tossici
Speravo che	camion della nettezza urbana

7 **Occasioni mancate** Scrivi tre cose relative all'ambiente che vorresti vedere diverse. Poi, in gruppi di tre, paragonate a turno le vostre frasi. Stabilite quali sono i temi più comuni e parlatene come classe.

MODELLO

S1: *Vorrei che le persone riciclassero di più.*
S2: *Vorrei che il governo...*

8 **L'università "verde"** In gruppi di tre o quattro, pensate a come si potrebbe rendere la vostra università più "verde". Usate le parole del vocabolario della lezione e, dove possibile, il congiuntivo imperfetto e trapassato.

MODELLO

S1: *Mi piacerebbe che l'università offrisse dei seminari sulle energie rinnovabili.*
S2: *Anche a me piacerebbe. E vorrei anche che si parlasse dei pericoli legati al riscaldamento globale.*

ricilo	pendolari
pista ciclabile	disboscamento
pannello solare	agricoltura biologica
spreco energetico	

STRUTTURE

12B.2

Tense correlations with the subjunctive

Punto di partenza You have learned that the tense of the subjunctive depends on the tense of the verb used in the main clause. For any verb tense used in the main clause, the tense of the subordinate clause depends on when the actions take place in relation to one another. Here are some guidelines to help you choose which subjunctive tense to use in each situation.

- These are the possibilities for sentences whose main clauses use the present, future, or (less commonly) imperative form.

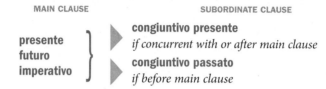

MAIN CLAUSE		SUBORDINATE CLAUSE
presente futuro imperativo	}	**congiuntivo presente** *if concurrent with or after main clause* **congiuntivo passato** *if before main clause*

- If the action of the subordinate clause is concurrent with or happens after that of the main clause, use the **congiuntivo presente**. If the action occurs before that of the main clause, use the **congiuntivo passato**.

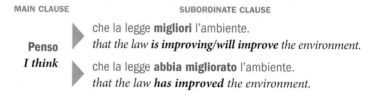

MAIN CLAUSE		SUBORDINATE CLAUSE
Penso *I think*	▶	che la legge **migliori** l'ambiente. *that the law **is improving/will improve** the environment.*
	▶	che la legge **abbia migliorato** l'ambiente. *that the law **has improved** the environment.*

- These are the possibilities for sentences whose main clauses use either a past tense or the conditional.

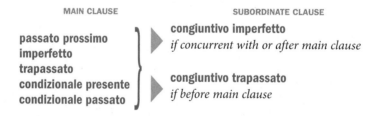

MAIN CLAUSE		SUBORDINATE CLAUSE
passato prossimo imperfetto trapassato condizionale presente condizionale passato	}	**congiuntivo imperfetto** *if concurrent with or after main clause* **congiuntivo trapassato** *if before main clause*

- If the action of the subordinate clause is concurrent with or happens after that of the main clause, use the **congiuntivo imperfetto**. If the action occurs before that of the main clause, use the **congiuntivo trapassato**.

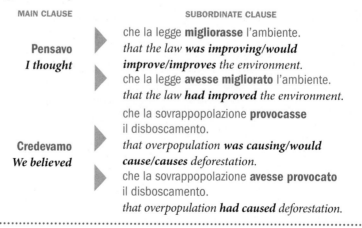

MAIN CLAUSE		SUBORDINATE CLAUSE
Pensavo *I thought*	▶	che la legge **migliorasse** l'ambiente. *that the law **was improving/would improve/improves** the environment.*
	▶	che la legge **avesse migliorato** l'ambiente. *that the law **had improved** the environment.*
Credevamo *We believed*	▶	che la sovrappopolazione **provocasse** il disboscamento. *that overpopulation **was causing/would cause/causes** deforestation.*
	▶	che la sovrappopolazione **avesse provocato** il disboscamento. *that overpopulation **had caused** deforestation.*

Se and the subjunctive

Use the conjunction **se** (*if*) to create complex sentences. In **Lezione 7A**, you learned to use the future in both the *if*-clause (beginning with **se**) and the independent clause. Use the chart below to determine which verb forms to use with other types of *if*-clauses.

	IF-CLAUSE		INDEPENDENT CLAUSE
se +	**presente**	▶	**presente, futuro, imperativo**
	congiuntivo imperfetto	▶	**condizionale presente,**
	congiuntivo trapassato		**condizionale passato**

- To describe real or likely situations, use the indicative mood in the *if*-clause and the present or future indicative or the imperative in the independent clause. Note that when the *if*-clause is in the future, the independent clause must also be in the future.

Ci **sarà** una catastrofe se **continuiamo** a inquinare.
*There **will be** a catastrophe if we continue to pollute.*

Se **useremo** l'energia solare, **aiuteremo** l'ambiente.
*If **we use** solar energy, **we will help** the environment.*

- To describe a hypothetical situation, use the **congiuntivo imperfetto** in the *if*-clause and the conditional or past conditional in the independent clause.

Se tutti **andassero** in bicicletta, ci **sarebbe** tanto smog?
*If everyone **traveled by** bike, **would** there **be** so much smog?*

Avrebbe comprato i pannelli solari se non **fossero costati** tanto.
*He **would have bought** solar panels if they **didn't cost** so much.*

- To describe impossible or contrary-to-fact situations, use the **congiuntivo trapassato** in the *if*-clause, and the conditional or past conditional in the independent clause.

Se **avessi proposto** una soluzione, non **avremmo** questi problemi.
*If **you had proposed** a solution, we wouldn't **have** these problems.*

Non **avrei sprecato** i soldi per la benzina se **fossi andata** a piedi.
*I wouldn't **have wasted** the money on gas if **I had walked**.*

Se **aveste preservato** l'ambiente, **non ci sarebbe** tanto degrado.
*If you **had preserved** the environment, **there wouldn't be** so much deterioration.*

Se tutti **avessero riciclato** i rifiuti correttamente, **avremmo ridotto** lo spreco.
*If everyone **had recycled** correctly, **we would have reduced** waste.*

 Provalo!   **Completa ogni frase con la forma corretta del congiuntivo.**

1. È bene che la tua famiglia (iniziasse / (abbia iniziato)) ad usare i pannelli solari.
2. Temevo che lo smog (fosse / sia stato) peggiorato.
3. Ho paura che le fabbriche (inquinino / inquinassero) i fiumi.
4. Pensavo che il problema (sia risolto / fosse stato risolto).
5. Non è possibile che Giorgio (facesse / abbia fatto) il pendolare per dieci anni!
6. Spero veramente che la città (avesse trovato / trovi) presto una soluzione a questo problema.

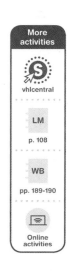

More activities

vhlcentral

LM
p. 108

WB
pp. 189-190

Online activities

1 **Associare** Associa la prima parte delle frasi alla conclusione più logica.

1. Non credevo che in inverno il sole ___

2. Non è possibile che i politici ___

3. Per ridurre l'inquinamento sarebbe bene che noi tutti ___

4. Credevo che questi uccelli ___

5. Se non avessimo praticato l'agricoltura biologica ___

6. Comprerebbe una macchina ibrida ___

a. i pomodori non sarebbero così saporiti.

b. guidassimo solo macchine ibride.

c. se costasse di meno.

d. non propongano più leggi per l'ambiente.

e. tramontasse così presto.

f. non fossero sopravvissuti al freddo di questa regione.

2 **Completare** Usa l'indicazione temporale, che spiega quando si svolge l'azione subordinata relativa all'azione principale per scegliere la forma corretta del congiuntivo del verbo indicato.

MODELLO

Non credevo che noi _avessimo_ (avere) tanta fortuna. [*future*]

1. Spero che Luigi _____ (arrivare) senza problemi. [*past*]

2. Volevo che tu mi _____ (aiutare). [*concurrent*]

3. Sarà divertente benché _____ (piovere). [*future*]

4. Davvero pensava che loro _____ (essere) disonesti? [*concurrent*]

5. L'erba era verde nonostante non _____ (piovere) da un mese. [*past*]

6. Sembrava che i volontari _____ (lavorare) anche il fine settimana. [*concurrent*]

3 **Trasformare** Usa gli indizi dati per scrivere delle frasi al congiuntivo imperfetto o al congiuntivo trapassato.

1. parere / il governo / proporre una soluzione / per sviluppare la produzione di energia rinnovabile

2. essere difficile / tutti pendolari / iniziare / a usare la macchina elettrica

3. bastare / i cittadini / sprecare meno energia

4. essere importante / le persone / sviluppare una coscienza ambientale

5. essere impossibile / la fabbrica / riciclare / tutti i rifiuti

6. essere bene / gli ambientalisti / proporre delle misure / per prevenire il riscaldamento globale

4 **Creare** Usa le parole date per creare delle frasi con il congiuntivo imperfetto o il congiuntivo trapassato.

A	B	C
essere impossibile	i pendolari	ridurre gli sprechi
ritenere	il governo	diminuire i rischi ambientali
essere necessario	gli ambientalisti	prevenire una catastrofe
sembrare	l'agricoltura biologica	salvare il pianeta
essere difficile	l'energia rinnovabile	preservare l'ambiente
pensare	le macchine ibride/elettriche	proteggere le specie a rischio
essere male	il riscaldamento globale	sviluppare una coscienza ambientale
parere	l'effetto serra	riciclare i rifiuti

COMUNICAZIONE

5 **Bene e male** Lavorate a coppie e create delle frasi che comincino con **(Non) Penso che...** Date la vostra opinione su fatti che aiutano o danneggiano (*harm*) l'ambiente. Usate il congiuntivo presente o il congiuntivo passato a seconda della situazione.

MODELLO

S1: *Penso che più persone usino i mezzi di trasporto pubblico oggi che vent'anni fa.*
S2: *Penso che ancora poche persone abbiano comprato una macchina ibrida o elettrica.*

6 **Nel passato** A coppie, completate le frasi seguenti usando o il congiuntivo imperfetto o il congiuntivo trapassato.

MODELLO

Abbiamo deciso di usare l'energia solare...
S1: *Abbiamo deciso di usare l'energia solare sebbene costi di più.*
S2: *Abbiamo deciso di usare l'energia solare sebbene il cielo sia spesso coperto.*

1. Abbiamo fatto i pendolari per due mesi...
2. Ha proposto una soluzione...
3. Avete combattuto per la situazione ambientale...
4. Hanno buttato i rifiuti nel lago...
5. Hai ignorato il pericolo...
6. Ho denunciato (*reported*) la fabbrica...

7 **E se...?** Completa queste frasi. Poi, in gruppi di tre, paragonate le vostre risposte per vedere quanto avete in comune.

MODELLO

Se io avessi comprato una macchina ibrida...
...non spenderei così tanti soldi in benzina.

Situazioni reali:

1. Se tutti rispetteranno la foresta...
2. Se noi facciamo una passeggiata su quel sentiero...

Situazioni ipotetiche:

3. Se il governo spendesse più soldi per l'ambiente...
4. Se al mercato si vendessero solo prodotti biologici...

Situazioni impossibili:

5. Se le fabbriche avessero costruito camion della nettezza ibridi...
6. Se tutte le famiglie del quartiere avessero usato pannelli solari...

8 **La città ideale** In gruppi di tre o quattro, immaginate di poter costruire la città ideale: quali caratteristiche dovrebbe avere per essere pulita e offrire un'alta qualità di vita? Quali leggi proporreste? Come sviluppereste una coscienza ambientale?

MODELLO

S1: *Se potessi costruire la mia città ideale, vorrei che avesse moltissimi pannelli solari.*
S2: *Anch'io ho sempre pensato che i pannelli solari fossero importanti.*

SINTESI

Ricapitolazione

1

Persone e ambiente A coppie, fate a turno a leggere le seguenti frasi. Poi dite qual è stata la reazione di ciascuna persona nella lista. Usate le espressioni della lista e il congiuntivo imperfetto.

MODELLO Si costruiscono nuove case nel deserto.

S1: *L'agente immobiliare era contento che si costruissero nuove case nel deserto.*
S2: *L'elettricista era sorpreso che...*

agente immobiliare	elettricista	pendolare
agricoltori	famiglie	sindaco
cittadini	governo	volontari

1. Venerdì hanno cancellato molti treni.
2. Le fabbriche hanno prodotto molti rifiuti tossici.
3. Molte persone hanno comprato macchine ibride.
4. I bambini non hanno inquinato la natura.
5. I turisti non hanno riciclato i rifiuti.
6. Hanno aumentato i prezzi dei prodotti biologici.

2

La città perfetta A coppie, immaginate una città che ha già risolto tutti i problemi ambientali. Dite cosa pensavano dell'ambiente e dei problemi ambientali le persone che vivevano lì già venti anni fa. Usate gli indizi elencati e il congiuntivo trapassato.

MODELLO

I leader politici avevano paura che i problemi ambientali della città fossero aumentati troppo velocemente.

1. Tutti pensavano che...
2. I residenti non credevano che...
3. Il sindaco aveva paura che...
4. Gli ingegneri e gli architetti erano felici che...
5. I proprietari delle fabbriche erano dispiaciuti (*sorry*) che...
6. I giovani temevano che...

3

Un'inchiesta Chiedi ai tuoi compagni di classe di completare una frase dal foglio che ti darà l'insegnante. Scrivi le loro risposte e poi discutile con la classe per scoprire quali sono le opinioni più comuni.

MODELLO

S1: *Come sarebbe se tutti avessero meno figli?*
S2: *Se tutti avessero meno figli, non ci sarebbe il problema della sovrappopolazione.*

4

Felice o triste A coppie, guardate le foto ed esprimete un'opinione positiva o negativa. Usate il congiuntivo passato o il congiuntivo trapassato.

MODELLO

S1: *Sono contenta che la gente abbia deciso di prendersi cura del lago.*
S2: *Peccato che non ci siamo mai stati.*

1.   2.   3.

4.   5.   6.

5

Soluzioni A coppie, immaginate un gruppo di studenti che vogliono salvare l'ambiente. Completate ogni frase per dire che cosa ha fatto ogni persona. Usate il congiuntivo imperfetto o il congiuntivo trapassato.

MODELLO Elena ha piantato molti alberi in modo che...

Elena ha piantato molti alberi in modo che ci fosse più natura in città.

1. Paolo e Gloria hanno parlato del riciclo affinché...
2. Loretta ha aiutato a pulire il parco nonostante...
3. Tu pensavi di partecipare alla conferenza sul riscaldamento globale a condizione che...
4. Io e Veronica abbiamo lavorato come volontari alla fattoria senza che...
5. Mario ha proposto un'ottima soluzione a tutti i problemi per quanto...
6. Patrizia ha accettato di studiare le piogge acide purché...

6

Nel futuro In gruppi di tre, scrivete almeno sei risoluzioni su cosa si deve fare nel futuro per aiutare l'ambiente. Usate il futuro e il congiuntivo presente.

MODELLO

Nel futuro insisteremo affinché la mensa ricicli tutta la carta e la plastica che usa.

7 **Se solo...** Fai una lista di cinque cose che avresti voluto fare durante la tua carriera accademica, basandoti sui disegni. Poi, in gruppi di quattro, condividete le vostre frasi. Avete le stesse idee?

▶ **MODELLO**

S1: Se avessi studiato invece di giocare avrei preso ottimi voti.

1.

2.

3.

4.

5.

8 **Ipotesi** Lavorate a coppie. L'insegnante vi darà due fogli diversi, ciascuno con metà delle informazioni su Caterina e sua mamma. A turno, fatevi domande su Caterina e create ipotesi su cosa farebbe la mamma se Caterina facesse le attività indicate.

MODELLO

S1: Se Caterina prendesse l'aereo...
S2: ...sua mamma vorrebbe che telefonasse dall'aeroporto.

Il mio di·zio·na·rio

Aggiungi al tuo dizionario personalizzato cinque parole relative alla natura e all'ambiente.

siccità

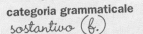

traduzione
drought

categoria grammaticale
sostantivo (f.)

uso
Non ha piovuto per tre mesi e la siccità sta creando problemi a piante e animali.

sinonimi
aridità

antonimi
piovosità

More activities

vhlcentral   Online activities

Panorama

Il Mezzogiorno

Abruzzo

- ▶ **Superficie:** *10.832 km²* ▶ **Popolazione:** *1.322.247*
- ▶ **Città principali:** *Pescara, L'Aquila, Chieti*
- ▶ **La gente:** ***Benedetto Croce**, filosofo (1866–1952)*

Molise

- ▶ **Superficie:** *4.460 km²* ▶ **Popolazione:** *310.449*
- ▶ **Città principali:** *Campobasso, Termoli, Isernia*
- ▶ **La gente:** ***Benito Jacovitti**, fumettista° (1923–1997)*

Campania

- ▶ **Superficie:** *13.671 km²* ▶ **Popolazione:** *5.839.084*
- ▶ **Città principali:** *Napoli, Salerno, Caserta*
- ▶ **La gente:** ***Antonio «Totò» De Curtis**, attore (1898–1967)*

Puglia

- ▶ **Superficie:** *19.541 km²* ▶ **Popolazione:** *4.063.888*
- ▶ **Città principali:** *Bari, Taranto, Foggia*
- ▶ **La gente:** ***Aldo Moro**, politico (1916–1978)*

Basilicata

- ▶ **Superficie:** *10.073 km²* ▶ **Popolazione:** *570.365*
- ▶ **Città principali:** *Potenza, Matera, Pisticci*
- ▶ **La gente:** ***Isabella Morra**, poetessa (1520–1546)*

Calabria

- ▶ **Superficie:** *15.222 km²* ▶ **Popolazione:** *1.965.128*
- ▶ **Città principali:** *Reggio Calabria, Catanzaro, Lamezia Terme*
- ▶ **La gente:** ***Donatella Versace**, stilista (1955–)*

fumettista *comic book writer* **sepolte** *buried* **ceneri** *ashes*
è avvenuta *occurred* **dormiente** *dormant*

il Duomo di Amalfi

Teramo
Parco Nazionale del Gran Sasso e Monti della Laga
Corno Grande · Pescara
L'Aquila ⊙ Chieti
Isole Tremiti
MARE ADRIATICO
ABRUZZO Termoli
Parco Nazionale d'Abruzzo, Lazio e Molise
Monte Gargano
MOLISE Foggia
Golfo di Manfredonia
Isernia Campobasso
CAMPANIA Andria ⊙ Bari
Giugliano in Campania Caserta
Monte Vulture PUGLIA
Napoli ⊙ Benevento Avellino
Procida Ischia ▲ Monte Vesuvio Matera Brindisi
Torre del Greco Salerno Potenza ⊙ Pisticci Taranto
Pompei Amalfi BASILICATA Metaponto Lecce
Capri Golfo di Salerno
Golfo di Taranto
Golfo di Policastro Parco Nazionale del Pollino
CALABRIA
Cosenza
MAR IONIO
Crotone
Lamezia Terme ⊙ Catanzaro

la bellezza naturale di Capri

MAR TIRRENO

0   50 miglia
0   50 chilometri

Stretto di Messina
Reggio Calabria

i limoni

Incredibile ma vero!

Il Vesuvio è un vulcano attivo che si trova a Napoli. L'eruzione nel 79 d.C. ha distrutto completamente le città di Pompei, Ercolano e Stabia. Queste città sono state sepolte° da sei metri di ceneri° e sono state riscoperte molti secoli dopo. L'ultima eruzione è avvenuta° nel 1944 e da allora il vulcano è in fase dormiente°.

La storia

L'influenza greca in Italia

In Basilicata due esempi di influenza greca sono Metaponto e Policoro. Metaponto è stata fondata dai greci nel VII secolo a.C. Oggi è una meta balneare° che in estate attrae molti turisti. L'attrazione maggiore è il tempio di Hera, di cui rimangono ancora in piedi 16 delle 36 enormi colonne doriche°. Anche l'area di Policoro è stata costruita nel VII secolo a.C. da greci provenienti dall'Asia Minore. Da non perdere sono il Parco Archeologico, il Santuario di Demetra e il tempio di Dionisio.

La gente

Il sogno di tutte le donne

Rodolfo Valentino è nato nel 1895 in Puglia ed è vissuto in Italia fino al 1913. A 18 anni parte per l'America, ma solo nel 1919 inizia la sua carriera di attore. Valentino diventa in poco tempo una star del cinema muto° e tantissime donne lo adorano e lo identificano con l'amante ideale. Tra i suoi film più famosi ci sono *I quattro cavalieri dell'Apocalisse°* (1921), *Sangue e arena°* (1922) e *Il figlio dello sceicco°* (1926). Valentino muore nel 1926 a soli 31 anni.

Il lavoro

Un'economia basata sulla pesca

Una parte importante dell'economia del Sud d'Italia è la pesca°. Alcuni piccoli villaggi dipendono completamente dal pesce, in un

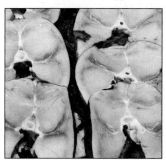

rapporto di amore-odio° per il mare e i suoi frutti. I pesci più comuni in questa zona sono pesce spada, tonno, sardine, alici, sgombri, spigole, orate, ostriche e mitili°. Nel passato i pescatori lungo l'Adriatico usavano i «trabocchi», lunghe piattaforme con grosse reti° sorrette° da corde° e carrucole°. Oggi i trabucchi sono considerati vere opere d'arte e attrazioni turistiche.

La gastronomia

Un olio d'oliva davvero speciale

L'Italia è uno dei maggiori produttori di olio in Europa e nel mondo, con più di 460.000 tonnellate° di olio d'oliva l'anno. Puglia, Calabria e Sicilia producono il 90% di tutto l'olio italiano. L'Italia produce oli di altissima qualità. Solo in Italia ci sono 37 oli DOP (denominazione di origine protetta) e il 40% degli oli DOP dell'Unione Europea è rappresentato da oli italiani. L'olio, più usato nella cucina del sud che in quella del nord, ha più calorie del burro ma, al contrario del burro, ha meno grassi saturi e non ha colesterolo.

Quanto hai imparato? Completa le frasi.

1. Nel 79 d.C. il Vesuvio ha distrutto le città di _____.

2. L'ultima eruzione del Vesuvio è stata nel _____.

3. Metaponto e Policoro sono state fondate nel VII secolo a.C. dai _____.

4. A Metaponto si possono ancora vedere 16 _____ del Tempio di Era.

5. Rodolfo Valentino era una star del cinema _____.

6. Nel 1921 Valentino ha fatto il film _____.

7. La _____ è molto importante nell'economia del Sud d'Italia.

8. I _____ erano usati nel passato per pescare.

9. La maggior parte dell'olio italiano è prodotto in _____.

10. In Italia ci sono _____ oli DOP.

More activities

vhlcentral | WB pp. 191–192 | Online activities

SU INTERNET

Go to vhlcentral.com to find more cultural information related to this **Panorama**.

1. Sai perché il Sud d'Italia è chiamato «Mezzogiorno»? Cerca una spiegazione su Internet.

2. Cerca informazioni sulla famiglia Versace, la loro casa di moda, le relazioni con l'America e il tipo di vestiti caratteristici delle loro collezioni.

3. La storia del Vesuvio è affascinante e allo stesso tempo terribile. Cerca informazioni sulle sue eruzioni e sul rapporto tra il vulcano e gli abitanti della zona.

meta balneare *beach destination* **colonne doriche** *Doric columns* **muto** *silent* **I quattro cavalieri dell'Apocalisse** *The Four Horsemen of the Apocalypse* **Sangue e arena** *Blood and Sand* **Il figlio dello sceicco** *The Son of the Sheik* **pesca** *fishing* **rapporto di amore-odio** *love-hate relationship* **pesce spada, tonno, sardine, alici, sgombri, spigole, orate, ostriche e mitili** *swordfish, tuna, sardines, anchovies, mackerel, bass, sea bream, oysters, and mussels* **reti** *nets* **sorrette** *held* **corde** *ropes* **carrucole** *pulleys* **tonnellate** *tons (one thousand kilograms)*

Lettura  Audio: Reading

Prima di leggere

L'autore

Stefano Benni

Stefano Benni, nato a Bologna nel 1947, è uno scrittore, giornalista, poeta e sceneggiatore° italiano. La produzione di Benni attraversa numerosi media e generi letterari: tra gli altri, libro, graphic novel, teatro, cinema e musical. I suoi libri sono stati tradotti in più di trenta lingue. I suoi romanzi e i suoi racconti, pur descrivendo spesso situazioni immaginarie, propongono attraverso la satira una lettura critica della realtà italiana contemporanea. Lo stile di Benni è ricco di giochi di parole, neologismi e parodie di altri stili letterari. Benni è molto attivo anche come giornalista e ha collaborato con alcuni tra i principali settimanali italiani quali *L'Espresso* e *Panorama*, oltre ai mensili *Il Mago* e *Linus*, i periodici satirici *Cuore* e *Tango* e i quotidiani *Il manifesto* e *La Repubblica*.

sceneggiatore *script writer*

L'istante

E ra una mattina nata col vento. Le onde alte si rompevano in fragorose° scrollate, nella risacca° color ghiaccio. Era un mare forte e giocoso, come un cavallo giovane. E i bambini lo affrontavano con urla e risa, si lasciavano sommergere dalle
5 onde, le attraversavano con grida, ne uscivano trionfanti. Le schiene abbronzate apparivano e scomparivano nella spuma°. Genitori, nonni, fratelli li controllavano perché non si allontanassero, nell'aria limpida risuonavano avvertimenti allegri o arrabbiati. Una bimba uscì piangendo dal mare, a un ordine più deciso e squillante della
10 madre. Tre ragazzi eccitati presero la rincorsa per tuffarsi di colpo, e un'onda li rimandò indietro con uno schiaffone°.

Un uomo, all'ombra dello spalto° bianco di arenaria°, osservava con stupore° e allegria.

Non aveva figli. Aveva avuto una moglie, ma gli anni erano
15 passati e, senza sapere perché, un giorno avevano cominciato a parlarne come di una cosa lasciata indietro, non più possibile.

L'uomo non aveva una particolare predilezione per i bambini: aveva dei nipoti, qualcuno simpatico qualcuno odiosetto. Ma i giovani e audaci delfini° di quella mattina gli piacevano.
20 E strani pensieri gli nuotavano in testa, leggeri e gravi, proprio come il mare che fingeva una tregua e poi si animava in sequenze di tre, quattro onde più grandi. Una di queste arrivò ai suoi piedi, fino a bagnargli i sandali.

Era l'unico bagnante° solitario, tra coppie, famigliole e tribù
25 sotto fungaie di ombrelloni. Ma si sentiva bene, come fosse tornato giovane, e si godeva ogni immagine di quella giornata, fino al lontano orizzonte.

Improvvisamente, sul tratto di spiaggia davanti a lui, apparve una donna. Era magra e abbronzata, il vento le scompigliava° i
30 capelli e camminava con passi svelti. Guardava il mare inquieta.

L'uomo capì subito perché.

fragorose *thunderous* **risacca** *surf* **spuma** *foam* **schiaffone** *big slap* **spalto** *embankment* **arenaria** *sandstone* **stupore** *wonder* **delfini** *dolphin-like* **bagnante** *bather* **scompigliava** *ruffled*

La donna non vedeva più tra le onde la figlia. Non scorgeva la cuffietta, il colore del costume, il profilo lontano, qualcosa di unico e prezioso che avrebbe potuto calmarle l'affanno° del cuore.

35 Il frastuono° del mare copriva le sue parole. Solo quel nome, ogni tanto, risuonava chiaro e doloroso, e gli faceva eco il lamento di un gabbiano.

Finché la donna si fermò nel punto più luminoso della spiaggia, una chiazza° abbagliante di granelli di quarzo, e sembrava non
40 avesse più la forza di muoversi, né di gridare.

In quel preciso istante, l'uomo vide qualcosa di inspiegabile°.

Il ghiaccio azzurro delle onde si sommò al candore della sabbia e al fuoco del sole, e ne nacque una zona di luce abbacinante°, la muta esplosione di una stella. In questo bagliore° la snella figura
45 della donna sembrò torcersi e dividersi in due, due corpi gemelli che sbocciarono e si separarono.

Una donna corse subito verso levante, incontro alla figlia che usciva dall'acqua. La abbracciò e pianse, tenendola in braccio.

Nello stesso tempo, un'altra identica donna correva
50 dalla parte opposta, verso un gruppo di persone radunate sul bagnasciuga°, chine sopra qualcosa, mentre una vecchia si metteva le mani nei capelli.

Un attimo prima il mondo era uno solo. Ora niente era diverso come quei due mondi, nati in quell'istante.

55 L'uomo non riuscì a fare un passo, non capì se doveva andare da una parte e sorridere alla madre e alla figlia ritrovata, o correre dall'altra a guardare se era accaduto davvero qualcosa di terribile.

Un'onda luminosa°, alta, azzurra, sorse dal mare, si innalzò come un cielo liquido sulla sua testa, l'uomo chiuse gli occhi.

60 Quando si svegliò era già notte, e la spiaggia era deserta.

Non sapeva quale dei due mondi esisteva ancora. E in quale dei due viveva. Ed ebbe paura

---

affanno *shortness of breath* **frastuono** *uproar* **chiazza** *big stain* **inspiegabile** *inexplicable* **abbacinante** *dazzling* **bagliore** *flash* **bagnasciuga** *water's edge* **luminosa** *bright* **colonna** *sonora soundtrack* **tratto** *inspired*

Dopo la lettura

Rispondere Rispondi alle seguenti domande con frasi complete.

1. Dov'è ambientata la storia?

2. Che tempo fa?

3. Chi è il protagonista della storia?

4. Che cosa sta facendo il protagonista della storia?

5. Com'è la donna al centro della visione del protagonista?

6. Che cosa sta facendo questa donna? Perché?

7. A un certo punto all'immagine della donna succede qualcosa d'inspiegabile: che cosa?

8. Come reagisce il protagonista a questa visione?

9. Che cosa succede dopo?

10. Che emozione prova il protagonista alla fine del racconto?

Finale alternativo Dopo aver letto il racconto di Stefano Benni, scrivi un finale alternativo. Come potrebbe finire la storia? A quale delle due donne andrà incontro il protagonista? Oppure, quale altro possibile finale immagini per questa storia? Sii creativo/a e scrivi almeno sei frasi complete.

Le possibilità Anche se tutto il racconto sembra immerso in un'atmosfera di sogno, la storia è molto realistica. Considerati singolarmente, entrambi i finali sembrano plausibili. Secondo te, la letteratura ha il potere di farci vedere alcuni mondi possibili? In che modo? È una funzione utile? Perché? Parlane con un/una compagno/a e preparati a discuterne con la classe.

More activities

vhlcentral   Online activities

In ascolto

Jotting down notes as you listen

Jotting down notes while you listen to a conversation in Italian can help you keep track of the important points or details. It will help you to focus actively on comprehension rather than on remembering what you have heard.

 To practice this strategy, you will listen to a paragraph. Jot down the main points you hear.

Preparazione

Guarda la fotografia. Chi sono queste persone? Cosa stanno facendo? Perché stanno protestando? Secondo te, cosa dicono?

Ascoltiamo

Ascolta l'organizzatore che parla alla manifestazione e indica quali dei seguenti argomenti sono menzionati.

1. _____ i rifiuti tossici
2. _____ i problemi ambientali
3. _____ il riciclo (recycling)
4. _____ le macchine ibride
5. _____ il riscaldamento globale
6. _____ le leggi per proteggere l'ambiente
7. _____ le centrali nucleari
8. _____ la protezione dell'ecologia
9. _____ l'effetto serra
10. _____ la coscienza ambientale
11. _____ il degrado del paese
12. _____ il disboscamento

Comprensione

Completare Scegli la risposta che meglio completa ogni frase su quello che hai appena ascoltato.

1. Noi tutti lottiamo (are fighting) _____.
   a. per un mondo migliore   b. per avere più lavoro
   c. per produrre più macchine ibride

2. Per combattere i problemi ambientali ci vuole _____.
   a. felicità   b. passione   c. amore

3. Il degrado del paese è causato da _____.
   a. il non riciclo   b. l'energia nucleare
   c. la sovrappopolazione

4. I nostri figli hanno diritto a _____.
   a. un parco con molti giochi   b. prodotti sani e biologici
   c. un mondo pulito e verde

5. L'esempio di coscienza ambientale deve partire da _____.
   a. i genitori   b. gli amici   c. i politici

6. Dobbiamo unire le nostre voci e combattere per _____.
   a. una foresta più grande   b. un ambiente più sano
   c. un lago più pulito

Le leggi Un rappresentante del Congresso verrà nella tua università per discutere i problemi dell'ambiente. In piccoli gruppi, scegliete un problema ecologico che considerate molto importante. Provate a convincere il rappresentante che il governo dovrebbe fare di più su questa questione. Siate pronti a spiegare il problema e a dire quali sono i cambiamenti necessari per rendere le cose migliori. Pensate anche a quali nuove leggi ambientali potreste suggerire al rappresentante.

Scrittura

STRATEGIA

Considering audience and purpose

Writing always has a purpose. During the planning stages, you must determine to whom you are addressing the piece and what you want to express to your reader. Once you have defined both your audience and your purpose, you will be able to decide which genre, vocabulary, and grammatical structures will best serve your composition.

Let's say you want to share your thoughts on local traffic problems. Your audience can be either the local government or the community. You could choose to write a newspaper article, a letter to the editor, or a letter to the city's governing board. You should first ask yourself these questions:

1. Are you going to comment on traffic problems in general, or are you going to point out several specific problems?

2. Is your intention to register a specific complaint?

3. Is your intention simply to inform others and increase public awareness of the problems?

4. Are you hoping to persuade others to adopt your point of view?

5. Are you hoping to inspire others to take concrete actions?

The answers to these questions will help you establish the purpose of your writing and determine your audience. Of course your writing can have more than one purpose. For example, you may intend for your writing to both inform others of a problem and inspire them to take action.

No matter the topic, choosing a purpose before you begin will make your writing more focused and effective.

Tema

Scrivi una lettera o un articolo

Scrivi di un problema ambientale che, secondo te, è molto importante.

1. Prima scegli il problema di cui vuoi scrivere. È un problema locale (per esempio, il riciclo al campus) o un problema a livello globale (per esempio, la sovrappopolazione)?

2. Decidi chi sarà il tuo pubblico: vuoi scrivere una lettera a un amico, a un membro del governo, a un gruppo all'università ecc.? Preferisci scrivere un articolo per un giornale o una rivista?

3. Identifica lo scopo della lettera o articolo: vuoi semplicemente informare il tuo pubblico o vuoi anche dare la tua opinione personale?

4. Prepara una breve introduzione, poi presenta il problema che hai scelto in modo logico.

5. Se scegli di dare la tua opinione personale, giustifica la tua posizione e convinci il lettore che hai ragione.

6. Prepara una conclusione per la lettera o l'articolo.

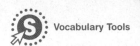
Lezione 12A

La natura

l'alba *dawn; sunrise*
l'albero *tree*
l'ambiente (m.) *environment*
la baita *cabin (mountain shelter)*
la campagna *countryside*
il campo *field*
la cascata *waterfall*
il cielo *sky*
la costa *coast*
il deserto *desert*
l'erba *grass*
la fattoria *farm*
il fieno *hay*
il fiore *flower*
il fiume *river*
la foresta *forest*
l'isola *island*
il lago *lake*
la luna *moon*
la montagna *mountain*
la natura *nature*
l'oceano *ocean*
l'orizzonte (m.) *horizon*
la pianta *plant*
la pietra *rock, stone*
la pineta *pine forest*
il prato *meadow*
la scogliera *cliff*
il sentiero *path*
il sole *sun*
la stella *star*
il tramonto *sunset*
la valle *valley*

Le attività

esplorare *to explore*
fare un picnic *to have a picnic*
passare *to pass by; to spend (time)*
remare *to row*
scalare *to climb*
sorgere *to rise (sun)*
tramontare *to set (sun)*

Gli insetti e gli animali

gli animali *animals*
l'ape (f.) *bee*
la capra *goat*
il coniglio *rabbit*
il gabbiano *seagull*
gli insetti *insects*
la mucca *cow*
l'orso *bear*
la pecora *sheep*
la rondine *shallow*
lo scoiattolo *squirrel*
il serpente *snake*
il toro *bull*
l'uccello *bird*

Conjunctions

affinché *so that*
appena *as soon as*
benché *although*
a condizione che *provided that*
e *and*
ma *but*
mentre *while*
a meno che… non *unless*
in modo che *so that*
o/oppure *or*
a patto che *provided that*
per quanto *although*
perché *so that; because*
prima che *before*
purché *provided that*
sebbene *although*
senza che *without*

Espressioni utili *See p. 525.*

Lezione 12B

Espressioni

Vietato buttare rifiuti. *No littering.*
fare il/la pendolare *to commute*
migliorare *to improve*
preservare *to preserve*
proporre una soluzione *to propose a solution*
riciclare *to recycle*
salvare il pianeta *to save the planet*
sprecare *to waste*
sviluppare *to develop*

L'energia

la centrale nucleare *nuclear power plant*
l'energia *energy*
l'energia eolica *wind power*
l'energia nucleare *nuclear energy*
l'energia rinnovabile *renewable energy*
l'energia solare *solar energy*
l'energia termica *thermal energy*
la fabbrica *factory*
il pannello solare *solar panel*

I problemi ambientali

l'alluvione (f.) *flood*
la catastrofe *catastrophe*
il degrado *deterioration*
il disboscamento *deforestation*
la discarica *garbage dump, landfill*
l'effetto serra *greenhouse effect*
l'immondizia *trash*
l'inquinamento *pollution*
il pericolo *danger*
la pioggia acida *acid rain*
i problemi ambientali *environmental problems*
i rifiuti tossici *toxic waste*
il riscaldamento globale *global warming*
il tubo di scappamento *exhaust pipe*
lo smog *smog*
la sovrappopolazione *overpopulation*

Le soluzioni

l'agricoltura biologica *organic farming*
l'ambientalismo *environmentalism*
il camion della nettezza urbana *garbage truck*
la coscienza ambientale *environmental awareness*
l'ecologia *ecology*
il governo *government*
la legge *law*
la macchina ibrida/elettrica *hybrid/electric car*
la raccolta dei rifiuti *garbage collection*
il riciclo *recycling*
le soluzioni *solutions*
la sostenibilità *sustainability*

Espressioni utili *See p. 545.*

Il mondo

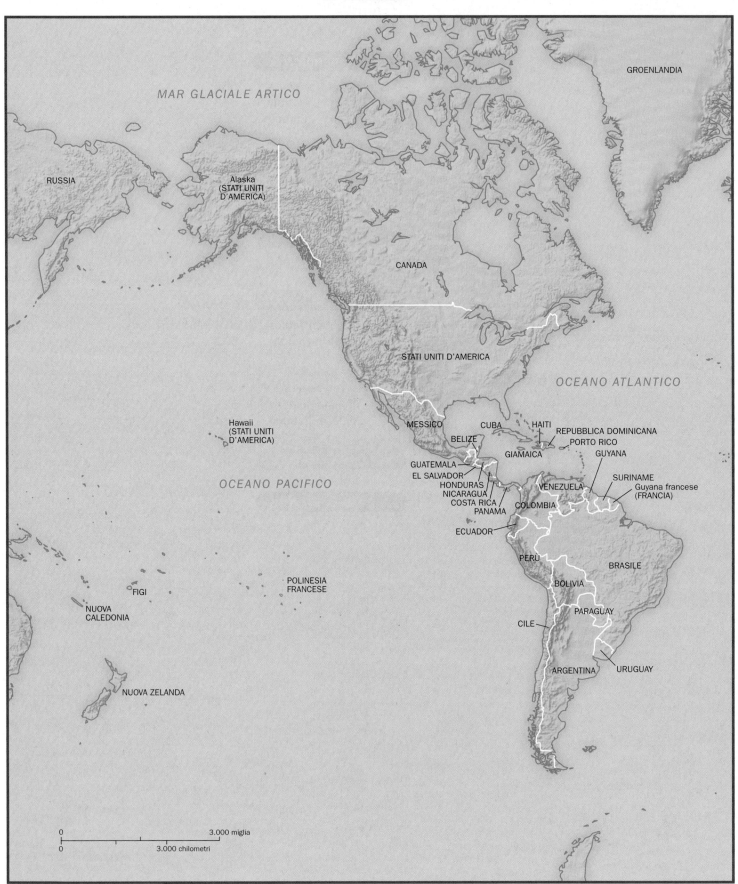

MAR GLACIALE ARTICO

GROENLANDIA

RUSSIA

Alaska
(STATI UNITI
D'AMERICA)

CANADA

STATI UNITI D'AMERICA

OCEANO ATLANTICO

Hawaii
(STATI UNITI
D'AMERICA)

MESSICO

CUBA

HAITI

REPUBBLICA DOMINICANA

PORTO RICO

BELIZE

GIAMAICA

GUYANA

OCEANO PACIFICO

GUATEMALA
EL SALVADOR
HONDURAS
NICARAGUA
COSTA RICA
PANAMA

VENEZUELA

SURINAME
Guyana francese
(FRANCIA)

COLOMBIA

ECUADOR

PERÙ

BRASILE

POLINESIA
FRANCESE

FIGI

BOLIVIA

NUOVA
CALEDONIA

PARAGUAY

CILE

ARGENTINA

URUGUAY

NUOVA ZELANDA

0   3.000 miglia

0   3.000 chilometri

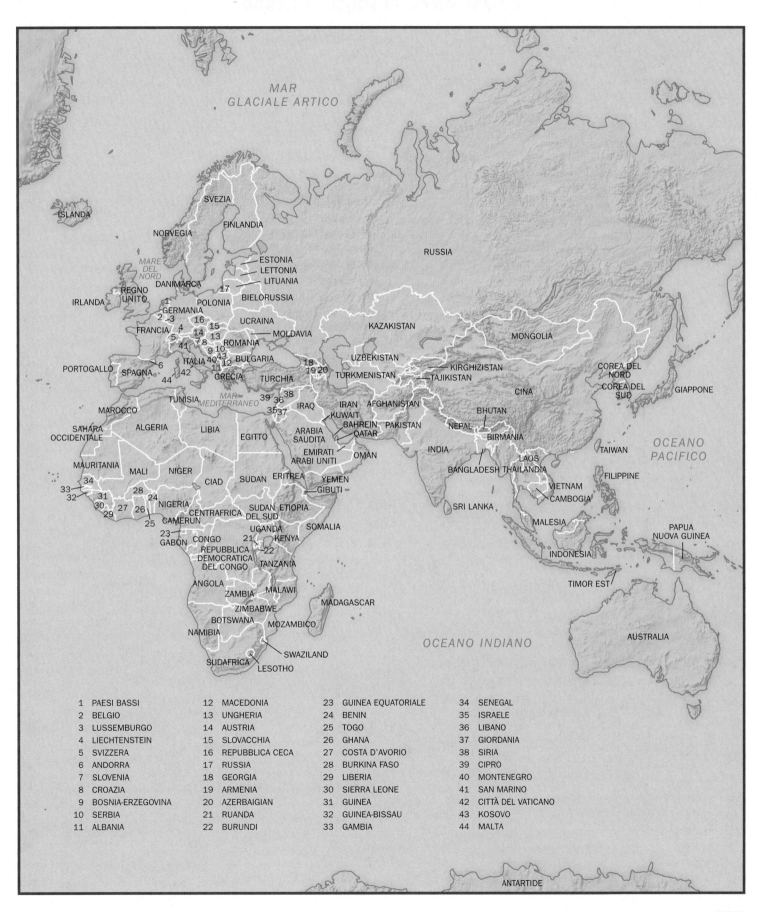

1	PAESI BASSI	12	MACEDONIA	23	GUINEA EQUATORIALE	34	SENEGAL
2	BELGIO	13	UNGHERIA	24	BENIN	35	ISRAELE
3	LUSSEMBURGO	14	AUSTRIA	25	TOGO	36	LIBANO
4	LIECHTENSTEIN	15	SLOVACCHIA	26	GHANA	37	GIORDANIA
5	SVIZZERA	16	REPUBBLICA CECA	27	COSTA D'AVORIO	38	SIRIA
6	ANDORRA	17	RUSSIA	28	BURKINA FASO	39	CIPRO
7	SLOVENIA	18	GEORGIA	29	LIBERIA	40	MONTENEGRO
8	CROAZIA	19	ARMENIA	30	SIERRA LEONE	41	SAN MARINO
9	BOSNIA-ERZEGOVINA	20	AZERBAIGIAN	31	GUINEA	42	CITTÀ DEL VATICANO
10	SERBIA	21	RUANDA	32	GUINEA-BISSAU	43	KOSOVO
11	ALBANIA	22	BURUNDI	33	GAMBIA	44	MALTA

Paesi dove si parla italiano

Italy

Other regions where Italian is spoken

regional border

provincial border

• provincial capital or metropolitan city

◎ regional capital

★ country capital

L'Europa

500 miglia
0 500 chilometri

Paesi dove l'italiano
è una lingua ufficiale

MARE DI BARENTS

MARE DI NORVEGIA

ISLANDA
Reykjavik

SVEZIA

FINLANDIA

RUSSIA

NORVEGIA

Helsinki

Stoccolma
Oslo

ESTONIA

Tallinn

MAR BALTICO

MARE DEL NORD

DANIMARCA

LETTONIA

Riga

Mosca

LITUANIA

Vilnius

RUSSIA

Minsk

BIELORUSSIA

Dublino

IRLANDA

PAESI BASSI

Copenaghen

REGNO UNITO

Berlino

Varsavia

Kiev

Amsterdam

Londra

GERMANIA

POLONIA

UCRAINA

Bruxelles

LUSSEMBURGO BELGIO

Praga

REPUBBLICA CECA

SLOVACCHIA

MOLDAVIA

Lussemburgo

OCEANO ATLANTICO

Parigi

Bratislava

Chisinau

LIECHTENSTEIN

Vienna

Budapest

Berna Vaduz

AUSTRIA

UNGHERIA

ROMANIA

FRANCIA

SVIZZERA

SLOVENIA

Zagabria

Lubiana

CROAZIA

Belgrado

Bucarest

MAR NERO

ITALIA

BOSNIA-ERZEGOVINA

SERBIA

COSSOVO

Monaco

Sarajevo

Pristina

BULGARIA

SAN MARINO

Città di San Marino

MONTENEGRO

Sofia

Ankara

PORTOGALLO

Andorra la Vella

MONACO

Podgorica

Skopje

MACEDONIA

Roma

Tirana

TURCHIA

ANDORRA

Corsica

CITTÀ DEL VATICANO

ALBANIA

Lisbona

Madrid

GRECIA

SPAGNA

Sardegna

Atene

Nicosia

Sicilia

CIPRO

Algeri

Tunisi

La Valetta MALTA

Rabat

ALGERIA

TUNISIA

MAR MEDITERRANEO

MAROCCO

Italian Terms for Direction Lines and Classroom Use

Parole utili	Useful words
l'affermazione (f.)	statement
il/la compagno/a	partner
i compiti	homework
la conversazione	conversation
il disegno	drawing
la domanda	question
l'elenco, la lista	list
la fine	end
la frase completa	complete sentence
il gioco	game
l'inchiesta	survey; investigation
l'indizio	clue; indication
l'inizio	beginning
l'intervista	interview
la lavagna	(black)board
la lettura	reading
il nome	name
l'opuscolo	brochure
il personaggio	character
la prossima prova	next quiz
la pubblicità	ad/advertisement; commercial
il punto di partenza	starting point
il riassunto	summary
le risorse	resources
il saggio	essay, paper
lo scopo, il fine	purpose, goal
il sondaggio	opinion poll
la tabella	chart, table
il tema, l'argomento	topic
per esempio	for example
quello che	what; that which
giusto/a	right
sbagliato/a	wrong
vero/a	true
falso/a	false
a destra	to/on the right
a sinistra	to/on the left
adesso	now
allora	then
dopo	after
(tutti) insieme	(all) together
ogni	each
per primo	first
per ultimo	last
poi	then, later

Verbi utili	Useful verbs
abbinare	to match
aggiungere	to add
aiutare	to help
appartenere	to belong
ascoltare	to listen (to)
categorizzare	to categorize
cercare	to look for
chiacchierare	to chat
collegare	to connect
combinare	to combine
completare	to complete
controllare	to check
correggere	to correct
creare	to create
definire (-isc-)	to define
descrivere	to describe
dire	to say
discutere	to discuss
disegnare	to draw
domandare, chiedere	to ask
etichettare	to label
guardare	to look at
identificare	to identify
includere	to include
indicare	to show, to indicate
indovinare	to guess
lavorare	to work
leggere	to read
mescolare	to mix
paragonare	to compare
presentare	to present
provare	to try
raccontare	to tell
recitare	to role-play
riassumere	to summarize
riempire	to fill in
ripetere	to repeat
rispondere	to answer, to reply
scambiare	to exchange, to switch
scegliere	to choose
scoprire	to find out; to uncover
scrivere	to write
seguire	to follow
sostituire (-isc-)	to substitute
spiegare	to explain
tradurre	to translate
trasformare	to transform
trovare	to find
usare	to use

Espressioni utili *Useful expressions*

A coppie...	With a partner . . .
A proposito di...	Regarding . . .
A tuo/vostro avviso...	In your opinion . . .
A turno...	Take turns . . .
ad alta voce	aloud
Andate/Vai a pagina 2.	Go to page 2.
Aprite/Chiudete il libro.	Open/Close your book.
Avete/Hai capito?	Do you understand?
Avete/Hai delle domande?	Do you have any questions?
Avete/Hai finito?	Have you finished?
che completa meglio	that best completes
Chi ha vinto?	Who won?
Chiedo scusa per il ritardo.	Excuse me for being late.
Come si dice _____ in italiano?	How do you say _____ in Italian?
Come si scrive _____?	How do you spell _____ ?
Comincio io./Cominci tu.	I'll start./You start.
Completate/Completa la tabella.	Fill in the chart.
Completate/Completa le frasi.	Complete the sentences.
Congratulazioni!	Congratulations!
Correggete/Correggi le affermazioni false.	Correct the false statements.
Cosa ne pensate/pensi?	What do you think?
Cosa pensate/pensi di...?	What do you think about . . . ?
Cosa vuol dire _____?	What does _____ mean?
Create/Crea/Formate/ Forma delle frasi.	Create/Form sentences.
Descrivete/Descrivi le foto/i disegni.	Describe the photos/drawings.
Discutete delle seguenti domande.	Discuss the following questions.
Dite/Di' se siete/sei d'accordo oppure no.	Say if you agree or not.
Dividetevi in gruppi di quattro.	Get into groups of four.
Domani non ci sarò.	I won't be here tomorrow.
Domani farete...	Tomorrow you're going to do . . .
Dopo il secondo ascolto...	After a second listening . . .
Etichettate/Etichetta...	Label . . .
Fate a turno a....	Take turns . . .
Fatevi le seguenti domande.	Ask each other the following questions.
Ho vinto!/Abbiamo vinto!	I won!/We won!
il/la più appropriato/a	the most appropriate
Indicate/Indica chi ha detto...	Indicate who said . . .
Indicate/Indica la parola che non appartiene al gruppo.	Indicate the word that doesn't belong to the group.
Leggete/Leggi...	Read . . .
Lentamente, per favore.	Slowly, please.
Mettete/Metti in ordine...	Put in order . . .
Mi presti la matita?	Could you lend me your pencil?
Mi scusi, l'ho dimenticato.	I'm sorry, I forgot.
Non capisco./Non ho capito.	I don't understand.
Non dirmi la risposta.	Don't tell me the answer.
Non ho/abbiamo ancora finito.	I/We have not finished yet.
Non lo so.	I don't know.
Per domani, fate...	For tomorrow, do . . .
Posso continuare?	May I continue?
la prima/seconda persona	the first/second person
Può ripetere per favore?	Could you repeat please?
Può spiegare ancora una volta, per favore?	Could you explain again, please?
Riempite/Riempi gli spazi bianchi.	Fill in the blanks.
Riscrivete/Riscrivi le frasi...	Rewrite the sentences . . .
Rispondete/Rispondi alle seguenti domande.	Answer the following questions.
Scambiate i ruoli.	Switch roles.
Scegliete/Scegli delle parole da ogni colonna.	Choose words from each column.
Scegliete/Scegli la forma corretta.	Choose the correct form.
Scegliete/Scegli la parola giusta.	Choose the right word.
Scrivete/Scrivi una lettera/frase.	Write a letter/sentence.
Secondo me/te...	According to me/you . . .
Siate creativi!/Sii creativo/a!	Be creative!
Siate pronti/Sii pronto/a a...	Be ready to . . .
Siete pronti?/Sei pronto/a?	Are you ready?
(Non) sono d'accordo.	I (dis)agree.
Tocca a...	It's _____'s turn.
Tocca a te./Tocca a me.	It's your/my turn.
Trovate/Trova la parola che non appartiene al gruppo.	Find the word that doesn't belong to the group.
Trovate/Trova l'intruso.	Choose the item that doesn't belong.
Unitevi/Unisciti a un altro gruppo.	Get together with another group.
Usando...	Using . . .
Vero o falso?	True or false?
Venite/Vieni alla lavagna.	Come to the board.
Vuoi lavorare con me?	Do you want to work with me?

Glossary of Grammatical Terms

ADJECTIVE A word that modifies, or describes, a noun or pronoun.

dei libri **interessanti**
*some **interesting** books*

un uomo **alto**
*a **tall** man*

dei **bei** fiori
*some **pretty** flowers*

Tu sei **generosa**.
*You are **generous**.*

Demonstrative adjective An adjective that specifies which noun a speaker is referring to.

questa camicia
this shirt

quest'armadio
this wardrobe

quell'albergo
that hotel

queste scatole
these boxes

Possessive adjective An adjective that indicates ownership or possession.

il **mio** orologio
my watch

È **sua** cugina.
*It's **his/her** cousin.*

le **tue** matite
your pencils

Sono le **loro** zie.
*They are **their** aunts.*

ADVERB A word that modifies, or describes, a verb, adjective, or another adverb.

Giovanni parla **bene** l'italiano.
*Giovanni speaks Italian **well**.*

Questi bambini sono **veramente** intelligenti.
*These children are **really** smart.*

Lei corre **molto** velocemente.
*She runs **very** fast.*

ARTICLE A word that points out a noun in either a specific or a non-specific way.

Definite article An article that points out a noun in a specific way.

il mercato
the market

la valigia
the suitcase

lo zaino
the backpack

l'amica
the friend

i dizionari
the dictionaries

le parole
the words

Indefinite article An article that points out a noun in a general, non-specific way.

una bicicletta
a bike

un ragazzo
a boy

CLAUSE A group of words that contains both a conjugated verb and a subject, either expressed or implied.

Main (or Independent) clause A clause that can stand alone as a complete sentence.

Ho un cappotto verde.
I have a green overcoat.

Subordinate (or Dependent) clause A clause that does not express a complete thought and therefore cannot stand alone as a sentence.

Lavoro in un ristorante **perché ho bisogno di soldi**.
*I work in a restaurant **because I need money**.*

COMPARATIVE A construction used with an adjective or adverb to express a comparison between two people, places, or things.

Tommaso è **più alto di** Giuseppe.
*Tommaso is **taller than** Giuseppe.*

A Roma piove **meno spesso che** a Bologna.
*In Rome, it rains **less often than** in Bologna.*

Questa casa ha **tante finestre quante** porte.
*This house has **as many windows as** it does doors.*

CONJUGATION A set of the forms of a verb for a specific tense or mood, or the process by which these verb forms are presented.

Imperfetto conjugation of **cantare:**

io cant**avo**	noi cant**avamo**
tu cant**avi**	voi cant**avate**
Lei/lui/lei cant**ava**	loro cant**avano**

CONJUNCTION A word used to connect words, clauses, or phrases.

Susanna **e** Piero abitano in Svizzera.
*Susanna **and** Piero live in Switzerland.*

Non disegno molto bene **ma** mi piacciono le lezioni d'arte.
*I don't draw very well, **but** I like art classes.*

CONTRACTION The joining of two words into one. Examples of Italian contractions are **agli, dalla, del,** and **nelle.**

Mia sorella è andata **al** concerto ieri sera.
*My sister went **to the** concert last night.*

Devo prelevare **dei** soldi.
*I need to withdraw **some** money.*

l dizionario è **nello** zaino.
*The dictionary is **in the** backpack.*

Lascia il libro **sul** tavolo.
*Leave the book **on the** table.*

DIRECT OBJECT A noun or pronoun that directly receives the action of the verb.

Pietro legge **un libro.**	L'ho visto ieri.
*Pietro reads **a book.***	*I saw **him** yesterday.*

GENDER The grammatical categorizing of certain kinds of words, such as nouns, pronouns, and adjectives as masculine or feminine.

Masculine
articles **il, un**
pronouns **lui, lo, questo, quello, gli**
adjective **generoso**

Feminine
articles **la, una**
pronouns **lei, la, questa, quella, le**
adjective **generosa**

IMPERSONAL EXPRESSION A third-person expression with no expressed or specific subject.

Piove.	Qui **si parla** italiano.
It's raining.	*Italian **is spoken** here.*

INDIRECT OBJECT A noun or pronoun that receives the action of the verb indirectly; the object, often a living being, to or for whom an action is performed.

Mario regala un libro **a Linda.**
*Mario gives a book **to Linda.***

Il professore **mi** ha dato un bel voto.
*The teacher gave **me** a good grade.*

INFINITIVE The basic form of a verb. Most Italian infinitives end in **-are, -ere,** or **-ire.**

parlare	**leggere**	**partire**
to speak	*to read*	*to leave*

INTERROGATIVE An adjective or pronoun used to ask a question.

Chi parla?
Who is speaking?

Quanti biscotti hai comprato?
How many cookies did you buy?

Cosa pensi di fare oggi?
What do you plan to do today?

INVERSION Changing the word order of a sentence, often to form a question.

Statement: **Laura ha comprato i fagioli.**

Inversion: **Ha comprato i fagioli Laura?**

MOOD A grammatical distinction of verbs that indicates whether the verb is intended to make a statement or command or to express doubt, emotion, or a condition contrary to fact.

Conditional mood Verb forms used to express what would be done or what would happen under certain circumstances; to make a polite request or soften a demand; to express what someone could or should do; or to state a contrary-to-fact situation.

Se avesse tempo, **farebbe** una passeggiata.
*He **would go** for a walk if he had the time.*

Spegneresti le luci, per favore?
*Would you **turn off** the lights, please?*

Avrei dovuto parlarle gentilmente.
*I **should have talked** to her nicely.*

Imperative mood Verb forms used to make commands or suggestions.

Parla lentamente.	**Venite** con me.
Speak slowly.	*Come with me.*

Indicative mood Verb forms used to state facts, actions, and states considered to be real.

So che lui **ha** un gatto.
*I **know** that **he has** a cat.*

Subjunctive mood Verb forms used principally in subordinate (dependent) clauses to express wishes, desires, emotions, doubts, and certain conditions, such as contrary-to-fact situations.

È importante che **tu finisca** i compiti.
*It's important that **you finish** your homework.*

Dubito che **Lele abbia** abbastanza soldi.
*I doubt that **Lele has** enough money.*

NOUN A word that identifies people, animals, places, things, and ideas.

uomo	**gatto**
man	*cat*

Belgio	**casa**
Belgium	*house*

amicizia	**libro**
friendship	*book*

NUMBER A grammatical term that refers to singular or plural. Nouns in Italian and English have number. Other parts of a sentence, such as adjectives, articles, and verbs, can also have number.

Singular	**Plural**
una cosa	**delle** cose
a thing	*some things*
il professore	**i** professori
the professor	*the professors*

NUMBERS Words that represent amounts.

Cardinal numbers Words that indicate specific amounts.

cinque minuti
five minutes

l'anno **duemilaundici**
the year 2011

Ordinal numbers Words that indicate the order of a noun in a series.

il **quarto** giocatore	la **decima** volta
the **fourth** player	the **tenth** time

PAST PARTICIPLE A past form of the verb used in compound tenses. The past participle may also be used as an adjective, in which case it must agree in number and gender with the word it modifies.

Hanno **camminato** molto.
*They have **walked** a lot.*

Non ho **studiato** molto per l'esame.
*I haven't **studied** much for the exam.*

C'è una finestra **aperta** in soggiorno.
*There is an **open** window in the living room.*

PERSON The form of the verb or pronoun that indicates the speaker, the one spoken to, or the one spoken about. In Italian, as in English, there are three persons: first, second, and third.

Person	Singular		Plural	
1st	**io**	*I*	**noi**	*we*
2nd	**tu/Lei**	*you*	**voi/Loro**	*you*
3rd	**lui/lei**	*he/she*	**loro**	*they*

PREPOSITION A word or words that describe(s) the relationship, most often in time or space, between two other words.

Anna abita lontano **da** Roma.
*Anna lives far **from** Rome.*

Le ciotole sono **sul** tavolo.
*The bowls are **on the** table.*

La biblioteca è **tra** la scuola e il cinema.
*The library is **between** the school and the movie theater.*

PRONOUN A word that takes the place of a noun or nouns.

Demonstrative pronoun A pronoun that takes the place of a specific noun.

Voglio **questo**.
*I want **this one**.*

Comprerà **quello**?
*Will you buy **that one**?*

Andrea preferiva **quelle**.
*Andrea preferred **those**.*

Disjunctive pronoun A pronoun used after a preposition or in order to provide emphasis.

Sei sempre arrabbiata con **me**.
*You are always angry with **me**.*

Ha scritto il libro da **sé**.
*He wrote the book by **himself**.*

Object pronoun A pronoun that functions as a direct or indirect object of the verb.

Lei **gli** dà un regalo.
*She gives **him** a present.*

Federica **me** l'ha portato ieri.
*Federica brought **it to me** yesterday.*

Reflexive pronoun A pronoun that indicates that the action of a verb is performed by the subject on itself. These pronouns are often expressed in English with
-self: *myself, yourself,* etc.

Mi lavo prima di uscire.
*I wash (**myself**) before going out.*

Maria **si** è addormentata alle undici e mezzo.
Maria fell asleep at eleven-thirty.

Relative pronoun A pronoun that connects a subordinate clause to a main clause.

Quando vedremo la chiesa **che** mi piace?
*When will we see the church **that** I like?*

Ecco il poliziotto con **cui** ha parlato Mario.
*There's the police officer with **whom** Mario spoke.*

Subject pronoun A pronoun that replaces the name or title of a person or thing, and acts as the subject of a verb.

Tu parti subito.
***You** are leaving immediately.*

Lui arriva domani.
***He** arrives tomorrow.*

SUBJECT A noun or pronoun that performs the action of a verb and is often implied by the verb.

Alfredo va al supermercato.
***Alfredo** goes to the supermarket.*

(Loro) lavorano molto.
***They** work a lot.*

Quei libri sono molto costosi.
***Those books** are very expensive.*

SUPERLATIVE A word or construction used with an adjective, adverb, or a noun to express the highest or lowest degree of a specific quality among three or more people, places, or things.

Il corso d'italiano è **il più interessante** di tutti.
*The Italian class is **the most interesting** of all.*

Silvio corre **meno velocemente** di tutti.
*Silvio runs **the least fast** of all.*

Il suo giardino ha **il maggior numero di alberi**.
*Her garden has **the most trees**.*

TENSE A set of verb forms that indicates the time of an action or state: past, present, or future.

Simple tense A tense expressed by a single verb form.

Valentina **gioca** a pallavolo ogni settimana.
*Valentina **plays** volleyball every week.*

Claudia **parlerà** a suo fratello domani.
*Claudia **will speak** with her brother tomorrow.*

Compound tense A two-word tense made up of an auxiliary verb and a present or past participle. In Italian, there are two auxiliary verbs: **essere** and **avere**.

Il pacco non **è** ancora **arrivato**.
*The package **has** not **arrived** yet.*

Lei **ha bevuto** un bicchiere d'acqua.
*She **drank** a glass of water.*

VERB A word that expresses actions or states-of-being.

Auxiliary verb A verb used with a present or past participle to form a compound tense. **Avere** is the most commonly used auxiliary verb in Italian.

I bambini **hanno** visto gli elefanti.
*The children **have** seen the elephants.*

Spero che tu **abbia** mangiato.
*I hope you **have** eaten.*

Reflexive verb A verb that describes an action performed by the subject on itself and is always used with a reflexive pronoun.

Io **mi sono comprato** una macchina nuova.
*I **bought myself** a new car.*

Paolo e Letizia **si alzano** molto presto.
*Paolo and Letizia **get (themselves) up** very early.*

Spelling-change verb A verb that undergoes a predictable change in spelling in the various conjugations.

cominciare	(- i)	comincio	→	cominc**i**
mangiare	(- i)	mangiamo	→	mang**e**remo
cercare	(+ h)	cerco	→	cerc**hi**amo
pagare	(+ h)	pagate	→	pag**he**rete

Verb Conjugation Tables

The list of verbs below and the model verb tables that start on page 473 show you how to conjugate the verbs that appear in **SENTIERI**. Each verb in the list is followed by a model verb conjugated according to the same pattern. The number in parentheses indicates where in the verb tables you can find the conjugated forms of the model verb. For example, if you want to find out how to conjugate the verb **offrire**, look up number 10 to refer to its model verb, **aprire**. The cross symbol (†) after a verb indicates that it is conjugated with **essere** in the **passato prossimo** and

other compound tenses. Note that some verbs take **avere** when they are used transitively and **essere** when they are used intransitively, as noted in the verb list. Reminder: All reflexive verbs use **essere** as their auxiliary verb in compound tenses. Remember, too, that the second-person singular negative imperative form for all verbs is formed by placing **non** in front of the infinitive: **non correre!**

In the tables you will find the infinitive, past participle, gerund, and all the forms of each model verb you have learned.

abbracciarsi like cominciare (16), alzarsi (5) †

abbronzarsi like alzarsi (5) †

abitare like adorare (1)

accedere like credere (2)

accendere like prendere (35)

accomodarsi like alzarsi (5) †

accorgersi like credere (2), alzarsi (5) †, *except* irreg. p. part. **accorto**

addormentarsi like alzarsi (5) †

adorare (1)

affittare like adorare (1)

aggiustare like adorare (1)

aiutare like adorare (1)

aiutarsi like alzarsi (5) †

allacciare like cominciare (16)

alzarsi (5) †

amare like adorare (1)

amarsi like alzarsi (5) †

andare (8) †

annoiarsi like cambiare (13), alzarsi (5) †

apparecchiare like cambiare (13)

applaudire like dormire (3)

aprire (10)

arrabbiarsi like cambiare (13), alzarsi (5) †

arrendersi like prendere (35), alzarsi (5) †

arricciare like cominciare (16)

arrivare like adorare (1) †

ascoltare like adorare (1)

aspettare like adorare (1)

assaggiare like mangiare (27)

attendere like prendere (35)

atterrare like adorare (1)

attraversare like adorare (1)

avere (6)

baciare like cominciare (16)

baciarsi like cominciare (16), alzarsi (5) †

ballare like adorare (1)

bastare like adorare (1) †

bere (11)

bucare like cercare (14)

cadere (12) †

cambiare (13) †; **p.p.** with **avere** if transitive

camminare like adorare (1)

cancellare like adorare (1)

cantare like adorare (1)

capire (4)

caricare like dimenticare (19)

cenare like adorare (1)

cercare (14)

chiamare like adorare (1)

chiamarsi like alzarsi (5) †

chiedere (15)

chiudere like credere (2), *except* irreg. p. part. **chiuso**

colpire like capire (4)

cominciare (16) †; **p.p.**with **avere** if transitive

commettere like mettere (28)

comporre like porre (33)

comprare like adorare (1)

condurre like produrre (36)

conoscere like credere (2), *except* irreg. p. part. **conosciuto**

conoscersi like credere (2), alzarsi (5), *except* irreg. p. part. **conosciuto** †

consigliare like cambiare (13)

controllare like adorare (1)

correre like credere (2), *except* irreg. p. part. **corso** †; **p.p.** with **avere** if transitive

costare like adorare (1) †

costruire like capire (4)

credere (2)

curare like adorare (1)

dare (18)

darsi like dare (18), alzarsi (5) †

decidere like credere (2), *except* irreg. p. part. **deciso**

decollare like adorare (1)

desiderare like adorare (1)

dimenticare (19)

dimenticarsi like dimenticare (19), alzarsi (5) †

dipingere like credere (2), *except* irreg. p. part. **dipinto**

dire (20)

dispiacere like tacere (46) †

diventare like adorare (1) †

divertirsi like dormire (3), alzarsi (5) †

domandare like adorare (1)

dormire (3)

dovere (22)

dubitare like adorare (1)

entrare like adorare (1) †

esplorare like adorare (1)

ẹssere (7) †

evitare like adorare (1)

fallire like capire (4)

fare (23)

farsi like fare (23), alzarsi (5) †

fermarsi like alzarsi (5) †

fidarsi like alzarsi (5) †

fịngere like credere (2), *except* irreg. p. part. **finto**

finire like capire (4) †; **p.p.** with avere if transitive

firmare like adorare (1)

fotocopiare like cambiare (13)

frenare like adorare (1)

frequentare like adorare (1)

frịggere like credere (2), *except* irreg. p. part. **fritto**

funzionare like adorare (1)

giocare (24)

girare like adorare (1)

guadagnare like sognare (43)

guardare like adorare (1)

guardarsi like alzarsi (5) †

guarire like capire (4) †; **p.p.** with avere if transitive

guidare like adorare (1)

imbucare like cercare (14)

immaginare like adorare (1)

imparare like adorare (1)

incontrare like adorare (1)

incontrarsi like alzarsi (5) †

indossare like adorare (1)

indovinare like adorare (1)

ingolfare like adorare (1)

innamorarsi like alzarsi (5) †

insegnare like sognare (43)

insịstere like credere (2), *except* irreg. p. part. **insistito**

interpretare like adorare (1)

inventare like adorare (1)

inviare (25)

invitare like adorare (1)

lamentarsi like alzarsi (5) †

lasciare like cominciare (16)

lasciarsi like cominciare (16), alzarsi (5) †

laurearsi like alzarsi (5) †

lavare like adorare (1)

lavarsi like alzarsi (5) †

lavorare like adorare (1)

lẹggere like credere (2), *except* irreg. p. part. **letto**

macchiare like cambiare (13)

mancare like cercare (14) †; **p.p.** with avere if transitive

mandare like adorare (1)

mangiare (27)

mantenersi like tenere (47), alzarsi (5) †

meritare like adorare (1)

mẹttere (28)

mẹttersi like mettere (28), alzarsi (5) †

migliorare like adorare (1)

morire (29) †

mostrare like adorare (1)

nạscere like credere (2), *except* irreg. p. part. **nato** †

navigare like litigare (26)

nevicare like dimenticare (19)

noleggiare like mangiare (27)

nuotare like adorare (1)

obbligare like litigare (26)

occuparsi like alzarsi (5) †

odiarsi like inviare (25), alzarsi (5) †

offrire like aprire (10)

ordinare like adorare (1)

orientarsi like alzarsi (5) †

ottenere like tenere (47)

pagare like litigare (26)

parcheggiare like mangiare (27)

parere (32) †

parlare like adorare (1)

parlarsi like alzarsi (5) †

partire like dormire (3) †

passare like adorare (1) †; **p.p.** with avere if transitive

pensare like adorare (1)

pẹrdere like credere (2), *except* irreg. p. part. **perso/perduto**

pẹrdersi like credere (2), alzarsi (5), *except* irreg. p. part. **perso/perduto** †

permẹttere like mettere (28)

pescare like cercare (14)

pettinarsi like alzarsi (5) †

piacere like tacere (46) †

piạngere like credere (2), *except* irreg. p. part. **pianto**

piọvere like credere (2), *except* irreg. p. part. **piovuto**

portare like adorare (1)

possedere like sedere (42)

potere (34)

praticare like dimenticare (19)

preferire like capire (4)

prẹndere (35)

prenotare like adorare (1)

preoccuparsi like alzarsi (5) †

preparare like adorare (1)

prepararsi like alzarsi (5) †

presentare like adorare (1)

preservare like adorare (1)

prestare like adorare (1)

promẹttere like mettere (28)

proporre like porre (33)

proseguire like dormire (3) †; **p.p.** with avere if transitive

provare like adorare (1)

pubblicare like dimenticare (19)

pulire like capire (4)

raccomandare like adorare (1)

radersi like credere (2), alzarsi (5); *except* irreg. p. part. **raso** †

recitare like adorare (1)

regalare like adorare (1)

registrare like adorare (1)

remare like adorare (1)

rendersi like prendere (35), alzarsi (5) †

restare like adorare (1) †

restituire like capire (4)

riattaccare like cercare (14)

ricevere like credere (2)

riciclare like adorare (1)

riconoscere like credere (2), *except* irreg. p. part. **riconosciuto**

ricordare like adorare (1)

ricordarsi like alzarsi (5) †

ridare like dare (18)

riempire (37)

rimanere (38) †

rincorrere like credere (2), *except* irreg. p. part. **rincorso**

rinviare like inviare (25)

riparare like adorare (1)

ripetere like credere (2)

riposarsi like alzarsi (5) †

risparmiare like cambiare (13)

rispettare like adorare (1)

rispondere (39)

ritornare like adorare (1) †

riuscire like uscire (51) †

rivedere like vedere (53)

rompersi like credere (2), alzarsi (5), *except* irreg. p. part. **rotto** †

rosolare like adorare (1)

salire (40) †; **p.p.** *with* **avere** if transitive

salutarsi like alzarsi (5) †

salvare like adorare (1)

sapere (41)

sbadigliare like cambiare (13)

sbagliarsi like cambiare (13),

alzarsi (5) †

sbrigarsi like litigare (26), alzarsi (5) †

scalare like adorare (1)

scaricare like dimenticare (19)

scendere like prendere (35) †; **p.p.** with **avere** if transitive

scherzare like adorare (1)

scolpire like capire (4)

scrivere like credere (2), *except* irreg. p. part. **scritto**

scriversi like credere (2), alzarsi (5), *except* irreg. p. part. **scritto** †

scusare like adorare (1)

sedersi like sedere (42), alzarsi (5) †

seguire like dormire (3) †; **p.p.** with **avere** if transitive

sembrare like adorare (1) †

sentire like dormire (3)

sentirsi like dormire (3), alzarsi (5) †

servire like dormire (3)

significare like dimenticare (19)

sistemare like adorare (1)

smettere like mettere (28)

sognare (43)

sorgere like credere (2), *except* irreg. p. part. **sorto** †

sparecchiare like cambiare (13)

spazzare like adorare (1)

spedire like capire (4)

spegnere (44)

spendere like prendere (35)

sperare like adorare (1)

spiegare like litigare (26)

spogliarsi like cambiare (13), alzarsi (5) †

spolverare like adorare (1)

sporcare like cercare (14)

sposarsi like alzarsi (5) †

sprecare like cercare (14)

squillare like adorare (1)

stampare like adorare (1)

stare (45) †

starnutire like capire (4)

stirare like adorare (1)

strafare like fare (23)

studiare like cambiare (13)

subaffittare like adorare (1)

succedere like credere (2), *except* irreg. p. part. **successo** †

suggerire like capire (4)

suonare like adorare (1)

superare like adorare (1)

svegliarsi like cambiare (13), alzarsi (5) †

sviluppare like adorare (1)

tagliare like cambiare (13)

telefonare like adorare (1)

telefonarsi like alzarsi (5) †

temere like credere (2)

tenere (47)

toccare like cercare (14)

tornare like adorare (1) †

tossire like capire (4)

tradurre like produrre (36)

tramontare like adorare (1) †

trasferirsi like capire (4), alzarsi (5) †

traslocare like cercare (14)

trattenersi like tenere (47), alzarsi (5) †

trovare like adorare (1)

truccarsi like cercare (14), alzarsi (5) †

usare like adorare (1)

uscire (51) †

vedere (53)

vedersi like vedere (53), alzarsi (5) †

vendere like credere (2)

venire (54) †

vestirsi like dormire (3), alzarsi (5) †

viaggiare like mangiare (27)

vincere (55)

visitare like adorare (1)

vivere (56) †; **p.p.** with **avere** if transitive

volere (57)

Regular verbs

Infinito / Participio passato / Gerundio presente / Infinito passato	INDICATIVO Presente	Passato prossimo	Imperfetto	Futuro	CONDIZIONALE Presente	CONGIUNTIVO Presente	Imperfetto	IMPERATIVO
1 adorare (to adore) / adorato / adorando / avere adorato	adoro	ho adorato	adoravo	adorerò	adorerei	adori	adorassi	
	adori	hai adorato	adoravi	adorerai	adoreresti	adori	adorassi	adora (non adorare)
	adora	ha adorato	adorava	adorerà	adorerebbe	adori	adorasse	adori
	adoriamo	abbiamo adorato	adoravamo	adoreremo	adoreremmo	adoriamo	adorassimo	adoriamo
	adorate	avete adorato	adoravate	adorerete	adorereste	adoriate	adoraste	adorate
	adorano	hanno adorato	adoravano	adoreranno	adorerebbero	adorino	adorassero	adorino
2 credere (to believe) / creduto / credendo / avere creduto	credo	ho creduto	credevo	crederò	crederei	creda	credessi	
	credi	hai creduto	credevi	crederai	crederesti	creda	credessi	credi (non credere)
	crede	ha creduto	credeva	crederà	crederebbe	creda	credesse	creda
	crediamo	abbiamo creduto	credevamo	crederemo	crederemmo	crediamo	credessimo	crediamo
	credete	avete creduto	credevate	crederete	credereste	crediate	credeste	credete
	credono	hanno creduto	credevano	crederanno	crederebbero	credano	credessero	credano
3 dormire (to sleep) / dormito / dormendo / avere dormito	dormo	ho dormito	dormivo	dormirò	dormirei	dorma	dormissi	
	dormi	hai dormito	dormivi	dormirai	dormiresti	dorma	dormissi	dormi (non dormire)
	dorme	ha dormito	dormiva	dormirà	dormirebbe	dorma	dormisse	dorma
	dormiamo	abbiamo dormito	dormivamo	dormiremo	dormiremmo	dormiamo	dormissimo	dormiamo
	dormite	avete dormito	dormivate	dormirete	dormireste	dormiate	dormiste	dormite
	dormono	hanno dormito	dormivano	dormiranno	dormirebbero	dormano	dormissero	dormano
4 capire (to understand) / capito / capendo / avere capito	capisco	ho capito	capivo	capirò	capirei	capisca	capissi	
	capisci	hai capito	capivi	capirai	capiresti	capisca	capissi	capisci (non capire)
	capisce	ha capito	capiva	capirà	capirebbe	capisca	capisse	capisca
	capiamo	abbiamo capito	capivamo	capiremo	capiremmo	capiamo	capissimo	capiamo
	capite	avete capito	capivate	capirete	capireste	capiate	capiste	capite
	capiscono	hanno capito	capivano	capiranno	capirebbero	capiscano	capissero	capiscano

Reflexive (Pronominal)

5

Infinito Participio passato Gerundio presente Infinito passato	INDICATIVO				CONDIZIONALE	CONGIUNTIVO		IMPERATIVO
	Presente	Passato prossimo	Imperfetto	Futuro	Presente	Presente	Imperfetto	
alzarsi *(to get up)* alzato/a alzandosi essersi alzato/a	mi alzo	mi sono alzato/a	mi alzavo	mi alzerò	mi alzerei	mi alzi	mi alzassi	
	ti alzi	ti sei alzato/a	ti alzavi	ti alzerai	ti alzeresti	ti alzi	ti alzassi	alzati (non alzarti/ non ti alzare)
	si alza	si è alzato/a	si alzava	si alzerà	si alzerebbe	si alzi	si alzasse	si alzi
	ci alziamo	ci siamo alzati/e	ci alzavamo	ci alzeremo	ci alzeremmo	ci alziamo	ci alzassimo	alziamoci
	vi alzate	vi siete alzati/e	vi alzavate	vi alzerete	vi alzereste	vi alziate	vi alzaste	alzatevi
	si alzano	si sono alzati/e	si alzavano	si alzeranno	si alzerebbero	si alzino	si alzassero	si alzino

Auxiliary verbs: *avere* and *essere*

6

7

Infinito Participio passato Gerundio presente Infinito passato	INDICATIVO				CONDIZIONALE	CONGIUNTIVO		IMPERATIVO
	Presente	Passato prossimo	Imperfetto	Futuro	Presente	Presente	Imperfetto	
avere *(to have)* avuto avendo avere avuto	ho	ho avuto	avevo	avrò	avrei	abbia	avessi	
	hai	hai avuto	avevi	avrai	avresti	abbia	avessi	abbi (non avere)
	ha	ha avuto	aveva	avrà	avrebbe	abbia	avesse	abbia
	abbiamo	abbiamo avuto	avevamo	avremo	avremmo	abbiamo	avessimo	abbiamo
	avete	avete avuto	avevate	avrete	avreste	abbiate	aveste	abbiate
	hanno	hanno avuto	avevano	avranno	avrebbero	abbiano	avessero	abbiano
essere *(to be)* stato/a essendo essere stato/a	sono	sono stato/a	ero	sarò	sarei	sia	fossi	
	sei	sei stato/a	eri	sarai	saresti	sia	fossi	sii (non essere)
	è	è stato/a	era	sarà	sarebbe	sia	fosse	sia
	siamo	siamo stati/e	eravamo	saremo	saremmo	siamo	fossimo	siamo
	siete	siete stati/e	eravate	sarete	sareste	siate	foste	siate
	sono	sono stati/e	erano	saranno	sarebbero	siano	fossero	siano

Compound tenses: Perfect tenses

Ausiliare	INDICATIVO				CONDIZIONALE	CONGIUNTIVO	
	Passato prossimo	Trapassato prossimo	Trapassato remoto	Futuro anteriore	Passato	Passato	Trapassato
avere (*to have*)	ho, hai, ha, abbiamo, avete, hanno	avevo, avevi, aveva, avevamo, avevate, avevano	ebbi, avesti, ebbe, avemmo, aveste, ẹbbero	avrò, avrai, avrà, avremo, avrete, avranno	avrei, avresti, avrebbe, avremmo, avreste, avrẹbbero	abbia, abbia, abbia, abbiamo, abbiate, ạbbiano	avessi, avessi, avesse, avẹssimo, aveste, avẹssero
	adorato / perduto / dormito / capito	adorato / perduto / dormito / capito	adorato / perduto / dormito / capito	adorato / perduto / dormito / capito	adorato / perduto / dormito / capito	adorato / perduto / dormito / capito	adorato / perduto / dormito / capito
ẹssere (*to be*)	sono, sei, è, siamo, siete, sono	ero, eri, era, eravamo, eravate, ẹrano	fui, fosti, fu, fummo, foste, fụrono	sarò, sarai, sarà, saremo, sarete, saranno	sarei, saresti, sarebbe, saremmo, sareste, sarẹbbero	sia, sia, sia, siamo, siate, siano	fossi, fossi, fosse, fọssimo, foste, fọssero
	andato/a ... andati/e	andato/a ... andati/e	andato/a ... andati/e	andato/a ... andati/e	andato/a ... andati/e	andato/a ... andati/e	andato/a ... andati/e

Irregular verbs

Infinito / Participio passato / Gerundio presente / Infinito passato	INDICATIVO				CONDIZIONALE	CONGIUNTIVO		IMPERATIVO
	Presente	Imperfetto	Passato prossimo	Futuro	Presente	Presente	Imperfetto	
8 andare (*to go*) — andato/a — andando — ẹssere andato/a	**vado** / **vai** / **va** / andiamo / andate / **vanno**	andavo / andavi / andava / andavamo / andavate / andạvano	sono andato/a / sei andato/a / è andato/a / siamo andati/e / siete andati/e / sono andati/e	**andrò** / **andrai** / **andrà** / **andremo** / **andrete** / **andranno**	**andrei** / **andresti** / **andrebbe** / **andremmo** / **andreste** / **andrẹbbero**	**vada** / **vada** / **vada** / andiamo / andiate / **vạdano**	andassi / andassi / andasse / andạssimo / andaste / andạssero	— / **vai, va'** (non andare) / **vada** / andiamo / andate / **vạdano**
9 apparire (*to appear*) — **apparso/a** — apparendo — ẹssere **apparso/a**	**appaio** / appari / appare / appariamo / apparite / **appạiono**	apparivo / apparivi / appariva / apparivamo / apparivate / apparịvano	sono **apparso/a** / sei **apparso/a** / è **apparso/a** / siamo **apparsi/e** / siete **apparsi/e** / sono **apparsi/e**	apparirò / apparirai / apparirà / appariremo / apparirete / appariranno	apparirei / appariresti / apparirebbe / appariremmo / apparireste / apparirebbero	**appạia** / **appạia** / **appạia** / appariamo / appariate / **appạiano**	apparissi / apparissi / apparisse / apparịssimo / appariste / apparịssero	— / appari (non apparire) / **appạia** / appariamo / apparite / **appạiano**

10. aprire (to open)
Participio passato: **aperto** · Gerundio presente: **aprendo** · Infinito passato: avere **aperto**

INDICATIVO Presente	Passato prossimo	Imperfetto	Futuro	CONDIZIONALE Presente	CONGIUNTIVO Presente	CONGIUNTIVO Imperfetto	IMPERATIVO
apro	ho aperto	aprivo	aprirò	aprirei	apra	aprissi	
apri	hai aperto	aprivi	aprirai	apriresti	apra	aprissi	apri (non aprire)
apre	ha aperto	apriva	aprirà	aprirebbe	apra	aprisse	apra
apriamo	abbiamo aperto	aprivamo	apriremo	apriremmo	apriamo	aprissimo	apriamo
aprite	avete aperto	aprivate	aprirete	aprireste	apriate	apriste	aprite
aprono	hanno aperto	aprivano	apriranno	aprirebbero	aprano	aprissero	aprano

11. bere (to drink)
Participio passato: **bevuto** · Gerundio presente: **bevendo** · Infinito passato: avere **bevuto**

INDICATIVO Presente	Passato prossimo	Imperfetto	Futuro	CONDIZIONALE Presente	CONGIUNTIVO Presente	CONGIUNTIVO Imperfetto	IMPERATIVO
bevo	ho bevuto	bevevo	berrò	berrei	beva	bevessi	
bevi	hai bevuto	bevevi	berrai	berresti	beva	bevessi	bevi (non bere)
beve	ha bevuto	beveva	berrà	berrebbe	beva	bevesse	beva
beviamo	abbiamo bevuto	bevevamo	berremo	berremmo	beviamo	bevessimo	beviamo
bevete	avete bevuto	bevevate	berrete	berreste	beviate	beveste	bevete
bevono	hanno bevuto	bevevano	berranno	berrebbero	bevano	bevessero	bevano

12. cadere (to fall)
Participio passato: caduto · Gerundio presente: cadendo · Infinito passato: essere caduto/a

INDICATIVO Presente	Passato prossimo	Imperfetto	Futuro	CONDIZIONALE Presente	CONGIUNTIVO Presente	CONGIUNTIVO Imperfetto	IMPERATIVO
cado	sono caduto/a	cadevo	cadrò	cadrei	cada	cadessi	
cadi	sei caduto/a	cadevi	cadrai	cadresti	cada	cadessi	cadi (non cadere)
cade	è caduto/a	cadeva	cadrà	cadrebbe	cada	cadesse	cada
cadiamo	siamo caduti/e	cadevamo	cadremo	cadremmo	cadiamo	cadessimo	cadiamo
cadete	siete caduti/e	cadevate	cadrete	cadreste	cadiate	cadeste	cadete
cadono	sono caduti/e	cadevano	cadranno	cadrebbero	cadano	cadessero	cadano

13. cambiare (to change)
Participio passato: cambiato · Gerundio presente: cambiando · Infinito passato: avere cambiato

INDICATIVO Presente	Passato prossimo	Imperfetto	Futuro	CONDIZIONALE Presente	CONGIUNTIVO Presente	CONGIUNTIVO Imperfetto	IMPERATIVO
cambio	ho cambiato	cambiavo	cambierò	cambierei	cambi	cambiassi	
cambi	hai cambiato	cambiavi	cambierai	cambieresti	cambi	cambiassi	cambia (non cambiare)
cambia	ha cambiato	cambiava	cambierà	cambierebbe	cambi	cambiasse	cambi
cambiamo	abbiamo cambiato	cambiavamo	cambieremo	cambieremmo	cambiamo	cambiassimo	cambiamo
cambiate	avete cambiato	cambiavate	cambierete	cambiereste	cambiate	cambiaste	cambiate
cambiano	hanno cambiato	cambiavano	cambieranno	cambierebbero	cambino	cambiassero	cambino

14. cercare (to look for)
Participio passato: cercato · Gerundio presente: cercando · Infinito passato: avere cercato

INDICATIVO Presente	Passato prossimo	Imperfetto	Futuro	CONDIZIONALE Presente	CONGIUNTIVO Presente	CONGIUNTIVO Imperfetto	IMPERATIVO
cerco	ho cercato	cercavo	cercherò	cercherei	cerchi	cercassi	
cerchi	hai cercato	cercavi	cercherai	cercheresti	cerchi	cercassi	cerca (non cercare)
cerca	ha cercato	cercava	cercherà	cercherebbe	cerchi	cercasse	cerchi
cerchiamo	abbiamo cercato	cercavamo	cercheremo	cercheremmo	cerchiamo	cercassimo	cerchiamo
cercate	avete cercato	cercavate	cercherete	cerchereste	cerchiate	cercaste	cercate
cercano	hanno cercato	cercavano	cercheranno	cercherebbero	cerchino	cercassero	cerchino

15. chiedere (to ask for)
Participio passato: **chiesto** · Gerundio presente: chiedendo · Infinito passato: avere **chiesto**

INDICATIVO Presente	Passato prossimo	Imperfetto	Futuro	CONDIZIONALE Presente	CONGIUNTIVO Presente	CONGIUNTIVO Imperfetto	IMPERATIVO
chiedo	ho **chiesto**	chiedevo	chiederò	chiederei	chieda	chiedessi	
chiedi	hai **chiesto**	chiedevi	chiederai	chiederesti	chieda	chiedessi	chiedi (non chiedere)
chiede	ha **chiesto**	chiedeva	chiederà	chiederebbe	chieda	chiedesse	chieda
chiediamo	abbiamo **chiesto**	chiedevamo	chiederemo	chiederemmo	chiediamo	chiedessimo	chiediamo
chiedete	avete **chiesto**	chiedevate	chiederete	chiedereste	chiediate	chiedeste	chiedete
chiedono	hanno **chiesto**	chiedevano	chiederanno	chiederebbero	chiedano	chiedessero	chiedano

16 — cominciare (to begin)

Participio passato: cominciato · Gerundio presente: cominciando · Infinito passato: avere cominciato

	INDICATIVO Presente	Passato prossimo	Imperfetto	Futuro	CONDIZIONALE Presente	CONGIUNTIVO Presente	CONGIUNTIVO Imperfetto	IMPERATIVO
	comincio	ho cominciato	cominciavo	comincerò	comincerei	cominci	cominciassi	
	cominci	hai cominciato	cominciavi	comincerai	cominceresti	cominci	cominciassi	comincia (non cominciare)
	comincia	ha cominciato	cominciava	comincerà	comincerebbe	cominci	cominciasse	cominci
	cominciamo	abbiamo cominciato	cominciavamo	cominceremo	cominceremmo	cominciamo	cominciassimo	cominciamo
	cominciate	avete cominciato	cominciavate	comincerete	comincereste	cominciate	cominciaste	cominciate
	cominciano	hanno cominciato	cominciavano	cominceranno	comincerebbero	comincino	cominciassero	comincino

17 — cuocere (to cook)

Participio passato: **cotto** · Gerundio presente: cuocendo · Infinito passato: avere **cotto**

	INDICATIVO Presente	Passato prossimo	Imperfetto	Futuro	CONDIZIONALE Presente	CONGIUNTIVO Presente	CONGIUNTIVO Imperfetto	IMPERATIVO
	cuocio	ho **cotto**	cuocevo	cuocerò	cuocerei	cuocia	cuocessi	
	cuoci	hai **cotto**	cuocevi	cuocerai	cuoceresti	cuocia	cuocessi	cuoci (non cuocere)
	cuoce	ha **cotto**	cuoceva	cuocerà	cuocerebbe	cuocia	cuocesse	cuocia
	cuociamo	abbiamo **cotto**	cuocevamo	cuoceremo	cuoceremmo	cuociamo	cuocessimo	cuociamo
	cuocete	avete **cotto**	cuocevate	cuocerete	cuocereste	cuociate	cuoceste	cuocete
	cuociono	hanno **cotto**	cuocevano	cuoceranno	cuocerebbero	cuociano	cuocessero	cuociano

18 — dare (to give)

Participio passato: dato · Gerundio presente: dando · Infinito passato: avere dato

	INDICATIVO Presente	Passato prossimo	Imperfetto	Futuro	CONDIZIONALE Presente	CONGIUNTIVO Presente	CONGIUNTIVO Imperfetto	IMPERATIVO
	do, dò	ho dato	davo	**darò**	**darei**	dia	**dessi**	
	dai	hai dato	davi	**darai**	**daresti**	dia	**dessi**	**dai, da', dà** (non dare)
	dà	ha dato	dava	**darà**	**darebbe**	dia	**desse**	**dia**
	diamo	abbiamo dato	davamo	**daremo**	**daremmo**	diamo	**dessimo**	diamo
	date	avete dato	davate	**darete**	**dareste**	diate	**deste**	date
	danno	hanno dato	davano	**daranno**	**darebbero**	diano	**dessero**	**diano**

19 — dimenticare (to forget)

Participio passato: dimenticato · Gerundio presente: dimenticando · Infinito passato: avere dimenticato

	INDICATIVO Presente	Passato prossimo	Imperfetto	Futuro	CONDIZIONALE Presente	CONGIUNTIVO Presente	CONGIUNTIVO Imperfetto	IMPERATIVO
	dimentico	ho dimenticato	dimenticavo	dimenticherò	dimenticherei	dimentichi	dimenticassi	
	dimentichi	hai dimenticato	dimenticavi	dimenticherai	dimenticheresti	dimentichi	dimenticassi	dimentica (non dimenticare)
	dimentica	ha dimenticato	dimenticava	dimenticherà	dimenticherebbe	dimentichi	dimenticasse	**dimentichi**
	dimentichiamo	abbiamo dimenticato	dimenticavamo	dimenticheremo	dimenticheremmo	dimentichiamo	dimenticassimo	**dimentichiamo**
	dimenticate	avete dimenticato	dimenticavate	dimenticherete	dimentichereste	dimentichiate	dimenticaste	dimenticate
	dimenticano	hanno dimenticato	dimenticavano	dimenticheranno	dimenticherebbero	dimentichino	dimenticassero	**dimentichino**

20 — dire (to say)

Participio passato: **detto** · Gerundio presente: dicendo · Infinito passato: avere **detto**

	INDICATIVO Presente	Passato prossimo	Imperfetto	Futuro	CONDIZIONALE Presente	CONGIUNTIVO Presente	CONGIUNTIVO Imperfetto	IMPERATIVO
	dico	ho **detto**	**dicevo**	dirò	direi	dica	**dicessi**	
	dici	hai **detto**	**dicevi**	dirai	diresti	dica	**dicessi**	di', di (non dire)
	dice	ha **detto**	**diceva**	dirà	direbbe	dica	**dicesse**	dica
	diciamo	abbiamo **detto**	**dicevamo**	diremo	diremmo	diciamo	**dicessimo**	diciamo
	dite	avete **detto**	**dicevate**	direte	direste	diciate	**diceste**	dite
	dicono	hanno **detto**	**dicevano**	diranno	direbbero	dicano	**dicessero**	dicano

21. dolere (to hurt)
Participio passato: doluto/a · Gerundio presente: dolendo · Infinito passato: essere doluto/a

	INDICATIVO				CONDIZIONALE	CONGIUNTIVO		IMPERATIVO
	Presente	Passato prossimo	Imperfetto	Futuro	Presente	Presente	Imperfetto	
	dolgo	sono doluto/a	dolevo	dorrò	dorrei	dolga, doglia	dolessi	
	duoli	sei doluto/a	dolevi	dorrai	dorresti	dolga, doglia	dolessi	duoli (non dolere)
	duole	è doluto/a	doleva	dorrà	dorrebbe	dolga, doglia	dolesse	dolga
	doliamo, dogliamo	siamo doluti/e	dolevamo	dorremo	dorremmo	doliamo, dogliamo	dolessimo	doliamo
	dolete	siete doluti/e	dolevate	dorrete	dorreste	doliate, dogliate	doleste	dolete
	dolgono	sono doluti/e	dolevano	dorranno	dorrebbero	dolgano	dolessero	dolgano

22. dovere (to have to; to owe)
Participio passato: dovuto · Gerundio presente: dovendo · Infinito passato: avere dovuto

	INDICATIVO				CONDIZIONALE	CONGIUNTIVO		IMPERATIVO
	Presente	Passato prossimo	Imperfetto	Futuro	Presente	Presente	Imperfetto	
	devo, debbo	ho dovuto	dovevo	dovrò	dovrei	deva, debba	dovessi	
	devi	hai dovuto	dovevi	dovrai	dovresti	deva, debba	dovessi	
	deve	ha dovuto	doveva	dovrà	dovrebbe	deva, debba	dovesse	*This verb is not used in the imperative form.*
	dobbiamo	abbiamo dovuto	dovevamo	dovremo	dovremmo	dobbiamo	dovessimo	
	dovete	avete dovuto	dovevate	dovrete	dovreste	dobbiate	doveste	
	devono, debbono	hanno dovuto	dovevano	dovranno	dovrebbero	devano, debbano	dovessero	

23. fare (to do; to make)
Participio passato: fatto · Gerundio presente: facendo · Infinito passato: avere fatto

	INDICATIVO				CONDIZIONALE	CONGIUNTIVO		IMPERATIVO
	Presente	Passato prossimo	Imperfetto	Futuro	Presente	Presente	Imperfetto	
	faccio	ho fatto	facevo	farò	farei	faccia	facessi	
	fai	hai fatto	facevi	farai	faresti	faccia	facessi	fai, fa' (non fare)
	fa	ha fatto	faceva	farà	farebbe	faccia	facesse	faccia
	facciamo	abbiamo fatto	facevamo	faremo	faremmo	facciamo	facessimo	facciamo
	fate	avete fatto	facevate	farete	fareste	facciate	faceste	fate
	fanno	hanno fatto	facevano	faranno	farebbero	facciano	facessero	facciano

24. giocare (to play)
Participio passato: giocato · Gerundio presente: giocando · Infinito passato: avere giocato

	INDICATIVO				CONDIZIONALE	CONGIUNTIVO		IMPERATIVO
	Presente	Passato prossimo	Imperfetto	Futuro	Presente	Presente	Imperfetto	
	gioco	ho giocato	giocavo	giocherò	giocherei	giochi	giocassi	
	giochi	hai giocato	giocavi	giocherai	giocheresti	giochi	giocassi	gioca (non giocare)
	gioca	ha giocato	giocava	giocherà	giocherebbe	giochi	giocasse	giochi
	giochiamo	abbiamo giocato	giocavamo	giocheremo	giocheremmo	giochiamo	giocassimo	giochiamo
	giocate	avete giocato	giocavate	giocherete	giochereste	giochiate	giocaste	giocate
	giocano	hanno giocato	giocavano	giocheranno	giocherebbero	giochino	giocassero	giochino

25. inviare (to send)
Participio passato: inviato · Gerundio presente: inviando · Infinito passato: avere inviato

	INDICATIVO				CONDIZIONALE	CONGIUNTIVO		IMPERATIVO
	Presente	Passato prossimo	Imperfetto	Futuro	Presente	Presente	Imperfetto	
	invio	ho inviato	inviavo	invierò	invierei	invii	inviassi	
	invii	hai inviato	inviavi	invierai	invieresti	invii	inviassi	invia (non inviare)
	invia	ha inviato	inviava	invierà	invierebbe	invii	inviasse	invii
	inviamo	abbiamo inviato	inviavamo	invieremo	invieremmo	inviamo	inviassimo	inviamo
	inviate	avete inviato	inviavate	invierete	inviereste	inviate	inviaste	inviate
	inviano	hanno inviato	inviavano	invieranno	invierebbero	inviino	inviassero	inviino

Infinito / Participio passato / Gerundio presente / Infinito passato	INDICATIVO Presente	Passato prossimo	Imperfetto	Futuro	CONDIZIONALE Presente	CONGIUNTIVO Presente	Imperfetto	IMPERATIVO
26 litigare *(to quarrel)* / litigato / litigando / avere litigato	litigo / **litighi** / litiga / **litighiamo** / litigate / litigano	ho litigato / hai litigato / ha litigato / abbiamo litigato / avete litigato / hanno litigato	litigavo / litigavi / litigava / litigavamo / litigavate / litigavano	litigherò / litigherai / litigherà / litigheremo / litigherete / litigheranno	litigherei / litigheresti / litigherebbe / litigheremmo / litighereste / litigherebbero	litighi / litighi / litighi / litighiamo / litighiate / litighino	litigassi / litigassi / litigasse / litigassimo / litigaste / litigassero	— / litiga (non litigare) / **litighi** / **litighiamo** / litigate / **litighino**
27 mangiare *(to eat)* / mangiato / mangiando / avere mangiato	mangio / **mangi** / mangia / **mangiamo** / mangiate / mangiano	ho mangiato / hai mangiato / ha mangiato / abbiamo mangiato / avete mangiato / hanno mangiato	mangiavo / mangiavi / mangiava / mangiavamo / mangiavate / mangiavano	**mangerò** / **mangerai** / **mangerà** / **mangeremo** / **mangerete** / **mangeranno**	mangerei / mangeresti / mangerebbe / mangeremmo / mangereste / mangerebbero	mangi / mangi / mangi / mangiamo / mangiate / mangino	mangiassi / mangiassi / mangiasse / mangiassimo / mangiaste / mangiassero	— / mangia (non mangiare) / **mangi** / **mangiamo** / mangiate / **mangino**
28 mettere *(to put)* / **messo** / mettendo / avere **messo**	metto / metti / mette / mettiamo / mettete / **mettono**	ho **messo** / hai **messo** / ha **messo** / abbiamo **messo** / avete **messo** / hanno **messo**	mettevo / mettevi / metteva / mettevamo / mettevate / mettevano	metterò / metterai / metterà / metteremo / metterete / metteranno	metterei / metteresti / metterebbe / metteremmo / mettereste / metterebbero	metta / metta / metta / mettiamo / mettiate / mettano	mettessi / mettessi / mettesse / mettessimo / metteste / mettessero	— / metti (non mettere) / metta / mettiamo / mettete / mettano
29 morire *(to die)* / **morto/a** / morendo / **essere morto/a**	**muoio** / **muori** / **muore** / moriamo / morite / **muoiono**	sono **morto/a** / sei **morto/a** / è **morto/a** / siamo **morti/e** / siete **morti/e** / sono **morti/e**	morivo / morivi / moriva / morivamo / morivate / morivano	morirò, **morrò** / morirai, **morrai** / morirà, **morrà** / moriremo, **morremo** / morirete, **morrete** / moriranno, **morranno**	morirei, **morrei** / moriresti, **morresti** / morirebbe, **morrebbe** / moriremmo, **morremmo** / morireste, **morreste** / morirebbero, **morrebbero**	**muoia** / **muoia** / **muoia** / moriamo / moriate / **muoiano**	morissi / morissi / morisse / morissimo / moriste / morissero	— / **muori** (non morire) / **muoia** / moriamo / morite / **muoiano**
30 muovere *(to move)* / **mosso** / muovendo, **movendo** / avere **mosso**	muovo / muovi / muove / muoviamo, **moviamo** / muovete, **movete** / **muovono**	ho **mosso** / hai **mosso** / ha **mosso** / abbiamo **mosso** / avete **mosso** / hanno **mosso**	muovevo, **movevo** / muovevi, **movevi** / muoveva, **moveva** / muovevamo, **movevamo** / muovevate, **movevate** / muovevano, **movevano**	muoverò, **moverò** / muoverai, **moverai** / muoverà, **moverà** / muoveremo, **moveremo** / muoverete, **moverete** / muoveranno, **moveranno**	muoverei, **moverei** / muoveresti, **moveresti** / muoverebbe, **moverebbe** / muoveremmo, **moveremmo** / muovereste, **movereste** / muoverebbero, **moverebbero**	muova / muova / muova / muoviamo, **moviamo** / muoviate, **moviate** / muovano	muovessi, **movessi** / muovessi, **movessi** / muovesse, **movesse** / muovessimo, **movessimo** / muoveste, **moveste** / muovessero, **movessero**	— / muovi (non muovere) / muova / muoviamo, **moviamo** / muovete, **movete** / muovano

31 nuocere (to harm)

Participio passato: nuociuto, nociuto
Gerundio presente: nuocendo, nocendo
Infinito passato: avere nuociuto, nociuto

	INDICATIVO				CONDIZIONALE	CONGIUNTIVO		IMPERATIVO
	Presente	Passato prossimo	Imperfetto	Futuro	Presente	Presente	Imperfetto	
	nuoccio, noccio	ho nuociuto/nociuto	nuocevo, nocevo	nuocerò, nocerò	nuocerei, nocerei	nuoccia, noccia	nuocessi, nocessi	
	nuoci	hai nuociuto/nociuto	nuocevi, nocevi	nuocerai, nocerai	nuoceresti, noceresti	nuoccia, noccia	nuocessi, nocessi	nuoci (non nuocere)
	nuoce	ha nuociuto/nociuto	nuoceva, noceva	nuocerà, nocerà	nuocerebbe, nocerebbe	nuoccia, noccia	nuocesse, nocesse	nuoccia, noccia
	nuociamo, nociamo	abbiamo nuociuto/nociuto	nuocevamo, nocevamo	nuoceremo, noceremo	nuoceremmo, noceremmo	nuociamo, nociamo	nuocessimo, nocessimo	nuociamo, nociamo
	nuocete, nocete	avete nuociuto/nociuto	nuocevate, nocevate	nuocerete, nocerete	nuocereste, nocereste	nuociate, nociate	nuoceste, noceste	nuocete, nocete
	nuocciono, nocciono	hanno nuociuto/nociuto	nuocevano, nocevano	nuoceranno, noceranno	nuocerebbero, nocerebbero	nuocciano, nocciano	nuocessero, nocessero	nuocciano, nocciano

32 parere (to seem)

Participio passato: parso/a
Gerundio presente: parendo
Infinito passato: essere parso/a

	INDICATIVO				CONDIZIONALE	CONGIUNTIVO		IMPERATIVO
	Presente	Passato prossimo	Imperfetto	Futuro	Presente	Presente	Imperfetto	
	paio	sono parso/a	parevo	parrò	parrei	paia	paressi	
	pari	sei parso/a	parevi	parrai	parresti	paia	paressi	*This verb is not used in the imperative form.*
	pare	è parso/a	pareva	parrà	parrebbe	paia	paresse	
	paiamo	siamo parsi/e	parevamo	parremo	parremmo	paiamo	paressimo	
	parete	siete parsi/e	parevate	parrete	parreste	paiate	pareste	
	paiono	sono parsi/e	parevano	parranno	parrebbero	paiano	paressero	

33 porre (to put)

Participio passato: posto
Gerundio presente: ponendo
Infinito passato: avere posto

	INDICATIVO				CONDIZIONALE	CONGIUNTIVO		IMPERATIVO
	Presente	Passato prossimo	Imperfetto	Futuro	Presente	Presente	Imperfetto	
	pongo	ho posto	ponevo	porrò	porrei	ponga	ponessi	
	poni	hai posto	ponevi	porrai	porresti	ponga	ponessi	poni (non porre)
	pone	ha posto	poneva	porrà	porrebbe	ponga	ponesse	ponga
	poniamo	abbiamo posto	ponevamo	porremo	porremmo	poniamo	ponessimo	poniamo
	ponete	avete posto	ponevate	porrete	porreste	poniate	poneste	ponete
	pongono	hanno posto	ponevano	porranno	porrebbero	pongano	ponessero	pongano

34 potere (to be able to)

Participio passato: potuto
Gerundio presente: potendo
Infinito passato: avere potuto

	INDICATIVO				CONDIZIONALE	CONGIUNTIVO		IMPERATIVO
	Presente	Passato prossimo	Imperfetto	Futuro	Presente	Presente	Imperfetto	
	posso	ho potuto	potevo	potrò	potrei	possa	potessi	
	puoi	hai potuto	potevi	potrai	potresti	possa	potessi	*This verb is not used in the imperative form.*
	può	ha potuto	poteva	potrà	potrebbe	possa	potesse	
	possiamo	abbiamo potuto	potevamo	potremo	potremmo	possiamo	potessimo	
	potete	avete potuto	potevate	potrete	potreste	possiate	poteste	
	possono	hanno potuto	potevano	potranno	potrebbero	possano	potessero	

35 prendere (to take)

Participio passato: preso
Gerundio presente: prendendo
Infinito passato: avere preso

	INDICATIVO				CONDIZIONALE	CONGIUNTIVO		IMPERATIVO
	Presente	Passato prossimo	Imperfetto	Futuro	Presente	Presente	Imperfetto	
	prendo	ho preso	prendevo	prenderò	prenderei	prenda	prendessi	
	prendi	hai preso	prendevi	prenderai	prenderesti	prenda	prendessi	prendi (non prendere)
	prende	ha preso	prendeva	prenderà	prenderebbe	prenda	prendesse	prenda
	prendiamo	abbiamo preso	prendevamo	prenderemo	prenderemmo	prendiamo	prendessimo	prendiamo
	prendete	avete preso	prendevate	prenderete	prendereste	prendiate	prendeste	prendete
	prendono	hanno preso	prendevano	prenderanno	prenderebbero	prendano	prendessero	prendano

36. produrre (to produce) — *Participio passato:* **prodotto** — *Gerundio presente:* **producendo** — *Infinito passato:* avere **prodotto**

INDICATIVO				CONDIZIONALE	CONGIUNTIVO		IMPERATIVO
Presente	Passato prossimo	Imperfetto	Futuro	Presente	Presente	Imperfetto	
produco	ho **prodotto**	**producevo**	**produrrò**	**produrrei**	**produca**	**producessi**	
produci	hai **prodotto**	**producevi**	**produrrai**	**produrresti**	**produca**	**producessi**	**produci** (non **produrre**)
produce	ha **prodotto**	**produceva**	**produrrà**	**produrrebbe**	**produca**	**producesse**	**produca**
produciamo	abbiamo **prodotto**	**producevamo**	**produrremo**	**produrremmo**	**produciamo**	**producessimo**	**produciamo**
producete	avete **prodotto**	**producevate**	**produrrete**	**produrreste**	**produciate**	**produceste**	**producete**
producono	hanno **prodotto**	**producevano**	**produrranno**	**produrrebbero**	**producano**	**producessero**	**producano**

37. riempire (to fill) — *Participio passato:* riempito — *Gerundio presente:* **riempiendo** — *Infinito passato:* avere riempito

INDICATIVO				CONDIZIONALE	CONGIUNTIVO		IMPERATIVO
Presente	Passato prossimo	Imperfetto	Futuro	Presente	Presente	Imperfetto	
riempio, riempisco	ho riempito	riempivo	riempirò	riempirei	riempia	**riempissi**	
riempi, riempisci	hai riempito	riempivi	riempirai	riempiresti	riempia	**riempissi**	**riempi** (non riempire)
riempie, riempisce	ha riempito	riempiva	riempirà	riempirebbe	riempia	**riempisse**	**riempia**
riempiamo	abbiamo riempito	riempivamo	riempiremo	riempiremmo	riempiamo	**riempissimo**	riempiamo
riempiete	avete riempito	riempivate	riempirete	riempireste	riempiate	riempiste	riempite
riempiono, riempiscono	hanno riempito	riempivano	riempiranno	riempirebbero	**riempiano**	**riempissero**	**riempiano**

38. rimanere (to stay) — *Participio passato:* **rimasto/a** — *Gerundio presente:* rimanendo — *Infinito passato:* essere **rimasto/a**

INDICATIVO				CONDIZIONALE	CONGIUNTIVO		IMPERATIVO
Presente	Passato prossimo	Imperfetto	Futuro	Presente	Presente	Imperfetto	
rimango	sono **rimasto/a**	rimanevo	**rimarrò**	**rimarrei**	**rimanga**	rimanessi	
rimani	sei **rimasto/a**	rimanevi	**rimarrai**	**rimarresti**	**rimanga**	rimanessi	rimani (non rimanere)
rimane	è **rimasto/a**	rimaneva	**rimarrà**	**rimarrebbe**	**rimanga**	rimanesse	**rimanga**
rimaniamo	siamo **rimasti/e**	rimanevamo	**rimarremo**	**rimarremmo**	rimaniamo	rimanessimo	rimaniamo
rimanete	siete **rimasti/e**	rimanevate	**rimarrete**	**rimarreste**	rimaniate	rimaneste	rimanete
rimangono	sono **rimasti/e**	rimanevano	**rimarranno**	**rimarrebbero**	**rimangano**	rimanessero	**rimangano**

39. rispondere (to answer) — *Participio passato:* **risposto** — *Gerundio presente:* rispondendo — *Infinito passato:* avere **risposto**

INDICATIVO				CONDIZIONALE	CONGIUNTIVO		IMPERATIVO
Presente	Passato prossimo	Imperfetto	Futuro	Presente	Presente	Imperfetto	
rispondo	ho **risposto**	rispondevo	risponderò	risponderei	risponda	rispondessi	
rispondi	hai **risposto**	rispondevi	risponderai	risponderesti	risponda	rispondessi	rispondi (non rispondere)
risponde	ha **risposto**	rispondeva	risponderà	risponderebbe	risponda	rispondesse	risponda
rispondiamo	abbiamo **risposto**	rispondevamo	risponderemo	risponderemmo	rispondiamo	rispondessimo	rispondiamo
rispondete	avete **risposto**	rispondevate	risponderete	rispondereste	rispondiate	rispondeste	rispondete
rispondono	hanno **risposto**	rispondevano	risponderanno	risponderebbero	rispondano	rispondessero	rispondano

40. salire (to go up) — *Participio passato:* salito/a — *Gerundio presente:* salendo — *Infinito passato:* essere salito/a

INDICATIVO				CONDIZIONALE	CONGIUNTIVO		IMPERATIVO
Presente	Passato prossimo	Imperfetto	Futuro	Presente	Presente	Imperfetto	
salgo	sono salito/a	salivo	salirò	salirei	**salga**	salissi	
sali	sei salito/a	salivi	salirai	saliresti	**salga**	salissi	sali (non salire)
sale	è salito/a	saliva	salirà	salirebbe	**salga**	salisse	**salga**
saliamo	siamo saliti/e	salivamo	saliremo	saliremmo	saliamo	salissimo	saliamo
salite	siete saliti/e	salivate	salirete	salireste	saliate	saliste	salite
salgono	sono saliti/e	salivano	saliranno	salirebbero	**salgano**	salissero	**salgano**

Infinito / Participio passato / Gerundio presente / Infinito passato	INDICATIVO				CONDIZIONALE	CONGIUNTIVO		IMPERATIVO
	Presente	Passato prossimo	Imperfetto	Futuro	Presente	Presente	Imperfetto	
41 sapere *(to know)* / saputo / sapendo / avere saputo	so / sai / sa / **sappiamo** / sapete / **sanno**	ho saputo / hai saputo / ha saputo / abbiamo saputo / avete saputo / hanno saputo	sapevo / sapevi / sapeva / sapevamo / sapevate / sapevano	**saprò** / **saprai** / **saprà** / **sapremo** / **saprete** / **sapranno**	**saprei** / **sapresti** / **saprebbe** / **sapremmo** / **sapreste** / **saprebbero**	**sappia** / **sappia** / **sappia** / **sappiamo** / **sappiate** / **sappiano**	sapessi / sapessi / sapesse / sapessimo / sapeste / sapessero	**sappi** (non sapere) / **sappia** / **sappiamo** / **sappiate** / **sappiano**
42 sedere *(to sit)* / seduto/a / sedendo / essere seduto/a	**siedo, seggo** / **siedi** / **siede** / sediamo / sedete / **siedono, seggono**	sono seduto/a / sei seduto/a / è seduto/a / siamo seduti/e / siete seduti/e / sono seduti/e	sedevo / sedevi / sedeva / sedevamo / sedevate / sedevano	sederò, **siederò** / sederai, **siederai** / sederà, **siederà** / sederemo, **siederemo** / sederete, **siederete** / sederanno, **siederanno**	sederei, **siederei** / sederesti, **siederesti** / sederebbe, **siederebbe** / sederemmo, **siederemmo** / sedereste, **siedereste** / sederebbero, **siederebbero**	**sieda, segga** / **sieda, segga** / **sieda, segga** / sediamo / sediate / **siedano, seggano**	sedessi / sedessi / sedesse / sedessimo / sedeste / sedessero	**siedi** (non sedere) / **sieda, segga** / sediamo / sedete / **siedano, seggano**
43 sognare *(to dream)* / sognato / sognando / avere sognato	sogno / sogni / sogna / sogniamo, **sognamo** / **sogniate, sognate** / sognano	ho sognato / hai sognato / ha sognato / abbiamo sognato / avete sognato / hanno sognato	sognavo / sognavi / sognava / sognavamo / sognavate / sognavano	sognerò / sognerai / sognerà / sogneremo / sognerete / sogneranno	sognerei / sogneresti / sognerebbe / sogneremmo / sognereste / sognerebbero	sogni / sogni / sogni / sogniamo, **sognamo** / sogniate, **sognate** / sognino	sognassi / sognassi / sognasse / sognassimo / sognaste / sognassero	sogna (non sognare) / sogni / sogniamo / sognate / sognino
44 spegnere *(to turn off)* / **spento** / spegnendo / avere **spento**	**spengo** / spegni / spegne / spegniamo / spegnete / **spengono**	ho **spento** / hai **spento** / ha **spento** / abbiamo **spento** / avete **spento** / hanno **spento**	spegnevo / spegnevi / spegneva / spegnevamo / spegnevate / spegnevano	spegnerò / spegnerai / spegnerà / spegneremo / spegnerete / spegneranno	spegnerei / spegneresti / spegnerebbe / spegneremmo / spegnereste / spegnerebbero	**spenga** / **spenga** / **spenga** / spegniamo / spegniate / **spengano**	spegnessi / spegnessi / spegnesse / spegnessimo / spegneste / spegnessero	spegni (non spegnere) / **spenga** / spegniamo / spegnete / **spengano**
45 stare *(to stay; to be)* / stato/a / stando / essere stato/a	sto / **stai** / sta / stiamo / state / **stanno**	sono stato/a / sei stato/a / è stato/a / siamo stati/e / siete stati/e / sono stati/e	stavo / stavi / stava / stavamo / stavate / stavano	**starò** / **starai** / **starà** / **staremo** / **starete** / **staranno**	**starei** / **staresti** / **starebbe** / **staremmo** / **stareste** / **starebbero**	**stia** / **stia** / **stia** / stiamo / stiate / **stiano**	**stessi** / **stessi** / **stesse** / **stessimo** / **steste** / **stessero**	**stai, sta'** (non stare) / **stia** / stiamo / state / **stiano**

46 — tacere (to be silent) · taciuto · tacendo · avere taciuto

	INDICATIVO Presente	Passato prossimo	Imperfetto	Futuro	CONDIZIONALE Presente	CONGIUNTIVO Presente	Imperfetto	IMPERATIVO
	taccio	ho taciuto	tacevo	tacerò	tacerei	taccia	tacessi	
	taci	hai taciuto	tacevi	tacerai	taceresti	taccia	tacessi	taci (non tacere)
	tace	ha taciuto	taceva	tacerà	tacerebbe	taccia	tacesse	taccia
	tacciamo	abbiamo taciuto	tacevamo	taceremo	taceremmo	tacciamo	tacessimo	tacciamo
	tacete	avete taciuto	tacevate	tacerete	tacereste	tacciate	taceste	tacete
	tacciono	hanno taciuto	tacevano	taceranno	tacerebbero	tacciano	tacessero	tacciano

47 — tenere (to hold) · tenuto · tenendo · avere tenuto

	INDICATIVO Presente	Passato prossimo	Imperfetto	Futuro	CONDIZIONALE Presente	CONGIUNTIVO Presente	Imperfetto	IMPERATIVO
	tengo	ho tenuto	tenevo	terrò	terrei	tenga	tenessi	
	tieni	hai tenuto	tenevi	terrai	terresti	tenga	tenessi	tieni (non tenere)
	tiene	ha tenuto	teneva	terrà	terrebbe	tenga	tenesse	tenga
	teniamo	abbiamo tenuto	tenevamo	terremo	terremmo	teniamo	tenessimo	teniamo
	tenete	avete tenuto	tenevate	terrete	terreste	teniate	teneste	tenete
	tengono	hanno tenuto	tenevano	terranno	terrebbero	tengano	tenessero	tengano

48 — togliere (to remove) · tolto · togliendo · avere tolto

	INDICATIVO Presente	Passato prossimo	Imperfetto	Futuro	CONDIZIONALE Presente	CONGIUNTIVO Presente	Imperfetto	IMPERATIVO
	tolgo	ho tolto	toglievo	toglierò	toglierei	tolga	togliessi	
	togli	hai tolto	toglievi	toglierai	toglieresti	tolga	togliessi	togli (non togliere)
	toglie	ha tolto	toglieva	toglierà	toglierebbe	tolga	togliesse	tolga
	togliamo	abbiamo tolto	toglievamo	toglieremo	toglieremmo	togliamo	togliessimo	togliamo
	togliete	avete tolto	toglievate	toglierete	togliereste	togliate	toglieste	togliete
	tolgono	hanno tolto	toglievano	toglieranno	toglierebbero	tolgano	togliessero	tolgano

49 — trarre (to draw) · tratto · traendo · avere tratto

	INDICATIVO Presente	Passato prossimo	Imperfetto	Futuro	CONDIZIONALE Presente	CONGIUNTIVO Presente	Imperfetto	IMPERATIVO
	traggo	ho tratto	traevo	trarrò	trarrei	tragga	traessi	
	trai	hai tratto	traevi	trarrai	trarresti	tragga	traessi	trai (non trarre)
	trae	ha tratto	traeva	trarrà	trarrebbe	tragga	traesse	tragga
	traiamo	abbiamo tratto	traevamo	trarremo	trarremmo	traiamo	traessimo	traiamo
	traete	avete tratto	traevate	trarrete	trarreste	traiate	traeste	traete
	traggono	hanno tratto	traevano	trarranno	trarrebbero	traggano	traessero	traggano

50 — udire (to hear) · udito · udendo · avere udito

	INDICATIVO Presente	Passato prossimo	Imperfetto	Futuro	CONDIZIONALE Presente	CONGIUNTIVO Presente	Imperfetto	IMPERATIVO
	odo	ho udito	udivo	udirò, udrò	udirei, udrei	oda	udissi	
	odi	hai udito	udivi	udirai, udrai	udiresti, udresti	oda	udissi	odi (non udire)
	ode	ha udito	udiva	udirà, udrà	udirebbe, udrebbe	oda	udisse	oda
	udiamo	abbiamo udito	udivamo	udiremo, udremo	udiremmo, udremmo	udiamo	udissimo	udiamo
	udite	avete udito	udivate	udirete, udrete	udireste, udreste	udiate	udiste	udite
	odono	hanno udito	udivano	udiranno, udranno	udirebbero, udrebbero	odano	udissero	odano

51 — uscire (to go out) · uscito/a · uscendo · essere uscito/a

	INDICATIVO Presente	Passato prossimo	Imperfetto	Futuro	CONDIZIONALE Presente	CONGIUNTIVO Presente	Imperfetto	IMPERATIVO
	esco	sono uscito/a	uscivo	uscirò	uscirei	esca	uscissi	
	esci	sei uscito/a	uscivi	uscirai	usciresti	esca	uscissi	esci (non uscire)
	esce	è uscito/a	usciva	uscirà	uscirebbe	esca	uscisse	esca
	usciamo	siamo usciti/e	uscivamo	usciremo	usciremmo	usciamo	uscissimo	usciamo
	uscite	siete usciti/e	uscivate	uscirete	uscireste	usciate	usciste	uscite
	escono	sono usciti/e	uscivano	usciranno	uscirebbero	escano	uscissero	escano

52 — valere (to be worth)

Participio passato: **valso** · Gerundio presente: valendo · Infinito passato: avere **valso**

Persona	INDICATIVO Presente	Passato prossimo	Imperfetto	Futuro	CONDIZIONALE Presente	CONGIUNTIVO Presente	Imperfetto	IMPERATIVO
	valgo	ho **valso**	valevo	**varrò**	**varrei**	**valga**	valessi	
	vali	hai **valso**	valevi	**varrai**	**varresti**	**valga**	valessi	vali (non valere)
	vale	ha **valso**	valeva	**varrà**	**varrebbe**	**valga**	valesse	**valga**
	valiamo	abbiamo **valso**	valevamo	**varremo**	**varremmo**	valiamo	valessimo	valiamo
	valete	avete **valso**	valevate	**varrete**	**varreste**	valiate	valeste	valete
	valgono	hanno **valso**	valevano	**varranno**	**varrebbero**	**valgano**	valessero	**valgano**

53 — vedere (to see)

Participio passato: **visto**, veduto · Gerundio presente: vedendo · Infinito passato: avere **visto**, veduto

Persona	INDICATIVO Presente	Passato prossimo	Imperfetto	Futuro	CONDIZIONALE Presente	CONGIUNTIVO Presente	Imperfetto	IMPERATIVO
	vedo	ho **visto**/veduto	vedevo	**vedrò**	**vedrei**	veda	vedessi	
	vedi	hai **visto**/veduto	vedevi	**vedrai**	**vedresti**	veda	vedessi	vedi (non vedere)
	vede	ha **visto**/veduto	vedeva	**vedrà**	**vedrebbe**	veda	vedesse	veda
	vediamo	abbiamo **visto**/veduto	vedevamo	**vedremo**	**vedremmo**	vediamo	vedessimo	vediamo
	vedete	avete **visto**/veduto	vedevate	**vedrete**	**vedreste**	vediate	vedeste	vedete
	vedono	hanno **visto**/veduto	vedevano	**vedranno**	**vedrebbero**	vedano	vedessero	vedano

54 — venire (to come)

Participio passato: venuto/a · Gerundio presente: venendo · Infinito passato: essere venuto/a

Persona	INDICATIVO Presente	Passato prossimo	Imperfetto	Futuro	CONDIZIONALE Presente	CONGIUNTIVO Presente	Imperfetto	IMPERATIVO
	vengo	sono venuto/a	venivo	**verrò**	**verrei**	**venga**	venissi	
	vieni	sei venuto/a	venivi	**verrai**	**verresti**	**venga**	venissi	**vieni** (non venire)
	viene	è venuto/a	veniva	**verrà**	**verrebbe**	**venga**	venisse	**venga**
	veniamo	siamo venuti/e	venivamo	**verremo**	**verremmo**	veniamo	venissimo	veniamo
	venite	siete venuti/e	venivate	**verrete**	**verreste**	veniate	veniste	venite
	vengono	sono venuti/e	venivano	**verranno**	**verrebbero**	**vengano**	venissero	**vengano**

55 — vincere (to win)

Participio passato: **vinto** · Gerundio presente: vincendo · Infinito passato: avere **vinto**

Persona	INDICATIVO Presente	Passato prossimo	Imperfetto	Futuro	CONDIZIONALE Presente	CONGIUNTIVO Presente	Imperfetto	IMPERATIVO
	vinco	ho **vinto**	vincevo	vincerò	vincerei	vinca	vincessi	
	vinci	hai **vinto**	vincevi	vincerai	vinceresti	vinca	vincessi	vinci (non vincere)
	vince	ha **vinto**	vinceva	vincerà	vincerebbe	vinca	vincesse	vinca
	vinciamo	abbiamo **vinto**	vincevamo	vinceremo	vinceremmo	vinciamo	vincessimo	vinciamo
	vincete	avete **vinto**	vincevate	vincerete	vincereste	vinciate	vinceste	vincete
	vincono	hanno **vinto**	vincevano	vinceranno	vincerebbero	vincano	vincessero	vincano

56 — vivere (to live)

Participio passato: **vissuto** · Gerundio presente: vivendo · Infinito passato: essere **vissuto**

Persona	INDICATIVO Presente	Passato prossimo	Imperfetto	Futuro	CONDIZIONALE Presente	CONGIUNTIVO Presente	Imperfetto	IMPERATIVO
	vivo	sono **vissuto/a**	vivevo	**vivrò**	**vivrei**	viva	vivessi	
	vivi	sei **vissuto/a**	vivevi	**vivrai**	**vivresti**	viva	vivessi	vivi (non vivere)
	vive	è **vissuto/a**	viveva	**vivrà**	**vivrebbe**	viva	vivesse	viva
	viviamo	siamo **vissuti/e**	vivevamo	**vivremo**	**vivremmo**	viviamo	vivessimo	viviamo
	vivete	siete **vissuti/e**	vivevate	**vivrete**	**vivreste**	viviate	viveste	vivete
	vivono	sono **vissuti/e**	vivevano	**vivranno**	**vivrebbero**	vivano	vivessero	vivano

57 — volere (to want)

Participio passato: voluto · Gerundio presente: volendo · Infinito passato: avere voluto

Persona	INDICATIVO Presente	Passato prossimo	Imperfetto	Futuro	CONDIZIONALE Presente	CONGIUNTIVO Presente	Imperfetto	IMPERATIVO
	voglio	ho voluto	volevo	**vorrò**	**vorrei**	**voglia**	volessi	
	vuoi	hai voluto	volevi	**vorrai**	**vorresti**	**voglia**	volessi	**vogli** (non volere)
	vuole	ha voluto	voleva	**vorrà**	**vorrebbe**	**voglia**	volesse	**voglia**
	vogliamo	abbiamo voluto	volevamo	**vorremo**	**vorremmo**	**vogliamo**	volessimo	**voglia**
	volete	avete voluto	volevate	**vorrete**	**vorreste**	**vogliate**	voleste	**vogliate**
	vogliono	hanno voluto	volevano	**vorranno**	**vorrebbero**	**vogliano**	volessero	**vogliano**

These verbs follow regular conjugation patterns in all forms but the **participio passato** and the **passato remoto**. (See p. 486 for a brief introduction to the **passato remoto**.) Use this table to study the irregular past participles and first-person **passato remoto** forms, and follow regular cojugation patterns for all other forms. The full conjugation of several high-frequency verbs is presented in the preceding pages for your reference.

Infinito		participio passato	passato remoto
accendere	*to turn on*	acceso	accesi
accorgersi	*to realize*	accorto	accorsi
aprire	*to open*	aperto	apersi
assistere	*to assist*	assistito	assistetti
attendere	*to wait for*	atteso	attesi
chiedere	*to ask for*	chiesto	chiesi
chiudere	*to close*	chiuso	chiusi
commettere	*to commit*	commesso	commisi
conoscere	*to know*	conosciuto	conobbi
correre	*to run*	corso	corsi
crescere	*to grow*	cresciuto	crebbi
decidere	*to decide*	deciso	decisi
dipingere	*to paint*	dipinto	dipinsi
fingere	*to pretend*	finto	finsi
friggere	*to fry*	fritto	frissi
insistere	*to insist*	insistito	insistetti
leggere	*to read*	letto	lessi
mettere	*to put*	messo	misi
nascere	*to be born*	nato	nacqui
offrire	*to offer*	offerto	offersi
perdere	*to lose*	perso, perduto	persi
permettere	*to permit*	permesso	permisi
piangere	*to cry*	pianto	piansi
piovere	*to rain*	piovuto	piovve *(3rd person)*
porgere	*to give*	porto	porsi
prendere	*to take*	preso	presi
promettere	*to promise*	promesso	promisi
radere	*to shave*	raso	rasi
rendere	*to give back*	reso	resi
ridere	*to laugh*	riso	risi
rispondere	*to answer*	risposto	risposi
rompere	*to break*	rotto	ruppi
scendere	*to descend*	sceso	scesi
scrivere	*to write*	scritto	scrissi
smettere	*to quit*	smesso	smisi
sorgere	*to rise*	sorto	sorsi
spendere	*to spend*	speso	spesi
spingere	*to push*	spinto	spinsi
succedere	*to happen*	successo	successe
vincere	*to win*	vinto	vinsi

The *passato remoto*

You've learned to use the **passato prossimo** to talk about actions, events, and states of being that began and ended in the past. Italian has another past tense, the **passato remoto**, which is also used to narrate completed past actions. Use the **passato remoto** to refer to events that took place in a completed time period in the past and that have no continuing effect on the present. Compare the following examples.

passato prossimo	passato remoto
Ieri **ho scritto** una poesia per la mia ragazza. *Yesterday **I wrote** a poem for my girlfriend.*	Dante **scrisse** il suo capolavoro mentre era in esilio. *Dante **wrote** his masterpiece while he was in exile.*
Sono nati molti bambini quest'anno. *Many children **were born** this year.*	Leonardo da Vinci **nacque** nel 1452. *Leonardo da Vinci **was born** in 1452.*

- The use of the **passato remoto** in conversation varies by region. Northern speakers generally use it less frequently (some not at all). Its use in spoken Italian is more common in the South, where speakers may also use it in place of the **passato prossimo** to refer to recent events. As students of Italian, you do not need to use the **passato remoto** for everyday conversation. It is, however used in writing and you should be able to recognize its forms when reading, especially for literature.

- To form the **passato remoto**, drop the **-re** ending of the infinitive for all but the third-person singular form, which drops the characteristic vowel as well; then add the endings. Most **-ere** verbs also have alternate first-person singular and third-person forms.

The *passato remoto*

parlare		credere		dormire	
parlai	parlammo	credei (credetti)	credemmo	dormii	dormimmo
parlasti	parlaste	credesti	credeste	dormisti	dormiste
parlò	parlarono	credé (credette)	crederono (credettero)	dormì	dormirono

- Many common verbs are irregular in the **passato remoto**.

essere	bere	dare	dire	fare	stare
fui	bevvi	diedi (detti)	dissi	feci	stetti
fosti	bevesti	desti	dicesti	facesti	stesti
fu	bevve	diede (dette)	disse	fece	stette
fummo	bevemmo	demmo	dicemmo	facemmo	stemmo
foste	beveste	deste	diceste	faceste	steste
furono	bevvero	diedero (dettero)	dissero	fecero	stettero

- Most irregular verbs follow a 1-3-3 pattern: the first-person singular (**io**) and third-person singular and plural (**lui/lei, loro**) forms only are irregular. These forms have a different stem and their endings are **-i**, **-e**, and **-ero**.

Some irregular *passato remoto* first-person forms

avere	ebbi	conoscere	conobbi	nascere	nacqui	sapere	seppi
chiedere	chiesi	leggere	lessi	piacere	piacqui	scrivere	scrissi
chiudere	chiusi	mettere	misi	prendere	presi	venire	venni

Guide to Vocabulary

Abbreviations used in this glossary

adj.	adjective	*fam.*	familiar	*p.p.*	past participle
adv.	adverb	*form.*	formal	*pl.*	plural
art.	article	*imp.*	imperative	*poss.*	possessive
comp.	comparative	*indef.*	indefinite	*prep.*	preposition
conj.	conjunction	*interr.*	interrogative	*pron.*	pronoun
dbl.o.	double object	*invar.*	invariable	*refl.*	reflexive
def.	definite	*i.o.*	indirect object	*rel.*	relative
dem.	demonstrative	*m.*	masculine	*sing.*	singular
disj.	disjunctive	*n.*	noun	*sub.*	subject
d.o.	direct object	*obj.*	object	*super.*	superlative
f.	feminine	*part.*	partitive	*v.*	verb

Italiano-Inglese

A

a *prep.* at; in; to 1B
  a casa at home 3A
  a condizione che *conj.* provided that 12A
  a destra *prep.* to the right 7A
  A domani. See you tomorrow. 1A
  A dopo. See you later. 1A
  a due passi da not far from 9A
  a letto in/to bed 3A
  a lezione in class 1B
  a meno che... non *conj.* unless 12A
  a mezzanotte at midnight 3A
  a patto che *conj.* provided that 12A
  a piedi on foot 3A
  A più tardi. See you later. 1A
  A presto. See you soon. 1A
  a righe *adj.* striped 4B
  a scuola at/to school 3A
  a sinistra *prep.* to the left 7A
  a suo agio *adv.* at ease 7B
  a tavola at the table 3A
  a teatro at/to the theater 3A
  a tempo parziale *adj.* part-time 11A
  a tempo pieno *adj.* full-time 11A
  (a) tinta unita *adj.* solid color 4B
  a volte *adv.* sometimes 6A
  al cinema at/to the movies 3A
  al completo *adj.* full; no vacancies 8B
  al mare at/to the beach 3A
  al solito suo as he/she usually does 8A
  al vapore *adj.* steamed 5A
  alla griglia *adj.* grilled 5A

Alla prossima! Until next time! 1A
all'estero *adv.* abroad 8B
all'inizio *adv.* at first 2A
abbastanza *adv.* enough 1A
  Abbastanza bene. Pretty well. 1A
abbigliamento *m.* clothing 4B
abbonamento *m.* subscription; pass 8A
abbracciare *v.* to hug 6A
abbracciarsi *v.* to hug each other 6A
abbronzarsi *v.* to tan 8B
abete *m.* fir 12A
abitare *v.* to live, to reside 2A
  Dove abiti? Where do you live? 7A
abito *m.* dress 4B
abituarsi *v.* to get used to 10A
accadere *v.* to happen 12A
accanto (a) *prep.* next to 7A
accappatoio *m.* bathrobe 6A
accendere *v.* to turn on 4A
acceso/a (accendere) *p.p., adj.* turned on 4B
Accidenti! Wow! 4B; Darn! 5B
accorgersi *v.* to realize 12B
acido/a *adj.* acidic 12A
  pioggia acida *f.* acid rain 12A
acqua (frizzante, naturale) *f.* (sparkling, still) water 5B
acquisito/a *adj.* acquired 3A
  parenti acquisiti *m., pl.* in-laws 3A
addormentarsi *v.* to fall asleep 6A
adesso *adv.* now 5B
adorare *v.* to adore 2A
adottare *v.* to adopt 3A
aereo *m.* airplane 8B
aeroporto *m.* airport 8B
affatto *adv.* at all; completely 9B
  non... affatto not at all 9B
affinché *conj.* so that 12A

affittare *v.* to rent (*owner*) 7A
  affittasi for rent 7A
affitto *m.* rent 7A
  prendere in affitto *v.* to rent (*tenant*) 7A
affollato/a *adj.* crowded 8A
affumicato/a *adj.* smoked 5A
agenda *f.* planner
agente *m., f.* agent 8B
  agente di viaggio *m., f.* travel agent 8B
  agente immobiliare *m., f.* real estate agent 11A
agenzia *f.* agency 7A
  agenzia per il lavoro *f.* temp agency 11B
  agenzia immobiliare *f.* real estate agency 7A
aggiustare *v.* to fix 4A
agio *m.* ease 7B
  a suo agio *adv.* at ease 7B
aglio *m.* garlic 5A
agosto *m.* August 2B
agricoltore/agricoltrice *m., f.* farmer 11A
agricoltura *f.* agriculture 12A
  agricoltura biologica *f.* organic farming 12A
agrodolce *adj.* sweet and sour 5A
aiuola *f.* flower bed 9A
aiutare *v.* to help 2A
aiutarsi *v.* to help each other 6A
alba *f.* dawn; sunrise 12A
albergo (a cinque stelle) *m.* (five-star) hotel 8B
albero *m.* tree 12A
alcuni/e *indef. adj., pron.* some, a few 5A
alimentari *m., pl.* foodstuffs 5A
  negozio d'alimentari *m.* grocery store 5A
allacciare *v.* to buckle (*seatbelt*) 8A
allegramente *adv.* cheerfully 5B
allegro/a *adj.* cheerful 3B

allergico/a *adj.* allergic 6B
alloggi *m., pl.* lodgings 8B
allora *adv., adj.* so; then 1A
alluvione *f.* flood 12A
alto/a *adj.* tall 3B
  stipendio alto *m.* high
  salary 11B
altoparlante *m.* speaker 4A
altro *indef. pron.* something/
  anything else 9B
altro/a/i/e *indef. adj.* other 9B
  l'altro ieri the day before
  yesterday 4B
  l'un l'altro/a each other 6A
altri/e *indef. pron.* others
altroché *conj.* absolutely 9B
alunno/a *m., f.* pupil; student 1B
alzarsi *v.* to stand, to get
  (oneself) up 6A
amare *v.* to love 10A
amaro/a *adj.* bitter 5B
amarsi *v.* to love each other 6A
ambientalismo *m.*
  environmentalism 12A
ambiente *m.* environment 12A
ambulanza *f.* ambulance 6B
americano/a *adj.* American 1B
amico/a *m., f.* friend 1A
analista *m., f.* analyst 11A
ananas *m.* pineapple 5A
anche *conj.* also; too; as well 1A
  Anch'io. Me, too. 1A
ancora *adv.* still; yet; again 4B
  non… ancora *adv.* not yet 4B
andare *v.* to go 2A
  (non) andare di moda
  to be/not be in fashion 4B
  andare a cavallo to go
  horseback riding 2A
  andare al cinema to go to
  the movies 2A
  andare dal dottore to go to
  the doctor 6B
  andare in bicicletta to ride
  a bicycle 2A
  Come si va… How do you
  get to . . . ? 9A
  Come va? How are things? 1A
  Va moltissimo ora! It's very
  trendy now! 4B
andata e ritorno *adj.* round trip 8B
angolo *m.* corner 9A
  dietro l'angolo around the
  corner 9A
animale *m.* animal 12A
  animale domestico *m.* pet 3A
anno *m.* year 1A
  avere… anni to be . . . years
  old 2B
annoiarsi *v.* to get/be bored 6A
annullare *v.* to cancel
annuncio *m.* advertisement 11B

annuncio di lavoro *m.*
  job ad 11B
antipasto *m.* appetizer; starter 5B
antipatico/a *adj.* unpleasant 1B
anziano/a *adj.* elderly 3B
ape *f.* bee 12A
aperto/a (aprire) *p.p., adj. (used*
  as past participle) opened; *(used*
  as adjective) open 4B
apparecchiare *v.* to set 7B
  apparecchiare la tavola *v.*
  to set the table 7B
appartamento *m.* apartment 7A
  appartamento
  arredato *m.* furnished
  apartment 7A
appena *adv., conj.* just; as soon
  as 6B
applaudire *v.* to applaud 10A
applauso *m.* applause 10A
applicazione/app *f.* application 4A
appuntamento *m.*
  appointment; date 11B
  prendere un appuntamento
  to make an appointment 11B
appunti *m., pl.* notes 1B
aprile *m.* April 2B
aprire *v.* to open 3A
arancia *f.* orange 5A
arancione *adj.* orange *(color)* 4B
arbitro *m.* referee 2A
architetto *m.* architect 3B
armadio *m.* armoire 7A
  cabina armadio *m.* walk-in
  closet 7A
aroma *m.* aroma; flavoring 10A
arrabbiarsi *v.* to get angry 6A
arrabbiato/a *adj.* angry 3B
arrampicata *f.* climbing 2A
arredamento *m.* furnishings 7A
arrendersi *v.* to surrender;
  to give up 2B
arricciare *v.* to curl 6A
arrivare *v.* to arrive 2A
  Arrivo subito. I'll be right
  there. 1A
ArrivederLa/ci. *(form./*
  fam.) Good-bye. 1A
arrivi *m., pl.* arrivals 8B
arrosto *adj., invar.* roasted 5A
arte *f.* art 1A
  belle arti *f., pl.* fine arts 10B
  opera d'arte *f.* work of art 10B
  visitare una galleria d'arte to
  visit an art gallery 10B
artistico/a *adj.* artistic 10B
ascensore *m.* elevator 8B
asciugacapelli *m., invar.*
  hair dryer 6A
asciugamano *m.* towel 6A
asciugatrice *f.* clothes dryer 7B
asciutto/a *adj.* dry 5A

pasta asciutta *f.* pasta
ascoltare *v.* to listen 2A
  ascoltare la musica to listen
  to music 2A
aspettare *v.* to wait (for) 2A
aspirapolvere *m.* vacuum
  cleaner 7B
  passare l'aspirapolvere
  to vacuum 7B
aspirina *f.* aspirin 6B
assaggiare *v.* to taste 5B
asse da stiro *f.* ironing board 7B
assegno *m.* check 9B
  pagare con assegno to pay
  by check 9B
assicurazione (sulla vita) *f.* (life)
  insurance 11A
assistente amministrativo/a
  m., f. administrative assistant 11B
assolo *m.* solo 10A
assumere *v.* to hire 11B
assunzione *f.* hiring 11B
atletica *f.* track and field 2A
atletico/a *adj.* athletic 3B
attendere *v.* to wait for 11B
  Attenda in linea, per favore.
  Please hold. 11B
attento/a *adj.* attentive 2A
attenzione *f.* attention 2A
  fare attenzione to pay
  attention 2A
atterrare *v.* to land 8B
attesa *f.* waiting 11B
  restare in attesa to be
  on hold 11B
attimo *m.* minute; moment 5A
attività *f.* activity 2A; business 12A
  condurre un'attività to run a
  business 12A
attivo/a *adj.* active 3B
atto *m.* act 10A
attore/attrice *m., f.* actor/
  actress 1A
attraversare *v.* to cross
  (street) 9A
audace *adj.* audacious, bold 3B
aula *f.* lecture hall; classroom 1B
aumento *m.* raise 11A
auricolare *m.* ear bud 4A
autista *m., f.* driver 8A
autobus *m.* bus 1A
  in autobus by bus 3A
automatico *adj.* automatic 8A
  cambio automatico *m.*
  automatic transmission 8A
automobile *f.* car
automobilismo *m.* car racing 2A
autore/autrice *m., f.* author 10B
autostrada *f.* highway 8A
autunno *m.* fall, autumn 2B
avaro/a *adj.* greedy 3B
avere *v.* to have 2B

avercela con qualcuno to be angry at someone 6A

avere… anni to be . . . years old 2B

avere bisogno (di) to need 2B

avere caldo to feel hot 2B

avere fame to be hungry 2B

avere freddo to feel cold 2B

avere fretta to be in a hurry 2B

avere il raffreddore to have a cold 6B

avere la febbre to have a fever 6B

avere mal di pancia (schiena, testa) to have a stomachache (backache, headache) 6B

avere paura (di) to be afraid (of) 2B

avere ragione to be right 2B

avere sete to be thirsty 2B

avere sonno to be sleepy 2B

avere torto to be wrong 2B

avere un incidente to have/be in an accident 8A

avere voglia (di) to feel like 2B

avvocato *m.* lawyer 1A

azienda *f.* firm 11B

azzurro/a *adj.* (sky) blue 3B

B

bacca *f.* berry 12A

bacheca *f.* bulletin board 11B

baciare *v.* to kiss 6A

baciarsi *v.* to kiss each other 6A

bagagliaio *m.* trunk 8A

bagaglio a mano *m.* carry-on baggage 8B

bagno *m.* bath 2A; bathroom 6A
  fare il bagno to take a bath 2A
  vasca da bagno *f.* bathtub 7A

baita *f.* cabin (*mountain shelter*) 12A

balconata *f.* theater balcony; dress circle 10A

balcone *m.* balcony 7A

balia *f.* nanny 7B

ballare *v.* to dance 2A

ballerino/a *m., f.* (ballet) dancer, ballerina 10A

balletto *m.* ballet 10A

balneare *adj.* bathing; beach 8B
  località balneare *f.* ocean resort 8B

bambino/a *m., f.* child; baby 3A

banana *f.* banana 5A

banca *f.* bank 9B
  in banca at/to the bank 3A

bancario/a *adj.* banking 9B
  conto bancario *m.* bank account 9B

banchiere/a *m., f.* banker 11A

banco *m.* desk 1B

bancomat *m.* ATM 9B

pagare con (il) bancomat *v.* to pay with a debit/ATM card 9B

banconota *f.* bill (*banknote*) 9B

barba *f.* beard 6A
  farsi la barba to shave (*beard*) 6A
  schiuma da barba *f.* shaving cream 6A

barbiere *m.* barber 3B

barca *f.* boat 8A

barista *m., f.* bartender 11A

barocco/a *adj.* Baroque 10B

basket *m.* basketball 2A

basso/a *adj.* short (*height*) 3B
  salario basso *m.* low salary
  stipendio basso *m.* low salary 11B

bastare *v.* to be enough 5B

batteria *f.* drums 2A

batterista *m., f.* drummer 10A

baule *m.* trunk

beh *inter.* well 2A

beige *adj., invar.* beige 4B

bellezza *f.* beauty
  salone di bellezza *m.* beauty salon

bellino/a *adj.* cute, pretty 10B

bello/a *adj.* beautiful, handsome 1B
  belle arti *f., pl.* fine arts 10B
  È bello. It's nice out. 2B
  Fa bel tempo. The weather is nice. 2B

benché *conj.* although 12A

bene *adj.* well 1A
  Abbastanza bene. Pretty well. 1A
  Sto (molto) bene. I am (very) well. 1A
  Tutto bene? Everything OK? 1A

Benvenuto/a/i/e! Welcome! 1A

benzina *f.* gas 8A
  fare benzina *v.* to get gas 8A

bere *v.* to drink 5A

bernoccolo *m.* bump 6B

bevanda *f.* drink 5B

biancheria intima *f.* underwear 4B

bianco/a *adj.* white 3B

bibita *f.* drink

biblioteca *f.* library 1B
  in biblioteca at/to the library 3A

bicchiere *m.* glass 5B

bicicletta *f.* bicycle 2A
  in bicicletta by bicycle 3A

bidello/a *m., f.* caretaker; custodian

biglietteria *f.* ticket office/window 8A

biglietto *m.* ticket 8A
  biglietto a fascia chilometrica *m.* kilometric zone ticket 8A
  biglietto intero *m.* full price ticket 10A

biglietto ridotto *m.* reduced ticket 10A

bilocale *m.* two-room apartment 7A

binario *m.* track; platform 8A

biologia *f.* biology 1A

biologico/a *adj.* biological; organic 12A
  agricoltura biologica *f.* organic farming 12A

biondo/a *adj.* blond(e) 3B

birra *f.* beer 5B

birreria *f.* pub; beer garden 5B

biscotto *m.* cookie 5A

bisnonno/a *m., f.* great grandfather/grandmother 3A

bisogna it's necessary 11A

bizantino/a *adj.* Byzantine 10B

blu *adj., invar.* blue 3B

bocca *f.* mouth 6A
  In bocca al lupo. Good luck. (*lit.* In the mouth of the wolf.) 1B

bocciare *v.* to fail (*exam*) 1B

boccuccia *f.* cute little mouth 10B

bollette *f., pl.* bills 7A
  pagare le bollette to pay the bills 9B

borsa *f.* handbag, purse 4B

borsetta *f.* small purse 10B

bottiglia *f.* bottle 5B

braccio (*pl.* braccia *f.*) *m.* arm 6A

bravo/a *adj.* good; skilled 1B

briciola *f.* crumb 7B

brillante *adj.* bright 3B

brillare *v.* to sparkle 6B

brindisi *m.* toast 4A

bruciore di stomaco *m.* heartburn 6B

bruno/a *adj.* dark-haired

brutto/a *adj.* ugly 3B
  È brutto It's bad out. 2B

bucare *v.* to puncture 8A
  bucare una gomma to get a flat tire 8A

bucato *m.* laundry 7B
  fare il bucato to do laundry 7B

buffo/a *adj.* funny 3B

buffone *m.* buffoon 10A
  fare il buffone to act the fool 10A

Buona giornata! Have a nice day! 1A

Buonanotte. Good night. 1A

Buonasera. Good evening. 1A

Buongiorno. Hello.; Good morning. 1A

buono/a *adj.* good 1B
  buon affare *m.* good deal 4B

burro *m.* butter 5A

busta *f.* envelope 9B

buttare via *v.* to throw away 12A
  Vietato buttare rifiuti. No littering. 12A

C

C.V. *m.* résumé 11B
cabina telefonica *f.* phone booth
cadere *v.* to fall 5A
caffè *m.* coffee 1A
caffettiera *f.* coffee maker 7B
cafone/a *m., f.* slob 7B
calciatore/calciatrice *m., f.* soccer player 2A
calcio *m.* soccer 2A
caldo/a *adj.* hot 2B
　avere caldo to feel hot 2B
　ondata di caldo *f.* heat wave 2B
calzino *m.* sock 4B
cambiare *v.* to change 2A
cambio automatico *m.* automatic transmission 8A
cambio manuale *m.* manual transmission 8A
camera *f.* room 7A
　camera da letto *f.* bedroom 7A
　camera doppia *f.* double room 7A
　camera singola *f.* single room 7A
　servizio in camera *m.* room service 8B
cameriere/a *m., f.* waiter 3B
camicetta *f.* blouse 4B
camicia *f.* dress shirt 4B
camion *m.* truck 8A
　camion della nettezza urbana *m.* garbage truck 12A
camionista *m., f.* truck driver 11A
camminare *v.* to walk 2A
campagna *f.* countryside 12A
campeggio *m.* camping 2A
campo *m.* field; court 2A
canadese *adj.* Canadian 1B
canale (televisivo) *m.* (television) channel 4A
canarino *m.* canary 3A
cancellare *v.* to erase 4A
candidato/a *m., f.* candidate 11B
cane *m.* dog 3A
canottiera *f.* tank top 4B
cantante *m., f.* singer 10A
　cantante lirico/a *m., f.* opera singer 10A
cantare *v.* to sing 2A
canzone *f.* song 10A
capacità *f.* skill 11B
caparra *f.* deposit 7A
capelli *m., pl.* hair 6A
　capelli a spazzola *m., pl.* crew cut 6A
　capelli raccolti *m., pl.* pulled back hair 6A
　capelli sciolti *m., pl.* loose hair 6A
　spuntare i capelli *v.* to trim one's hair 6A
　tagliare i capelli *v.* to cut one's hair 6A
capire *v.* to understand 3A
capo *m.* boss, head 11A
capodanno *m.* New Year's Day 8B
capolavoro *m.* masterpiece 10B
capolinea *m.* terminus 8A
cappello *m.* hat 4B
cappotto *m.* overcoat 4B
capra *f.* goat 12A
caraffa *f.* carafe 5B
carciofo *m.* artichoke 5A
caricabatteria *m.* charger 4A
caricare *v.* to charge; to load 4A
carie *f., invar.* cavity 6B
carino/a *adj.* cute 3B
carne *f.* meat 5A
　carne di maiale *f.* pork 5A
　carne di manzo *f.* beef 5A
　carne di vitello *f.* veal 5A
caro/a *adj.* expensive; dear 4B
carota *f.* carrot 5A
carriera *f.* career 11B
carta *f.* paper; card 2A
　carta di credito *f.* credit card 9B
　carta d'imbarco *f.* boarding pass 8B
　carta d'identità *f.* ID 8B
　foglio di carta *m.* sheet of paper 1B
carte *f., pl.* playing cards 2A
cartella *f.* folder 4A
cartina *f.* map 1B
cartoleria *f.* stationery store 9B
cartolina *f.* postcard 9B
cartone animato *m.* cartoon 10B
caruccio/a *adj.* sweet, very dear 10B
casa *f.* house
　a casa at home 3A
casalinga *f.* homemaker 11A
　l'uomo casalingo *m.* homemaker
cascata *f.* waterfall 12A
casino *m.* mess 7B
　Che casino! What a mess! 7B
cassetta delle lettere *f.* mailbox 9B
cassettiera *f.* dresser 7A
cassetto *m.* drawer 7A
cassiere/a *m., f.* cashier 3B
castano/a *adj.* brown (*hair, eyes*) 3B
catastrofe *f.* catastrophe 12A
cattivello/a *adj.* a little bit naughty 10B
cattivo/a *adj.* bad; naughty 1B
cavallo *m.* horse 2A
　andare a cavallo to go horseback riding 2A
caviglia *f.* ankle 6A
c'è there is 1A

C'è il temporale. It's stormy. 2B
C'è il/la signor(a)...? Is Mr./Mrs. . . . there? 11B
C'è il sole. It's sunny. 2B
C'è vento. It's windy. 2B
Che c'è di nuovo? What's new? 1A
Che cosa c'è? What's wrong? 1B
celibe *adj.* single (*male*)
cellulare *m.* cell phone 4A
cena *f.* supper, dinner 5B
cenare *v.* to have dinner 2A
centesimo/a *adj.* hundreth 10B
cento *m., adj.* one hundred 1A
centomila *m., adj., invar.* one hundred thousand 2B
centrale nucleare *f.* nuclear power plant 12A
centro *m.* center; downtown 3A
　centro commerciale *m.* mall; shopping center 9A
　centro estetico *m.* beauty salon 9B
　centro storico *m.* downtown 9A
　in centro downtown 3A
cercare *v.* to look for 2A; to try 10A, 2A
certo/a *adj.* certain 11B
cespuglio *m.* bush 12A
cestino *m.* wastebasket 1B
che *interr. pron.* what 3B; *rel. pron.* who, whom, that, which 9A
　Che casino! What a mess! 7B
　Che c'è di nuovo? What's new? 1A
　Che cosa c'è? What's wrong? 1B
　Che cos'è? *exp.* What is it? 1B
　Che giorno è oggi? What's the date? 2B
　Che noia! How boring! 1B
　Che ora è/Che ore sono? What time is it? 1B
　Che tempo fa? What is the weather like? 2B
　prima che *conj.* before 12A
chi *interr. pron.* who, whom 3B; *rel. pron.* those who, the one(s) who 9A
　Chi è? Who is it? 1B
　Chi parla? Who's calling? 11B
　Da parte di chi? On behalf of whom? 11B
chiacchierone/a *m., f.* chatterbox 10B
chiamare *v.* to call 2A
chiamarsi *v.* to be called; to call each other 6A
　Come si/ti chiama/i? (*form./fam.*) What is your name? 1A
　Mi chiamo... My name is . . . 1A
chiaro/a *adj.* light 4B; clear 11B
chiave *f.* key 8B

chic *adj., invar.* chic 3B
chiedere *v.* to ask (for) 2B
  chiedere un prestito to ask for a loan 9B
chiesa *f.* church 9A
chiesto/a (chiedere) *p.p., adj.* asked; requested 4B
chilo *m.* kilo 5A
chiosco *m.* newsstand; kiosk 9A
  chiosco per le informazioni *m.* information booth 9A
chirurgo/a *m., f.* surgeon 6B
chitarra *f.* guitar 2A
chitarrista *m., f.* guitarist 10A
chiudere *v.* to close 2B
chiuso/a (chiudere) *p.p., adj.* closed 4B, 6B
ci *d.o. pron., pl.* us 5A; *i.o. pron., pl.* (to, for) us 5B; *adv.* there 6A
  ci sono there are 1A
  Ci sono 18 gradi. It's 18 degrees out. 2B
  Ci vediamo! See you soon! 1A
Ciao. Hi.; Good-bye. 1A
ciascuno *adj., pron.* each (one) 4B
cibo *m.* food 5A
ciclismo *m.* cycling 2A
ciclone *m.* cyclone 2B
cielo *m.* sky 12A
ciglio (pl. ciglia f.) *m.* eyelashes 6A
Cin cin! Cheers! 1A
cinema *m.* cinema 2A
  al cinema at/to the movies 3A
cinese *adj.* Chinese 1B
cinquanta *m., adj., invar.* fifty 1A
cinque *m., adj., invar.* five 1A
cinquecentesimo/a *adj.* five hundredth 10B
cinquecento *m., adj., invar.* five hundred 2B
cinquemila *m., adj., invar.* five thousand 2B
cintura *f.* belt 4B
  cintura di sicurezza *f.* seatbelt 8A
ciò che *rel. pron.* that which, what 9A
cioccolateria *f.* café specializing in chocolate 5B
ciotola *f.* bowl 5B
cipolla *f.* onion 5A
cipresso *m.* cypress 12A
città *f.* city 1A
ciuffo *m.* tuft of hair 6A
civile *adj.* civil 3A
  stato civile *m.* marital status 3A
clarinetto *m.* clarinet 10A
classe *f.* class; classroom 1A, 1B
  classe economica *f.* economy class 8B
  classe turistica *f.* tourist class 8B

prima/seconda classe *f.* first/second class 8A
classico/a *adj.* classical; classic 10B
cliente *m., f.* customer; client 8B
clima *m.* climate 10A
coda *f.* ponytail 6A
cofano *m.* hood 8A
cognato/a *m., f.* brother-/sister-in-law 3A
cognome *m.* last name 3A
coincidenza *f.* connection 8A
coinquilino/a *m., f.* roommate 9A
colazione *f.* breakfast 5B
  fare colazione to have breakfast 2A
collaboratrice domestica *f.* maid 7B
collana *f.* necklace 4B
collezione *f.* collection 10B
collo *m.* neck 6A
colloquio di lavoro *m.* job interview 11B
colore *m.* color 4B
  Di che colore? What color? 4B
colpire *v.* to hit 8A
coltello *m.* knife 5B
come *adv.* how 3B
  Come si va... How do you get to . . . ? 9A
  Come si/ti chiama/i? *(form./fam.)* What is your name? 1A
  Come sta/stai? *(form./fam.)* How are you? 1A
  Come te la passi? How are you getting along? 1A
  Com'è conciato/a! What a slob!, How badly dressed he/she is! 4B
  Come va? How are things? 1A
cominciare *v.* to begin 2A; to start 4A
commedia *f.* comedy 10A
commercialista *m., f.* business consultant 11A
commesso/a *m., f.* salesperson 4B
commettere *v.* to commit 11B
commissioni *f., pl.* errands 9B
  fare delle commissioni to run errands 9B
commovente *adj.* touching, moving 10B
comodino *m.* night table 7A
compagno/a *m., f.* partner; companion 3A
  compagno/a di classe *m., f.* classmate 1B
competenza *f.* competence; ability 11B
compiti *m., pl.* homework 1B
compleanno *m.* birthday 2B
  Quando è il tuo compleanno? When is your birthday? 2B

completo *m.* suit; matching outfit 4B
completo/a *adj.* complete 8B
  al completo *adj.* full; no vacancies 8B
comporre *v.* to dial; to compose 4A
compositore/compositrice *m., f.* composer 10A
composto (comporre) *p.p., adj.* composed 4B
comprare *v.* to buy 2A
compressa *f.* tablet 6B
compromesso *m.* compromise 12B
computer (portatile) *m.* (laptop) computer 4A
comune *m.* town hall 9B
comunque *conj., adv.* however 4A
con *prep.* with 3A
concerto *m.* concert 10A
condizione *f.* condition 12A
  a condizione che *conj.* provided that 12A
condurre *v.* to manage, to run 12A
  condurre un'attività to run a business 12A
congedo *m.* leave 11A
  prendere un congedo to take leave time 11A
congelatore *m.* freezer 7B
coniglio *m.* rabbit 3A, 12A
connesso/a *adj.* connected 4A
  essere connesso/a to be connected 4A
conoscere *v.* to know; to meet 4B
  conoscere di vista to know by sight 4B
  conoscere la strada to know the way 4B
  conoscere... a fondo to know something inside and out 4B
  Piacere di conoscerLa/ti. *(form./fam.)* Pleased to meet you. 1A
conoscersi *v.* to meet each other (for the first time) 6A
conservare *v.* to preserve 12A
consigliare *v.* to advise 5B
consiglio *m.* advice 11B
consulente *m., f.* consultant 11A
contabile *m., f.* accountant 11A
contanti *m., pl.* cash 9B
  pagare in contanti to pay in cash 9B
contemporaneo/a *adj.* contemporary; modern 10B
contento/a *adj.* content, happy 1B
continuare *v.* to continue 10A
conto *m.* bill 5A; account 9B
  conto bancario *m.* bank account 9B

conto corrente *m.* checking account 9B

conto di risparmio *m.* savings account 9B

rendersi conto (di) to realize, to become aware (of) 6A

contorno *m.* side dish 5B

contratto *m.* contract; lease 7A

contributi *m., pl.* contributions; taxes 11A

controllare *v.* to check

controllare la linea to watch one's weight

controllo *m.* control 8B

controllo passaporti *m.* passport control 8B

controllore *m.* ticket collector 8A

convalidare *v.* to validate (*ticket*) 8A

conversazione *f.* conversation 1B

convinto/a *adj.* earnest

convivenza *f.* living together 3A

coperta *f.* blanket 7B

coperto/a *adj.* overcast 2B

coppia *f.* couple 3A

coraggioso/a *adj.* courageous 3B

coreano/a *adj.* Korean 1B

cornetta *f.* phone receiver 11B

coro *m.* chorus 10A

corpo *m.* body 6A

corrente *adj.* current 9B

conto corrente *m.* checking account 9B

correre *v.* to run 2A

corridoio *m.* hallway 7A

corso *m.* course 2A

corso/a (correre) *p.p., adj.* run 4B

fare una corsa *v.* to go for a run 2A

cortese *adj.* courteous 3B

cortesia *f.* courtesy 1A

forme di cortesia polite expressions 1A

cortile *m.* courtyard 7A

corto/a *adj.* short (*length*) 3B

cortometraggio *m.* short film 10B

cosa *interr. pron.* what 3B; *f.* thing 1A

(Che) cos'è? *exp.* What is it? 1B

Cosa vuol dire...? What does . . . mean? 4A

La solita cosa. The usual.

coscienza ambientale *f.* environmental awareness 12A

così *adv.* so 8A

così... come *adv.* as . . . as 8A

Così così. So-so. 1A

costa *f.* coast 12A

costare *v.* to cost, to be worth 5A

Quanto costa...? How much is . . . ? 5A

costoso/a *adj.* expensive 4B

costruire *v.* to build 9A

costume da bagno *m.* bathing suit 4B

cotone *m.* cotton 4B

cottura *f.* cooking 7A

piano cottura *m.* stovetop 7A

cravatta *f.* tie 4B

credenza *f.* cupboard 7A

credere *v.* to believe 10A

credito *m.* credit 9B

pagare con carta di credito to pay with a credit card 9B

crema *f.* lotion 6A

Crepi. Thanks. (*lit.* May the wolf die.) 1B

cretino/a *m., f.* jerk 7A

criceto *m.* hamster 3A

crociera *f.* cruise 8B

crostata *f.* pie 5A

crudele *adj.* cruel 3B

cucchiaino *m.* teaspoon 5B

cucchiaio *m.* spoon 5B

cucina *f.* kitchen 7A

cucinare *v.* to cook 5A

cucitrice *f.* stapler 11B

cuffie *f., pl.* headphones 4A

cugino/a *m., f.* cousin 3A

cui *rel. pron.* whom, which 9A

cuoco/a *m., f.* cook, chef 5B

cuore *m.* heart 6A

curare *v.* to heal 6B

curioso/a *adj.* curious 3B

curriculum vitae *m.* résumé 11B

cuscino *m.* pillow 7B

cutaneo/a *adj.* skin 6B

eruzione cutanea *f.* rash 6B

D

da *prep.* from; at; by; since 1B

Da parte di chi? On behalf of whom? 11B

Da quando... Since when 2B

Da quanto tempo...? For how long . . . ? 2B

Da questa parte. This way. 1A

danza classica *f.* classical dance 2A

dare *v.* to give 2A

dare le dimissioni to resign 11A

dare un passaggio to give (someone) a ride 9A

dare un'occhiata to take a look 4B

Ma dai! Oh, come on! 1A

darsi *v.* to give to each other 6A

può darsi it's possible 11B

data *f.* date 2B

davanti (a) *prep.* in front (of) 7A

davvero *adv., adj.* really 5B

debito *m.* due; debt 9B

pagare con carta di debito to pay with a debit card

debole *adj.* weak 3B

debutto *m.* debut 10A

decidere *v.* to decide 10A

decimo/a *adj.* tenth 10B

decisione *f.* decision 2B

prendere una decisione to make a decision 2B

deciso/a (decidere) *p.p., adj.* decided 4B

decollare *v.* to take off 8B

degrado *m.* deterioration 12A

deluso/a *adj.* disappointed 8A

denaro *m.* money 9B

depositare il denaro to deposit money

dente *m.* tooth 6A

lavarsi i denti *v.* to brush one's teeth 6A

dentifricio *m.* toothpaste 6A

dentista *m., f.* dentist 6B

dentro *prep.* inside 7A

depositare *v.* to deposit

depositare il denaro to deposit money

depressione *f.* depression 6B

depurare *v.* to purify 12A

descrizioni personali *f., pl.* personal descriptions 3B

deserto *m.* desert 12A

desiderare *v.* to desire, to want 2A to wish 10A

destra *f.* right 7A

a destra *prep.* to the right 7A

detto (dire) *p.p., adj.* said 4B

di (d') *prep.* of, from 3A

dei *part. art., m., pl.* some 5A

degli *part. art., m., pl.* some 5A

del *part. art., m., sing.* some 5A

dell' *part. art., m., f., sing.* some 5A

della *part. art., f., sing.* some 5A

delle *part. art., f., pl.* some 5A

dello *part. art., m., sing.* some 5A

Di che colore? What color? 4B

Di dove sei? Where are you from? 1B

di fronte a *prep.* across from 9A

di media statura *adj.* of average height 3B

Di niente. You're welcome. 1A

di nuovo *adv.* again 3B

di solito *adv.* usually 5B

di tanto in tanto off and on 4A

diagnosi *f.* diagnosis 6B

dicembre *m.* December 2B

diciannove *m., adj., invar.* nineteen 1A

diciassette *m., adj., invar.* seventeen 1A

diciottesimo/a *adj.* eighteenth 10B

diciotto *m., adj., invar.* eighteen 1A

dieci *m., adj., invar.* ten 1A

dieta *f.* diet 5B
　essere a dieta to be on
　a diet 5B
dietro (a) *prep.* behind 7A
　dietro l'angolo around the
　corner 9A
difficile *adj.* difficult 1B
digitale *adj.* digital
　macchina fotografica
　digitale *f.* digital camera 4A
dilemma *m.* dilemma,
　quandary 10A
diluvio *m.* torrential downpour;
　flood 2B
dimenticare *v.* to forget 2A
dimenticarsi (di) *v.* to forget 10A
dinamico/a *adj.* dynamic 3B
dipingere *v.* to paint 2B, 10A
diploma *m.* diploma; degree 10A
dire *v.* to say; to tell 4A
　Cosa vuol dire…? What
　does . . . mean? 4A
diretta *f.* live broadcast 7B
　in diretta *adv.* live 7B
direttore/direttrice (del
　personale) *m., f.* (personnel)
　manager 11B
dirigente *m., f.* executive;
　manager 11A
dirigere *v.* to manage 11A
diritto *prep.* straight 9A
disboscamento *m.* deforestation 12A
discarica *f.* garbage dump;
　landfill 12B
disco rigido *m.* hard drive
discreto/a *adj.* discreet 3B
disdire *v.* to cancel 8B
disegnare *v.* to draw 2A
disinvolto/a *adj.* confident 3B
disoccupato/a *adj.*
　unemployed 11A
　essere disoccupato/a to be
　unemployed 11A
disonesto/a *adj.* dishonest 1B
dispensa *f.* pantry 7A
dispiacere *v.* to be sorry 5B
disponibile *adj.* helpful;
　available 3B
　posto disponibile *m.* vacancy 8B
dito (pl. dita f.) *m.* finger 6A
dito *m.* **del piede (pl. dita f.)**
　toe 6A
divano *m.* couch 7A
diventare *v.* to become 2A, 5A
divergenza *f.* difference 12A
divertente *adj.* fun 1B
divertirsi *v.* to have fun 6A
divorziato/a *adj.* divorced 3A
dizionario *m.* dictionary 1B
doccia *f.* shower 2A
　fare la doccia to take a
　shower 2A

docente *m., f.* teacher, lecturer 11A
documentario *m.*
　documentary 10B
documento *m.* document 4A;
　ID 8B
dodici *m., adj., invar.* twelve 1A
dogana *f.* customs 8B
dolce *adj.* sweet 3B; *m.* dessert 5B
dolore *m.* pain 6B
domanda *f.* question 1A
　fare domanda to apply 11B
　fare una domanda to ask
　a question 2A
domandare *v.* to ask 2B
domani *adv.* tomorrow 2B
　A domani. See you
　tomorrow. 1A
domenica *f.* Sunday 1B
domestico/a *adj.* domestic 3A
　animale domestico *m.* pet 3A
　collaboratrice
　domestica *f.* maid 7B
donna *f.* woman 1A
donna d'affari *f.* businesswoman 3B
dono *m.* gift 10A
dopo *prep.* after 4A; *adv.* after,
　afterwards 5B
　A dopo. See you later. 1A
dopodomani *adv.* the day after
　tomorrow 7A
dormire *v.* to sleep 3A
dotato/a *adj.* gifted; talented 10B
dottore(ssa) *m., f.* doctor 1A
　andare dal dottore to go to
　the doctor's 2A
dove *adv.* where 3B
　Di dove sei? Where are you
　from? 1B
　Dove abiti? Where do you
　live? 7A
dovere *v.* to have to/must; to owe 4A
dramma *m.* drama; play 10A
　dramma psicologico *m.*
　psychological drama 10B
drammatico/a *adj.* dramatic 10B
drammaturgo/a *m., f.*
　playwright 10A
dubitare *v.* to doubt 10A
due *m., adj., invar.* two 1A
duecento *m., adj., invar.*
　two hundred 2B
duemila *m., adj., invar.*
　two thousand 2B
durante *prep.* during 7B
durare *v.* to last 7B
duro/a *adj.* hard; tough 3B

E

e *conj.* and 1B
　E Lei/tu? *(form./fam.)* And
　you? 1A
ecco *adv.* here 1A

ecologia *f.* ecology 12A
economia *f.* economics 1B
economico *adj.* cheap 4B
edicola *f.* newsstand 9B
editoria *f.* publishing industry 10B
effetto *m.* effect 12B
　effetto serra *m.* greenhouse
　effect 12B
egoista *adj.* selfish 3B
Ehilà! Hey there! 1A
elettricista *m., f.* electrician 11A
elettrodomestico *m.* appliance 7B
elevato/a *adj.* high
　salario elevato *m.* high salary
e-mail *f.* e-mail message 4A
emicrania *f.* migraine 6B
energia *f.* energy 12A
　energia eolica *f.* wind power 12A
　energia nucleare *f.* nuclear
　energy 12A
　energia rinnovabile *f.*
　renewable energy 12A
　energia solare *f.* solar
　energy 12A
　energia termica *f.* thermal
　energy 12A
energico/a *adj.* energetic 3B
enoteca *f.* store specializing
　in wine 5B
entrare *v.* to enter 5A
epico/a *adj.* epic 10B
　racconto epico *m.* epic 10B
Epifania *f.* Twelfth Night,
　Epiphany 8B
erba *f.* grass 12A
errore *m.* error 11B
eruzione *f.* eruption 2B
　eruzione cutanea *f.* rash 6B
　eruzione vulcanica *f.* volcanic
　eruption 2B
esame *m.* exam 1A
escursione *f.* outing 12A
esercitazione a scuola *f.* school
　project 10B
esercizio *m.* exercise 6B
　fare esercizio (fisico) to
　exercise 6B
esibizione *f.* performance 10A
esigente *adj.* demanding 11A
esperienza *f.* experience 11B
　esperienza professionale
　f. professional experience 11B
esplorare *v.* to explore 12A
esposizione *f.* exhibit 10B
espressione *f.* expression 5A
essere *v.* to be 1B
　Che ora è/Che ore
　sono? What time is it? 1B
　Di dove sei? Where are you
　from? 1B
　È bello. It's nice out. 2B
　È brutto It's bad out. 2B

È il 15 agosto. It's August 15th. 2B

È il primo (due... trentuno) marzo. It's March 1st (2nd... 31st). 2B

È un porcile! It's a pigsty! 7B

essere a dieta to be on a diet 5B

essere al verde to be broke 9B

essere allergico (a) to be allergic (to) 6B

essere ben/mal pagato/a to be well/poorly paid 11A

essere connesso/a to be connected 4A

essere disoccupato/a to be unemployed 11A

essere forte in... to be strong in . . . 1B

essere in buona salute to be in good health 6B

essere in linea to be online 4A

essere in panne to break down 8A

essere in tour to be on tour 10A

essere in/fuori forma to be in/out of shape 6B

essere incinta to be pregnant 6B

essere nato nel... to be born in . . . 2B

essere negato/a per to be no good at . . . 1B

essere online to be online 4A

est *m.* east 9A

estate *f.* summer 2B

estero *m.* foreign countries 8B

all'estero *adv.* abroad 8B

etto *m.* 100 grams 5A

evitare (di) *v.* to avoid 6B

fa *adv.* ago 4B

dieci giorni fa ten days ago 4B

un anno fa a year ago 4B

fabbrica *f.* factory 12A

faccende *f., pl.* chores 7B

fare le faccende to do household chores 7B

faccia *f.* face 6A

facile *adj.* easy 1B

facoltà *f.* faculty; department 1B

fagiolino *m.* green bean 5A

falegname *m.* carpenter 7B

fallire *v.* to fail 11A

fame *f.* hunger 2B

avere fame to be hungry 2B

famiglia *f.* family 3A

fantascienza *f.* science-fiction 10B

film di fantascienza *m.* sci-fi film 10B

fare *v.* to do; to make 2A

Che tempo fa? What is the weather like? 2B

Fa bel/brutto tempo. The weather is nice/bad. 2B

Fa caldo/freddo/fresco. It's hot/cold/cool. 2B

Fammi vedere. Let me see. 2B

far soffriggere to brown, to fry lightly 5A

far tostare to toast 5A

fare attenzione to pay attention 2A

fare benzina to get gas 8A

fare colazione to have breakfast 2A

fare delle commissioni to run errands 9B

fare una corsa *v.* to go for a run 2A

fare domanda to apply 11B

fare due passi to take a short walk 2A

fare esercizio to exercise 6B

fare ginnastica to exercise 6B

fare le faccende to do household chores 7B

fare il bagno to take a bath 2A

fare il bucato to do the laundry 7B

fare il buffone to act the fool 10A

fare il letto to make the bed 7B

fare il pendolare to commute 12A

fare il ponte to take a long weekend 8B

fare la doccia to take a shower 2A

fare la fila to wait in line 9B

fare la spesa/spese to buy groceries/to shop 2A

fare la valigia to pack a suitcase 8B

fare progetti to make plans 11B

fare spese to go shopping 4B

fare un picnic to have a picnic 12A

fare un viaggio to take a trip 2A

fare una domanda to ask a question 2A

fare una foto to take a picture 2A

fare una gita to take a field trip 2A

fare una passeggiata to take a walk 2A

fare una puntura to give a shot 6B

farsi la barba to shave (*beard*) 6A

farsi male to hurt oneself 6A

farmacia *f.* pharmacy 6A

farmacista *m., f.* pharmacist 6B

faro *m.* headlight 8A

fatto/a (fare) *p.p., adj.* done; made 4B

fatto/a in casa adj. homemade 5B

fattoria *f.* farm 12A

favola *f.* fairy tale 10B

favore *m.* favor 1A

per favore please 1A

febbraio *m.* February 2B

febbre *f.* fever 6B

avere la febbre to have a fever 6B

fedele *adj.* faithful 3B

felice *adj.* happy 1B

felpa *f.* sweatshirt 4B

femmina *f.* female 3A

femminista *adj.* feminist 3B

ferie *f., pl.* paid vacation 11A

ferita *f.* injury; wound 6B

fermare *v.* to stop 6A

fermarsi *v.* to stop (*oneself*) 6A

fermata *f.* (*bus/train*) stop 8A

fermata a richiesta *f.* stop on request 8A

ferragosto *m.* August 15 holiday 8B

ferro (da stiro) *m.* iron 7B

festival *m.* festival 10A

festivo *m.* public holiday 8B

fetta *f.* slice 5A

fidanzato/a *adj.* engaged 3A; *m., f.* fiancé(e); boyfriend/girlfriend 3A

fidarsi *v.* to trust 11A

fiducia *f.* trust 11A

fieno *m.* hay 12A

figliastro/a *m., f.* stepson/ stepdaughter

figlio/a *m., f.* son/daughter 3A

figlio/a unico/a *m., f.* only child 3A

fila *f.* line 9B

fare la fila to wait in line 9B

film (dell'orrore/di fantascienza) *m.* (horror/sci-fi) film 10B

filmino *m.* short film; home video 10B

fine *f.* end 10A

finestra *f.* window 1B

finestrino *m.* car/train/plane window 8A

fingere *v.* to pretend 10A

finire *v.* to finish 3A

fino a *prep.* until 2B

fiore *m.* flower 7A

a fiori *adj.* flowered 4B

vaso da fiori *m.* flower vase 7A

fiorista *m.* flower shop; *m., f.* florist 9B

firmare *v.* to sign 9B

Firmi qui. Sign here. 7B

fisarmonica *f.* accordion 10A

fiume *m.* river 12A

flauto *m.* flute 10A

focacceria *f.* store specializing in focaccia 5B

foglia *f.* leaf 12A

foglio di carta *m.* sheet of paper 1B

fondo *m.* bottom 4B

   conoscere… a fondo *to* know something inside and out 4B

   in fondo *prep.* at the end; bottom 9B

fontana *f.* fountain 9A

football americano *m.* football 2A

forchetta *f.* fork 5B

foresta *f.* forest 12A

forma *f.* shape 6B

   essere in/fuori forma to be in/out of shape 6B

   forme di cortesia polite expressions 1A

formaggio *m.* cheese 5A

formazione *f.* training 11B

fornelli *m., pl.* stovetop; burners 7B

forno *m.* oven 7B

   (forno a) microonde *m.* microwave (oven) 7B

forse *adv.* maybe 3A

forte *adj.* strong 3B

   essere forte in… to be strong in … 1B

foruncolo *m.* pimple 6B

Forza! Come on! 5B

foschia *f.* mist

foto(grafia) *f.* photo(graph) 1A

   fare una foto to take a picture 2A

fotocopiare to photocopy 11B

fotocopiatrice copy machine *f.* 11B

fotografo *m.* photo shop 9B

fotografo/a *m., f.* photographer 9B

fra *prep.* among, between, in 3A

   fra di loro *(between/among) each other* 6A

   fra due giorni in two days 7A

   fra poco in a little while 7A

   fra una settimana in a week 7A

fragola *f.* strawberry 5A

francese *adj.* French 1B

francobollo *m.* stamp 9B

frangia *f.* bang 6A

fratellastro *m.* stepbrother; half brother

fratellino *m.* little/younger brother 3A

fratello *m.* brother 3A

frattura *f.* fracture 6B

freccette *f., pl.* darts

freddo/a *adj.* cold 2B

   avere freddo to feel cold 2B

frenare *v.* to brake 8A

freni *m., pl.* brakes 8A

frequentare *v.* to attend 2A

frequentare la lezione to attend class 1B

frequentemente *adv.* frequently 5B

fresco/a *adj.* cool, fresh 2B

fretta *f.* haste 2B

   avere fretta to be in a hurry 2B

friggere *v.* to fry 5B

frigo(rifero) *m.* fridge, refrigerator 7B

fritto/a *adj.* fried 5A

frizione *f.* clutch 8A

frizzante *adj.* sparkling 5B

   acqua frizzante *f.* sparkling water 5B

fronte *f.* brow, forehead

   di fronte a *prep.* across from 9A

frutta *f.* fruit 5A

frutti di mare *m., pl.* seafood 5A

fulmine *m.* lightning 2B

fungo *m.* mushroom 5A

funzionare *v.* to work, to function 4A

funzionario/a *m., f.* civil servant 11A

fuori *prep.* outside 7A

furbo/a *adj.* shrewd, sly 3B

futurista *adj.* Futurist 10B

futuro *m.* future 7A

   in futuro in the future 7A

G

gabbiano *m.* seagull 12A

gabinetto *m.* toilet

galleria *f.* gallery 10A

   visitare una galleria d'arte to visit an art gallery 10B

gamba *f.* leg 6A

   in gamba *adj.* smart, sharp 3B

gamberetto *m.* shrimp 5A

garage *m., invar.* garage 7A

gatto *m.* cat 3A

gelateria *f.* ice cream shop 5A

geloso/a *adj.* jealous 3B

gemelli/e *m., f., pl.* twins 3A

genere *m.* kind; genre 10B

   in genere *adv.* generally 3A

genero *m.* son-in-law 3A

generoso/a *adj.* generous 1B

genio/a *m., f.* genius 4A

genitori *m., pl.* parents 3A

gennaio *m.* January 2B

gente *f.* people 1B

gentile *adj.* kind 3B

gestore *m., f.* manager 11B

gettare *v.* to throw 12A

già *inter.* yeah 2A; *adv.* already 4B

giacca *f.* jacket 4B

giallo/a *adj.* yellow 4B

giapponese *adj.* Japanese 1B

giardiniere/a *m., f.* gardener

ginnastica *f.* gymnastics 4B

   fare ginnastica to exercise 6B

   scarpa da ginnastica *f.* running shoe 4B

ginocchio (*pl.* ginocchia *f.*) *m.* knee 6A

giocare *v.* to play 2A

   giocare a calcio *v.* to play soccer 2A

   giocare ai videogiochi *v.* to play videogames 2A

giocatore/giocatrice *m., f.* player 2A

gioielleria *f.* jewelry store 9B

giornalaccio *m.* trashy newspaper 10B

giornale *m.* newspaper 8B

giornalista *m., f.* journalist 3B

giornataccia *f.* bad day 10B

giorno *m.* day 1B

   Che giorno è oggi? What's the date? 2B

   fra due giorni in two days 7A

   giorno festivo *m.* public holiday 8B

giovane *adj.* young 3B

giovedì *m.* Thursday 1B

gioventù *f.* youth 8B

   ostello della gioventù *m.* youth hostel 8B

girare *v.* to turn 9A; to film, to shoot 10B

giro *m.* turn; tour 4B

   in giro around; out and about 4B

   prendere in giro to tease 8B

gita *f.* field trip 2A

   fare una gita to take a field trip 2A

giudice *m., f.* judge 11A

giugno *m.* June 2B

giurisprudenza *f.* law 1B

giusto/a *adj.* right 11A

gli *def. art. m., pl.* the 1A; *i.o. pron., m., sing.* (to, for) him 5B; *i.o. pron., m., f., pl.* (to, for) them 5B

glielo/a/i/e/ne *dbl.o. pron. m., f., sing.* it (to, for) him/her 7A

gola *f.* throat 6A

   mal di gola *m.* sore throat 6B

gomito *m.* elbow 6A

gomma *f.* eraser; tire 8A

gonna *f.* skirt 4B

gotico/a *adj.* Gothic 10B

governo *m.* government 12A

gradinata *f.* tier 10A

gradino *m.* step 9A

grado *m.* degree 2B

   Ci sono 18 gradi. It's 18 degrees out. 2B

graffetta *f.* paper clip; staple 11B

grande *adj.* big 2A

grande magazzino *m.* department store 9A

grandine *f.* hail 2B
grasso/a *adj.* fat 3B
gratis *adj.* free 10A
gratitudine *f.* gratitude 12A
grave *adj.* serious 6B
Grazie. Thank you. 1A
  Grazie mille. Thanks a lot. 1A
greco/a *adj.* Greek 1B
grigio/a *adj.* gray 3B
griglia *f.* grill 5A
  alla griglia *adj.* grilled 5A
gruppo rock *m.* rock band 10A
guadagnare *v.* to earn 11A
guanto *m.* glove 4B
guardare *v.* to look at 6A
  guardare la TV to watch TV 2A
guardarsi *v.* to look at each
  other 6A
guarire *v.* to get better 6B
guidare *v.* to drive 2A
gusto *m.* flavor, taste 5B
gustoso/a *adj.* tasty 5B

I

i *def. art., m., pl.* the 1A
idea *f.* idea 1A
idraulico *m* plumber 7B
ieri *adv.* yesterday 4B
  ieri sera last night 4B
  l'altro ieri the day before
  yesterday 4B
il *def. art., m., sing.* the 1A
imbarco *m.* boarding 8B
  carta d'imbarco *f.* boarding
  pass 8B
imbianchino *m.* painter 7B
imbucare *v.* to mail 9B
  imbucare una lettera to mail a
  letter 9B
immaginare *v.* to imagine 11B
immobiliare *adj.* building 11A
  agente immobiliare *m., f.*
  real estate agent 11A
  agenzia immobiliare *f.* real
  estate agency 7A
immondizia *f.* trash 12A
impanare *v.* to bread 5A
imparare (a) *v.* to learn (to) 2A
impeccabile *adj.* impeccable;
  perfectly clean 7B
impermeabile *m.* raincoat 2B
impianto *m.* system
  impianto stereo *m.* stereo
  system
impiegato/a *m., f.* employee 11B
importante *adj.* important 1B
impossibile *adj.* impossible 11A
impressione *f.* impression 11B
improbabile *adj.* unlikely 11A
in *prep.* in; to; at 3A

in autobus by bus 3A
in banca at/to the bank 3A
in biblioteca at/to the library 3A
in bicicletta by bicycle 3A
In bocca al lupo. Good luck.
  (*lit.* In the mouth of the wolf.) 1B
in centro downtown 3A
in diretta *adv.* live 7B
in fondo *prep.* at the end;
  bottom 9B
in futuro in the future 7A
in gamba *adj.* smart, sharp 3B
in genere *adv.* generally 3A
in giro around; out and about 4B
in macchina by car 3A
in modo che *conj.* so that 12A
in montagna in/to the
  mountains 3A
in treno by train 3A
in umido *adj.* stewed 5A
in vacanza on vacation 3A
incidente *m.* accident 8A
  avere un incidente to have/be
  in an accident 8A
incinta *adj.* pregnant 6B
  essere incinta to be pregnant 6B
incominciare *v.* to begin 2A
incontrare *v.* to meet with 2A
incontrarsi *v.* to meet each other 6A
incoraggiare *v.* encourage 10A
incredibile *adj.* incredible 11B
incrocio *m.* intersection 9A
indiano/a *adj.* Indian 1B
indicazione *f.* direction 9A
indipendente *adj.* independent 1B
indirizzo *m.* address 9B
indossare *v.* to wear 4B
indovinare *v.* to guess 8A
infermiere/a *m., f.* nurse 6B
infezione *f.* infection 6B
influenza *f.* flu 6B
informatica *f.* computer science 1B
ingegnere *m., f.* engineer 1A
ingenuo/a *adj.* naïve 3B
inglese *adj.* English 1B
ingolfare *v.* to flood 12B
innamorarsi *v.* to fall in love 6A
innanzitutto *adv.* first of all 9A
innovativo/a *adj.* innovative 10B
inopportuno/a *adj.*
  inappropriate 11A
inquietante *adj.* disturbing 10B
inquilino/a *m., f.* tenant 7A
inquinamento *m.* pollution 12A
insalata *f.* salad 5B
insegnante *m., f.* instructor 1B
insegnare *v.* to teach 2A
insensibile *adj.* insensitive 3B
insetto *m.* insect 12A
insieme *adv.* together 2A
insipido/a *adj.* bland 5B

insistere *v.* to insist 11B
insonnia *f.* insomnia 6B
intasato/a *adj.* crowded;
  clogged 8A
intelligente *adj.* intelligent 1B
interessante *adj.* interesting 1B
interesse *m.* interest 9B
  tasso di interesse *m.*
  interest rate 9B
Internet café *m.* Internet café
Internet point *m.* Wi-Fi
  hotspot 9B
interpretare *v.* to perform 10A
intervallo *m.* intermission 10A
invece *adv.* instead; on the other
  hand 1B
inventare *v.* to invent 10A
inverno *m.* winter 2B
investimento *m.* investment 9B
inviare *v.* to send 9B
invitare *v.* to invite 10A
io *sub. pron.* I 1B
irresponsabile *adj.* irresponsible 3B
isola *f.* island 12A
  isola pedonale *f.* pedestrian
  area 9A
isolato *m.* block 9A
istantaneo/a *adj.* instantaneous
  messaggio istantaneo *m.*
  instant message, IM
istruzione *f.* education 11B
italiano/a *adj.* Italian 1B

J

jeans *m., pl.* jeans 4B

L

l' *def. art., m., f., sing.* the 1A
la *def. art., f., sing.* the 1A; *d.o.*
  pron., f., sing. her/it 5A
La *d.o. pron., sing., form.* you 5A
là *adv.* there 1A
labbro (*pl.* labbra *f.*) *m.* lip 6A
laboratorio *m.* laboratory 5B
  laboratorio di pasta
  fresca *m.* store specializing in
  homemade pasta 5B
laborioso/a *adj.* hardworking
lagna *f.* whiner 7B
lago *m.* lake 12A
lamentarsi (di) *v.* to complain
  (about) 6A
lamentoso/a *adj.* whiny 3B
lampada *f.* lamp 7A
lampo *m.* flash of lightning 2B
lampone *m.* raspberry 5A
lana *m.* wool 4B
largo/a *adj.* loose, big 4B
lasciare *v.* to allow, to let;
  to leave 10A

Lasciami in pace. Leave me alone. 1A
lasciare un messaggio to leave a message 11B
lasciarsi *v.* to leave each other, to split up 6A
latte *m.* milk 5B
lattuga *f.* lettuce 5A
laurearsi *v.* to graduate from college 6A
lavagna *f.* (black)board 1B
lavanderia *f.* laundromat 9B
lavare *v.* to wash 7B
  lavare i piatti to wash the dishes 7B
lavarsi *v.* to wash oneself 6A
  lavarsi i denti *v.* to brush one's teeth 6A
lavastoviglie *f.* dishwasher 7B
lavatrice *f.* washing machine 7B
lavavetri *m.* window cleaner 7B
lavello *m.* kitchen sink 7B
lavorare *v.* to work 2A
lavoro *m.* work; job 11B
  agenzia per il lavoro *f.* temp agency 11B
  annuncio di lavoro *m.* job ad 11B
  offerte di lavoro *f., pl.* job openings 11B
  trovare lavoro *v.* to find a job 11B
le *def. art., f., pl.* the 1A; *d.o. pron., f., pl.* them 5A; *i.o. pron., f., sing.* (to, for) her 5B
Le *i.o. pron., sing., form.* (to, for) you 5B
legge *f.* law 12A
leggere *v.* to read 2A
  leggere la mappa to read a map 8B
leggero/a *adj.* light 5B; slight 6B
legumi *m., pl.* legumes 5A
lei *sub. pron.* she 1B; *disj. pron., f., sing.* her 4A
Lei *sub. pron., sing., form.* you 1B; *disj. pron., sing., form.* you 4A
lentamente *adv.* slowly 5B
lento/a *adj.* slow 3B
lenzuolo (pl. lenzuola f.) *m.* sheet 7B
lettera *f.* letter 9B
  imbucare una lettera *v.* to mail a letter 9B
  lettera di referenze *f.* letter of reference 11B
letteratura *f.* literature 1A
lettere *f., pl.* arts; humanities 1B
letterona *f.* long letter 10B
letto *m.* bed 7A
  a letto in/to bed 3A
  fare il letto to make the bed 7B

letto/a (leggere) *p.p., adj.* read 4B
lettura *f.* reading 1B
lezione *f.* lesson 1A
  a lezione in class 1B
  frequentare la lezione to attend class 1B
  saltare la lezione to skip class 1B
li *d.o. pron., m., pl.* them 5A
lì *adv.* there 1A
libreria *f.* bookstore 1B
libro *m.* book 1A
licenziare *v.* to fire, to dismiss 11A
liceo *m.* high school
limite di velocità *m.* speed limit 8A
linea *f.* line
  essere in linea to be online
lingue *f., pl.* languages (*subject*) 1B
liquidazione *f.* buyout; settlement 11A
liscio/a *adj.* straight (*hair*); smooth; plain 3B
livello *m.* level 11A
  passaggio a livello *m.* level crossing 8A
livido *m.* bruise 6B
lo *def. art., m., sing.* the 1A; *d.o. pron., m., sing.* him/it 5A
locale *m.* club 9A
  locale notturno *m.* nightclub 9A
località *f.* resort 8B
località balneare *f.* ocean resort 8B
  località montana *f.* mountain resort 8B
loggione *m.* upper circle 10A
lontano/a *adj.* far 9A
  lontano da *prep.* far from 9A
Loro *sub. pron., pl., form.* you 1B
loro *sub. pron.,* they 1B; *poss. adj., m., f.* their 3A; *disj. pron., m., f., pl.* themselves 4A; *i.o. pron., m., f., pl.* (to, for) them 5B
  fra di loro (between/among) each other 6A
luglio *m.* July 2B
lui *sub. pron.* he 1B; *disj. pron., m., sing.* him 4A
luna *f.* moon 12A
lunedì *m.* Monday 1B
lungo/a *adj.* long 1B
luogo *m.* place 1B
lupo *m.* wolf 1B
  In bocca al lupo. Good luck. (*lit.* In the mouth of the wolf.) 1B

M

ma *conj.* but 12A
  Ma dai! Oh, come on! 1A
  Ma quando mai! No way! 9A
macchiare *v.* to stain 6B
macchiato/a *adj.* stained 7B

macchina *f.* car 8A
  in macchina by car 3A
  macchina elettrica *f.* electric car 12B
  macchina ibrida *f.* hybrid car 12B
  macchina fotografica (digitale) *f.* (digital) camera 4A
macellaio/a *m., f.* butcher's shop 5A
macelleria *f.* butcher 5A
madre *f.* mother 3A
magazzino *m.* warehouse 9A
  grande magazzino *m.* department store 9A
maggio *m.* May 2B
maggiore *adj.* elder 3A; bigger 8A
maglietta (a maniche corte/ lunghe) *f.* (short-/long-sleeved) T-shirt 4B
maglione *m.* sweater 4B
magro/a *adj.* thin 3B
mah *inter.* well 3A
mai *adv.* ever 2B
  Ma quando mai! No way! 9A
  non... mai *adv.* never 2B
maiale *m.* pork 5A
malato/a *adj.* ill 6B
malattia *f.* ailment, sickness 6B
male *m.* evil; pain 6A
  avere mal di pancia (schiena, testa) to have a stomachache (backache, headache) 6A
  farsi male to hurt oneself 6A
  mal di gola *m.* sore throat 6B
  mal di mare *m.* sea-sickness 6B
  Non c'è male. Not bad. 1A
  Sto male. I am not well. 1A
maledetto/a *adj.* darned 12A
mamma *f.* mom 3A
mancare *v.* to miss 5B
mancia *f.* tip 5B
mandare *v.* to send 2A
  mandare un messaggio *v.* to send a text 4A
mangiare *v.* to eat 2A
manica *f.* sleeve 4B
  maglietta (a maniche corte/ lunghe) *f.* (short-/long-sleeved) T-shirt 4B
manierista *adj.* Mannerist 10B
manina *f.* little hand 10B
mano (pl. le mani) *f.* hand 6A
mansarda *f.* attic 7A
mantenersi *v.* to provide for oneself 11B
manuale *adj.* manual 8A
  cambio manuale *m.* manual transmission 8A
manzo *m.* beef 5A
mappa *f.* map 9A

leggere la mappa *v.* to read a map 8B

marca *f.* brand 4B

marciapiede *m.* sidewalk 9A

mare *m.* sea 8B

  al mare at/to the beach 3A

  frutti di mare *m., pl.* seafood 5A

  mal di mare *m.* sea-sickness 6B

marea *f.* tide 2B

  onda di marea *f.* tidal wave 2B

marito *m.* husband 3A

  primo/secondo marito *m.* first/second husband 3A

marmellata *f.* jam 5A

marmo *m.* marble 8B

marocchino/a *adj.* Moroccan

marrone *adj.* brown 3B

martedì *m.* Tuesday 1B

marzo *m.* March 2B

maschio *m.* male 3A

massimo/a *adj.* biggest, greatest 8A

matematica *f.* mathematics 1A

materia *f.* subject 1B

matita *f.* pencil 1B

matrigna *f.* stepmother

matrimonio *m.* wedding; marriage 3A

mattina *f.* morning 1B

me *disj. pron., sing.* me, myself 4A

meccanico *m.,* mechanic 8A

media *m., pl.* media 10B

medicina *f.* medicine 1B; drug 6B

medico (di famiglia) *m.* (family) doctor 6B

medio/a *adj.* average 3B

  di media statura *adj.* of average height 3B

Medioevo *m.* Middle Ages 8B

meglio *adv.* better 8A

mela *f.* apple 5A

melanzana *f.* eggplant 5A

melone *m.* melon 5A

meno *prep.* minus 1B; *adv.* less 8A

  a meno che... non *conj.* unless 12A

mensa *f.* cafeteria 1B

mensilità *f.* monthly paycheck; salary 11A

mentre *conj.* while 6B

menu *m.* menu 5B

mercato *m.* market 5A

mercoledì *m.* Wednesday 1B

merenda *f.* afternoon snack 5B

meritare *v.* to earn 11A

mese *m.* month 2B

  mese scorso last month 4B

messaggio *m.* message 11B

  messaggio *m.* text message 4A

  mandare un messaggio *v.* to send a text 4A

messicano/a *adj.* Mexican 1B

messo/a (mettere) *p.p., adj.* put, placed 4B

mestiere *m.* occupation, trade 11B

mestieri *m., pl.* chores 7B

  fare i mestieri to do household chores 7B

metro(politana) *f.* subway 8A

mettere *v.* to put 2B

  metterci *v.* to spend (*time*) 7B

  mettere in ordine *v.* to tidy up 7B

  mettere in scena *v.* to put on a show

mettersi *v.* to put on 6A

mezzanotte *f.* midnight 1B

  a mezzanotte at midnight 3A

mezzo/a *m., f.* half; half hour 1B

  mezzo di trasporto *m.* means of transportation 8A

  prendere i mezzi pubblici *v.* to take public transportation 8A

mezzogiorno *m.* noon 1B

mi *d.o. pron., sing.* me 5A; *i.o. pron., sing.* (to, for) me 5B

  Mi chiamo... My name is . . . 1A

  Mi raccomando. Take care of yourself. 1B

microfono *m.* microphone 4A

microonda *f.* microwave 7B

  (forno a) microonde *m.* microwave (oven) 7B

miglio (*pl.* miglia *f.*) *m.* mile 10A

migliorare *v.* to improve 12A

migliore *adj.* better 8A

milione *m., adj., invar.* million 2B

mille *m., adj., invar.* thousand 2B

  Grazie mille. Thanks a lot. 1A

millesimo/a *adj.* thousandth 10B

minestrone *m.* thick soup 10B

minimo/a *adj.* smallest 8A

minore *adj.* younger 3A; smaller 8A

minuto *m.* minute 7B

mio/a, miei, mie *poss. adj., m., f.* my 3A

  i miei *m., pl.* my parents 3A

miseria *f.* fraction 10B

  Porca miseria! Darn! 8A

mobile *m.,* a piece of furniture 7A

moda *f.* fashion 4B

  (non) andare di moda to be/not be in fashion 4B

modesto/a *adj.* modest 3B

modo *m.* way 12A

  in modo che *conj.* so that 12A

modulo *m.* form 9B

  riempire un modulo *v.* to fill out a form 9B

moglie *f.* wife 3A

molto/a/i/e *indef. adj., pron.* many, a lot of; much 5A

Molto piacere. A real pleasure.; Very pleased to meet you. 1A

moneta *f.* coin; change 9B

monolocale *m.* studio apartment 7A

montagna *f.* mountain 12A

  in montagna in/to the mountains 3A

montano/a *adj.* mountain 8B

  località montana *f.* mountain resort 8B

morbillo *m.* measles 6B

morire *v.* to die 5A

morso *m.* bit 7A

morto/a (morire) *p.p., adj. (used as past participle)* died; *(used as adjective)* dead 5A

mosso/a *adj.* wavy 3B

mostra *f.* show 10B

mostrare *v.* to show 5B

motore *m.* engine; motor 8A

motorino *m.* scooter 8A

mouse *m.* mouse (*computer*) 4A

mucca *f.* cow 12A

multa *f.* fine 8A

mura *f., pl.* city walls 9A

muratore *m.* bricklayer 7B

muschio *m.* moss 12A

muscoloso/a *adj.* muscular 3B

musica *f.* music 2A

  ascoltare la musica to listen to music 2A

musicale *adj.* musical 10A

  strumento musicale *m.* musical instrument 10A

musicista *m., f.* musician 3B

N

nascere *v.* to be born 5A

nasino *m.* little nose 10B

naso *m.* nose 6A

  naso chiuso *m.* stuffy nose 6B

Natale *m.* Christmas 8B

nato/a (nascere) *p.p., adj.* born 5A

  essere nato/a nel... to be born in . . . 2B

naturale *adj.* natural 5B

  acqua naturale *f.* still water 5B

nausea *f.* nausea 6B

nave *f.* ship 8A

navigare *v.* to navigate

  navigare in rete *v.* to surf the Web

ne *pron.* some, any; of it/them 6A

né *conj.* neither; nor 9B

  non... né... né neither . . . nor 9B

neanche *adv.* not even 9B

  non... neanche not even 9B

nebbia *f.* fog 2B
necessario/a *adj.* necessary 11A
negato/a *adj.* denied 1B
  essere negato/a per to be no good at . . . 1B
negozio *m.* store 9A
  negozio d'alimentari *m.* grocery store 5A
nemmeno *conj.* not even 9B
  non... nemmeno not even 9B
neoclassico/a *adj.* Neoclassical 10B
neppure *conj.* not even 9B
  non... neppure not even 9B
nero/a *adj.* black 3B
nervoso/a *adj.* nervous 1B
nessuno/a *adj., pron. (used as adj.)* no; not; any; *(used as pron.)* nobody; anybody 9B
  non... nessuno *nobody* 9B
netturbino/a *m., f., pl.* garbage collector 12A
neve *f.* snow 2B
nevicare *v.* to snow 2B
niente *pron.* nothing 9B
  Di niente. You're welcome. 1A
  Niente di nuovo. Nothing new. 1A
  non... niente/nulla nothing 9B
nigeriano/a *adj.* Nigerian 1B
nipote *m., f.* nephew/niece; grandson/granddaughter 3A
no *adv.* no 1B
noi *sub. pron.* we 1B; *disj. pron., m., f., pl.* us; ourselves 4A
noia *f.* boredom 1B
  Che noia! How boring! 1B
noioso/a *adj.* boring 1B
noleggiare *v.* to rent *(car)* 8A
non *adv.* not 1B
  Non c'è male. Not bad. 1A
  Non lo so. I don't know. 1A
  Non vedo l'ora. I can't wait. 5B
  non... affatto *adv.* not at all 9B
  non... ancora *adv.* not yet 4B
  non... mai *adv.* never 2B
  non... né... né neither . . . nor 9B
  non... neanche/nemmeno/ neppure not even 9B
  non... nessuno nobody 9B
  non... niente/nulla nothing 9B
  non... più *adv.* no more, no longer 5B
nonno/a *m., f.* grandfather/ grandmother 3A
nono/a *adj.* ninth 10B
nord *m.* north 9A
nostro/a/i/e *poss. adj. m., f.* our 3A
notte *f.* night 1A
novanta *m., adj., invar.* ninety 1A
nove *m., adj., invar.* nine 1A

novecento *m., adj., invar.* nine hundred 2B
novembre *m.* November 2B
nubile *adj.* single *(female)*
nulla *pron.* nothing 9B
  non... nulla nothing 9B
numero *m.* number 11B
  numero di telefono *m.* phone number 11B
nuora *f.* daughter-in-law 3A
nuotare *v.* to swim 2A
nuoto *m.* swimming 2A
nuovo/a *adj.* new 1A
  Che c'è di nuovo? What's new? 1A
  di nuovo *adv.* again 3B
nuvola *f.* cloud 2B
nuvoloso/a *adj.* cloudy 2B

O

o *conj.* or 12A
obbligare *v.* to force, to compel 10A
occhiali (da sole) *m., pl.* (sun) glasses 4B
occhiata *f.* look 4B
  dare un'occhiata *v.* to take a look 4B
occhio *m.* eye 6A
occuparsi *v.* to be interested in 12B
occupazione *f.* occupation 11B
  prima occupazione *f.* first job 11B
oceano *m.* ocean 12A
odiare *v.* to hate 6A
odiarsi *v.* to hate each other 6A
offerta *f.* offer 11B
  offerte di lavoro *f., pl.* job openings 11B
offerto/a (offrire) *p.p., adj.* offered 4B
offrire *v.* to offer 3A
offrirsi *v.* to offer 10A
oggi *adv.* today 1B
  Che giorno è oggi? What's the date? 2B
ogni *adj.* each, every 9B
Ognissanti *m.* All Saints' Day 8B
olio (d'oliva) *m.* (olive) oil 5A
oliva *f.* olive 5A
ombrello *m.* umbrella 2B
onda *f.* wave 2B
  onda di marea *f.* tidal wave 2B
  ondata di caldo *f.* heat wave 2B
onesto/a *adj.* honest 1B
opera *f.* opera 10A; work 10B
  opera d'arte *f.* work of art 10B
operaio/a *m., f.* (factory) worker 11A
operatore ecologico *m.* street sweeper; garbage collector 9A

opportuno/a *adj.* appropriate 11A
oppure *conj.* or 12A
ora *f.* hour 1B; *adv.* now 5B
  A che ora? What time? 1B
  Che ora è?/Che ore sono? What time is it? 1B
  è ora it's time 11A
  Non vedo l'ora. I can't wait. 5B
orario *m.* schedule, timetable 8A
orchestra *f.* orchestra 10A
ordinare *v.* to order 5B
ordine *m.* order 7B
  mettere in ordine *v.* to tidy up 7B
orecchio (*pl.* orecchie *f.*) *m.* ear 6A
orientarsi *v.* to get one's bearings 9A
orizzonte *m.* horizon 12A
ormai *adv.* by now; already 2A
orologio *m.* clock; watch 1B
orrore *m.* horror 10B
  film dell'orrore *m.* horror film 10B
orso bear *m.* 12A
orticaria *f.* hives 6B
ospedale *m.* hospital 6B
osso *m.* **ossa** *pl.* bone 10A
ostello della gioventù *m.* youth hostel 8B
osteria *f.* small restaurant 5B
ottanta *m., adj., invar.* eighty 1A
ottantaduesimo/a *adj.* eighty-second 10B
ottantun(o) *m., adj.* eighty-one 1A
ottavo/a *adj.* eighth 10B
ottenere *v.* to get; to obtain 11B
ottimista *adj.* optimistic 3B
ottimo/a *adj.* excellent 8A
otto *m., adj., invar.* eight 1A
ottobre *m.* October 2B
ottocento *m. adj., invar.* eight hundred 2B
ovest *m.* west 9A
ovunque *adv.* wherever; all over 11A

P

pacco *m.* package 9B
padre *m.* father 3A
padrone/a di casa *m., f.* landlord/ landlady 7A
paesaggio *m.* landscape 10B
paese *m.* town; country 9A
pagare *v.* to pay 2A
  pagare con assegno to pay by check 9B
  pagare con carta di credito/ bancomat to pay with a credit/ debit card 9B
  pagare in contanti to pay in cash 9B

pagare le bollette to pay
the bills 9B

pagato/a *adj.* paid 11A

essere ben/mal pagato/a to be
well/poorly paid 11A

paio (*pl.* **paia** *f.*) *m.* pair 10A

palazzo *m.* apartment building;
palace 7A

palco *m.* box; stage 10A

palestra *f.* gymnasium 2A

pallacanestro *f.* basketball 2A

pallavolo *f.* volleyball 2A

pallone *m.* ball; soccer 2A

panchina *f.* bench 9A

pancia *f.* abdomen 6A

pane *m.* bread 5A

panetteria *f.* bakery 5A

paninoteca *f.* sandwich shop 5B

panne *f., invar.* breakdown 8A

essere in panne to break
down 8A

pannello solare *m.* solar panel 12A

panorama *m.* panorama,
landscape 10A

pantaloncini *m., pl.* shorts 4B

pantaloni *m., pl.* pants, trousers 4B

pantofole *f., pl.* slippers 6A

papà *m.* dad 3A

parabrezza *m.* windshield 8A

parapendio *m.* paragliding 2A

parcheggiare *v.* to park 8A

parenti *m., pl.* relatives 3A

parenti acquisiti *m., pl.*
in-laws 3A

parere *v.* to seem 11A

parete *f.* wall 7A

parlare *v.* to speak 2A

Chi parla? Who's calling? 11B

parlarsi *v.* to speak to each
other 6A

parrucchiere/a *m., f.* hairdresser 3B

parte *f.* part 7A

Da parte di chi? On behalf
of whom? 11B

Da questa parte. This way. 1A

partenze *f., pl.* departures 8B

partire *v.* to leave, to depart 2A

partire in vacanza *to leave
for vacation* 8B

partita *f.* game; match 2A

parziale *adj.* partial 11A

a tempo parziale *adj.*
part-time 11A

Pasqua *f.* Easter Sunday 8B

Pasquetta *f.* Easter Monday 8B

passaggio *m.* passage 8A

dare un passaggio *v.* to give
(someone) a ride 9A

passaggio a livello *m.* level
crossing 8A

passaporto *m.* passport 8B

controllo passaporti
m. passport control 8B

passare *v.* to pass by; to spend
time 12A

Come te la passi? How are you
getting along? 1A

passare l'aspirapolvere
to vacuum 7B

passeggero *m* passenger 8B

passeggiata *f.* walk 2A

fare una passeggiata to take
a walk 2A

passo *m.* step; pass 2A

a due passi da not far from 9A

fare due passi to take a short
walk 2A

password *f.* password 4A

pasta (asciutta) *f.* pasta 5A

**laboratorio di pasta
fresca** *m.* store specializing in
homemade pasta 5B

pasticceria *f.* pastry shop 5A

pasto *m.* meal 5B

patata *f.* potato 5A

patente *f.* driver's license 8A

patrigno *m.* stepfather 3A

patto *m.* deal 12A

a patto che *conj.* provided
that 12A

paura *f.* fear 2B

avere paura (di) to be afraid
(of) 2B

pavimento *m.* floor 6B

paziente *adj.* patient 3B; *m., f.*
patient 6B

pazienza *f.* patience 7B

Abbia pazienza. Be patient. 7B

pazzo/a *adj.* crazy 3B

peccato *m.* pity 11A

pecora *f.* sheep 12A

pedone *m.* pedestrian 9A

peggio *adv.* worse 8A

peggiore *adj.* worse, worst 8A

pelle *f.* leather 4B; skin 6A

pendolare *m., f.* commuter 12A

fare il pendolare to commute 12A

penna *f.* pen 1B

pensare (a/di) *v.* to think (about/
of doing) 2A

pensionato/a *m., f.* retiree 11A

pensione *f.* boarding house 8B;
pension 11A

pepe *m.* pepper 5B

peperone (rosso, verde) *m.*
(red, green) pepper 5A

per *prep.* for, through, in order to 3A

per favore *please* 1A

per quanto *conj.* although 12A

percento *m.* percent 2B

pera *f.* pear 5A

perché *conj.* why 3B; so that 12A

perciò *conj.* so 9A

perdere *v.* to lose 2A

perdere peso *v.* to lose
weight 6B

perdersi *v.* to get lost 9A

pericolo *m.* danger 12A

pericoloso/a *adj.* dangerous 6B

permettere *v.* to permit 10A

perso/a (perdere) *p.p., adj.* lost 4B

persona *f.* person 1A

personaggio (principale) *m.*
(main) character 10A

pesante *adj.* rich, heavy 5B

pesca *f.* peach 5A

pescare *v.* to go fishing 2A

pesce *m.* fish 3A

pescheria *f.* fish/seafood shop 5A

peso *m.* weight 6B; 9A

perdere peso *v.* to lose
weight 6B

prendere peso *v.* to gain
weight 6B

pessimista *adj.* pessimistic 3B

pessimo/a *adj.* very bad, awful 8A

Il tempo è pessimo. The
weather is dreadful. 2B

pettinare *v.* to brush 6A

pettinarsi *v.* to comb/brush
one's hair 6A

pettine *m.* comb 6A

petto *m.* chest 6A

piacere *v.* to please 2B

(Non) mi piace... I (don't)
like . . . 2A

Molto piacere. A real pleasure;
Very pleased to meet you. 1A

**Piacere di conoscerLa/
ti.** *(form./fam.)* Pleased to meet
you. 1A

Piacere mio. My pleasure. 1A

Piacere. Delighted. 1A

piaciuto/a (piacere) *p.p., adj.*
liked 5A

pianeta *m.* planet 12A

salvare il pianeta to save the
planet 12A

piangere *v.* to cry 6B

pianista *m., f.* pianist 10A

piano *m.* piano 2A

piano cottura *m.* stovetop 7A

pianta *f.* plant 12A

piatto *m.* plate 5B

lavare i piatti to wash the
dishes 7B

primo/second piatto *m.* first/
second course 5B

piccante *adj.* spicy 5B

piccolino/a *adj.* very small 10B

piccolo *adj.* little, small 4A

picnic *m.* picnic 12A

fare un picnic to have
a picnic 12A

piede *m.* foot 6A

a piedi on foot 3A
pieno/a *adj.* full 6B
   a tempo pieno *adj.* full-time 11A
pietra *f.* rock 12A
pigiama *m.* pajamas 6A
pigro/a *adj.* lazy 1B
pillola *f.* pill 6B
pineta *f.* pine forest 12A
pioggia *f.* rain 2B
   pioggia acida *f.* acid rain 12A
piovere *v.* to rain 2B
piovoso/a *adj.* rainy 2B
piscina *f.* pool 9A
pisello *m.* pea 5A
pittore/pittrice *m., f.* painter 10B
pittura *f.* painting; paint 10B
più *adj., adv.* more; most 1A; *prep.*
   plus 2B
   A più tardi. See you later. 1A
   non… più *adv.* no more,
   no longer 5B
pizzeria *f.* pizza shop 5B
pizzico *m.* pinch 5B
platea *f.* stall 10A
poco/a (po') *adj.* little, few 5A,
   9B; *adv.* little, few, not much, not
   very 5B
   fra poco in a little while 7A
   un po' di a little bit of 5A
poema *m.* poem 10A
poesia *f.* poem; poetry 10B
poeta/poetessa *m., f.* poet 10B
poi *adv.* then, later 5B
poliziotto/a *m., f.* police officer 9A
pollo *m.* chicken 5A
polso *m.* wrist 6A
poltrona *f.* armchair 7A; seat 10A
pomeriggio *m.* afternoon 1B
pomodoro *m.* tomato 5A
pompiere/a *m., f.* firefighter
ponte *m.* bridge 9A
   fare il ponte to take a long
   weekend 8B
Porca miseria! Darn! 8A
porcile *m.* pigsty 7B
   È un porcile! It's a pigsty! 7B
porta *f.* door 1B
portare *v.* to bring 2A; to wear 4B
   portare fuori la spazzatura
   to take out the trash 7B
   portare un vestito *v.* to wear
   a suit 4B
portatile *adj.* portable 4A
   (computer) portatile laptop
   (computer) 4A
portiera *f.* door (*car*) 8A
portiere/a *m., f.* doorman;
   caretaker
posizione *f.* position 7A
possedere *v.* to possess; to own 10B
possibile *adj.* possible 11A
posta *f.* mail 9B

posta prioritaria *f.* priority
   mail 9B
poster *m.* poster 7A
postino/a *m., f.* mail carrier 9B
posto *m.* room 8B;
   job, position 11B
   posto disponibile *m.*
   vacancy 11B
potere *v.* to be able to/can 4A
   può darsi it's possible 11B
poveraccio *m.* poor man 10B
povero/a *adj.* poor 3B
pranzo *m.* lunch 5B
   sala da pranzo *f.* dining room 7A
praticare *v.* to practice, to play 2A
prato *m.* meadow 12A
preferibile *adj.* preferable 11B
preferire *v.* to prefer 3A
preferito/a *adj.* favorite 3B
Prego. You're welcome. 1A
prelevare *v.* to withdraw 9B
   prelevare dei soldi *v.* to
   withdraw money 9B
premio *m.* prize 2A
prendere *v.* to take 2B
   prendere in affitto *v.* to rent
   (*tenant*) 7A
   prendere in giro to tease 8B
   prendere un appuntamento
   to make an appointment 11B
   prendere un congedo
   to take leave time 11A
   prendere una decisione
   to make a decision 2B
   prendere peso *v.* to gain
   weight 6B
prenotare *v.* to make a reservation 8B
prenotazione *f.* reservation 8A
preoccuparsi (di) *v.* to worry
   (about) 6A
preoccupato/a *adj.* worried 3B
preparare *v.* to prepare 5B
prepararsi *v.* to get oneself
   ready 6A, 10A
presentare *v.* to present; to
   introduce 1A
   Le/Ti presento… (*form./fam.*) I
   would like to introduce [*name*] to
   you. 1A
presentazione *f.* introduction 1A
preservare *v.* to preserve 12A
preso/a (prendere) *p.p.,*
   adj. taken 4B
prestare *v.* to lend 5B
prestito *m.* loan 9B
presto *adv.* soon quickly 5B
   A presto. See you soon. 1A
prima *prep.* before 4A; *adv.* before,
   first, beforehand 5B
prima che *conj.* before 12A
primavera *f.* spring 2B
primo *m.* first 2B

primo/a *adj.* first 10B
   prima classe *f.* first class 8A
   prima occupazione *f.* first
   job 11B
   primo piatto *m.* first course 5B
   primo marito *m.* first
   husband 3A
primogenito/a *m., f.* first-born 3A
principale *adj.* main 10A; *m., f.*
   boss; head
   personaggio (principale)
   m. (main) character 10A
prioritario/a *adj.* priority 9B
   posta prioritaria *f.* priority
   mail 9B
probabile *adj.* likely 11A
problema *m.* problem 10A
prof *m., f.* professor 1B
professionale *adj.* professional 11B
   esperienza professionale
   f. professional experience 11B
professione *f.* profession 3B
professore(ssa) *m., f.* professor,
   teacher 1A
profilo profile *m.* 4A
profumeria *f.* perfume/cosmetics
   shop 9B
progetto *m.* plan 11B
   fare progetti to make plans 11B
programma *m.* program 4A;
   plan 10A
programmatore/programmatrice
   m., f. programmer 11A
proiezione *f.* screening 10A
promettere *v.* to promise 10A
promozione *f.* promotion 11A
pronto/a *adj.* ready
Pronto? Hello? (*on the phone*) 1A,
   11B
pronto soccorso *m.* first aid;
   emergency room 6B
proporre *v.* to propose 12A
   proporre una soluzione
   to propose a solution 12A
proprietario/a *m., f.* owner 3B
prosciutto *m.* ham 5A
proseguire *v.* to continue 9A
prossimo/a *adj.* next 7A
   Alla prossima! Until next
   time! 1A
   settimana prossima next
   week 7A
proteggere *v.* to protect 12B
provare *v.* to try 10A
psicologico/a *adj.* psycological 10B
   dramma psicologico *m.*
   psychological drama 10B
psicologo/a *m., f.* psychologist 11A
pubblicare *v.* to publish 10B
pubblico *adj.* public 8A; *m.* public;
   audience 10A

prendere i mezzi pubblici *v.* to take public transportation 8A
pulire *v.* to clean 3A
pulito/a *adj.* clean 7B
pullman *m.* bus; coach 8A
puntuale *adj.* on-time 8B
puntura *f.* shot 6B
   fare una puntura to give a shot 6B
purché *conj.* provided that 12A
pure *adv.* also; even 3B

Q

qua *adv.* here 1A
quaderno *m.* notebook 1A
quadro *m.* painting 7A
   (a) quadri *adj.* plaid 4B
qualche *adj.* some, a few 5A, 9B
   qualche volta *adv.* sometimes 5B
quale *adj., pron., adv.* which/what 3B
qualifica *f.* qualification 11B
quando *conj., adv.* when 3B
   Da quando… Since when . . . 2B
   Ma quando mai! No way! 9A
   Quando è il tuo compleanno? When is your birthday? 2B
quanti/e *adj.* how many 1A
   Quanti gradi ci sono? What is the temperature? 2B
quanto/a *adj., pron., adv.* how much 3B
   Da quanto tempo…? For how long . . . ? 2B
   Quanto costa…? How much is . . . ? 5A
   tanto… quanto *adv.* as . . . as 8A
quaranta *m., adj., invar.* forty 1A
quarantaseiesimo/a *adj.* forty-sixth 10B
quartiere *m.* neighborhood 9A
quarto *m.* quarter hour 1B
quarto/a *adj.* fourth 10B
quattordici *m., adj., invar.* fourteen 1A
quattro *m., adj., invar.* four 1A
quattrocento *m., adj., invar.* four hundred 2B
quel che *rel. pron.* that which; what 9A
quello *rel. pron.* that which; what 9A
quello/a *adj.* that 3B
quercia *f.* oak 12A
questo/a *adj., pron.* this 3B
   Da questa parte. This way. 1A
   questo weekend this weekend 7A
questura *f.* police headquarters 9B
qui *adv.* here 1A
   qui vicino *prep.* nearby 9A
quindici *m., adj., invar.* fifteen 1A
quinto/a *adj.* fifth 10B

R

raccomandare *v.* to recommend; to urge 1B
   Mi raccomando. Take care of yourself. 1B
raccomandata *f.* registered letter 9B
raccomandazione *f.* recommendation 11B
racconto *m.* short story 10B
   racconto epico *m.* epic 10B
radersi *v.* to shave 6A
radice *f.* root 12A
radura *f.* clearing 12A
raffreddore *m.* cold 6B
   avere il raffreddore to have a cold 6B
rafting *m.* rafting 2A
ragazzaccio *m.* bad boy 10B
ragazzo/a *m., f.* boy/girl 1A; boyfriend/girlfriend 3A
ragione *f.* reason 2B
   avere ragione to be right 2B
ramo *m.* branch 12A
rappresentazione dal vivo *f.* live performance 10A
raramente *adv.* rarely 5B
rasoio *m.* razor 6A
rata *f.* installment; payment 9B
recensione *f.* review 10B
recitare *v.* to recite; to act 10A
   recitare un ruolo to play a role 10A
referenze *f., pl.* references 11B
   lettera di referenze *f.* letter of reference 11B
regalare *v.* to give (*gift*) 5B
regista *m., f.* director 10A
registrare *v.* to record 4A
registratore DVR *m.* DVR 4A
remare *v.* to row 12A
rendersi *v.* to become 6A
   rendersi conto (di) to realize, to become aware (of) 6A
responsabile *adj.* responsible 3B
restare *v.* to stay, to remain 5A
   restare in attesa to be on hold 11B
restituire *v.* to give back 5B
rete *f.* network; Internet 4A
   navigare in rete *v.* to surf the Internet 4A
riattaccare *v.* to hang up 11B
   riattaccare il telefono *v.* to hang up the phone 11B
riccio/a *adj.* curly 3B
ricco/a *adj.* rich 3B
ricetta *f.* prescription; recipe 6B
ricevere *v.* to receive 2B
richiesta *f.* request 8A
   fermata a richiesta *f.* stop on request 8A

riciclaggio *m.* recycling
riciclare *v.* to recycle 12A
riciclo *m.* recycling 12B
riconoscere *v.* to recognize 4B; to acknowledge 11B
ricordare *v.* to remember 2A
ricordarsi *v.* to remember 10A
ridare *v.* to give back 10A
riempire *v.* to fill 9B
   riempire un modulo *v.* to fill out a form 9B
rifiuti *m., pl.* garbage 12A
   rifiuti tossici *m., pl.* toxic waste 12A
   Vietato buttare rifiuti. No littering. 12A
riga *f.* part; stripe 6A
   a righe *adj.* striped 4B
rigido *adj.* rigid, hard 4A
   disco rigido *m.* hard drive
rimanere *v.* to remain, to stay 5A
rimasto/a (rimanere) *p.p., adj.* (*used as past participle*) remained; (*used as adjective*) remaining 5A
rimborso *m.* refund 8A
rinascimentale *adj.* Renaissance 10B
rincorrere *v.* to chase 12B
riparare *v.* to repair 8A
ripetere *v.* to repeat 2B
riposarsi *v.* to rest 6A
riscaldamento globale *m.* global warming 12B
riso *m.* rice 5A
risorse umane *f., pl.* human resources 11B
risparmiare *v.* to save 7B
risparmio *m.* saving 9B
   conto risparmio *m.* savings account 9B
rispettare *v.* to respect 5B
rispondere *v.* to reply 2B; to answer 11B
   risponde al telefono to answer the phone 11B
risposto/a (rispondere) *p.p., adj.* answered 4B
ristorante *m.* restaurant 5B
ritardo *m.* delay 8B
ritirare *v.* to withdraw
   ritirare dei soldi *v.* to withdraw money
ritornare *v.* to return 2A
ritorno *m.* return 8B
   andata e ritorno *adj.* round-trip 8B
ritratto *m.* portrait 10B
riunione *f.* meeting 11A
riuscire *v.* to succeed; to manage 4A
rivedere *v.* to recognize 4B
rivista *f.* magazine 9B
rock *m.* rock (*music*) 10A

gruppo rock *m.* rock band 10A
romanico/a *adj.* Romanesque 10B
romantico/a *adj.* Romantic 10B
romanzo *m.* novel 10B
rompere *v.* to break 6B
  rompersi un braccio *v.* to break
    an arm 6B
rondine *f.* swallow 12A
rosa *adj., invar.* pink 4B
rosolare *v.* to brown 5B
rossetto *m.* lipstick 6A
rosso/a *adj.* red 3B
rotonda *f.* traffic circle, rotary 9A
rozzo/a *adj.* crude 9B
rubrica *f.* address book 11B
ruolo *m.* role 10A
  recitare un ruolo to play
    a role 10A
ruscello *m.* stream 12A

S

sabato *m.* Saturday 1B
sacco *m.* sack 5B
  un sacco di a ton of 5A
sala *f.* room/hall 1A
  sala da pranzo *f.* dining room 7A
salario (elevato/basso) *m.* (high/
    low) salary
salato/a *adj.* salty 5B
saldi *m., pl.* sales 4B
sale *m.* salt 5B
salire *v.* to climb, to go up; to get
    on (*bus, train*) 5A
  salire le scale *v.* to climb
    stairs 9A
salone di bellezza *m.* beauty
    salon
saltare *v.* to jump 1B
  saltare la lezione to skip
    class 1B
salumeria *f.* delicatessen 5A
salutare *v.* to greet 6A
salutarsi *v.* to greet each other 6A
salute *f.* health 6B
  essere in buona salute to be
    in good health 6B
saluto *m.* greeting 1A
salvare *v.* to save 4A
  salvare il pianeta to save
    the planet 12A
Salve. Hello. 1A
sangue *m.* blood 6A
sano/a *adj.* healthy 6B
sapere *v.* to know 4B
  Non lo so. I don't know. 1A
sapone *m.* soap 6A
saporito/a *adj.* tasty 5B
sasso *m.* stone 12A
sassofono *m.* saxophone 10A
sbadigliare *v.* to yawn 6A
sbagliarsi *v.* to make a mistake 6A

sbagliato/a *adj.* wrong 6A
sbarazzarsi di *v.* to get rid of 12A
sbrigarsi *v.* to hurry up 4A
scacchi *m., pl.* chess 2A
scaffale *m.* bookshelf 7A
scalare *v.* to climb 12A
scala *f.* staircase 9A
  salire le scale *v.* to climb
    stairs 9A
  scendere le scale *v.* to go down
    the stairs 9A
scappamento *m.* exhaust 12A
  tubo di scappamento *m.*
    exhaust pipe 12B
scaricare *v.* to download 4A
scarpa (da ginnastica) *f.*
    (running) shoe 4B
scatola *f.* box 10A
scemo/a *adj.* dim-witted 3B
scena *f.* scene 10A
  mettere in scena to put on a
    play 10A
scendere *v.* to go down 5A
  scendere le scale *v.* to go down
    the stairs 9A
sceso/a (scendere) *p.p.,*
    adj. descended 5A
schema *m.* scheme; diagram 10A
schermo *m.* screen 4A
scherzare *v.* to joke 4B
scherzo *m.* joke 8B
scherzoso/a *adj.* playful 3B
schiena *f.* back 6A
schifoso/a *adj.* disgusting 7B
schiuma da barba *f.* shaving
    cream 6A
sci *m.* skiing 2A
sciare *v.* to ski 2A
sciarpa *f.* scarf 4B
scienze *f., pl.* science 1B
scienziato/a *m., f.* scientist 11A
Sciò! Shoo! 5B
scodella *f.* bowl
scogliera *f.* cliff 12A
scoiattolo *m.* squirrel 12A
scolpire *v.* to carve; to sculpt 10B
scopa *f.* broom 7B
scoria *f.* waste 12A
scorso/a *adj.* last 4B
  mese scorso last month 4B
scortese *adj.* discourteous 3B
scottatura *f.* burn 6B
scritto/a (scrivere) *p.p.,*
    adj. written 4B
scrittore/scrittrice *m., f.* writer 10B
scrivania *f.* desk 7A
scrivere *v.* to write 2B
scriversi *v.* to write to each
    other 6A
scultore/scultrice *m., f.*
    sculptor 10B
scultura *f.* sculpture 10B

scuola *f.* school 3A
  scuola superiore *f.* high
    school 1B
  a scuola at/to school 3A
scuro/a *adj.* dark 4B
scusare *v.* to excuse 1A
  Scusi/a. (*form./fam.*)
    Excuse me. 1A
se *conj.* if 12A
sé *disj. pron., m., f., sing.,*
    pl. yourself; himself/herself/itself;
    themselves 4A; *disj. pron., sing.,*
    form. yourself 4A
sebbene *conj.* although 12A
secco/a *adj.* dry 2B
secondo *prep.* according to 4A
secondo/a *adj.* second 10B
  seconda classe *f.* second
    class 8A
  secondo marito *m.* second
    husband 3A
sedersi *v.* to sit down 6A
sedia *f.* chair 1B
sedicesimo/a *adj.* sixteenth 10B
sedici *m., adj., invar.* sixteen 1A
segretario/a *m., f.* secretary 11A
segreteria telefonica *f.*
    voicemail 4A
seguire *v.* to follow; to take
    (*a class*) 3A
sei *m., adj., invar.* six 1A
seicento *m., adj., invar.* six
    hundred 2B
semaforo *m.* traffic light 9A
sembrare *v.* to seem 5B
seminterrato *m.* basement;
    garden-level apartment 7A
sempre *adv.* always 2B
sensibile *adj.* sensitive 3B
senso unico *m.* one way 8A
sentiero *m.* path 12A
sentire *v.* to feel; to hear 3A
sentirsi *v.* to feel 6A
senza *prep.* without 4A
  senza che *conj.* without 12A
separarsi *v.* to get separated 6B
separato/a *adj.* separated 3A
sera *f.* evening 1B
  ieri sera last night 4B
serata *f.* evening 3B
serio/a *adj.* serious 1B
serpente *m.* snake 12A
serra *f.* greenhouse 12B
  effetto serra *m.* greenhouse
    effect 12B
servire *v.* to serve 3A
servizio *m.* service 5B
  servizio in camera *m.* room
    service 8B
  stazione di servizio *f.*
    service station 8A
sessanta *m., adj., invar.* sixty 1A

sesto/a *adj.* sixth 10B
seta *f.* silk 4B
sete *f.* thirst 2B
   avere sete to be thirsty 2B
settanta *m., adj., invar.* seventy 1A
sette *m., adj., invar.* seven 1A
settecento *m., adj., invar.* seven hundred 2B
settembre *m.* September 2B
settimana *f.* week 1B
   fra una settimana in a week 7A
   settimana bianca *f.* ski vacation 8B
   settimana prossima next week 7A
   settimana scorsa last week 4B
settimo/a *adj.* seventh 10B
settore *m.* block of seats; section 10A; field; sector 11B
shampoo *m., invar.* shampoo 6A
si *ref. pron., m., f., sing., pl.* oneself/himself/herself/themselves/itself 6A; *pron.* one 9A
   Come si va...? How do you get to . . . ? 9A
sì *adv.* yes 1A
siccità *f.* drought 2B
sicuro/a *adj.* sure; safe; certain 11B
significare *v.* to mean 3A
signor(e)/a... *m., f.* Mr./Mrs. . . . 1A
   C'è il/la signor(e)/a...? Is Mr./Mrs. . . . there? 11B
signorina... *f.* Miss . . . 1A
simpatico/a *adj.* nice; likeable 1B
sincero/a *adj.* sincere 1B
sindacato *m.* (labor) union 11A
sindaco/a *m., f.* mayor 9A
single *adj.* single 3A
sinistra *f.* left 7A
   a sinistra *prep.* to the left 7A
sintomo *m.* symptom 6B
sistema *m.* system 10A
sistemare *v.* to put together 11B
sito Internet *m.* Web site 4A
smaltire *v.* to drain; to dispose of 12B
smartphone *m.* smartphone 4A
smettere *v.* to stop, to quit 10A
smog *m.* smog 12A
SMS *m.* text message 4A
socievole *adj.* sociable; friendly 3B
socio/a *m., f.* partner 8B
   socio/a d'affari *m., f.* business partner 8B
soffriggere *v.* to brown; to fry lightly 5A
   far soffriggere to brown; to fry lightly 5A
soffitto *m.* ceiling 7B
soggiorno *m.* living room 7A
sognare *v.* to dream 10A
solare *adj.* solar 12A

pannello solare *m.* solar panel 12A
soldi *m., pl.* money 9B
   ritirare dei soldi *v.* to withdraw money
   prelevare dei soldi *v.* to withdraw money 9B
   versare dei soldi *v.* to deposit money 9B
sole *m.* sun 12A
   C'è il sole. It's sunny. 2B
soleggiato/a *adj.* sunny 2B
solito/a *adj.* usual 5B
   al solito suo as he/she usually does 8A
   di solito *adv.* usually 5B
   La solita cosa. The usual.
soltanto *adv.* only 2A
soluzione *f.* solution 12A
   proporre una soluzione to propose a solution 12A
sonno *m.* sleep 2B
   avere sonno to be sleepy 2B.
sopra *prep.* above, over 7A
sopracciglio (pl. sopracciglia f.) *m.* eyebrow 6A
sorella *f.* sister 3A
sorellastra *f.* stepsister; half sister
sorellina *f.* little/younger sister 3A
sorgere *v.* to rise (*sun*) 12A
sottaceto *adj. invar.* pickled 5A
sotto *prep.* under 4A, 7A
sottolio *adj. invar.* in oil 5A
sovrappopolazione *f.* overpopulation 12A
spagnolo/a *adj.* Spanish 1B
spalla *f.* shoulder 6A
sparecchiare *v.* to clear 7B
   sparecchiare la tavola to clear the table 7B
spazzacamino *m.* chimney sweep 7B
spazzare *v.* to sweep 7B
spazzatura *f.* garbage 7B
   portare fuori la spazzatura to take out the trash 7B
spazzino/a *m., f.* street sweeper; garbage collector
spazzola *f.* hairbrush 6A
spazzolino (da denti) *m.* tooth brush 6A
specchio *m.* mirror 6A
specialista *m., f.* specialist 11B
specializzazione *f.* specialization 11B
spedire *v.* to send 3A
spegnere *v.* to turn off 4A
spendere *v.* to spend (*money*) 2B
spento/a (spegnere) *p.p., adj.* turned off 4B
sperare *v.* to hope 10A

spesa *f.* expense; purchase 2A
   fare la spesa to buy groceries 2A
   fare spese to shop 2A
speso/a (spendere) *p.p., adj.* spent 4B
spesso *adv.* often 2B
spettacolo *m.* show 10A
spettatore/spettatrice *m., f.* spectator 10A
spiaggia *f.* beach 8B
spiegare *v.* to explain 2A
spiritoso/a *adj.* funny; clever 3B
spogliarsi *v.* to undress 6A
spolverare *v.* to dust 7B
sporcare *v.* to soil 7B
sporco/a *adj.* dirty 7B
sport *m.* sport 1A
   sport estremi *m., pl.* extreme sports 2A
sportello *m.* window (*teller*) 9B
   sportello automatico *m.* ATM 9B
sportivo/a *adj.* active 3B
sposare *v.* to marry 6A
sposarsi *v.* to get married/to marry each other 6A
sposato/a *adj.* married 3A
sprecare *v.* to waste 12A
spuntare (i capelli) *v.* to trim (one's hair) 6A
spuntino *m.* snack 5B
squadra *f.* team 2A
squillare *v.* to ring (*telephone*) 4A
squisito/a *adj.* exquisite 2A
stadio *m.* stadium 2A
stage *m.* internship 11B
stagione *f.* season 2B
stagista *m., f.* intern 2A
stamattina *adv.* this morning 6B
stampante *f.* printer 4A
stampare *v.* to print 4A
stanco/a *adj.* tired 3B
stanza *f.* room 7A
stare *v.* to be; to stay 2A
   Come sta/stai? (*form./fam.*) How are you? 1A
   stare attento/a to pay attention 2A
   stare zitto/a to be/stay quiet 2A
   Sto (molto) bene. I am (very) well. 1A
   Sto male. I am not well. 1A
starnutire *v.* to sneeze 6B
stasera *adv.* tonight, this evening 5A
stato (essere; stare) *p.p.* been 5A
stato civile *m.* marital status 3A
statua *f.* statue 9A
statura *f.* height 3B
   di media statura *adj.* of average height 3B
stazione *f.* station 1A

stazione di servizio *f.* service station 8A
stella *f.* star 12A
stereo/a *adj.* stereo(phonic); *m.* stereo system 4A
 impianto stereo *m.* stereo system
stilista *m., f.* designer 4B
stipendio *m.* wage; salary 11B
stirare *v.* to iron 7B
stiro *m.* ironing 7B
 asse da stiro *f.* ironing board 7B
 ferro da stiro *m.* iron 7B
stivale *m.* boot 4B
stomaco *m.* stomach 6A
 bruciore di stomaco *m.* heartburn 6B
storia *f.* history; story 1B
strada *f.* street 9A
 conoscere la strada to know the way 4B
strafare *v.* to overdo things 8A
straniero/a *adj.* foreign 3B
strano/a *adj.* weird, strange 3B
stretto/a *adj.* tight-fitting 4B
strisce pedonali *f., pl.* crosswalk 9A
strumento musicale *m.* musical instrument 10A
studente(ssa) *m., f.* student 1A
studi *m., pl.* studies
studiare *v.* to study 2A
studio *m.* office; study 7A
studioso/a *adj.* studious, diligent 1B, 3B
su *prep.* in; on 3A
 su Internet online/on the Internet 3A
 sul computer on the computer 3A
 sul giornale in the newspaper 3A
subaffittare *v.* to sublet 7A
subito *adv.* immediately; right away 5B
succedere *v.* to happen 6A
successo *m.* success 11A
succo (d'arancia) *m.* (orange) juice 5B
sud *m.* south 9A
suggerire *v.* to suggest 10A
suo/a, suoi, sue *poss. adj., m., f.* his, her, its 3A
suocero/a *m., f.* father-/mother-in-law 3A
suonare *v.* to play (*instrument*) 2A
superare *v.* to pass (*exam*) 1B; to overcome 12B
superato/a *adj.* old-fashioned 4B
supermercato *m.* supermarket 5A
supplemento *m.* supplement; excess fare 8A

svago *m.* relaxation 7A
svedese *adj.* Swedish
sveglia *f.* alarm clock 6A
svegliare *v.* to wake 6A
svegliarsi *v.* to wake up 6A
sviluppare *v.* to develop 12A
svizzero/a *adj.* Swiss

T

tablet *m.* tablet 4A
taglia *f.* clothing size 4B
tagliare *v.* to cut 8B
 tagliare i capelli *v.* to cut one's hair 6A
tailleur *m.* women's suit 4B
tamburo *m.* drum 10A
tanto/a *adj.* so much, so many 5A; *adv.* so much, so many, so 5A
 di tanto in tanto off and on 4A
 tanto… quanto *adv.* as . . . as 8A
tappeto *m.* carpet 7A
tardi *adv.* late 5B
 A più tardi. See you later. 1A
tariffa *f.* fare 8A
tassì *m.* taxi
tassista *m., f.* taxi driver 11A
tasso di interesse *m.* interest rate 9B
tastiera *f.* keyboard 4A
tavola *f.* table 3A
 a tavola *at the table* 3A
 sparecchiare la tavola to clear the table 7B
 tavola calda *f.* snack bar; cafeteria 5B
tavolo *m.* table 1A
taxi *m.* taxi 8A
tazza *f.* cup; mug 5B
 tazzina *f.* espresso cup 5B
te *disj. pron., sing., fam.* you, yourself 4A
tè *m.* tea 5B
teatrale *adj.* theatrical 10A
teatro *m.* theater 3A
 a teatro at/to the theater 3A
tecnico *m., f.* technician 3B, 11A
 tecnico del telefono/televisore/computer *m., f.* telephone/TV/computer repairman/woman 7B
tecnologia *f.* technology 4A
tecnologico/a *adj.* tecnological 4A
tedesco/a *adj.* German 1B
telecomando *m.* remote control 4A
telefonare (a) *v.* to telephone 2A
telefonarsi *v.* to phone each other 6A
telefonico/a *adj.* telephone 4A
 cabina telefonica *f.* phone booth

segreteria telefonica *f.* answering machine 4A
telefono *m.* telephone 11B
 rispondere al telefono to answer the phone 11B
televisione *f.* television 1A
televisore *m.* TV set 4A
tema *m.* theme; essay 10A
temere *v.* to fear 10A
tempaccio *m.* bad weather 10B
tempo *m.* time; weather 2B
 a tempo parziale *adj.* part-time 11A
 Che tempo fa? What is the weather like? 2B
 Fa bel/brutto tempo. The weather is nice/bad. 2B
 Il tempo è pessimo. The weather is dreadful. 2B
 tempo libero *m.* free time 2A
temporale *m.* storm 2B
 C'è il temporale. It's stormy. 2B
tenace *adj.* tenacious 3B
tenda *f.* curtain 7A
tenere *v.* to keep 10B
tenero/a *adj.* sweet; tender 12A
tennis *m.* tennis 2A
teorema *m.* theorem 10A
tergicristallo *m.* windshield wiper 8A
termine *m.* term 4A
termometro *m.* thermometer 6B
terrazza *f.* terrace 7A
terremoto *m.* earthquake 2B
terzo/a *adj.* third 10B
tesina *f.* essay; term paper 5A
testa *f.* head 6A
 mal di testa *m.* headache 6B
testardo/a *adj.* stubborn 3B
testo *m.* textbook 1B
tetto *m.* roof 7A
ti *d.o. pron., sing., fam.* you 5A; *i.o. pron., sing., fam.* (to, for) you 5B
 Ti amo. I love you. 4A
 Ti piace/piacciono… ? Do you like …? 2A
 Ti voglio bene. I care for you. 4A
tifare *v.* to root for a team 2A
timido/a *adj.* timid; shy 1B
tinta *f.* dye; color 4B
 (a) tinta unita *adj.* solid color 4B
tintoria *f.* dry cleaner 9B
tipo *m.* guy 1B
tirocinio *m.* professional training 11B
toccare *v.* to touch 3A
 Tocca a me. My turn. 3A
tonno *m.* tuna 5A
tonto/a *adj.* thick; dumb 3B

topolino *m.* little mouse 10B
tormenta *f.* blizzard 2B
tornado *m.* tornado 2B
tornare *v.* to return 2A
toro *m.* bull 12A
torto *m.* fault 2B
   avere torto to be wrong 2B
tosse *f.* cough 6B
tossico/a *adj.* toxic 12A
   rifiuti tossici *m., pl.* toxic waste 12A
tossire *v.* to cough 6B
tostapane *m.* toaster 7B
tostare *v.* to toast 5A
   far tostare to toast 5A
tour *m.* tour 10A
   essere in tour to be on tour 10A
tovaglia *f.* tablecloth 5B
tovagliolo *m.* napkin 5B
tra *prep.* among, between, in 3A
traffico *m.* traffic 8A
tragedia *f.* tragedy 10A
traghetto *m.* ferry 8A
trama *f.* plot 10B
tramontare *v.* to set (*sun*) 12A
tramonto *m.* sunset 12A
tranquillo/a *adj.* tranquil; calm 1B
trasferirsi *v.* to move 7A
traslocare *v.* to move 7A
trasporto *m.* transportation 8A
   mezzo di trasporto *m.* means of transportation 8A
   trasporto pubblico *m.* public transportation 8A
trattenersi *v.* to restrain oneself 6B
trattoria *f.* small restaurant 5B
trauma *m.* trauma 10A
tre *m., adj., invar.* three 1A
treccia *f.* braid 6A
treccine *f., pl.* dreadlocks 6A
trecento *m., adj., invar.* three hundred 2B
tredicesima *f.* year-end bonus 11A
tredici *m., adj., invar.* thirteen 1A
trendy *adj., invar.* trendy 3B
treno *m.* train 8A
   in treno by train 3A
trenta *m., adj., invar.* thirty 1A
trentatreesimo/a *adj.* thirty-third 10B
tribuna *f.* stand 10A
triste *adj.* sad 1B
troppo/a *adj.* too much 5A, 9B; *adv.* too, too much 5B
trovare *v.* to find 2A
   Dove si trova...? Where is . . . ? 9A
   trovare lavoro to find a job 11B
truccarsi *v.* to put on makeup 6A
trucco *m.* makeup 6A
tu *sub. pron., sing., fam.* you 1B

tubo *m.* pipe 12B
   tubo di scappamento *m.* exhaust pipe 12B
tuo/a, tuoi, tue *poss. adj., m., f.* your 3A
   i tuoi *m., pl.* your parents 3A
tuono *m.* thunder 2B
turistico/a *adj.* tourist 8B
   villaggio turistico *m.* resort 8B
tutto/a *adj., pron.* all 5A
   tutti e due/tre *adj., pron.* both/all 7A
   Tutto bene? Everything OK? 1A
TV *f.* TV 2A
   guardare la TV to watch TV 2A

U

uccello *m.* bird 12A
ufficio *m.* office 1A
   ufficio informazioni *m.* (*tourist*) information office 9B
   ufficio postale *m.* post office 9B
ultimo/a *adj.* last 5A
umano/a *adj.* human 11B
   risorse umane *f., pl.* human resources 11B
umidità *f.* humidity 2B
umido/a *adj.* humid 2B
   in umido *adj.* stewed 5A
un *indef. art., m., adj.* a; an 1A
   l'un l'altro/a each other 6A
un' *indef. art., f., adj.* a; an 1A
una *indef. art., f., adj.* a; an 1A
undicesimo/a *adj.* eleventh 10B
undici *m., adj., invar.* eleven 1A
unico/a *adj.* only; unique 3A
   figlio/a unico/a *m., f.* only child 3A
   senso unico *m.* one way 8A
unito/a *adj.* united 4B
   (a) tinta unita *adj.* solid color 4B
università *f.* university 1B
un(o) *m., adj.* one 1A; *indef. art., m.* a; an 1A
uomo (*pl.* **uomini**) *m.* man 1A
uomo d'affari *m.* businessman 3B
uovo (*pl.* **uova** *f.*) *m.* egg 5A
urbano/a *adj.* urban 8A
   vigile urbano/a *m., f.* traffic officer 8A
usare *v.* to use 2A
uscire *v.* to go out; to leave 4A
uscita *f.* exit 8B
uva *f.* grapes 5A

V

vacanza *f.* vacation 8B
   in vacanza on vacation 3A
   partire in vacanza to go on vacation 8B

valigetta *f.* briefcase 4B
valigia *f.* suitcase 8B
   fare la valigia to pack a suitcase 8B
valle *f.* valley 12A
vapore *m.* steam 5A
   al vapore *adj.* steamed 5A
varicella *f.* chicken pox 6B
vasca da bagno *f.* bathtub 7A
vaso *m.* vase 7A
   vaso da fiori *m.* flower vase 7A
vecchio/a *adj.* old 3B
vedere *v.* to see 2B
   Ci vediamo! See you soon! 1A
   Fammi vedere. Let me see. 2B
   Non vedo l'ora. I can't wait. 5B
vedersi *v.* to see each other 6A
vedovo/a *adj.* widowed 3A
veloce *adj.* fast 3B
velocemente *adv.* quickly 5B
vendere *v.* to sell 2B
   vendesi for sale 7A
venerdì *m.* Friday 1B
venire *v.* to come 4A
ventesimo/a *adj.* twentieth 10B
venti *m., adj., invar.* twenty 1A
venticinque *m., adj., invar.* twenty-five 1A
ventidue *m., adj., invar.* twenty-two 1A
ventinove *m., adj., invar.* twenty-nine 1A
ventiquattro *m., adj., invar.* twenty-four 1A
ventisei *m., adj., invar.* twenty-six 1A
ventisette *m., adj., invar.* twenty-seven 1A
ventitré *m., adj., invar.* twenty-three 1A
vento *m.* wind 2B
   C'è vento. It's windy. 2B
ventoso/a *adj.* windy 2B
ventotto *m., adj., invar.* twenty-eight 1A
ventre *m.* abdomen
ventun(o) *m., adj.* twenty-one 1A
venuto (**venire**) *p.p., adj.* come 5A
veramente *adv.* truly 5B
verde *adj.* green 3B
   essere al verde to be broke 9B
verdura *f.* vegetable 5A
verista *adj.* belonging to the *Verismo* movement 10B
versare *v.* to deposit 9B
   versare dei soldi *v.* to deposit money 9B
verso *prep.* toward 9A
vestirsi *v.* to get dressed 6A
vestiti *m., pl.* clothing 4A
vestito *m.* dress; suit 4B
   portare un vestito *v.* to wear a suit 4B

veterinario/a *m., f.* veterinarian 11A
vetrina *f.* shop window 8A
vetro *m.* windshield
vi *d.o. pron., pl., fam., form.* you 5A;
i.o. pron., pl., fam., form. (to,
for) you 5B
via *f.* street 9A
viaggiare *v.* to travel 2A
viaggiatore/viaggiatrice
m., f. traveler 8B
viaggio *m.* trip 2A
  agente di viaggio *m., f.* travel
  agent 8B
  fare un viaggio to take a trip 2A
vicino/a *adj.* near 9A
  qui vicino *prep.* nearby 9A
  vicino a *prep.* close to 9A
vicolo *m.* alley 9A
videogioco *m.* videogame 4A
videoteca *f.* video store
vietare *v.* to forbid
  Vietato buttare rifiuti. No
  littering. 12A
vigile del fuoco *m.,*
  f. firefighter 9A, 11A
vigile urbano/a *m., f.* traffic
  officer 8A
villa *f.* single-family home; villa 7A
villaggio turistico *m.* resort 8B
vincere *v.* to win 2A
vino (bianco, rosso) *m.* (white,
  red) wine 5B
vinto/a (vincere) *p.p., adj.* won 4B
viola *adj., invar.* purple 4B
violinista *m., f.* violinist 10A
violino *m.* violin 10A
visitare *v.* to visit 10B
  **visitare una galleria
  d'arte** *v.* to visit an art
  gallery 10B
vissuto (vivere) *p.p., adj.* lived 5A
vista *f.* sight 4B
  conoscere di vista to know
  by sight 4B
visto *m.* visa 8B
visto/a (vedere) *p.p., adj.* seen 4B
vita *f.* waist; life 6A
vivere *v.* to live 2B
vivo/a *adj.* alive 10A
  rappresentazione dal vivo *f.*
  live performance 10A
voglia *f.* desire 2B
  avere voglia di to feel like 2B
voi *sub. pron., pl., fam. you* 1B;
  disj. pron., pl., fam., form. you,
  yourselves 4A
volante *m.* steering wheel 8A
volerci *v.* to take (*time*) 7B
volere *v.* to want 4A
  Cosa vuol dire...? What
  does . . . mean? 4A

Vorrei... I would like . . . 5B
volo *m.* flight 8B
volta *f.* time; turn 6A
  a volte *adv.* sometimes 6A
  qualche volta *adv.* sometimes 5B
vongola *f.* clam 5A
vostro/a/i/e *poss. adj. m., f.* your 3A
voto *m.* grade 1B
vulcanico/a *adj.* volcanic 2B
  eruzione vulcanica *f.* volcanic
  eruption 2B
vuoto/a *adj.* empty 10A

W

water *m.* toilet 7A
windsurf *m.* windsurfing 2A

Y

yogurt *m.* yogurt 5A

Z

zaino *m.* backpack 1B
zero *m., adj., invar.* zero 1A
zio/a *m., f.* uncle/aunt 3A
zitto/a *adj.* quiet 2A
zuppa *f.* soup 5B

Inglese-Italiano

A

a **un** *indef. art., m.* 1A; **un'** *indef. art., m., f.* 1A; **una** *indef. art., f.* 1A; **uno** *indef. art., m.* 1A
abdomen **pancia** *f* 6A
ability **competenza** *f.* 11B
able: to be able **potere** *v.* 4A
above **sopra** *prep.* 7A
abroad **all'estero** *adv.* 8B
absolutely **altroché** *conj.* 9B; **assolutamente** *adv.* 5B
accident **incidente** *m.* 8A
  to have/be in an accident **avere un incidente** *v.* 8A
according to **secondo** *prep.* 4A
accordion **fisarmonica** *f.* 10A
account **conto** *m.* 9B
accountant **contabile** *m., f.* 11A
acid rain **pioggia** *f., f.* **acida** 12A
acknowledge **riconoscere** *v.* 11B
across from **di fronte a** *prep.* 9A
act **atto** *m.* 10A; **recitare** *v.* 10A
active **attivo/a** *adj.* 3B; **sportivo/a** *adj.* 3B
actor **attore** *m.* 1A
actress **attrice** *f.* 1A
ad: job ad **annuncio** *m.* **di lavoro** 11B
address **indirizzo** *m.* 9B
  address book **rubrica** *f.* 11B
administrative assistant **assistente** *m., f.* **amministrativo/a** 11B
adopt **adottare** *v.* 3A
adore **adorare** *v.* 2A
advice **consiglio** *m.*
advise **consigliare** *v.* 10A
afraid: to be afraid (of) **avere paura (di)** *v.* 2B
after **dopo** *adv.* 5B
afternoon **pomeriggio** *m.* 1B
afterwards **dopo** *adv.* 5B
again **di nuovo** *adv.* 3B; **ancora** *adv.* 4B
agency **agenzia** *f.* 7A
agent **agente** *m., f.* 8B
ago **fa** *adv.* 4B
  ten days ago **dieci giorni fa** 4B
  one year ago **un anno fa** 4B
agriculture **agricoltura** *f.* 12A
ailment **malattia** *f.* 6B
airplane **aereo** *m.* 8B
airport **aeroporto** *m.* 8B
alarm clock **sveglia** *f.* 6A
all **tutto/a** *adj., pron.* 5A
  all over **ovunque** *adv.* 11A
  All Saints' Day **Ognissanti** *m.* 8B
  all three **tutti/e e tre** 7A
allergic: to be allergic (to) **essere allergico (a)** *v.* 6B

alley **vicolo** *m.* 9A
allow **lasciare** *v.* 10A
already **già** *adv.* 4B
  by now, already **ormai** *adv.* 2A
also **pure** *adv.* 3B; **anche** *conj.* 1A
although **benché** *conj.* 12A; **per quanto** *conj.* 12A; **sebbene** *conj.* 12A
always **sempre** *adv.* 2B
ambulance **ambulanza** *f.* 6B
American **americano/a** *adj.* 1B
among **fra** *prep.* 3A; **tra** *prep.* 3A
an **un** *indef. art.* 1A; **un'** *indef. art.* 1A; **una** *indef. art.* 1A; **uno** *indef. art.* 1A
analyst **analista** *m., f.* 11A
and **e** *conj.* 1B
  And you? **E Lei/tu?** *(form./fam.)* 1A
angry **arrabbiato/a** *adj.* 3B
  to be angry at someone **avercela con qualcuno** *v.* 6A
  to get angry **arrabbiarsi** *v.* 6A
animal **animale** *m.* 12A
ankle **caviglia** *f.* 6A
answer **rispondere** *v.* 11B
  to answer the phone **rispondere al telefono** *v.* 11B
answered **risposto/a (rispondere)** *p.p., adj.* 4B
any **nessun(o)/a** *adj.* 9B
  some, any; of it/them **ne** *pron.* 6A
anybody **qualcuno** *pron.* 1A; **nessuno/a** *pron.* 9B
apartment **appartamento** *m.* 7A
  apartment building **palazzo** *m.* 7A
  studio apartment **monolocale** *m.* 7A
  two-room apartment **bilocale** *m.* 7A
appetizer **antipasto** *m.* 5B
applaud **applaudire** *v.* 10A
applause **applauso** *m.* 10A
apple **mela** *f.* 5A
appliance **elettrodomestico** *m.* 7B
application **applicazione/app** *f.* 4A
apply **fare domanda** *v.* 11B
appointment: to make an appointment **prendere un appuntamento** *v.* 11B
appropriate **opportuno/a** *adj.* 11A
April **aprile** *m.* 2B
architect **architetto** *m.* 3B
arm **braccio** *(pl.* **braccia** *f.)* *m.* 6A
armchair **poltrona** *f.* 7A
armoire **armadio** *m.* 7A
aroma **aroma** *m.* 10A
around **intorno** *prep.* 9A
  around the corner **dietro l'angolo** 9A
  around; out and about **in giro** 4B
arrivals **arrivi** *m., pl.* 8B

arrive **arrivare** *v.* 2A
art **arte** *f.* 1A
artichoke **carciofo** *m.* 5A
artistic **artistico/a** *adj.* 10B
arts (*humanities*) **lettere** *f., pl.* 1B
as . . . as **così... come** *adv.* 8A; **tanto... quanto** *adv.* 8A
as well **anche** *conj.* 1A
ask **domandare** *v.* 2B
  to ask a question **fare una domanda** *v.* 2A
  to ask for **chiedere** *v.* 2B
asked **chiesto/a (chiedere)** *p.p., adj.* 4B
aspirin **aspirina** *f.* 6B
at **a** *prep.* 1B; **da** *prep.* 1B; **in** *prep.* 3A
athletic **atletico/a** *adj.* 3B
ATM **bancomat** *m.* 9B; **sportello** *m.* **automatico** 9B
attend **frequentare** *v.* 2A
attention: to pay attention **fare attenzione** *v.* 2A
attentive **attento/a** *adj.*
attic **mansarda** *f.* 7A
audacious **audace** *adj.* 3B
audience **pubblico** *m.* 10A
August **agosto** *m.* 2B
  It's August 15th. **È il 15 agosto.** 2B
aunt **zia** *f.* 3A
author **autore/autrice** *m., f.* 10B
automatic **automatico** *adj.* 8A
  automatic transmission **cambio automatico** *m.* 8A
autumn **autunno** *m.* 2B
average: of average height **di media statura** *adj.* 3B
avoid **evitare (di)** *v.* 6B
aware: to become aware (of) **rendersi conto (di)** *v.* 6A
awareness: evironmental awareness **coscienza** *f.* **ambientale** 12A
awful **pessimo/a** *adj.* 8A

B

baby **bambino/a** *m., f.* 3A
back **schiena** *f.* 6A
backache **mal** *m.* **di schiena** 6B
backpack **zaino** *m.* 1B
bad **cattivo/a** *adj.* 1B
  bad boy **ragazzaccio** *m.* 10B
  bad day **giornataccia** *f.* 10B
  bad weather **tempaccio** *m.* 10B
  It's bad out. **È brutto** 2B
  very bad **pessimo/a** *adj.* 8A
bakery **panetteria** *f.* 5A
balcony **balcone** *m.* 7A
ball **pallone** *m.* 2A
ballerina **ballerina** *f.* 10A
ballet **balletto** *m.* 10A
banana **banana** *f.* 5A

band: rock band **gruppo** *m.* **rock** 10A

bang **frangia** *f.* 6A

bank **banca** *f.* 9B
bank account **conto** *m.* **bancario** 9B

banker **banchiere/a** *m., f.* 11A

barber **barbiere** *m.* 3B

Baroque **barocco/a** *adj.* 10B

bartender **barista** *m., f.* 11A

basement **seminterrato** *m.* 7A

basketball **pallacanestro** *f.* 2A; **basket** *m.* 2A

bath **bagno** *m.* 2A

bathing suit **costume** *m.* **da bagno** 4B

bathrobe **accappatoio** *m.* 6A

bathroom **bagno** *m.* 6A

bathtub **vasca** *f.* **da bagno** 7A

be **essere** *v.* 1B; **stare** *v.* 2A

beach **spiaggia** *f.* 8B
at/to the beach **al mare** 3A

bear *m.* **orso** 12A

beard **barba** *f.* 6A

bearings: to get one's bearings **orientarsi** *v.* 9A

beautiful **bello/a** *adj.* 1B

beauty salon **centro** *m.* **estetico** 9B

become **diventare** *v.* 2A, 5A

bed **letto** *m.* 7A
to make the bed **fare il letto** *v.* 7B

bedroom **camera** *f.* **da letto** 7A

bee **ape** *f.* 12A

beef **carne** *f.* **di manzo** 5A

beer **birra** *f.* 5B

beer garden **birreria** *f.* 5B

before **prima** *adv.* 5B; **prima che** *conj.* 12A; **prima** *prep.* 4A

beforehand **prima** *adv.* 5B

begin **(in)cominciare** *v.* 2A

behalf: On behalf of whom? **Da parte di chi?** 11B

behind **dietro (a)** *prep.* 7A

beige **beige** *adj., invar.* 4B

believe **credere** *v.* 10A

below **sotto** *prep.* 7A

belt **cintura** *f.* 4B

bench **panchina** *f.* 9A

berry **bacca** *f.* 12A

best **migliore** *adj.* 8A

better **migliore** *adj.* 8A; **meglio** *adv.* 8A
to get better **guarire** *v.* 6B

between **fra** *prep.* 3A; **tra** *prep.* 3A

bicycle **bicicletta** *f.* 2A

big **grande** *adj.* 2A

bigger **maggiore** *adj.* 8A

biggest **massimo/a** *adj.* 8A

bill **banconota** (*banknote*) *f.* 9B; **conto** *m.* 5B

bills **bollette** *f., pl.* 7A
to pay the bills **pagare le bollette** *v.* 9B

biology **biologia** *f.* 1A

bird **uccello** *m.* 12A

birthday **compleanno** *m.* 2B

bite **morso** *m.* 7A

bitter **amaro/a** *adj.* 5B

black **nero/a** *adj.* 3B

blackboard **lavagna** *f.* 1B

bland **insipido/a** *adj.* 5B

blanket **coperta** *f.* 7B

blizzard **tormenta** *f.* 2B

block **isolato** *m.* 9A
block of seats **settore** *m.* 10A

blond(e) **biondo/a** *adj.* 3B

blood **sangue** *m.* 6A

blouse **camicetta** *f.* 4B

blue **azzurro/a** *adj.* 3B; **blu** *adj., invar.* 3B

boarding house **pensione** *f.* 8B

boarding pass **carta** *f.* **d'imbarco** 8B

boat **barca** *f.* 8A

body **corpo** *m.* 6A

bold **audace** *adj.* 3B

bone **osso** *m.* **ossa** *pl.* 10A

book **libro** *m.* 1A

bookshelf **scaffale** *m.* 7A

bookstore **libreria** *f.* 1B

boot **stivale** *m.* 4B

bored: to get bored **annoiarsi** *v.* 6A

boring **noioso/a** *adj.* 1B
How boring! **Che noia!** 1B

born **nato/a** *p.p., adj.* 5A
to be born **nascere** *v.* 5A

boss **capo** *m., f.* 11A

bottle **bottiglia** *f.* 5B

bottom **fondo** *m.* 4B; **in fondo** *prep.* 9B

bowl **ciotola** *f.* 5B

box **palco** *m.* 10A; **scatola** *f.* 10A

boy **ragazzo** *m.* 1A

boyfriend **ragazzo** *m.* 3A; **fidanzato** *m.* 3A

braid **treccia** *f.* 6A

brake **frenare** *v.* 8A

brakes **freni** *m., pl.* 8A

branch **ramo** *m.* 12A

brand **marca** *f.* 4B

bread **pane** *m.* 5A; **impanare** *v.* 5A

break **rompere** *v.* 6B
to break an arm **rompersi un braccio** *v.* 6B

break down **essere in panne** *v.* 8A

breakfast **colazione** *f.* 5B

bricklayer **muratore** *m.* 7B

bridge **ponte** *m.* 9A

briefcase **valigetta** *f.* 4B

bright **brillante** *adj.* 3B

bring **portare** *v.* 2A

broke: to be broke **essere al verde** *v.* 9B

broom **scopa** *f.* 7B

brother **fratello** *m.* 3A
little/younger brother **fratellino** *m.* 3A

brother-in-law **cognato** *m.* 3A

brown **rosolare** *v.* 5B; **far soffriggere** *v.* 5A
brown **marrone** *adj.* 3B
brown (*hair, eyes*) **castano/a** *adj.* 3B

bruise **livido** *m.* 6B

brush **pettinare** *v.* 6A
to brush one's hair **pettinarsi** *v.* 6A
to brush one's teeth **lavarsi i denti** *v.* 6A

buckle (*seatbelt*) **allacciare** *v.* 8A

build **costruire** *v.* 9A

bull **toro** *m.* 12A

bulletin board **bacheca** *f.* 11B

bump **bernoccolo** *m.* 6B

burn **scottatura** *f.* 6B

burners **fornelli** *m., pl.* 7B

bus **autobus** *m.* 1A; **pullman** *m.* 8A

bush **cespuglio** *m.* 12A

business consultant **commercialista** *m., f.* 11A

businessman **uomo** *m.* **d'affari** 3B

businesswoman **donna** *f.* **d'affari** 3B

but **ma** *conj.* 12A

butcher **macellaio/a** *m., f.* 5A

butcher's shop **macelleria** *f.* 5A

butter **burro** *m.* 5A

buy **comprare** *v.* 2A

buyout **liquidazione** *f.* 11A

by **da; per** *prep.* 1B
by now; already **ormai** *adv.* 2A

Byzantine **bizantino/a** *adj.* 10B

C

cabin (*mountain shelter*) **baita** *f.* 12A

café specializing in chocolate **cioccolateria** *f.* 5B

cafeteria **mensa** *f.* 1B; **tavola** *f.* **calda** 5B

call **chiamare** *v.* 2A
to be called/to call each other **chiamarsi** *v.* 6A

calm **tranquillo/a** *adj.* 1B

camera: digital camera **macchina** *f.* **fotografica digitale** 4A

camping **campeggio** *m.* 2A

can **potere** *v.* 4A

Canadian **canadese** *adj.* 1B

canary **canarino** *m.* 3A

cancel **disdire** *v.* 8B

candidate **candidato** *m.* 11B

car **automobile** *f.*; **macchina** *f.* 1A, 8A

electric car **macchina** *f.*
  elettrica 12B
hybrid car **macchina** *f.*
  ibrida 12B
car door **portiera** *f.* 8A
car racing **automobilismo** *m.* 2A
carafe **caraffa** *f.* 5B
card **carta** *f.* 2A
  playing cards **carte** *f., pl.* 2A
care: I care for you. **Ti voglio
  bene.** 4A
  Take care of yourself. **Mi
  raccomando.** 1B
career **carriera** *f.* 11B
caretaker **bidello/a** *m., f.;*
  portiere/a *m., f.*
carpenter **falegname** *m.* 7B
carpet **tappeto** *m.* 7A
carrot **carota** *f.* 5A
carry-on baggage **bagaglio** *m.*
  a mano 8B
cartoon **cartone** *m.* **animato** 10B
carve **scolpire** *v.* 10B
cash **contanti** *m., pl.* 9B
  to pay in cash **pagare in
  contanti** *v.* 9B
cashier **cassiere/a** *m., f.* 3B
cat **gatto** *m.* 3A
catastrophe **catastrofe** *f.* 12A
cavity **carie** *f. invar.* 6B
ceiling **soffitto** *m.* 7A
cell phone **cellulare** *m.* 4A
center **centro** *m.* 3A
certain **certo/a** *adj.* 11B;
  sicuro *adj.* 11B
chair **sedia** *f.* 1B
chalk **gesso** *m.* 1B
change **moneta** *f.* 9B;
  cambiare *v.* 2A
channel: television channel **canale**
  m. **(televisivo)** 4A
character: main character
  personaggio *m.* **principale** 10A
charge **caricare** *v.* 4A
charger **caricabatteria** *m.* 4A
chase **rincorrere** *v.* 12B
chatterbox **chiacchierone/a**
  m., f. 10B
cheap **economico** *adj.* 4B
check **assegno** *m.* 9B;
  controllare *v.* 6B
  to pay by check **pagare con
  assegno** *v.* 9B
checking account **conto** *m.*
  corrente *m.* 9B
cheerful **allegro/a** *adj.* 3B
cheerfully **allegramente** *adv.* 5B
Cheers! **Cin, cin!** 1A
cheese **formaggio** *m.* 5A
chef **cuoco/a** *m., f.* 5B
chess **scacchi** *m., pl.* 2A
chest **petto** *m.* 6A

chic **chic** *adj., invar.* 3B
chicken **pollo** *m.* 5A
chicken-pox **varicella** *f.* 6B
child **bambino/a** *m., f.* 3A
  only child **figlio/a** *m., f.*
  unico/a 3A
chimney sweep **spazzacamino**
  m. 7B
Chinese **cinese** *adj.* 1B
chores **faccende** *f., pl.* 7B;
  mestieri *m., pl.* 7B
  to do household chores **fare
  le faccende** *v.* 7B
chorus **coro** *m.* 10A
Christmas **Natale** *m.* 8B
church **chiesa** *f.* 9A
cinema **cinema** *m.* 10B
city **città** *f.* 1A
city walls **mura** *f., pl.* 9A
civil servant **funzionario/a** *m., f.* 11A
clam **vongola** *f.* 5A
clarinet **clarinetto** *m.* 10A
class **classe** *f.* 1A, 1B
  in class **a lezione** 1A, 1B
classical; classic **classico/a** *adj.* 10B
classmate **compagno/a** *m., f.* **di
  classe** 1B
classroom **aula** *f.* 1B; **classe** *f.* 1B
clean **pulito/a** *adj.* 7B; **pulire** *v.* 3A
  perfectly clean **impeccabile**
  adj. 7B
clear **chiaro/a** *adj.* 11B
  to clear the table **sparecchiare
  la tavola** *v.* 7B
clearing **radura** *f.* 12A
clever **spiritoso/a** *adj.* 3B
client **cliente** *m., f.* 8B
cliff **scogliera** *f.* 12A
climate **clima** *m.* 10A
climb **scalare** *v.* 12A; **salire** *v.* 5A
  to climb stairs **salire le scale**
  v. 9A
climbing **arrampicata** *f.* 2A
clock **orologio** *m.* 1B
close **chiudere** *v.* 2B
close (to) **vicino (a)** *prep.* 9A
closed **chiuso** *p.p., adj.* 4B, 6B
clothing **abbigliamento** *m.* 4A
cloud **nuvola** *f.* 2B
cloudy **nuvoloso/a** *adj.* 2B
club **locale** *m.* 9A
clutch **frizione** *f.* 8A
coach **pullman** *m.* 8A
coast **costa** *f.* 12A
coffee **caffè** *m.* 1A
coffee maker **caffettiera** *f.* 7B
coin **moneta** *f.* 9B
cold **freddo/a** *adj.* 2B;
  raffreddore *m.* 6B
  It's cold. **Fa freddo.** 2B
  to feel cold **avere freddo** *v.* 2B

to have a cold **avere il
  raffreddore** *v.* 6B
collection **collezione** *f.* 10B
color **colore** *m.* 4B
comb **pettine** *m.* 6A
  to comb one's hair **pettinarsi** *v.* 6A
come **venuto/a** *p.p., adj.* 5A
come **venire** *v.* 4A
  Come on! **Forza!** 5B
  Oh, come on! **Ma dai!** 1A
comedy **commedia** *f.* 10A
commit **commettere** *v.* 11B
commute **fare il pendolare** *v.* 12A
companion **compagno/a** *m., f.* 3A
compel **obbligare** *v.* 10A
competence **competenza** *f.* 11B
complain (about) **lamentarsi
  (di)** *v.* 6A
completely **affatto** *adv.* 9B
compose **comporre** *v.* 4A
composed **composto/a** *p.p.,
  adj.* 4B
composer **compositore/
  compositrice** *m., f.* 10A
compromise **compromesso** *m.* 12B
computer **computer** *m.* 4A
computer science **informatica** *f.* 1B
concert **concerto** *m.* 10A
condition **condizione** *f.* 12A
confident **disinvolto/a** *adj.* 3B
connected: to be connected
  essere connesso/a *v.* 4A
connection **coincidenza** *f.* 8A
consultant **consulente** *m., f.* 11A
business consultant
  commercialista *m., f.* 11A
contemporary **contemporaneo/a**
  adj. 10B
content **contento/a** *adj.* 1B
continue **continuare** *v.* 10A;
  proseguire *v.* 9A
contract **contratto** *m.* 7A
contributions **contributi** *m., pl.* 11A
conversation **conversazione** *f.* 1B
cook **cuoco/a** *m., f.* 5B;
  cucinare *v.* 5A
cookie **biscotto** *m.* 5A
cool; **fresco/a** *adj.* 2B
  It's cool. **Fa fresco.** 2B
copy machine *f.*
  fotocopiatrice 11B
corner **angolo** *m.* 9A
cosmetics shop **profumeria** *f.* 9B
cost **costare** *v.* 5A
cotton **cotone** *m.* 4B
couch **divano** *m.* 7A
cough **tosse** *f.* 6B; **tossire** *v.* 6B
countryside **campagna** *f.* 12A
couple **coppia** *f.* 3A
courageous **coraggioso/a** *adj.* 3B
course **piatto** *m.* 5B; **corso** *m.* 2A

first/second course **primo/ secondo piatto** *m.* 5B
court **campo** *m.* 2A
courteous **cortese** *adj.* 3B
courtesy **cortesia** *f.* 1A
courtyard **cortile** *m.* 7A
cousin **cugino/a** *m., f.* 3A
cow **mucca** *f.* 12A
crazy **pazzo/a** *adj.* 3B
credit card **carta** *f.* **di credito** 9B
    to pay with a credit card **pagare con carta di credito** *v.* 9B
crew cut **capelli** *m., pl.* **a spazzola** 6A
cross **attraversare** *v.* 9A
crosswalk **strisce** *f., pl.* **pedonali** 9A
crowded **affollato/a** *adj.* 8A; **intasato/a** *adj.* 8A
crude **rozzo/a** *adj.* 9B
cruel **crudele** *adj.* 3B
cruise **crociera** *f.* 8B
crumb **briciola** *f.* 7B
cry **piangere** *v.* 6B
cup **tazza** *f.* 5B
    espresso cup **tazzina** *f.* 5B
cupboard **credenza** *f.* 7A
curious **curioso/a** *adj.* 3B
curl **arricciare** *v.* 6A
curly **riccio/a** *adj.* 3B
curtain **tenda** *f.* 7A
custodian **bidello/a** *m., f.*
customer **cliente** *m., f.* 8B
customs **dogana** *f.* 8B
cut **tagliare** *v.* 8B
    to cut one's hair **tagliare i capelli** *v.* 6A
cute **carino/a** *adj.* 3B; **bellino/a** *adj.* 10B
    cute little mouth **boccuccia** *f.* 10B
cycling **ciclismo** *m.* 2A
cyclone **ciclone** *m.* 2B
cypress **cipresso** *m.* 12A

D

dad **papà** *m.* 3A
dance **ballare** *v.* 2A
    classical dance **danza** *f.* **classica** 2A
danger **pericolo** *m.* 12A
dangerous **pericoloso/a** *adj.* 6B
dark **scuro/a** *adj.* 4B
dark-haired **bruno/a** *adj.*
Darn! **Accidenti!** 5B; **Porca miseria!** 8A
darned **maledetto/a** *adj.* 12A
darts **freccette** *f., pl.*
date **data** *f.* 2B; **appuntamento** *m.* 11B
daughter **figlia** *f.* 3A

daughter-in-law **nuora** *f.* 3A
dawn **alba** *f.* 12A
day **giorno** *m.* 1B; **giornata** *f.* 1A
dead **morto/a** *p.p., adj.* 5A
deal **affare** *m.* 4B; **patto** *m.* 12A
    good deal **buon affare** *m.* 4B
dear **caro/a** *adj.* 4B
    very dear, sweet **caruccio/a** *adj.* 10B
debit card **carta** *f.* **di debito** *f.;* **bancomat** *m.* 9B
    to pay with a debit card **pagare con (il) bancomat** *v.* 9B
debut **debutto** *m.* 10A
December **dicembre** *m.* 2B
decide **decidere** *v.* 10A
decided **deciso/a** *p.p., adj.* 4B
decision: to make a decision **prendere una decisione** *v.* 2B
deforestation **disboscamento** *m.* 12A
degree **grado** *m.* 2B; **diploma** *m.* 10A
    It's 18 degrees out. **Ci sono 18 gradi.** 2B
delay **ritardo** *m.* 8B
delicatessen **salumeria** *f.* 5A
Delighted. **Piacere.** 1A
demanding **esigente** *adj.* 11A
dentist **dentista** *m., f.* 6B
depart **partire** *v.* 2A
department **facoltà** *f.* 1B
department store **grande magazzino** *m.* 9A
departures **partenze** *f., pl.* 8B
deposit **caparra** *f.* 7A
    to deposit money **versare dei soldi** *v.* 9B
depression **depressione** *f.* 6B
desert **deserto** *m.* 12A
designer **stilista** *m., f.* 4B
desire **voglia** *f.* 2B; **desiderare** *v.* 2A
desk **banco** *m.* 1B; **scrivania** *f.* 7A
dessert **dolce** *m.* 5B
deterioration **degrado** *m.* 12A
develop **sviluppare** *v.* 12A
diagnosis **diagnosi** *f.* 6B
diagram **schema** *m.* 10A
dial **comporre** *v.* 4A
dictionary **dizionario** *m.* 1B
die **morire** *v.* 5A
died **morto (morire)** *p.p.* 5A
diet **dieta** *f.* 5B
    to be on a diet **essere a dieta** *v.* 5B
difference **divergenza** *f.* 12A
difficult **difficile** *adj.* 1B
digital camera **macchina** *f.* **fotografica (digitale)** 4A
dilemma **dilemma** *m.* 10A
diligent **studioso/a** *adj.* 3B

dim-witted **scemo/a** *adj.* 3B
dining room **sala** *f.* **da pranzo** 7A
dinner **cena** *f.* 5B
    to have dinner **cenare** *v.* 2A
diploma **diploma** *m.* 10A
direction **indicazione** *f.* 9A
director **regista** *m., f.* 10A
dirty **sporco/a** *adj.* 7B
disappointed **deluso/a** *adj.* 8A
discourteous **scortese** *adj.* 3B
discreet **discreto/a** *adj.* 3B
disgusting **schifoso/a** *adj.* 7B
dishonest **disonesto/a** *adj.* 1B
dishwasher **lavastoviglie** *f.* 7B
dismiss **licenziare** *v.* 12B
dispose of **smaltire** *v.* 11A
disturbing **inquietante** *adj.* 10B
divided by **diviso** *adj.* 2B
divorced **divorziato/a** *adj.* 3A
do **fare** *v.* 2A
doctor **dottore(ssa)** *m., f.* 1A
    family doctor **medico** *m.* **di famiglia** 6B
    to go to the doctor **andare dal dottore** *v.* 6B
document **documento** *m.*
documentary **documentario** *m.* 10B
dog **cane** *m.* 3A
domestic **domestico/a** *adj.* 3A
done **fatto/a** *p.p., adj.* 4B
door **porta** *f.* 1B; **portiera** *f.* 8A
doorman **portiere/a** *m., f.*
doubt **dubitare** *v.* 10A
download **scaricare** *v.* 4A
downtown **centro** *m.* **storico** 9A
drain **smaltire** *v.* 12B
drama **dramma** *m.* 10A
    psychological drama **dramma psicologico** *m.* 10B
dramatic **drammatico/a** *adj.* 10B
draw **disegnare** *v.* 2A
drawer **cassetto** *m.* 7A
dreadlocks **treccine** *f., pl.* 6A
dream **sognare** *v.* 10A; **sogno** *m.* 10A
dress **abito** *m.* 4B; **vestito** *m.* 4B
    to get dressed **vestirsi** *v.* 6A
dress circle **balconata** *f.* 10A
dress shirt **camicia** *f.* 4B
dresser **cassettiera** *f.* 7A
drink **bevanda** *f.* 5B; **bere** *v.* 5A
drive **guidare** *v.* 2A
driver **autista** *m., f.* 8A
driver's license **patente** *f.* 8A
drought **siccità** *f.* 2B
drug **medicina** *f.* 6B
drum **tamburo** *m.* 10A
drummer **batterista** *m., f.* 10A
drums **batteria** *f.* 2A
dry **secco/a** *adj.* 2B
dry cleaner **tintoria** *f.* 9B

dryer (*clothes*) **asciugatrice** *f.* 7B
dumb **tonto/a** *adj.* 3B
dump **discarica** *f.* 12A
during **durante** *prep.* 7B
dust **spolverare** *v.* 7B
DVR **registratore DVR** *m.* 4A
dynamic **dinamico/a** *adj.* 3B

E

each **ogni** *adj.* 9B
  each one **ciascuno/a** *adj.,*
  pron. 4B
  each other **l'un l'altro/a** 6A; **fra**
  di loro 6A
ear **orecchio** (*pl.* **orecchie f.**)
  m. 6A
ear bud **auricolare** *m.* 4A
earn **guadagnare** *v.* 11A;
  meritare *v.* 11A
earnest **convinto/a** *adj.*
earthquake **terremoto** *m.* 2B
ease: at ease **a suo agio** 7B
east **est** *m.* 9A
Easter Monday **Pasquetta** *f.* 8B
Easter Sunday **Pasqua** *f.* 8B
easy **facile** *adj.* 1B
eat **mangiare** *v.* 2A
ecology **ecologia** *f.* 12A
economics **economia** *f.* 1B
economy class **classe** *f.*
  economica 8B
education **istruzione** *f.* 11B
effect **effetto** *m.* 12B
egg **uovo** (*pl.* **uova f.**) *m.* 5A
eggplant **melanzana** *f.* 5A
eight **otto** *m., adj.* 1A
eight hundred **ottocento** *m.,*
  adj. 2B
eighteen **diciotto** *m., adj.* 1A
eighteenth **diciottesimo/a** *adj.* 10B
eighth **ottavo/a** *adj.* 10B
eighty **ottanta** *m., adj.* 1A
eighty-one **ottantun(o)** *m., adj.* 1A
eighty-second **ottantaduesimo/a**
  adj. 10B
elbow **gomito** *m.* 6A
elder **maggiore** *adj.* 3A
elderly **anziano/a** *adj.* 3B
electric car **macchina** *f.*
  elettrica 12B
electrician **elettricista** *m., f.* 11A
elevator **ascensore** *m.* 8B
eleven **undici** *m., adj., invar.* 1A
eleventh **undicesimo/a** *adj.* 10B
e-mail message **e-mail** *f.* 4A
emergency room **pronto**
  soccorso *m.* 6B
employee **impiegato/a** *m., f.* 11B
empty **vuoto/a** *adj.* 10A
encourage **incoraggiare** *v* 10A
end **fine** *f.* 10A

at the end, bottom **in fondo**
  prep. 9B
energetic **energico/a** *adj.* 3B
energy **energia** *f.* 12A
engaged **fidanzato/a** *adj.* 3A
engine **motore** *m.* 8A
engineer **ingegnere** *m., f.* 1A
English **inglese** *adj.* 1B
enough **abbastanza** *adv.* 1A
  to be enough **bastare** *v.* 5B
enter **entrare** *v.* 5A
envelope **busta** *f.* 9B
environment **ambiente** *m.* 12A
environmentalism
  ambientalismo *m.* 12A
epic **racconto** *m.* **epico** 10B
equal **uguale** *adj.* 2B
erase **cancellare** *v.* 4A
eraser **gomma** *f.*
errands: to run errands **fare delle**
  commissioni *v.* 9B
error **errore** *m.* 11B
eruption **eruzione** *f.* 2B
espresso cup **tazzina** *f.* 5B
essay **tesina** *f.* 5A; **tema** *m.* 10A
even **pure** *adv.* 3B
  not even **non... neanche** *adv.*
  9B; **non... nemmeno** *conj.* 9B;
  non... neppure *conj.* 9B
evening **sera** *f.* 1B, **serata** *f.* 3B
  Good evening. **Buonasera.** 1A
  this evening. **stasera** *adv.* 5A
ever **mai** *adv.* 2B
every **ogni** *adj.* 9B
everything **tutto** *pron.* 9B
  Everything OK? **Tutto bene?** 1A
exam **esame** *m.* 1A
excuse **scusare** *v.* 1A
  Excuse me. **Scusi/a.** (*form./*
  fam.) 1A
executive **dirigente** *m., f.* 11A
exercise **fare esercizio (fisico),**
  fare ginnastica *v.* 6B
exhaust **scappamento** *m.* 12B
  exhaust pipe **tubo di**
  scappamento *m.* 12B
exhibit **esposizione** *f.* 10B
exit **uscita** *f.* 8B
expensive **caro/a** *adj.* 4B;
  costoso/a *adj.* 4B
experience: professional experience
  esperienza *f.* **professionale** 11B
explain **spiegare** *v.* 2A
explore **esplorare** *v.* 12A
expression **espressione** *f.* 5A
exquisite **squisito/a** *adj.* 2A
extreme sports **sport** *m., pl.*
  estremi 2A
eye **occhio** *m.* 6A
eyebrow **sopracciglio** (*pl.*
  sopracciglia f.) *m.* 6A
eyelash **ciglio** (*pl.* **ciglia f.**) *m.* 6A

F

face **faccia** *f.* 6A
factory **fabbrica** *f.* 12A
factory worker **operaio/a**
  m., f. 11A
faculty **facoltà** *f.* 1B
fail **fallire** *v.* 11A
  to fail (*exam*) **bocciare** *v.* 1B
fairy tale **favola** *f.* 10B
faithful **fedele** *adj.* 3B
fall **autunno** *m.* 2B; **cadere** *v.* 5A
  to fall asleep **addormentarsi** *v.* 6A
  to fall in love **innamorarsi** *v.* 6A
family **famiglia** *f.* 3A
  family doctor **medico** *m.* **di**
  famiglia 6B
far (from) **lontano/a (da)** *adj.* 9A
  not far from **a due passi da** 9A
fare **tariffa** *f.* 8A
  excess fare **supplemento** *m.* 8A
farm **fattoria** *f.* 12A
farmer **agricoltore/agricoltrice**
  m., f. 11A
fashion **moda** *f.* 4B
  to be/not be in fashion **(non)**
  andare di moda *v.* 4B
fast **veloce** *adj.* 3B
fat **grasso/a** *adj.* 3B
father **padre** *m.* 3A
father-in-law **suocero** *m.* 3A
favorite **preferito/a** *adj.* 3B
fear **paura** *f.* 2B; **temere** *v.* 10A
February **febbraio** *m.* 2B
feel **sentire** *v.* 3A; **sentirsi** *v.* 6A
  to feel like **avere voglia di** *v.* 2B
female **femmina** *f.* 3A
feminist **femminista** *adj.* 3B
ferry **traghetto** *m.* 8A
festival **festival** *m.* 10A
fever **febbre** *f.* 6B
  to have a fever **avere la**
  febbre *v.* 6B
few: a few **alcuni/e** *indef. adj.,*
  pron. 5A, 9B; **qualche** *adj.* 5A,
  9B; **pochi/e** *adj.* 5B, 9B
fiancé **fidanzato** *m.* 3A
fiancée **fidanzata** *f.* 3A
field **campo** *m.* 2A; **settore** *m.* 11B
fifteen **quindici** *m., adj.* 1A
fifth **quinto/a** *adj.* 10B
fifty **cinquanta** *m., adj.* 1A
fill: to fill out a form **riempire**
  un modulo *v.* 9B
film **film** *m.* 10B; **girare** *v.* 10B
  horror/sci-fi film **film** *m.* **di**
  fantascienza/dell'orrore 10B
find **trovare** *v.* 2A
fine **multa** *f.* 8A
fine arts **belle arti** *f., pl.* 10B
finger **dito** (*pl.* **dita f.**) *m.* 6A
finish **finire** *v.* 3A

fir **abete** *m.* 12A
fire **licenziare** *v.* 11A
firefighter **vigile del fuoco** *m.,*
   f. 9A, 11A
firm **azienda** *f.* 11B
first **primo** *m.* 2B; **primo/a** *adj.* 10B;
   prima *adv.* 5B
   at first **all'inizio** *adv.* 2A
   first class **prima classe** *f.* 8A
   first of all **innanzitutto** *adv.* 9A
first aid **pronto soccorso** *m.* 6B
first-born **primogenito/a** *m., f.* 3A
fish **pesce** *m.* 3A
   to go fishing **pescare** *v.* 2A
fish shop **pescheria** *f.* 5A
five **cinque** *m., adj.* 1A
five hundred **cinquecento** *m.,*
   adj. 2B
five thousand **cinquemila** *m.,*
   adj. 2B
five-hundredth
   cinquecentesimo/a *adj.* 10B
fix **aggiustare** *v.* 4A
flash of lightning **lampo** *m.* 2B
flat: to get a flat tire **bucare**
   una gomma *v.* 8A
flavor **gusto** *m.* 5B
flavoring **aroma** *m.* 10A
flight **volo** *m.* 8B
flood **alluvione** *f.* 12A;
   ingolfare *v.* 12B
floor **pavimento** *m.* 6B
florist **fiorista** *m., f.* 9B
flower **fiore** *m.* 7A
   flowered **a fiori** *adj.* 4B
   flower vase **vaso da fiori** *m.* 7A
flower bed **aiuola** *f.* 9A
flower shop **fiorista** *m.* 9B
flu **influenza** *f.* 6B
flute **flauto** *m.* 10A
fog **nebbia** *f.* 2B
folder **cartella** *f.* 4A
follow **seguire** *v.* 3A
food **cibo** *m.* 5A
fool: to act the fool **fare il**
   buffone *v.* 10A
foot **piede** *m.* 6A
   on foot **a piedi** 3A
football **football** *m.* **americano** 2A
for **per** *prep.* 3A
   For how long . . .? **Da quanto**
   tempo...? 2B
   for rent **affittasi** 7A
   for sale **vendesi** 7A
force **obbligare** *v.* 10A
foreign **straniero/a** *adj.* 3B
forest **foresta** *f.* 12A

forget **dimenticare** *v.* 2A;
   dimenticarsi *v.* 10A
fork **forchetta** *f.* 5B
form **modulo** *m.* 9B

forty **quaranta** *m., adj.* 1A
forty-sixth **quarantaseiesimo/a**
   adj. 10B
fountain **fontana** *f.* 9A
four **quattro** *m., adj.* 1A
four hundred **quattrocento** *m.,*
   adj. 2B
fourteen **quattordici** *m., adj.* 1A
fourth **quarto/a** *adj.* 10B
fraction **miseria** *f.* 10B
fracture **frattura** *f.* 6B
free **gratis** *adj., invar.* 10A
freezer **congelatore** *m.* 7B
French **francese** *adj.* 1B
frequently **frequentemente** *adv.* 5B
fresh **fresco/a** *adj.* 2B
Friday **venerdì** *m.* 1B
fridge **frigo(rifero)** *m.* 7B
fried **fritto/a** *adj.* 5A
friend **amico/a** *m., f.* 1A
friendly **socievole** *adj.* 3B
from **da** *prep.* 1B; **di (d')** *prep.* 3A
front: in front of **davanti (a)**
   prep. 7A
fruit **frutta** *f.* 5A
fry **friggere** *v.* 5B
   to fry lightly **soffriggere** *v.* 5A
full **pieno/a** *adj.* 11A
   full price ticket
   biglietto *m.* **intero** 10A
   full-time **a tempo**
   pieno *adj.* 11A
   no vacancies **al completo** *adj.* 8B
fun **divertente** *adj.* 1B
   to have fun **divertirsi** *v.* 6A
function **funzionare** *v.* 4A
funny **buffo/a** *adj.* 3B; **spiritoso/a**
   adj. 3B
furnishings **arredamento** *m.* 7A
   furnished apartment
   appartamento *m.* **arredato** 7A
   a piece of furniture **mobile**
   m., 7A
future **futuro** *m.* 7A
Futurist **futurista** *adj.* 10B

G

gain weight **prendere peso** *v.* 6B
gallery **galleria** *f.* 10A
game **partita** *f.* 2A
garage **garage** *m., invar.* 7A
garbage **spazzatura** *f.* 7B;
   rifiuti *m., pl.* 12A
garbage collector **netturbino/a**
   m., f. 12A; **operatore** *m.*
   ecologico 9A
garbage dump **discarica** *f.* 12B
garbage truck **camion** *m.* **della**
   nettezza urbana 12A
gardener **giardiniere/a** *m., f.*
garden-level apartment

   seminterrato *m.* 7A
garlic **aglio** *m.* 5A
gas **benzina** *f.* 8B
   to get gas **fare benzina** *v.* 8B
generally **in genere** *adv.* 3A
generous **generoso/a** *adj.* 1B
genius **genio/a** *m., f.* 4A
genre **genere** *m.* 10B
German **tedesco/a** *adj.* 1B
get **ottenere** *v.* 11B
   get on (*bus, train*) **salire** *v.* 5A
   to get used to **abituarsi** *v.* 10A
   to get separated **separarsi** *v.* 6B
get up **alzarsi** *v.* 6A
gift **dono** *m.* 10A
gifted **dotato/a** *adj.* 10B
girl **ragazza** *f.* 1A
girlfriend **ragazza** *f.* 3A;
   fidanzata *f.* 3A
give **dare** *v.* 2A
   to give (*gift*) **regalare** *v.* 5B
   to give back **restituire** *v.* 5B
   to give (someone) a ride **dare**
   un passaggio *v.* 9A
   to give to each other **darsi** *v.* 6A
   to give up **arrendersi** *v.* 2B
glass **bicchiere** *m.* 5B
glasses **occhiali** *m., pl.* 4B
global warming **riscaldamento**
   m. **globale** 12A
glove **guanto** *m.* 4B
go **andare** *v.* 2A
   to go down (the stairs) **scendere**
   (le scale) *v.* 9A
   to go for a run **fare una**
   corsa *v.* 2A
   to go out **uscire** *v.* 4A
   to go up **salire** *v.* 5A
goat **capra** *f.* 12A
good **buono/a** *adj.* 1B; **bravo/a**
   adj. 1B
   good deal **buon affare** *m.* 4B
   Good evening. **Buonasera.** 1A
   Good luck. **In bocca al lupo.**
   (lit. *In the mouth of the wolf.*) 1B
   Good morning. **Buongiorno.** 1A
   Good night. **Buonanotte.** 1A
   to be no good at . . . **essere**
   negato/a per... *v.* 1B
Good-bye. **ArrivederLa/ci.** 1A;
   Ciao. 1A
Gothic **gotico/a** *adj.* 10B
government **governo** *m.* 12A
grade **voto** *m.* 1B
graduate: to graduate from college
   laurearsi *v.* 6A
granddaughter **nipote** *f.* 3A
grandfather **nonno** *m.* 3A
grandmother **nonna** *f.* 3A
grandson **nipote** *m.* 3A
grapes **uva** *f., sing.* 5A
grass **erba** *f.* 12A

gratitude **gratitudine** *f.* 12A
gray **grigio/a** *adj.* 3B
great grandfather **bisnonno** *m.* 3A
great grandmother **bisnonna** *f.* 3A
greedy **avaro/a** *adj.* 3B
Greek **greco/a** *adj.* 1B
green **verde** *adj.* 3B
green bean **fagiolino** *m.* 5A
greenhouse effect **effetto** *m.*
  serra 12B
greet **salutare** *v.* 6A
  to greet each other **salutarsi** *v.* 6A
greeting **saluto** *m.* 1A
grilled **alla griglia** *adj.* 5A
groceries: to buy groceries **fare**
  la spesa *v.* 2A
grocery store **negozio** *m.*
  d'alimentari 5A
group **gruppo** *m.* 10A
guess **indovinare** *v.* 8A
guitar **chitarra** *f.* 2A
guitarist **chitarrista** *m., f.* 10A
guy **tipo** *m.* 1B
gymnasium **palestra** *f.* 2A
gymnastics **ginnastica** *f.* 4B

H

hail **grandine** *f.* 2B
hair **capelli** *m., pl.* 6A
  to cut one's hair **tagliarsi**
  i capelli *v.* 6A
hair dryer **asciugacapelli**
  m., invar. 6A
hairbrush **spazzola** *f.* 6A
hairdresser **parrucchiere/a** *m.,*
  f. 3B
half brother **fratellastro** *m.*
half hour **mezzo/a** *m., f.* 1B
half sister **sorellastra** *f.*
hall **sala** *f.* 1A
hallway **corridoio** *m.* 7A
ham **prosciutto** *m.* 5A
hamster **criceto** *m.* 3A
hand **mano** (*pl.* **le mani**) *f.* 6A
  little hand **manina** *f.* 10B
  on the other hand **invece** *adv.* 1B
handbag **borsa** *f.* 4B
handsome **bello/a** *adj.* 1B
hang: to hang up the phone
  riattaccare il telefono *v.* 11B
happen **accadere** *v.* 12A;
  succedere *v.* 6A
happy **contento/a** *adj.* 1B;
  felice *adj.* 1B
hard **duro/a** *adj.* 3B
hard drive **disco** *m.* **rigido** 4A
hardly **appena** *adv., conj.* 6B
hardworking **laborioso/a** *adj.*
hat **cappello** *m.* 4B
hate **odiare** *v.* 6A
  to hate each other **odiarsi** *v.* 6A

have **avere** *v.* 2B
  Have a nice day! **Buona**
  giornata! 1A
  to have to **dovere** *v.* 4A
hay **fieno** *m.* 12A
he **lui** *sub. pron.* 1B
head **testa** *f.* 6A; **principale**
  m., f. 11A
headache **mal** *m.* **di testa** 6B
headlight **faro** *m.* 8A
headphones **cuffie** *f., pl.* 4A
heal **curare** *v.* 6B
health **salute** *f.* 6B
  to be in good health **essere**
  in buona salute *v.* 6B
healthy **sano/a** *adj.* 6B
hear **sentire** *v.* 3A
heart **cuore** *m.* 6A
heartburn **bruciore** *m.* **di**
  stomaco 6B
heat wave **ondata** *f.* **di caldo** 2B
heavy **pesante** *adj.* 5B
height: of average height **di media**
  statura *adj.* 3B
Hello. **Salve.** 1A; **Buongiorno.** 1A
  (on the phone) **Pronto?** 1A, 11B
help **aiutare** *v.* 2A
  to help each other **aiutarsi** *v.* 6A
helpful **disponibile** *adj.* 3B
her **la** *d.o. pron., f., sing.* 5A; **lei** *disj.*
  pron., f., sing. 4A; **glielo/a/i/e/ne**
  dbl.o. pron., m., f., sing. 7A; **le**
  i.o. pron., f., pl. 5B; **suo/a, suoi,**
  sue *poss. adj., m., f.* 3A
here **ecco** *adv.* 1A; **qua** *adv.* 1A;
  qui *adv.* 1A
herself **sé** *disj. pron., f., sing.* 4A;
  si *ref. pron. m., f., sing., pl.* 6A
Hey there! **Ehilà!** 1A
Hi. **Ciao.** 1A
high **elevato/a** *adj.* 11B
high school **scuola** *f.* **superiore** 1B
highway **autostrada** *f.* 8A
him **lo** *d.o. pron., m. sing.* 5A; **lui**
  disj. pron., m., sing. 4A; **glielo/**
  a/i/e/ne *dbl.o. pron., m., f.,*
  sing. 7A; **gli** *i.o. pron., m., sing.* 5B
himself **sé** *disj. pron., m., f., sing., pl.*
  4A; **si** *ref. pron. m., f., sing., pl.* 6A
hire **assumere** *v.* 11B
hiring **assunzione** *f.* 11B
his **suo/a, suoi, sue** *poss. adj., m.,*
  f. 3A
history **storia** *f.* 1B
hit **colpire** *v.* 8A
hives **orticaria** *f.* 6B
hold: to be on hold **restare in**
  attesa *v.* 11B
  Please hold. **Attenda in linea,**
  per favore. 11B
holiday: public holiday **giorno** *m.*
  festivo 8B
home **casa** *f.* 3A

single-family home **villa** *f.* 7A
homemade **fatto/a in casa** *adj.* 5B
homemaker **casalinga** *f.* **l'uomo**
  casalingo *m.* 11A
homework **compiti** *m., pl.* 1B
honest **onesto/a** *adj.* 1B
hood **cofano** *m.* 8A
hope **sperare** *v.* 10A
horizon **orizzonte** *m.* 12A
horror film **film** *m.* **dell'orrore**
  10B
horse **cavallo** *m.* 2A
  to go horseback riding **andare**
  a cavallo *v.* 2A
hospital **ospedale** *m.* 6B
hot **caldo/a** *adj.* 2B
  It's hot. **Fa caldo.** 2B
  to feel hot **avere caldo** *v.* 2B
hotel **albergo** *m.* 8B
  five-star hotel **albergo** *m.* **a**
  cinque stelle 8B
hour **ora** *f.* 1B
house **casa** *f.*
how **come** *adv.* 3B
  For how long . . . ? **Da quanto**
  tempo...? 2B
  How are things? **Come va?** 1A
  How are you getting along?
  Come te la passi? 1A
  How are you? **Come sta/stai?**
  (form./fam.) 1A
  How do you get to . . . ? **Come**
  si va... 9A
  how many **quanti/e** *adj.* 1A
  how much **quanto/a** *adj., pron.,*
  adv. 3B
  How much is . . . ? **Quanto**
  costa...? 5A
however **comunque** *conj., adv.* 4A
hug **abbracciare** *v.* 6A
  to hug each other **abbracciarsi**
  v. 6A
human resources **risorse** *f., pl.*
  umane 11B
humanities **lettere** *f., pl.* 1B
humid **umido/a** *adj.* 2B
humidity **umidità** *f.* 2B
hunger **fame** *f.* 2B
hungry: to be hungry **avere**
  fame *v.* 2B
hurry: to be in a hurry **avere**
  fretta *v.* 2B
  to hurry up **sbrigarsi** *v.* 4A
hurt: to hurt oneself **farsi male**
  v. 6A
husband **marito** *m.* 3A
  first/second husband **primo/**
  secondo marito *m.* 3A
hybrid car **macchina** *f.* **ibrida** 12B

I

I **io** *sub. pron.* 1B
ice cream **gelato** *m.* 11A
ice cream shop **gelateria** *f.* 5A
ID **carta d'identità** *f. m.* 8B
idea **idea** *f.* 1A
if **se** *conj.* 12A
ill **malato/a** *adj.* 6B
imagine **immaginare** *v.* 11B
impeccable **impeccabile** *adj.* 5B
immediately **subito** *adv.* 5B
important **importante** *adj.* 1B
impossible **impossibile** *adj.* 11A
impression **impressione** *f.* 11B
improve **migliorare** *v.* 12A
in **fra** *prep.* 3A; **tra** *prep.* 3A; **a** *prep.*
    1B; **su** *prep.* 3A; **in** *prep.* 3A
    in order to **per** *prep.* 3A
inappropriate **inopportuno/a**
    adj. 11A
incredible **incredibile** *adj.* 11B
independent **indipendente**
    adj. 1B
Indian **indiano/a** *adj.* 1B
infection **infezione** *f.* 6B
information booth **chiosco** *m.*
    per le informazioni 9A
injury **ferita** *f.* 6B
in-laws **parenti** *m., pl.* **acquisiti** 3A
innovative **innovativo/a** *adj.* 10B
insect **insetto** *m.* 12A
insensitive **insensibile** *adj.* 3B
inside **dentro** *prep.* 7A
insist **insistere** *v.* 11B
insomnia **insonnia** *f.* 6B
installment **rata** *f.* 9B
instead **invece** *adv.* 1B
instructor **insegnante** *m., f.* 1B
instrument: musical instrument
    strumento *m.* **musicale** 10A
insurance: life insurance
    assicurazione *f.* **sulla vita** 11A
intelligent **intelligente** *adj.* 1B
interest rate **tasso** *m.*
    di interesse 9B
interested: to be interested
    in **occuparsi** *v.* 12B
interesting **interessante** *adj.*
intermission **intervallo** *m.* 10A
intern **stagista** *m., f.* 2A
Internet: to surf the Internet
    navigare in rete *v.*
Internet café **Internet café** *m.*
internship **stage** *m.* 11B
intersection **incrocio** *m.* 9A
interview: job interview
    colloquio *m.* **di lavoro** 11B
introduce **presentare** *v.* 1A
    I would like to introduce [*name*]
    to you. **Le/Ti presento…**
    (*form./fam.*) 1A

introduction **presentazione** *f.* 1A
invent **inventare** *v.* 10A
investment **investimento** *m.* 9B
invite **invitare** *v.* 10A
iron **ferro** *m.* **da stiro** 7B;
    stirare *v.* 7B
ironing board **asse** *f.* **da stiro** 7A
irresponsible **irresponsabile**
    adj. 3B
island **isola** *f.* 12A
it **la** *d.o. pron., f., sing.* 5A; **lo** *d.o.*
    pron. m., sing., 5A
    some/any of it/them **ne** *pron.* 6A
Italian **italiano/a** *adj.* 1B
its **suo/a, suoi, sue** *poss. adj., m.,*
    f. 3A
itself **sé** *disj. pron., m., f., sing.* 4A;
    si *ref. pron. m., f., sing., pl.* 6A

J

jacket **giacca** *f.* 4B
jam **marmellata** *f.* 5A
January **gennaio** *m.* 2B
Japanese **giapponese** *adj.* 1B
jealous **geloso/a** *adj.* 3B
jeans **jeans** *m., pl.* 4B
jerk **cretino/a** *m., f.* 7A
jewelry store **gioielleria** *f.* 9B
job **lavoro** *m.* 11B; **posto** *m.* 11B
    first job **prima occupazione**
    f. 11B
    to find a job **trovare lavoro**
    v. 11B
joke **scherzo** *m.* 8B; **scherzare**
    v. 4B
journalist **giornalista** *m., f.* 3B
judge **giudice** *m., f.* 11A
juice **succo** *m.* 5B
July **luglio** *m.* 2B
jump **saltare** *v.* 1B
June **giugno** *m.* 2B
just **appena** *adv., conj.* 6B

K

keep **tenere** *v.* 10B
key **chiave** *f.* 8B
keyboard **tastiera** *f.* 4A
kilo **chilo** *m.* 5A
kilometric zone ticket **biglietto**
    m. **a fascia chilometrica** 8A
kind **gentile** *adj.* 3B; **genere** *m.* 10B
kiosk **chiosco** *m.* 9A
kiss **baciare** *v.* 6A
    to kiss each other **baciarsi** *v.* 6A
kitchen **cucina** *f.* 7A
knee **ginocchio** (*pl.* **ginocchia f.**)
    m. 6A
knife **coltello** *m.* 5B
know **sapere** *v.* 4B; **conoscere**
    v. 4B

I don't know. **Non lo so.** 1A
to know by sight **conoscere**
    di vista *v.* 4B
to know something inside and
    out **conoscere… a fondo** *v.* 4B
to know the way **conoscere la**
    strada *v.* 4B
Korean **coreano/a** *adj.* 1B

L

lake **lago** *m.* 12A
lamp **lampada** *f.* 7A
land **atterrare** *v.* 8B
landfill **discarica** *f.* 12B
landlady **padrona** *f.* **di casa** 7A
landlord **padrone** *m.* **di casa** 7A
landscape **paesaggio** *m.* 10B;
    panorama *m.* 10A
languages **lingue** *f., pl.* 1B
laptop (computer) **(computer)**
    portatile *m.* 4A
last **scorso/a** *adj.* 4B; **ultimo/a** *adj.*
    5A; **durare** *v.* 7B
    last name **cognome** *m.* 3A
    last night **ieri sera** 4B
late **tardi** *adv.* 5B
later **poi** *adv.* 5B
    See you later. **A dopo.** 1A;
    A più tardi. 1A
laundromat **lavanderia** *f.* 9B
laundry **bucato** *m.* 7B
    to do the laundry **fare**
    il bucato *v.* 7B
law **giurisprudenza** *f.* 1B;
    legge *f.* 12A
lawyer **avvocato** *m.* 1A
lazy **pigro/a** *adj.* 1B
leaf **foglia** *f.* 12A
learn (to) **imparare (a)** *v.* 2A
lease **contratto** *m.* 7A
leather **pelle** *f.* 4B
leave **congedo** *m.* 11A; **lasciare**
    v. 10A; **partire** *v.* 2A;
    uscire *v.* 4A
    Leave me alone. **Lasciami**
    in pace. 1A
    to leave a message **lasciare**
    un messaggio *v.* 11B
    to leave each other, to split up
    lasciarsi *v.* 6A
    to take leave time **prendere**
    un congedo *v.* 11A
lecture hall **aula** *f.* 1B
lecturer **docente** *m., f.* 11A
left **sinistra** *f.* 7A
leg **gamba** *f.* 6A
legumes **legumi** *m., pl.* 5A
lend **prestare** *v.* 5B
less **meno** *adv.* 8A
lesson **lezione** *f.* 1A
let **lasciare** *v.* 10A

Let me see. **Fammi vedere.** 2B
letter **lettera** *f.* 9B
   letter of reference **lettera** *f.*
   di referenze 11B
   long letter **letterona** *f.* 10B
lettuce **lattuga** *f.* 5A
level **livello** *m.* 11A
level crossing **passaggio** *m.*
   a livello 8A
library **biblioteca** *f.* 1B
light **chiaro/a** *adj.* 4B; **leggero/a**
   adj. 5B
lightning **fulmine** *m.* 2B
like **piacere** *v.* 2B, 5B
   Do you like . . . ? **Ti piace... ?** 2A
   I (don't) like . . . **(Non) mi piace/**
   piacciono... 2A
   I would like . . . **Vorrei...** 5B
likeable **simpatico/a** *adj.* 1B
liked **piaciuto/a (piacere)** *p.p.,*
   adj. 5A
likely **probabile** *adj.* 11A
line **fila** *f.* 8B; **linea** *f.* 4A
   to wait in line **fare la fila** *v.* 8B
lip **labbro (*pl.* labbra *f.*)** *m.* 6A
lipstick **rossetto** *m.* 6A
listen **ascoltare** *v.* 2A
   to listen to music **ascoltare**
   la musica *v.* 2A
literature **letteratura** *f.* 1A
littering: No littering. **Vietato**
   buttare rifiuti. 12A
little **piccolo/a** *adj.* 4A; **poco/a**
   adj. 5A, 9B
   little (*not much*) (of) **po' (di)**
   adj. 5A
   in a little while **fra poco** 7A
   little brother **fratellino** *m.* 3A
   little sister **sorellina** *f.* 3A
live **in diretta** *adv.* 7B;
   abitare *v.* 2A; **vivere** *v.* 2B
live performance
   rappresentazione *f.* **dal vivo** 10A
   Where do you live? **Dove**
   abiti? 7A
living room **soggiorno** *m.* 7A
living together **convivenza** *f.* 3A
load **caricare** *v.* 4A
loan: to ask for a loan **chiedere**
   un prestito *v.* 9B
lodgings **alloggi** *m., pl.* 8B
long **lungo/a** *adj.* 1B
   no longer **non... più** *adv.* 5B
look **occhiata** *f.* 4B
   to take a look **dare un'occhiata**
   v. 4B
look at **guardare** *v.* 6A
   to look at oneself/each
   other **guardarsi** *v.* 6A
look for **cercare** *v.* 2A
loose **largo/a** *adj.* 4B
   loose hair **capelli** *m., pl.* **sciolti** 6A

lose **perdere** *v.* 2A
   to lose weight **perdere**
   peso *v.* 6B
lost **perso/a** *p.p., adj.* 4B
   to get lost **perdersi** *v.* 9A
lot: a lot of **molto/a** *indef. adj.* 5A;
   molto *adv.* 5B
lotion **crema** *f.* 6A
love **amare** *v.* 10A
   to fall in love **innamorarsi** *v.* 6A
   to love each other **amarsi** *v.* 6A
luck: Good luck. **In bocca al lupo.**
   (lit. *In the mouth of the wolf.*) 1B
lunch **pranzo** *m.* 5B

M

made **fatto/a (fare)** *p.p., adj.* 4B
magazine **rivista** *f.* 9B
maid **collaboratrice** *f.*
   domestica 7B
mail **posta** *f.* 9B
   to mail a letter **imbucare**
   una lettera *v.* 9B
mail carrier **postino/a** *m., f.* 9B
mailbox **cassetta** *f.* **delle lettere** 9B
main **principale** *adj.* 10A
make **fare** *v.* 2A
   to make the bed **fare il letto** *v.* 7B
makeup **trucco** *m.* 6A
   to put on makeup **truccarsi** *v.* 6A
male **maschio** *m.* 3A
mall **centro** *m.* **commerciale** 9A
man **uomo (*pl.* uomini)** *m.* 1A
manage **dirigere** *v.* 11A; **riuscire**
   v. 4A
manager **gestore** *m., f.* 11B;
   dirigente *m., f.* 11A
Mannerist **manierista** *adj.* 10B
manual **manuale** *adj.* 8A
   manual transmission **cambio**
   manuale *m.* 8A
many **molto/a** *adj.* 5A; **molto**
   adv. 5B, 9B
   how many **quanti/e** *adj.* 1A
   so many **tanti/e** *adj.* 5A
map **cartina** *f.* 1B; **mappa** *f.* 9A
marble **marmo** *m.* 8B
March **marzo** *m.* 2B
   It's March1st (2nd... 31st). **È**
   il primo (due... trentuno)
   marzo. 2B
marital status **stato** *m.* **civile** 3A
market **mercato** *m.* 5A
marriage **matrimonio** *m.* 3A
married **sposato/a** *adj.* 3A
marry **sposare** *v.* 6A
   to get married **sposarsi** *v.* 6A
masterpiece **capolavoro** *m.* 10B
match **partita** *f.* 2A
mathematics **matematica** *f.* 1A
May **maggio** *m.* 2B

maybe **forse** *adv.* 3A
mayor **sindaco/a** *m., f.* 9A
me **mi** *d.o. pron., sing.* 5A; **me** *disj.*
   pron., sing. 4A; **mi** *i.o. pron., sing.* 5B
   Me, too. **Anch'io.** 1A
meadow **prato** *m.* 12A
meal **pasto** *m.* 5B
mean **significare** *v.* 3A
   What does . . . mean? **Cosa**
   vuol dire...? 4A
means of transportation **mezzo** *m.*
   di trasporto 8A
measles **morbillo** *m.* 6B
meat **carne** *f.* 5A
mechanic **meccanico** *m.,* 8A
media **media** *m., pl.* 10B
medicine **medicina** *f.* 1B
meet **conoscere** *v.* 4B
   to meet with **incontrare** *v.* 2A
   to meet each other (for the first
   time) **incontrarsi** *v.* 6A
   to meet each other **conoscersi**
   v. 6A
meeting **riunione** *f.* 11A
melon **melone** *m.* 5A
menu **menù** *m.* 5B
mess: What a mess! **Che casino!** *7B*
message **messaggio** *m.* 11B
Mexican **messicano/a** *adj.* 1B
microphone **microfono** *m.* 4A
microwave (oven) **(forno a)**
   microonde *m.* 7B
Middle Ages **Medioevo** *m.* 8B
midnight **mezzanotte** *f.* 1B
migraine **emicrania** *f.* 6B
mile **miglio (*pl.* miglia *f.*)** *m.* 10A
milk **latte** *m.* 5B
minus **meno** *adv.* 1B
minute **minuto** *m.* 7B
   in a minute **fra un**
   attimo 5A
mirror **specchio** *m.* 6A
miss **mancare** *v.* 5B
Miss . . . **signorina...** *f.* 1A
mist **foschia** *f.*
mistake: to make a mistake
   sbagliarsi *v.* 6A
modern **contemporaneo/a** *adj.* 10B
modest **modesto/a** *adj.* 3B
mom **mamma** *f.* 3A
moment **attimo** *m.* 5A
Monday **lunedì** *m.* 1B
money **denaro** *m.* 9B; **soldi** *m.,*
   pl. 9B
month **mese** *m.* 2B
moon **luna** *f.* 12A
more **più** *adj., adv.* 1A
   no more **non... più** *adv.* 5B
morning **mattina** *f.* 1B
   Good morning. **Buongiorno.** 1A
   this morning **stamattina** *adv.* 6B
Moroccan **marocchino/a** *adj.*

moss **muschio** *m.* 12A
most **più** *adj., adv.* 1A
mother **madre** *f.* 3A
mother-in-law **suocera** *f.* 3A
motor **motore** *m.* 8A
mountain **montagna** *f.* 12A
mouse (*computer*) **mouse** *m.* 4A
mouse: little mouse **topolino** *m.* 10B
mouth **bocca** *f.* 6A
move **trasferirsi** *v.* 7A; **traslocare** *v.* 7A
movie **film** *m.* 10B
moving **commovente** *adj.* 10B
Mr. . . . **signor(e)...** *m.* 1A
Mrs. . . . **signora...** *f.* 1A
much **molto/a/i/e** *indef. adj., pron.* 5A
   how much **quanto** *adj., pron., adv.* 3B
   How much is . . . ? **Quanto costa...?** 5A
   not much **poco** *adv.* 5B
   so much **tanto/a** *adj.* 5A; **tanto** *adv.* 5B
   too much **troppo/a** *adj.* 5A; **troppo** *adv.* 5B
mug **tazza** *f.* 5B
muscular **muscoloso/a** *adj.* 3B
mushroom **fungo** *m.* 5A
music **musica** *f.* 2A
musician **musicista** *m., f.* 3B
must **dovere** *v.* 4A
my **mio/a, miei, mie** *poss. adj., m., f.* 3A
myself **me** *disj. pron., sing.* 4A

N

naïve **ingenuo/a** *adj.* 3B
name: My name is . . . **Mi chiamo...** 1A
   last name **cognome** *m.* 3A
nanny **balia** *f.* 7B
napkin **tovagliolo** *m.* 5B
natural **naturale** *adj.* 5B
naughty **cattivo/a** *adj.* 1B
   a little bit naughty **cattivello/a** *adj.* 10B
nausea **nausea** *f.* 6B
near **vicino/a** *adj.* 9A
nearby **qui vicino** *prep.* 9A
necessary **necessario/a** *adj.* 11A
neck **collo** *m.* 6A
necklace **collana** *f.* 4B
need **avere bisogno di** *v.* 2B
neighborhood **quartiere** *m.* 9A
neither . . . nor **non... né... né** *conj.* 9B
Neoclassical **neoclassico/a** *adj.* 10B
nephew **nipote** *m.* 3A
nervous **nervoso/a** *adj.* 1B
network **rete** *f.* 4A

never **non... mai** *adv.* 2B
new **nuovo/a** *adj.* 1A
   What's new? **Che c'è di nuovo?** 1A
New Year's Day **capodanno** *m.* 8B
newspaper **giornale** *m.* 8B
   trashy newspaper **giornalaccio** *m.* 10B
newsstand **edicola** *f.* 9B; **chiosco** *m.* 9A
next **prossimo/a** *adj.* 7A
   next to **accanto (a)** *prep.* 7A
   Until next time! **Alla prossima!** 1A
nice **simpatico/a** *adj.* 1B
   Have a nice day **Buona giornata!** 1A
   It's nice out. **È bello.** 2B
niece **nipote** *f.* 3A
Nigerian **nigeriano/a** *adj.* 1B
night **notte** *f.* 1A
   Good night. **Buonanotte.** 1A
night table **comodino** *m.* 7A
nightclub **locale** *m.* **notturno** 9A
nine **nove** *m., adj.* 1A
nine hundred **novecento** *m., adj.* 2B
nineteen **diciannove** *m., adj.* 1A
ninety **novanta** *m., adj.* 1A
ninth **nono/a** *adj.* 10B
no **nessuno/a** *adj.* 9B; **no** *adv.* 1B
   no more, no longer **non... più** *adv.* 5B
   No way! **Ma quando mai!** 9A
nobody **(non...) nessuno** *pron.* 9B
noon **mezzogiorno** *m.*
nor: neither . . . nor **non... né... né** *conj.* 9B
north **nord** *m.* 9A
nose **naso** *m.* 6A
   little nose **nasino** *m.* 10B
   stuffy nose **naso** *m.* **chiuso** 6B
not **nessuno/a** *adj.* 9B; **non** *adv.* 1B
   not at all **non... affatto** *adv.* 9B
   Not bad. **Non c'è male.** 1A
   not even **non... neanche/ nemmeno/neppure** *adv.* 9B
   not far from **a due passi da** 9A
   not yet **non... ancora** *adv.* 4B
notebook **quaderno** *m.* 1A
notes **appunti** *m., pl.* 1B
nothing **niente** *pron.* 9B; **nulla** *pron.* 9B
   Nothing new. **Niente di nuovo.** 1A
novel **romanzo** *m.* 10B
November **novembre** *m.* 2B
now **adesso** *adv.* 5B; **ora** *adv.* 5B
nuclear energy **energia** *f.* **nucleare** 12A
nuclear power plant **centrale** *f.* **nucleare** 12A

number **numero** *m.* 11B
nurse **infermiere/a** *m., f.* 6B

O

oak **quercia** *f.* 12A
obtain **ottenere** *v.* 11B
occupation **occupazione** *f.* 11B
ocean **oceano** *m.* 12A
October **ottobre** *m.* 2B
of **di (d')** *prep.* 3A
off: off and on **di tanto in tanto** 4A
offer **offrire** *v.* 3A; **offrirsi** *v.* 10A
offered **offerto/a (offrire)** *p.p., adj.* 4B
office **ufficio** *m.* 1A; **studio** *m.* 7A
often **spesso** *adv.* 2B
oil **olio** *m.* 5A
   in oil **sottolio** *adj., invar.* 5A
old **vecchio/a** *adj.* 3B
   to be . . . years old **avere... anni** *v.* 2B
old-fashioned **superato/a** *adj.* 4B
olive: olive oil **olio d'oliva** *m.* 5A
on **su** *prep.* 3A
one **un(o)** *m., adj.* 1A; **si** *pron.* 9A
   those who, the one(s) who **chi** *rel. pron.* 9A
one hundred **cento** *m., adj.* 1A
one hundred grams **etto** *m.* 5A
one hundred thousand **centomila** *m., adj.* 2B
one million **milione** *m., adj.* 2B
one thousand **mille** *m., adj.* 2B
one way **senso** *m.* **unico** 8A
oneself **si** *ref. pron. m., f., sing., pl.* 6A
one-thousandth **millesimo/a** *adj.* 10B
onion **cipolla** *f.* 5A
online **su Internet** 3A
   to be online **essere online** *v.* 4A
only **soltanto** *adv.* 2A
   only child **figlio/a** *m., f.* **unico/a** 3A
on-time **puntuale** *adj.* 8B
open **aperto/a** *adj.* 4B; **aprire** *v.* 3A
opened **aperto** *p.p.* 4B
opening: job openings **offerte** *f., pl.* **di lavoro** 11B
opera **opera** *f.* **(lirica)** 10A
optimistic **ottimista** *adj.* 3B
or **o** *conj.* 12A; **oppure** *conj.* 12A
orange **arancione** *adj.* 4B; **arancia** *f.* 5A
   orange juice **succo** *m.* **d'arancia** 5B
orchestra **orchestra** *f.* 10A
order **ordinare** *v.* 5B
organic farming **agricoltura** *f.* **biologica** 12A
other **altro/a/i/e** *indef. adj.* 9B
others **altri/e** *indef. pron.* 9B

our **nostro/a/i/e** *poss. adj., m., f.* 3A
ourselves **noi** *disj. pron., m., f., pl.* 4A
outfit: matching outfit **completo** *m.* 4B
outing **escursione** *f.* 12A
outside **fuori** *prep.* 7A
oven **forno** *m.* 7B
over **sopra** *prep.* 7A
  to overdo things **strafare** *v.* 8A
overcast **coperto/a** *adj.* 2B
overcoat **cappotto** *m.* 4B
overcome **superare** *v.* 12B
overpopulation **sovrappopolazione** *f.* 12A
owe **dovere** *v.* 4A
own **possedere** *v.* 10B
owner **proprietario/a** *m., f.* 3B

P

pack: to pack a suitcase **fare la valigia** *v.* 8B
package **pacco** *m.* 9B
paid: to be well/poorly paid **essere ben/mal pagato/a** *v.* 11A
pain **male** *m.* 6A; **dolore** *m.* 6B
paint **pittura** *f.* 10B; **dipingere** *v.* 2B
painter **imbianchino** *m.* 7B; **pittore/pittrice** *m., f.* 10B
painting **pittura** *f.* 10B; **quadro** *m.* 7A
pair **paio** (*pl.* **paia** *f.*) *m.* 10A
pajamas **pigiama** *m.* 6A
palace **palazzo** *m.* 7A
panorama **panorama** *m.* 10A
pantry **dispensa** *f.* 7A
pants **pantaloni** *m., pl.* 4B
paper **carta** *f.* 2A
paper clip **graffetta** *f.* 11B
paragliding **parapendio** *m.* 2A
parents **genitori** *m., pl.* 3A
  my parents **i miei** *m., pl.* 3A
  your parents **i tuoi** *m., pl.* 3A
park **parcheggiare** *v.* 8A
part **parte** *f.* 7A; **riga** *f.* 6A
partial **parziale** *adj.* 11A
partner **socio/a** *m.,f.* 8B
  business partner **socio/a** *m., f.* **d'affari** 8B
  partner (romantic) **compagno/a** *m., f.* 3A
part-time **a tempo parziale** *adj.* 11A
party **festa** *f.* 8B
pass **passo** *m.* 2A; **abbonamento** *m.* 8A
  to pass (*exam*) **superare** *v.* 1B
  to pass by **passare** *v.* 12A
passenger **passeggero** *m.* 8B
passport control **controllo** *m.* **passaporti** 8B
password **password** *f.* 4A

pasta **pasta (asciutta)** *f.* 5A
pastry shop **pasticceria** *f.* 5A
path **sentiero** *m.* 12A
patience **pazienza** *f.* 7B
  Be patient. **Abbia pazienza.** 7B
patient **paziente** *adj.* 3B; **paziente** *m., f.* 6B
pay **pagare** *v.* 2A
  to pay attention **fare attenzione** *v.* 2A
  to pay by check **pagare con assegno** *v.* 9B
  to pay in cash **pagare in contanti** *v.* 9B
  to pay the bills **pagare le bollette** *v.* 9B
  to pay with a credit/debit card **pagare con carta di credito/(il) bancomat** *v.* 9B
paycheck: monthly paycheck **mensilità** *f.* 11A
payment **rata** *f.* 9B
pea **pisello** *m.* 5A
peach **pesca** *f.* 5A
pear **pera** *f.* 5A
pedestrian **pedone** *m.* 9A
pen **penna** *f.* 1B
pencil **matita** *f.* 1B
pension **pensione** *f.* 11A
people **gente** *f.* 1B
pepper (*spice*) **pepe** *m.* 5B
  (red, green) pepper **peperone (rosso, verde)** *m.* 5A
percent **percento** *m.* 2B
perform **interpretare** *v.* 10A
performance **esibizione** *f.* 10A
perfume shop **profumeria** *f.* 9B
permit **permettere** *v.* 10A
person **persona** *f.* 1A
personal descriptions **descrizioni** *f., pl.* **personali** 3B
personnel manager **direttore/direttrice** *m., f.* **del personale** 11B
pessimistic **pessimista** *adj.* 3B
pet **animale** *m.* **domestico** 3A
pharmacist **farmacista** *m., f.* 6B
pharmacy **farmacia** *f.* 6A
phone booth **cabina** *f.* **telefonica**
phone number **numero** *m.* **di telefono** 11B
photo shop **fotografo** *m.* 9B
photo(graph) **foto(grafia)** *f.* 1A
photocopy **fotocopiare** *v.* 11B
photographer **fotografo/a** *m., f.* 9B
pianist **pianista** *m., f.* 10A
piano **piano** *m.* 2A
pickled **sottaceto** *adj., invar.* 5A
picnic: to have a picnic **fare un picnic** *v.* 12A
pie **crostata** *f.* 5A
pigsty: It's a pigsty! **È un porcile!** 7B

pill **pillola** *f.* 6B
pillow **cuscino** *m.* 7B
pimple **foruncolo** *m.* 6B
pinch **pizzico** *m.* 5B
pine forest **pineta** *f.* 12A
pineapple **ananas** *m.* 5A
pink **rosa** *adj., invar.* 4B
pipe **tubo** *m.* 12B
  exhaust pipe **tubo di scappamento** *m.* 12B
pity **peccato (che)** 11A
pizza shop **pizzeria** *f.* 5B
place **luogo** *m.* 1B
plaid **(a) quadri** *adj.* 4B
plan **programma** *m.* 10A
  to make plans **fare progetti** *v.* 11B
planet **pianeta** *m.* 12A
planner **agenda** *f.*
plant **pianta** *f.* 12A
plate **piatto** *m.* 5B
plus **più** *m.* 2B
play **dramma** *m.* 10A; **giocare, praticare** *v.* 2A
  to play (*instrument*) **suonare** *v.* 2A
  to play a role **recitare un ruolo** *v.* 10A
  to put on a play **mettere in scena** *v.* 10A
player **giocatore/giocatrice** *m., f.* 2A
playful **scherzoso/a** *adj.* 3B
playwright **drammaturgo/a** *m., f.* 10A
please **per favore** *adv.* 1A
pleasure **piacere** *m.* 1A
  A real pleasure. Very pleased to meet you. **Molto piacere.** 1A
  My pleasure. **Piacere mio.** 1A
  Pleased to meet you. **Piacere di conoscerLa/ti.** (*form./fam.*) 1A
plot **trama** *f.* 10B
plumber **idraulico** *m.* 7B
poem **poesia** *f.* 10B; **poema** *m.* 10A
poet **poeta/poetessa** *m., f.* 10B
poetry **poesia** *f.* 10B
police headquarters **questura** *f.* 9B
police officer **poliziotto/a** *m., f.* 9A
polite expressions **forme** *f., pl.* **di cortesia** 1A
pollution **inquinamento** *m.* 12A
ponytail **coda** *f.* 6A
pool **piscina** *f.* 9A
poor **povero/a** *adj.* 3B
  poor man **poveraccio** *m.* 10B
pork **carne** *f.* **di maiale** 5A
portable **portatile** *adj.* 4A
portrait **ritratto** *m.* 10B
position **posizione** *f.* 7A
possess **possedere** *v.* 10B
possible **possibile** *adj.* 11A

it's possible **può darsi** 11B
postcard **cartolina** *f.* 9B
post office **ufficio** *m.* **postale** 9B
poster **poster** *m.* 7A
potato **patata** *f.* 5A
pratice **praticare** *v.* 2A
prefer **preferire** *v.* 3A
preferable **preferibile** *adj.* 11B
pregnant: to be pregnant **essere incinta** *v.* 6B
prepare **preparare** *v.* 5B
prescription **ricetta** *f.* 6B
present **presentare** *v.* 1A
preserve **conservare** *v.* 12A; **preservare** *v.* 12A
pretend **fingere** *v.* 10A
pretty **bellino/a** *adj.* 10B
Pretty well. **Abbastanza bene.** 1A
print **stampare** *v.* 4A
printer **stampante** *f.* 4A
priority mail **posta** *f.* **prioritaria** 9B
prize **premio** *m.* 2A
problem **problema** *m.* 10A
profession **professione** *f.* 3B; **mestiere** *m.* 11B
professor **prof** *m., f.* 1B; **professore(ssa)** *m., f.* 1A
profile *m.* **profilo** 4A
program **programma** *m.* 4A
programmer **programmatore** *m.* **programmatrice** *f.* 11A
promise **promettere** *v.* 10A
promotion **promozione** *f.* 11A
propose (a solution) **proporre (una soluzione)** *v.* 12A
protect **proteggere** *v.* 12B
provide: to provide for oneself **mantenersi** *v.* 11B
provided that **a condizione che, a patto che** *conj.* 12A; **purché** *conj.* 12A
psychological drama **dramma** *m* **psicologico** 10B
psychologist **psicologo/a** *m., f.* 11A
pub **birreria** *f.* 5B
public **pubblico** *m.* 10A
public transportation **trasporto** *m.* **pubblico** 8A
to take public transportation **prendere i mezzi pubblici** *v.* 8A
publish **pubblicare** *v.* 10B
publishing industry **editoria** *f.* 10B
pulled back hair **capelli** *m., pl.* **raccolti** 6A
pupil **alunno/a** *m., f.* 1B
purify **depurare** *v.* 12A
purple **viola** *adj., invar.* 4B
purse **borsa** *f.* 4B
small purse **borsetta** *f.* 10B
put **messo/a (mettere)** *p.p., adj.* 4B; **mettere** *v.* 2B

to put on **mettersi** *v.* 6A
to put on a play **mettere in scena** *v.* 10A
to put together **sistemare** *v.* 11B

Q

qualification **qualifica** *f.* 11B
quandary **dilemma** *m.* 10A
quarter hour **quarto** *m.* 1B
question **domanda** *f.* 1A
to ask a question **fare una domanda** *v.* 2A
quickly **velocemente** *adv.* 5B; **presto** *adv.* 5B
quiet **zitto/a** *adj.* 2A
to be/stay quiet **stare zitto/a** *v.* 2A
quit **smettere** *v.* 10A

R

rabbit **coniglio** *m.* 3A, 12A
race **corsa** *f.* 3A
rafting **rafting** *m.* 2A
rain **pioggia** *f.* 2B; **piovere** *v.* 2B
acid rain **pioggia** *f.* **acida** 12B
raincoat **impermeabile** *m.* 2B
rainy **piovoso/a** *adj.* 2B
raise **aumento** *m.* 11A
rarely **raramente** *adv.* 5B
rash **eruzione** *f.* **cutanea** 6B
raspberry **lampone** *m.* 5A
razor **rasoio** *m.* 6A
read **letto/a** *p.p., adj.* 4B; **leggere** *v.* 2A
to read a map **leggere la mappa** *v.* 8B
reading **lettura** *f.* 1B
ready **pronto/a** *adj.*
to get oneself ready **prepararsi** *v.* 6A, 10A
real estate agency **agenzia** *f.* **immobiliare** 7A
real estate agent **agente immobiliare** *m., f.* 11A
realize **rendersi conto (di)** *v.* 6A, **accorgersi** *v.* 12B
really **davvero** *adv., adj.* 5B
reason **ragione** *f.* 2B
receive **ricevere** *v.* 2B
receiver **cornetta** *f.* 11B
recite **recitare** *v.* 10A
recognize **riconoscere** *v.* 4B; **rivedere** *v.* 4B
recommend **consigliare** *v.* 5B
recommendation **raccomandazione** *f.* 11B
record **registrare** *v.* 4A
recorder **registratore** *m.* 4A
recycle **riciclare** *v.* 12A
recycling **riciclo** *m.* 12B

red **rosso/a** *adj.* 3B
reduce: reduced ticket **biglietto** *m.* **ridotto** 10A
referee **arbitro** *m.* 2A
references **referenze** *f., pl.* 11B
refund **rimborso** *m.* 8A
registered letter **raccomandata** *f.* 9B
relatives **parenti** *m., pl.* 3A
relaxation **svago** *m.* 7A
remain **rimanere** *v.* 5A; **restare** *v.* 5A
remained **rimasto/a** *p.p.* 5A
remaining **rimasto/a** *adj.* 5A
remember **ricordare** *v.* 2A; **ricordarsi** *v.* 10A
remote control **telecomando** *m.* 4A
Renaissance **rinascimentale** *adj.* 10B
renewable energy **energia** *f.* **rinnovabile** 12A
rent **affitto** *m.* 7A
for rent **affittasi** 7A
to rent (*car*) **noleggiare** *v.* 8A
to rent (*owner*) **affittare** *v.* 7A
to rent (*tenant*) **prendere in affitto** *v.* 7A
repair **riparare** *v.* 8A
repairman: telephone/TV/computer repairman/woman **tecnico** *m., f.* **del telefono/televisore/computer** 7B
repeat **ripetere** *v.* 2B
reply (to) **rispondere (a)** *v.* 2B
reservation **prenotazione** *f.* 8A
to make a reservation **prenotare** *v.* 8B
reside **abitare** *v.* 2A
resign **dare le dimissioni** *v.* 11A
resort **villaggio** *m.* **turistico** 8B
mountain resort **località** *f.* **montana** 8B
ocean resort **località** *f.* **balneare** 8B
respect **rispettare** *v.* 5B
responsible **responsabile** *adj.* 3B
rest **riposarsi** *v.* 6A
restaurant **ristorante** *m.* 5B
small restaurant **osteria** *f.* 5B
small restaurant **trattoria** *f.* 5B
restrain oneself **trattenersi** *v.* 6B
résumé **C.V.** *m.* 11B; **curriculum vitae** *m.* 11B
retiree **pensionato/a** *m., f.* 11A
return **ritornare** *v.* 2A; **tornare** *v.* 2A
review **recensione** *f.* 10B
rice **riso** *m.* 5A
rich **ricco/a** *adj.* 3B; **pesante** *adj.* 5B
rid: to get rid of **sbarazzarsi di** *v.* 12A
ride: to ride a bicycle **andare in**

bicicletta *v.* 2A
to give (someone) a ride **dare un passaggio** *v.* 9A
right **giusto/a** *adj.* 11A; **destra** *f.* 7A
I'll be right there. **Arrivo subito.** 1A
right away **subito** *adv.* 5B
to be right **avere ragione** *v.* 2B
ring (*telephone*) **squillare** *v.* 4A
rise (*sun*) **sorgere** *v.* 12A
river **fiume** *m.* 12A
roasted **arrosto** *adj., invar.* 5A
rock **pietra** *f.* 12A
role **ruolo** *m.* 10A
Romanesque **romanico/a** *adj.* 10B
Romantic **romantico/a** *adj.* 10B
room **camera** *f.* 7A; **stanza** *f.* 7A; **sala** *f.* 1A
single/double room **camera** *f.* **singola/doppia** 7A
roof **tetto** *m.* 7A
room service **servizio** *m.* **in camera** 8B
roommate **coinquilino/a** *m., f.* 9A
root **radice** *f.* 12A
to root for a team **tifare** *v.* 2A
rotary **rotonda** *f.* 9A
round trip **andata e ritorno** *adj.* 8B
row **remare** *v.* 12A
run **condurre** *v.* 12A; **correre** *v.* 2A; **corsa** *f.* 3B; **corso/a** *p.p., adj.* 4B
to go for a run **fare una corsa** *v.* 2A
running shoe **scarpa** *f.* **da ginnastica** 4B

S

sad **triste** *adj.* 1B
said **detto** *p.p., adj.* 4B
salad **insalata** *f.* 5B
salary **mensilità** *f.* 11A; **salario** *m.*; **stipendio (alto/basso)** *m.* 11B
(high/low) salary **salario elevato/basso** *m.*
sale: for sale **vendesi** 7A
sales **saldi** *m., pl.* 4B
salesperson **commesso/a** *m., f.* 4B
salt **sale** *m.* 5B
salty **salato/a** *adj.* 5B
sandwich shop **paninoteca** *f.* 5B
Saturday **sabato** *m.* 1B
save **risparmiare** *v.* 7B; **salvare** *v.* 4A
to save the planet **salvare il pianeta** *v.* 12A
savings account **conto di** *m.* **risparmio** 9B
saxophone **sassofono** *m.* 10A

say **dire** *v.* 4A
scarf **sciarpa** *f.* 4B
scene **scena** *f.* 10A
scheme **schema** *m.* 10A
school **scuola** *f.* 3A
school project **esercitazione** *f.* **a scuola** 10B
science **scienze** *f., pl.* 1B
scientist **scienziato/a** *m., f.* 11A
sci-fi film **film** *m.* **di fantascienza** 10B
scooter **motorino** *m.* 8A
screen **schermo** *m.* 4A
screening **proiezione** *f.* 10A
sculpt **scolpire** *v.* 10B
sculptor **scultore/scultrice** *m., f.* 10B
sculpture **scultura** *f.* 10B
sea **mare** *m.* 8B
seafood **frutti** *m., pl.* **di mare** 5A
seafood shop **pescheria** *f.* 5A
seagull **gabbiano** *m.* 12A
sea-sickness **mal** *m.* **di mare** 6B
season **stagione** *f.* 2B
seat **poltrona** *f.* 10A
block of seats **settore** *m.* 10A
seatbelt **cintura** *f.* **di sicurezza** 8A
second **secondo/a** *adj.* 10B
second class **seconda classe** *f.* 8A
secretary **segretario/a** *m., f.* 11A
sector **settore** *m.* 11B
see **vedere** *v.* 2B
Let me see. **Fammi vedere.** 2B
See you later. **A dopo.** 1A; **A più tardi.** 1A
See you soon! **Ci vediamo!** 1A
See you soon. **A presto.** 1A
See you tomorrow. **A domani.** 1A
to see each other **vedersi** *v.* 6A
seem **parere** *v.* 11A; **sembrare** *v.* 5B
seen **visto/a** *p.p., adj.* 4B
selfish **egoista** *adj.* 3B
sell **vendere** *v.* 2B
send **mandare** *v.* 2A; **spedire** *v.* 3A; **inviare** *v.* 9B
send a text **mandare un messaggio** *v.* 4A
sensitive **sensibile** *adj.* 3B
separated **separato/a** *adj.* 3A
September **settembre** *m.* 2B
serious **grave** *adj.* 6B; **serio/a** *adj.* 1B
serve **servire** *v.* 3A
service **servizio** *m.* 5B
service station **stazione** *f.* **di servizio** 8A
set (*sun*) **tramontare** *v.* 12A
set: to set the table **apparecchiare la tavola** *v.* 7B
settlement **liquidazione** *f.* 11A

seven **sette** *m., adj.* 1A
seven hundred **settecento** *m., adj.* 2B
seventeen **diciassette** *m., adj.* 1A
seventh **settimo/a** *adj.* 10B
seventy **settanta** *m., adj.* 1A
shampoo **shampoo** *m., invar.* 6A
shape: to be in/out of shape **essere in/fuori forma** *v.* 6B
sharp **in gamba** *adj.* 3B
shave **radersi** *v.* 6A
to shave (*beard*) **farsi la barba** *v.* 6A
shaving cream **schiuma** *f.* **da barba** 6A
she **lei** *sub. pron.* 1B
sheep **pecora** *f.* 12A
sheet **lenzuolo (*pl.* lenzuola *f.*)** *m.* 7B
sheet of paper **foglio** *m.* **di carta** 1B
ship **nave** *f.* 8A
shoe **scarpa** *f.* 4B
Shoo! **Sciò!** 5B
shoot **girare** *v.* 10B
shop **fare spese** *v.* 2A
shopping center **centro** *m.* **commerciale** 9A
shopping: to go shopping **fare spese** *v.* 4B
short (*height*) **basso/a** *adj.* 3B
short (*length*) **corto/a** *adj.* 3B
short film **cortometraggio** *m.* 10B; **filmino** *m.* 10B
short story **racconto** *m.* 10B
shorts **pantaloncini** *m., pl.* 4B
shot: to give a shot **fare una puntura** *v.* 6B
shoulder **spalla** *f.* 6A
show **mostra** *f.* 10B; **spettacolo** *m.* 10A; **mostrare** *v.* 5B
shower **doccia** *f.* 2A
shrewd **furbo/a** *adj.* 3B
shrimp **gamberetto** *m.* 5A
shy **timido/a** *adj.* 1B
side dish **contorno** *m.* 5B
sidewalk **marciapiede** *m.* 9A
sight: to know by sight **conoscere di vista** *v.* 4B
sign **firmare** *v.* 9B
Sign here. **Firmi qui.** 7B
silk **seta** *f.* 4B
since **da** *prep.* 1B
sincere **sincero/a** *adj.* 1B
sing **cantare** *v.* 2A
singer **cantante** *m., f.* 10A
opera singer **cantante lirico/a** *m., f.* 10A
single **single** *adj.* 3A
(*female*) **nubile** *adj., f.*; (*male*) **celibe** *adj., m.*
sink **lavello** *m.* 7B

sister **sorella** *f.* 3A
  little/younger sister **sorellina** *f.* 3A
sister-in-law **cognata** *f.* 3A
sit down **sedersi** *v.* 6A
six **sei** *m., adj.* 1A
six hundred **seicento** *m., adj.* 2B
sixteen **sedici** *m., adj.* 1A
sixteenth **sedicesimo/a** *adj.* 10B
sixth **sesto/a** *adj.* 10B
sixty **sessanta** *m., adj.* 1A
size (*clothing*) **taglia** *f.* 4B
ski **sciare** *v.* 2A
skiing **sci** *m.* 2A
skill **capacità** *f.* 11B
skilled **bravo/a** *adj.* 1B
skin **pelle** *f.* 6A
skip: to skip class **saltare la lezione** *v.* 1B
skirt **gonna** *f.* 4B
sky **cielo** *m.* 12A
sky blue **azzurro/a** *adj.* 3B
sleep **dormire** *v.* 3A
  to be sleepy **avere sonno** *v.* 2B
  to fall asleep **addormentarsi** *v.* 6A
sleeve **manica** *f.* 4B
slice **fetta** *f.* 5A
slight **leggero/a** *adj.* 6B
slippers **pantofole** *f., pl.* 6A
slob **cafone/a** *m., f.* 7B
  What a slob! **Com'è conciato/a!** 4B
slow **lento/a** *adj.* 3B
slowly **lentamente** *adv.* 5B
sly **furbo/a** *adj.* 3B
small **piccolo/a** *m.* 4A
  very small **piccolino/a** *adj.* 10B
smaller **minore** *adj.* 8A
smallest **minimo/a** *adj.* 8A
smart **in gamba** *adj.* 3B
smartphone **smartphone** *m.* 4A
smog **smog** *m.* 12A
smoked **affumicato/a** *adj.* 5A
snack **spuntino** *m.* 5B
  afternoon snack **merenda** *f.* 5B
snack bar **tavola** *f.* **calda** 5B
snake **serpente** *m.* 12A
sneeze **starnutire** *v.* 6B
snow **neve** *f.* 2B; **nevicare** *v.* 2B
so **allora** *adv., adj.* 1A; **perciò** *conj.* 9A; **tanto** *adv.* 5B
  so much, so many **tanto/a** *adj.* 5A; **tanto** *adv.* 5B
  so that **affinché** *conj.* 12A; **in modo che** *conj.* 12A; **perché** *conj.* 12A
soap **sapone** *m.* 6A
soccer **calcio** *m.* 2A; **pallone** *m.* 2A
soccer player **calciatore/calciatrice** *m., f.* 2A

sociable **socievole** *adj.* 3B
sock **calzino** *m.* 4B
soil **sporcare** *v.* 7B
solar energy **energia** *f.* **solare** 12A
solar panel **pannello** *m.* **solare** 12A
solid-color **(a) tinta unita** *adj.* 4B
solo **assolo** *m.* 10A
solution **soluzione** *f.* 12A
some **qualche** *adj.* 5A; **alcuni/e** *indef. adj., pron.* 5A; **dei** *part. art., m., pl.* 5A; **delle** *part. art., f., pl.* 5A; **della** *part. art., f., sing.* 5A; **dello** *part. art., m., sing.* 5A; **degli** *part. art., m., pl.* 5A; **del** *part. art., m., sing.* 5A; **dell'** *part. art., m., f., sing.* 5A; **ne** *pron.* 6A
something else **altro** *indef. pron.* 9B
sometimes **a volte** *adv.* 6A; **qualche volta** *adv.* 5B
son **figlio** *m.* 3A
song **canzone** *f.* 10A
son-in-law **genero** *m.* 3A
soon **presto** *adv.* 5B
  See you soon! **Ci vediamo!** 1A
  See you soon. **A presto.** 1A
sorry: to be sorry **dispiacere** *v.* 5B
So-so. **Così, così.** 1A
soup **zuppa** *f.* 5B
  thick soup **minestrone** *m.* 10B
south **sud** *m.* 9A
Spanish **spagnolo/a** *adj.* 1B
sparkling water **acqua** *f.* **frizzante** 5B
speak **parlare** *v.* 2A
  to speak to each other **parlarsi** *v.* 6A
speaker **altoparlante** *m.* 4A
specialist **specialista** *m., f.* 11B
specialization **specializzazione** *f.* 11B
spectator **spettatore/spettatrice** *m., f.* 10A
speed limit **limite** *m.* **di velocità** 8A
spend (*money*) **spendere** *v.* 2B
  to spend (*time*) **metterci** *v.* 7B; **passare** *v.* 12A
spent **speso/a** *p.p., adj.* 4B
spicy **piccante** *adj.* 5B
split up **lasciarsi** *v.* 6A
spoon **cucchiaio** *m.* 5B
sport **sport** *m.* 1A
spring **primavera** *f.* 2B
squirrel **scoiattolo** *m.* 12A
stadium **stadio** *m.* 2A
stain **macchiare** *v.* 6B
stained **macchiato/a** *adj.* 7B
stair **scala** *f.* 9A
  to climb/go down stairs **salire/scendere le scale** *v.* 9A
staircase **scala** *f.* 7A
stall **platea** *f.* 10A

stamp **francobollo** *m.* 9B
stand **tribuna** *f.* 10A
stand up **alzarsi** *v.* 6A
staple **graffetta** *f.* 11B
stapler **cucitrice** *f.* 11B
star **stella** *f.* 12A
start **cominciare** *v.* 4A
starter **antipasto** *m.* 5B
station **stazione** *f.* 1A
stationery store **cartoleria** *f.* 9B
statue **statua** *f.* 9A
stay **stare** *v.* 2A; **rimanere** *v.* 5A; **restare** *v.* 5A
steamed **al vapore** *adj.* 5A
steering wheel **volante** *m.* 8A
step **gradino** *m.* 9A; **passo** *m.* 2A
stepbrother **fratellastro** *m.*
stepdaughter **figliastra** *f.*
stepfather **patrigno** *m.*
stepmother **matrigna** *f.*
stepsister **sorellastra** *f.*
stepson **figliastro** *m.*
stereo system **stereo** *m.* 4A; **impianto** *m.* **stereo**
stewed **in umido** *adj.* 5A
still **ancora** *adv.* 4B
still water **acqua** *f.* **naturale** 5B
stomach **stomaco** *m.* 6A
stomachache **mal** *m.* **di pancia** 6B
stone **sasso** *m.* 12A
stop **fermare** *v.* 6A; **smettere** *v.* 10A
  bus/train stop **fermata** *f.* 8A
  stop on request **fermata** *f.* **a richiesta** 8A
  to stop oneself **fermarsi** *v.* 6A
store **negozio** *m.* 9A
  store specializing in focaccia **focacceria** *f.* 5B
  store specializing in homemade pasta **laboratorio** *m.* **di pasta fresca** 5B
  store specializing in wine **enoteca** *f.* 5B
storm **temporale** *m.* 2B
  It's stormy. **C'è il temporale.** 2B
stovetop **piano** *m.* **cottura** 7A; **fornelli** *m., pl.* 7B
straight **diritto** *prep.* 9A
  straight (*hair*) **liscio/a** *adj.* 3B
strange **strano/a** *adj.* 3B
strawberry **fragola** *f.* 5A
stream **ruscello** *m.* 12A
street **strada** *f.* 9A; **via** *f.* 9A
stripe **riga** *f.* 6A
striped **a righe** *adj.* 4B
strong **forte** *adj.* 3B
  to be strong in . . . **essere forte in...** *v.* 1B
stubborn **testardo/a** *adj.* 3B
student **alunno/a** *m., f.* 1B;

studente(ssa) *m., f.* 1A
studies studi *m., pl.*
studio apartment monolocale *m.* 7A
studious studioso/a *adj.* 1B, 3B
study studio *m.* 7A; studiare *v.* 2A
stuffy nose naso *m.* chiuso 6B
subject materia *f.* 1B
sublet subaffittare *v.* 7A
subscription abbonamento *m.* 10A
subway metro(politana) *f.* 8A
succeed riuscire *v.* 4A
success successo *m.* 11A
suggest suggerire *v.* 10A
suit (*man's*) vestito *m.* 4B; (*woman's*) tailleur *m.* 4B; completo *m.* 4B
suitcase valigia *f.* 1A
to pack a suitcase fare la valigia *v.* 8B
summer estate *f.* 2B
sun sole *m.* 12A
It's sunny. C'è il sole. 2B
Sunday domenica *f.* 1B
sunglasses occhiali *m., pl.* da sole 4B
sunny soleggiato/a *adj.* 2B
sunrise alba *f.* 12A
sunset tramonto *m.* 12A
supermarket supermercato *m.* 5A
supper cena *f.* 5B
supplement supplemento *m.* 8A
surf: to surf the Internet navigare in rete *v.*
surgeon chirurgo/a *m., f.* 6B
surrender arrendersi *v.* 2B
swallow rondine *f.* 12A
sweater maglione *m.* 4B
sweatshirt felpa *f.* 4B
Swedish svedese *adj.*
sweep spazzare *v.* 7B
street sweeper spazzino/a *m., f.;* operatore ecologico *m.* 9A
sweet dolce *adj.* 3B; caruccio/a *adj.* 10B; tenero/a *adj.* 12A
sweet and sour agrodolce *adj.* 5A
swim nuotare *v.* 2A
swimming nuoto *m.* 2A
Swiss svizzero/a *adj.*
symptom sintomo *m.* 6B
system sistema *m.* 10A

T

table tavola *f.* 3A; tavolo *m.* 1A
to clear the table sparecchiare la tavola *v.* 7B
tablecloth tovaglia *f.* 5B
tablet (*electronic*) tablet *m.* 4A; compressa *f.* 6B
take prendere *v.* 2B

Take care of yourself. Mi raccomando. 1B
to take (*class*) seguire *v.* 3A
to take (*time*) volerci *v.* 7B
to take a bath/shower fare il bagno/la doccia *v.* 2A
to take a field trip fare una gita *v.* 2A
to take a long weekend fare il ponte *v.* 8B
to take a picture fare una foto *v.* 2A
to take a short walk fare due passi *v.* 2A
to take a trip fare un viaggio *v.* 2A
to take a walk fare una passeggiata *v.* 2A
to take off decollare *v.* 8B
to take out the trash portare fuori la spazzatura *v.* 7B
to take public transportation prendere i mezzi pubblici *v.* 8A
taken preso/a *p.p., adj.* 4B
talented dotato/a *adj.* 10B
tall alto/a *adj.* 3B
tan abbronzarsi *v.* 8B
tank top canottiera *f.* 4B
taste assaggiare *v.* 5B; gusto *m.* 5B
tasty gustoso/a *adj.* 5B; saporito/a *adj.* 5B
taxes contributi *m., pl.* 11A
taxi tassì *m.;* taxi *m.* 8A
taxi driver tassista *m., f.* 11A
tea tè *m.* 5B
teach insegnare *v.* 2A
teacher professor(essa) *m., f.* 1B; docente *m., f.* 11A
team squadra *f.* 2A
tease prendere in giro *v.* 8B
teaspoon cucchiaino *m.* 5B
technician tecnico *m., f.* 3B, 11A
technology tecnologia *f.* 4A
telephone telefono *m.* 11B; telefonare (a) *v.* 2A
to answer the phone rispondere al telefono *v.* 11B
to phone each other telefonarsi *v.* 6A
television televisione *f.* 1A
television set televisore *m.* 4A
tell dire *v.* 4A
temp agency agenzia *f.* per il lavoro 11B
ten dieci *m., adj., invar.* 1A
tenacious tenace *adj.* 3B
tenant inquilino/a *m., f.* 7A
tender tenero/a *adj.* 12A
tennis tennis *m.* 2A
tenth decimo/a *adj.* 10B

term termine *m.* 4A
term paper tesina *f.* 5A
terminus capolinea *m.* 8A
terrace terrazza *f.* 7A
text message SMS *m.* 4A; messaggio *m.* 4A
send a text mandare un messaggio *v.* 4A
textbook testo *m.* 1B
Thank you. Grazie. 1A
Thanks a lot. Grazie mille. 1A
Thanks. (*answer to* In bocca al lupo.) Crepi. (lit. *May the wolf die.*) 1B
that quello/a *adj.* 3B; che *rel. pron.* 9A
that which, what ciò che *rel. pron.* 9A; quel che *rel. pron.* 9A
the le *def. art., f., pl.* 1A; la *def. art., f., sing.* 1A; l' *def. art., m., f., sing.* 1A; gli *def. art., m., pl.* 1A; i *def. art., m., pl.* 1A; il *def. art., m., sing.* 1A; lo *def. art., m., sing.* 1A
theater teatro *m.* 3A
theatrical teatrale *adj.* 10A
their loro *poss. adj., m., f.* 3A
them le *d.o. pron., f., pl.* 5A; li *d.o. pron., m., pl.* 5A; gli *i.o. pron. m., f., pl.* 5B; loro *i.o. pron., m., f., pl.* 5B; loro *disj. pron., m., f., pl.* 4A
some/any of it/them ne *pron.* 6A
theme tema *m.* 10A
themselves loro *disj. pron., m., f., pl.* 4A; sé *disj. pron., m., f., sing., pl.* 4A; si *ref. pron. m., f., sing., pl.* 6A
then poi *adv.* 5B; allora *adv.* 1A
theorem teorema *m.* 10A
there ci *adv.* 6A; là *adv.* 1A; lì *adv.* 1A
I'll be right there Arrivo subito. 1A
Is Mr./Mrs. . . . There? C'è il/la signor(a)...? 11B
there are ci sono 1A
there is c'è 1A
thermal energy energia *f.* termica 12A
thermometer termometro *m.* 6B
they loro *sub. pron.* 1B
thick tonto/a *adj.* 3B
thin magro/a *adj.* 3B
think (about/of doing) pensare (a/di) *v.* 2A
third terzo/a *adj.* 10B
thirst: to be thirsty avere sete *v.* 2B
thirteen tredici *m., adj.* 1A
thirty trenta *m., adj.* 1A
thirty-third trentatreesimo/a *adj.* 10B
this questo/a *adj., pron.* 3B
those quelli/e *rel. pron.* 9A
three tre *m., adj.* 1A
three hundred trecento *m., adj.* 2B

throat **gola** *f.* 6A
　sore throat **mal** *m.* **di gola** 6B
through **per** *prep.* 3A
throw **gettare** *v.* 12A
　to throw away **buttare via** *v.* 12A
thunder **tuono** *m.* 2B
Thursday **giovedì** *m.* 1B
ticket **biglietto** *m.* 8A
ticket collector **controllore** *m.* 8A
ticket office/window **biglietteria**
　f. 8A
tidal wave **onda** *f.* **di marea** 2B
tidy: to tidy up **mettere in**
　ordine *v.* 7B
tie **cravatta** *f.* 4B
tier **gradinata** *f.* 10A
tight-fitting **stretto/a** *adj.* 4B
time **volta** *f.* 6A
　free time **tempo** *m.* **libero** 2A
　What time? **A che ora?** 1B
　What time is it? **Che ora è?/Che**
　ore sono? 1B
times **per** *adv.* 2B
timetable **orario** *m.* 8A
timid **timido/a** *adj.* 1B
tip **mancia** *f.* 5B
tire **gomma** *f.* 8A
tired **stanco/a** *adj.* 3B
to **in** *prep.* 3A; **a** *prep.* 1B
toast **far tostare** *v.* 5A,
　brindisi *m.* 4A
toaster **tostapane** *m.* 7B
today **oggi** *adv.* 1B
toe **dito** *m.* **del piede**
　(**pl. dita f.**) 6A
together **insieme** *adv.* 2A
toilet **gabinetto** *m.*; **water** *m.* 7A
tomato **pomodoro** *m.* 5A
tomorrow **domani** *adv.* 1A
　See you tomorrow. **A domani.** 1A
　the day after tomorrow
　dopodomani *adv.* 7A
ton (of) **sacco (di)** *adj.* 5A
tonight **stasera** *adv.* 5A
too **anche** *conj.* 1A; **troppo** *adv.* 5B
　too much **troppo** *adj.* 5A;
　troppo *adv.* 5B
tooth **dente** *m.* 6A
　to brush one's teeth **lavarsi**
　i denti *v.* 6A
toothbrush **spazzolino (da**
　denti) *m.* 6A
toothpaste **dentifricio** *m.* 6A
tornado **tornado** *m.* 2B
torrential downpour **diluvio** *m.* 2B
touch **toccare** *v.* 3A
touching **commovente** *adj.* 10B
tough **duro/a** *adj.* 3B
tour **giro** *m.* 4B
　to be on tour **essere in tour**
　v. 10A
tourist: tourist class **classe** *f.*

　turistica 8B
　tourist information office
　ufficio *m.* **informazioni** 9B
toward **verso** *prep.* 9A
towel **asciugamano** *m.* 6A
town **paese** *m.* 9A
town hall **comune** *m.* 9B
toxic waste **rifiuti** *m., pl.* **tossici** 12A
track **binario** *m.* 8A
track and field **atletica** *m.* 2A
traffic **traffico** *m.* 8A
traffic circle **rotonda** *f.* 9A
traffic light **semaforo** *m.* 9A
traffic officer **vigile** *m., f.*
　urbano/a 8A
tragedy **tragedia** *f.* 10A
train **treno** *m.* 8A
training **formazione** *f.* 11B
　professional training **tirocinio**
　m. 11B
tranquil **tranquillo/a** *adj.* 1B
transportation **trasporto** *m.* 8A
　to take public transportation
　prendere i mezzi
　pubblici *v.* 8A
trash **immondizia** *f.* 12A
　to take out the trash **portare**
　fuori la spazzatura *v.* 7B
trauma **trauma** *m.* 10A
travel **viaggiare** *v.* 2A
travel agent **agente** *m., f.* **di**
　viaggio 8B
traveler **viaggiatore/**
　viaggiatrice *m., f.* 8B
tree **albero** *m.* 12A
trendy **trendy** *adj., invar.* 3B
　It's very trendy now! **Va**
　moltissimo ora! 4B
trim (one's hair) **spuntare**
　(**i capelli**) *v.* 6A
trip **viaggio** *m.* 2A
truck **camion** *m.* 8A
truck driver **camionista** *m., f.* 11A
truly **veramente** *adv.* 5B
trunk **baule** *m.*; **bagagliaio** *m.* 8A
trust **fiducia** *f.* 11A; **fidarsi** *v.* 11A
try **cercare** *v.* 10A; **provare** *v.* 10A
T-shirt **maglietta** *f.* 4B
　short-/long-sleeved T-shirt
　maglietta *f.* **a maniche corte/**
　lunghe 4B
Tuesday **martedì** *m.* 1B
tuft of hair **ciuffo** *m.* 6A
tuna **tonno** *m.* 5A
turn **volta** *f.* 6A; **giro** *m.* 4B;
　girare *v.* 9A
　My turn. **Tocca a me.** 3A
　to turn off **spegnere** *v.* 4A
　to turn on **accendere** *v.* 4A
　turned off **spento/a** *p.p., adj.* 4B
　turned on **acceso/a** *p.p., adj.* 4B
TV **TV** *f.* 2A

Twelfth Night **Epifania** *f.* 8B
twelve **dodici** *m., adj.* 1A
twentieth **ventesimo/a** *adj.* 10B
twenty **venti** *m., adj.* 1A
twenty-eight **ventotto** *m., adj.* 1A
twenty-five **venticinque** *m.,*
　adj. 1A
twenty-four **ventiquattro** *m.,*
　adj. 1A
twenty-nine **ventinove** *m., adj.,* 1A
twenty-one **ventun(o)** *m., adj.* 1A
twenty-seven **ventisette** *m.,*
　adj. 1A
twenty-six **ventisei** *m., adj.* 1A
twenty-three **ventitré** *m., adj.* 1A
twenty-two **ventidue** *m., adj.* 1A
twins **gemelli/e** *m., f., pl.* 3A
two **due** *m., adj.* 1A
two hundred **duecento** *m.,*
　adj., invar. 2B
two thousand **duemila** *m., adj.* 2B

U

ugly **brutto/a** *adj.* 3B
umbrella **ombrello** *m.* 2B
uncle **zio** *m.* 3A
under **sotto** *prep.* 4A
understand **capire** *v.* 3A
underwear **biancheria** *f.* **intima** 4B
undress **spogliarsi** *v.* 6A
unemployed **disoccupato/a**
　adj. 11A
　to be unemployed **essere**
　disoccupato/a *v.* 11A
union **sindacato** *m.* 11A
united **unito/a** *adj.* 4B
university **università** *f.* 1B
unless **a meno che…**
　non *conj.* 12A
unlikely **improbabile** *adj.* 11A
unpleasant **antipatico/a** *adj.* 1B
until **fino a** *prep.* 2B
　Until next time! **Alla**
　prossima! 1A
upper circle **loggione** *m.* 10A
us **ci** *d.o. pron., pl.* 5A; **noi** *disj. pron.,*
　m., f., pl. 4A; **ci** *i.o. pron., pl.* 5B
use **usare** *v.* 2A
usual **solito/a** *adj.* 5B
　as usual **al solito suo** 8A
　The usual. **La solita cosa.**
usually **di solito** *adv.* 5B

V

vacancy **posto** *m.* **disponibile** 8B
　no vacancies **al completo** *adj.* 8B
vacation **vacanza** *f.* 8B
　paid vacation **ferie** *f., pl.* 11A
　ski vacation **settimana** *f.*
　bianca 8B

to go on vacation **partire in vacanza** *v.* 8B

vacuum **passare l'aspirapolvere** *v.* 7B

vacuum cleaner **aspirapolvere** *m.* 7B

validate (*ticket*) **convalidare** *v.* 8A

valley **valle** *f.* 12A

vase **vaso** *m.* 7A

   flower vase **vaso da fiori** *m.* 7A

vegetable **verdura** *f.* 5A

Verismo: belonging to the *Verismo* movement **verista** *adj.* 10B

veterinarian **veterinario/a** *m., f.* 11A

very **molto** *adv.* 5B

   not very **poco** *adv.* 5B

video game **videogioco** *m.* 4A

villa **villa** *f.* 7A

violin **violino** *m.* 10A

violinist **violinista** *m., f.* 10A

visa **visto** *m.* 8B

visit **visitare** *v.* 10B

   to visit an art gallery **visitare una galleria d'arte** *v.* 10B

veal **carne** *f.* **di vitello** 5A

voicemail **segreteria** *f.* **telefonica** 4A

volcanic eruption **eruzione** *f.* **vulcanica** 2B

volleyball **pallavolo** *f.* 2A

W

wage **stipendio** *m.* 11A

waist **vita** *f.* 6A

wait (for) **aspettare** *v.* 2A; **attendere** *v.* 11B

   I can't wait. **Non vedo l'ora.** 5B

   to wait in line **fare la fila** *v.* 8B

waiter **cameriere/a** *m., f.* 3B

waiting **attesa** *f.* 11B

wake **svegliare** *v.* 6A

   to wake up **svegliarsi** *v.* 6A

walk **passeggiata** *f.* 2A; **camminare** *v.* 2A

walk-in closet **cabina armadio** *m.* 7A

wall **parete** *f.* 7A

want **volere** *v.* 4A; **desiderare** *v.* 2A

wash **lavare** *v.* 7B

   to wash oneself **lavarsi** *v.* 6A

   to wash the dishes **lavare i piatti** *v.* 7B

washing machine **lavatrice** *f.* 7B

waste **scoria** *f.* 12A; **sprecare** *v.* 12A

wastebasket **cestino** *m.* 1B

watch **orologio** *m.* 1B; **guardare** *v.* 2A

   to watch one's weight **controllare**

la **linea** *v.*

   to watch TV **guardare la TV** *v.* 2A

water **acqua** *f.* 5B

waterfall **cascata** *f.* 12A

wavy **mosso/a** *adj.* 3B

way **modo** *m.* 12A

   No way! **Ma quando mai!** 9A

   This way. **Da questa parte.** 1A

   to know the way **conoscere la strada** *v.* 4B

we **noi** *sub. pron.* 1B

weak **debole** *adj.* 3B

wear **portare; indossare** *v.* 4B

   to wear a suit **portare un vestito** *v.* 4B

weather **tempo** *m.* 2B

   The weather is dreadful. **Il tempo è pessimo.** 2B

   The weather is nice/bad. **Fa bel/brutto tempo.** 2B

Web site **sito** *m.* **Internet** 4A

wedding **matrimonio** *m.* 3A

Wednesday **mercoledì** *m.* 1B

week **settimana** *f.* 1B

weekend **fine** *m.* **settimana** 1A; **weekend** *m.* 7A

weight **peso** *m.* 9A

   to lose weight **perdere peso** *v.* 6B

   to gain weight **prendere peso** *v.* 6B

weird **strano/a** *adj.* 3B

Welcome! **Benvenuto!** *1A*

well **bene** *adj.* 1A; **beh** *inter.* 2A; **mah** *inter.* 3A

   I am (very) well. **Sto (molto) bene.** 1A

   I am not well. **Sto male.** 1A

   Pretty well. **Abbastanza bene.** 1A

west **ovest** *m.* 9A

what **quale** *adj., pron., adv.* 3B; **che** *interr. pron.* 3B; **che cosa** *interr. pron.* 3B; **cosa** *interr. pron.* 3B

   that which, what **ciò che** *rel. pron.* 9A; that which, what **quello/quel che** *rel. pron.* 9A

   What color? **Di che colore?** 4B

   What does . . . mean? **Cosa vuol dire…?** 4A

   What is it? **(Che) cos'è?** 1B

   What is the temperature? **Quanti gradi ci sono?** 2B

   What is the weather like? **Che tempo fa?** 2B

   What is your name? **Come si/ti chiama/i?** (*form./fam.*) 1A

   What's new? **Che c'è di nuovo?** 1A

   What's the date? **Che giorno è oggi?** 2B

   What's wrong? **Che cosa c'è?** 1B

wheel: steering wheel **volante** *m.* 8A

when **quando** *conj., adv.* 3B

   When is your birthday? **Quando è il tuo compleanno?** 2B

where **dove** *prep.* 3B

   Where are you from? **Di dove sei?** 1B

   Where do you live? **Dove abiti?** 7A

   Where is . . . ? **Dove si trova...?** 9A

wherever **ovunque** *adv.* 11A

which **quale** *adj., pron., adv.* 3B; **che** *rel. pron.* 9A; **cui** *rel. pron.* 9A

   that which **quello/quel che, ciò che** *rel. pron.* 9A

while **mentre** *conj.* 6B

whiner **lagna** *f.* 7B

whiny **lamentoso/a** *adj.* 3B

white **bianco/a** *adj.* 3B

who **chi** *interr. pron.* 3B; **che** *rel. pron.* 9A

   those who, the one(s) who **chi** *rel. pron.* 9A

   Who is it? **Chi è?** 1B

   Who's calling? **Chi parla?** 11B

whom **chi** *interr. pron.* 3B; **che** *rel. pron.* 9A; **cui** *rel. pron.* 9A

why **perché** *conj.* 3B

Wi-Fi hotspot **Internet point** *m.* 9B

widowed **vedovo/a** *adj.* 3A

wife **moglie** *f.* 3A

win **vincere** *v.* 2A

wind **vento** *m.* 2B

   It's windy. **C'è vento.** 2B

wind power **energia** *f.* **eolica** 12A

window **finestra** *f.* 1B

   shop window **vetrina** *f.* 4B

   window (*teller*) **sportello** *m.* 9B

   car/train/plane window **finestrino** *m.* 8A

window cleaner **lavavetri** *m.* 7B

windshield **vetro** *m.,* **parabrezza** *m.* 8A

windshield wiper **tergicristallo** *m.* 8A

windsurfing **windsurf** *m.* 2A

windy **ventoso/a** *adj.* 2B

wine **vino** *m.* 5B

winter **inverno** *m.* 2B

wish **desiderare** *v.* 10A

with **con** *prep.* 3A

withdraw: to withdraw money **ritirare dei soldi** *v.* **prelevare dei soldi** *v.* 9B

without **senza che** *conj.* 12A; **senza** *prep.* 4A

woman **donna** *f.* 1A

won **vinto/a** *p.p., adj.* 4B

wool **lana** *f.* 4B

work **opera** *f.* 10B; **lavoro** *m.* 8B;
   lavorare *v.* 2A; **funzionare** *v.* 4A
   work of art **opera** *f.* **d'arte** *f.* 10B
worker **operaio/a** *m., f.* 11A
worried **preoccupato/a** *adj.* 3B
worry **preoccuparsi (di)** *v.* 6A
worse **peggiore** *adj.* 8A; **peggio**
   adv. 8A
worst **peggior(e)** *adj.* 8A
wound **ferita** *f.* 6B
Wow! **Accidenti!** 4B
wrist **polso** *m.* 6A
write **scrivere** *v.* 2B
   to write to each other
   scriversi *v.* 6A
writer **scrittore/scrittrice** *m., f.* 10B
written **scritto/a** *adj.* 4B
wrong **sbagliato/a** *adj.* 6A
   to be wrong **avere torto** *v.* 2B

Y

yawn **sbadigliare** *v.* 6A
year **anno** *m.* 1A
   to be . . . years old **avere...**
   anni *v.* 2B
year-end bonus **tredicesima** *f.* 11A
yellow **giallo/a** *adj.* 4B
yesterday **ieri** *adv.* 4B
   the day before yesterday **l'altro**
   ieri *adv.* 4B
yet **ancora** *adv.* 4B
   not yet **non... ancora** *adv.* 4B
yogurt **yogurt** *m.* 5A
you **vi** *d.o. pron., pl., fam., form.*
   5A; **ti** *d.o. pron., sing., fam.* 5A; **La**
   d.o. pron., sing., form. 5A; **voi** *disj.*
   pron., pl., fam., form. 4A; **te** *disj.*
   pron., sing., fam. 4A; **vi** *i.o. pron.,*
   pl., fam., form. 5B; **ti** *i.o. pron.,*
   sing., fam. 5B; **Le** *i.o. pron., sing.,*
   form. 5B; **voi** *sub. pron., pl., fam.*
   1B; **Loro** *sub. pron., pl., form.* 1B;
   tu *sub. pron., sing., fam.* 1B; **Lei**
   sub. pron., sing., form. 1B; **Lei** *disj.*
   pron., sing., form. 4A
   You're welcome. **Di niente.**,
   Prego. 1A
young **giovane** *adj.* 3B
younger **minore** *adj.* 3A
   younger brother **fratellino** *m.* 3A
   younger sister **sorellina** *f.* 3A
your **tuo/a, tuoi, tue** *poss. adj., m.,*
   f. 3A; **Suo/a, Suoi, Sue** *poss. adj.,*
   m., f., sing., form. 3A;
   vostro/a/i/e *poss. adj., m., f.* 3A
yourself **sé** *disj. pron., sing., form.* 4A;
   te *disj. pron., sing., fam.* 4A
yourselves **voi** *disj. pron., pl., fam.,*
   form. 4A
youth hostel **ostello** *m.* **della**
   gioventù 8B

About the Author

Julia Cozzarelli received her PhD and MA degrees in Italian Language and Literature from Yale University. She is a Professor of Italian Studies and has served as Chair of the Department of Modern Languages and Literatures at Ithaca College, where she teaches courses on Italian language, literature, and culture at all levels and has lead a summer study-abroad program in Siena, Italy. She has also taught at Cornell University, Wells College, and the State University of New York at Buffalo. Professor Cozzarelli's prior publications include her contributions to an intermediate-level Italian text and its ancillaries as well as journal articles on the literature of Dante, Boccaccio, Ficino, Ariosto, and Tasso. In addition to language pedagogy, her research interests in Italian include Renaissance literature and the modern novel.

Photography Credits

All images ©Vista Higher Learning unless otherwise noted.

Cover: Simon Skafar/Getty Images.

FM SE: iii: Monkey Business Images/Shutterstock; xv: Prostock-studio/Shutterstock.

FM IAE: IAE-19: Prostock-studio/Shutterstock; IAE-34: Rido/123RF.

Unit 1: 1: Rafael Ríos; **4:** Rossy Llano; **8:** (t) PhotoBeaM/iStockphoto; (b) Stephen Coburn/Shutterstock; **9:** (t) Jorge Villegas/AGE Fotostock; (b) Katie Wade; **11:** (tl) CSP_zirconicusso/AGE Fotostock; (tm) Lucky/Shutterstock; (tr) Paula Diez; (bl) Asiseeit/iStockphoto; (bm) Martin Bernetti; (br) Katie Wade; **13:** (tl) Dmitry Kutlayev/iStockphoto; (tm) José Blanco; (tr) Michaelpuche/Shutterstock; (bl) Lakov Filimonov/Shutterstock; (bml) Chris Pancewicz/Alamy; (bmr) Martín Bernetti; (br) Annie Pickert Fuller; **15:** (l) Skynesher/iStockphoto; (r) Martin Bernetti; **16:** (tl) Justin Kasezsixz/Alamy; (tm) F9photos/Shutterstock; (tr) Martin Bernetti; (bl) Oscar Artavia Solano; (bml) Katie Wade; (bmr) Martin Bernetti; (br) Rafael Ríos; **26:** Vaklav/Shutterstock; **27:** (t) PhotoBliss/Alamy; (m) Skynesher/iStockphoto; (b) Worawee Meepian/Shutterstock; **28:** (l) Paula Diaz; (r) Katie Wade; **29:** Object Ph/Shutterstock; **30:** (tl) Anne Loubet; (tm) Janet Dracksdorf; (tr) Liliana Bobadilla; (bl) José Blanco; (bml) Martín Bernetti; (bmr) Martín Bernetti; (br) Digital Vision/Getty Images; **31:** Anne Loubet; **34:** (tl) Martín Bernetti; (tm) Paula Diez; (tr) Nancy Ney/Digital Vision/Getty Images; (bl) Pascal Pernix; (bml) Traveliving/Shutterstock; (bmr) Philippe Turpin/Getty Images; (br) Martín Bernetti; **35:** (tl) Image Source/Photolibrary; (tm) Pixtal/AGE Fotostock; (tr) Anne Loubet; (bl) Martín Bernetti; (bml) Martín Bernetti; (bmr) Martín Bernetti; (br) Arena Creative/Fotolia; **37:** (l) Rocco Montoya/iStockphoto; (r) Pinosub/Shutterstock; **40:** VM/Getty Images; **41:** (tl) Pixtal/AGE Fotostock; (tm) Rohappy/Shutterstock; (tr) Herreneck/Fotolia; (bl) Marmion/Big Stock Photo; (br) Blue Jean Images/Alamy; **42:** (t) Vaclav Volrab/Shutterstock; (ml) Ana Cabezas Martín; (mm) Nancy Camley; (mr) Alexia Bannister/iStockphoto; (b) Peeter Viisimaa/iStockphoto; **43:** (tl) Rafael Ríos; (tr) Katie Wade; (bl) Ana Cabezas Martín; (br) Miguel Medina/AFP/Getty Images; **46:** Martín Bernetti; **47:** StockLite/Shutterstock.

Unit 2: 49: Rafael Ríos; **52:** Monkey Business Images/Shutterstock; **56:** Auremar/Fotolia; **57:** (l) Anyka/Shutterstock; (r) Ezra Shaw/Staff/Getty Images; **59:** (l) iStock/Getty Images; (r) Stuart Ashley/Getty Images; **64:** (tl) Kali9/iStockphoto; (tm) Paula Diez; (tr) Skynesher/iStockphoto; (bl) Izabela Habur/Getty Images; (bml) VHL; (bmr) Martín Bernetti; (br) Lakov Filimonov/123RF; **70:** Nancy Camley; **74:** Ekspansio/iStockphoto; **75:** (t) Ulrich Baumgarten/Getty Images; (m) Stefano Oppo/Getty Images; (b) Body Stock/Shutterstock; **76:** (l) Martin Bernetti; (r) Anne Loubet; **77:** (l) Pascal Pernix; (r) Orange Line Media/Shutterstock; **80:** (l) Hero Images/Getty Images; (r) Antonio Guillem/Shutterstock; **81:** (l) Digital Vision/Media Bakery; (r) Gpoint Studio/Shutterstock; **83:** (l) StephM2506/iStockphoto; (ml) 1001nights/iStockphoto; (mr) Martín Bernetti; (b) Media Bakery; **85:** (l) Fotolia RF; (r) Hero Images/Getty Images; **88:** (l) Beyond Fotomedia GmbH/Alamy; (r) Photos.com/Getty Images; **89:** (tl) Martín Bernetti; (tm) Anne Loubet; (tr) Oscar Artavia Solano; (ml) Katie Wade; (mml) Martín Bernetti; (mmr) Dmitry Kutlayev/iStockphoto; (mr) Thaporn942/Fotolia; (b) Katie Wade; **90:** (t) Jessica Beets; (ml) Ana Cabezas Martín; (mr) Rafael Ríos; (b) Katie Wade; **91:** (tl) Pictorial Press Ltd/Alamy; (tr) iStockphoto/Getty Images; (bl) Katie Wade; (br) Dorling Kindersley/Getty Images; **92:** (background) Anistidesign/Shutterstock; (l) Janet Dracksdorf; (ml) Zocchi2/Deposit Photos; (mr) Arsenie Krasnevsky/Shutterstock; (r) Duncancampbell/Getty Images; **93:** Clodio/Shutterstock; **94:** Fabrice Lerouge/Getty Images; **95:** (t) Jordan Siemens/Iconica/Getty Images; (b) Image Source/AGE Fotostock.

Unit 3: 97: Jose Blanco; **100:** Frank Gaglione/Getty Images; **104:** Image Source/Alamy; **105:** (t) Rodin Eckenroth/Film Magin/Getty Images; (m) Rachel Distler; (b) Anne Loubet; **107:** Jeroen van den Broek/Shutterstock; **108:** (tl) Martín Bernetti; (tm) Ray Levesque; (tr) Martín Bernetti; (bl) VHL; (bml) Ray Levesque; (bmr) Katie Wade; (br) VHL; **111:** (l) Mihailomilovanovic/iStockphoto; (r) Mark de Leeuw/Media Bakery; **114:** (bl) Lakov Filimonov/Alamy; (br) Monkey Business/Fotolia; **115:** (l) Wavebreakmedia ltd/Alamy; (r) Jupiterimages/Getty Images; **122:** (tl) José Blanco; (tm) Anne Loubet; (tr) Ana Cabezas Martín; (ml) Vstock, LLC/Photolibrary; (mml)

Martín Bernetti; (mmr) Anne Loubet; (mr) Anne Loubet; (bl) Martín Bernetti; (br) Martín Bernetti; **126:** Anpet200/Deposit Photos; **127:** (t) Tony Gentile/Reuters/Newscom; (m) Oscar Artavia Solano; (b) Allstars/Shutterstock; **130:** (tl) Pamela Au/Alamy; (tm) Diana Eller/123RF; (tr) Paula Diez; (bl) Dudarev Mikhail/Shutterstock; (bml) Tetra Images/Media Bakery; (bmr) Skydive Erick/Shutterstock; (br) KidStock/Blend Images/Getty Images; **135:** (tl) Ana Cabezas Martín; (tr) Katie Wade; (ml) José Blanco; (mml) José Blanco; (mmr) Yola Watrucka/Alamy; (mr) Katie Wade; (bl) Ana Cabezas Martín; (bml) Ana Cabezas Martín; (bmr) Ray Levesque; (br) Vanessa Bertozzi; **138:** (tl) María Eugenia Corbo; (tr) Brian Waite; (m) Rachel Distler; (b) DNY59/iStockphoto; **139:** (tl) María Eugenia Corbo; (tr) Antonio Capone/AGF Srl/Alamy; (bl) AF Archive/Alamy; (br) Vladislav Noseek/Shutterstock; **140:** Alvaro Calero/iStockphoto; **141:** Ana Cabezas Martín; **142:** Thinkstock/AGE Fotostock; **143:** Ephraim Ben-Shimon/Corbis.

Unit 4: 145: Rafael Ríos; **147:** (tl) Konstantin Shevtsov/Shutterstock; (tm) L. Amica/Shutterstock; (tr) Ray Levesque; (bl) Ray Levesque; (bm) Ray Levesque; (br) Robert Lehmann/Fotolia; **152:** Cultura Creative/Alamy; **153:** (t) NG Images/Alamy; (b) Burke/Triolo Productions/Brand X/Getty Images; **162:** (tl) VHL; (tr) Anne Loubet; (ml) Index Open/Photolibrary; (mr) Image Source Limited/Index Stock Imagery/Jupiterimages; (bl) Capturelight/123RF; (br) Claudio Lovo/Shutterstock; **165:** (all) Nancy Camley; (bl) Katie Wade; (bm) Baloncici/Shutterstock; (br) Ray Levesque; **166:** (tl) José Blanco; (tm) José Blanco; (tr) Ana Cabezas Martín; (ml) Katie Wade; (mml) Nancy Camley; (mmr) Martín Bernetti; (mr) Katie Wade; (b) Noam Armonn/Shutterstock; **170:** Vittorio Zunino Celotto/Getty Images; **171:** (t) Piero Oliosi/Polaris/Newscom; (m) PeskyMonkey/iStockphoto; (b) Allstars/Shutterstock; **174:** (tl) Elnur Amikishiyev/123RF; (tm) VHL; (tr) Terekhov Igor/Shutterstock; (bl) VHL; (bml) VHL; (bmr) VHL; (br) VHL; **177:** Paula Diez; **178:** (tl) Simon Podgorsek/iStockphoto; (tm) José Blanco; (tr) Martín Bernetti; (bl) Martín Bernetti; (bml) Fat Camera/Getty Images; (bmr) Lise Gagne/iStockphoto; (br) Anne Loubet; **179:** Tetyana Kulchytska/Alamy; **180:** (tl) Martín Bernetti; (tr) Anne Loubet; (bl) David Schaffer/Media Bakery; (br) Kzenon/123RF; **181:** (tl) Ana Cabezas Martín; (tr) Martín Bernetti; (bl) Katie Wade; (br) Tom Delano; **182:** (t) Nancy Camley; (ml) Claudio Arnese/iStockphoto; (mr) Andrew Paradise; (b) Goodshoot/Alamy; **183:** (tl) Catwalking/Getty Images; (tr) Ray Levesque; (bl) Vincenzo Lombardo/Getty Images; (br) Amro/Fotolia; **184:** Anne Loubet; **185:** Martin Bernetti; **186:** Pumba1/iStockphoto; **187:** PSD photography/Shutterstock.

Unit 5: 189: Rafael Rios; **191:** Vitaly Korovin/123RF; **192:** (t) Nancy Camley; (bl) Katie Wade; (bml) José Blanco; (bmr) Anne Loubet; (br) Anne Loubet; **196:** (l) Katie Wade; (r) Janet Dracksdorf; **197:** (t) Vanessa Bertozzi; (m) Ana Cabezas Martín; (b) Katie Wade; **206:** (l) Chaturon Itthiprapakul/EyeEm/Getty Images; (r) Paula Diez; **214:** Wavebreakmedia ltd/Alamy; **218:** (l) Adrian Weinbrecht/Getty Images; (r) Adriaticfoto/Shutterstock; **219:** (t) Stefania D'Alessandro/Getty Images; (m) Rachel Distler; (b) Worawee Meepian/Shutterstock; **221:** Minerva Studio/Shutterstock; **222:** (tl) José Blanco; (tm) Katie Wade; (tr) Gresei/Shutterstock; (bl) VHL; (bml) Nancy Camley; (bmr) Katie Wade; (br) Oscar Artavia Solano; **224:** (l) Odua Images/Shutterstock; (r) Kjekol/Deposit Photos; **227:** Anne Loubet; **229:** (l) Andres Rodriguez/Fotolia; (r) Katie Wade; **230:** (tl) N. Miskovic/Shutterstock; (tr) John DeCarli; (m) New Photo Service/Shutterstock; (b) Claudio Zaccherini/Shutterstock; **231:** (tl) John DeCarli; (tr) Giannis Papanikos/Shutterstock; (bl) Russel Mountford/Alamy; (br) M. Rohana/Shutterstock; **232:** Eric Gevaert/Shutterstock; **234:** Doco Dalfiano/AGE Fotostock; **235:** Anne Loubet.

Unit 6: 237: Katie Wade; **240:** (t) George Dolgikh/Shutterstock; (ml) Tatiana Popova/Shutterstock; (mml) Rafa Irusta/Shutterstock; (mmr) Slon1971/Shutterstock; (mr) Lusoimages/Shutterstock; (bl) Sgame/Shutterstock; (bml) HomeStudio/Shutterstock; (bmr) Ljupco Smokovski/Shutterstock; (br) Brandon Blinkenberg/Shutterstock; **244:** Letizia Le Fur/Getty Images; **245:** (t) Katie Wade; (b) PeopleImages/Getty Images; **247:** (l) PeopleImages/Getty Images; (r) Juice Images/AGE Fotostock; **250:** (tl) Martín Bernetti; (tr) Yellowj/Shutterstock; (bl) Rocketclips, Inc/Shutterstock; (bl) Granata68/Shutterstock; **251:** (t) Jose Luis Pelaez/Getty Images; (bl) Paula Díez; (br) Andresr/Shutterstock; **253:** Martín Bernetti; **257:** (tl) Martín Bernetti; (tm) Nancy Camley; (tr) Martín Bernetti; (bl) Janet Dracksdorf; (bml) Darío Eusse Tobón; (bmr) José Blanco; (br) Martín Bernetti; **261:** (tl) Vasiliy Koval/Shutterstock; (tm) Gabriel Blaj/Fotolia; (tr) Dmitriy Shironosov/Shutterstock; (bl) Rob Marmion/Shutterstock; (bm) Ricardo Verde Costa/Shutterstock; (br) Moodboard Premium/Fotolia; **266:** (l) Jose Luis Pelaez/Media Bakery; (r) ChiccoDodiFC/Deposit Photos; **267:** (t) DPA Picture Alliance/Alamy; (m) Jason Stitt/Shutterstock; (b) Body Stock/Shutterstock; **273:** Melis/Shutterstock; **276:** (tl) Rafael Ríos; (tr) Martín Bernetti; (bl) Visual Ideas/Camilo M/AGE Fotostock; (br) Europhoto/AGE Fotostock; **277:** (tl) Dmytro Zinkevych/Shutterstock; (tr) Nako Photography/Shutterstock; (bl) Olive/AGE Fotostock; (br) Olive/AGE Fotostock; **280:** Onoky/Fotolia; **281:** (tl) Pascal Pernix; (tr) Paula Díez; (b) Martín Bernetti; **282:** (t) John DeCarli; (ml) Nancy Camley; (mr) John DeCarli; (b) Marco Albonico/AGE Fotostock; **283:** (tl) John DeCarli; (tr) Gianni Furlan/123RF; (bl) Giuseppe Cacace/AFP/Getty Images; (br) Vladimir Daragan/Shutterstock; **284:** (t) Kurhan/Shutterstock; (b) Monkey Business Images/Shutterstock; **285:** Andresr/Shutterstock; **286:** Agencja Free/Alamy; **287:** VHL.

Unit 7: 289: Rafael Rios; **296:** (l) Photoroller/Shutterstock; (r) Rafael Ríos; **297:** Thomas M Perkins/Shutterstock; **298:** (l) Monkey Business Images/Shutterstock; (r) Yakobchuk Viacheslav/Shutterstock; **301:** (l) Ligak/Shutterstock; (r) Ivonne Wierink/Shutterstock; **303:** Martín Bernetti; **306:** (l) Monkey Business Images/Shutterstock; (r) Tyler Olsen/Shutterstock; **307:** Tom Merton/Getty Images; **309:** Supertrooper/Shutterstock; **310:** (t) Ali Burafi; (ml) DenisProduction/Shutterstock; (mm) Martin Dimitrov/iStockphoto; (mr) Anne Loubet; (b) Minaeva Emma/Shutterstock; **318:** Jevtic/Getty Images; **319:** (t) Katie Wade; (m) Anna Kaminska/Shutterstock; (b) Body Stock/Shutterstock; **321:** (l) Ivan Marjanovic/Shutterstock; (r) Africaimages/Getty Images; **325:** (l) Jose Luis Pelaez/AGE Fotostock; (r) Jamie Grill/JGI/Getty Images; **330:** Nancy Camley; **331:** (t) Anne Loubet; (bl) Martín Bernetti; (br) Nancy Camley; **332:** (t) Karel Gallas/Shutterstock; (ml) Trabantos/Shutterstock; (mr) Ollirg/Shutterstock; (b) Marcello Paternostro/AFP/Getty Images; **333:** (tl) Seraficus/iStockphoto; (tr) REDA&CO/Getty Images; (bl) Cartographer/Fotolia; (br) Sarah Bossert/Shutterstock; **334:** Hedda Gjerpen/iStockphoto; **335:** Roccomontoya/iStockphoto; **336:** (all) Anne Loubet; **337:** Anne Loubet.

Unit 8: **339**: Katie Wade; **341**: (tl) Vanessa Bertozzi; (tm) Katie Wade; (tr) Ray Levesque; (bl) Katie Wade; (bm) Oscar Artavia Solano; (br) Vanessa Bertozzi; **342**: Vanessa Bertozzi; **346**: (all) Vanessa Bertozzi; **347**: (t) Keystone/Getty Images; (m) Nancy Camley; (b) Vanessa Bertozzi; **348**: (tl) Jaimie Duplass/Shutterstock; (tr) Vanessa Bertozzi; (ml) Katie Wade; (mr) Anne Loubet; (bl) Tom Grill/Corbis; (br) Anne Loubet; **349**: (tl) David Broadbent/Alamy; (tr) TheHague/Getty Images; (bl) Pascal Pernix; (br) Martín Bernetti; **350**: Olive Images/AGE Fotostock; **351**: (all) Jessica Beets; **352**: (l) Wanderworldimages/Alamy; (r) Tolga Tezcan/Getty Images; **353**: (l) Teddy Leung/Getty Images; (r) Stock Asso/Shutterstock; **355**: (tl) Katie Wade; (tm) Katie Wade; (tr) José Blanco; (bl) Pinosub/Shutterstock; (bm) Katie Wade; (br) Vanessa Bertozzi; **357**: (l) PYMCA/Getty Images; (r) Erik Isakson/Getty Images; **359**: Rafael Ríos; **360**: (tl) Martín Bernetti; (tr) Martín Bernetti; (bl) José Blanco; (br) José Blanco; **368**: Stocklite/Shutterstock; **369**: (t) Odyssey-Images/Alamy; (b) Allstars/Shutterstock; **371**: (l) Color Blind Images/Getty Images; (r) Javier Larrea/AGE Fotostock/Alamy; **372**: (tl) Radius Images/Getty Images; (tm) AFP/Getty Images; (tr) Matthew Sills/Alamy; (bl) Irina Kozorog/Shutterstock; (bml) Monkey Business Images/Getty Images; (bmr) TravnikovStudio/Shutterstock; (br) Leungchopan/Shutterstock; **373**: Nancy Camley; **374**: (tl) Yuliya Gagina/Fotolia; (tr) Yuliya Gagina/Fotolia; (bl) Javier Sánchez Mingorance/Alamy; (br) Corepics VOF/Shutterstock; **375**: (l) Daltonartworks/Big Stock Photo; (r) Bonita Cheshier/Shutterstock; **377**: (l) John DeCarli; (ml) John DeCarli; (mr) Martín Bernetti; (r) María Eugenia Corbo; **379**: (l) Piola666/Getty Images; (r) Hero Images/Getty Images; **382**: Andrew Paradise; **383**: (tl) Nancy Camley; (tm) Ana Cabezas Martín; (tr) Andrew Paradise; (ml) Nancy Camley; (mml) Nancy Camley; (mmr) Andrew Paradise; (mr) Andrew Paradise; (bl) Konstantin Chagin/Shutterstock; (br) Vanessa Bertozzi; **384**: (t) Evgeniapp/Shutterstock; (ml) Stepen B. Goodwin/Shutterstock; (mr) Andrei Nekrassov/Shutterstock; (b) Mary Clarke/Alamy; **385**: (tl) E.T./Fotolia; (tr) Luciano Mortula/Shutterstock; (bl) Carolyn M. Carpenter/Shutterstock; (br) Andrey Armyagov/Alamy; **386**: Andrew Paradise; **388**: Vanessa Bertozzi; **389**: Vanessa Bertozzi.

Unit 9: **391**: Katie Wade; **393**: (tl) Ana Cabezas Martín; (tm) Katie Wade; (tr) Katie Wade; (ml) Ana Cabezas Martín; (mm) John DeCarli; (mr) John DeCarli; (bl) BGRK/Shutterstock; (bm) Melvyn Longhurst/Alamy; (br) Spatuletail/Shutterstock; **398**: Katie Wade; **399**: (t) Rolf Richardson/Alamy; (m) Vanessa Bertozzi; (b) Piero della Francesca (c.1420–1492). Italian. View of an Ideal City. Loctation: Galleria Nazionale delle Marche, Urbino, Italy. Photo Credit: Scala/Art Resource, NY.; **400**: (all) Katie Wade; **402**: (l) Bryan Busovicki/Shutterstock; (r) Vvoe/Shutterstock; **403**: (l) Ana Cabezas Martin; (r) Michael Jung/iStockphoto; **405**: Mark J. Terrill/AP/Shutterstock; **406**: (l) Martín Bernetti; (m) José Blanco; (r) María Eugenia Corbo; **409**: (tl) Katie Wade; (tm) BT Images/Shutterstock; (tr) Janet Dracksdorf; (bl) Martín Bernetti; (bm) Vanessa Bertozzi; (br) VHL; **410**: Katie Wade; **414**: Marcel Derweduwen/Shutterstock; **415**: (t) Edward Berthelot/Getty Images; (m) Katie Wade; (b) Body Stock/Shutterstock; **420**: Martín Bernetti; **421**: (tl) Katie Wade; (tr) Katie Wade; (m) Oscar Artavia Solano; (br) Mario Loisellei/iStockphoto; **422**: (tl) Vincenzo Vergelli/iStockphoto; (tr) Universal Images Group/DeAgostini/Alamy; (m) Elizabeth Beard/Getty Images; (b) ValerioMei/Getty Images; **423**: (tl) Justin Guariglia/Getty Images; (tr) Katie Wade; (bl) Nico Tondini/AGE Fotostock; (br) Giorgio Filippini/SIME/eStockphoto; **424**: Rob Bouwman/iStockphoto; **425**: Bonita Cheshier/Shutterstock; **426**: Rossy Llano; **427**: Dmitriy Shironosov/Shutterstock.

Unit 10: **429**: Katie Wade; **431**: (tl) Dennis Cox/Shutterstock; (mr) Dennis Cox/Shutterstock; **432**: (l) Niko Guido/iStockphoto; (r) Rasmus Rasmussen/iStockphoto; **436**: Massimo Pizzotti/AGE Fotostock; **437**: (t) Oliver Gutfleisch/imageBROKER/AGE Fotostock; (b) Hurricane Hank/Shutterstock; **438**: (l) Moodboard/Getty Images; (r) Marc Romanelli/Getty Images; **442**: (l) Robert Daly/Caiaimage/Getty Images; (r) Jenn Huls/Shutterstock; **443**: (l) Katarzyna Bialasiewicz/Getty Images; (r) Cultura Creative/Alamy; **444**: (tl) Karbunar/Shutterstock; (tml) Infomages/Shutterstock; (tmr) Janet Dracksdorf; (tr) Vasin Lee/Shutterstock; (bl) Anne Loubet; (bml) Tusharkoley/Fotolia; (bmr) Martín Bernetti; **445**: People Images/Getty Images; **446**: Martín Bernetti; **452**: Martín Bernetti; **456**: (l) Reeed/Shutterstock; (r) Rafael Ríos; **457**: (t) Stock Montage/Getty Images; (m) Nancy Camley; (b) Artem Furman/Shutterstock; **459**: (tl) Anne Loubet; (tm) Image Source; (tr) Martín Bernetti; (bl) Janet Dracksdorf; (bm) Carolina Zapata; (br) Andrey Popov/Shutterstock; **463**: Martín Bernetti; **464**: (l) VHL; (r) Martín Bernetti; **465**: (l) Paula Diez; (r) Corel/Corbis; **466**: (tl) Rafael Ramirez Lee/Shutterstock; (tr) Jessica Beets; (m) Carlos Muñoz/Shutterstock; (b) Werner Hilpert/Fotolia; **467**: (tl) Jessica Beets; (tr) Tramont Ana/Getty Images; (bl) Art Kowalsky/Alamy; (br) Jessica Beets; **468**: Rafael Ríos; **468-469**: Bpk, Berlin/Kupferstichkabinett, Staatliche Museen, Berlin, Germany/Volker-H. Photo credit: Bildarchiv Preussischer Kulturbesitz/Art Resource, NY.; **470**: Michael Ventura/Alamy; **471**: Roberto Benzi/AGE Fotostock.

Unit 11: **473**: Katie Wade; **475**: (tl) Sir Travelalot/Shutterstock; (tm) Vanessa Bertozzi; (tr) Katie Wade; (bl) Guido Koppes/AGE Fotostock; (bm) Katie Wade; (br) Katie Wade; **476**: Katie Wade; **480**: (l) Selectstock/iStockphoto; (r) Paolo Cavalli/AGE Fotostock; **481**: (t) Boarding1now/Getty Images; (b) Giulio Paolicchi/Alamy; **482**: (l) Kaarsten/Shutterstock; (r) Amana Images/Alamy; **483**: (tl) Robert Gebbie Photography/Shutterstock; (tr) Monkey Business Images/Shutterstock; (bl) Darren Baker/Shutterstock; (br) Panther Media/Alamy; **486**: (l) Paula Diez; (r) Stockyimages/Getty Images; **487**: (l) Microgen/123RF; (r) Cavan Images/Offset; **495**: (tl) Takashi Honma/123RF; (tm) Aguirre Mar/Deposit Photos; (tr) Annie Pickert Fuller; (bl) Annie Pickert Fuller; (bm) Sergey Fedenko/Shutterstock; (br) Ewa Walicka/Shutterstock; **496**: (t) Martín Bernetti; (ml) Andersen Ross/Blend Images; (mr) Chicco Dodi FC/Deposit Photos; (bl) Leszek Glasner/Shutterstock; (bm) Andrey Popov/Shutterstock; (br) Avava/Shutterstock; **500**: (t) José Blanco; (b) Katie Wade; **501**: (t) Massimo Valicchia/NurPhoto/Getty Images; (b) Allstars/Shutterstock; **503**: (l) Chris Ryan/Getty Images; (r) Wavebreak Media/AGE Fotostock; **507**: (l) Sylv1Rob1/Shutterstock; (r) Hybrid Images/Getty Images; **509**: (tl) Janet Dracksdorf; (tml) VHL; (tmr) Janet Dracksdorf; (tr) Imtmphoto/Shutterstock; (bl) Martín Bernetti; (bml) Martín Bernetti; (bmr) Martín Bernetti; (br) Solis Images/Shutterstock; **510**: Vanessa Bertozzi; **511**: (tl) Rafael Ramirez Lee/Shutterstock; (tm) Jessica Beets; (tr) Ana Cabezas Martín; (ml) Ana Cabezas Martín; (mml) Andrew Paradise; (mmr) Andrew Paradise; (mr) Nancy Camley; (bl) Hero/500PX; (br) Martín Bernetti; **512**: (t) Giovanni/Shutterstock; (ml) New Photo Service/Shutterstock; (mr) Boaz Rottem/AGE Fotostock; (b) Don Emmert/AFP/Getty

Images; **513:** (tl) Johner Images/Alamy; (tr) Ramon Grosso Dolarea/Shutterstock; (bl) Alberto Ramella/AGE Fotostock; (br) Arsenie Krasnevsky/Shutterstock; **514:** (l) Di Agostini Picture Library/Getty Images; (r) Leoks/Shutterstock; **516:** Image Source Pink/Alamy; **517:** Holbox/Shutterstock.

Unit 12: **519:** Katie Wade; **521:** (tl) John DeCarli; (tr) Andrew Paradise; (ml) Andrew Paradise; (mr) Nancy Camley; (bl) John DeCarli; (br) Janet Dracksdorf; **522:** (tl) Vanessa Bertozzi; (tr) Giovanni Benintende/Shutterstock; (bl) Vanessa Bertozzi; (bml) María Eugenia Corbo; (bmr) Vanessa Bertozzi; (br) VHL; **526:** Roca/Shutterstock; **527:** (t) Katye Famy/Fotolia; (b) Jakub Pavlinec/Shutterstock; **529:** (l) Valentin Russanov/Getty Images; (r) Tim Robbins/Mint Images/Getty Images; **532:** Konstantin32/Deposit Photos; **533:** Romakoma/Shutterstock; **536:** (t) Janet Dracksdorf; (ml) Paul Vinten/Fotolia; (mm) Janet Dracksdorf; (mr) Ali Burafi; (bl) Pascalou95/Deposit Photos; (bm) Janet Dracksdorf; (br) Svetlana Orusova/Shutterstock; **541:** (tl) Smileus/Deposit Photos; (tm) Rafael Ríos; (tr) Antonio S./Shutterstock; (bl) Anne Loubet; (bm) Katie Wade; (br) Epsylon Lyrae/Shutterstock; **542:** Mark Karrass/Corbis; **546:** (l) Guizio Franck/AGE Fotostock; (r) Paolo Bona/AGE Fotostock; **547:** (t) Barbara Zanon/Getty Images; (m) Vanessa Bertozzi; (b) Worawee Meepian/Shutterstock; **553:** (l) Connel/Shutterstock; (r) Yrabota/Shutterstock; **556:** (t) Nancy Camley; (ml) Tomas Sereda/Shutterstock; (mm) Vanessa Bertozzi; (mr) Katie Wade; (bl) Corbis RF; (bm) Martín Bernetti; (br) Index Open/Photolibrary; **557:** (l) Vanessa Bertozzi; (r) Corel/Corbis; **558:** (all) Vanessa Bertozzi; **559:** (tl) Vito Arcomano/Alamy; (tr) The Print Collector/Alamy; (bl) Vanessa Bertozzi; (br) Inacio Pires/Shutterstock; **560:** Roberto Serra/Iguana Press/Getty Images; **560-561:** Alexandre Rotenberg/Arcangel Images; **562:** Vincenzo Pinto/AFP/Getty Images; **563:** Paolo Bona/Shutterstock.

Back Cover: Demaerre/iStockphoto.

TV Clip Credits

page 67 Courtesy of Rai News.
page 119 Courtesy of Fondazione Senior Italia and Giovanni Vernia.
page 163 © Sonia Logre, Giovanni Grezzi/AFPTV/AFP
page 211 Courtesy of Italia Squisita/GIGA Publishing.
page 259 Courtesy of Tivissima.
page 311 Courtesy of Linear Assicurazioni and DLV BBDO.
page 361 Courtesy of Rai News.
page 407 Courtesy of Consorzio Le Citta i Mercati.
page 447 Courtesy of Premium Films.
page 491 Courtesy of Morgana Production s.r.l.
page 537 © E.motion film srl

Literature Credits

page 560 © Giangiacomo Feltrinelli Editore